LA COLONISATION

DE LA

NOUVELLE-FRANCE

ÉTUDE
SUR LES ORIGINES DE LA NATION
CANADIENNE FRANÇAISE

THÈSE
présentée à la Faculté des lettres de l'Université de Paris

PAR

ÉMILE SALONE

Ancien élève de la Faculté
Professeur agrégé d'histoire et de géographie au Lycée Condorcet

LIBRAIRIE ORIENTALE & AMÉRICAINE
E. GUILMOTO, Éditeur
6, Rue de Mézières PARIS

LA COLONISATION

DE LA

NOUVELLE-FRANCE

LA COLONISATION
DE LA
NOUVELLE-FRANCE

ÉTUDE
SUR LES ORIGINES DE LA NATION
CANADIENNE FRANÇAISE

THÈSE
présentée à la Faculté des lettres de l'Université de Paris

PAR

ÉMILE SALONE
Ancien élève de la Faculté,
Professeur agrégé d'histoire et de géographie au Lycée Condorcet.

LIBRAIRIE ORIENTALE & AMÉRICAINE
E. GUILMOTO, Éditeur
6, Rue de Mézières, PARIS

A LA MÉMOIRE

DE MON PÈRE

ET DE MA MÈRE

PRÉFACE

Les histoires du Canada français, histoires d'ensemble, histoires de détail, même en ne tenant compte que des œuvres de valeur, atteignent déjà un chiffre respectable. Il est permis toutefois de penser que la matière n'a pas été épuisée. Sur les travaux des missionnaires, sur les voyages de découverte, sur cette bataille de soixante-dix ans qui dispute la Nouvelle-France à l'Iroquois et à l'Anglais, il se peut bien qu'on n'ait plus grand'chose d'important à nous apprendre. Mais il semble que dans l'histoire de cette colonie il y a une partie qui n'a pas encore été traitée comme il convenait et que c'est précisément l'histoire de la colonisation.

Ce n'est pas qu'elle ait été positivement négligée. Ferland, Faillon, Sulte ont consacré d'intéressants chapitres à l'établissement des colons du dix-septième et du dix-huitième siècle. Mais Faillon s'est arrêté en 1675, au tiers du chemin, mais Ferland ne nous a donné qu'un précis, mais il a manqué à Sulte d'avoir eu directement accès au trésor des Archives de Paris. Même si la moisson avait été achevée et tous les épis portés au moulin, on aurait le droit de tirer des sacs une autre mouture. Il resterait à dégager l'histoire de la colonisation de l'histoire générale. Faute de quoi on a trop de peine à la suivre d'étape en étape.

A la vérité cela a déjà été fait en partie. La France aux

colonies de Rameau de Saint-Père renferme une histoire de la colonisation française au Canada. Mais encore qu'il ait mené ses recherches avec la science d'un érudit consommé, Edme Rameau voulait, avant tout, faire œuvre de propagande. Il s'était donné cette mission patriotique, où il a si complètement réussi, de révéler aux Français d'Europe par quel miracle d'énergie les frères abandonnés du traité de Paris et du traité de Versailles avaient survécu à l'abandon. Avec un pareil programme, il était tenu à faire court. Il a condensé dans un seul volume toute l'histoire des Acadiens et des Canadiens, depuis les origines jusqu'au milieu du dix-neuvième siècle. C'est dire qu'il a laissé à ceux qui viennent après lui à glaner abondamment. Au surplus pour Rameau, comme pour Ferland, Faillon et Sulte, l'histoire de la colonisation française au Canada se réduit le plus souvent à l'histoire de la prise de possession du sol par les colons et de leur multiplication. Il reste toujours après eux à donner le tableau du développement économique de la Nouvelle-France.

BIBLIOGRAPHIE

LES ARCHIVES DE LA NOUVELLE-FRANCE
EN FRANCE ET AU CANADA

C'est la capitulation de Montréal qui a partagé les archives de la colonie française du Canada entre le Canada et la France.

« ART. 43. — Les papiers du gouvernement resteront sans exception au pouvoir du marquis de Vaudreuil et passeront en France avec lui...

« ART. 44. — Les papiers de l'intendance, des bureaux du contrôle de la Marine, des trésoriers anciens et nouveaux, des magasins du Roi, du bureau du Domaine et forges de Saint-Maurice resteront au pouvoir de M. Bigot intendant et ils seront embarqués pour la France dans le vaisseau où il passera...

« ART. 45. — Les registres et autres papiers du Conseil supérieur de Québec, de la prévôté et amirauté de la même ville, ceux des juridictions royales des Trois-Rivières et Montréal, ceux des juridictions seigneuriales de la colonie, les minutes des actes des notaires des villes et des campagnes, et généralement les actes et autres papiers qui peuvent servir à justifier l'état de la fortune des citoyens, resteront dans la colonie dans les greffes des juridictions dont ces papiers dépendent. »

Les papiers du gouvernement et de l'intendance sont actuellement réunis à *Paris* dans les *Archives du ministère des Colonies*, au pavillon de Flore (1). Ces archives contiennent encore des « papiers » du

---

(1) Nous considérons comme un devoir de témoigner ici de toute notre gratitude à M. Victor Tantet, chef de bureau des *Archives au ministère des Colonies*, qui a mis tant d'obligeance à faciliter nos recherches.

Canada, entre autres la Correspondance des gouverneurs et des intendants, qui viennent du Dépôt de la marine créé au dix-septième siècle. L'ensemble de ces documents est réparti en six séries.

Série A. — *Actes du pouvoir souverain :* les huit premiers volumes.

Série B. — *Lettres envoyées :* Ordres ou dépêches du Roi : deux cent douze registres dont le plus grand nombre renferme un cahier relatif au Canada.

Série C. — C¹¹. *Lettres reçues :* c'est-à-dire adressées du Canada au roi, aux ministres, etc., par les gouverneurs, intendants, commandants militaires et autres fonctionnaires. C'est la *Correspondance générale*. Cent vingt-quatre registres et deux cartons.

Série D. — D² vol. 47, 48, 50. Troupes, matricules, revues.

Série F. *Compagnies de commerce :* vol. 13, 14, 15, 16, 17. — Collection Moreau Saint-Merry. *Historique, description et codes des colonies,* vol. 2 à 15 inclusivement. Elle contient un grand nombre de doubles, de copies et de résumés des pièces qui figurent dans la Correspondance générale.

— *Commerce aux colonies,* vol. 1 et 2.

— *Missions religieuses,* vol. 1, 2, 3.

Série G. *Etat civil des colonies.*

G¹. *Fois et hommages.* 1 volume.

Aveux et dénombrements et déclarations rendus au Terrier du domaine du roi en la Nouvelle-France, 8 volumes.

Recensements, 2 volumes.

G² *Greffes judiciaires,* 5 volumes.

G³ *Notariat,* 7 volumes.

L'existence aux *Archives du ministère des Colonies* de ces douze derniers volumes donne à penser que l'article 45 de la capitulation de Montréal n'a pas été complètement observé, à moins, pourtant, qu'il ne s'agisse ici d'actes faits en double, dont un exemplaire est resté au Canada et l'autre a été envoyé en France.

Mais, d'une façon générale, le Canada a gardé les registres et autres papiers qui sont énumérés dans l'article 45. Ils forment le fonds le plus ancien des *Archives de la province de Québec,* à Québec.

Les *Archives de Québec* contiennent plusieurs collections précieuses à l'historien :

Les Ordonnances des intendants,
Les Registres d'intendance,
Les Edits, arrêts, déclarations et commissions de Sa Majesté,
Les Insinuations du Conseil supérieur,
Les Registres, plumitifs ou jugements du Conseil supérieur,
Les Registres de la Prévôté de Québec.

On peut aussi consulter avec profit à Québec les *Archives du ministère des terres, forêts et pêcheries* où se trouvent des doubles des

Papiers Terriers, des Foys et Hommages et des Aveux et dénombrements qui sont conservés aux archives coloniales de Paris; et aussi les *Archives de l'Archevêché*, du *Séminaire*, de *l'Hôtel-Dieu* et de *l'Hôpital général*.

Il y a aussi aux *Archives fédérales d'Ottawa* un certain nombre de pièces qui se rapportent à la période de la domination française dans l'Amérique du Nord.

Le gouvernement général du Canada et le gouvernement provincial de Québec ont commencé, il y a un demi-siècle, et poursuivi avec persévérance la publication des parties les plus intéressantes de leurs archives.

A signaler : les *Edits et ordonnances du Roi*; 1850, *les Documents sur la tenure seigneuriale* et surtout les *Jugements et délibérations du Conseil souverain de la Nouvelle-France*, 6 volumes, 1663-1716.

Le service des Archives d'Ottawa rattaché au ministère de l'Agriculture imprime, chaque année depuis 1883, un rapport qui est dû à la collaboration de l'archiviste anglais et de son adjoint français. Ce rapport renferme, avec des documents donnés en entier, des analyses de documents. MM. Marmette et Richard, chargés d'analyser les documents de Paris s'en sont acquittés avec beaucoup d'habileté et de conscience. Il reste à regretter que les gouvernements canadiens aient cédé à des considérations d'économie et qu'ils ne se soient pas décidés à faire copier, de la première à la dernière ligne, tout ce qui dans nos archives concerne l'histoire de la Nouvelle-France.

Il y a aussi à consulter à Paris de nombreux documents aux *Archives du ministère des Affaires étrangères*, aux *Archives nationales*, à la *Bibliothèque nationale*.

M. Joseph Marmette en a donné le « sommaire » dans le *Rapport sur les Archives du Canada de 1883*, Ottawa 1884, pp. 126 à 152; 153 à 162; 162 à 165. — Les *Archives de Saint-Sulpice* et les *Archives des Missions étrangères* contiennent quelques pièces intéressantes sur l'histoire ecclésiastique du Canada.

PRINCIPAUX OUVRAGES SUR LA NOUVELLE-FRANCE

(Avec indication, lorsqu'il y a plusieurs éditions, de celle qui a été utilisée.)

I

Pendant la domination française.

CHAMPLAIN. *Voyages*. Le fondateur de Québec nous a laissé de nombreuses relations de ses voyages et découvertes : 1603, 1613, 1619 et 1620, 1627, 1632.

Œuvres de Samuel Champlain publiées sous le patronage de l'Université Laval par l'abbé C. H. Laverdière. 2ᵉ édition, Québec, Desbarats, 1870, 4 vol.

Les Relations des Jésuites de la Nouvelle-France sont la source principale de l'Histoire du Canada dans la première partie du dix-septième siècle : relations de 1611 et de 1626, et sans interruption, de 1632 à 1672.

Relations des Jésuites dans la Nouvelle-France : ouvrage publié sous les auspices du Gouvernement canadien, 3 vol. Québec, Coté 1858.

Les Relations sont complétées par le *Journal des Jésuites,* publié par MM. les abbés Laverdière et Casgrain. Québec, Léger Brousseau, 1871.

DOLLIER DE CASSON. *Histoire du Montréal, 1640-1672,* publiée par la Société historique de Montréal. Montréal, 1871. C'est l'histoire de Villemarie pendant la période héroïque racontée par un de ses premiers pasteurs.

PIERRE BOUCHER. *Histoire véritable et naturelle des mœurs et productions du pays de la Nouvelle-France.* Paris, Florentin Lambert, 1664. C'est le tableau de la colonie au moment où Louis XIV va la délivrer des Iroquois et l'enlever à la compagnie des Cent Associés.

Estat présent de l'Église et de la colonie française dans la Nouvelle-France, par M. l'evesque de Québec. (M. de Saint-Vallier, le deuxième évêque de Québec.) Paris, Robert Pepie, 1688.

LA HONTAN. *Les Voyages du baron de La Hontan dans l'Amérique septentrionale.* Ce livre qui tourne trop souvent à la satire a eu plus de succès qu'il n'en méritait. Mais on y trouve de bonnes parties de description.

Édit. de 1728. François L'Honoré, Amsterdam.

CHARLEVOIX (le père de). *Histoire et description générale de la Nouvelle-France avec le Journal historique d'un voyage fait par ordre du roi dans l'Amérique septentrionale.*

Le Jésuite Charlevoix est un bon historien des travaux des missionnaires, des découvertes, des guerres. Son journal a pourtant aujourd'hui plus de valeur que son histoire. Charlevoix a parcouru l'Amérique française de l'estuaire du Saint-Laurent au delta du Mississipi, de 1720 à 1722.

Édit. de 1744. Paris, chez Giffart, 6 volumes in-12. Tomes I à IV : Histoire ; tomes V et VI : Journal.

FRANQUET. *Voyages et mémoires sur le Canada.* Québec, Coté, 1889. L'ingénieur militaire Franquet chargé d'inspecter les défenses du

Canada a accompli sa mission de 1752 à 1753, c'est-à-dire à la veille même de la perte de la colonie.

Les voyages de Franquet pourraient servir de préface à la *Collection des manuscrits du maréchal de Lévis publiés par Casgrain*, 12 vol., Québec, Demers, 1895 :

Journal du chevalier de Lévis. — Lettres du chevalier de Lévis. — Lettres de la cour de Versailles. — Pièces militaires. — **Lettres de M. de Bourlamaque.** — Lettres du marquis de Montcalm. — Lettres du marquis de Vaudreuil. — Lettres de l'intendant Bigot. — Lettres de divers particuliers. — Relations et journaux des différentes expéditions faites durant les années 1755, 1756, 1757, 1758, 1759, 1760.

II
Depuis la conquête anglaise.

HISTOIRES GÉNÉRALES

GARNEAU. *Histoire du Canada depuis sa découverte jusqu'à nos jours.* Édition Chauveau, 4 tomes. Montréal, Beauchemin, 1882.

FERLAND. *Cours d'Histoire du Canada*, 2 parties : 1534-1663, 1664-1763. Édit. 1882. Québec, Hardy.

Sans nom d'auteur (de l'abbé FAILLON). *Histoire de la colonie française au Canada* (des origines à 1675), 3 vol. Villemarie. Bibliothèque paroissiale, 1866.

SULTE. *Histoire des Canadiens-Français, 1608-1880.* Montréal, Wilson, 1882-1884, 8 vol. in-fol.

Ce sont là quatre ouvrages de valeur qui témoignent, les trois derniers surtout, de recherches habilement menées et poussées très loin.

RAMEAU. *La France aux Colonies. Les Français en Amérique* (2e partie, les Canadiens). Paris, Jouby. 1859. C'est le résultat, condensé en 350 pages, d'un long et fructueux effort de pensée et d'érudition.

HISTOIRES PARTICULIÈRES

CHAPAIS. *Jean Talon, intendant de la Nouvelle-France.* Québec, Demers, 1904. Excellente monographie de l'homme de confiance de Colbert au Canada.

CASGRAIN. *Montcalm et Lévis*, 2 vol. Québec, Demers, 1891 ; le livre définitif sur la guerre de Sept ans en Amérique.

GÉOGRAPHIE STATISTIQUE

BOUCHETTE. *Topographie du Canada.* Londres, Davison, 1815.

Description détaillée du Canada à une époque où l'organisation féodale française y subsistait encore. Bouchette a relevé avec soin les titres seigneuriaux.

HINGTON. *The Climate of Canada.* Montréal, Dawson, 1884.

BIBLIOGRAPHIE

Auteur de la *Bibliotheca Americana Vetustissima* (M. HARRISSE). *Notes pour servir à l'Histoire, à la bibliographie et à la cartographie de la Nouvelle-France,* 1545-1700. Paris, Tross, 1872.

ABRÉVIATIONS :

Arch. col. — Lisez *Archives coloniales.* (Ce sont celles du Ministère des Colonies à Paris.)

Arch. canad. — Lisez *Archives canadiennes.* (Ce sont celles du gouvernement de la Puissance du Canada, à Ottawa.)

Corr. gén. — Lisez *Correspondance générale.*

LA COLONISATION
DE LA
NOUVELLE-FRANCE

PREMIÈRE PARTIE

LA RÉGION DU SAINT-LAURENT

Le bassin du Saint-Laurent principal théâtre de la colonisation française dans le Nouveau Monde. — Le fleuve. — Le sol. — Le climat. — Les saisons. — Les routes de l'ancienne à la Nouvelle-France ; de la Nouvelle-France à travers l'Amérique du Nord.

Explorateurs, missionnaires, coureurs de bois, conquérants, les Français ont, au dix-septième et au dix-huitième siècle, découvert, exploité, gouverné les trois quarts de l'immense région qui constitue aujourd'hui la Puissance du Canada. Ils n'ont pourtant fondé de colonie véritable que sur les bords du Saint-Laurent.

C'est là que la nation canadienne française a eu ses commencements modestes et glorieux, qu'elle a grandi au milieu des épreuves, que, contre toute espérance, elle a résisté à cent cinquante ans de domination étrangère, c'est de là qu'elle reprend une pacifique offensive et se remet à essaimer à travers l'Amérique anglaise.

Le Saint-Laurent sert de déversoir à cet incomparable bassin lacustre qui occupe le cœur de l'Amérique du Nord. Cette « mer

Douce », en appliquant à tous les lacs le nom que Champlain donnait au seul lac Huron (1), étend sur 260.000 kilomètres carrés une nappe d'eau dont on évalue la contenance à trente-trois millions de mètres cubes (2). Pour porter à l'Atlantique son tribut formidable le Saint-Laurent a creusé sa route entre le rebord oriental de la plate-forme archéenne que Suess appelle le bouclier canadien et les éperons septentrionaux des Apalaches (3).

A sa sortie du lac Ontario, à la hauteur de Kingston, l'ancien fort Frontenac, le Saint-Laurent est déjà un des plus puissants fleuves de la planète. Pourtant il ne donne pas tout d'abord l'impression de cette puissance. Le Saint-Laurent naissant, le Cataraqui des sauvages, doit frayer sa route à travers l'archipel des Mille-Iles. Il se fractionne en bras innombrables dont la largeur varie de quelques mètres à deux et trois kilomètres. Ces Mille-Iles (deux mille, trois mille, devrait-on dire si l'on tenait compte de toutes les terres émergées) sont un des « jardins » de l'Amérique du Nord. On les célèbre à juste titre pour la beauté, la variété de leurs paysages (4).

Lorsqu'après une course de 60 kilomètres il a doublé la dernière des Mille-Iles, le Saint-Laurent s'étale majestueusement dans un lit unique qui va s'élargissant jusqu'à former de véritables lacs, lac Saint-Régis, lac Saint-François (40 kilomètres de long sur 7 kilomètres de large). Malheureusement ce beau fleuve est obstrué par une suite de rapides, de sauts, de cascades beaucoup trop rapprochés les uns des autres : la Plate, les Galops, le Long Saut, les Cèdres, les Cascades. Et c'est ainsi que les Français du dix-septième et du dix-huitième siècle pour gagner le pays d'en haut préféraient la route de l'Ottawa. De l'Ontario au bassin de Montréal où il se termine, le Saint-Laurent supérieur parcourt 190 milles (300 kilomètres) (5). C'est là que le Saint-Laurent reçoit des

---

(1) Champlain, *Voyages et descouvertures 1618-1619*, édit. Laverdière. t. IV, p. 25.
(2) E. Reclus, *Amérique boréale*, p. 417.
(3) A. de Lapparent, *Leçons de géographie physique*, 2ᵉ édition, 1898, p. 612.
(4) *Les Mille-Iles*, poème de Crémazie. Œuvres de Crémazie, p. 184.
(5) Élisée Reclus, *Amérique boréale*, pp. 418 et 419. — Bouchette, *Topographie du Canada*, pp. 43, 45.

forêts septentrionales son plus grand affluent, l'Ottawa.

L'Ottawa (1) prend sa source, dans une sorte de région éponge, au lac Capmachigame. Il coule d'abord de l'est à l'ouest. De lac en lac, de rapide en rapide, par mille capricieux détours, il gagne le lac Temiscamingue, « l'Eau-Profonde » des sauvages, qui s'allonge de 120 kilomètres en ligne droite du nord au sud. Grossi du tribut du lac Kippewa dont les tentacules évoquent l'image d'une araignée ou d'une pieuvre, il prend définitivement, pour joindre le Saint-Laurent, la direction nord-ouest-sud-est. A des intervalles rapprochés, il reçoit de nombreux affluents, à droite la Matawan qui mène à la baie Georgienne par le Nipissingue, la rivière Rideau qui mène au lac Ontario ; à gauche la rivière du Moine, la rivière Noire, la rivière Coulonge, la rivière Gastineau, la rivière du Lièvre, la rivière Rouge, la rivière du Sud.

L'Ottawa a de nombreuses chutes. La plus fameuse est cette chaotique Chaudière qui bouillonne si furieusement en face de la colline où se dressent les palais « rocaille » du parlement fédéral. Mais l'Ottawa a cette supériorité sur le haut Saint-Laurent que, dans son cours inférieur, du confluent de la Gastineau au bassin de Montréal, la navigation n'est interrompue qu'une seule fois, à Grenville. L'Ottawa se termine au lac des Deux-Montagnes. Elle rejoint le Saint-Laurent par quatre bouches, la rivière Jésus, la rivière des Prairies, les deux bras de l'île Perrot.

L'Ottawa a 1.300 kilomètres de développement, ce qui l'égale presque au Rhin pour la longueur. Dans tous les cas, elle apporte à son quadruple confluent plus d'eau que n'en déversent à la mer du Nord toutes les branches du delta hollandais.

Le bassin de Montréal est formé de deux grands lacs qui communiquent par les bras de l'île Perrot, le lac des Deux-Montagnes épanchement de l'Ottawa, le lac Saint-Louis épanchement du Saint-Laurent.

L'archipel de Montréal est formé de deux grandes terres, l'île Jésus entre la rivière Jésus et la rivière des Prairies, l'île de Montréal entre la rivière des Prairies et le Saint-Laurent. La

---

(1) La grande rivière des Outaouais de Champlain, plus tard simplement l'Outaouais.

rivière Jésus et la rivière des Prairies sont encombrées d'îlots et obstruées de rapides. Sur le Saint-Laurent un seul obstacle, le saut Saint-Louis ou de la Chine. Aussi bien c'est le dernier (1).

Dès qu'il a doublé la pointe nord-est de l'île de Montréal et qu'il a reçu le flot réuni de la rivière Jésus et de la rivière des Prairies, le Saint-Laurent coule dans un chenal unique dont la largeur varie de 2 kilomètres, en face de Montréal, à 4 kilomètres, en face de Contrecœur. Puis le fleuve se resserre, et c'est à travers un archipel des plus compliqués (île Dupas, île Saint-Ignace, etc.) qu'il débouche dans le lac Saint-Pierre. Ici encore le paysage est charmant. Charlevoix qui a parcouru le dédale des îles Richelieu a célébré « ces canaux qui s'ouvrent, à perte de vue, entre ce prodigieux nombre d'îles et ces agréables points de vue qui changent à chaque instant comme des décorations de théâtre » (2). Le lac Saint-Pierre a une longueur de 30 kilomètres pour une largeur de 12 à 14. Au surplus, presque partout, ses rives fangeuses demeurent d'un abord difficile et il n'est vraiment navigable que dans un étroit chenal qui le traverse en suivant la médiane.

Entre le lac Saint-Pierre et l'étranglement de Québec, point d'îles, point de lacs : un chenal unique et profond qui maintient sa largeur entre 3 et 5 kilomètres. Nulle part ailleurs le Saint-Laurent n'offre dans son cours plus de régularité. Il continue à recevoir des affluents considérables : sur la côte sud la rivière Chaudière, sur la côte nord le Saint-Maurice, la rivière Batiscan, la rivière Jacques-Cartier. La rivière Chaudière, « la rivière bruyante » du dix-septième siècle, a pour réservoir le lac Megantic et arrose le riche canton que pour sa fertilité, sinon pour sa ressemblance avec les terres à blé de l'Orléanais, ses premiers colons appelèrent la Beauce. Le puissant Saint-Maurice, aux eaux grises et ferrugineuses, se jette dans le fleuve par trois branches : d'où le nom des Trois-Rivières donné à la ville bâtie au débouché occidental de ce delta. Ce serait une voie magnifique de pénétration vers le nord si

---

(1) Aujourd'hui de Montréal à Belle-Isle on compte 1825 kil. de navigation maritime.
(2) Charlevoix, *Journal d'un Voyage dans l'Amérique Septentrionale*, Huitième lettre, t. V, p. 200.

les rapides n'y condamnaient les canoteurs à de trop fréquents portages : rien que dans les dix dernières lieues du cours inférieur, cinq rapides, les Grandes et les Petites-Piles, la Grande-Mère, le Schawenegan, les Grais. Le Saint-Maurice a 450 kilomètres : la longueur de la Saône.

La navigation maritime commence à Québec par un bassin qui pourrait recevoir toutes les flottes de l'Europe. Sur un front de plus de 5 kilomètres le port de la métropole canadienne a des profondeurs de 12 mètres. Et rien ne serait plus facile que de lui donner une extension pour ainsi dire indéfinie. De la pointe à Carey au cap Rouge, sur une longueur de 17 kilomètres, le fleuve présente dans son chenal principal des fonds qui varient entre 18 et 45. Et l'on aurait encore à utiliser la côte sud, à droite et à gauche de Levis, où les mêmes commodités se rencontrent pour le mouillage des plus puissants navires (1).

Québec n'est pas seulement le bout de mer, c'est-à-dire le point extrême où, avant la découverte de la navigation à vapeur, pouvaient remonter les grands voiliers. Québec a aussi une incomparable valeur stratégique. On a dit que c'était le Gibraltar de l'Amérique du Nord. Et en vérité la cité de Champlain commande cette porte de l'Amérique qu'est la vallée du Saint-Laurent. Sur son haut promontoire défendu au sud par les falaises abruptes du cap Diamant, à l'est par le confluent de la rivière Saint-Charles, elle intercepte d'autant plus facilement le passage qu'entre la grève de la Basse-Ville et la pointe Lévi, le fleuve se réduit à une largeur d'un quart de lieue.

Le bassin de Québec est fermé en aval par l'île d'Orléans qui vaut presque l'île de Montréal pour la grandeur comme pour la fertilité. Un archipel la continue : île Madame ; île aux Grues, île aux Oies, que les battures réunissent à la marée basse.

L'estuaire du Saint-Laurent n'a pas sur sa rive droite d'affluent qui vaille la peine d'être cité pour sa longueur ou pour son débit. La ligne de faîte est trop rapprochée du fleuve pour qu'il soit possible à de grandes rivières de s'y développer. Sur la rive gauche, au contraire, la hauteur des terres s'éloigne,

---

(1) Henry O'Sullivan, *Deuxième rapport sur l'étendue de pays situé entre le lac Saint-Jean et la baie James.* Québec, 1901, p. 86.

de plus en plus, dans la direction du nord-est à travers le Labrador. D'importants cours d'eau en descendent. Ce sont d'abord les deux rivières de Québec, le Saint-Charles qui forme son port et le Montmorency qui fut son boulevard contre l'Anglais. Le Montmorency rejoint le fleuve par une chute verticale de 76 mètres (16 mètres de plus que le Niagara). Le Saint-Charles et le Montmorency ne comptent guère à côté du Saguenay. Le Saguenay sort tout formé du lac Saint-Jean. Le lac Saint-Jean (920 kil. c.) est alimenté par de fortes rivières qui lui viennent surtout du nord : Mistassini (plus de 500 kilomètres), Péribonka (plus de 700 kilomètres). Le Saguenay s'élargit très vite. A partir de Chicoutimi c'est un fjord que surplombent de hautes falaises. Le spectacle est grandiose et les noms donnés par les premiers explorateurs (baie de Ha-Ha, cap Eternité), expriment bien l'impression d'horreur religieuse que l'on éprouve à remonter de Tadoussac au lac Saint-Jean. Le Saguenay a souvent plus d'un kilomètre d'un bord à l'autre. Ses riverains prétendent qu'il est sans fond. La vérité c'est que la sonde y a relevé des profondeurs de plus de 250 mètres. Le Saguenay se termine à Tadoussac. Tadoussac était au dix-septième siècle le rendez-vous général des pêcheurs, des traiteurs, des missionnaires, des sauvages du nord. Quelques autres grandes rivières viennent du Labrador au Saint-Laurent ; rivière aux Outardes, Manicouagan, rivière Moisie.

Si l'estuaire du Saint-Laurent ne commence en réalité qu'au cap Diamant, le flux remonte beaucoup plus haut. Il se fait encore sentir aux Trois-Rivières et même jusqu'au lac Saint-Pierre. A Québec il s'élève à 3 mètres 35 dans les marées ordinaires, à 5 mètres 60 dans les marées d'équinoxe. Pourtant c'est toujours de l'eau douce qui passe au large de la ville de Champlain. Elle devient saumâtre à Saint-Thomas, salée à Kamouraska, 60, 80 kilomètres plus loin. Le Saint-Laurent est déjà un bras de mer. Il a 25 kilomètres de large à la hauteur de la baie Saint-Paul, 28 à l'entrée du Saguenay, 40 entre la pointe des Monts et le cap Chat. C'est ici qu'il serait raisonnable de jeter le fleuve dans le golfe. Mais la tradition veut qu'il continue jusqu'à la rencontre de cette grande terre d'Anticosti qui a l'étendue de la Corse. Aussi bien est-ce là que s'ouvre la magnifique avenue qui pénètre par la Nouvelle-France jusqu'au cœur de l'Amérique du Nord. Incomparable entrée qui mesure, de l'archipel Mingan sur la côte du Labrador au cap des Rosiers en Gaspésie, près de 30 lieues.

La commission géologique du Canada évalue le débit du Saint-Laurent à 32.000 mètres cubes par seconde : ce qui classe le fleuve entre le Mississipi et le Danube. Ces eaux viennent en partie du réservoir des grands lacs (10.000 mètres cubes par seconde au Niagara); le reste, environ les deux tiers, est fourni par les pluies et les neiges du bassin fluvial. Le Canada laurentien est un pays bien arrosé de l'eau du ciel, aussi bien arrosé que la France Océanique.

Mais la comparaison est malaisée à mener jusqu'au bout avec des chances de grande exactitude. En France on n'a à mesurer que la pluie tombée. Au Canada, pendant quatre mois, il ne tombe que de la neige. On ne peut faire un total avec des moyennes de pluie et des moyennes de neige. Voici les résultats d'observations poursuivies pendant quatre années (de 1897 à 1900).

Moyennes annuelles des pluies et des neiges (1).

	Millimètres	Mètres
Ottawa	650,6	2.312
Montréal	787,2	3.536
Québec	731,6	2.657
Chicoutimi	582,1	1.699
Rimouski	559,0	2.689

A remarquer que les pluies et les neiges sont surtout abondantes dans le bassin moyen du fleuve, à Québec et davantage encore à Montréal. Elles diminuent sensiblement quand on s'en éloigne, soit pour s'enfoncer dans l'intérieur des terres, vers le Nord (Ottawa et Chicoutimi), soit pour se rapprocher du golfe (Rimouski).

Dans le bassin fluvial de Saint-Laurent il n'y a que du terrain

---

(1) Henry O'Sullivan, *Deuxième rapport*, etc., p. 66.

primaire, du laurentien, du silurien, du cambrien. Le nom de laurentien a été donné par les géologues canadiens à des roches très cristallines composées de couches feldspathiques inter-stratifiées de masses calcaires considérables. Elles occupent les trois quarts de la province de Québec, toute sa partie septentrionale : bassin de l'Ottawa, de la sortie du Temiscamingue à Arnprior, bassin de ses grands affluents, rivière Gastineau et rivière du Lièvre, bassin du Saint-Maurice, bassin du Saguenay et, à partir du Saguenay, toute la rive gauche du fleuve avec l'arrière-pays labradorien jusqu'au détroit de Belle-Isle.

Mais la région qui fut véritablement colonisée par les Français au dix-septième et au dix-huitième siècle est silurienne et cambrienne. Entre Montréal et Québec les formations siluriennes et cambriennes constituent la vallée de Saint-Laurent. Elles sont, du reste, recouvertes presque partout par des alluvions quaternaires d'une grande épaisseur. Sur la rive droite, la rive sud du fleuve, c'est le cambrien et le précambrien qui dominent, notamment dans les cantons de l'Est. Des roches éruptives traversent ces terrains siluriens et cambriens. Elles forment de petites montagnes de diorite, de dolerite, de trachyte : Mont-Royal de Montréal, Montarville, Rougemont, Yamaska, Johnson, Shefford, Brome (1).

Les terrains laurentiens renferment du phosphate, du fer magnétique et titanique, du mica, des granites, des calcaires. Les dépôts alluviaux de la vallée de Saint-Laurent fournissent la brique, la tourbe, le minerai de fer des marais, de nombreuses sources minérales. Les sédiments qu'elles recouvrent donnent, avec les calcaires de Trenton, la pierre à chaux et la pierre de construction avec lesquelles on a bâti Québec et Montréal. Le sous-sol le plus riche est celui des cantons de l'Est. Là se ren-

---

(1) *Commission géologique du Canada*. Rapport des progrès depuis son commencement jusqu'en 1873. Trad. de Darcy. Montréal, 1861, ch. III, p. 21 et suivantes.

— *Atlas de cartes et de coupes* (joint au rapport).

Montréal 1865. Geological, Map of Canada... dressée par James Hall et Sir W. Logan.

J. Obalski, *Mines et minéraux de la province de Québec*, 1849-90. Esquisse géologique, p. 4 et 5.

contrent, dans le cambrien, le cuivre, le fer magnétique et oligiste, l'antimoine, le nickel, l'argent, le quartz aurifère, et, dans les serpentines, le fer chromique et l'amiante (1).

Au point de vue de la qualité du sol on a divisé le bassin du Saint-Laurent en trois régions : les Laurentides, les cantons de l'Est, la vallée du fleuve.

Dans les deux premières régions la décomposition de roches cristallines peu résistantes a produit de bonnes terres, avec cet avantage pour les cantons de l'Est que la décomposition y est plus rapide. La vallée du fleuve, la Champagne, comme l'appellent les géologues canadiens, est beaucoup plus fertile. Ses grès, ses calcaires, ses schistes sont recouverts par des glaises, des glaises bleues d'une grande épaisseur et qui ont formé un sol très riche, particulièrement propre à la culture du blé. Aussi bien ne faut-il pas juger de la fécondité de la terre canadienne, à l'arrivée des premiers colons, par ce qu'elle est devenue, par la suite, entre les mains d'agriculteurs ignorants, qui, à lui demander trop, l'ont épuisée. Et les incendies, ces incendies qui sont, la plupart du temps, allumés pour hâter la besogne des défricheurs, ont fait aussi beaucoup de mal. Sur trop de points, ils ont laissé le sol à nu (2).

Encore qu'elle soit située sous la même latitude que nos provinces du centre et du midi (45° lac Saint-François, Bec d'Ambez ; 46 Sorel, île d'Oléron ; 47 île d'Orléans, île de Noirmoutiers ; 48 Tadoussac, Le Mans). La Nouvelle-France n'a point le climat tempéré de l'ancienne. Elle est soumise à toutes les variations d'un climat continental caractérisé : hiver très froid, été très chaud. C'est que la mer a beau s'enfoncer au cœur du Canada, elle n'y apporte que des eaux glacées. Cependant que le Gulf-Stream détourne vers l'Europe occidentale les eaux chaudes des Antilles, un courant qui se forme entre la terre de Baffin et le Groenland pénètre dans le détroit de Belle-Isle et, lors de la débâcle estivale, chasse les ice-bergs jusqu'au large d'Anticosti (3). Les vents exercent la même influence que

(1) Obalski, *Mines et minéraux de la province de Québec*, 1889-90, pp. 4 et 5.
(2) H. Mercier, *Esquisse de la province de Québec*, 1889, pp. 22-23.
(3) *The Currents in the golf of St-Lawrence*, Ottawa, 1900. — *Annales de géographie*, 15 octobre 1901, p. 271.

les eaux. Les vents du pôle se rejoignent dans la vallée du Saint-Laurent : vent du nord-est-sud-ouest, qui s'engouffre dans le large couloir de l'estuaire, vents du nord et du nord-est qu'aucun accident de relief n'arrête dans la traversée du Labrador (1).

La moyenne de janvier qui est à Nancy 0,02, à Paris 2,6, à Brest 6,3, est à Rimouski — 12,55, à Québec — 11,44, à Ottawa — 10,39, à Montréal — 9,88. La moyenne de juillet qui est à Nancy + 18,5, à Paris + 18,13, à Brest + 17,9 est à Ottawa + 18°61, à Montréal + 18°22, à Québec + 16°67, à Rimouski + 12°06.

Le Canada n'a point nos quatre saisons (2) de France, de durée égale. Le printemps et l'automne, le printemps surtout y sont de courte durée. Mars est encore de l'hiver. Mai est déjà de l'été. Tout le printemps tient dans le mois du dégel.

Du froid à la chaleur le passage est rapide. Quelques jours de pluies chaudes et la neige coule au fleuve, aux rivières, aux lacs, l'air se purifie, le ciel se colore d'un azur éclatant où flottent les fils légers des cirrhus ; comme par enchantement jaillit de partout une végétation puissante. Il se peut qu'il n'y ait point une feuille aux arbres le premier mai, même le cinq mai, et le quinze mai tout est vert. Il faut du reste distinguer entre les régions. Autour de Montréal la neige a disparu avant le premier avril ; autour de Québec elle persiste jusqu'aux premiers jours de mai. Le printemps se prépare depuis longtemps. Sous la neige, la sève est montée aux arbres et les bûcherons ont entaillé le dur bois de l'érable pour en tirer du sucre.

En 1624, Champlain a pris plaisir à marquer, jour par jour, les progrès rapides de ce renouveau charmant. « Le 8 du dit mois (mai), les cerisiers commencent à espanouir leurs boutons... En ce temps mesme sortent de terre de petites fleurs de gris de lin et blanches qui sont les primevères..... de ces lieux-là. Le 9, les framboises commencent à boutonner et toutes les herbes à pousser. Le 10 ou 11, le sureau montre ses feuilles. Le 12, il y a des violettes blanches... Le 15, les arbres

---

(1) E. Reclus, *Amérique boréale*, p. 467.
(2) Hingston, *The Climate of Canada*, pp. 48-65.

furent boutonnés et les cerisiers revestus de feuillages et le froment monte à un ampan... Les framboisiers jetèrent leurs feuilles, le cerfeuil était bon à couper : dans le bois l'oseille s'y void à deux pouces de hauteur. Le 18, les bouleaux jettent leurs feuilles. » Et ainsi de suite jusqu'au 30 « où les chesnes avaient leurs feuilles d'environ un pouce de long » et « où le bled d'inde commençait à lever (1). » Et Champlain tient son journal à Québec, c'est-à-dire dans la région de la Nouvelle-France où l'éclosion du printemps se fait le plus attendre.

En même temps la forêt se peuple et s'anime. Dès le mois de mars, le rouge-gorge a fait son nid, la perdrix a choisi son compagnon, la bécasse revient du sud. D'avril à mai, la terre canadienne, un à un, retrouve tous ses chanteurs : le pivert, le bruant, le rossignol et, s'il est permis de la mettre en cette compagnie, la grenouille des marais.

L'été canadien est très chaud, mais non point accablant. L'atmosphère n'y est jamais dans un état de repos absolu. Elle est rafraîchie par des pluies qui tombent en grande quantité et, généralement, à des intervalles réguliers.

A la fin de septembre, le changement de température est brusque. Les pluies deviennent fréquentes. Il gèle presque toutes les nuits. Les oiseaux migrateurs, le rouge-gorge, le rossignol, le canard sauvage partent en octobre. Les animaux hivernants vont changer de plumage ou de pelage. En même temps la forêt se revêt d'une robe neuve aux teintes les plus riches, aux nuances les plus variées « rouges et sanglantes sur le feuillage des érables — jaune pâle sur les trembles, les bouleaux, les noisetiers, — d'un vert dur et foncé sur les épinettes — plus tendre sur les mélèzes et sur les aiguilles luisantes des sapins (2) ». C'est encore une belle et agréable saison. Les Canadiens vantent la douceur des derniers beaux jours de l'automne qu'ils appellent l'été des sauvages.

La première neige tombe en novembre, neige légère qui ne résiste pas à quelques heures de soleil. C'est la poudrerie de sainte Catherine. La neige qui dure commence à tomber en dé-

---

(1) Champlain, édit. Laverdière, t. VI, p. 71.
(2) Casgrain, *Légendes canadiennes. La Jongleuse.* OEuvres complètes, édit. populaire, t. III, p. 45.

cembre. Elle monte à trois pieds autour de Montréal, à quatre autour de Québec. C'est en décembre également que se prennent les lacs, les rivières, et, en dernier, le Saint-Laurent.

Il ne faut pas juger de l'hiver canadien par notre hiver de la France du nord. L'hiver canadien a ses redoutables poudreries où trop souvent le voyageur s'égare et succombe. Mais il n'a pas ces après-midi de brume et de boue qui nous condamnent au spleen. Les Canadiens célèbrent les calmes journées de décembre, où, sur le flot d'argent qui déferle de la forêt au fleuve, dans un ciel pur — presque un ciel de Nice ou d'Alger — plane un vigoureux soleil. Les nuits sont encore plus belles. Elles ont, ce qui manque à nos nuits les plus splendides, les féeries de l'aurore boréale. L'enchantement n'est pas que pour les yeux. C'est tantôt, lorsque le temps est doux, un mystérieux silence, tantôt, lorsque le froid monte, la musique étrange que fait la neige qui casse.

Cet hiver qui, de loin, effraie tant, est, sur place, très tolérable et même, cette comparaison s'impose aux premiers hivernants, plus tolérable que celui de la France du nord et du centre d'où ils viennent. « Chacun se dit icy qu'il a plus enduré de froid en France qu'en Canada » (1), écrit le père Le Jeune en 1633. En 1642, le père Barthélemy Vimont trace un tableau charmant des bienfaits inattendus de l'hiver canadien. « Des filles tendres et délicates, qui craignent un brin de neige en France, ne s'estonnent pas icy d'en voir des montagnes. Un frimas les enrhumait en leurs maisons bien fermées, et un gros et grand et bien long hiver, armé de neiges et de glaces depuis les pieds jusques à la teste, ne leur fait quasi autre mal que de les tenir en bon appétit (2). » L'explication est trouvée tout de suite. C'est « un froid qui est guay et la plupart du temps ce sont de beaux jours sereins (3). » L'hiver canadien est moins pluvieux que le nôtre et, comme l'humidité est la cause principale des maladies des voies respiratoires, il est plus sain. Cet hiver ne donne pas seulement la santé aux hommes. Il assure à la terre sa fécondité. La neige est d'une conductibilité très faible. De

---

(1) *Relat. des Jésuites*, 1633, p. 10.
(2) *Id.*, 1642, p. 3.
(3) P. Boucher, *Histoire véritable... de la Nouvelle-France*, p. 135.

son épais manteau elle protège parfaitement le sol et les semences qui lui ont été confiées contre les atteintes de la température atmosphérique. Elle contient en outre de l'acide carbonique et même le plus souvent des nitrates et de l'ammoniaque. Au moment du dégel, ces substances azotées, éminemment fertilisantes, pénètrent lentement et profondément dans la terre.

Aujourd'hui les moins rapides des steamers anglais qui font le service entre Liverpool et Montréal, à la condition qu'ils ne soient pas arrêtés par la brume au nord de Terre-Neuve, accomplissent, dans les deux sens, le voyage en une dizaine de jours dont deux de navigation fluviale. Au dix-septième et au dix-huitième siècle, avec des voiliers, le passage ne demandait jamais moins de six semaines.

De l'ancienne à la Nouvelle-France la plus courte traversée que nous connaissions, c'est celle de Montcalm (1). En trente-huit jours, le futur vainqueur de Carillon va de Brest à la Petite-Ferme qui est sur la côte de Beaupré. Mais on avait donné au général en chef de l'armée d'Amérique un des bons marcheurs de la marine royale, et, pour le guider, Pelegrin, le capitaine du port de Québec qui en était à sa quarante-deuxième campagne. Cette rapidité ne se retrouve pas dans l'histoire du Canada français. La traversée de La Hontan en 1691 dure cinquante-trois jours (2) ; celle du père Le Jeune en 1632, soixante-dix-huit (3) ; celle de Charlevoix en 1720 quatre-vingt-quatre (4). On peut être encore plus malchanceux. Les tempêtes, les calmes, les brumes, sans compter le temps perdu, dans

---

(1) Montcalm, *Journal*, pp. 32 à 61.
(2) La Hontan, *Voyages*, t. I, lettre XXII, pp. 352-354.
(3) *Relat. des Jésuites*, 1632, pp. 1 à 7.
(4) Principales péripéties de la traversée de Charlevoix sur la flûte du roi *le Chameau* : Départ le 2 juillet 1720; pendant six semaines mer démontée et vent debout ce qui force à le prendre de biais, à aller à la bouline ; vers le grand banc dix jours de brume épaisse ; le 16 août tempête ; le capitaine s'égare et se retrouve en vue du cap Raze, au moment de donner sur le brisant ; le 10 septembre on signale Anticosti ; dans le fleuve nombreux mouillages forcés : quatre jours aux Mamelles-de-Matane, cinq jours à l'Ile Verte, deux jours à Tadoussac. Charlevoix, *Journal d'un Voyage... dans l'Amérique Septentrionale*, t. V, 2ᵉ lettre, pp. 71 à 102.

le golfe et dans le fleuve, à lutter contre les courants et à éviter les glaces flottantes, peuvent vous condamner comme l'auteur anonyme du *Voyage au Canada de 1751 à 1761*, J. C. B., à passer près de cinq mois entre le ciel et l'eau (1). A la vérité, le retour est, en règle générale, plus facile et plus prompt que l'aller. Champlain en 1610 a laissé Québec le 8 août, et il prend terre à Honfleur le 27 septembre (2). L'année suivante, il va plus vite encore. Il met un mois tout juste à gagner la Rochelle (3). La Hontan s'embarque le 26 novembre 1691 à Québec, et le 12 janvier 1692, il peut dater une lettre de la Rochelle. Encore se plaint-il que la traversée a été assez longue. Ce même La Hontan nous donne la durée moyenne des passages, deux mois et demi de France en Canada, de trente à quarante jours du Canada en France. Et il explique ainsi la différence dans la durée des deux trajets. Il y a, chaque année, cent jours de vent d'est et deux cent soixante jours de vent d'ouest (4).

Au dix-septième et au dix-huitième siècle les navires de haute mer ne dépassent point Québec. En amont ils trouvent encore des chenaux assez profonds mais plus de chenaux assez larges pour des voiliers. A Québec il faut descendre dans les canots et aller à la rame. De là, sans rencontrer d'obstacle, on pousse sur le fleuve jusqu'à la Chine, sur le Saint-Maurice jusqu'aux Piles, sur le Richelieu jusqu'au bassin de Chambly, sur tous les affluents jusqu'à ce qu'on se heurte à la première chute. Mais les rapides, les sauts, même les cataractes se laissent tourner. A l'école des sauvages, les ancêtres des Canadiens apprennent vite à mettre à leurs épaules le petit bateau d'écorce. Dès lors c'est la moitié d'un continent qui leur est ouvert.

Dans l'immense plaine intérieure de l'Amérique du nord, où les fleuves qui vont à trois mers entremêlent leurs sources, de portage en portage, par l'Ottawa, par les grands lacs, par la Saskatchewan, par le Mississipi, par leurs centaines d'affluents et de sous affluents, les chemins liquides portent les Français du golfe du Saint-Laurent à la baie d'Hudson, aux Montagnes Rocheuses, au golfe du Mexique.

(1) J. C. B. *Voyage au Canada*, 1751-1761, p. 202.
(2) Champlain, *Second voyage*, édit. Laverdière, t. III, p. 226-229.
(3) Champlain, *Troisième Voyage*, édit. Laverdière, t. III, p. 265.
(4) La Hontan, *Voyages*, t. I, lettre XX, p. 339; lettre III, p. 18.

DEUXIÈME PARTIE

LES DEUX PREMIÈRES TENTATIVES DE COLONISATION, 1540-1629 — CHAMPLAIN

La découverte et la première tentative de colonisation (1535-1542.) — Soixante ans d'abandon. — Henri IV. — Le système des compagnies. — Champlain. — Fondation de Québec (1608.) — L'exploration (1609-1613.) — Premiers essais de culture. — La fin du mal de terre. — Champlain et les sauvages. — Intrigues à déjouer. — Vice-rois fainéants. — Le premier colon Hébert. — La mauvaise volonté des compagnies. — Prise de Québec par les Anglo huguenots (1629.) — Champlain à Londres et à Paris. — Restitution de la colonie. — L'édition des voyages de Champlain de 1632.

Entre la découverte du fleuve Saint-Laurent par Jacques Cartier et les débuts véritables de la colonisation du Canada, il s'écoule un siècle (1535-1632). Pour implanter la race française en Amérique il faut s'y prendre à trois fois.

La première tentative de colonisation suit la découverte. Elle dure à peine quelques mois et son insuccès est complet. Après soixante ans d'un abandon que la situation intérieure de la France suffit à expliquer, l'effort est renouvelé. Avec beaucoup de persévérance il est prolongé de 1598 à 1629. Mais les ressources manquent, et au moment même où le génie patient de Champlain semble avoir triomphé de tous les obstacles, un coup de théâtre remet tout en question. Les Anglais détruisent la petite colonie. Heureusement que le désastre est vite réparé.

Dès 1632 les Français reviennent à Québec. Cette fois-ci, la prise de possession du Canada est définitive.

Il n'y a à retenir de la première tentative que quelques faits essentiels. Contre les prétentions de ses frères d'Espagne et de Portugal François Ier revendique hautement dans le Nouveau-Monde sa part de l' « héritage d'Adam. » Il envoie successivement Verazzani et Jacques Cartier à la recherche des Terres Neuves du Nord-Ouest. Verazzani disparaît dans un second voyage. Mais Cartier accomplit sa tâche avec le plus grand succès. En 1535 il entre dans le Saint-Laurent, s'avance à deux cents lieues dans l'intérieur des terres, ne s'arrête que devant le premier rapide (1).

François Ier a hâte de peupler ce sol qui porte déjà le nom de Nouvelle-France. Il confie à un de ses favoris, Roberval, le soin d'y conduire les premiers colons. Mais ce sont des colons de la plus mauvaise qualité. Ils ont été recrutés dans les geôles du royaume. Même si, dès le premier hivernage, la famine et le mal de terre ne les avaient pas décimés, l'entreprise était de toute manière condamnée à échouer. Cartier rembarqua le petit nombre des survivants (2).

Si fâcheux que soit cet échec, il n'y a pas là de quoi provoquer le découragement. Mais François Ier meurt, son fils Henri II se donne tout entier à la lutte contre la maison d'Autriche, et sous ses petits-fils éclate cette terrible guerre de religion qui divise la France en deux camps. Le Canada est abandonné, sinon oublié.

Est-ce à dire qu'il ne subsiste rien de l'œuvre de François Ier et de Jacques Cartier ? La question de propriété est résolue. Le capitaine malouin a dressé partout sur son passage les hautes croix à l'écusson fleurdelisé. Il a donné au roi de France le droit du premier occupant. En outre la partie du Canada qui sera le théâtre principal de la colonisation française est maintenant connue dans ses grandes lignes. Cartier est remonté jusqu'à

---

(1) Jacques Cartier, *Brief récit et succincte narration de la navigation faite en 1635 et 1638 aux îles de Canada*, p. 27.
(2) Autour de la *Bibliotheca americana vetustissima* (Harrisse), *Notes pour servir à l'histoire, à la bibliographie... de la Nouvelle-France*, pp. 4-5 et 243-277.

Stadaconé qui sera Québec, jusqu'à Hochelaga qui sera Montréal, jusqu'au saut Saint-Louis qui reste encore aujourd'hui le terme de la navigation maritime. En même temps, son maître a fixé le programme de l'œuvre que la France tentera d'accomplir en Amérique du Nord. Ce programme que Henri IV, Louis XIII et Richelieu, Louis XIV et Colbert acceptent tel quel, se réduit à ces deux articles qui gardent, à l'origine, une importance égale : il faut peupler le pays de Français ; il faut convertir les indigènes (1). Enfin, et ceci est capital, les populations de nos côtes ont appris, une fois pour toutes, le chemin du Saint-Laurent. Chaque année, désormais, la pêche de la morue et de la baleine, et, accessoirement, la traite avec les sauvages attirent jusqu'à Terre-Neuve, et même jusque sur le fleuve, les Normands, les Bretons, les Saintongeois, les Basques.

La Ligue et l'Espagne vaincues, la France pacifiée, replacée à la tête de l'Europe, l'heure redevient propice aux entreprises d'outre-mer. Il n'y a pas lieu de grandir plus que raison le rôle de Henri IV. S'il déclare qu'il a hâte « de faire parachever la découverture et habitation du Canada (2) », il se garde de reprendre à son compte le programme de François Ier. Henri IV a ce mérite de passer outre à la contradiction de Sully (3), de croire à l'avenir de la Nouvelle-France, mais, et cette parcimonie a des excuses au lendemain de quarante années de guerre civile et étrangère, il ne se décide pas à faire le sacrifice nécessaire pour l'établissement d'une colonie. Aussi bien s'ima-

(1) « Comme pour le désir d'entendre et avoir connaissance de plusieurs [pa]ys qu'on dit inhabités et autres être possédés par gens sauvages, vivans [s]ans connaissance de Dieu... eussions dès pieça à grands frais et mises [e]nvoyé découvrir lesdits pays par plusieurs bons pilotes... qui d'iceux [p]ays nous auraient amené divers hommes que nous avons par longtemps [t]enus en notre royaume, les faisant instruire en l'amour et la crainte de [D]ieu... en l'intention de les faire ramener ès dits pays en compagnie de [b]on nombre de nos sujets de bonne volonté, afin de plus facilement conduire les autres gens d'iceux pays à croire en notre sancte foy... » Commission de François Ier à Jacques Cartier, 17 octobre 1540. Lescarbot, Histoire de la Nouvelle-France, 1611, pp. 411-416.

(2) 23 décembre 1602. Lettre missive au capitaine Chauvin. Lettres missives de Henri IV. Documents inédits sur l'Histoire de France, t. VIII, [p.] 15.

(3) Sully, Économies royales, édit. Michaud et Poujoulat, t. I, p. 516.

gine-t-il résoudre ce difficile problème de coloniser sans qu'il en coûte rien au trésor royal, en ayant recours au système des compagnies privilégiées. A remarquer que le système n'a pas encore été mis à l'épreuve. La première compagnie française, celle du commandeur de Chastes, et la première compagnie hollandaise, que l'on considère généralement comme ayant servi de modèle à toutes les autres, sont de la même année, 1602 (1). Le succès n'en paraît pas moins assuré : le système est d'un mécanisme à la fois si ingénieux et si simple. Le souverain s'en remet à quelques-uns de ses sujets, qui forment une association commerciale, du soin d'organiser, de peupler une terre vacante. En échange, il leur abandonne de fructueux monopoles qui doivent non seulement leur permettre de couvrir leurs frais mais de s'enrichir.

Toute la question est de savoir si les concessionnaires tiendront leurs engagements ! Les agents de la compagnie peuvent avoir les meilleures intentions : ils restent soumis aux exigences des associés. Ceux-ci n'ont qu'un souci médiocre de l'intérêt national. Ils réclament, avant tout, des dividendes, c'est-à-dire l'exploitation à outrance de leur privilège. Quant au peuplement ils s'accordent pour refuser de l'entreprendre. Le recrutement, le transport, l'établissement des immigrants coûteraient trop cher, et, par surcroît, à peine installés ces gens-là deviendraient des concurrents. On doit aussi convenir que les compagnies se fondent trop souvent avec des capitaux insuffisants, qu'elles sont forcées de vivre au jour le jour sans avoir ces réserves, sans pouvoir faire ces avances qui sont nécessaires à cette œuvre de longue haleine qu'est la colonisation.

La série des échecs recommence : échec du marquis de la Roche en 1598, échec du capitaine Chauvin en 1603. On attend mieux du commandeur de Chastes. Il meurt avant d'avoir pu rien faire. Heureusement que le roi de France a sous la main un ancien compagnon du roi de Navarre, homme de tête et de cœur, M. de Monts (2). M. de Monts sait qu'il lui faut beaucoup

---

(1) Bonnassieux, *Les grandes Compagnies de Commerce*, pp. 10 et 316.
(2) Le 18 décembre 1603, lettres patentes portant règlement pour l'enregistrement et l'exécution du traité fait avec le sieur de Monts pour la découverte des côtes des terres de l'Acadie et y établir des colonies. —

d'argent et qu'il ne peut en demander à son protecteur. Il se fait octroyer le monopole de la traite. Il croit enfin désarmer la mauvaise volonté de ceux qui ne pardonnent pas au lieutenant général de la Nouvelle-France d'appartenir à la religion réformée ; il s'engage à réserver aux missionnaires catholiques la conversion des indigènes. Mais le plus grand mérite de M. de Monts est d'avoir accepté la collaboration de Champlain.

Samuel Champlain (1) est né à Brouage, vers 1570. Il est fils de marin. Tout, dans les traditions de sa famille comme dans les spectacles de son enfance, est fait pour lui inspirer l'amour des aventures, la curiosité des terres d'outremer. Il fait pourtant ses débuts en prenant part à la guerre civile. Bon catholique, il sert la Ligue contre Henri IV. Après l'abjuration il s'empresse de changer de camp, d'abandonner, de combattre le parti de l'étranger. Il contribue à la soumission de la Bretagne. Il se fait remarquer de ses chefs, en obtient les importantes fonctions de maréchal des logis.

Philippe II a traité à Vervins. Henri IV licencie le plus grand nombre de ses soldats, et, parmi eux, Champlain. Celui-ci serait fort embarrassé de sa personne si l'un de ses oncles, qui est chargé de rapatrier la garnison espagnole de Blavet, ne lui proposait de l'emmener. L'oncle et le neveu débarquent à Cadix et trouvent bientôt le moyen de se faire admettre au service de Sa Majesté Catholique. Champlain y gagne de réaliser un rêve qui semblait irréalisable pour un Français, de pénétrer aux Indes Occidentales. De la Guadeloupe à Porto-Rico, à Saint-Domingue, à Cuba, à Saint-Jean d'Ulloa, à l'isthme de Panama, à Carthagène, il fait le périple de la mer des Antilles. Il a même l'autorisation de pousser une pointe à travers la terre ferme jusqu'à Mexico.

Champlain a donné une relation de son voyage. On y relève

enregistrées le 16 mars 1605. Lettres missives de Henri IV. *Documents inédits sur l'Histoire de France*, t. VIII, p. 897.

(1) Trois ouvrages à consulter sur Champlain : sa biographie, par l'abbé Laverdière, t. I de l'édition de Champlain, par le même ; *Samuel Champlain*, par N.-E. Dionne ; *La Vie de Samuel Champlain, fondateur de la Nouvelle-France*, par M. Gabriel Gravier. *Bulletin de la Société libre d'émulation du commerce et de l'industrie de la Seine-Inférieure*, exercices 1898-99, Rouen, 1899.

les qualités maîtresses de son esprit. Il sait voir. Il lui suffit d'un coup d'œil pour comprendre, pour juger. Sa curiosité est d'abord celle d'un militaire. On dirait qu'il prépare pour le roi de France la conquête de la Nouvelle-Espagne. Il accumule les notes. Quand les mots ne disent pas assez il les éclaire d'un plan ou d'un croquis. Mais bientôt un autre spectacle attire, absorbe son attention : celui de la première en date, de la plus avancée des colonies européennes dans le Nouveau-Monde (1). La vocation de Champlain est née.

Champlain revient en France après deux ans d'absence (2) (1599-1601). Il accourt à Saint-Germain auprès de Henri IV, et lui remet un rapport qui est probablement « le brief discours des choses plus remarquables que Samuel Champlain a recongnues aux Indes Occidentales ». Le roi lui donne une pension, le nomme son géographe (3). Il pense en même temps qu'un tel auxiliaire serait précieux en Nouvelle-France. Il donne ordre à Dupont-Gravé, l'associé du commandeur de Chastes, de l'embarquer.

Au mois de juin 1603, il est à Tadoussac. Il prend contact avec ces sauvages qui lui inspirent tant de sympathie et qu'il saura si bien manier (4). Il remonte le Saint-Laurent, passe au pied de la chute à laquelle il donnera le nom de Montmorency (5), aborde à Québec. Il est frappé de la situation de cette montagne qui est sur un détroit. Il parcourt les environs de Québec. Il remet à la voile. De Québec à la Pointe-Sainte Croix, aux Trois-Rivières, à l'île de Montréal, son admiration suit un crescendo. Son opinion est faite. « Si ces terres étaient cultivées elles seraient bonnes comme les nôtres (6). » Ces quelques semaines sont capitales dans l'histoire de l'Amé-

---

(1) « Il ne se peut voir... un plus beau païs que ce royaume de la Nove-Espagne. » Champlain, *Brief discours des choses plus remarquables que Samuel Champlain de Brouage a recongnues aux Indes Occidentales*, édit. Laverdière, t. I, pp. 21-24.
(2) Id., *loc. cit.*
(3) Laverdière, *Champlain*, notice biographique, t. I, pp. xv-xvii.
(4) *Des Sauvages ou Voyage de Samuel de Champlain de Brouage faite en la France-Nouvelle l'an 1603*, t. II, édit. Laverdière, pp. 4 à 7.
(5) Champlain, *Des Sauvages*, édit. Laverdière, t. II, p. 25.
(6) *Id.*, p. 26.

rique française. Désormais Champlain est conquis à la Nouvelle-France. Il lui voue sa vie.

Champlain repasse en France. Il y apprend la mort du commandeur de Chastes. Il offre ses services à M. de Monts qui le connaît, sans doute, de longue date, qui est saintongeois comme lui. De Monts emmène Champlain en Acadie, à Sainte-Croix puis à Port-Royal. C'est un échec complet. De Monts renonce à l'Acadie, la cède à Poutrincourt. C'est alors que Champlain le décide à tenter la fortune sur les bords du Saint-Laurent. La détermination est heureuse. Sans doute l'Acadie avait sur le Canada cet avantage de faire face à Terre-Neuve, au Grand banc, d'être beaucoup plus rapprochée de l'Europe, d'être abordable en toute saison. De plus, le développement de ses côtes, la fertilité de son sol, la douceur relative de son climat la rendent facilement colonisable. Tout cela n'empêche pas que l'Acadie ne soit une impasse, qu'elle n'ait point de communication naturelle avec l'intérieur du continent. Les grandes routes qui pénètrent au cœur de l'Amérique sont, au nord et au sud de la péninsule, la vallée du Saint-Laurent, la vallée de l'Hudson. Entre les deux, l'Acadie est condamnée à l'isolement, et cela est si vrai que cet isolement a duré jusqu'à la fin du dix-neuvième siècle, et que, pour le faire cesser, il a fallu la construction, entre Halifax et Québec, du chemin de fer intercolonial. Au surplus, du moment que l'on va laisser les Anglais s'établir en face, entre le cap Cod et le fleuve Connecticut, l'Acadie est toujours à la merci d'un coup de main. Quatre fois (1), dans l'espace d'un siècle, avant de nous être définitivement ravie, elle est enlevée par nos rivaux, chaque fois on peut dire à l'improviste.

Le choix de la vallée du Saint-Laurent comme théâtre principal de la colonisation française nous donne, pour la conquête du continent, une avance que nos rivaux ont mis cent cinquante ans à rattraper. De Québec et de Montréal, nous atteignons les grands lacs, le Mississipi, les Montagnes Rocheuses lorsqu'ils commencent à peine à descendre le versant occidental des Alleghanys. Enfin cet établissement à l'intérieur

---

(1) En 1613, en 1629, en 1654, en 1711. Rameau de Saint Père, *Une Colonie féodale en Amérique, L'Acadie*, t. I, pp. 59-60, 72, 122-123, 353-54.

des terres, sur un fleuve qui gèle tous les hivers, met, pendant six mois chaque année, la colonie à l'abri d'une attaque venue de la mer. A la vérité, on peut soutenir la contrepartie. Il se présente telle circonstance, la guerre iroquoise par exemple, où la muraille de glace intercepte les secours de la mère-patrie. Et, lorsqu'on assiste au vagabondage des coureurs de bois, on se prend à regretter que la porte sur les grandes plaines de l'Ouest et du Sud leur soit si largement ouverte.

Aussi bien, si M. de Monts se décide à transporter son établissement sur la grande rivière du Canada, c'est surtout parce qu'il sait que c'est là le vrai pays de la traite, et qu'il espère y échapper à la concurrence que, malgré toutes les patentes royales, lui font les Rochelais et les Malouins.

Avec le choix de la vallée du Saint-Laurent pour la première province de l'Amérique française, un autre choix s'impose, celui de Québec pour la première habitation. S'il ne s'agissait que d'un comptoir de commerce, les Trois-Rivières et surtout l'île de Montréal eussent mérité la préférence. Mais, pour commencer, il ne faut pas être trop loin de la France, il faut être en sûreté. Ce détroit qui n'a qu'un quart de lieue de large, et où une barque ne peut passer sans être signalée, cette montagne qui commande ce détroit ne se retrouvent pas ailleurs. Champlain qui est venu seul au Canada, et qui a les pleins pouvoirs de M. de Monts, n'a pas un instant d'hésitation. Avant de débarquer, il savait où il s'établirait. Le 3 juillet 1608, il met ses hommes au travail. Au mois de septembre, le logement et le magasin de Québec sont achevés (1). Il est trop tard pour aller en exploration. Champlain attend la fin de l'hivernage pour se mettre en chemin.

De Québec au lac Saint-Pierre, il reprend l'itinéraire de 1603. Mais là, au lieu de poursuivre dans la direction du saut Saint-Louis, il bifurque à gauche, il remonte la rivière des Iroquois, qui sera plus tard le Richelieu, jusqu'au lac auquel il donne son nom (2). Là s'arrête sa première campagne. Mais il veut se rendre compte du chemin qui reste à parcourir jusqu'à la côte de Norembègue, c'est-à-dire jusque la Nouvelle-Angleterre. Il

---

(1) Champlain, *Les Voyages*, 1613, édit. Laverdière, t. III, pp. 148-156.
(2) *Id.*, pp. 181 à 189.

interroge les sauvages. Il trace, dans leurs grands traits, les étapes du lac Champlain au lac du Saint-Sacrement et à l'embouchure de l'Hudson (1).

Champlain ne peut se remettre en route qu'en 1611. Il a pour objectif le Grand saut. Il atteint au lac des Deux-Montagnes, puis, revient sur ses pas, et pour marquer son intention de fonder un établissement dans l'île de Montréal, il y fait défricher ce qu'il appelle la place royale (pointe de Callières) (2).

Il repart en 1613. Cette fois, il va à la découverte de cette mer du Nord qui doit conduire les Français en Chine. Il reconnaît l'Outaouais depuis son confluent avec le Saint-Laurent jusqu'au lac des Allumettes (3). Forcé de battre en retraite, il renouvelle la tentative en 1615. Il suit d'abord le même chemin, puis se jette dans l'inconnu à l'ouest de la grande rivière. Il découvre le lac Nipissing et le lac Huron qu'il appelle la mer Douce (4).

Ici finit sa carrière d'explorateur. L'âge a-t-il affaibli son ardeur, ou bien, ce qui est plus vraisemblable, plus digne d'un tel homme, estime-t-il que l'étendue du territoire exploré est suffisante, qu'avec les maigres ressources dont il dispose il ne peut en occuper sérieusement, en mettre en valeur davantage? Dans tous les cas, sa réputation d'explorateur est désormais hors de conteste. Lorsqu'en 1619 les associés voudront se débarrasser de sa surveillance qui les gêne à Québec, ils proposeront qu'il soit exclusivement « employé aux découvertes (5) ».

Méthodique, minutieuse, l'exploration du bassin du Saint-Laurent a été poussée jusqu'au bout. Champlain n'a rien laissé à faire à un successeur. Avec cette seule réserve qu'il n'a pas vu le grand fleuve sortir du lac Ontario. Point d'erreur, point même de lacune de quelque importance dans la carte qu'il

---

(1) Champlain, *Les Voyages*, 1613, édit. Laverdière, t. III, p. 191.
(2) Champlain, *Les Voyages. Le troisième voyage*, 1611, édit. Laverdière, t. III, pp. 242 à 245.
(3) Champlain, *Les Voyages*, 1613, édit. Laverdière, t. III, pp. 292 à 319.
(4) Champlain, *Voyages et descouvertures*, 1615-1618, édit. Laverdière, t. IV, pp. 25-26.
(5) Champlain, *Les Voyages de la Nouvelle-France Occidentale*, édit. Laverdière, t. V, 1603-1629, Paris, 1632, p. 322.

joint à son édition de 1632. Mais, si complète qu'elle soit, une reconnaissance purement géographique ne suffit pas au père de la Nouvelle-France. Sa mission est de fonder une colonie. Partout où il passe, son premier regard est pour les ressources naturelles du sol. Sa première réflexion s'exerce sur le parti que le colon pourra en tirer. Ses relations sont remplies de renseignements agricoles. Ce sont des notes brèves où il n'a pas peur de se répéter. « Pays fort plaisant et uni », écrit-il des rives du lac Saint-Pierre (1); et du bassin de Chambly : « pays rempli de forêts, vignes et noyers » (2). Au lac Champlain, il y a « force vignes et force châtagners » (3). Dans l'île de Montréal de belles prairies pourront nourrir « tel nombre de bétail que l'on voudra » (4). Il est impatient d'éprouver la fertilité du sol. A peine a-t-il un logement à Québec que tout autour il sème du blé et du seigle, qu'il plante une vigne (5). Cette vigne qui donne de belles espérances est mal soignée pendant son absence et périt. En 1610, au même Québec, il a dans son jardin des herbes potagères, du beau blé d'Inde et du froment (6). En 1611, dans l'île de Montréal, bien qu'il n'y soit qu'en passant, il reprend l'expérience. Il a deux jardins : l'un dans les prairies, l'autre dans les bois (7).

Il ne manque plus à Champlain que d'être rassuré sur la salubrité du pays. De ce côté il n'est pas sans inquiétude. Il a assisté, il a échappé aux deux épidémies de mal de terre qui, à Sainte-Croix, ont enlevé trente-cinq hivernants, sur soixante-dix-neuf (8), à Port-Royal, douze sur quarante-

(1) Champlain, *Les Voyages*, 1613, édit. Laverdière, t. III, p. 180.
(2) *Id.*, p. 181.
(3) *Id.*, p. 190.
(4) *Id.*, p. 243.
(5) *Id.*, p. 166.
(6) *Id.*, p. 223.
(7) *Id.*, p. 245.
(8) Voici la description de l'épidémie de Sainte-Croix : « Durant l'yver il se mit une certaine maladie entre plusieurs de nos gens, appelée mal de la terre autrement scorbut à ce que j'ai ouy dire depuis à des hommes doctes. Il s'engendrait en la bouche de ceux qui l'avoient de gros morceaux de chair superflue et baveuse qui causait une grande putréfaction, laquelle surmontait tellement qu'ils ne pouvaient presque prendre aucune chose sinon que bien liquide ; les dents ne tenoient presque point et les pouvait-on arracher avec les doits sans leur faire douleur. L'on leur cou-

cinq (1). Les débuts à Québec n'ont pas été, non plus, satisfaisants. Au premier hivernage, dix-huit Français ont été atteints et dix ont succombé (2). Aussi bien Champlain sait quel tribut les compagnons de Cartier et de Roberval, ont payé à la terrible contagion. Mais Champlain ne tarde pas à se rendre compte que tout le mal vient du régime et qu'il suffit d'en changer pour empêcher les ravages du scorbut. En 1610, il retrouve son monde au complet et en belle santé, et il s'écrie tout joyeux : « A la vérité, en évitant les salures et ayant de la viande fraîche, la santé est aussi bonne qu'en France (3). »

Mais le Canada n'était pas inhabité avant l'arrivée des Français. Quels seront les rapports des Français avec les indigènes ? Les Espagnols, les Portugais, les Anglais s'étaient présentés aux Américains en conquérants. Suivant les lieux et les circonstances, ils les avaient refoulés ou asservis. Les Français, au contraire, les traiteront constamment en amis, en égaux. Reconnaissons, pour ne point exagérer leur mérite, que cela leur fut facile. Il y avait tant de place dans les immenses forêts de la Nouvelle-France! Longtemps encore, le colon pourra s'emparer du sol sans exproprier le sauvage. Au surplus, celui-ci vit presque exclusivement de chasse. Il n'attache que peu de valeur à cette terre que le colon se hâte d'entourer de clôtures. Toutes ces considérations n'empêchent pas que la politique suivie au Canada à l'égard des indigènes ne fasse grand honneur aux Français et particulièrement à Champlain qui l'a inaugurée.

Dès son premier voyage, Champlain s'est intéressé à tout ce

---

pait souvent la superfluité de cette chair qui leur faisait jecter force sang par la bouche. Après il leur prenoit une grande douleur de bras et de jambes, lesquelles leur demeurèrent grosses et fort dures, toutes tachetées comme morsures de puces et ne pouvaient marcher à cause de la contraction des nerfs : de sorte qu'ils demeuroient presque sans force. Ils avoient aussi douleur de reins, d'estomach et de ventre, une thoux fort mauvaise et courte haleine ; bref ils estoient en tel estat que la plupart des malades ne pouvaient se lever ny remuer et mesme ne les pouvait-on tenir debout qu'ils ne tombassent en syncope. » Champlain, *Les Voyages*, 1613, édit. Laverdière, t. III, pp. 11-12.

(1) *Id.*, p. 80.
(2) *Id.*, p. 170.
(3) *Id.*, pp. 207-208.

qui concerne les indigènes. Même il a intitulé son premier voyage en Canada : « *Des Sauvages...* » A partir de 1608, il fait intime connaissance avec les Algonquins, les Montagnais, les Hurons. Il ne faut pas croire que Champlain ménage les sauvages pour l'unique motif qu'ils sont des milliers autour d'une poignée de Français. Champlain n'a aucun préjugé à vaincre, aucun effort à faire sur lui-même, pour considérer les sauvages comme des frères. Non seulement il est animé à leur égard d'un zèle tout apostolique et il n'aura la conscience en repos que le jour où il leur aura amené les Récollets pour les convertir. Mais, tout prosélytisme mis à part, on voit qu'il a une sympathie réelle pour eux, qu'il aime à rendre justice à leurs qualités, qu'il se plaît au milieu d'eux.

Ce fondateur de colonie qui rapporte tout à son dessein donne, tout de suite, dans son œuvre un rôle aux indigènes. Non seulement il leur demande des femmes pour les Français, mais il fait ce rêve qu'au contact des colons, à l'école des missionnaires, ils se laisseront civiliser (1). Que ce rêve fût irréalisable, qu'importe ! Rien ne fait plus honneur à Samuel Champlain que de s'être laissé aller à une illusion aussi généreuse.

Champlain traite les sauvages en enfants gâtés. Il leur passe tout. Les attentats contre les Français demeurent le plus souvent impunis. Quand il obtient une réparation c'est à la suite de longues négociations. A dire vrai, Champlain négocie avec les indigènes, tout le temps et à propos de tout. Il traite avec eux de puissance à puissance. Cela aura des inconvénients plus tard, sous Louis XIV et Louis XV, quand les sauvages domiciliés voudront bien être les enfants du roi, mais se refuseront à se reconnaître ses sujets. Champlain est simplement l'allié des sauvages au milieu desquels les Français ont leur habitation, des Algonquins, des Hurons, des Montagnais. Il en vient

(1) Et comme ils ne sont point tant sauvages qu'avec le temps et la fréquentation d'un peuple civilisé, ils ne puissent être rendus polis... C'est une occasion pour accroître en nous le désir qu'avons dès longtemps d'envoyer des peuplades et colonies par delà, pour leur enseigner avec la cognoissance de Dieu la gloire et les triomphes de Votre Majesté, de faire en sorte qu'avec la langue française ils conçoivent aussi un cœur et courage français. » Champlain, *Voyages et descouvertures*, 1615-1618, édit. Laverdière, pp. III-IV.

naturellement à prendre parti pour eux contre d'autres sauvages qui leur font une guerre à mort.

Les cinq nations iroquoises avaient leurs villages sur les lisières des trois domaines coloniaux de France, de Hollande, d'Angleterre, situation dont ils tireront un parti merveilleux pour sauvegarder, le plus longtemps possible, leur indépendance. C'étaient de rudes guerriers et des diplomates pleins de ressources. Nous verrons à quel point ils devinrent redoutables lorsque les Hollandais d'Orange, en leur vendant des mousquets, eurent supprimé la seule supériorité que les Européens avaient sur eux. Champlain fut amené à conduire trois expéditions contre les Iroquois. En 1609, en 1610 et en 1615 (1), il leur inflige de sanglantes défaites.

Les résultats obtenus de 1608 à 1615 sont considérables. Champlain a poussé à fond cette reconnaissance du pays à coloniser qui, rationnellement, doit précéder la mise en train de la colonisation. Il a terminé l'exploration géographique. Il a, véritablement, sans omission, dressé l'inventaire des richesses naturelles. Il tire les conclusions de l'enquête. Il détermine quel sera le mode d'exploitation de la colonie, et, comme Sully l'a fait pour l'ancienne France, il voue la France nouvelle au labourage et au paturage. En fondant Québec, en désignant si clairement, comme de futures habitations, les Trois-Rivières et l'île de Montréal, il lui donne ses capitales. Enfin, en s'engageant à fond contre leurs ennemis, il scelle une alliance perpétuelle avec les sauvages.

Telle est la tâche accomplie en Amérique. La tâche accomplie en Europe lui fait, au moins, autant d'honneur. Champlain est, à tout propos, obligé de repasser en Europe (2). C'est qu'il n'a pas un seul instant la sécurité nécessaire à cette œuvre de longue haleine qu'est la colonisation. Il sait que les concurrents sont constamment à l'affût d'une occasion pour faire abolir les lettres patentes les plus solennellement octroyées, qu'ils peuvent demain, brutalement, le mettre hors de ce Canada qui est devenu sa patrie véritable. Il faut qu'il soit là, toujours

---

(1) *Œuvres de Champlain*, édit. Laverdière, t. III, pp. 171-200 ; 210-222 ; t. IV, p. 10-17.

(2) De 1603 à 1633, il a fait vingt-quatre fois la traversée de l'Atlantique.

là, pour plaider et replaider auprès du roi, des ministres, du conseil, une cause qui n'est jamais gagnée en dernière instance.

En 1609 c'est la commission de M. de Monts qui est définitivement révoquée (1). Champlain accourt auprès d'Henri IV, mais sans aucun succès. Bientôt Henri IV va disparaître de la scène sans avoir pu, malgré les meilleures intentions, contribuer, d'une manière efficace, à l'établissement de la colonie. Pendant trois ans, le Canada n'est à personne, ou plutôt le Canada est à tout le monde. La traite est libre. Heureusement que de Monts reste propriétaire du poste de Québec. Champlain y retourne. Il paraît même qu'il ait eu un instant le désir de s'y maintenir avec ses propres ressources. Il n'y a pas d'autre explication à donner du mariage que cet homme sage, aux approches de la cinquantaine, contracte avec une enfant de douze ans. On ne pouvait aller bien loin avec les six mille livres de dot d'Hélène Boullé (2).

En 1612, Champlain réussit à former une nouvelle compagnie. Cette fois il prend ses précautions pour être assuré du lendemain. Sur le conseil de de Monts qui ne peut se désintéresser complètement de la Nouvelle-France et qui figure parmi les associés, il cherche, il trouve un puissant protecteur. C'est le comte de Soissons. Mais Soissons meurt subitement. Alors Champlain s'adresse à Condé. Henri de Bourbon accepte. Pour avoir le patronage d'un prince du sang il en coûte, annuellement, aux associés un cheval de mille écus. N'importe! Champlain triomphe. L'opposition du parlement de Rouen, qui défendait que l'on publiât la commission, est vaincue. Surtout la compagnie obtient un privilège de onze ans (3). Il est vrai qu'elle est en majorité composée de huguenots et que cela l'expose à bien des attaques. Champlain n'a pas eu la main heureuse en choisissant Condé. Celui-ci se révolte contre Concini et est arrêté. Le moment est critique. La compagnie va-t-elle succomber avec son protecteur? Messieurs les États de Bretagne

---

(1) Champlain, *Les Voyages*, 1613, édit. Laverdière, t. III, p. 203.
(2) Contrat de mariage de Champlain. Cité dans Champlain, *Œuvres*, édit. Laverdière, pièces justificatives, t. VI, pp. 33, 34, 35.
(3) Champlain, *Les Voyages*, 1613, édit. Laverdière, pp. 284-287.

ne laissent pas échapper cette heure favorable. Ils en profitent pour faire rompre la commission, pour faire accorder la liberté de la traite à la province. Champlain prévenu accourt en toute hâte. Il poursuit le conseil du roi jusqu'à Nantes. Il reproche à M. de Sceaux d'avoir pris une décision de cette importance « sans ouyr partie », et M. de Sceaux de répondre simplement : « L'on n'y a pas songé ». Champlain est arrivé à temps. On défend aux Bretons de traiter (1). On lui rend le privilège. En même temps on remplace Condé par Montmorency, et, pour en finir avec cette succession de vice-rois fainéants, un peu plus tard, on remplacera Montmorency par le duc de Ventadour, en 1625.

C'est pour Champlain l'heure des grandes espérances. Il a amené avec lui sa jeune femme, son beau-frère Eustache Boullé et les Récollets, qui vont entreprendre cette conversion des sauvages qui, dans sa pensée, n'est que la première étape vers la francisation. Le Canada a enfin son premier colon. C'est un apothicaire de Paris, Louis Hébert. Louis Hébert n'est pas un nouveau venu sur la terre d'Amérique. En 1604 il a accompagné Poutrincourt en Acadie. L'Escarbot le présente comme un homme qui, « outre l'expérience qu'il a de son art, prend plaisir au labourage de la terre ». Et en effet, il a semé du blé et planté de la vigne à Port-Royal (2). On le retrouve à Québec en 1617. M. de Monts, au nom de la compagnie, lui a promis une concession de dix arpents. Il a vendu tous ses biens en France. Il débarque avec sa femme Marie Rollet, son fils Guillaume et ses deux filles qu'il mariera dans la colonie.

On imagine à quel point Champlain s'intéresse à la tentative d'Hébert et quelle joie il ressent à constater qu'elle obtient le plus grand succès. « Je visitoy, dit-il, les lieux, les labourages des terres que je trouvoy ensemencées et chargées de beaux blés; les jardins chargés de toutes sortes d'herbes, comme choux, raves, laictues, pourpié, oseille, persil et autres légumes aussi beaux et advancés qu'en France. Bref le tout s'augmentant à la veue de l'œil ». Champlain exulte. Les beaux bleds de Louis Hébert, réalisent ses espérances, vérifient ses prévi-

---

(1) Champlain, *Les Voyages de la Nouvelle-France Occidentale*, 1603-1629-1632, édit. Laverdière, t. V, pp. 311-315.

(2) Lescarbot, *Histoire de la Nouvelle-France*, 1611, p. 365.

sions, lui fournissent pour sa propagande l'argument sans réplique (1).

Mais hélas! et c'est là sans doute le déboire le plus cruel qu'il ait subi avant la conquête de la colonie par les Kertk. A ce moment même il ne peut plus se faire aucune illusion sur l'efficacité du concours que lui prêtent les associés. Malgré les engagements pris, ceux-ci ne lui enverront point de colons. Encore si ce n'était que de l'apathie, mais c'est de la mauvaise volonté tout ce qu'il y a de plus délibérée. Et il nous révèle les causes de ce qu'il appelle avec modération « le peu de zèle et d'affection que l'on a du bien et du service du roi ». — « Mais je m'apperçois bien qu'une plus grande crainte les tenait; que si le pays s'habitait leur pouvoir diminuât, ne faisans en ces lieux tout ce qu'ils voudraient et seraient frustrés de la plus grande partie des pelleteries qu'ils n'auraient que par les mains des habitants du pays et peu à peu seraient chassés par ceux qu'ils auraient établis avec beaucoup de dépense (2). » Champlain ne perd pas son temps à discuter. Il sait que les meilleures raisons ne porteraient pas, qu'il est inutile de démontrer à ces marchands qu'il leur serait moins onéreux de nourrir leurs commis de blé moissonné dans la banlieue de Québec que de la farine expédiée, à grands frais, par les vaisseaux. Champlain est le représentant du roi en Amérique. Il a le devoir de lui dénoncer le manque de parole des associés. La menace fait d'autant plus d'effet qu'à ce moment même les Bretons, les Rochelois, les Basques intriguent auprès de Marillac pour faire annuler le privilège. Les directeurs de la compagnie s'alarment. Ils finissent par fixer, en assemblée générale, un estat du nombre d'hommes et de familles qu'ils doivent envoyer à l'habitation de Québec en 1619. Il s'agit de quatre-vingts personnes parmi lesquelles, à côté des commis, des officiers, des Récollets, il est fait mention d'ouvriers et de laboureurs.

« L'année s'écoule et l'on ne fit rien, non plus que la suivante que l'on recommence à crier et à se plaindre de cette

---

(1) Champlain, *Voyages et descouvertures*, 1615-1618, édit. Laverdière, t. IV, p. 128.
(2) Champlain, *Les Voyages de la Nouvelle-France Occidentale*, 1603-1629, édit. Laverdière, t. V, p. 317.

société qui donnait des promesses sans rien effectuer (1). » C'est alors que pour assurer leur tranquillité, les associés tentent de se débarrasser de ce Champlain qui est si gênant. Comme ils n'osent point avouer franchement leur ingratitude et interdire l'accès du Canada au fondateur de Québec, ils proposent de l'employer aux découvertes. Champlain a beau se défendre, c'est Dupont-Gravé qui commande pendant l'hivernage de 1619. Mais il a sa revanche en 1620. Le nouveau vice-roi Montmorency lui confirme sa lieutenance et signifie aux associés, au nom du roi, que Champlain doit conserver « l'entier et absolu commandement en toute l'habitation et sur tout ce qui y serait hormis pour ce qui était du magasin de leurs marchandises (2). » La compagnie est condamnée. La révocation de son privilège ne peut plus se faire attendre long'emps. Champlain reçoit enfin la bonne nouvelle par les lettres de M. de Montmorency et de M. Dolu qui est à Paris l'intendant des affaires du Canada (3). Le motif de la disgrâce des marchands de Rouen et de Saint-Malo est nettement spécifié. Ce n'est point, quoiqu'on ait dit, comme huguenots qu'ils sont frappés puisque leur succession est dévolue à d'autres huguenots. Le grand grief que l'on invoque contre la compagnie c'est « qu'elle ne s'est pas acquittée du peuplement comme elle était obligée. » Au demeurant, la disgrâce n'est pas complète. Les membres de l'ancienne Compagnie peuvent se faire admettre dans la nouvelle (4). L'essentiel c'est que la direction passe en d'autres mains, que l'esprit qui l'anime soit modifié. A ce point de vue, Montmorency a grande confiance en messieurs de Caen, oncle et neveu, dont le premier Guillaume est bon marin et le second Emery bon marchand (5). Champlain semble partager cette opinion favorable. Quand il voit Emery installé à Québec, il le laisse commander aux hivernants et repasse en France avec

(1) Champlain, *Les Voyages de la Nouvelle-France Occidentale*, 1603-1629, édit. Laverdière, t. V, pp. 317-320.
(2) Champlain, *Les Voyages de la Nouvelle-France Occidentale*, 1603-1629, édit. Laverdière, t. V, p. 327.
(3) *Id.*, t. VI, pp. 10-11.
(4) Champlain, *Les Voyages de la Nouvelle-France Occidentale*, 1632, édit. Laverdière, t. VI, p. 51.
(5) *Id.*, t. VI, p. 10.

sa famille (1). C'est en 1624, Champlain se rend à la cour qui est à Saint-Germain et se fait présenter à Louis XIII par Montmorency. Le roi lui demande un récit de ses voyages (2). A ce moment Montmorency se défait de sa charge de vice-roi et la remet au duc de Ventadour. Celui-ci, par ses lettres de commission du 15 février 1625, confirme Champlain dans sa lieutenance, et, sans doute pour décourager les velléités d'usurpation des associés, il augmente en les précisant ses pouvoirs. Il l'autorise à « commestre et establir tels capitaines... que besoin sera et pareillement... des officiers pour la distribution de la justice (3) ». Champlain retourne à Québec avec les attributions d'un véritable gouverneur.

Mais cela n'avance pas beaucoup le peuplement. MM. de Caen ne se pressent pas de transporter des colons. Il y a pourtant quelque progrès. Louis Hébert ne perd point courage. Il demande à Ventadour une confirmation de sa concession et, libéralement, le vice-roi lui donne un fief (4). Ainsi l'apothicaire de Paris n'est point seulement le premier Acadien et le premier Canadien, il est encore le premier seigneur de la Nouvelle-France. La famille Hébert passe du reste par de cruelles épreuves. La fille qui a été mariée à Jonquest est déjà morte en couches. Louis Hébert lui-même va être victime d'une chute. Son fils Guillaume n'aura pas de lignée. Il est vrai que sa fille cadette et son gendre Couillard feront souche d'une véritable tribu. Ce Guillaume Couillard, qui est charpentier de son état, est dans la colonie depuis 1613. Il est venu comme ouvrier au service de la compagnie. Mais il a bien vite suivi l'exemple de son beau-père. Il est probablement le premier qui ait entamé la terre canadienne du soc de la charrue. Aux Hébert et aux Couillard il faut joindre Abraham Martin, dit l'Ecossais, auquel les Cent Associés concéderont un jour les fameuses plaines qui portent son nom, où sont tombés Montcalm et Wolf. Il a de Marguerite Langlois deux enfants nés en

(1) Champlain, *Les Voyages de la Nouvelle-France Occidentale*, édit. Laverdière, t. VI, pp. 82-83.
(2) *Id.*, p. 85.
(3) *Id.*, pp. 88-91.
(4) La seigneurie de l'Épinay ou de Saint-Joseph. Sulte, *Histoire des Canadiens français*, t. II, pp. 18-19.

Nouvelle-France (1). D'autres enfin sont déjà présents qui ne fonderont des familles que plus tard, mais qui sont, physiquement et moralement, acclimatés sur les bords du Saint-Laurent. Ce sont les vaillants interprètes Hertel, Nicolet, Marguerie, Marsolet, les trois Godefroy. En attendant que la compagnie se décide à transporter des laboureurs, Champlain réunit un grand troupeau au cap Tourmente (2). Il a enfin la joie de voir les sauvages obéir à ses exhortations. Ils se mettent à défricher des terres autour de l'habitation. Ils se décident à lui confier des filles (3). Il va les élever à la française, les marier à des hivernants qu'il attachera ainsi au sol.

Le règne de MM. de Caen touche à son terme. Il y a enfin en France, à la tête du gouvernement, un homme capable de comprendre Champlain et de le soutenir vigoureusement. Vis-à-vis des protégés de Montmorency, Richelieu n'est tenu à aucun ménagement. Une épreuve qui s'est prolongée huit ans est suffisante pour donner la mesure de leur aptitude, de leur bonne volonté. Le cardinal a déjà provoqué la formation d'une nouvelle compagnie. C'est la fameuse compagnie des Cent Associés. Il coupe court aux réclamations de ceux qu'ils dépossèdent en faisant procéder à une enquête dont, à l'avance, il connaît le résultat. Champlain reçoit l'ordre de faire « dresser un arpentage de toutes les terres, labourages et jardinages estant en valeur ès dits lieux, depuis quel temps ils ont été défrichés, combien de familles ledit de Caen a fait passer en Nouvelle-France (4). » En même temps, le grand ministre, que l'expérience du passé a mis en garde, prend ses précautions. Il n'entend pas être leurré par des promesses dont l'exécution se remet d'année en année. Il exige des Cent Associés qu'ils débutent par expédier des colons.

Pour une fois qu'il obtient d'une compagnie qu'elle remplisse, sans le moindre délai, ses engagements, le gouvernement royal

---

(1) Sulte, *Histoire des Canadiens français*, t. II, pp. 34, 35, 37. — Tanguay, *Dictionnaire généalogique des familles canadiennes*, t. I, pp. 273, 271, 301, 303, 411, 413, 415, 451.

(2) Champlain, *Les Voyages de la Nouvelle-France Occidentale*, 1632, édit. Laverdière, t. VI, p. 125 et pp. 155-156.

(3) *Id.*, p. 39.

(4) *Id.*, pp. 181-182.

est bien mal inspiré. La guerre vient d'éclater entre la France et l'Angleterre. Charles Ier est venu au secours des protestants français. Cependant que Buckingham tente de faire lever le siège de la Rochelle, une flotte anglaise, ou plus exactement anglo-huguenote, se présente à l'entrée du Saint-Laurent. Elle est commandée par les frères Kertk, Ecossais par leur père, mais Français par leur mère, une Dieppoise. Ils ont pour lieutenant un vrai Français, ce Jacques Michel (1) que Champlain et le père Le Jeune ont voué à l'exécration de la postérité.

Québec, avec son fort en mauvais état et une poignée d'hommes pour garnison, est à la merci d'un coup de main. Mais la fière contenance de Champlain en impose à l'ennemi. Il ne dépasse pas Tadoussac (2). C'est alors que paraît sur le fleuve la flotte des Cent Associés avec son convoi de colons. Son amiral, M. de Roquemont, pouvait-il éviter la bataille? Cela est peu probable. Dans tous les cas, quand il a épuisé toutes ses munitions dans un combat de quinze heures, il est obligé de se rendre. Les colons sont ramenés en France (3). L'été suivant, les Anglo-huguenots reviennent devant Québec. Cette fois, Champlain, qui n'a plus l'espoir d'être secouru et qui est vaincu à l'avance par la famine, se décide à entrer en composition (4). Le 20 juillet 1629, Louis Kertk occupe la petite capitale de la Nouvelle-France.

Les vainqueurs considèrent leur installation à Québec comme définitive. Ils font place nette. Tous les représentants de la couronne de France et de la compagnie, tous les missionnaires catholiques seront embarqués pour l'Europe. Mais les vrais habitants, les colons, que deviendront-ils? Leur embarras est extrême. Il est dur de rester sous la domination étrangère. Mais, s'ils s'en vont, ils perdent le fruit de longues années de travail. Madame Hébert et Couillard consultent Champlain. Celui-ci ne peut vraiment se persuader que tout soit fini, qu'il ne fera pas sa rentrée dans son fort au nom de son roi. Il

---

(1) Champlain, *Les Voyages de la Nouvelle-France Occidentale*, 1632, édit. Laverdière, t. VI, pp. 170, 283-289.
(2) *Id.*, pp. 171-180.
(3) *Id.*, p. 185.
(4) *Id.*, p. 240.

s'efforce de les retenir sur le sol dont ils ont commencé à s'emparer. Il obtient de la courtoisie de Louis Kertk que ces pauvres gens fassent tranquillement leur récolte, qu'ils n'aient à opter entre la France et l'Angleterre que l'année suivante, au départ des vaisseaux (1).

Quelques commis de la compagnie restent aussi avec les vainqueurs, de leur plein gré, sans réserve pour l'avenir. Deux d'entre eux, Brulé et Marsolet, sont des interprètes de langue huronne et de langue montagnaise, et il est vraisemblable que leur défection, qui est précieuse aux conquérants, est achetée par de belles promesses. Peut-être ne faut-il pas refuser à ces renégats des circonstances atténuantes. Venus « petits garçons » au Canada, ils sont déjà dans l'impossibilité de concevoir la vie autrement que dans la grande forêt (2). Brulé périra misérablement, mais Marsolet, rentré en grâce auprès de Champlain lui-même, complètement amnistié par l'opinion, deviendra un des personnages les plus considérables de la colonie.

Champlain est débarqué en Angleterre. Là une agréable surprise lui est réservée. La paix est signée depuis le 24 avril 1629, et il a été expressément stipulé que, de part et d'autre, l'on se restituerait tout ce qui avait été conquis postérieurement à cette date. Or, il n'a rendu Québec que le 16 juillet. L'opiniâtreté de sa défense a conservé la colonie à la France.

Point de chicane possible du côté anglais. Champlain s'installe à Londres et fait la leçon à l'ambassadeur Chateauneuf. Celui-ci présente une réclamation à Charles Ier qui ne peut s'empêcher de convenir qu'elle est légitime. Après ce premier succès, qui est en somme décisif, et qui ne lui coûte que cinq semaines, Champlain croit pouvoir passer en France, non sans avoir laissé aux mains de Chateauneuf un long mémoire des droits du roi sur l'Amérique Septentrionale (3). Il va saluer Louis XIII, Richelieu, les Associés (4). Par malheur les choses

---

(1) Champlain, *Les Voyages de la Nouvelle-France Occidentale*, 1632, édit. Laverdière, t. VI, pp. 248-251.
(2) *Id.*, pp. 266-271.
(3) *Id.*, pp. 293-296.
(4) *Id.*, p. 311.

vont moins vite à Paris qu'à Londres. Les Associés ne conçoivent aucun découragement de la mésaventure de Roquemont. Mais le roi et le cardinal sont tout aux affaires d'Italie. Et les années se passent : 1629, 1630, 1031.

Attente douloureuse au père de la Nouvelle-France. Son souci c'est que les pauvres gens qui sont restés là-bas, sur sa parole, ne soient à bout de leur patience. En 1630, deux d'entre eux, qui viennent d'être rapatriés, lui apportent de mauvaises nouvelles. Les Français sont maltraités. Ils sont exposés à mourir de faim (1). Heureusement que le roi d'Angleterre se résigne à tenir ses engagements, et que, par l'instrument signé à Saint-Germain le 29 mars 1632, il restitue le fort et l'habitation de Québec (2).

Mais il s'en est fallu de peu que la Nouvelle France ne fût abandonnée. Et c'est, manifestement, faute d'être bien connue de l'ancienne. Il y a urgence à éclairer l'opinion. Champlain publie en 1632 une relation générale de ses voyages (3).

La relation de 1632 se compose de deux parties. La première reproduit simplement les relations antérieures de 1603 à 1619, avec, pourtant, cette variante que l'auteur ne fait plus qu'à peine mention des Récollets, qu'il s'étend avec complaisance sur l'œuvre des Jésuites. Visiblement Champlain, qui est la loyauté même, a estimé qu'à cette heure critique tous les moyens étaient légitimes pour intéresser à la conservation du Canada la toute-puissante société. De 1620 à 1629 la relation est inédite. L'ensemble présente un tableau complet de tout l'effort tenté par la France sur les bords du Saint-Laurent.

Mais cet effort a abouti à un si petit résultat que la colonie peut en être à jamais discréditée. Il s'agit de bien démontrer que tout le mal vient de l'impéritie ou de la mauvaise volonté des hommes. Champlain s'y emploie avec une

(1) Champlain, *Les Voyages de la Nouvelle-France Occidentale*, 1632, édit. Laverdière, t. VI, p. 320-321.
(2) Rymer, *Fædera*, t. VIII. — *Mercure français*, t. XVIII, pp. 39-56.
(3) Il y a deux éditions de 1632 : « *Les Voyages de la Nouvelle-France Occidentale dite Canada*, faits par le sieur de Champlain, de 1603 à 1629, » sont publiés simultanément chez Louis Sevestre et chez Pierre Le Mur. Selon M. Harrisse cette dernière édition n'est pas l'œuvre de Champlain. Harrisse, *Notes pour servir à l'histoire... de la Nouvelle-France*, nᵒˢ 50 et 51.

fougue de conviction qui est singulièrement communicative.

C'est avant tout au cardinal de Richelieu que le fondateur de Québec s'adresse. Il lui dédie son livre et, dans une épître d'une belle envolée, il lui rappelle que, s'il a en Europe des provinces à conquérir, en Amérique c'est plus qu'un royaume, c'est un « nouveau monde » (1) qu'il peut donner à son roi et à sa patrie.

(1) Champlain, *Les Voyages de la Nouvelle-France Occidentale*, 1632, édit. Laverdière, pp. 3-4-5.

TROISIÈME PARTIE

LA COMPAGNIE DES CENT ASSOCIÉS, 1628-1663

CHAPITRE PREMIER

RICHELIEU ET LA COMPAGNIE DES CENT ASSOCIÉS

Richelieu et la compagnie des Cent Associés. — Recrutement des Associés. — Un programme de colonisation. — L'exclusion des huguenots. — Monopole commercial. — L'administration de la compagnie. — Insuffisance du capital de premier établissement. — La compagnie ruinée par la guerre. — Reprise de possession de Québec (1632). — Mort de Champlain (1635).

La compagnie des Cent Associés n'est, à ses débuts, qu'un instrument docile entre les mains de Richelieu.

Le cardinal est dûment éclairé sur la valeur de la Nouvelle-France. Il sait en même temps pourquoi toutes les tentatives de colonisation y ont échoué. Il est résolu à ne plus l'abandonner à l'exploitation d'hommes d'affaires qui ne peuvent jamais poursuivre que leur enrichissement personnel. Pourtant il n'a pas cru, ce grand artisan de la centralisation monarchique, qu'il fût possible de traiter la France d'Amérique comme un morceau détaché de la France d'Europe, de la soumettre au gouvernement direct de la métropole, de lui envoyer le personnel administratif d'une province. Il a encore recours à une compagnie (1). Mais cette compagnie il ne se contente pas de lui donner sa charte, il la recrute, il l'organise, il lui impose un programme, bien mieux il s'en proclame le chef.

Nous savons quels ont été les premiers collaborateurs de Richelieu. C'est, avec Claude de Roquemont, seigneur de Brison, Louis Houel, contrôleur général des salines en Brouage, David du Chesne, échevin du Havre de Grâce, Gabriel de Lataignant, maieur de Calais, Simon Dablon, syndic de Dieppe, Jacques Castillon, bourgeois de Paris, que le cardinal a précisé la valeur des engagements que prenaient, l'une vis-à-vis de l'autre, la couronne et la compagnie. C'est avec eux aussi qu'il a pourvu au recrutement des autres associés.

Rien ne peut nous faire pénétrer plus au fond de la pensée du cardinal que l'examen même de la liste des Cent Associés (2). En tête Richelieu, en qualité de grand maître, chef, et surintendant général de la navigation et du commerce, au second rang, le surintendant des finances d'Effiat, au troisième, l'intendant de la marine Martin de Mauroy ; puis, pêle-mêle, des gentilshommes, des marchands, des bourgeois, des fonctionnaires.

Ce qui frappe, au premier coup d'œil, c'est le petit nombre des marchands. Ils le cèdent même aux bourgeois et aux gentilshommes. Tout au plus vont-ils à la vingtaine. C'est juste assez, si les choix ont été bons, pour que les opérations commerciales de la compagnie soient habilement dirigées, mais pas assez pour qu'il y ait risque, comme par le passé, de voir tout sacrifier aux intérêts matériels. Les bourgeois et les nobles ont un effectif un peu plus élevé que les marchands. Les premiers ne figurent ici que comme bailleurs de fonds. Quant aux seconds, on ne peut avancer, faute de preuve positive, que Richelieu leur ait attribué, comme le firent plus tard Louis XIV

---

(1) Articles accordés par le Roy à la compagnie de la Nouvelle-France, 29 avril 1627. *Arch. col.* Canada, Corr. Gén., 1, 1575-1660, fol. 79.
(2) Noms, surnoms et qualités des associés en la compagnie de la Nouvelle-France suyvant les jours et dates de leurs signatures. *Arch. col.* Canada, Corr. Gén., 1, 1575-1660, fol. 113.

et Colbert le premier rôle dans l'œuvre colonisatrice. Il est pourtant vraisemblable qu'il ait espéré qu'un certain nombre d'entre eux pourraient emmener et établir leurs paysans au Canada. Encore eût-il fallu qu'ils eussent de grands moyens. Cette abstention des grands seigneurs français fait un contraste fâcheux avec l'empressement que mettent, à la même époque, les lords anglais à faire largesse pour la fondation des colonies. Le gros bataillon est celui des fonctionnaires, surtout des officiers de finances. Ils dépassent quarante et, véritablement, on conçoit que leur adhésion ait paru extrêmement désirable. D'abord elle n'est point difficile à obtenir. A la première requête, ils se sont empressés d'inscrire leurs noms au-dessous des noms du premier ministre et du surintendant. On peut compter sur leur docilité. Par désir de faire leur cour, sinon par dévouement à la chose publique, ce sont eux qui forceront les hommes d'affaires à observer rigoureusement les promesses données au cardinal. Enfin tous ces trésoriers, tous ces receveurs ont de l'argent, et il importe que la compagnie soit riche.

Richelieu recrute les Associés sur toute l'étendue du territoire. Sur le littoral de l'Océan, à l'exclusion de la Rochelle et de Saint-Malo, tout le monde a sa part, tout le monde, c'est-à-dire Calais, Dieppe, Bordeaux, Bayonne, Rouen surtout. Dans l'intérieur du royaume, si Paris a le traitement de faveur, la Picardie, la Champagne, la Touraine, la Guyenne, la Provence, la ville de Lyon sont aussi représentées. Somme toute, c'est surtout aux Français de l'intérieur qu'il importe de révéler le Canada. Les Français de la côte en savent la route depuis un siècle. Depuis un siècle ils y pêchent, ils y traitent. Ils n'y feront jamais rien de plus. Quelle apparence de pouvoir jamais transformer en laboureurs ces traitants, ces pêcheurs, ces marins! Richelieu voit bien où il faut chercher les laboureurs. Et l'événement lui donne raison. Il n'y aura pas d'immigration bretonne, pas d'immigration basque. L'immigration normande, du moins celle de la Normandie maritime, et l'immigration saintongeoise ne se mettront en mouvement que beaucoup plus tard. Et, dans sept ans, les gens de Mortagne, les colons du Perche auront peuplé la banlieue de Québec; dans quinze ans, les colons de l'Anjou auront fondé Montréal.

Richelieu a choisi ses collaborateurs. Il leur impose un programme. Dès la première entrevue avec les fondateurs, avant de pousser plus loin les pourparlers, il leur fait promettre « qu'ils feraient tous leurs efforts pour peupler la Nouvelle-France dicte Canada ». Même, dans son impatience de les voir passer de la parole à l'acte, il exige que, dès l'année suivante, 1628, ils envoient à Québec deux ou trois cents colons. On a vu comment ce premier convoi fut intercepté par les Kertk. Richelieu estime sans doute qu'il n'y a plus de temps à perdre. Il n'accorde à la compagnie, pour accomplir sa tâche, qu'un délai de quinze ans. Au 31 décembre 1643, elle devra avoir établi sur les bords du Saint-Laurent quatre mille Français. Et Richelieu précise ce qu'il entend par établir des colons. Il ne s'agit pas seulement de les amener au port, de leur distribuer de la terre. Avant de les abandonner à eux-mêmes, on doit assurer aux nouveaux venus, avec la sécurité du lendemain, le répit indispensable pour s'acclimater au ciel nouveau, se façonner à la vie nouvelle. La compagnie est donc tenue « de les loger, nourrir et entretenir de toutes choses généralement quelconques nécessaires à la vie », et, cela pendant trois ans. Au bout de ces trois ans, ils auront terminé ou fort avancé la mise en valeur du lot qui leur aura été assigné. Ils recevront leur titre de concession. La compagnie sera quitte à leur égard de tous ses engagements. Elle achèvera de les mettre en état de se suffire à eux-mêmes en leur rendant la liberté de faire la traite à la seule condition de porter les pelleteries à son magasin. Toutes les conditions de succès ne sont-elles pas réunies? N'y a-t-il pas là de quoi attirer ces pauvres paysans de France, dont les plus laborieux et les plus économes ont tant de peine à arracher quelques arpents à la grande propriété seigneuriale et ecclésiastique!

Mais le Canada n'a pas besoin seulement de laboureurs. Il a aussi besoin d'artisans. Quel plus sûr moyen d'attirer les gens de métier que de leur fournir l'occasion de conquérir au Canada la liberté du travail! Que les pauvres compagnons qui n'espèrent point franchir toutes les étapes qui mènent à la maîtrise, passent l'Atlantique sur les vaisseaux des Cent Associés!

Après six ans d'exercice dans la colonie, qu'ils s'y établissent définitivement ou qu'ils retournent dans la mère patrie, ils seront réputés maîtres.

A cette armée de travailleurs il ne manque plus qu'un état-major de gentilshommes et de bourgeois. Mais n'y a-t-il pas des gentilshommes peu fortunés qui rêvent de grands domaines, des bourgeois enrichis qui aspirent à la noblesse? La compagnie a pleins pouvoirs pour distribuer à ceux-ci telle quantité de terres, conférer à ceux-là tels titres et honneurs qu'elle jugera à propos. Tout au plus, en cas d'érection de duchés, marquisats, comtés, baronnies, est-il fait réserve du droit de confirmation de la couronne?

Il y a un dernier point sur lequel il convient de rassurer les futurs habitants du Canada : ils légueront à leurs descendants, sans aucune restriction, leurs droits de Français.

La prise de possession du sol américain par la colonisation européenne ne doit pas avoir pour conséquence la déchéance de ses anciens maîtres. Richelieu partage les nobles illusions de Champlain et des missionnaires. Il croit à l'avenir des races américaines. Il les voit rapidement converties, policées, s'unissant aux Français par des mariages. Pour cette heure qui lui semble proche il proclame leurs droits. A la seule condition qu'il soit baptisé, l'indigène sera l'égal des Français. Cette égalité est si pleinement conférée qu'elle ne se limitera pas au territoire colonial. Les sauvages chrétiens « peuvent venir habiter en France quand bon leur semblera et y acquérir, tester, succéder et accepter donations et légats tout ainsi que les vrais régnicoles et originaires français, sans être tenus de prendre aucunes lettres de déclaration ny de naturalité. »

Cette égalité de droits qui est si généreusement reconnue aux indigènes, pourquoi faut-il qu'à ce moment même elle soit refusée, au Canada, à toute une catégorie de Français ?

Jusqu'en 1628 la Nouvelle-France est, comme l'ancienne, sous le régime de l'Edit de Nantes. Catholiques et protestants y sont traités en égaux. Tout au plus cette égalité est-elle rompue en faveur des premiers lorsque la volonté royale leur réserve la conversion des indigènes. Mais, en compensation, à tous les points de vue, il apparaît que, dans la colonie, l'élément calviniste joue le rôle prépondérant. Au début, la grande majorité de ceux qui, de près ou de loin, y exercent une part de l'autorité sont huguenots. Si, après la retraite de M. de Monts, les vice-rois et leur représentant inamovible, Champlain, appartiennent à l'église romaine, le plus grand nombre des associés et leurs agents de traite restent toujours des religionnaires.

Les édits de 1627 (1) et de 1628 mettent fin à ce régime vraiment libéral. Certes on ne peut pas dire qu'à partir de cette époque les protestants soient absolument exclus du Canada. A la condition expresse de renoncer à toute manifestation extérieure de leur culte, ils gardent le droit d'y commercer (2). Mais ils ne peuvent pas s'y établir à demeure (3). Ils n'y doivent même pas hiverner (4). Il n'y aura pas de colons huguenots au Canada.

La décision de Richelieu a été condamnée par la généralité des historiens français, et même par quelques historiens canadiens-français comme François Garneau et l'abbé Casgrain. Ils invoquent l'exemple des Treize colonies qui doivent leur naissance et leur prodigieux accroissement à l'asile qu'elles offrirent toujours aux dissidents politiques et religieux de la métropole. Au dix-septième siècle la situation n'est-elle pas la même des deux côtés de la Manche? Pourquoi avoir fermé l'Amérique française à ceux-là même des Français qui avaient le plus d'intérêt à chercher outre-mer une patrie nouvelle? La question posée de la sorte, il est impossible de ne point se joindre à ceux qui blâment le plus fortement. En vérité, si la puissante émigration huguenote qui, bien avant la Révocation, commence à se répandre à travers le monde, avait pu être dirigée vers le Saint-Laurent ou le Mississipi, nul doute que le patrimoine de notre race et de notre langue n'en eût été, pour l'avenir, singu-

(1) « Les associés doivent peupler la colonie de naturels français catholiques. » Art. du 29 avril 1627, art. 2.

(2) « De nombreux protestants commercent au Canada, surtout des Rochelais. » Voir *Jugements et délibérations du Conseil souverain*, passim.

(3) Il y a exception pour les travailleurs engagés au service du roi, 20 mars 1664, *Jugements et délibérations du Conseil souverain*, t. I, pp. 262-263, et aussi pour les soldats de la garnison. Voir plus loin l'histoire de Champigny.

(4) Sur la défense d'hiverner pour les protestants, voir M. Dudouyt à Mgr de Laval, *Rapport sur les archives canadiennes*, 1885, pp. xcvij.

lièrement agrandi. Mais il resterait à savoir si protestants et catholiques étaient capables de vivre, côte à côte, en paix, si l'on n'aurait pas été obligé de les séparer, de les cantonner, si surtout nos calvinistes auraient pu ne pas succomber à certaines tentations qu'eût multipliées le voisinage immédiat de leurs coreligionnaires de la Nouvelle-Belgique et de la Nouvelle-Angleterre.

Il est surtout nécessaire de fixer ici les responsabilités. Quand il s'agit de l'homme d'état perspicace et généreux qui laissera aux protestants qui l'ont provoqué et qu'il a réduits à demander merci, tout l'essentiel de la liberté de conscience, il y a des accusations qui tombent d'elles-mêmes. Sans doute il y a à la Cour un puissant parti catholique qui prend pour les affaires du Canada le mot d'ordre des Jésuites, et qui a entrepris d'arracher la colonie aux compagnies protestantes. Mais l'évêque de Luçon n'a-t-il pas su toute sa vie résister à ce parti? si puissants qu'aient été madame de Guercheville, l'amie de Marie de Médicis, le duc de Ventadour et le père Coton, ils n'ont pas obtenu que le grand ministre eût pour l'Amérique d'autres maximes de gouvernement que pour la France et pour l'Europe.

Si l'on veut comprendre il suffit de rapprocher les dates. L'édit qui impose aux Cent Associés de n'envoyer en Nouvelle-France que des catholiques est de mai 1628. En mai 1628 (1), où sont Louis XIII et Richelieu? Allez à la signature de l'édit! Au camp devant la Rochelle. Au camp devant la Rochelle cela explique tout, cela justifie tout. Les Rochelais ont été bien traités de la postérité. Ceux qui ne prennent pas parti pour eux ne leur marchandent pas les circonstances atténuantes. Leur héroïsme a racheté la révolte, l'appel à l'étranger. Il faut pourtant revenir au mois de mai 1628. On conçoit que, sans être animé du moindre fanatisme, Richelieu ait pris ses précautions. Il n'a pas voulu que ce qui, sous ses yeux, se passait à la Rochelle, pût se renouveler à Québec. Pour comble de malheur, l'expédition de Kertk vient à point pour justifier ses inquiétudes, pour le confirmer dans sa défiance. Fils d'un père

---

(1) Edit du Roy pour l'establissement de la Nouvelle Compagnie de la Nouvelle-France. *Arch. col.* Canada, 1575-1660, fol. 92.

écossais et d'une mère normande, les Kertk avaient moralement le droit d'opter pour la nationalité paternelle. Mais un trop grand nombre de leurs compagnons n'ont pas la même excuse et sont de vrais Français. Qui sait si la première conquête anglaise de Québec n'a pas eu ce résultat de rendre définitive cette exclusion des protestants qui, dans la pensée de l'inspirateur de l'édit de grâce, pouvait n'être que passagère ?

Mais la faute capitale des protestants ce n'est point tant d'avoir provoqué ces malheureuses représailles dont les conséquences ont été irréparables. Ils ont fait pis que de mériter, à un moment donné, d'être chassés du Canada. Ils l'ont eu entre les mains, et ils n'en ont rien fait. De 1603 à 1627 ils ont été les maîtres à l'habitation de Québec, et notamment, jusqu'à l'arrivée des Jésuites, en 1611, ils n'ont eu à subir dans l'exercice de leur prépondérance aucun autre contrôle que celui de l'impartial, du tolérant Champlain. Voici vingt-quatre ans, voici huit ans, pour le moins, où ils ont eu toutes les facilités pour s'implanter solidement dans le pays. On ne voit guère où M. Eugène Reveillaud a trouvé que « Henri IV avait positivement assigné la Nouvelle-France aux huguenots comme refuge contre la tempête qu'il prévoyait (1). » Mais le fait est qu'il n'y avait pas pour eux de meilleur refuge, et qu'ils pouvaient réaliser sans grand effort, au Canada, le beau rêve de Coligny, d'une France protestante en Amérique. Deux ou trois milliers de colons calvinistes défrichant la terre autour de Québec, et aucun édit royal ne peut empêcher qu'ils n'aient gagné la partie. Mais les protestants qui ont eu la haute main sur les compagnies et sur la colonie étaient des Rochelais. Qui dit Rochelais dit marin ou marchand. Sous ce ciel tempéré, sur ce sol fécond, ces marins et ces marchands n'ont songé qu'au commerce. En vingt-quatre ans, ils n'y ont pas envoyé un seul colon protestant, pas un. De toute manière, les protestants ont été, au Canada, les artisans de leur propre disgrâce.

La compagnie accepte de lourdes charges. Que reçoit-elle pour la « récompenser des grands frais et advances qu'il lui conviendra faire pour parvenir à la dite peuplade entretien et

---

(1) Eug. Reveillaud, *Histoire du Canada*, p. 69.

conservation d'icelle? » D'abord ni plus ni moins qu'un empire. Les Associés obtiennent pour eux, leurs hoirs et leur ayants cause, en toute propriété, justice et seigneurie, tout ce qui, en Amérique, est compris, du sud au nord entre la Floride et le cercle arctique, de l'est à l'ouest, entre Terreneuve et la mer Douce. C'est un magnifique morceau. Il est vrai que sur la côte de l'Atlantique les meilleures places sont déjà prises par les Hollandais et par les Anglais. Mais dans la profondeur des terres les perspectives d'agrandissement demeurent illimitées. « Si avant qu'ils pourront s'étendre, » les Associés exercent le droit de premier occupant. Il leur est permis de se pourvoir de tous les instruments qui servent à la défense et à la conquête. Ils pourront « faire fondre canons et boulets, forger toutes sortes d'armes offensives et défensives, faire poudre à canon, bastir et fortifier places. »

Le roi ne garde que son droit théorique de souveraineté. Il lui suffit qu'à chaque mutation de souverain la compagnie s'engage à renouveler le serment de foi et d'hommage et à apporter une couronne d'or du poids de huit marcs. S'il retient devers lui la provision des officiers de justice souveraine, il admet que ceux-ci lui soient nommés et présentés par les Associés.

Le cadeau est d'une inestimable valeur pour l'avenir. Mais, en attendant que l'on ait commencé à peupler et à défricher ce demi-continent, il importe que les Associés aient, pour couvrir leurs dépenses, un bénéfice immédiat. Il leur est assuré par la concession d'un monopole commercial qui s'étend à tout ce que produit la Nouvelle-France sur terre et sur mer, « la pêche de la baleine et de la morue, que Sa Majesté veut être libre à tous ses sujets, expressément exceptée. » Ce monopole universel ne prendra fin qu'au bout de quinze ans. A cette date les Associés seront déchargés de leurs obligations les plus onéreuses, celles d'amener et d'établir les colons, de subventionner les missionnaires. Quant au trafic des cuirs, peaux et pelleteries, ils le conserveront, comme la terre, à perpétuité!

Le cardinal y ajoute d'autres avantages. Il fait largesse aux Associés de deux vaisseaux, et, ce qui stimulera davantage leur zèle, de douze lettres de noblesse. Il ne lui reste plus qu'à prendre ses garanties contre la mauvaise foi et la négligence. Si les Associés manquent à leurs engagements, ils rembourseront le prix des vaisseaux et ils seront privés de la jouissance du commerce. Il admet toutefois une excuse valable : la guerre. Il ne montre pas non plus trop d'impatience. Il sait qu'en toute chose les débuts sont ce qu'il y a de plus malaisé. Il se déclare satisfait si la compagnie établit quinze cents colons dans les dix premières années. Ces dix années passées, tout deviendra plus facile, et le recrutement des colons dans la mère patrie où la réclame, que l'on commence à faire en faveur de la Nouvelle-France, aura produit son effet, et leur établissement dans la colonie où les ressources seront devenues plus abondantes, où il n'y aura plus d'écoles à faire.

Richelieu a voulu que la compagnie fût bien gouvernée. Les directeurs « ont l'entier maniement et conduite avec plein pouvoir. » Ils ne sont obligés de solliciter l'agrément du roi et de l'assemblée que lorsqu'il s'agit de prendre une décision tout à fait importante, lorsqu'il y a à nommer des officiers ou personnes de commandement, à distribuer et aliéner des terres excédant deux cents arpents. Même alors on n'exige pas que l'assemblée soit au grand complet. Que la délibération « soit souscrite de vingt associés, y compris les directeurs, et elle sera valable ». Les Associés qui résident à Paris suffisent à tout le gouvernement de la compagnie. Ce n'est point à dire que les autres, les Associés des provinces qui ne viendront jamais prendre part aux délibérations, n'aient rien à faire qu'à répondre aux appels de fonds. Ils ont un rôle capital à jouer sans sortir de chez eux. Ils seront les agents recruteurs de la colonisation. Sur les listes d'embarquement qui doivent être dressées quatre mois à l'avance, les directeurs et les administrateurs donneront la préférence « aux soldats, artisans et autres personnes, tant hommes que femmes, qui leur seront nommés par les Associés. » La mesure est excellente. Elle donne satisfaction à des collaborateurs qui ont des amis, des protégés à favoriser. Elle contribue à assurer la bonne qualité de la recrue. Sans doute il serait plus expéditif de racoler à Paris et dans les ports, parmi la foule des misérables, les quatre mille têtes que l'on s'est obligé à faire passer en Amérique. Cela resterait conforme à la lettre du contrat. Richelieu aurait mauvaise grâce à protester. N'a-t-il pas, et précisément l'année précédente 1626, permis à la compagnie du Morbihan de se faire remettre, par voie de contrainte, les mendiants valides et vagabonds des deux sexes (1)? Mais l'intérêt de la compagnie l'engage à se montrer difficile dans ses choix. Cette audacieuse avant-garde qu'elle jette sur le sol américain, elle ne peut vraiment pas la composer de ces vaincus de la vie qui ont les tares physiques et morales de la misère subie ou même acceptée. Pour donner les premiers coups de hache à la grande forêt de Canada, pour y fonder les premiers foyers, il faut des bras et des cœurs vaillants.

Avec des colons de la bonne qualité il faut aussi pour établir la colonie sur une base solide que la compagnie dispose d'un suffisant capital. Or, chacun des Cent Associés s'engage à verser trois mille livres, dont mille tout de suite, le 31 janvier 1628, et le reste, sans qu'il soit précisé de date, les années suivantes. Trois cent mille livres, c'est vraiment peu de chose pour mener à bien l'exécution du programme qui est détaillé dans les articles de 1627. Les entreprises des Anglais en Amérique n'ont si bien réussi que parce qu'ils ont compris, dès le début, qu'il était nécessaire d'y employer des sommes considérables. Voici un exemple typique, celui du Massachusetts. Cette colonie est justement fondée à l'époque où nous sommes arrivés et dans une région qui, au point de vue du climat comme des ressources naturelles, présente de grandes analogies avec le bassin du Saint-Laurent. Encore le Massachusetts a-t-il sur le Canada cet avantage que l'accès en toute saison y est facile. Or il n'a pas fallu, en 1630, moins de vingt mille livres sterling, un demi-million, pour transporter mille colons au Massachusetts (2)! A ce prix-là, combien les Cent Associés, avec leurs trois cent mille livres de capital, peuvent-ils établir de colons autour de Québec? Il est vrai qu'ils ont quinze ans devant eux, qu'ils comp-

(1) Compagnie des Cent Associés ou de la ville et banlieue de Morbihan. Édict du Roy pour l'établissement du commerce général en France, par mer et par terre, Levant et Ponant, et voyages de long cours. *Arch. col.* Canada, corr. gén., 1, 1515-1660, fol. 71 et suivants.
(2) Cartier, *Histoire du peuple américain*, États-Unis, etc., t. I, p. 188.

tent sur les bénéfices qu'ils tireront de la traite du castor, qu'ils ont décidé d'alimenter leur caisse de réserve de tous les profits qu'il plaira à Dieu de donner à la société pendant les trois premières années, que, même plus tard, ils ne s'en attribuent que le tiers, « les deux autres tiers restant pour fonds et capital ». On verra comment, et pourquoi ces espérances ont été déçues. Ainsi, dès le premier jour, se manifeste une des causes principales de la lenteur de la colonisation française en Amérique. Plus encore que les hommes, l'argent a fait défaut, et, à la vérité, ceux-ci ne sont venus en si petit nombre que parce que celui-là a été dispensé avec trop de parcimonie.

Mais il était écrit que rien de ce que l'on tentait en Nouvelle-France ne pouvait réussir. La compagnie n'est pas à l'œuvre depuis deux ans que la guerre l'a complètement ruinée (1)! Les Associés sont victimes de l'impatience de Richelieu et de leur propre zèle. En 1628, on a la guerre civile et la guerre étrangère. N'est-il pas prudent de ne rien entreprendre avant que les Rochelais et les Anglais aient posé les armes? Mais le cardinal, soit qu'un nouveau retard dans la mise en valeur de l'Amérique française lui fût insupportable, soit qu'il eût hâte de mettre Québec à l'abri d'un coup de main, n'a consenti à accorder aucun délai. L'Associé Claude de Roquemont part avec deux cents colons, sur sept vaisseaux. Nous avons vu comment le convoi fut capturé par les Kertk. C'était pour la compagnie une perte sèche de cent soixante-quatre mille sept cent vingt livres. L'ardeur des Associés est telle qu'ils ne tiennent pas compte de la leçon. L'année suivante, en 1629, ils consacrent cent trois mille neuf cent soixante-seize livres à un nouvel armement. C'est encore une proie pour les Anglais qui viennent de faire capituler Champlain. Il ne reste pas trente mille livres en caisse. On fait un emprunt de quarante mille livres, et on tente un troisième embarquement. Cette fois on ne court plus le risque de

(1) Pour tout ce qui concerne la ruine de la compagnie générale et la formation des compagnies particulières, voir : Estat au vray de la despence qui a été faite par la compagnie de la Nouvelle-France pour l'établissement des colonies et entretien des ecclésiastiques... qui ont été audit pays depuis 1628 pour la conversion des sauvages jusques à ce qu'il a plu au Roy retirer ledit pays à la dite compagnie. *Arch. col. Canada, corr. gén.*, t. 1, 1515-1660, fol. 107.

tomber aux mains de l'ennemi. La paix est signée. Mais les Anglais et les huguenots occupent toujours Québec. Il y a là de quoi décourager les plus intrépides. En 1631 la compagnie renonce à la lutte.

Bientôt la situation s'aggrave. On est en procès avec Marie et Salomon Langlois et, naturellement aussi, comme il fallait s'y attendre, avec ceux dont on a pris la place, avec Guillaume de Caen et la compagnie de Montmorency. Les deux procès sont perdus. Il faut payer quarante-cinq mille livres aux Langlois et soixante-dix-neuf mille neuf cents à la compagnie de Montmorency. Heureusement que les Cent Associés obtiennent six ans de délai pour s'acquitter de cette dernière dette. Mais c'est un intérêt de trois mille livres qui s'ajoute aux dépenses annuelles.

Va-t-on s'avouer vaincu au moment où le traité de Saint-Germain oblige les Kertk à déguerpir de Québec? Cela n'est pas possible. Il y a des Associés qui ont gardé la foi. Ceux-là se groupent et, par la délibération du 15 novembre 1632, ils se constituent pour cinq ans en compagnie particulière. En échange des deux tiers des bénéfices éventuels, la compagnie particulière s'engage à fournir, chaque année, les dix mille livres qui sont nécessaires aux embarquements. C'est avec ce maigre revenu de dix mille livres que l'on va tenter de réaliser le grandiose programme de Richelieu.

A Québec les Français ne retrouvent que des ruines. Les vainqueurs « ont brûlé toute cette pauvre habitation en laquelle on ne voit plus que des murailles toutes bouleversées. » Ils n'ont même pas ensemencé ces champs qu'on leur a livrés « couverts de froment, d'orge et de blé d'Inde ». N'était que la famille de madame Hébert a échappé, corps et biens, au désastre général, il ne subsisterait rien sur le sol de la Nouvelle-France de toute l'œuvre accomplie, à si grand labeur, depuis 1608 (1).

L'automne et l'hiver s'écoulent. Emery de Caen commande toujours au nom du roi. Les Jésuites en viennent à croire que les Associés, qui n'envoient personne, renoncent à leur privilège (2). Le 22 mai 1633 le canon tonne. C'est Champlain qui

---

(1) *Relat. des Jésuites*, 1632, pp. 7-29.
(2) *Id.*, p. 26.

débarque. En grand appareil militaire, il se rend au fort. La Nouvelle-France est remise aux Cent Associés — exactement pour trente années.

Champlain est tout à son œuvre de réparation. Son premier soin est de relever les fortifications de Québec. Mais il a une ambition plus haute que de rétablir les choses dans l'état ancien. L'heure est venue d'étendre le champ du commerce et de la colonisation. Les Français auront deux nouvelles habitations sur le Saint-Laurent, l'une à quinze lieues, l'autre à trente lieues de Québec, le fort Richelieu et les Trois-Rivières. Le fort Richelieu est dans l'île Sainte-Croix au confluent de la rivière des Iroquois qui va, elle aussi, prendre le nom du grand ministre. Les Trois-Rivières sur la rive gauche du fleuve, dans le delta du Saint-Maurice, sont le principal rendez-vous des traiteurs et des sauvages.

Avec ceux-là Champlain a hâte de reprendre contact. Il peut craindre que la victoire des Kertk n'ait modifié leurs sentiments. Il a la satisfaction de les retrouver aussi affectionnés à l'égard des Français qu'il les avait laissés, plus affectionnés peut-être. Les quatre années de la domination anglaise ont été l'occasion d'une comparaison qui demeure tout à notre avantage (1).

Une autre satisfaction qui lui était bien due, mais qui ne lui est donnée qu'*in extremis*, était réservée au père de la Nouvelle-France. Il a assisté aux débuts de la colonisation véritable. Avait-il des colons avec lui sur ces quatre vaisseaux qu'il amène en 1633 ? Cela est bien difficile à démontrer. Ce qui est certain c'est qu'il a reçu les colons de Giffard et ceux de 1634 et de 1635. Mais ses jours sont comptés. Le 25 décembre 1635, il est emporté par une paralysie rapide (2).

L'homme supporte victorieusement toutes les comparaisons. C'est un Cortez lorsqu'il marche, seul, à la palissade des Iroquois ; et lorsque dans sa bicoque de Québec, avec une poignée d'affamés, il tient en respect la flotte des Kertk, nous avons déjà la vision de Frontenac rejetant au fleuve la levée en masse des Bostonnais. Et le patriarche qui témoigne et qui inspire tant

(1) *Relat. des Jésuites*, 1633, p. 27-28.
(2) *Id.*, 1636, p. 56.

de confiance et tant d'amour aux indigènes n'est-il pas le modèle, nullement surpassé, de ce William Penn dont Voltaire a fait un demi-dieu ?

Le rôle est comme l'homme, unique. On peut chercher dans l'histoire des peuples modernes le vaillant, l'habile, l'heureux qui, au même degré, mérite d'être nommé le fondateur d'une nation. A l'origine de tous les établissements des Européens il y a toujours plusieurs héros entre lesquels l'histoire a mission de répartir la gloire. Un seul homme ne peut jamais suffire à l'exploration, à la conquête, à la mise en train de la colonisation. Champlain a assumé la triple tâche. Il est l'explorateur infatigable qui dans la région qui restera le patrimoine de la nation canadienne française, ne laisse que des glanes à ses successeurs. Sans une heure de bataille, il fait accepter aux anciens maîtres du pays le partage du sol avec les nouveaux venus, réalisant ainsi dans la perfection l'idéal de la conquête pacifique. Il force les chasseurs et les marchands de castors à faire, sur cette terre féconde, une place aux laboureurs. Et lorsque les Kerlk ont arboré la bannière anglaise au sommet du cap Diamant, qui a mené à Londres et à Paris cette belle campagne diplomatique qui est couronnée par la restitution de la Nouvelle-France, Champlain, toujours Champlain ! Et il a été seul pour mener au bout cette œuvre de titan, seul, et pis que seul, puisqu'il a eu jusqu'au dernier jour à combattre, ici contre l'hostilité des hommes d'affaires dont il dénonce les manques de parole, là, contre l'ignorance et l'apathie de ceux pour lesquels il acquiert un empire. Gloire à Champlain, père de la Nouvelle-France !

CHAPITRE II

LES DÉBUTS DE LA COLONISATION AUTOUR DE QUÉBEC

La compagnie impuissante à remplir sa tâche. — Elle s'efforce de passer la main à des seigneurs. — Giffard à Beauport. — Beaupré. — Les accaparements de Lauson. — Seigneuries et censives. — État de la colonisation en 1641. — La compagnie définitivement ruinée. — Abandon de Richelieu.

La guerre qui a ruiné la compagnie des Cent Associés est finie. Mais la compagnie des Cent Associés ne se relève pas. Comme nous l'avons vu plus haut, elle est réduite, depuis 1632, à un revenu de dix mille livres.

Dix mille livres par an, cela peut, à la rigueur, suffire à payer les appointements des agents et la subvention due aux missionnaires, à pourvoir à l'entretien des forts, à fournir les avances qui sont nécessaires pour la traite. Mais, avec cette maigre rente, il n'y a vraiment plus à songer à recruter des colons, à les transporter, à les nourrir pendant deux ans. C'est alors que se présente à l'esprit des Associés une combinaison ingénieuse. Le roi s'est déchargé sur eux du soin de peupler la Nouvelle-France, pourquoi, à leur tour, n'essaieraient-ils point de passer la main ? De quoi s'agit-il ? D'attirer au Canada un certain nombre d'hommes riches et entreprenants et de leur offrir pour leur établissement des conditions si avantageuses qu'ils consentent à se substituer à la compagnie dans cette obligation qu'elle est incapable de remplir : le peuplement du pays. Et les Associés se hâtent, avec le premier qui se présente, de tenter l'expérience du système.

Elle réussit au-delà de toute espérance. Ils étaient justement tombés, du premier coup, sur l'homme qui devait réaliser dans sa perfection le type du seigneur colonisateur, Robert Giffard. C'était un médecin qui avait déjà été au Canada et que nous trouvons, en 1627, au service de la compagnie de Montmorency. Prisonnier des Anglais, puis renvoyé en France, il a emporté de son séjour aux bords du Saint-Laurent une impression inoubliable. Sa décision est prise. Il retournera en Nouvelle-France, et comme il s'agit cette fois d'un établissement définitif, Giffard, quoiqu'il approche de la cinquantaine, se met en quête d'une compagne. En 1633, il l'a trouvée. C'est cette vaillante Marie Renouard qui n'hésitera pas à s'embarquer dans un état de grossesse avancée (1). Il demande alors à la compagnie une concession dans la banlieue de Québec. Cette concession (2) lui est accordée par l'assemblée générale qui se tient le 15 janvier 1634. Il reçoit « en toute justice et seigneurie, à perpétuité, une lieue de terre à prendre le long de la côte du fleuve Saint-Laurent, sur une lieue et demie de profondeur, à l'endroit où la rivière, appelée Notre-Dame-de-Beauport, entre dans ledit fleuve, icelle rivière comprise. »

La compagnie a fait largement les choses. Le domaine est vaste, composé de bonnes terres, et à portée de Québec, c'est-à-dire dans la situation la plus favorable pour être mis en valeur, rapidement, aux moindres frais. En échange, qu'exige-t-elle de son vassal? Un seul hommage lige à chaque mutation de possesseur, avec une maille d'or du poids d'une once, et le revenu d'une année « de ce que ledit sieur Giffard se sera réservé, après avoir donné en fief, ou à cens et à rentes, toute ou une partie desdits lieux. » Ici apparaît clairement quelle sorte de collaboration les Cent Associés attendent du seigneur de Beauport. Ils ont pris leurs mesures pour qu'il ne succombe pas à la tentation de conserver devers lui l'exploitation directe

---

(1) Voir, pour les antécédents de Robert Giffard, B. Sulte, *Histoire des Canadiens français*, t. II, p. 17.

(2) L'acte de cette concession est dans les *Titres seigneuriaux*, t. I, p. 386.

d'une trop grande partie de sa seigneurie, pour qu'il ait véritablement intérêt à en distribuer le plus qu'il pourra à des arrière-vassaux ou à des censitaires, en un mot pour qu'il amène et établisse beaucoup de monde. Et, pour achever de se mettre en règle avec le gouvernement royal, les donataires ajoutent au contrat cette clause : « Que les hommes que ledit sieur Giffard ou ses successeurs feront passer en la Nouvelle-France tourneront à la décharge de ladite compagnie en diminution du nombre qu'elle doit y faire passer, et, à cet effet, en remettra tous les ans, les rôles au bureau de ladite compagnie. »

Muni de sa concession, Giffard se met en quête de colons. Il va les chercher dans son pays natal, à Mortagne et autour de Mortagne. Sa propagande a un plein succès. Au reste, il est probable que Giffard traite les Percherons qu'il veut décider à l'émigration comme les Cent Associés l'ont traité lui-même. Il leur fait les conditions les plus avantageuses. C'est ainsi qu'il s'engage, par devant notaire, à donner à Jean Guyon un fief de mille arpents (1), et Jean Guyon n'est qu'un simple artisan.

Robert Giffard a la bonne fortune d'obtenir la collaboration d'une famille amie ou parente qui habite la Ferté-Vidame (2). Les Juchereau, avant de le suivre en Amérique, l'ont probablement aidé à recruter des compagnons. Nous ne savons pas au juste si ces Juchereau appartenaient en France à la petite noblesse ou à la haute bourgeoisie ; au Canada, ils devaient jouer un rôle considérable. L'aîné, le sieur des Chatelets, fut commis général de la compagnie, mais resta célibataire ; le cadet, le sieur de Maure, amenait quatre enfants. L'un de ses fils devait épouser une fille de Giffard et devenir seigneur de Beauport.

Le 15 janvier, Giffard a obtenu sa seigneurie de l'assemblée générale, le 4 juin (3) il débarque à Québec avec un premier convoi de colons.

Ce premier convoi amenait, avec Giffard et les Juchereau,

---

(1) *Jugements et délibérations du Conseil souverain*, vol. I, p. 472, du 30 janvier 1668. Veu... contract de concession faicte par le sieur Giffard audict deffunt Jean Guyon de mille arpens de terre pour les posséder en tiltre de fief passé par devant Mathurin Roussel, notaire et tabellion royal en la ville et chatellenie de Mortagne en datte du quatorzième mars 1634.

(2) Tanguay, *Dictionnaire généalogique*, au nom Juchereau, t. I, p. 338.

(3) *Relat. des Jésuites*, 1634, p. 88.

les deux Boucher, Maurice et Gaspard, les deux Jean Guyon, Cloutier et Giroux. Avec les femmes et les enfants, cela pouvait faire entre trente et quarante personnes (1). Un second convoi d'une importance égale est signalé dans l'été de 1635 (2). Evidemment tout ce monde n'est pas pour la seigneurie de Beauport. Zacharie Cloutier et celui des deux Jean Guyon qui eut le fief du Buisson, se sont certainement fixés sur la terre de Giffard. Pour les autres, nous ne savons rien de précis. En 1040 nous retrouvons les Boucher à Château-Richer dans la seigneurie de Beaupré (3). On peut admettre que plusieurs de ces colons soient demeurés quelque temps au service de Robert Giffard pour avancer le défrichement de sa concession, et, cette besogne achevée, aient été s'établir ailleurs, pour leur compte.

Au reste, Robert Giffard ne s'est point mis en campagne uniquement pour recruter les hommes de travail dont il a personnellement besoin. Il a recruté des colons pour toute la colonie. Et c'est à lui que revient la gloire d'avoir provoqué cette émigration percheronne, qui, de 1634 à 1663, a fourni au Canada plus de cinquante chefs de famille. Le chirurgien de Mortagne est un des fondateurs de la colonie française du Canada. Avec une vingtaine de collaborateurs de cette activité et de ce désintéressement, le problème était résolu : la Nouvelle-France était peuplée.

L'année 1636 fut encore plus favorable pour la compagnie. Elle trouva à qui concéder la côte de Beaupré, c'est-à-dire les quinze lieues de côte qui vont, sur le Saint-Laurent, de la rivière Montmorency, frontière orientale de Beauport, à la rivière du Gouffre.

Le nouveau seigneur de Beaupré est un avocat au Parlement de Paris, Antoine Cheffaut de la Regnardière. Il se hâte de transporter l'exploitation de son magnifique domaine qui, pour l'étendue, vaut une province, à une compagnie. Les principaux membres de la compagnie de Beaupré sont, avec le concessionnaire, Jean Rosée, marchand de Rouen, et Olivier le Tardif.

(1) Ferland, *Cours d'histoire du Canada*, 1re partie, p. 57.
(2) Sulte, *Histoire des Canadiens français*, t. II, p. 57.
(3) Voir la carte de Bourdon (publiée à la fin du vol. 1 de Tanguay, *Dictionnaire généalogique*).

La Regnardière et Rosée faisaient partie des Cent Associés (1).

Est-ce au zèle empressé de la compagnie de Beaupré que la colonie a dû l'important accroissement de population qui y est signalé six mois plus tard ? Cela est bien vraisemblable. Après tout Cheffaut et Rosée n'auraient pas été plus vite en besogne que Giffard. Ce qui donne de l'autorité à cette opinion c'est que le personnage le plus considérable du convoi de 1636, Pierre Legardeur de Repentigny s'est justement établi sur la côte de Beaupré.

Quel était l'effectif de ce convoi. Il est impossible de le préciser. Le père Le Jeune nous dit simplement que le vaisseau de M. de Courpont amena « une quantité de familles ». Mais comme deux d'entre elles celles des Legardeur (de Repentigny et de Tilly) et des Leneuf (de la Poterie et du Hérisson) étaient « composées de quarante-cinq personnes » (2), nous nous trouvons certainement en présence du plus fort contingent d'émigrants qui ait débarqué dans la colonie depuis sa fondation.

L'arrivée de tant de nouveaux venus fait sensation. Le père Le Jeune entonne un chant de triomphe : « Quand on nous dit à Kébec qu'il y avoit nombre de personnes à Tadoussac qui venoient grossir nostre colonie, qu'on ne voyoit là-bas qu'hommes, femmes et petits enfans, nous louasmes Dieu et le priasmes de repandre sa saincte bénédiction sur cette nouvelle peuplade ; mais quand on nous asseura qu'il y avoit, entre autres, six damoiselles, des enfans beaux comme le jour ; que MM. de Repentigny et de la Poterie composoient une grosse famille, qu'ils étoient en bonne santé, je vous laisse à penser si la joye ne s'empara pas de notre cœur... Qui fera maintenant difficulté de passer nos mers puisque des enfans si tendres, des damoiselles si délicates, des femmes naturellement appréhensives se mocquent et se rient de la grandeur de l'océan (3) ? »

Les Legardeur et les Leneuf venaient de Normandie. Il semble qu'ils aient apporté des capitaux assez abondants et qu'ils aient su en faire un usage judicieux. C'est du moins l'un

---

(1) *Arch. canadiennes, Précis des actes de Foy et Hommages*, vol. I, 1667-1668. 1re partie, p. 265.
(2) *Relat. des Jésuites*, 1636, p. 3.
(3) *Relat. des Jésuites*, 1636, pp. 42 et 43.

d'entre eux, M. de Repentigny, qui sera pour le père Le Jeune le colon-modèle, c'est à son école qu'il voudra mettre les gens « moyennés » qu'il espère attirer en Nouvelle-France (1).

Après les succès obtenus à Beauport et à Beaupré, la compagnie avait la preuve faite de l'excellence de son système. Elle n'avait qu'à persévérer. Elle pouvait légitimement espérer qu'à l'échéance de 1643 les seigneurs lui auraient recruté, transporté, établi les quatre mille colons qu'elle avait promis à Richelieu. Avec l'espoir de trouver encore une douzaine d'émules des Giffard, et des co-seigneurs de Beaupré, la compagnie continue sa distribution de terres.

Successivement elle concède : en 1635 un fief sur la rivière du Cap-Rouge à Juchereau des Chastellets (2) ; en 1636 la Rivière-Bruyante à Simon Le Maistre (3) et l'île de Montréal à Girard de la Chaussée (4) ; en 1637 Sainte-Croix aux Ursulines (5), le fief Godefroy (6) et celui de Linctot (7) à Jean Godefroy, le fief du Port (8) à Michel Godefroy, Dautré à Jean Bourdon (9) ; en 1638 une partie de l'île d'Orléans à Castillon (10), les Grondines aux Hospitalières (11) ; en 1639 Batiscan aux Jésuites (12). Ces concessions sont d'importance très inégale. Les Godefroy et surtout Des Chastellets ne reçoivent que de petites seigneuries. Bourdon est déjà mieux traité. Les concessions des Ursulines et des Hospitalières, de dimension pareille, comme il convient, sont déjà de belle taille : une lieue sur 10 lieues. Celle des Jésuites s'étend sur le fleuve d'un quart de lieue au delà de la

---

(1) *Rel. de 1636*, p. 52.
(2) *Arch. canadiennes*, *Précis des actes de Foy et Hommage*, vol. I, 1re partie, 1667 et 1668, p. 369.
(3) *Id.*, vol. II, p. 119.
(4) 15 Janvier 1636. *Arch. col.*, Canada, Mémoires, I, 1556-1669, fol. 156.
(5) *Arch. canadiennes*, *Précis des actes de Foy et Hommage*, vol. I, 1re partie, p. 365.
(6) *Id.*, p. 9. La date donnée de la concession est 1633. Mais au vol. II, p. 189, on trouve les dates de 1637 et 1638 qui sont beaucoup plus vraisemblables.
(7) *Id.*, vol. I, 1re partie, p. 13.
(8) *Id.*, p. 15.
(9) *Id.*, p. 381.
(10) 1er Juillet 1638, *Pièces et documents*, Greffe de Québec, p. 350.
(11) Appelées plus tard Saint Charles-des-Roches. *Id.*, vol. II, p. 109.
(12) Rivière Batiscan et Champlain. *Id.*, vol. I, 1re partie, p. 252.

rivière Batiscan à un quart de lieue au delà de la rivière Champlain, avec 20 lieues de prolongement dans l'intérieur des terres. Ce qui n'empêche pas que les plus favorisés ne soient les seigneurs de l'île d'Orléans et de Montréal et Simon Le Maistre qui juste en face de Québec obtient des deux côtés de la rivière Bruyante, plus tard la Chaudière, 6 lieues sur 6 lieues.

Par malheur la compagnie tombe à cette époque dans les mains d'un ambitieux qui a été en même temps un incapable, Jean de Lauson. C'était un membre du Parlement de Paris dont elle avait fait son intendant et auquel elle demandait l'hospitalité pour son assemblée générale. M. de Lauson entreprit d'arrêter net la distribution des terres. Il a eu positivement la prétention de se réserver tout ce qu'il y avait de sol immédiatement disponible dans l'Amérique française.

En 1635 il fait attribuer à son fils François, qui est littéralement à la mamelle, cette fameuse seigneurie de la Citière qui, sur la rive droite du Saint-Laurent, allait de la rivière Saint-François au saut Saint-Louis, et qui dans le sens de la profondeur, franchissait la frontière actuelle des États-Unis. A la Citière il faut ajouter, en 1636, la seigneurie de la rivière Bruyante qui a pris plus tard son nom. Réunies la Citière et la rivière Bruyante forment un domaine compact qui commençait en face de Québec et finissait en face de Montréal et même un peu au delà. Ce n'est pas tout, à la même séance, il faut encore qu'on lui abandonne l'île de Montréal (1).

Au reste Lauson n'ose pas avouer franchement jusqu'où va sa cupidité. Pour se tailler un royaume dans l'empire américain du roi de France il use de subterfuge. C'est à Girard de la Chaussée qu'il a fait céder l'île de Montréal, à Simon Le Maistre la rivière Bruyante. Mais, au bout de quelques jours, les deux hommes de paille lui ont repassé la main.

Quels étaient les mobiles qui poussaient Lauson à cette folie d'accaparement? Avait-il une arrière-pensée de spéculation et rêvait-il, pour plus tard, d'un dépeçage fructueux de son immense domaine? N'était-ce pas plutôt qu'il recherchait la satisfaction puérile d'être, parmi les sujets de Louis XIII, le

---

(1) Sulte, *Histoire des Canadiens français*, t. II, pp. 55-56.

plus grand des grands propriétaires? Dans tous les cas, il était réellement dans l'impossibilité de défricher la dixième partie de ce patrimoine, et ce qu'il y a de plus grave à sa charge, il ne l'a même pas essayé. En 1665, il n'y a que treize colons à la rivière Bruyante, ou, comme on dit, à Lauson (1). Treize habitants, et qui encore venaient sans doute de Beauport, de Beaupré ou de l'île d'Orléans, voilà tout ce que le seigneur le plus richement possessionné de la Nouvelle-France a fait en vingt-cinq ans pour la colonisation.

Mais si la compagnie compte avant tout, pour le peuplement du pays, sur les possesseurs des seigneuries, cela ne l'empêche pas de distribuer directement des terres en censive (2). De cette dernière catégorie de concessions, nous avons un spécimen intéressant, la concession accordée le 25 janvier 1637 aux frères Caumont. On y saisit sur le vif les procédés de la compagnie, et l'on est forcé de conclure qu'ils sont excellemment appropriés au but qu'il fallait atteindre. Comme ses vassaux, la compagnie traite libéralement ses censitaires. Elle donne à ceux-ci 200 arpents sur la rivière Saint-Charles et elle leur en laisse choisir l'emplacement. Même, pour faciliter leur succès, elle leur accorde, pour trois ans, sur ses vaisseaux, le transport gratuit de toutes les provisions, de tous les auxiliaires dont ils peuvent avoir besoin. Mais, en même temps, elle prend ses précautions pour que ses largesses ne soient pas prodiguées en pure perte. Elle s'est assurée que les frères Caumont s'étaient habitués depuis quelques années, c'est-à-dire qu'ils étaient acclimatés physiquement et moralement; et, pour les obliger à se mettre, sans délai, à l'œuvre, elle leur déclare que, sous peine de révocation et d'annulation, ils seront tenus de commencer le défrichement « dans l'année prochaine pour le plus tard et d'y faire encore travailler deux hommes avec eux pour le moins. » Enfin la compagnie n'entend, en faveur de personne, se départir de son système. De tout colon qu'elle établit, elle est résolue

---

(1) Recensement de 1665. *Censuses of Canada*, vol. IV, p. 2.
(2) En 1636, M. de Montmagny avait jugé à propos de laisser autour de la ville une banlieue en laquelle il n'y eût « aucunes terres tenues en fief et que les terres tenues en icelles fussent tenues en censive de ladite compagnie ». A l'article : Cap Rouge. Arch. canad., *Précis des actes de Foy et Hommage*, vol. I, 1re partie, 1667, p. 369.

à exiger qu'il travaille à lui amener d'autres colons. Tout comme elle l'a fait avec Robert Giffard et Girard de la Chaussée, elle oblige les frères Caumont à lui remettre annuellement le rôle des hommes qu'ils feront passer en la Nouvelle-France (1).

Nous avons les noms de quelques-uns des colons qui reçoivent des terres dans la censive de la compagnie. Ainsi Maheu, dont la terre voisine de si près avec le fief de Juchereau des Chastellets qu'il en résulte un long procès (2); ainsi Henry Pinguet établi plus à l'ouest vers la rivière Jacques-Cartier sur une terre qui a un quart de lieue de large sur une lieue et demie de profondeur (3).

Ce fut avec des colons de la catégorie des Caumont, des Maheu, des Pinguet, avec des censitaires directs de la compagnie que se peuplèrent les Trois-Rivières. Là, à l'origine, point d'autres seigneurs que les Jésuites. Encore n'ont-ils sollicité de fief que pour avoir de quoi entretenir une mission. Le premier habitant des Trois-Rivières vient en 1633. C'est Jacques Hertel. En 1639, on compte à l'embouchure du Saint-Maurice quatorze chefs de famille. Presque tous, ce sont des interprètes (4), tout naturellement attirés et retenus dans un endroit qui demeure, pendant toute la première moitié du dix-septième siècle, le grand rendez-vous des traiteurs et des sauvages, le grand marché du castor.

Ainsi donc, à la fin de 1639, Québec, Beauport, Beaupré et les Trois-Rivières ont commencé à avoir une population de Français sédentaires, de Français habitués, comme on dit couramment. Ce sont là des résultats qui provoquent, chez tous ceux qui s'intéressent aux progrès de la colonie, une vive satisfaction. Pour comprendre à quel point cette satisfaction est légitime, il n'y a qu'à se rappeler combien elle s'est fait attendre, et tout ce qui a été tenté sans succès, depuis cent ans, pour faire des peuplades dans l'Amérique française. Voici du reste l'impression

---

(1) 23 janvier 1637. *Arch. col. Canada, corr. gén.*, 1, 1573-1660, fol. 131.
(2) En 1637. *Arch. canad., Précis des actes de Foy et Hommage*, vol. 1, 1ʳᵉ partie, 1667 et 1668, p. 309.
(3) En 1638. *Id.*, p. 333.
(4) Sulte, *Histoire des Canadiens français*, t. II, p. 63.

d'un témoin : « Quant aux habitants de la Nouvelle-France, ils se sont multipliés au delà de nos espérances. Entrant dans le pays, nous y trouvâmes une seule famille qui cherchait passage en France... et maintenant nous voyons, tous les ans, aborder bon nombre de très honorables personnes. » Et le P. Le Jeune ajoute, pour justifier le ton un peu enthousiaste qu'il a pris : « Ceux qui n'ont pas vu le pays dans sa pauvreté n'admirent pas peut-être ces commencements encore si petits. Pour moi, je confesse que Québec me semble un autre pays, et qu'il n'est plus ce petit coin caché au bout du monde, où on ne voyait que quelques masures et quelque petit nombre d'Européens (1). »

En réalité, le nombre des Européens est toujours insignifiant. Que peut-il y avoir, à cette époque, de Français au Canada? Dollier de Casson nous donne, pour 1641, le chiffre de deux cent quarante (2), ce qui, en défalquant le premier convoi des Montréalistes débarqué cette année même, réduit tout juste à deux cents pour 1640 les habitants de la Nouvelle-France. Cette évaluation est acceptée par Garneau et Ferland, mais M. Rameau la trouve trop faible. Il n'admet pas que les cinquante-deux chefs de famille dont il constate la présence dans la colonie dans cette période, représentent avec leurs femmes et leurs enfants une population totale de moins de trois cents personnes (3). Mais qu'importe : deux cents ou trois cents, ce n'est toujours qu'une poignée d'hommes.

Pourtant, si petits que soient ces commencements, ils donnent une robuste confiance dans l'avenir. Il semble que l'on va désormais marcher à pas de géants. C'est l'heure des grands projets. « Ces messieurs de la compagnie méditent diverses demeures ou habitations jusqu'au grand sault de Saint-Louis » et l'auteur de la relation de 1636 entrevoit déjà que « ces habitations deviendront autant de villes (4). »

Par malheur, c'est aussi l'heure où la compagnie achève de se ruiner. La première compagnie particulière ayant pris fin

(1) *Relat. des Jésuites*, 1636, pp. 41 et 42.
(2) Dollier de Casson, *Histoire de Montréal*, p. 31.
(3) Rameau, *La France aux colonies*, Notes de la deuxième partie, note 6, p. 281.
(4) *Relat. des Jésuites*, 1635, p. 44.

en 1637, après avoir réalisé un bénéfice de 60.000 livres, on avait facilement trouvé des gens pour prendre la suite de ses affaires jusqu'en 1641. Mais la deuxième compagnie particulière perdit beaucoup plus que la première n'avait gagné. Et les Cent Associés se trouvèrent débiteurs à son égard de 70.474 livres (1). En même temps, il n'y a plus à compter sur Richelieu. Dès 1635, il s'est engagé à fond contre la maison d'Autriche. La guerre de Trente ans qui se poursuit aussi sur mer va rendre entre les deux Frances la traversée périlleuse. Il y a de quoi décourager bien des velléités d'émigration quand on apprend, comme en 1640, que la flotte de la compagnie a failli, à sa sortie de Dieppe, être enlevée par les corsaires de Dunkerque (2).

(1) État au vray de la despence qui a été faite par la compagnie de la Nouvelle-France, ... *Arch. col.* Canada, corr. gén., 1, 1575-1660, fol. 107.
(2) *Relat. des Jésuites*, 1640, p. 2.

CHAPITRE III

LA RÉCLAME DES JÉSUITES
ET LA FONDATION DE MONTRÉAL

Les Jésuites au Canada. — La colonisation nécessaire pour assurer la conversion des sauvages. — La réclame des Relations. — La relation de 1636 : manuel du colon au Canada. — Les résultats de la réclame. — La société de Notre-Dame de Montréal. — L'île de Montréal pôle attractif de la Nouvelle-France. — Maisonneuve et la fondation de Villemarie 1642.

En somme, cela apparaît tout de suite, abandonnée de son fondateur, la compagnie des Cent Associés ne sera jamais en état d'accomplir la tâche qu'elle a assumée. Si résolue qu'elle soit à tenir scrupuleusement tous les engagements qu'elle a pris, elle ne pourra pas établir aux bords du Saint-Laurent le nombre de colons qui serait nécessaire. Heureusement que les Jésuites viennent à son aide.

Ceux-ci, dès leur arrivée en Amérique, ont l'intuition du magnifique avenir qui est réservé à la colonie. Dans cette relation de 1611, qui est la première en date, le père Biard donne déjà les « Raisons pour lesquelles on devrait entreprendre à bon escient le cultivage de la Nouvelle-France. » — « C'est, dit-il, une autre France en influence et condition du ciel et des élémens; en estendue de pays dix ou douze fois plus grande si nous voulons; en qualité aussi bonne, si elle est cultivée; en situation à l'autre bord de nostre rivage pour nous donner la science et la seigneurie de la mer (1). En même temps, les missionnaires ont acquis cette conviction que la conversion des sauvages et la colonisation du pays doivent marcher de pair, que le succès de la conversion dépend du succès de la colonisation. C'est encore le père Biard qui le proclame : « Enfin je croy que le résultat de toutes les opinions, advis, expériences, raisons et conjectures des sages ne pourroit estre guère que cestuy-ci, sçavoir est qu'il n'y a point d'apparence de jamais convertir n'y ayder solidement à salut ces nations, si l'on n'y fonde une peuplade chrestienne et catholique, ayant suffisance de moyens pour vivre, et de laquelle toutes ces contrées dépendent (2). » Manifestement les intérêts catholiques et les intérêts français se confondent. Les Jésuites se chargent de faire à cette Nouvelle-France qui est si mal connue, si mal jugée une retentissante réclame.

Or les Jésuites ont dans leurs relations annuelles un instrument de réclame incomparable. C'est déjà beaucoup qu'ils soient assurés d'avoir un nombre considérable de lecteurs, de lecteurs qui sont habitués à leur accorder une créance entière. Mais, ce qui est encore plus favorable, c'est le mode même de publication qu'ils ont adopté. Supposez qu'ils emploient une autre méthode, que, pour faire appel aux colons, ils fassent rédiger, une fois pour toutes, un livre de propagande. Mettez les choses au mieux. Le livre est un chef-d'œuvre. L'attention du public n'est distraite ni par la guerre, ni par un coup de théâtre à la cour, ni par une querelle religieuse ou littéraire. L'impression pourra être vive, mais, même si l'on multiplie les éditions, comme elle sera passagère ! Tandis qu'avec ces relations qui se suivent à intervalles réguliers, s'ils ne frappent jamais un grand coup, ils frappent à coups redoublés. Figurez-vous l'état d'esprit d'un lecteur qui, pendant cinq ans, pendant dix ans, est constamment ramené au milieu des mêmes hommes, devant les mêmes paysages, qui retrouve, à chaque volume nouveau, les mêmes témoignages en faveur de la salubrité, de la fertilité de la colonie, qui, de volume en volume, assiste aux

---

(1) *Relat. des Jésuites*, 1611, p. 67.
(2) *Id.*, 1611, p. 20.

progrès de son établissement. Celui-là est gagné. Si l'on ne suscite pas en lui la vocation coloniale proprement dite, on le transforme du moins en auxiliaire convaincu de la propagande.

Un autre élément de succès, et non des moindres, c'est que le soin de conquérir à la Nouvelle-France les sympathies de l'ancienne est confié à l'un des hommes qui ont le mieux connu et le plus aimé le Canada, qui ont été le plus capables de le faire connaître et de le faire aimer. Le père Paul Le Jeune a tout à fait qualité pour plaider la cause du Canada. Il est venu à Québec avec Champlain, en 1632. Il a assisté, après la retraite des Anglais, à cette renaissance de la colonie qui, à tant de points de vue, a été sa naissance véritable. Il y demeure jusqu'en 1649, tantôt comme supérieur de la mission, tantôt comme simple ouvrier apostolique. Le père Le Jeune a précisément les dons littéraires qui, pour l'exercice de son apostolat, sont les plus précieux. Il sait peindre ; surtout il sait convaincre. Il faut le suivre, pas à pas, dans les dix relations qu'il a rédigées, sans aucune interruption, de 1632 à 1641, et s'arrêter un peu plus longuement à celle de 1636 où il donne à son plaidoyer tout le développement qu'il comporte (1).

C'est cette relation qu'il faut lire et relire si l'on veut surprendre le procédé, la manière du père Le Jeune. Cet homme, qui a été à l'école de la rhétorique classique, oublie, de propos délibéré, les règles de la composition littéraire. Point de plan, point de transition, point d'appareil dogmatique. On dirait d'une conversation familière qu'il engage avec un ignorant de bonne foi et de bonne volonté, et où il se laisse poser les questions dans le désordre où elles se présentent à l'esprit de son interlocuteur.

Prenez les « Réponses à quelques propositions qui m'ont été faites de France ». Et d'abord les questions :

1° On demande si le pays est hors des incursions de l'Espagnol...

2° Si, défrichant des terres et les labourant, elles produisent assez pour leurs habitans.

(1) *Relat. des Jésuites*, 1636, pp. 41-53.

3° S'il y a espérance que les pommiers et autres arbres fruictiers y puissent porter du fruict.

4° Combien vingt hommes seraient de temps à défricher un arpent de terre? Ce que coûterait un chacun à nourrir durant un an? Et quelles provisions il faudroit faire?

5° Comment est fait le grand fleuve Saint-Laurens? Quels sont ses rivages? jusqu'où vont les grands navires?

6° Remarquer la qualité des terres, exprimer celles qui sont propres au labourage, au plant, aux pasturages; s'il sera nécessaire pour les labourer de harnois, de bœufs, de chevaux ; quelles graines on peut apporter?

7° Trouve-t-on de la pierre pour bastir, de l'argile, du sable ?

7° Remarquer les commodités que le pays produit pour la vie de l'homme, les espèces d'animaux, etc...

9° Quelles marchandises on peut envoyer d'ici en France?

10° On demande finalement ce qu'est du païs des Hurons et quelle espérance il y a pour ceux qui voudroient y aller.

Et la réponse arrive prompte et précise et, par la multiplication des exemples et des preuves, ne laissant rien à la réplique.

L'avocat du Canada a affaire à forte partie. S'il n'avait qu'à éclairer l'ignorance, mais il a le préjugé à combattre. La fatale légende des arpents de neige a déjà cours. Il est évident que la grande majorité de ses lecteurs sera touchée par l'argument patriotique sur lequel il revient avec insistance, qu'elle répétera volontiers avec lui : « Les Français seront-ils les seuls, entre toutes les nations de la terre, privés de l'honneur de se dilater et de se répandre dans ce nouveau monde (1)? » Mais ce n'est pas là la question, ou, du moins, il importe de résoudre d'abord cette autre qui est préjudicielle. Cette part d'Amérique que nous nous sommes attribuée et dont il semble que les Espagnols, les Portugais, les Anglais, venus bons premiers, n'aient pas voulu, vaut-elle la peine qu'on la garde? Cette terre, où l'on prétend fonder des royaumes, est-elle seulement habitable? Ne sait-on pas, par l'expérience des échecs antérieurs, qu'on y souffre terriblement du froid, que même on y meurt du scorbut, que, dans tous les cas, elle est inféconde?

(1) Que c'est un bien pour l'une et l'autre France d'envoyer icy des colonies. *Relat. des Jésuites*, 1635, p. 11.

Le père Le Jeune, l'une après l'autre, réduit à néant les accusations et les calomnies. C'est une réhabilitation complète. Il se garde pourtant de répondre au dénigrement systématique par le panégyrique outré. Il fait, çà et là, des aveux qui achèvent de donner confiance en lui. Lui aussi, il se plaint que l'hiver soit long et rude. Il nie seulement qu'il ait une influence pernicieuse sur l'organisme (1). Quant à ce terrible mal de terre qui a décimé les compagnons de Jacques Cartier et de de Monts, en fait, depuis que les Français sont mieux logés et mieux nourris, il a disparu. L'objection d'insalubrité n'est plus à réfuter. Elle tombe d'elle-même. Il suffit au supérieur de la résidence de Québec de montrer que tous, autour de lui, missionnaires, employés de la compagnie, colons, hommes, femmes, enfants, d'un bout à l'autre de l'année, jouissent d'une santé parfaite.

Mais ce à quoi il revient sans cesse avec une prédilection marquée, c'est à la description du pays. Il ne se lasse pas d'en évoquer les aspects grandioses; d'admirer ce majestueux Saint-Laurent qui est « le roi de tous les fleuves », cette forêt « perpétuelle qui s'étend de l'Atlantique à la mer Douce. » Mais le point essentiel est que l'on persuade aux lecteurs que cette Nouvelle-France, qui est tant de fois plus grande que l'ancienne, est aussi féconde, qu'elle peut sur ses terres « qui sont en friche depuis la naissance du monde » nourrir des nations.

Qui pourrait en douter encore quand il apporte cette liste qui n'en finit pas « de toutes les commodités que le pays produit pour la vie de l'homme ! ». L'inventaire est complet; trente ans, cent ans plus tard, Talon, Raudot, Begon, Hocquart n'auront pas grand chose à y ajouter Aussi bien il ne lui suffit pas d'énumérer tous les trésors que recèlent le golfe, le fleuve, la forêt, d'affirmer que les céréales, les légumes, les arbres fruitiers d'Europe réussissent à merveille au Canada, que le bétail importé y trouve de belles prairies et s'acclimate sans peine (2). Il s'agit de fournir ses preuves. Il nous trace un tableau singulièrement animé des succès obtenus par les premiers colons (3).

(1) *Relat. des Jésuites*, 1633, p. 15.
(2) *Id.*, 1632, p. 13. — *Id.*, 1636, p. 47.
(3) *Id.*, 1636, p. 45.

S'il ne nous parle que, par ouï-dire, des pommiers plantés par M. Hébert, il nous emmène dans le jardin de la mission où poussent de belles salades, dans le domaine de M. Giffart qui, après deux ans de défrichement, « espère recueillir cette année pour nourrir vingt personnes. »

Par delà les résultats acquis le père Le Jeune entrevoit les progrès futurs de la colonie. Il prédit que cette forêt envahissante, qui, actuellement, est l'ennemie, qui ne laisse pas de place à la charrue, pourra donner des flottes au roi. Sa clairvoyance n'est jamais en défaut. S'il n'insiste pas sur la traite des pelleteries (1) qui est pourtant, dans l'opinion commune, la raison d'être de la colonie, ce n'est pas seulement parce que ces messieurs de la compagnie s'en réservent le monopole. La vérité c'est que cette traite lui apparaît comme une ressource accessoire, comme une richesse passagère. Il se refuse également à encourager les espérances des chercheurs de mines. Ils pourront venir plus tard. En attendant, il faut défricher et encore défricher. Là-dessus il fait une profession de foi catégorique. La Nouvelle-France ne grandira que par le labourage, le plant, le pâturage.

Sur cette terre nourricière le père Le Jeune a entrepris d'attirer le plus grand nombre possible de ces paysans de France, forts et robustes, qui n'ont pas de pain à se mettre sous la dent. Mais il sait combien les gens de notre race ont peur « de perdre la vue du clocher de leur village » et qu'au demeurant son appel ne peut leur parvenir directement. Au nom de Dieu et du roi, il adjure tous ceux qui ont autorité sur eux de leur enseigner la route de la Nouvelle-France.

Pour décider au départ les hésitants, les Jésuites ont un autre argument à faire valoir que la promesse d'une vie matérielle plus heureuse. La Nouvelle-France est un paradis terrestre dans toutes les acceptions du mot. Comme le pain quotidien, le ciel s'y gagne plus facilement qu'ailleurs. C'est le thème favori des rédacteurs des relations. Voici quelques variations : « La Nouvelle-France est un vrai climat où on apprend parfaitement à ne chercher que Dieu. — Vivre en la Nouvelle-France

---

(1) *Relat. des Jésuites*, 1636, p. 18.

c'est, à vrai dire, vivre dans le sein de Dieu. — Il n'est pas à propos que tout le monde sache combien il fait bon dans les sacrées horreurs de ces forests et combien on trouve de lumière du ciel dans les ténèbres de cette barbarie, nous aurions trop de monde qui y voudrait venir et nos habitations ne seraient pas capables de loger tant de gens (1)... »

Il est visible que les Jésuites ont conçu l'espérance que c'est ce dernier argument qui touchera le plus les cœurs, déterminera le plus grand nombre de vocations, et déjà ils entrevoient, sur le sol de cette Nouvelle-France où, si abondamment, « Dieu répand les rosées de ses grâces », la naissance et le développement d'une société qui réalise l'idéal qu'ils se sont formé d'une société catholique.

Le père Le Jeune se ferait scrupule d'attirer en Nouvelle-France des colons qui ne seraient pas suffisamment armés pour la rude bataille qu'ils doivent livrer. Il les arme de toute l'expérience que les premiers venus ont si chèrement achetée. Il donne successivement ses conseils « aux gens moyennés et aux personnes pauvres. »

Ce sont évidemment ces dernières qui en ont le plus besoin. Que peut-il advenir d'un paysan, d'un artisan chargé de famille qui débarque à Québec, sans avoir été pris au service de la compagnie ou de quelque riche particulier ? « Il souffrira beaucoup et n'avancera rien. » — « Point de bouches inutiles! » s'écrie le bon père. Jusqu'à nouvel ordre, il faut laisser en France les femmes et les enfants.

Aussi bien faut-il donner la parole au supérieur de la mission de Québec. Ses « quelques avis pour ceux qui désirent passer en la Nouvelle-France » méritent qu'on y découpe de larges citations.

« Mais s'il se rencontroit de bons jeunes garçons ou hommes mariés bien robustes qui sceussent manier la hache, la houe, la besche et la charrue, ces gens-là voulans travailler se rendroient riches en peu de temps en ce pays, où enfin ils pourroient appeller leurs familles. Voicy comme ils devroient procéder. Il faudroit qu'ils se joignissent quatre ou cinq ensemble et

(1) Divers sentimens et advis des pères qui sont en la Nouvelle-France. Relat. des Jésuites, 1635, p. 15.

qu'ils s'engageassent à quelque famille aux conditions suivantes : qu'on les nourriroit pendant tout ce temps-là sans leur donner aucun gage ; mais aussi qu'ils auroient la moitié en fonds et en propre de toute la terre qu'ils défricheroient ; et pour ce qu'il leur faut quelque chose pour se pouvoir entretenir, le marché porteroit que tout ce qu'ils retireroient tous les ans des terres qu'ils auroient déjà défrichées, seroit partagé par moitié : cette moitié avec les petits profits qu'ils peuvent procurer sur le païs, suffiroit pour leur entretien... Or si quatre hommes peuvent défricher, par an, huit arpens de terre ne faisant autre chose ny hiver ny esté, en dix ans voilà quarante-huit arpens, dont les vingt-quatre leur appartiendroient ; avec ces vingt-quatre arpens ils pourroient nourrir trente-six personnes ou mesme quarante-huit, si la terre est bonne. »

Le père Le Jeune s'adresse ensuite aux riches. Eux aussi, ils doivent procéder à leur établissement avec méthode, et sans cette précipitation qui peut tout compromettre. Point par point, le supérieur de la mission de Québec leur donne la marche à suivre. Avant tout, qu'ils obtiennent de la compagnie une place pour bâtir en ville, avec quelques arpents de terre dans la plus proche banlieue. Quant à la concession véritable qui, pour cette catégorie de colons, peut être d'une grande étendue, ils n'ont rien à gagner à ce que son emplacement soit fixé à l'avance. Il suffit qu'ils aient obtenu des Associés la promesse formelle qu'elle leur sera accordée. Ils attendront d'être transportés sur le terrain pour choisir « avec le temps » quelque bel endroit. Tous les contrats passés, ils ne partiront pas encore. Ils se feront précéder par des maçons, des charpentiers, des défricheurs qu'ils mettront sous les ordres d'un homme d'autorité et de prudence. En même temps, ils expédieront des vivres et surtout le plus qu'ils pourront de bonnes farines. Ce n'est enfin que lorsque la maison sera bâtie et la terre mise en culture qu'ils s'embarqueront avec leur famille. « Les femmes et les enfans arrivans icy seront tout consolés de trouver un logement pour eux, un jardin pour leurs rafraîchissemens et des personnes à leur service qui auront cognoissance du païs. » Un dernier conseil et qui n'est pas le moins sage. Les hommes à gages n'ont point toujours suffisamment de cœur à l'ouvrage.

Qu'on les intéresse au succès de l'entreprise ! Nous avons vu plus haut comment le père Le Jeune entendait le partage de la terre et de ses revenus entre le maître et les serviteurs.

Quels ont été les résultats de cette propagande si bien conçue et si bien menée ? Très rapidement les Jésuites obtiennent un premier succès. Auprès des catholiques de France, la réputation du Canada est bientôt faite : c'est une autre Terre Promise. Les âmes pieuses se mettent à soupirer après la paix de ces grands bois où « à vray dire on vit dans le sein de Dieu. » Rien ne saurait mieux donner une idée de ce que fut un pareil état d'esprit que cette histoire de l'émeute d'Argentan qui a été recueillie par M. de la Sicotière (1). Il ne faut pas oublier qu'Argentan est au cœur de ce pays du Perche qui a déjà donné tant de colons au Canada et qui est aussi le lieu de naissance de Madame de la Peltrie, la fondatrice des Ursulines de Québec. Un prêtre soupçonné de jansénisme y vient prêcher le carême. Quelques jeunes ecclésiastiques en conçoivent une vive indignation. Ils improvisent une procession dans les rues de la ville en criant : « Suivez Jésus-Christ; la foi se retire de la France. Allons au Canada ! » Le lendemain, ils recommencent la manifestation à Séez, tant et si bien que le lieutenant civil et criminel d'Alençon est obligé de mettre le holà.

Mais de tous ceux qui auraient volontiers crié avec ces exaltés : « Allons au Canada ! » combien y sont allés réellement, et, pour ne pas tenir compte des religieux et des religieuses qui s'offrent en si grand nombre qu'on doit essayer de les décourager, quel chiffre de véritables colons la réclame du P. Le Jeune a-t-elle pu procurer au Canada ? Le problème est difficile à résoudre. Pour l'émigration des individus et des petits groupes, on en est réduit aux hypothèses. Mais ce qu'il y a de certain, c'est que la fondation de Montréal est due à la propagande des Jésuites.

Le véritable fondateur de Montréal, c'est Jérôme le Royer, sieur de la Dauversière. Il était receveur des tailles à la Flèche. Très pieux, et même d'une piété exaltée qui inquiète son directeur de conscience, il s'imagine tout à coup qu'il a reçu la mis-

---

(1) La Sicotière, *L'Émigration percheronne au Canada*, pp. 35-36.

sion d'établir dans l'île de Montréal un institut de religieuses hospitalières pour y donner des soins aux Français et aux sauvages (1). Il résiste quelque temps à ce qu'il considère pourtant comme un ordre de Dieu. Comment un petit gentilhomme, un petit fonctionnaire, qui a tout juste de quoi faire subsister les siens, pourrait-il, à lui seul, mener à bien une pareille entreprise ? Mais l'appel de la voix intérieure se fait de plus en plus impérieux. La Dauversière n'est déjà plus seul. Il a communiqué son enthousiasme à l'un de ses amis, M. de Faucamp, qui, lui, est riche.

C'est alors que son confesseur, le jésuite Chauveau, se résout à l'envoyer à Paris. Là, dans l'escalier du garde des sceaux, il se heurte à M. Olier, qui sera le fondateur de Saint-Sulpice. Dès la première rencontre, ces deux hommes, qui ne se sont jamais vus, qui ne savent rien l'un de l'autre, s'avouent que la même pensée les obsède, et se décident à unir leurs efforts. La Société de Notre-Dame de Montréal est faite.

Les associés ne sont encore que six au début de l'année 1640 ; mais ils sont déjà à l'œuvre. Avant tout, il faut qu'ils obtiennent l'île de Montréal ; et ils s'adressent à M. de Lauson qui se l'est fait concéder au nom de son fils. M. de Lauson est alors intendant du Dauphiné. La Dauversière et Faucamp vont l'y trouver. Ils sont repoussés avec perte. Mais ils reviennent à la charge avec l'appui du P. Charles Lalemant : M. de Lauson leur abandonne Montréal (le 7 août 1640) (2). C'est alors qu'intervient la compagnie des Cent Associés. Elle se refuse à admettre que Lauson ait conservé un droit de propriété sur un domaine qu'il a laissé en friche. Aussi bien n'est-ce qu'une question de principe. Elle se hâte de faire le meilleur accueil à une demande directe de la Dauversière et de Faucamp. Il est vrai qu'elle ne leur accorde pas l'île de Montréal tout entière comme elle l'avait fait pour Girard de la Chaussée et qu'elle s'en réserve la partie occidentale. Elle donne, du reste, comme compensation à ses nouveaux vassaux une autre seigneurie, celle de Saint-Sulpice, sur la rive gauche du Saint-Laurent (17 décembre 1640). Les associés ont leur concession. Ils réunissent, entre eux, un certain

(1) *Vie de mademoiselle Mance*, t. I, p. 13.
(2) Dollier de Casson, *Histoire du Montréal*, p. 15.

capital. Pour passer à l'action il ne leur manque plus que de rencontrer l'homme de tête et de cœur auquel ils puissent confier l'exécution de leur projet. Le P. Lalemant leur présente un jeune officier que la lecture des *Relations* a enflammé d'enthousiasme pour la Nouvelle-France. C'est Paul de Chomedey de Maisonneuve (1), le paladin qui doit, sur le terrain, au milieu de quelles misères et de quels périls, réaliser leur beau rêve.

Le rôle que les Jésuites ont joué dans la fondation de Montréal apparaît en toute clarté. M. de la Dauversière a fait ses études au collège de la Flèche qui est alors le plus célèbre de leurs collèges et où ils envoient leurs sujets d'élite pour y faire leurs trois années de philosophie. Peut-être même a-t-il été le condisciple de quelques-uns des futurs apôtres de l'Amérique française, Charles Lalemant, Anne de Noue, Barthélemy Vimont, Paul Le Jeune (2). En tout cas, comme, après sa sortie du collège, il n'a pas quitté la ville, il est évident que c'est à ses anciens maîtres qu'il doit d'avoir été tenu au courant des choses et des hommes du Canada et que c'est là l'origine de sa vocation. Le témoignage de Dollier de Casson est catégorique à cet égard (3).

Vainement l'abbé Faillon, qui ne veut pas que ses héros aient à partager leur gloire avec qui que ce soit, s'efforce de nous prouver le contraire. Il croit tirer des *Véritables Motifs* un argument irréfutable. On y lit en effet que « le dessein de Montréal a pris son origine par un homme de vertu qu'il plut à la divine bonté inspirer il y a sept ou huit ans (4). » Les *Véritables Motifs* ayant été imprimés en 1643, cela ferait remonter la vocation de Jérôme le Royer à 1635 ou 1636. Or, comme les Jésuites ont parlé de Montréal, pour la première fois, en 1637, on devine quelle est la conclusion de l'érudit sulpicien. Mais il

---

(1) Dollier de Casson, *Histoire du Montréal*, p. 16.
(2) La Rochemonteix, *Les Jésuites et la Nouvelle-France au dix-septième siècle*, t. I, pp. 152-158, 170-190.
(3) « ... Voyons naître cette belle association... dans la ville de la Flèche, par le moyen d'une relation de la Nouvelle-France, laquelle vint heureusement entre les mains de M. de la Dauversière. » Dollier de Casson, *Histoire du Montréal*, p. 5.
(4) *Les Véritables Motifs de messieurs et dames de la société de Notre-Dame de Montréal*, pp. 26-27.

faut traiter la question de plus haut. Il ne s'agit point de déterminer par le rapprochement des données chronologiques, qui ne présentent, du reste, aucun caractère de précision, si le choix de Montréal a pu être fait avant ou après la publication de la relation de 1637. Oui ou non, est-ce la lecture des relations des Jésuites et la fréquentation des Jésuites du collège de la Flèche qui ont attiré l'attention de M. de la Dauversière sur la Nouvelle-France? Quand on est de bonne foi, on ne peut répondre que oui.

Et ce n'est pas tout! Qui l'envoie à Paris et probablement avec de bonnes recommandations? Le jésuite Chauveau. Qui arrache à M. de Lauson jusqu'alors intraitable la cession de Montréal? le jésuite Charles Lalemant. Qui fournit à la société l'héroïque Maisonneuve? le même père Lalemant. Enfin, croit-on que M. de la Dauversière et M. Olier eussent trouvé, si vite, tant de généreux donateurs et tant de collaborateurs zélés, si, depuis près de trente ans, les Jésuites ne travaillaient pas à exciter dans les âmes chrétiennes la grand'pitié pour les païens d'Amérique?

Le père Le Clercq a dit du dessein des associés « qu'il n'y en a pas eu de plus désintéressé, de plus solide, de mieux concerté (1); » le père Le Clercq a formulé le jugement définitif de la postérité. Avant tout, chez les associés de Montréal, c'est le désintéressement qui est admirable. Non seulement ils s'interdisent tout espoir de gain, mais encore il est entendu qu'ils ne chercheront jamais à rentrer dans leurs dépenses. Comme ils le promettent solennellement, ils vont « travailler purement à procurer la gloire de Dieu. » Et pendant vingt ans, au milieu des circonstances les plus défavorables et qui leur fourniraient, à chaque instant, les plus honnêtes prétextes pour en limiter l'étendue ou la durée, ils s'imposent tous les sacrifices. Ils ne témoignent même pas, au début, de cette impatience qui serait si légitime de hâter l'heure du succès, ne serait-ce que pour en être les témoins (2). Ils savent qu'ils ont à choisir entre faire vite et faire bien, et ils n'hésitent pas.

(1) Le Clercq, *Premier Établissement de la foy dans la Nouvelle-France*, t. II, pp. 45-46.
(2) Voici le jugement de Dollier de Casson sur la société de Montréal :

Voici ce programme tel que les associés l'ont arrêté en 1640. Ils enverront à Montréal, dès l'année suivante (1641), « quarante hommes bien conduits et équipés de toutes les choses nécessaires pour une habitation. Ils leur fourniront deux chaloupes ou pinasses pour transporter de Québec à Montréal les vivres et les bagages. Ces quarante hommes, étant arrivés dans l'île, se logeront et se fortifieront avant toutes choses, contre les sauvages ; puis ils s'occuperont, pendant quatre ou cinq ans, à défricher la terre et à la mettre en état d'être cultivée. Pour avancer cet ouvrage, les associés de Montréal augmenteront, d'année en année, le nombre des ouvriers, selon leur pouvoir, enverront des bœufs et des laboureurs à proportion de ce qu'il y aura de terres défrichées, et un nombre suffisant de bestiaux pour en peupler l'île et engraisser les terres ». Et c'est seulement après ces quatre ou cinq années de travail préparatoire que les associés commenceront à mettre à exécution ce qui est la partie principale de leur programme. Ils organiseront d'abord la mission en créant sur place les trois communautés d'ecclésiastiques séculiers, de religieuses enseignantes, de religieuses hospitalières. Enfin viendra l'heure de la colonisation proprement dite. « Toutes ces choses étant en bon état, on ne pensera qu'à bâtir des maisons, tant pour loger quelques familles françaises, notamment les ouvriers nécessaires au pays, que les jeunes gens mariés qui auraient été instruits au séminaire, et les autres sauvages convertis qui voudraient s'y arrêter. On leur donnera quelques terres défrichées, des grains pour les semer, des outils et des hommes pour leur apprendre à les cultiver. »

« La Providence de Dieu voulant rendre cette isle assez forte pour être la frontière du pays et voulant du reste la rendre assez peuplée pour y faire retentir les louanges de son créateur... il fallait qu'elle jettât les yeux sur plusieurs personnes puissantes et pieuses afin d'en faire une compagnie qui entreprît la chose, car la dépense devait en être grande, elle eût été excessive si plusieurs personnes puissantes et de qualité ne se fussent réunies pour cet effet et l'union n'aurait pas longtemps duré si elle n'avait été entre des personnes pieuses détachées du siècle et entièrement dans les intérêts de Notre-Seigneur, d'autant que cette association se devant faire sans espoir de profit et en ayant encore même aujourd'hui fort peu à espérer d'ici plusieurs années, elle se serait bientôt détruite si elle avait été intéressée quand elle n'aurait eu que ce seul chagrin d'être obligée de toujours mettre sans espérance. » Dollier de Casson, *Histoire du Montréal*, pp. 5-6.

Ceux qui ont rédigé ce programme s'inspirent manifestement des conseils que le père Le Jeune adressait, en 1636, aux gens « moyennés » qui voulaient s'établir dans la Nouvelle-France. Même dans le détail de l'exécution, les fondateurs de Montréal restent à l'école des Jésuites.

La situation de l'île de Montréal est unique en Nouvelle-France. A dire vrai, en 1640, elle est loin d'être aussi favorable qu'elle le deviendra par la suite. Montréal n'est pas encore accessible aux navires de haute mer. Si le fleuve a partout la profondeur nécessaire, le chenal n'est pas toujours assez large pour que de grands voiliers y tirent leurs bordées. Jusqu'à la découverte de Fulton, les vaisseaux s'arrêtent à Québec. Pour monter à Montréal il faut se servir d'embarcations légères où l'on puisse s'aider de la rame. A la belle saison ce voyage est facile et rapide. Aussi bien, quel que soit l'inconvénient de ce transbordement obligatoire, l'île de Montréal n'en est pas moins le point terminus de la navigation maritime sur le Saint-Laurent. Le premier rapide, le Saint-Louis, se dresse à deux lieues de la future Villemarie. Impossible de le tourner, soit par la rivière des Prairies, qui est, elle aussi, coupée par le Saut du Récollet, soit par la rivière Jésus qui est encombrée d'îlots et obstruée de battures. Si l'on veut pousser plus haut, comme à Québec il a fallu quitter les navires de haut bord pour les chaloupes et les pinasses, à Montréal il faut quitter les pinasses et les chaloupes pour les canots sauvages, qui, entre deux biefs navigables, se portent aux épaules des rameurs. Quatre grandes voies d'eau douce se croisent à Montréal : C'est le Saint-Laurent qui, à la descente, à l'est, mène à Québec, et à la montée, à l'ouest, conduit au lac Ontario ; au nord, c'est la grande rivière des Outaouais qui ouvre le chemin du lac Huron et de la baie d'Hudson ; au sud, c'est la rivière Richelieu qui trace la ligne la plus directe pour gagner la Nouvelle-Amsterdam et l'Atlantique. Le Richelieu n'a pas son confluent dans les eaux mêmes de l'île, mais, dans son cours inférieur, il s'en approche de si près que cela revient au même.

A ce carrefour, il ne sera pas malaisé d'arrêter au passage un grand nombre de ces sauvages qu'il s'agit de convertir. D'autant plus que la nouvelle colonie s'élèvera au point de contact des trois principaux groupes indigènes. Les Iroquois s'étendent du lac Ontario à la tête du lac Champlain ; les Algonquins s'avancent un peu au delà des Trois-Rivières ; les Hurons éparpillent leurs cabanes du lac des Deux-Montagnes à la mer Douce. Et les associés, « en attendant qu'ils puissent pénétrer, un jour, aux nations les plus éloignées, » se réjouissent d'avoir, à portée de leur apostolat, « jusques au nombre de quatre-vingts petites nations (1). »

En outre, cette île de Montréal qui est, commme eût dit Elie de Beaumont, au pôle attractif du Canada, et où, avec les eaux, les hommes et les marchandises vont affluer, en dehors des avantages de sa situation, a, par elle-même, une grande valeur. Champlain disait, dès 1603, qu'il n'avait pas vu « de meilleure terre (2). » Dix ans plus tard, il avait la preuve de sa fertilité en y faisant défricher ce qu'il appelait la place royale (3). C'est une « terre noire et pierreuse qui produira du grain en abondance (4). » Ce sont des prairies qui pourront nourrir « tel nombre de bétail que l'on voudra ». C'est surtout une forêt où les principales espèces de France (5) sont représentées mais où les chênes dominent. Enfin le gibier de poil et de plume y abonde et les rivières y promettent des pêches miraculeuses (6).

Avec toutes ces chances de succès les associés ont hâte de se mettre à la besogne. Ils n'attendent ni qu'ils soient en nombre, ni même qu'ils aient réuni une somme importante. Dès le printemps de 1640, alors qu'ils n'ont peut-être en caisse que les cent louis donnés, dès leur première entrevue, par M. Olier à la Dauversière, ils envoient à Québec, au P. Le Jeune, quarante tonneaux de marchandises. En 1641, c'est à un véritable embarquement qu'ils procèdent. Pour recruter les hommes dont ils ont besoin, des hommes qui soient en même temps des artisans, des défricheurs et des soldats, la Dauversière, Faucamp et Maisonneuve se rendent à la Rochelle. De cette ville et de Dieppe partent bientôt, sur deux petits navires, le premier

---

(1) *Les Véritables Motifs*, p. 24.
(2) Champlain, *Des Sauvages*, 1603, édit. Laverdière, p. 11.
(3) Champlain, *Les Voyages*, 1613, édit. Laverdière, p. 243.
(4) P. Boucher, *Histoire... de la Nouvelle-France*, pp. 22-23.
(5) Champlain, *Les Voyages*, 1613, édit. Laverdière, p. 243.
(6) *Les Véritables Motifs*, pp. 23-24.

convoi. Il se compose de quarante-sept personnes (1), Maisonneuve est à sa tête. Il emmène une sainte fille de Troyes, mademoiselle Mance, qui s'est offerte pour servir au premier groupe de Montréalistes (2) de ménagère et d'infirmière.

Mais ce premier embarquement a coûté cher. Les associés ont dépensé soixante-treize mille livres (3) et ils sont ruinés. « Je ne sais, disait M. de la Dauversière à mademoiselle Mance, où nous prendrons le premier sol pour l'an prochain. » Mademoiselle Mance lui donne un bon conseil. Elle l'invite à « mettre par écrit le dessein de Montréal », à en faire plusieurs copies qu'elle se charge d'adresser « à toutes les dames qui avaient voulu la voir à Paris, entre autres à madame la Princesse, à madame la Chancelière, à madame de Villersevin, mais surtout à madame de Bullion, dont elle espérait davantage (4). »

Il est bien probable que c'est, en cette circonstance, que M. de la Dauversière a rédigé le petit livre de propagande qui fut imprimé, en 1641, à Paris, sans nom d'auteur, sous ce titre : « Les véritables motifs de Messieurs et Dames de la Société de Notre-Dame pour la conversion des sauvages de la Nouvelle-France (5). »

Cependant le premier convoi des Montréalistes était arrivé à bon port. Montmagny leur fait le plus bienveillant accueil. Il s'inquiète toutefois de la témérité de ce qu'il appelle la « folle entreprise ». Il ne veut pas que cette poignée d'hommes se hasarde au milieu des Iroquois si loin de tout secours. Pour les retenir à sa portée il offre à leur chef, à la place de l'île de Montréal, l'île d'Orléans. Maisonneuve se refuse énergiquement à l'échange. Il reconnaît seulement que la saison est trop avancée pour qu'il puisse, avant les grands froids, avancer suffisamment les travaux d'installation. Il fait hiverner ses compagnons dans la banlieue de Québec, à Sainte-Foy, dans une belle maison qu'un vieux gentilhomme, M. de Puiseaux, lui cède à

(1) Dollier de Casson, *Histoire du Montréal*, p. 10.
(2) Actuellement on dit Montréalais. Montréaliste est employé par l'abbé Faillon.
(3) M. de Faucamp à lui seul avait fourni vingt mille livres. Dollier de Casson, *Histoire du Montréal*, p. 14.
(4) *Id.*, pp. 15-16.
(5) *Id.*, pp. 31-32.

cet effet (1). Pour lui, il a hâte de pousser jusqu'à l'île de Montréal, et le gouverneur l'y accompagne. Ce n'est qu'au printemps suivant que deux barques, une pinasse, une gabarre, transportent les Montréalistes sur le théâtre de leurs futurs exploits. Le 17 mai, Villemarie est fondée (2). Le P. Vimont y dit la première messe et prophétise ses glorieuses destinées. « Voyez-vous, messieurs, ce que vous voyez n'est qu'un grain de moutarde, mais il est jeté par des mains si pieuses et si animées de l'esprit de la foi et de la religion que sans doute il faut que le ciel ait de grands desseins puisqu'il se sert de tels ouvriers, et je ne fais aucun doute que ce petit grain ne produise un grand arbre, ne fasse un jour des merveilles, ne soit multiplié et ne s'étende de toutes parts. »

A ce moment même, de l'autre côté de l'Atlantique, la société de Notre-Dame-de-Montréal achevait de se constituer. La lecture du mémoire de M. de la Dauversière avait produit tout l'effet que mademoiselle Mance en attendait. Aux six associés primitifs viennent se joindre quantité de personnes « de condition », environ trente-cinq, dit le P. Barthélemy Vimont (3), quarante-cinq, dit Dollier de Casson (4). Celui-ci dresse même une liste où il faut relever, en dehors des personnages que nous connaissons déjà, parmi les laïcs, le duc de Liancourt, M. de Montmort, M. de la Marguerie ; parmi les clercs M. Legauffre, et deux sulpiciens, M. de Bretonvilliers et cet abbé de Queylus qui viendra bientôt disputer le Canada aux Jésuites ; parmi les femmes, madame la chancelière et madame Séguier (5). Si l'auteur de l'*Histoire du Montréal* ne peut fournir qu'une vingtaine de noms, ce n'est pas seulement parce qu'il écrit plus de trente ans après les événements, c'est aussi que, par excès d'humilité chrétienne, les membres de la société de Notre-Dame demandent expressément à demeurer ignorés. Ils y réussiraient sans doute parfaitement s'ils n'étaient obligés

---

(1) Dollier de Casson, *Histoire du Montréal*, pp. 18-20.
(2) C'est la date donnée par le père Vimont et qu'il faut préférer naturellement à celle du 18, donnée par Dollier de Casson, *Relat. des Jésuites*, 1642, p. 37. — Dollier de Casson, *Histoire du Montréal*, p. 21.
(3) *Relat. des Jésuites*, 1642, p. 37.
(4) Dollier de Casson, *Histoire du Montréal*, p. 23.
(5) *Id.*, loc. cit.

en 1649, à poser leurs signatures au bas d'un acte qui fut rendu public. Ce jour-là il y a encore un nom d'omis, celui-là même qui devrait être placé en tête, celui de cette madame de Bullion qui, à elle seule, en 1653, sauvera Montréal de la destruction et de l'abandon. Revenons à 1642. Les cotisations de tant de nouveaux adhérents, parmi lesquels plusieurs étaient fort riches, permettent à la société de faire un nouvel embarquement. Elle dépense « quarante mille livres à envoyer à Montréal des denrées diverses et douze hommes de renfort (1). »

En somme, à la condition de ne point considérer les résultats en eux-mêmes et de s'en tenir à comparer ce qu'était le Canada en 1633 et ce qu'il est en 1643, un progrès considérable apparaît. A vrai dire, c'est dans ces dix années que la colonie est née. Là où le P. le Jeune et Emery de Caen n'avaient trouvé qu'une seule famille qui se préparait à repasser la mer, on compte maintenant entre deux cents et trois cents habitants solidement établis. Et les trois habitations fortifiées entre lesquelles ils se répartissent donnent réellement à la France la maîtrise du bassin du Saint-Laurent. Sans compter que du Saguenay à la mer Douce les ouvriers évangéliques sont partout à l'œuvre.

(1) Dollier de Casson, *Histoire du Montréal*, p. 23.

CHAPITRE IV

LA PREMIÈRE GUERRE IROQUOISE

Les Cinq Nations. — Pouvait-on rester en paix avec les Iroquois? — Vingt-six ans de terreur. — Les morts et les fuyards. — La colonie abandonnée à elle-même. — Ceux qui l'ont sauvée. — Le gouvernement de la colonie. — Toute-puissance des Jésuites. — La théocratie.

Hélas! c'est à ce moment où les plus belles espérances semblent permises que la sauvage agression des Iroquois va remettre en question les résultats si péniblement acquis et jusqu'à l'existence de la colonie.

Cette guerre terrible, qui eut pour l'avenir de la colonie française des conséquences si funestes, pouvait-elle être évitée? Un des historiens du Canada, et non des moindres, l'abbé Faillon, a déjà posé la question et n'a pas craint d'y répondre par l'affirmative (1). Le savant sulpicien ne pardonne point à Champlain d'avoir provoqué des ennemis à ce point redoutables. Il assure que le fondateur de Québec n'était, en aucune façon, obligé à prendre parti entre les Iroquois et les Hurons. Il cite l'exemple des Hollandais qui, eux aussi, ont été les voisins des Iroquois, et qui ont pourtant entretenu avec eux les relations les plus amicales. L'abbé Faillon aurait pu y joindre celui des Anglais, qui succèdent aux Hollandais dans la pos-

(1) *Histoire de la colonie française en Canada*, t. I, pp. 141 et 142.

session de la Nouvelle-Belgique sans donner plus de solidité à son argumentation, plus de valeur à sa thèse. C'est qu'il s'agit précisément de savoir s'il nous était permis de payer l'alliance iroquoise du prix dont nos rivaux l'ont payée. Pouvions-nous, comme ceux-ci l'ont fait, renoncer à tout empiétement sur ce que les Cinq Nations considéraient comme leur légitime patrimoine? Les Hollandais, qui sont venus en petit nombre, peuvent se contenter de cette riche vallée de l'Hudson maritime qu'ils occupent de la Nouvelle-Amsterdam à Orange. Quant aux Anglais, si rapide que soit leur accroissement numérique, il n'y a point encore de nécessité pour eux à s'avancer dans l'intérieur. Sur ce littoral de cent lieues qui s'étend de la baie Française à la base de la Floride, ils ont de quoi multiplier à l'aise. La situation des Français est tout autre. Se résigneront-ils à végéter à l'embouchure du Saint-Laurent dans cette Gaspésie qui, même à l'heure actuelle, se colonise si péniblement, et surtout dans ce Labrador qui ne sera jamais colonisable? A tout prix, il faut qu'ils remontent le fleuve. De ce côté tout les attire : le climat plus doux, le sol plus fécond, les communications plus faciles. Mais, en amont de Québec, tout de suite, ils se heurtent aux Iroquois. Ceux-ci n'ont, sans doute, pas oublié qu'au siècle précédent ils étaient installés en maîtres dans l'île de Montréal et dans le pays des Trois-Rivières. Dans tous les cas, ils entendent que rien n'entrave la liberté de leurs mouvements à travers leur ancien domaine. Sur le moyen Saint-Laurent c'est un va-et-vient perpétuel d'Iroquois. Non seulement ils y poursuivent leur impitoyable vendetta sur les Hurons, mais ils y pêchent, ils y chassent. En admettant qu'ils puissent volontairement nous abandonner la place, ils ont toujours besoin de passer au milieu de nous pour gagner le bassin de l'Ottawa et la grande et riche péninsule qui se développe entre le lac Ontario et le lac Erié au sud, la baie Georgienne et le lac Huron au nord.

C'est là en effet que le castor abonde, et il leur faut recueillir beaucoup de castor pour payer aux Hollandais et aux Anglais les fusils, les étoffes, l'eau de feu dont bientôt ils ne sauront plus se passer. Or les Français les suivent sur ce terrain, et leur font une rude concurrence. C'est évidemment, et à tous les points de vue, un grand malheur que nos colons ne prennent pas, dès le premier jour, des habitudes sédentaires, qu'ils ne dépensent point leur énergie à défricher, de proche en proche, autour de Québec, des Trois-Rivières et de Montréal, qu'ils n'attendent point que les sauvages leur apportent les pelleteries à domicile, comme le font les habitants de la Nouvelle-Belgique et de la Nouvelle-Angleterre. Mais ceux-ci vivent à des centaines de lieues des régions les plus favorables à la traite, et les nôtres sont établis au cœur de ces mêmes régions. A une époque où le castor se paie si cher sur les places d'Europe, la tentation est trop forte pour des gens dont un si grand nombre est venu en Amérique, précisément pour conquérir la fortune.

Cette guerre était inévitable. Mais il faut aller plus loin, il faut encore reconnaître qu'il y avait pour nous une véritable obligation morale à la provoquer. Si les Iroquois s'étaient contentés de vaincre leurs ennemis, de leur prendre ou de leur reprendre telle ou telle partie de leur territoire, ou même de les asservir, la neutralité demeurait permise. Mais quelle excuse, alléguée au nom de l'intérêt, eût absous les Français du Canada d'avoir permis à ces barbares de massacrer ou de brûler, sous leurs yeux, jusqu'au dernier des Hurons et des Algonquins ? Ne devaient-ils pas à ces sauvages qui les avaient accueillis si fraternellement sur leur terre de les protéger, de les défendre et cela à un double titre : et parce qu'ils étaient manifestement les plus faibles, et parce qu'il fallait sauvegarder dans ces nouveaux chrétiens la première recrue de la francisation. Il y avait là un devoir impérieusement imposé à la conscience française.

Les historiens sont d'accord pour faire commencer la guerre iroquoise en 1641. C'est en effet seulement à cette époque que les Iroquois osent directement s'attaquer aux Français. Jusqu'alors, tout en donnant la chasse à leurs alliés, ils s'étaient tenus à leur égard sur une défensive prudente. C'est qu'ils savaient par une expérience douloureuse ce qu'il leur en coûterait d'opposer des arcs aux mousquets. Mais, en 1641, les Hollandais, qui sont des marchands avant tout, et qui en cette qualité, et aussi peut-être pour faire échec aux missionnaires catholiques, ne tiennent aucun compte de l'alliance étroite qui unit, en Europe, le roi Louis XIII et les Etats-généraux, leur ont vendu des armes à feu (1). Ce n'est du reste qu'à partir de ce moment que notre présence leur devient vraiment insupportable. Ils pouvaient nous tolérer à Québec, même aux Trois-Rivières, mais non point à Montréal. Ils se décident à un effort vigoureux pour nous en déloger. Il y avait longtemps que les gens prévoyants apercevaient cette menace terrible qui était suspendue sur la colonie naissante. A peine a-t-il repris la direction des affaires que Champlain a signalé le péril iroquois à Richelieu (lettre du 15 août 1633) et lui réclame du secours (2). Il renouvelle ce pressant appel l'année suivante, mais sans plus de succès (3). Ce qui fut vraiment déplorable. A cette date, les six cent vingt hommes que l'on demande au ministre eussent certainement suffi à en finir avec les barbares. Mais du jour où les Français n'eurent plus sur eux la supériorité de l'armement, l'effort à faire pour se délivrer d'eux se trouve décuplé. Il a fallu que Tracy mît en ligne treize cents soldats pour les obliger à solliciter la paix.

La victoire de Tracy est de 1667 : ce qui donne pour la première guerre iroquoise une durée de vingt-six ans, et cela, pour ainsi dire, sans interruption. A peine si l'on doit tenir compte de quelques armistices. De 1645 à 1646 on a traité avec les Agniers (4); mais on a toujours à redouter les coups des autres nations. En 1653 c'est le tour des Onontagués et des Oneyouths de négocier, mais, à ce moment même, les Agniers menacent Montréal (5). En 1655 (6), en 1661 (7), nouveaux pourparlers qui n'ont pas de résultats plus durables. Il n'y eut de trêve vraiment respectée par nos farouches agresseurs que celle que la nature leur imposait pendant l'hiver. Encore n'attendaient-ils pas toujours le dégel pour reparaître au seuil de nos habitations.

Qu'une telle guerre ait pu se prolonger un quart de siècle entre quelques tribus d'Américains et la France alors à l'apogée de sa puissance, cela passe toute vraisemblance. Pour fournir

(1) *Relat. des Jésuites*, 1643, p. 62.
(2) *Mercure français*, t. XIX, pp. 841-843.
(3) *Archives des Affaires étrangères*, pièce 101°.
(4) *Relat. des Jésuites*, 1645; pp. 23-29; *id.*, 1646, pp. 3-6.
(5) *Id.*, 1653, pp. 17-25.
(6) *Id.*, 1656, pp. 2-20.
(7) *Id.*, 1661, pp. 6-8.

une explication raisonnable, ce n'est point assez que d'insister sur l'incroyable abandon où la mère patrie a laissé la colonie. On doit aussi faire la part du génie des Iroquois. Il n'est point possible de ne pas admirer l'intelligence avec laquelle ces barbares surent discerner et appliquer la tactique qui était le mieux appropriée à leur situation géographique, à leurs ressources, à leurs qualités guerrières.

Les Iroquois n'ont pas pour eux le nombre. En réunissant tous les hommes valides de la confédération, on atteindrait malaisément le chiffre de trois mille. Quand, en 1653, il y a six cents Agniers devant Montréal (1), il semble bien que ce soit là une levée en masse de toute la nation. Leur plus formidable armée, celle qui fait croire aux Français que la dernière heure est venue et qui est arrêtée au Long-Saut par le sacrifice héroïque de Daulac, se réduit à huit cents guerriers (2). Les Iroquois se rendent parfaitement compte de leur faiblesse numérique, et en même temps, qu'ils n'ont pas sur les Français la moindre supériorité de courage, ni même de vigueur corporelle. Le résultat de quelques corps à corps avec les compagnons de Maisonneuve (3) et de Lambert Closse (4) les a édifiés, une fois pour toutes, sur ce point. Ajoutez à cela la crainte de la science militaire européenne, et vous comprenez pourquoi, tout de suite, sans attendre l'avertissement d'un premier échec, ils évitent tout engagement général. C'est par une guerre incessante de surprises, qu'ils entreprennent de nous harceler, de nous épuiser, de nous rendre la place intenable.

Cette guerre, il ne faut pas l'oublier un instant, a pour théâtre cette forêt « perpétuelle » qui répand ses ombres sur tout ce qui porte alors le nom de Nouvelle-France et qui n'a rien d' « ouvert sinon les marges de la mer et des rivières (5) ». Cette forêt est aux Iroquois. D'abord elle leur est hospitalière. Ils savent tirer parti de toutes ses ressources, et même en hiver y vivre, ou du moins n'y pas mourir de faim. Surtout

---

(1) *Relat. des Jésuites*, 1653, p. 4.
(2) Dollier de Casson, *Histoire du Montréal*, pp. 143-150.
(3) *Id.*, pp. 54-53.
(4) Juchereau, *Histoire de l'Hôtel-Dieu de Québec*, pp. 38-39.
(5) *Relat. des Jésuites*, 1611, p. 6.

elle est pour eux sans mystère. Ils ont une aptitude merveilleuse, qui est faite encore plus d'instinct que d'expérience, pour y déterminer la route à suivre, pour y reconnaître, même après un long intervalle, la route qu'ils ont suivie une fois. Ils ont un flair de chiens de chasse pour y découvrir la piste de l'animal ou de l'homme. En un mot, ces redoutables Iroquois, qui ont été à deux doigts de nous chasser d'Amérique, réalisent, dans la perfection, ce type du chasseur de chevelures que Fenimore Cooper et Mayne Reid ont rendu populaire.

Vainement le voyageur qui va en traite et le jésuite qui rejoint sa mission, pensent dérouter ces féroces limiers en mettant à profit les trouées que les cours d'eau creusent dans l'épaisseur des grands bois. Adroits canotiers, rameurs infatigables, les Iroquois sont aussi chez eux sur la rivière et sur le lac. C'est toujours un miracle quand on est passé au travers de leurs embuscades. Voici donc une première conséquence de cette guerre qui, à elle seule, suffirait à rendre la place intenable à de moins énergiques que les colons canadiens. Du jour où les Cinq Nations ont levé la hache sur eux, cette Nouvelle-France, qui, sur la carte, contient si aisément deux ou trois fois l'ancienne, est, de fait, réduite à trois petits forts, avec, chacun, un glacis qui, pour Montréal et les Trois-Rivières, n'offre vraiment plus de sécurité au delà d'une portée de mousquet (1).

Mais ces infatigables ennemis ne s'en tiennent pas à ce rigoureux blocus. Ils viennent nous assaillir aux alentours, et même, aux jours de hardiesse, jusqu'au cœur de la place. A la vérité l'entreprise n'est point si hasardeuse. Ils gardent toujours, devers eux, l'avantage de la surprise (2). C'est à couvert qu'ils

---

(1) « Nous sommes maintenant comme investis et assiégés de tous côtés. » 31 mars 1644. Lettre de Hiérosme Lalement, *Relat. des Jésuites*, 1644, p. 107. — « Ceux qui ont habités dans les forests de Richelieu et de Montréal ont été renfermés plus étroitement qu'aucuns religieux... dans les plus petits monastères de France. » *Relat. des Jésuites*, 1645, p. 18.

(2) « Au reste la façon que tiennent les Iroquois dans leurs guerres est si cachée dans leurs approches, si subtile dans leur exécution et si prompte dans leur retraite, que d'ordinaire l'on apprend plus tôt leur départ que l'on n'a pu scavoir leur venue. Ils viennent en renards dans les bois, qui les cachent et qui leur servent de fort inexpugnable. Ils attaquent en lions ; et comme ils surprennent lorsqu'on y pense le moins ils ne trouvent point de résistance ; ils fuient en oiseaux. » *Relat. des Jésuites*, 1660, p. 4.

cheminent jusqu'à nos portes, puisque, sauf sur la côte de Beaupré, où, dès le premier jour, les défricheurs ont été plus nombreux, et ont pu profiter de plus longues périodes de paix, la forêt ne cesse qu'à quelques cents pas de nos habitations.

Ainsi les Iroquois ont toujours l'avantage d'une offensive contre laquelle il n'est pas possible aux Français de se mettre sur leurs gardes. Mais cela ne leur suffit pas. Ils n'abandonnent rien au hasard. C'est avec le plus grand soin qu'ils préparent leurs coups. On les voit faire preuve d'une fertilité d'invention vraiment incroyable. Le point de départ de toutes leurs combinaisons, c'est leur connaissance du terrain et une connaissance non moins parfaite du tempérament de leurs adversaires. Ils n'ont pas tardé à s'apercevoir que ceux-ci avaient plus d'intrépidité que de sang-froid. Ils excellent à exploiter la furia française. C'est pour eux un jeu que de l'échauffer et de nous attirer dans un piège, ou, par une diversion, de nous donner le change sur leurs intentions véritables et de nous amener à dégarnir de combattants le point où soudain se portera leur plus vigoureux effort. C'est par une manœuvre de cette sorte qu'en 1653 ils ont été à deux doigts de pénétrer, sans coup férir, aux Trois-Rivières (1). Par surcroît, ils savent attendre l'heure favorable avec une patience que rien ne décourage. « Un Iroquois, écrit le père Vimont, se tiendra deux ou trois jours derrière une souche à cinquante pas de votre maison pour massacrer le premier qui tombera dans ses embûches (2). » Mais ce qui achève de nous désarmer dans ce duel décidément inégal, c'est que ces ennemis qui possèdent l'essentiel du vrai courage, c'est-à-dire un réel mépris de la mort (3), n'ont aucun point d'honneur chevaleresque. Il ne s'agit pas pour eux de remporter la victoire, mais de faire le plus de mal qu'il soit possible à l'ennemi, de lui tuer ou de lui prendre du monde et, faute de victimes ou de captifs, de brûler ses maisons, de couper ses récoltes. Si les Iroquois se

---

(1) *Relat. des Jésuites*, 1653, pp 5-8.
(2) *Id.*, 1641, p. 58.
(3) « Il est vrai qu'ils ont fait des coups de cœur et se sont signalés en certaines rencontres autant qu'on pourrait l'espérer des plus braves gens de l'Europe ». *Id.*, 1660, p. 6.

sont pas assurés d'avoir toutes les supériorités, ils évitent ou refusent le combat, et même, au milieu de l'action, dès qu'ils voient la fortune hésitante, ils ont tôt fait, sans aucune vergogne, de tourner le dos et de s'engouffrer dans les ombres de la forêt protectrice (1). Aussi bien ces revanches, déjà si incomplètes, sont rares. Neuf fois sur dix, les Iroquois accomplissent leur œuvre de mort impunément.

Ce qu'il y a d'effroyable, du reste, ce n'est point tant la victoire des Iroquois que son lendemain. Ici nous entrons dans l'horrible. Que les Français n'aient point à espérer de quartier de leurs farouches ennemis, cela est, jusqu'à un certain point, dans l'ordre. Mais les infortunés, qui n'ont pas eu la chance de se faire assommer sur la place et qui tombent entre les mains du vainqueur, sont condamnés, comme on disait dans les tragédies du temps, mais, cette fois, sans aucune métaphore, à souffrir mille morts. Ils vont être la proie de la cruauté la plus raffinée et la plus frénétique.

Les vainqueurs emmènent leurs prisonniers. En route ils les traitent assez humainement ; parfois même, ils soignent leurs blessures. C'est qu'il importe que, pour les supplices qu'on leur prépare, ces infortunés conservent le plus possible leur force de résistance, leur capacité de souffrir (2). Les voici au terme du voyage. A l'entrée du village, toute la population sédentaire, vieillards, femmes, enfants, se presse. Elle se rue sur sa proie. Le supplice commence. C'est d'abord une « gresle de bastonnades ». Mais la mort sous le bâton serait trop rapide et trop douce. Les Iroquois savent s'arrêter à temps, et, pour donner à leurs victimes un avant-goût des dernières épreuves qui leur sont réservées, ils leur coupent les doigts, ils leur arrachent les ongles (3). C'est alors que, parmi ces mutilés, les bourreaux font leur dernier choix. A quelques-uns, qui sont presque

(1) « Les Iroquois sont de l'humeur des femmes : il n'y a rien de plus courageux quand on ne leur fait point résistance ; rien de plus poltron quand on leur tient teste ». *Relat. des Jésuites*, 1668, p. 8.
(2) « Ces cruels l'ayant fort bien guéri pour le mettre en état de leur donner plus de plaisir en le rendant capable des plus horribles souffrances ». Dollier de Casson, *Histoire du Montréal*, p. 94.
(3) Traitement infligé au père Jogues, à Goupil, *Relat. des Jésuites*, 1613, pp. 63-64 ; au père Bressany. *Id.*, 1644, pp. 42-43.

toujours les plus jeunes, ils font grâce. Ils sont destinés à des échanges ou à la servitude. Les plus heureux sans contredit sont ceux qui sont adoptés par une famille (1), pour remplacer des morts, et ils sont, de ce fait, naturalisés Iroquois. Au demeurant, ces graciés n'ont aucune sécurité. Leurs maîtres peuvent changer d'avis, et ils sont à la merci de la tribu. Tel est le cas de ce colon qui avait été très maltraité en chemin, puis adopté, mais qui fut trouvé « si tronçonné », qu'on le jeta au feu (2), et de ce pauvre petit Antoine de la Meslée, qui était devenu le valet des barbares, et qu'ils tuèrent, à la chasse, à coups de couteau (3).

Le plus grand nombre des captifs n'a à attendre aucune espèce de miséricorde. Ils iront au poteau de torture. Ici il y a nécessité à épargner certains tableaux à la sensibilité du lecteur, quitte à lui donner une idée insuffisante de l'héroïsme de ces colons de la Nouvelle-France qui, devant la menace d'une telle mort pour eux et pour les leurs, sont restés si fermes à leur poste de combat. Il faut renvoyer aux récits des témoins qui sont rapportés dans les *Relations*. Pourtant une courte citation peut suffire à montrer ce que fut la cruauté iroquoise. Voici en quel état sont retrouvés les corps du P. Jean de Brebeuf et du P. Gabriel Lalemant : « Le P. Jean de Brebeuf avoit eu la peau arrachée qui couvre le crâne de la teste ; ils luy avaient coupé les pieds et décharné les cuisses jusqu'aux os, et luy avoient fendu, d'un coup de hache, une mâchoire en deux. Le P. Gabriel Lalemant avoit reçu un coup de hache sur l'oreille gauche, qu'ils luy avoient enfoncé jusque dans la cervelle qui paroissoit à découvert ; nous ne vismes aucune partie de son corps, depuis les pieds jusqu'à la teste, qui n'eust esté grillée, et dans laquelle il n'eust esté brûlé tout vif, mesme les yeux où ces impies avaient fourré des charbons ardents (4). » Quelques lignes encore sur le supplice d'un intrépide Montréaliste, Brigeart, qui avait fait l'impossible pour mourir les armes à la main. « Le

---

(1) « La sœur du capitaine tué par Brigeart dit qu'elle vouloit Réné pour luy tenir la place de son frère défunt. » *Relat. des Jésuites*, 1665, pp. 20-21.
(2) *Id.*, 1661, p. 27.
(3) *Id.*, pp. 35-36.
(4) *Id.*, 1649, pp. 13-14-15.

sieur Brigeart fut brûlé toute la nuit depuis les pieds jusqu'à la ceinture ; et le lendemain ces barbares continuèrent encore à le brûler ; et après lui avoir cassé les doigts, estant ennuyés de le brûler, un d'entre eux lui donna un coup de couteau, luy arracha le cœur et le mangea (1). » C'est ainsi que la fête (car c'est une fête pour les Iroquois que le spectacle de ces tortures et de ces agonies) se termine toujours : par un festin de cannibales. Et ce n'est pas seulement sur les cadavres de ceux qui les ont combattus que s'exerce la voracité de ces carnassiers à face humaine. Dans leurs heures de frénésie ces monstres s'emparent des petits enfants au sein des captives pour, sous les yeux des mères, et tout vifs, les mettre à la broche. Telle est la guerre qui nous est faite pendant vingt-cinq ans.

Comment se défendre ? Le procédé le plus simple, le plus expéditif, le plus conforme à notre tempérament national, ce serait de les prévenir, de les menacer chez eux, de marcher en masse à leurs villages. Mais nous nous opiniâtrons à demeurer sur la défensive, si bien que nos ennemis en conçoivent à notre égard un mépris singulier (2) qui se traduit par un redoublement d'audace. Cette timidité a du reste une bonne excuse. Songez qu'au début de la lutte, c'est tout au plus s'il y a au Canada deux cents habitants, en y comprenant les femmes et les enfants. Admettez que le nombre ait doublé, même triplé en 1650, il n'y a pas encore là de quoi suffire à la fois et au strict maintien des garnisons nécessaires et à la formation d'une colonne d'attaque.

Le plus extraordinaire, c'est que nous n'ayons pas pu tirer un meilleur parti de nos sauvages qui sont encore plus que nous, si cela est possible, intéressés à l'écrasement de ces im-

(1) *Relat. des Jésuites*, 1663, p. 21.
(2) « Les Iroquois se moquent des François parce qu'ils ne les ont jamais veus en guerre en leur pais ; et les François n'y ont jamais esté, parce qu'ils ne l'ont jamais tenté, ayant cru jusqu'à présent les chemins plus insurmontables qu'ils ne sont. Dans la connoissance que nous avons de ces barbares et aiant veu quand nous estions parmi eux, comme la fraieur se met partout quand ils se voient attaqués chez eux ; on peut dire avec toute assurance que si une armée de cinq cents François y arrivoit inopinément, elle pourroit dire : *veni, vidi, vici*. » *Relat. des Jésuites*, 1660, pp. 7-8.

placables adversaires. Ils ont autant de guerriers à mettre en ligne qu'eux, du moins avant les grands massacres de 1648 et de 1649. Ils ne leur sont pas, non plus, inférieurs en bravoure et en habileté guerrière. Car nous savons qu'au siècle précédent « les Agniers avaient été réduits si bas par les Algonquins qu'il n'en paraissait presque pas sur la terre (1). » Mais la fortune a si complètement tourné que nos alliés sont démoralisés. Dans toutes les rencontres malheureuses ils sont les premiers à lâcher pied. Ils vont jusqu'à nous trahir. Sans parler de ceux qui « s'iroquisent » et qui sont les plus féroces de nos ennemis, il n'est pas rare qu'ils espionnent pour leur compte (2).

Bref, il n'y a point de salut à espérer pour la colonie si la mère patrie ne pourvoit à sa défense. C'est le thème ordinaire de ces épîtres liminaires que les Jésuites placent en tête des *Relations*. La colonie ne se lasse pas non plus d'envoyer en Europe tous ceux qui lui semblent capables d'intercéder avec succès en sa faveur. De 1642 où le P. Barthélemy Vimont fait embarquer le P. Le Jeune pour qu'il représente « l'estat auquel les courses des Iroquois réduisent cette église naissante (3), » jusqu'à la mission de Pierre Boucher qui reçoit, en 1663, un si bon accueil de Louis XIV et de Colbert (4), on compte une dizaine de ces ambassadeurs. Certes, on ne peut pas dire qu'ils soient éconduits, mais ils obtiennent si peu de chose ! Quarante soldats envoyés en 1642 (5) (c'est-à-dire par Richelieu), soixante en 1644 (6), cela est maigre. En 1648, voici l'effectif total de la garnison : douze soldats à Québec, dix à Montréal, six aux Trois-Rivières et, en plus, un camp volant de quarante hommes qui doit se porter aux points les plus menacés (7), mais qui, en réalité, ne sert guère qu'à escorter les convois, qu'à rétablir, de

---

(1) *Relat. des Jésuites*, 1660, p. 6.
(2) Dollier de Casson, *Histoire du Montréal*, pp. 35-36.
(3) *Relat. des Jésuites*, 1642, p. 1.
(4) P. Boucher, *Histoire véritable et naturelle de la Nouvelle-France*. Épître à Colbert. — Marie de l'Incarnation, *Lettres*. Lettres historiques, 6 novembre 1662, LXIV, p. 574.
(5) *Relat. des Jésuites*, 1642, pp. 2 et 44.
(6) Faillon, *Histoire de la colonie française en Canada*, t. II, p. 59.
(7) Arrest du Conseil du 5 mars 1648, *Arch. col.* Canada, corr. gén., 1, 1575-1660, fol. 217.

temps en temps, les communications entre les trois bourgades assiégées qui constituent la Nouvelle-France (1).

Heureusement qu'à la suite d'un voyage du P. Jérôme Lalemant, la compagnie des Cent Associés se décide, en 1651, à envoyer quelques renforts (2), et qu'en 1653 Maisonneuve ramène une centaine d'hommes (3). Les ambassadeurs Onneyouths étaient alors à Québec. En ajoutant aux soldats proprement dits tout ce qu'il y avait, dans la ville et dans sa banlieue, d'hommes capables de porter les armes, on les fit assister à un défilé de quatre cents fusiliers (4). Quatre cents, cinq cents combattants, six cents peut-être, voilà le chiffre de la levée en masse de la colonie au plus fort du péril, et cela est bien peu de chose pour assurer la défense sur plus de soixante lieues.

Même l'accroissement de la population qui, comme nous le verrons plus loin, est assez considérable dans la dernière décade de cette guerre, ne va pas rendre la défense plus facile. S'il permet d'opposer à l'ennemi un plus grand nombre de combattants, il lui donne un nouvel avantage. Les colons, et il s'agit surtout ici des colons de la région de Québec, ne peuvent plus trouver de place à l'abri ou, tout au moins, à portée des fortifications. Ils s'éparpillent « dans l'espace de huit et dix lieues sur les rives de la grande rivière », « n'y ayant en chaque maison que deux, trois ou quatre hommes et souvent même qu'un seul avec sa femme et quantité d'enfants qui peuvent estre tous tués ou enlevés sans qu'on en puisse savoir rien dans la maison la plus voisine (5). » Et le rédacteur de la *Relation* de 1660 ajoute : « Or, qu'il y a-t-il de plus aisé à une troupe de huit cents ou de mille Iroquois que de se respandre par dedans les bois, tout le long de nos habitations françoises, faire un massacre général en un même jour? » Même note chez Pierre Boucher qui est justement au poste le plus périlleux, aux Trois-Rivières. « Une femme est toujours dans l'inquiétude que son

---

(1) Le camp volant est à Montréal en 1649. Dollier de Casson, *Histoire du Montréal*, p. 70.
(2) *Relat. des Jésuites*, 1651, p. 1.
(3) Dollier de Casson, *Histoire du Montréal*, p. 103.
(4) *Journal des Jésuites*, p. 190.
(5) *Relat. des Jésuites*, 1660, p. 4.

mari, qui est parti le matin pour son travail, ne soit tué ou pris et que jamais elle ne le revoie (1). »

Ce que sont pour les Montréalistes ces vingt-cinq années de combat perpétuel, ou tout au moins de péril incessant, on peut le voir dans le deuxième et le troisième volume de l'abbé Faillon, qui s'est constitué le panégyriste de Maisonneuve et de ses vaillants compagnons, ou mieux encore, dans les annales du sulpicien Dollier de Casson qui a recueilli leurs témoignages.

Dès 1643 les Iroquois rôdent autour de Villemarie. Ils font main basse sur ceux qui s'écartent. L'année suivante, les Montréalistes tentent une sortie en masse. Mais pris d'une panique que leur inexpérience militaire excuse, ils font une retraite précipitée et Maisonneuve, abandonné au plus épais des Iroquois, ne parvient à se dégager que par des prodiges de valeur (2). Désormais la situation de la ville est celle d'une place investie. Encore si les Montréalistes n'avaient rien à faire qu'à se défendre. Mais, sous peine d'être condamnés à la famine, il ne leur est pas permis d'interrompre le défrichement. Ils travaillent tout armés, sans se perdre de vue les uns les autres, prêts, au premier coup de cloche, à se grouper autour de leurs chefs (3). Heureusement qu'ils ont des chiens de garde qui ont vite appris à flairer l'Iroquois et qui, plus d'une fois, dénoncent à temps l'approche de l'ennemi (4). Une courte trêve, de 1645 aux premiers mois de 1646. On la met à profit pour élever les retranchements (5). A ce moment, les mauvais jours reviennent. Les Agniers reprennent la campagne. Nous arrivons à l'heure critique par excellence. En 1650 les Iroquois en ont fini avec la nation huronne; ils donnent en masse contre Villemarie. En 1651 ils sont au cœur de la place. Les habitants évacuent les maisons, se retranchent dans le fort et dans l'hôpital; et il s'en faut de peu que l'hôpital ne soit emporté d'assaut. La détresse est telle que Maisonneuve se résigne à quitter son poste de combat,

---

(1) P. Boucher, *Histoire véritable et naturelle de la Nouvelle-France*, p. 151.
(2) Dollier de Casson, *Histoire du Montréal*, p. 27.
(3) *Id.*, p. 59.
(4) *Id.*, pp. 51-87.
(5) *Id.*, p. 59.

à aller en France solliciter du secours. Il est vrai qu'il laisse le commandement à Lambert Closse (1). Closse est un autre Maisonneuve. Ses exploits sont demeurés légendaires. Néanmoins les choses empirent à ce point qu'en 1653, à Québec, où l'on est sans nouvelles, on est persuadé que Montréal a succombé. L'arrivée de cette recrue de cent hommes que conduit Maisonneuve et qui a été signalée plus haut, rend aux Montréalistes beaucoup de confiance et quelque sécurité. Les colons sortent du fort et rentrent dans leurs maisons qui sont, du reste, transformées en autant de petites forteresses. C'est ici que se place la plus longue trêve qui ait interrompu cette tuerie. Tant bien que mal, pendant trois ans, les Iroquois tiennent leurs engagements. Mais en 1657 les hostilités recommencent. Il est vrai que, de 1657 à 1660, on en est quitte à Villemarie pour des alertes. A partir de 1660 les mauvais jours sont encore revenus. Le dévouement de Daulac sauve la colonie (2) en ce sens qu'il empêche les Iroquois de tenter quelque attaque générale sur Montréal ou Québec, mais la population de la colonie n'en est pas moins décimée. Les victimes sont nombreuses à Montréal et, parmi elles, sans compter ce vaillant sieur de Brigeac (3) que les Iroquois s'ennuyèrent de brûler, deux prêtres, M. Lemaître (4) et M. Vignal (5), et, enfin, le glorieux major de la garnison Lambert Closse qui est tué sur place (6). Alors Maisonneuve organise militairement la population. La milice de la Sainte-Famille pourra opposer cent quarante combattants aux entreprises des barbares (7). Il était grand temps néanmoins que le régiment de Carignan vînt relever ces soldats improvisés.

Mêmes souffrances, même péril aux Trois-Rivières et, pour être exact, péril plus grand encore, car les hommes en état de porter les armes sont ici moins nombreux qu'à Montréal, et la ville est également sur le passage des Cinq Nations. Le résultat est que, nulle part, les colons ne sont enfermés dans un plus

(1) Dollier de Casson, *Histoire de Montréal*, p. 83.
(2) *Id.*, pp. 142-150.
(3) *Id.*, pp. 163-165.
(4) *Id.*, p. 158.
(5) *Id.*, p. 165.
(6) *Id.*, p. 166.
(7) *Greffe de Villemarie*, 1er février 1663.

petit espace, et que c'est là que les Iroquois ont frappé le coup qui nous a été le plus sensible dans cette longue guerre. En 1652, ils attirent dans un piège la petite garnison avec le gouverneur, M. Duplessis-Bochard, et en font un grand carnage (1); en 1653, ils osent assiéger la ville pendant huit jours, et il s'en faut de peu qu'ils ne l'emportent par surprise (2).

Québec et ses environs ont été relativement épargnés. C'est que, sur son rocher, la ville est pour ainsi dire inabordable, que le Saint-Laurent s'y resserre, et que, du haut des collines qui le dominent, il est facile d'en surveiller le cours. C'est aussi qu'il y a plus de soldats dans la capitale et qu'à la belle saison la présence de quelques vaisseaux dans la rade ajoute considérablement aux moyens de défense. C'est enfin que les Iroquois, qui descendent si facilement aux Trois-Rivières et à Montréal, par la rivière Richelieu, ont un long détour à faire pour aborder en vue de Québec. Ce n'est pas à dire qu'il n'y ait pas, là aussi, de vives alertes, comme celles que raconte la mère Marie de l'Incarnation (3), et de sanglantes surprises comme celle où, dans l'île d'Orléans, périt le sénéchal de la Nouvelle-France, M. de Lauson (4). Il y eut même pour les Québecois un jour de douleur poignante et d'humiliation atroce, lorsque les Agniers passèrent orgueilleusement devant le cap Diamant, avec, dans leurs canots, quatre-vingt-cinq Hurons enlevés à l'île d'Orléans (5).

Il est assez malaisé de calculer avec précision ce que la guerre iroquoise peut avoir coûté, en vies humaines, à la colonie. Mais, si l'on doit renoncer à dresser un martyrologe complet, il reste assez de renseignements à glaner, çà et là, pour donner une idée assez exacte du nombre de Français qui sont tombés

---

(1) *Journal des Jésuites*, pp. 173-175.
(2) *Id.*, pp. 178-179.
(3) Marie de l'Incarnation, *Lettres*. Lettres spirituelles, 24 août 1658, LXXXVII, p. 198. — « Il y avait cinq semaines qu'on n'avait point eu de repos, ni de jour, ni de nuit, tant pour se fortifier que pour se garder. Pour moi, je vous assure que j'étais extrêmement fatiguée, car nous avions vingt-quatre hommes sur lesquels il fallait que je veillasse continuellement pour leur donner tous leurs besoins de guerre et de vivres. » *Id.*, 17 septembre 1660, XC, pp. 205-206.
(4) *Relat. des Jésuites*, 1661, pp. 4-5.
(5) *Id.*, 1657, p. 6.

sous les coups des barbares. Pourtant, d'une année à l'autre, les chiffres varient singulièrement. Ainsi, pour Montréal, ils passent de un en 1648 (1) à vingt ou trente en 1661 (2). Il y a des périodes particulièrement sanglantes. En 1652, pour les six mois qui vont de mars à novembre (3), on relève dans le *Journal* des Jésuites vingt-huit tués ou pris, ce qui, trop souvent, revient au même. Encore faut-il considérer que les missionnaires tiennent leur journal à la résidence de Québec, très loin du principal théâtre du carnage, et qu'il y a toute possibilité qu'ils demeurent au-dessous de la vérité. La *Relation* de 1661 nous donne un total effrayant : plus de soixante-dix victimes (4). Somme toute, en tenant compte de ce fait qu'un certain nombre de captifs ont été rendus, et en faisant effort pour s'en tenir aux évaluations les plus modérées, on ne saurait estimer à moins de deux cents le nombre de colons de tout sexe et de tout âge, qui ne sont jamais revenus. Et ce chiffre prend toute sa valeur quand on le rapproche du chiffre total de la population, un peu plus de deux cents en 1641, un peu plus de deux mille en 1663. On peut dire que la population coloniale a été, dans le sens littéral du mot, décimée. Et ce n'est point assez que d'estimer ainsi, approximativement, la quantité des vies perdues, il importe d'en apprécier la valeur à un autre point de vue. La plupart de ceux qui périssent, ce sont des hommes faits, récemment mariés ou sur le point de se marier. Un homme tué par les Iroquois, c'est presque toujours une famille de colons qui est détruite dans son germe.

Au nombre des morts, ajoutez celui des fuyards (5). A la vérité il y eut des heures où les plus vaillants et les plus calmes ont pu croire qu'il n'y aurait bientôt plus de salut que dans la fuite. La mère de Saint-Augustin écrit en 1651 : « Nous ne nous pressons pas pour achever le reste de nos bâtiments, à cause

---

(1) Dollier de Casson, *Histoire du Montréal*, p. 68.
(2) Faillon, *Histoire de la colonie française en Canada*, t. II, pp. 430, 431, 411, 412, 419.
(3) *Journal des Jésuites*, pp. 165-177.
(4) *Relat. des Jésuites*, 1661, p. 6.
(5) 12 mars 1658, Arrêt portant défense à tous habitants de la Nouvelle-France de repasser en France sans le congé du gouverneur. *Arch. col.*, Canada, corr. gén., I, 1575-1660, fol. 238.

de l'incertitude où nous sommes si nous demeurerons longtemps ici. Dieu veuille par sa grâce que nous ne soyons pas dans la peine de le quitter. » (1) Et la mère de Saint-Augustin est à Québec, c'est-à-dire là même où le péril a toujours été le moindre. Il est impossible d'évaluer l'importance des vides que cette retraite des moins courageux a pu faire dans la population de la colonie. Il faut se contenter du témoignage de Pierre Boucher qui trouve à Paris quantité de ces fuyards. Il est vrai qu'il ajoute qu'ils sont tous fort impatients de repasser en Canada (2). D'où l'on peut raisonnablement conclure que, dans les années de paix qui suivirent, beaucoup de ces gens-là ont réalisé leur désir.

Mais hélas ! la crainte de l'Iroquois ne contribue pas seulement à dépeupler la Nouvelle-France. Elle empêche aussi qu'elle ne se peuple. Figurez-vous un peu l'état d'esprit des lecteurs des *Relations* qui assistent à de si effroyables spectacles. Pour s'embarquer sur les vaisseaux de la compagnie, il n'y aura bientôt plus que les religieux qui aspirent au martyre.

Si les Iroquois ne parvenaient pas à donner le coup de grâce à la colonie française, il y avait longtemps qu'ils en avaient fini avec les Hurons. Cela avait été l'affaire de deux campagnes. En 1648, ils emportent la mission de Saint-Joseph (3), en 1649 celle de Saint-Jean (4). Du coup la nation huronne renonce à la lutte. Elle évacue les quinze bourgades qui restent intactes : c'est une débandade générale. A ces fugitifs les Iroquois donnent impitoyablement la chasse, et la famine achève l'œuvre de destruction. Sauf un groupe de cinq ou six cents qui trouvent un refuge sous la protection des Français, dans l'île d'Orléans (5), il ne reste plus rien, du moins dans la vallée du Saint-Laurent, de ces trente ou quarante mille Hurons au sujet desquels on avait conçu de si belles espérances. Par ces massacres la question des indigènes était résolue dans la

---

(1) Ragueneau, *La Vie de la mère Catherine de Saint-Augustin*, p. 56.
(2) P. Boucher, *Histoire véritable et naturelle de la Nouvelle-France*, pp. 6-7.
(3) *Relat. des Jésuites*, 1649, pp. 3-9.
(4) *Id.*, 1650, p. 8.
(5) *Id.*, pp. 27-29.

future province de Québec. Il était décidé qu'au milieu des Français, les sauvages ne seraient jamais qu'une infime minorité.

On est naturellement porté à juger sévèrement la conduite de ceux qui avaient le devoir de secourir la colonie et qui l'ont abandonnée. L'excuse de la compagnie des Cent Associés, c'est qu'elle est ruinée, et aussi, qu'en fait, elle est parvenue à se libérer de tous ses devoirs, de toute sa responsabilité. En 1645, elle a cédé aux habitants, avec le droit de faire la traite, le soin d'entretenir, de défendre et même de coloniser la colonie (1).

Mais que penser de l'abandon du roi ! Quand le père Le Jeune écrit à Louis XIV que la bonté de sa mère « a empesché jusques à présent la ruine entière de la Nouvelle-France, » il est manifeste qu'il met beaucoup de complaisance à apprécier la valeur des secours que la régente a envoyés. Au surplus, pour donner sa pensée tout entière, il se hâte d'ajouter que cette intervention d'Anne d'Autriche n'a fait que « retarder la mort de la colonie (2). »

Il est évident qu'il y a chez Mazarin un parti pris de ne point attacher d'importance à ce qui se passe en dehors de l'Europe. Si Richelieu n'a pu accorder à la colonie qu'un court instant d'attention, on peut dire que son successeur a voulu tout ignorer de la grande œuvre politique et religieuse qui s'accomplit sur les bords de Saint-Laurent, avec une telle dépense d'héroïsme.

Il y a pourtant, à la décharge du gouvernement métropolitain, des circonstances qui sont extrèmement atténuantes : ce sont ces seize années de guerre étrangère que la guerre civile vient aggraver. Rapprochons quelques faits et quelques dates. En 1642 et 1643, au moment où les Cinq Nations se décident à prendre l'offensive, c'est Richelieu et Louis XIII qui, coup sur coup, disparaissent de la scène et laissent le pouvoir à un enfant en bas âge, et à une femme sans énergie comme sans expérience. De 1650 à 1653, au plus fort de la terreur iroquoise, lorsque l'héroïque Maisonneuve avoue à madame de Bullion qu'il va renoncer à la lutte, qu'il est au bout de son

---

(1) Voir plus loin, pp. 101 et 127.
(2) *Relat. des Jésuites*, 1660-1661. Épistre au Roy, p. 2.

espérance, c'est l'union des deux Frondes, l'exil de Mazarin et, à l'appel de Condé, la moitié du royaume se levant contre l'autorité royale. Tout en ne cessant pas de le déplorer, on s'explique que, dans une crise d'une telle violence et d'une telle durée, la métropole ait oublié la colonie.

Si le sang des colons canadiens n'a pas été prodigué en vain, si le Canada a été sauvé, il n'y a aucun doute qu'il ne le doive, avant tout, à l'intervention de la société de Montréal. Ici il faut absolument mettre hors de pair M. de la Dauversière, M. de Maisonneuve, mademoiselle Mance, madame de Bullion. Bien qu'il n'ait jamais été le directeur officiel de la société, M. de la Dauversière en garde jusqu'au bout la direction effective. C'est lui qui recrute les colons et les soldats, qui les mène embarquer à la Rochelle. Gravement atteint, il veut encore, en juin 1659, présider au départ d'un convoi, et après cet effort suprême, il n'a que le temps de rentrer à la Flèche pour y mourir (novembre 1659)(1). Que dire de Maisonneuve? Nous connaissons le capitaine, qui fut plus de vingt ans sur la brèche, et nous verrons plus loin ce que fut le colonisateur. A ces états de services incomparables, il faut joindre qu'il a été, par deux fois, en France plaider et gagner la cause du Canada, qu'il a su y trouver l'argent et les hommes dont il avait si grand besoin. En Europe comme en Amérique, mademoiselle Mance, cette sœur de charité sublime, a été le meilleur lieutenant de Maisonneuve. Madame de Bullion fut la plus généreuse et la plus désintéressée des bienfaitrices. A l'heure la plus critique, en 1650, on peut se demander ce qu'il fût advenu de Montréal et même du Canada tout entier, si l'on n'avait eu la ressource d'en appeler à madame de Bullion. La situation est telle que Maisonneuve, lui-même, en vient à s'avouer qu'il n'y a plus qu'à périr sur place, ou qu'à s'en aller. C'est alors que mademoiselle Mance lui livre, pour les employer à la défense, vingt mille livres qu'elle tient de madame de Bullion et qui sont destinées à la fondation d'un hôpital. En même temps, comme il va s'embarquer pour la France, elle prend encore sur elle de lui révéler le nom de « sa chère fondatrice. » Mais la difficulté est grande de

---

(1) Dollier de Casson, *Histoire du Montréal*, pp. 153-154.

parvenir jusqu'à elle. Madame de Bullion n'eût point accepté d'être directement sollicitée. Elle s'obstine à cacher « la main d'où sortaient ces larges aumônes. » Maisonneuve est obligé de ruser. Il se fait admettre chez elle et a soin en sa présence de peindre au vif la détresse de Montréal. L'effet est immédiat, madame de Bullion qui, naturellement, a approuvé l'emploi des premières vingt mille livres, en donne vingt mille autres (1). C'est avec ces vingt mille livres qu'a été levée cette recrue de 1653 qui a épargné à Villemarie le sort des bourgades huronnes.

Quoiqu'ils n'aient point tant dépensé pour la défense de la colonie, que ces messieurs et dames de la société de Notre-Dame, les Jésuites n'en ont pas moins puissamment contribué à la sauver. Vingt-cinq années durant, ils ne cessent d'appeler au secours. De tous ces appels le plus pressant est, sans contredit, l'épitre que le père Le Jeune adresse à Louis XIV en 1661. Le procureur des missions de la Nouvelle-France à Paris y fait valoir, avec une éloquence véritable, tous les arguments qui militent en faveur d'une intervention du roi, énergique et immédiate. « Voici votre Nouvelle-France aux pieds de Votre Majesté. Une troupe de barbares... l'a reduitte aux abois. Escoutez, Sire, sa voix languissante et ses dernières paroles : Sauvez-moi, s'écrie-t-elle, je vais perdre la religion catholique ; on me va ravir les fleurs de lys ; je ne serai plus française... » Et le père Le Jeune, après avoir fait entendre au jeune roi « les soupirs et les sanglots de la pauvre affligée », lui rappelle, non sans quelque hardiesse, quel est son devoir : « Si vous consultez le ciel, il vous dira que Votre salut est peut-être enfermé dans le salut de tant de peuples qui seront perdus s'ils ne sont secourus par les soins de Votre Majesté. Si vous considérez le nom français, vous saurez, sire, que vous êtes un grand Roi qui, faisant trembler l'Europe, ne doit pas être méprisé en Amérique. Si vous regardez le bien de vostre État, vostre esprit qui voit à l'aage de vingt-quatre ans ce que plusieurs grands princes ne voyent pas à cinquante, connoîtra combien la perte d'un si grand pais sera dommageable à votre royaume (2). »

(1) Dollier de Casson, *Histoire du Montréal*, pp. 96-100.
(2) *Relat. des Jésuites*, 1660-1661. Epistre au Roy, pp. 1-2.

En attendant que le roi se décide à faire relever par des soldats ces quelques centaines d'artisans et de laboureurs qui luttent dans de telles conditions d'infériorité, avec la perspective du poteau de torture, il faut, pour les maintenir à leur poste, leur communiquer un courage surhumain. Ce sont les Jésuites qui s'en chargent. Et d'abord ils paient superbement de leur personne. Ce sont les pères Buteux, Daniel, Garreau qui se font tuer en tête de leurs catéchumènes, le père Jogues qui, après avoir échappé une première fois à la mort chez les féroces Agniers, retourne la conquérir, les pères de Brebœuf et Gabriel Lalemant, qui lassent leurs bourreaux. Après avoir donné l'exemple, il ne reste plus aux missionnaires qu'à persuader aux Canadiens que toutes les victimes des Iroquois, prêtres et laïcs, succombent également dans le bon combat, qu'elles ont également droit à la récompense des martyrs. Et les auteurs des Relations n'hésitent pas à leur donner cette assurance (1). Il n'en faut pas davantage pour que ces artisans et ces laboureurs soient transformés en héros.

Abandonnée du roi et de la compagnie, pendant plus de vingt années, la Nouvelle-France leur échappe. Elle passe sous la domination de ceux qui la secourent efficacement, la société de Montréal, les Jésuites. La première guerre iroquoise coïncide au Canada avec l'avènement et l'apogée d'une véritable théocratie.

Le gouvernement de la Nouvelle-France est, au début, d'une extrême simplicité. Gouverneur et lieutenant général, Champlain, au nom du roi et de la compagnie, y exerce tous les pouvoirs. Il est chef de guerre, il administre sans contrôle, il juge sans appel. En 1634, Montmagny lui succède dans la plénitude de son autorité. Cependant, la colonie s'est agrandie. On peuple, on défriche maintenant sur trois points, autour de Québec, au confluent du Saint-Maurice, dans l'île de Montréal. Les deux derniers établissements sont trop éloignés pour qu'on

---

(1) Voir dans la relation de 1660 le chapitre intitulé : D'un Français brûlé à Onontagué. — « Ame sans doute bienheureuse qui a paru devant Dieu teinte de son propre sang qu'elle a versé pour sa gloire ! Ame sainte et glorieuse d'estre tirée d'un corps tout grillé pour la défense de la Religion et par les ennemis de la Foi ! » *Relat. des Jésuites*, 1660, p. 26.

puisse, de la petite capitale, pourvoir à leur administration et à leur défense. Il y aura un gouverneur particulier à Villemarie, et, un peu plus tard, aux Trois-Rivières.

Les arrêts du 27 mars 1647 (1) et du 5 mars 1648 (2) apportent à cette organisation rudimentaire de sérieuses modifications. Ils diminuent l'importance du gouverneur. Désormais ses pouvoirs sont renouvelés tous les trois ans, ce qui signifie qu'on le remplacera souvent au bout de trois ans. Champlain a gouverné vingt-quatre ans, Montmagny treize. De M. d'Ailleboust à M. de Courcelles, en dix-sept ans, on comptera six gouverneurs et lieutenants-généraux (3) de la Nouvelle-France. Le gouverneur est désormais assisté d'un conseil où siègent, à ses côtés, l'ancien gouverneur, le supérieur des Jésuites et deux habitants. Les attributions de ce conseil ne se limitent pas à la surveillance et à la réglementation de la traite, il a aussi à pourvoir, généralement, à tout ce qui sera nécessaire « pour le bien du pays ». Le chef de la colonie a maintenant à subir un contrôle qui, le plus souvent, n'est rien moins que bienveillant. Point encore de juges en 1647. La justice est rendue par le gouverneur, et, aussi, par les gouverneurs particuliers.

Ce régime est infiniment plus libéral qu'on ne peut raisonnablement l'attendre de la France du dix-septième siècle. Les habitants ont des représentants dans le conseil. A Québec, aux Trois-Rivières, à Montréal ils élisent des syndics. Ce régime a un autre mérite. Il ne multiplie pas le nombre des fonctionnaires. Point de fonctionnaire inutile au Canada pendant cette longue période, hormis un certain sénéchal de la Nouvelle-France. Tout s'explique, du reste, quand on relève le nom de ce grand officier. C'est un fils de cet insatiable Lauson (4) qui se taillait un royaume dans la terre canadienne.

Tel est, en droit, le gouvernement de la Nouvelle-France. La réalité des choses est tout autre. L'autorité du gouverneur est

(1) Arrest du 27 mars 1647 portant règlement en faveur des habitants du pays de Canada, *Arch. col.* Canada, corr. gén., 1, 1575-1660, fol. 237.
(2) Arrest portant règlement en faveur des habitants de la Nouvelle-France. *Id.*, fol. 217.
(3) D'Ailleboust, Lauson, d'Argenson, d'Avaugour, Mezy.
(4) M. de Lauson-Charny, tué par les Iroquois. *Relat. des Jésuites*, 1660-1661, p. 4.

constamment battue, en brèche, méconnue, annulée. Ce sont d'abord les premières familles de la colonie, les Legardeur et les Juchereau qui le considèrent comme un intrus, qui lui font une guerre sourde (1). Ces messieurs et dames de la société de Montréal n'acceptent pas davantage sa direction, ni même sa supériorité. Leur fondé de pouvoir en Nouvelle-France, Maisonneuve, est officiellement, en qualité de gouverneur particulier, un de ses principaux lieutenants. En fait, il est indépendant dans sa marche de l'ouest. Il n'obéit pas à Montmagny. Il est même accusé d'avoir profité d'un voyage en France pour obtenir son départ (2). Mais les véritables seigneurs du Canada, ce sont les Jésuites.

Ils mènent toute la politique avec les sauvages. Amies ou ennemies, ils pénètrent dans toutes les tribus. Tandis que le père de Brebeuf et le père Lalemant se font massacrer avec les Hurons par les Iroquois, d'autres missionnaires se font accepter des mêmes Iroquois jusque dans leurs bourgades. Au plus fort de la tuerie il y a des Jésuites en résidence à Agnié et à Onontagué (3). A certains moments on peut même espérer que, sans qu'il soit nécessaire d'avoir recours à une expédition en règle, ils vont procurer à la colonie cette paix sans laquelle elle est condamnée à périr (4). Naturellement, les missionnaires sont amenés à abuser de cette situation privilégiée. Ils en arrivent à considérer le gouverneur comme une quantité négligeable. En 1657, les Iroquois d'Onontagué chargent leur missionnaire de faire parvenir à M. d'Aillebout deux colliers, et le supérieur de Québec, qui les reçoit, néglige de s'acquitter de la commission. Il faut qu'Ononthio se fâche pour qu'on lui remette, enfin, les présents des sauvages (5).

Il n'y a pas encore de clergé séculier au Canada. Les Jésuites y sont toute l'Eglise. Cela seul suffirait à assurer leur empire sur une population profondément catholique. Mais les Jésuites

---

(1) La Chesnaye, *Mémoire*, 1697. *Arch. col.* Canada, Mémoires, 1540-1759, fol. 1.
(2) Faillon, *Histoire de la colonie française en Canada*, t. II, p. 91.
(3) *Relat. des Jésuites*, 1654, pp. 11-15. *Id.*, 1561, p. 2. *Id.*, 1662, p. 8.
(4) *Id.*, 1654, pp. 15-17.
(5) *Journal des Jésuites*, pp. 221-222.

ont tous les prestiges. Ils méritent toutes les gratitudes, toutes les admirations. Ils sont au premier rang des défenseurs de la Nouvelle-France. Les uns après les autres, ils tombent au champ d'honneur sous la hache iroquoise. Le martyrologe s'allonge à chaque nouvel assaut de la barbarie. Et des survivants, combien, en témoignage de la mort bravée, rapportent de glorieuses cicatrices ! Toute la jeunesse canadienne passe par leurs mains, toute celle, du moins, qui a besoin d'être instruite. Jusqu'à la fondation du séminaire ils tiennent toutes les écoles (1). Françaises ou sauvagesses, les filles vont chez les Ursulines. Les Jésuites sont habitués à compter sur le dévouement, la docilité des Ursulines.

Pour lutter contre les tout-puissants missionnaires il ne reste au gouverneur de la Nouvelle-France qu'à provoquer contre eux l'émulation de la société de Montréal. Cela n'est pas trop malaisé. Lorsqu'il s'agit de donner un évêque à la colonie la rivalité s'avoue. Les Montréalistes ont successivement deux candidats, M. Legaufre et M. de Queylus. Mais les amis de M. Olier et de madame de Bullion ont trop présumé de leur crédit. Les Jésuites l'emportent. Ils font désigner l'évêque de Pétrée, M. de Montmorency-Laval, sous le nom duquel ils demeurent les maîtres, ou, plus exactement, qui se fait leur chef. Dès qu'un gouverneur montre des velléités un peu marquées d'indépendance à leur égard, ils s'en débarrassent. Ils font disgrâcier M. d'Avaugour, et même, encore qu'ils l'eussent choisi eux-mêmes, M. de Mesy.

Il va sans dire que les Jésuites veillent de près aux mœurs des habitants, et, encore de plus près, à la pureté de leur foi. Ce qui, du reste, ne leur donne pas beaucoup de mal. On verra plus loin que la première génération des Canadiens français donne l'exemple de toutes les vertus privées. Elle est aussi, à un point qui ne peut être dépassé, soumise au dogme, docile à la discipline. Une seule fois, les prêtres se voient obligés de faire appel au bras séculier. En 1661, deux blasphémateurs, Daniel Voil et Laviolette, sont arquebusés (2). Aussi bien est-

(1) Sur le collège de Québec, qui date de 1635, voir : La Rochemonteix, *Les Jésuites et la Nouvelle-France*, t. I, pp. 207-227.
(2) *Journal des Jésuites*, pp. 293 et 301.

on heureux de constater que, non seulement pour la période de régime théocratique, mais encore pour les cent cinquante ans de la domination française, ce sont là les seules victimes qu'ait faites au Canada l'intolérance religieuse. Il y a un certain nombre de huguenots en Nouvelle-France, des marchands qui y circulent librement pendant la belle saison, des soldats qui y passent toute l'année. L'édit de Nantes les protège contre toute persécution. Il ne les met pas à l'abri des séductions des pères. Le *Journal des Jésuites* donne, étape par étape, la conversion du soldat Champigny. Il a une belle voix. On l'attire dans les églises pour l'y faire entendre. On le récompense, on le cajole, on le mène doucement à l'abjuration ! (1).

(1) *Journal des Jésuites*, p. 74.

CHAPITRE V

RÉSULTATS ACQUIS EN 1663

Malgré la terreur iroquoise, progrès de la colonie. — Le peuplement : deux mille cinq cents habitants en 1663. — L'excédent des naissances. L'immigration. — Ses origines. — Sa bonne qualité. — Point de métissage. — L'acclimatement. — Les bienfaits de l'hiver. — A l'école des sauvages : les raquettes, le canot. — Les colons à l'œuvre. — Le défrichement. — La maison. — La culture et l'élevage. — La chasse. — La pêche. — La traite. La colonisation. — Nouvelles seigneuries. — Les engagés. — Dans l'île de Montréal. — Le territoire colonisé en 1663. — Les ancêtres de la nation canadienne. — Leurs vertus. — Fraternité à l'égard des indigènes. — Les premiers Canadiens et les Pilgrims Fathers. — Etape décisive. — Un seul insuccès, celui des missionnaires : les indigènes presque anéantis.

Cette première guerre iroquoise a eu des conséquences irréparables. Elle a contribué à donner aux Anglais en Amérique du Nord cette avance qu'il n'a plus été possible de regagner. Il importe pourtant de ne point exagérer l'étendue du désastre. Pour n'avoir pas été ce qu'il aurait dû être, le progrès n'en reste pas moins extraordinaire. Cette poignée d'hommes bloquée, affamée, décimée, dont on pouvait à peine espérer qu'elle se maintînt sur ses positions, se trouve avoir, dans ces vingt-cinq années terribles, plus que décuplé.

A en croire la Mère Marie de l'Incarnation la croissance aurait été particulièrement rapide au début même de la période critique. Entre 1641 et 1653 les colons du Canada auraient passé de 240 à environ 2.000 (1). Mais il est visible que l'auteur des *Lettres spirituelles et historiques*, nous propose son chiffre sans prétendre à une grande précision. « Environ 2.000 », cela peut signifier 1.800 et même moins. Aussi bien ce qu'il importe de déterminer avec exactitude c'est le nombre des Français qui sont habitués dans la Nouvelle-France en 1663, au moment où Louis XIV la retire aux Cent Associés et assume la charge de la protéger, de l'organiser, de la peupler.

Pour cette année 1663, le père Chrétien Le Clercq fixe le nombre des habitants « à 2.500 au plus » (2). Evidemment le récollet ne doit pas être cru sur parole. Car, s'il a résidé huit ans dans la colonie, c'est à une époque assez éloignée de la date où nous sommes arrivés, de 1682 à 1690! (3). Heureusement que nous avons cette fois de sérieux éléments de contrôle. Le premier recensement administratif a été effectué en 1665 : il donne 3.215 habitants (4). Il ne s'agit plus que de rechercher quel a pu être l'accroissement de la population entre 1663 et 1665, et si cet accroissement représente la différence entre 2.500 et 3.215. Or nous savons qu'en 1663 il vient au Canada « certaine quantité de familles (5) » lesquelles, suivant la mère Marie de l'Incarnation, formaient un groupe de cinq cents émigrants (6), qu'en 1664 le roi envoie trois cents personnes, que cinquante sont arrivées au mois de mai et que le reste est certainement déjà embarqué à cette date, puisqu'on s'occupe à l'avance de le distribuer entre les divers quartiers de la colonie (7). Ajoutez-y un excédent d'une centaine de naissances, et vous avez facilement les sept cents âmes demandées. Le père Le Clercq est tombé juste.

(1) Marie de l'Incarnation, *Lettres*. Lettres historiques, 12 août 1653, XLVIII, p. 504.
(2) Le Clercq, *Premier établissement de la foy dans la Nouvelle-France*, vol. II, p. 4.
(3) Auteur de la *Bibliotheca americana vetustissima* (Harrisse). *Notes pour servir à l'histoire, à la bibliographie... de la Nouvelle-France*, p. 158.
(4) *Censuses of Canada*, vol. IV, p. 2.
(5) Marie de l'Incarnation, *Lettres*. Lettres historiques, LXVII, p. 591.
(6) 18 octobre 1663, *Jugements et délibérations du Conseil souverain*, t. I, p. 18.
(7) 26 mai 1664. *Id.*, t. I, p. 190.

Dans cet accroissement de la population quelle part faut-il faire à l'immigration, quelle part à l'excédent des naissances ? Faut-il croire avec le père Le Clercq que « la plus grande partie » des habitants établis dans la colonie, au moment où il y résidait, descendait des Français « qui commencèrent à peupler en 1625 (1) ». La date de 1625 est ici donnée un peu au hasard. Mais il est clair que l'auteur du *Premier établissement de la foi dans la Nouvelle-France* entend désigner tous les colons qui ont débarqué pour la première fois en Canada antérieurement, à l'expédition des Kertk, soit qu'ils aient déjà, avant cette date, fondé une famille comme Hébert, Couillard, Abraham Martin, soit qu'ils ne se soient mariés que plus tard comme Hertel, Marsolet, Giffard. Mais étendons à une catégorie plus nombreuse l'honneur d'avoir été, suivant l'expression du Père Le Clercq, « les fondateurs et les patriarches de la colonie », ajoutons aux Français qui sont venus avant la première conquête anglaise, ceux qui les ont suivis jusqu'en 1640, même jusqu'en 1642, pour y comprendre le premier convoi des Montréalistes, et demandons-nous si vraiment l'on peut, en si peu de temps, attribuer à un si petit nombre de pères une telle postérité, si les 2.500 Canadiens de 1663 descendent des habitants établis en 1642.

A priori cette opinion est insoutenable. Sans doute la race française d'Amérique est parmi les plus fécondes. Mais encore la fécondité humaine a-t-elle ses limites ? On a calculé que dans le siècle de paix qui suivit le traité de Paris, la population canadienne avait régulièrement doublé tous les vingt-trois ans, et l'on s'accorde à considérer un tel résultat comme tenant du prodige. Et l'on voudrait que de 1642 à 1663, sous la menace perpétuelle de la hache iroquoise, elle eût passé de deux ou trois cents à deux mille cinq cents.

Les savantes recherches de l'abbé Ferland permettent de déterminer, avec des chances d'erreur qui se réduisent au minimum, ce que fut pour ces trente premières années de la colonie le chiffre des naissances. Dans les registres de cette église de Québec qui servait alors de paroisse à la fois à la ville et à sa

---

(1) Le Clercq, *Premier établissement de la foy dans la Nouvelle-France*, t. I, p. 33.

banlieue entière, du cap Rouge au cap Tourmente, en y comprenant l'Ile d'Orléans, il a relevé de 1621 à 1661, six cent soixante-quatorze baptêmes (1). Ajoutez-y ceux qui sont célébrés dans cette même paroisse en 1662 et 1663, et pendant toute la période, aux Trois-Rivières et à Montréal, et vous n'atteindrez pas à un millier. Pour justifier le nombre de deux mille cinq cents colons qui est constaté en 1663, il devient nécessaire de laisser la part la plus considérable à l'immigration.

Nous avons du reste des preuves positives que, de 1610 à 1663, loin d'avoir été interrompue, l'immigration a puissamment contribué au peuplement de la colonie. Il y a d'abord les soldats qui sont envoyés pour sa défense. Les soixante hommes de la recrue de 1613 et les cent cinq de celle de 1653 ne périssent pas tous, ne profitent pas tous de la liberté qui leur est laissée de rentrer en France après l'expiration de leur engagement. L'abbé Faillon donne une liste de plus de cinquante de ces derniers qui s'établissent à Montréal (2).

On signale aussi plusieurs convois de véritables colons. En 1649, mademoiselle Mance revient à Villemarie avec des défricheurs et « quelques vertueuses filles ». En 1654, la reine envoie « quelque nombre de filles fort honnestes » sous la conduite d'une religieuse hospitalière de Quimper (3). Enfin, en 1659, nous assistons à l'effort le plus considérable qui eût été tenté jusque-là pour le peuplement de la Nouvelle-France. Deux cents personnes s'embarquent à la Rochelle. La compagnie et l'Hôtel-Dieu de Montréal s'étaient associés au séminaire de Saint-Sulpice, pour recruter cent neuf personnes pour Villemarie. A ces cent neuf s'étaient joints dix-sept ou dix-huit filles pour Québec et des immigrants qui passaient en Amérique à leurs frais, entre autres sept ménages de la Rochelle qui avaient trop présumé de leurs ressources et auxquels il fallut, à la fin, que mademoiselle Mance fît avancer les frais du voyage (4). En 1662, Boucher amène soixante-sept hommes (5). En 1663, on signale

---

(1) Ferland, *Notes sur les registres de Notre-Dame de Québec*, p. 39.
(2) Faillon, *Histoire de la colonie française en Canada*, t. II, pp. 187-188.
(3) *Relat. des Jésuites*, 1654, pp. 30-31.
(4) Dollier de Casson, *Histoire du Montréal*, p. 139.
(5) 15 et 17 octobre 1663. *Jugements et délibérations du Conseil souverain*, t. I, pp. 29 et 31.

encore l'arrivée « d'une certaine quantité de familles (1). » Enfin il faut bien admettre qu'à côté de ces recrues exceptionnelles dont l'arrivée fait sensation, il y a tout une partie de l'immigration qui a des chances de passer inaperçue, celle des individus isolés et des petits groupes.

Nous avons vu plus haut en quels termes le père Le Jeune préconisait le système des engagés et nous verrons plus loin comment il fonctionne. Ce qu'il y a de certain c'est que, dès les premiers temps, les colons qui ont quelques moyens cherchent à faire venir des travailleurs. Si l'on objecte que ces gens « moyennés » sont à cette époque en très petit nombre, il faut répondre qu'il y a au Canada des associations qui sont assez riches pour payer le passage et l'entretien de ces auxiliaires (2).

De quelles régions de la France venaient ces colons ? Les principaux historiens du Canada l'ont recherché et l'on conçoit ce qu'est l'intérêt d'une pareille recherche. Quand il s'agit de déterminer les caractères physiques et moraux qui, dans la grande famille française, donnent à la nation canadienne une physionomie originale, il est évident que tout ne s'explique point par l'action du milieu géographique et des circonstances historiques et qu'il faut faire une part à l'influence du pays d'origine.

C'est, au reste, un travail qui n'est pas à recommencer. Après l'abbé Ferland, l'abbé Faillon et M. Rameau, la question est résolue. Pour la période qui s'étend de 1615 à 1666, l'abbé Ferland a pu retrouver le point de départ de quatre cent six habitants (3).

En tête, le groupe normand qui est de cent vingt-cinq hommes. Le contingent est d'importance et par la place qu'il tient dans le total, près de la moitié, et par la valeur individuelle de ceux qui le composent. Les noms de Nicolet, de Marsolet, de Godefroy, des deux Legardeur, Tilly et Repentigny, d'Hertel, de Lemoine, disent assez ce que la Nouvelle-

---

(1) 10 octobre 1663, *Jugements et délibérations du Conseil souverain*, p. 18.

(2) Ont été au service des Jésuites : Champagne, Couture, Lemoine qui débute comme interprète et qui finit baron de Longueil. — « Nous faisons venir de France nos artisans. » Marie de l'Incarnation, *Lettres*. Lettres historiques, 26 août 1644, XXXI, p. 384.

(3) Ferland, *Cours d'histoire du Canada*, append., 1re partie, pp. 510-515.

France a dû à la vaillante race issue du mélange des Scandinaves et des Gallo-Romains. Viennent ensuite cinquante et un Percherons, que l'on eût pu confondre avec le groupe précédent, mais qu'il vaut mieux mettre à part. Robert Giffard est parmi eux avec quelques-uns de ces patriarches dont les descendants se comptent aujourd'hui, dans toute l'Amérique septentrionale, par dizaines de milliers, Guyon, Cloutier, Mercier, Maheu, Paradis et surtout les Gagnon. On peut leur adjoindre les Juchereau qui sont de la Ferté-Vidame, c'est-à-dire de la partie de l'Orléanais la plus voisine du Perche.

M. Rameau a, très justement, insisté sur l'importance du rôle de ces Percherons (1) qui sont arrivés en bloc, se sont concentrés dans la banlieue Est de Québec, et ont dû exercer une influence prépondérante sur les colons qui sont venus s'établir dans les même quartiers, par individus isolés, ou par petits groupes.

Les colons du Maine et de l'Anjou arrivent bons troisièmes. Tandis que les Normands et les Percherons s'établissent, de préférence, dans le district de Québec, ceux-ci ont surtout contribué au peuplement de Montréal. Ils forment les trois quarts de ces cent cinquante recrues que Maisonneuve lève en 1653, dont cent cinq arrivent à bon port, dont quatre-vingts survivent en 1663. C'est le département de la Sarthe qui en fournit le plus grand nombre, et dans le département de la Sarthe, l'arrondissement, le canton et la ville de la Flèche (2).

Ce qui, du reste, s'explique facilement. M. de la Dauversière n'a pas cessé d'habiter la Flèche. Il y a là un témoignage irrécusable de l'activité déployée par le fondateur de la société de Montréal et du succès obtenu par sa propagande. Les Poitevins, et, avec les Poitevins, nous rangeons les colons de la Saintonge et de l'Aunis, ne sont pas loin d'atteindre au même chiffre. Ferland en énumère soixante-douze. Ils sont venus surtout

---

(1) Rameau, *La France aux colonies*, deuxième partie, *Notes*, pp. 280-281. — La Sicotière, *L'Émigration percheronne au Canada*.

(2) Quatre-vingt-dix hommes pour le département de la Sarthe, dix-sept pour l'arrondissement de la Flèche, vingt-deux pour le canton, onze pour la ville ; auxquels on doit joindre neuf soldats originaires des environs de Château-Lavallière, qui est en Touraine, mais à peu de distance de la Flèche. Faillon, *Histoire de la colonie française en Canada*, t. II, appendice, p. 531.

après 1630 (1). On a retrouvé, parmi eux, l'ancêtre de l'historien national Garneau (2).

Il ne reste plus qu'à tenir compte des contingents de l'Ile-de-France et de la Bretagne (3). Ils sont de peu d'importance. A moins que les envois d'orphelines qui sont signalés, à plusieurs reprises, n'accroissent la part du sang parisien et du sang breton. On peut, en effet, conjecturer qu'un grand nombre de ces filles des hospices ont été recueillies dans la grand'ville ; nous devons aussi supposer qu'un des convois part de Bretagne, puisqu'il est placé sous la direction d'une religieuse hospitalière de Quimper (4).

En somme, ces trois ou quatre cents premiers colons viennent de l'ouest de la France. Le champ de leur recrutement s'arrête au nord, un peu avant la Somme ; au sud, un peu après la Charente ; dans la profondeur des terres, il ne dépasse pas la Touraine, l'Orléanais, l'Ile-de-France et la Brie. Parmi les ancêtres du peuple canadien il n'y a pas eu de Français du Nord et de l'Est, et, ce qui, évidemment, vaut la peine d'être constaté, point de Français du Midi.

Une question demeure à résoudre : que valent ces premiers Canadiens au point de vue moral ? Elle est toute résolue quand il s'agit de ces honnêtes familles qui suivent Robert Giffard ou les Legardeur et de cette avant-garde de héros et de saints avec laquelle Maisonneuve fonde Villemarie. Mais parmi les soldats, les engagés, les filles des hospices, pourrait-on affirmer qu'il ne se fût pas glissé plus d'une brebis galeuse ? Dès le dix-septième siècle, il courait là-dessus d'assez méchants bruits. Heureusement que l'accusation est combattue par des témoins à décharge qui nous inspirent beaucoup de confiance. Voici le certificat que Dollier de Casson donne à cette intrépide recrue de 1653 qui, après avoir sauvé la colonie, a si puissamment contribué à peupler Montréal. « Ce qui nous reste aujourd'hui de ces gens-là sont de fort bons habitants dont le nom sera, je

---

(1) Liste de Ferland, *loc. cit.*
(2) Casgrain, *Biographies canadiennes*, t. II, pp. 26-27.
(3) Dix-sept pour l'Ile-de-France, treize pour la Bretagne. Ferland, *loc. cit.*
(4) *Relat. des Jésuites*, 1651, pp. 30-31.

l'espère, mentionné dans le livre de vie pour la récompense de leurs bonnes actions (1). » Boucher, qui a été à Paris où il a certainement livré bataille à la calomnie, lui donne le coup de grâce. Il nous apprend avec quelles précautions on procédait au choix des filles que l'on envoyait dans la colonie. « Avant de les embarquer il faut qu'il y ait quelqu'un de leurs parents qui nous assure qu'elles ont toujours été sages (2). » Ajoutez que, pendant la traversée, une religieuse de haute expérience les dirige et exerce sur elles une surveillance de tous les instants.

Il reste pourtant à expliquer pourquoi les aïeux et les aïeules du peuple canadien ont pu avoir dans la mère patrie une réputation aussi fâcheuse. On assistait journellement, à Paris et dans les ports, à des départs de repris de justice et de filles de joie (3) qui étaient destinés au peuplement des Antilles. Les gens du dix-septième siècle n'ont pas cherché à savoir si telle marchandise, qui avait entrée libre à Saint-Christophe et à la Martinique, n'était point arrêtée aux portes du Canada.

Une autre constatation qu'il importe de faire ici, c'est que cette première génération de Français d'Amérique a conservé la race pure de tout alliage. Elle n'a point contracté d'union avec les sauvagesses. Champlain n'avait pas été bon prophète quand il disait aux Algonquins : « Nos garçons se marieront avec vos filles et nous ne ferons qu'un peuple (4). » Quelles que soient les légendes qui ont cours à ce sujet, et surtout parmi les Anglais qui aiment à trouver là une raison de rejeter une nation concurrente dans une catégorie inférieure de l'humanité, les faits sont là. Il suffit de suivre, page par page, le premier tome du dictionnaire généalogique de Tanguay. Quatre Canadiens, Prevot en 1644, Couc dit la Fleur en 1657, Pelletier en 1660, du Buc en 1662, épousent des sauvagesses (5) qui ont été

(1) Dollier de Casson, *Histoire du Montréal*, p. 57.
(2) P. Boucher, *Histoire véritable et naturelle de la Nouvelle-France*, pp. 155-156.
(3) Lettre de La Fontaine à Saint-Évremond, 18 décembre 1687. La Fontaine, *Œuvres complètes*, édit. Régnier, t. IX, p. 410.
(4) *Relat. des Jésuites*, 1633, p. 28.
(5) Tanguay, *Dictionnaire généalogique des familles canadiennes*, t. I, pp. 490, 162, 470, 202. — Boucher épouse aussi une sauvagesse, mais elle meurt sans laisser d'enfant, et Boucher se remarie avec une normande, Jeanne Crevier. *Id.*, p. 71.

aussi francisées que possible par les Ursulines de Québec, et pour la période que nous traitons, c'est tout. Il resterait à faire la part des unions illégitimes. Certes elles ont été assez fréquentes en Acadie, à cette époque, et dans le pays d'En haut, au dix-huitième siècle, mais au moment où nous en sommes, et sur les bords du Saint-Laurent, les mœurs sont surveillées, de très près, par les missionnaires. Elles ne seraient pas tolérées. Cela ne signifie pas qu'il n'y ait pas eu quelques infractions à la règle, mais elles n'ont pas de conséquence. Les enfants métis sont abandonnés à la tribu, perdus pour la colonie. Il semble même que les femmes indigènes aient ressenti à l'égard des Européens une sorte d'antipathie. Le cas de cette séminariste de Québec, Barbe, qui, malgré les exhortations des religieuses, se refuse à épouser Chastillon (1), n'est peut-être pas exceptionnel. Ce qui déplaît, du reste, aux filles des Peaux-Rouges, ce n'est point tant la personne du Français que l'existence sédentaire qu'il leur faudrait mener avec lui. Et si, plus tard, dans l'Ouest, elles sont de meilleure composition avec les coureurs de bois, c'est que ceux-ci auront adopté le genre de vie des sauvages.

Parmi les résultats acquis en 1663, il en est un qui est plus précieux que tous les autres : c'est la certitude désormais absolue que la race française s'est acclimatée sur la terre d'Amérique. L'expérience a été décisive. Trois générations de Français prospèrent sur le sol canadien, deux y sont nées. Cet excédent des naissances sur les décès qui fournit la preuve du succès, et qu'il a fallu attendre en Algérie plus de trente années, a été obtenu ici tout de suite. Même le premier défrichement n'a pas fait de victimes. La fièvre qui a couché dans les cimetières de la Mitidja toute une avant-garde de colons, est, sur les bords de Saint-Laurent, véritablement inconnue. Quant

---

(1) « Barbe... séminariste des Ursulines, après y avoir demeuré quatre ans... fut recherchée fortement et puissamment par un François, nommé Chastillon, qui pria les mères de la vouloir retenir jusques aux vaisseaux. Il donna assurance de sa volonté, mettant entre les mains des mères une rescription de 300 tant de livres, dont il consentit que 100 fussent appliquées au profit de la fille, en cas qu'il manquât de parole, mais il se trouva que la fille n'en voulut point et ayma mieux un sauvage et suivre la volonté de ses parents. » *Journal des Jésuites*, pp. 77-78.

au mal de terre si redoutable aux hivernants qui s'entassaient dans les chambrées et se nourrissaient de salaisons apportées d'Europe, il n'a pas prise sur l'habitant qui a bâti sa maison, qui vit de sa chasse, de sa pêche, de son blé, de son bétail (1).

Le colon n'est vraiment en danger qu'à ses premiers pas dans la carrière, lorsqu'il se hasarde à passer de l'ancienne à la Nouvelle-France. Le scorbut est en permanence sur les vaisseaux de la compagnie qui recèlent encore, dans leurs flancs, une autre impitoyable ennemie du genre humain : la fièvre pourprée et pestilentielle, la picotte, notre petite vérole. On meurt beaucoup entre la Rochelle et Québec. La recrue de 1653, qui est de cent dix-sept hommes, en perd huit (2) ; des cent engagés qu'amène Boucher en 1662, il n'en survit que soixante-sept (3). Souvent le mal se communique à terre. Il exerce ses fureurs sur les sauvages que, peut-être plus encore que la hache iroquoise, il a contribué à réduire à rien. Mais pour le moment du moins, en faisant exception pour la terrible épidémie de 1659 (4) qui coûte la vie au père de Quen, il épargne la population française.

La loi générale de la Nouvelle-France c'est qu'on s'y porte à à merveille et qu'on y atteint aisément les extrêmes limites de la longévité. Prenez au hasard parmi ceux qu'avec le père le Clercq il faut appeler les patriarches de la colonie, ils vont tous pour le moins, à soixante-dix ans. Robert Giffard, meurt octogénaire. Charlevoix trouve encore en 1721, debout au milieu de sa belle postérité, le glorieux François Hertel (5). Pierre Boucher s'éteindra à quatre-vingt-dix-sept ans (6). Mais avant tout, ce qui témoigne d'un état sanitaire exceptionnellement favorable, les enfants s'élèvent facilement (7). Des vingt-six

---

(1) « Les Français sont en bonne santé. L'air du pays leur est bon. » *Relat. des Jésuites*, 1640, p. 6.
(2) Faillon, *Histoire de la colonie française en Canada*, t. II, p. 179.
(3) 17 octobre 1663. *Jugements et délibérations du Conseil souverain*, vol. I, p. 31.
(4) Marie de l'Incarnation, *Lettres*. Lettres historiques, 1659, LXVII, p.544.
(5) Charlevoix, *Histoire de la Nouvelle-France*, t. II, p. 411.
(6) *Histoire de la paroisse de Boucherville*, Annuaire de Villemarie, t. I, p. 271.
(7) « On voit peu d'enfants mourir dans le berceau. » *Relat. des Jésuites*, 1660, p. 4.

mariages contractés dans la colonie de 1617 à 1640, cent soixante-dix-sept enfants sont issus. Or, sur ces cent soixante-dix-sept, cent onze parviennent à l'âge du mariage ou de l'entrée en religion (1). Forte natalité, faible mortalité, toutes les conditions se rencontrent sur les bords du Saint-Laurent pour déterminer une multiplication rapide.

Le succès est complet. Quelles en sont les causes? Nous savons déjà qu'il n'a rien coûté à la pureté de la race, que le sang d'Europe est demeuré pur de tout alliage. Le succès est dû d'abord à la bonne conduite et au genre de vie des colons. Ils ont la santé des chasseurs et des bûcherons qui restent sobres. Mais le climat y est pour beaucoup. Ce terrible hiver qui semblait devoir anéantir les Français au seuil de la grande forêt boréale, a, au contraire, sur l'organisme une influence salutaire. Il est froid, mais il est sec, et il ne comporte pas de brusques variations. Les rédacteurs des Relations ne cessent pas de célébrer les bienfaits de l'hiver canadien.

Puis l'on a sous la main toutes les armes pour vaincre l'hiver. « Le bois ne coûte rien qu'à bûcher et à apporter au feu (2). Et plus l'on fait grand feu, plus on abbat de la forest et l'on se fait des terres nouvelles (3). » Et, presque partout, la forêt s'avance encore jusqu'au seuil des habitations. Mais qu'on ne s'imagine pas que, pour les colons, l'hiver entraîne l'hivernage, c'est-à-dire l'arrêt de toute espèce d'activité. Cela était bon pour les compagnons de Cartier et de Champlain qui, sur ce sol, sous ce ciel, étaient des dépaysés, des novices. Certes il serait permis au Canadien, qui a sa provision de poisson salé et de viande gelée, de chômer quatre mois devant ce foyer qui ne menace jamais de s'éteindre. Pourtant, qu'il se présente une occasion de guerre, de traite, de chasse surtout, et il ne consent plus à se laisser immobiliser, même par quatre pieds de neige. C'est un jeu pour lui que de braver des froids de 30°. Et n'étaient les nuits de poudrerie où les plus expérimentés s'égarent,

---

(1) Tanguay, *Dictionnaire généalogique des familles canadiennes*, t. I, passim.

(2) P. Boucher, *Histoire naturelle et véritable de la Nouvelle-France*, p. 111.

(3) *Relat. des Jésuites*, 1660, p. 4.

où les plus énergiques succombent, il ne courrait pas grand risque. Ne croyez pas qu'il soit obligé de se couvrir de fourrures de la tête aux pieds ! Dans les jours les plus rudes, c'est Pierre Boucher qui nous l'assure, « on s'habille un peu plus qu'à l'ordinaire » et voilà tout. Il suffit souvent de mettre les mains dans des mitaines (1). Toutefois, ce qui, dans tous les cas, est indispensable, qu'il s'agisse de courir les bois ou seulement d'aller à l'église, lorsqu'elle est un peu éloignée, c'est de chausser les raquettes des sauvages.

Il faut laisser décrire ces singulières chaussures au père Charlevoix qui s'en acquitte avec une grande précision : « Les raquettes ont environ trois pieds de long et quinze ou seize pouces dans leur plus grande largeur. Leur figure est ovale, à cela près que l'extrémité de derrière se termine en pointe ; des petits bâtons de traverse, passés à cinq ou six pouces des deux bouts, servent à les rendre plus fermes, et celui qui est sur le devant est comme la corde d'une ouverture en arc, où l'on met le pied qu'on y assujettit avec des courroyes. Le tissu de la raquette est de lanières de cuir de la longueur de deux lignes, et le contour est d'un bois léger durci au feu. Pour mieux marcher sur ces raquettes, il faut tourner un peu les genoux en dedans et tenir les jambes écartées. Il en coûte d'abord pour s'y accoutumer, mais quand on y est fait, on marche avec facilité et sans se fatiguer davantage que si l'on n'avait rien aux pieds. Il n'est pas possible d'user de ces raquettes avec nos souliers ordinaires ; il faut prendre ceux des sauvages, qui sont des espèces de chaussons de peaux boucanées, plissés en dessus à l'extrémité du pied et liés avec des cordons (2). »

C'est encore aux sauvages que les Français d'Amérique empruntent leur voiture d'été, le canot d'écorce, d'écorce d'ormeau ou de bouleau. Ce dernier arbre atteint à de telles dimensions au Canada qu'une seule écorce suffit parfois à faire un grand canot. Mais, lorsqu'il est nécessaire d'en employer plusieurs, cela est fait « si artistement qu'on jurerait que le canot

---

(1) P. Boucher, *Histoire naturelle et véritable de la Nouvelle-France*, p. 111.
(2) Charlevoix, *Journal d'un Voyage dans l'Amérique Septentrionale*, t. V, lettre XVI, p. 326.

est tout d'une pièce (1). » Les Canadiens, qui ont su, si vite et avec tant de perfection, s'approprier tous les procédés des naturels, demeurent sur ce point dans une perpétuelle infériorité. Il leur faut toujours faire construire leurs canots par les indigènes. Ils se rattrapent en les égalant à la manœuvre. Ils deviennent, au même degré qu'eux, des rameurs infatigables et des pilotes que l'on ne prend jamais en défaut. Aussi bien, comme le dit Charlevoix, s'y exercent-ils « dès la bavette ». Les plus grands canots portent quatorze hommes et quatre milliers pesant. Les plus petits n'ont que trois ou même que deux places. Tous vont à la voile et, avec un bon vent, franchissent jusqu'à vingt lieues par jour. A la rame, et quand on n'a pas le courant pour soi, c'est à grand'peine que l'on arrive à douze (2).

Le Canada est encore au milieu du dix-septième siècle ce qu'il est apparu à ses premiers explorateurs : une forêt sans fin qui n'est interrompue que par le passage des eaux courantes. Cette forêt c'est sur elle qu'il faut conquérir une terre féconde. Mais sa défense est opiniâtre. Elle ne recule que pied à pied : « La tâche ordinaire de chaque homme par an est un arpent et demy ». C'est le père Le Jeune qui donne le renseignement et il ajoute qu'il ne faut pas que le défricheur « soit diverti en d'autres choses (3) ». Encore celui-ci doit-il se résigner à ne point remporter une victoire complète. Giffard, sur son domaine de Beauport, a laissé les souches (4). Et depuis, et jusqu'à l'heure présente, l'habitant canadien attend patiemment, pour extirper les grosses racines, que plusieurs hivers aient commencé à les amollir.

Dès qu'on a gagné quelques toises sur la futaie, on se met à bâtir la maison. On ne peut vraiment pas, pendant les grands froids, vivre sous la tente, ou même dans ces cabanes que les sauvages font d'une écorce de bouleau, qui se roulent comme un tableau et qui s'étendent sur deux ou trois perches plantées en terre. Les dépouilles de la forêt fournissent abondamment

---

(1) La Hontan, *Voyage dans l'Amérique Septentrionale*, t. I, p. 41.
(2) Charlevoix, *Journal d'un Voyage dans l'Amérique Septentrionale*, t. V, lettre XII, p. 281.
(3) *Relat. des Jésuites*, 1636, p. 45.
(4) *Id., loc. cit.*

la matière. Le chêne, et surtout le chêne poreux, le cèdre, le pin, qui se travaillent aisément, le frêne qui résiste si bien à l'humidité, suffisent à tout ! (1).

De quoy sont bâties les maisons ? Pierre Boucher pose la question et fait la réponse. « Les unes sont basties toutes de pierre et couvertes de planches ou aix de pin ; les autres sont basties de collombage ou charpente, et maçonnées entre les deux : d'autres sont basties tout à fait de bois ; et toutes les dites maisons se couvrent, comme dict est, de planches ! (2) »

« Québec est basti sur le roc, et en creusant les caves, on tire de la pierre de quoy faire le logis ; toute fois cette pierre n'est pas bien bonne ; et elle ne prend pas le mortier : c'est une espèce de marbre noir ; mais à une lieue de là, soit au-dessus, soit au-dessous, on en trouve qui est parfaitement bonne sur le bord du dit fleuve qui se taille fort bien. On trouve dans Québec de la pierre de chaux et de la terre grasse pour faire de la brique, pavé, tuile (3). »

La maison bâtie, le terrain déblayé, on sème. Il y a long-temps, depuis Champlain et Hébert, que l'on sait que le froment réussit à merveille. On y joint les autres céréales de la zone tempérée, et aussi une céréale indigène que les Hurons et les Iroquois cultivent, le bled d'Inde (4). Mais le Canada a beau être une autre France, il y a toujours un apprentissage à faire, « à connaître le génie du lieu et les saisons propres à la culture (5). » La longueur des hivers n'a point toutes les mauvaises conséquences que l'on pourrait redouter. Dès le commencement de mai, la chaleur est extrême, si bien que les progrès de la végétation sont rapides, que le temps perdu se rattrape. Il n'y a toutefois ici qu'une seule récolte de blé. On laboure en avril et jusqu'au 20 mai. On moissonne en septembre, et même en octobre, où parfois la neige surprend les paresseux (6). Avec les céréales alternent les pois, les pois

(1) P. Boucher, *Histoire véritable et naturelle de la Nouvelle-France*, p. 39.
(2) *Id.*, p. 110.
(3) *Id.*, pp. 13-14.
(4) *Id.*, pp. 81-83.
(5) *Relat. des Jésuites*, 1647, p. 2.
(6) P. Boucher, *Histoire véritable et naturelle de la Nouvelle-France*, pp. 18-19.

de France, et une espèce du pays, les faizoles ou arricots (1). »

Le labeur des colons est récompensé. Les produits sont abondants et de belle qualité. Dès 1613, le plus grand nombre des habitants fait déjà sa provision de froment, de seigle, de pois, d'orge et autres graines nécessaires ; le pain est aussi beau et aussi blanc qu'en France (2).

L'élevage suit le labourage. Les colons songent d'abord à domestiquer les animaux du pays. Ces messieurs de la compagnie le tentent pour les orignaux (3) ! Le père Le Jeune va jusqu'à se persuader que les castors peuvent multiplier dans des parcs (4). Il n'y a rien à faire avec les castors et les orignaux. On se résigne à transporter en Amérique les espèces apprivoisées de l'ancien monde. Pour le plus grand nombre l'acclimatation s'opère sans peine. Bientôt les poules, les dindons, les pigeons peuplent les basses-cours (5).

Vers 1660, le bétail est représenté sur la terre canadienne, un peu par les porcs (6) et par les moutons (7), beaucoup par les bêtes à cornes. Pour transformer la futaie en champ cultivé, le bœuf, tour à tour, s'attelle à la traîne et à la charrue. La race bovine ne tarde pas coloniser vigoureusement. Dès 1636, le père Le Jeune déclare qu'il n'est pas nécessaire d'amener de France des taureaux et des vaches, qu'il est possible de s'en procurer sur place. Les Cent Associés n'ont pas cessé d'entretenir un grand troupeau au cap Tourmente dans cette région de Beaupré qui mérite si bien son nom (8). Les résultats du recensement de 1666-1667 sont concluants. On y relève trois mille cent sept bêtes à cornes (9), ce qui fait presque un bœuf ou une vache par tête d'habitant.

---

(1) P. Boucher, *Histoire véritable et naturelle de la Nouvelle-France*, pp. 81, 83.
(2) *Id.*, p. 82.
(3) *Relat. des Jésuites*, 1636, p. 47.
(4) *Id.*, loc. cit.
(5) P. Boucher, *Histoire véritable et naturelle de la Nouvelle-France*, p. 73.
(6) *Id.*, p. 61.
(7) Quatre-vingt-cinq moutons à la rivière Saint-Charles. Recensement de 1667. *Censuses of Canada*, vol. IV, p. 7.
(8) *Relat. des Jésuites*, 1636, p. 53.
(9) Recensement de 1667. *Censuses of Canada*, vol. IV, p. 7.

En même temps on introduit le chien, le chien qui gardera le bétail et qui gardera aussi les hommes de l'Iroquois. L'histoire a rapporté les exploits de la vaillante chienne Pilote à Montréal (1). Cet usage d'entretenir des sentinelles à quatre pattes se généralise ; et le souvenir de terribles dogues, qui ne faisaient pas toujours très bien la différence entre l'homme blanc et l'homme rouge, est demeuré longtemps dans certaines paroisses (2).

Quelques ânes ont aussi été débarqués et ils ont rendu de très grands services. On ne sait pourquoi ils n'ont pu faire souche sur le sol de l'Amérique française. Quant aux chevaux qui sont destinés, aux bords du Saint-Laurent, à une si vigoureuse multiplication, ils n'y ont été jusqu'ici représentés que par un seul individu, ce cheval du chevalier de Montmagny que les sauvages admiraient si fort, et qu'ils comparaient à un grand orignal (3). Pour les uns et les autres, la pâture est toute prête. Les belles prairies abondent et l'avoine réussit à merveille.

Bref le programme tracé en 1630 par le père Le Jeune serait réalisé, point par point, si le plant n'avait été quelque peu négligé. Mais les Canadiens se contentent du pommier qui leur a été légué par Hébert (4) ; ils ne prennent pas encore la peine de greffer les poiriers sauvages.

Maintenant qu'ils circulent, avec une telle aisance, à travers leur nouveau domaine, les Canadiens apprennent à en exploiter les richesses naturelles. La chasse leur offre d'abondantes ressources et ils s'y livrent avec passion. Le gros gibier est représenté sur les bords du Saint-Laurent par l'ours, l'orignal, le caribou, le cerf (5). Mais l'ours est rare, il faut aller chercher le cerf au-dessus de Montréal, et le caribou commence déjà à émigrer vers la baie d'Hudson. Seul l'orignal, qui est un élan de

---

(1) Dollier de Casson, *Histoire du Montréal*, p. 51.
(2) Abbé Gatien, *Histoire de la paroisse du Cap Santé*, p. 34.
(3) P. Boucher, *Histoire véritable et naturelle de la Nouvelle-France*, p. 137. — Ernest Gagnon, Petite étude historique sur les chevaux canadiens, *Le Fort et le Château Saint-Louis*, pp. 331-332.
(4) P. Boucher, *Histoire véritable et naturelle de la Nouvelle-France*, p. 53.
(5) *Id.*, pp. 54, 55, 57.

la taille d'un gros mulet, vit toujours, en nombreuses hardes, à portée des habitations. Et, comme sa chair est bonne et qu'on importe sa peau en France pour la faire passer en buffle, il n'y a guère de Canadien valide qui ne se mette en quête d'un tel butin.

C'est pourtant au plus rude de l'hiver que ces animaux se laissent atteindre, au moment où les neiges sont hautes et où ils se réunissent en troupes dans les pinières, pour se mettre à l'abri du vent et trouver leur pâture. Et cela ne va pas, non plus, sans quelque péril pour l'assaillant. L'original blessé entre en furie et fond sur le chasseur. Malheur à celui-ci s'il n'a pas eu le temps de recharger son arme, ou si, pour détourner les cornes menaçantes, il n'a pas la souplesse et le sang-froid d'un toréro (1). Les Français ne sont pas devenus des chasseurs d'originaux sans un long apprentissage. Mais, à la fin de la guerre iroquoise, il est terminé, et il n'est plus rare qu'un habitant rapporte de sa campagne d'hiver trente ou quarante pièces de ce magnifique gibier (2). Cette chasse héroïque garde toujours la vogue. La Hontan, à peine débarqué, fait quarante lieues, en raquette, à la poursuite des élans d'Amérique (3). Les habitants prennent aussi sur les neiges, avec des collets, les lièvres qui, suivant la saison, sont, alternativement, gris ou blancs (4). Ils font une guerre plus acharnée encore au gibier de plume : aux perdrix, aux outardes, qui sont une très bonne chère. Mais c'est à la fin de septembre que la manne tombe du ciel. Les tourtes, qui sont des pigeons sauvages, s'entassent en si prodigieuses quantités sur les arbres qu'on les massacre à bout portant, et cela sans prodiguer la poudre, puisqu'il est commun d'en abattre d'un coup une dizaine, et que les plus beaux coups de fusil en donnent jusqu'à quarante (5).

Plus abondamment encore, s'il est possible, le poisson (6)

---

(1) Charlevoix, *Journal d'un Voyage dans l'Amérique Septentrionale*, t. V, lettre VII, pp. 185-189.
(2) *Relat. des Jésuites*, 1660, p. 4.
(3) La Hontan, *Voyages dans l'Amérique Septentrionale*, t. I, lettre X, pp. 89-90.
(4) P. Boucher, *Histoire véritable et naturelle de la Nouvelle-France*, p. 60.
(5) *Id.*, pp. 68-72.
(6) *Id.*, pp. 74-81.

fournit à la table du colon. Certes il faut aller chercher le poisson de mer un peu loin. Les maquereaux s'arrêtent à l'île Percée; les harengs et les morues n'atteignent pas tout à fait Tadoussac. Mais le fleuve, ses affluents et ses lacs sont des viviers inépuisables; et l'habitant, qui est toujours établi sur leurs bords, a la pêche devant sa porte. Les Québecois trouvent le saumon et la truite en aval, et, en amont comme en aval, l'alose et l'esturgeon, tous deux de forte taille. La barbue multiplie partout. Le brochet et la carpe pullulent dans les petites rivières. Sans compter, comme le remarque Boucher, ce grand nombre de poissons qui n'ont pas encore de nom. Pourtant la pêche miraculeuse est celle de l'anguille (1); « Dans les mois de septembre et d'octobre, tel en prendra, pour sa part, quarante, cinquante, soixante, septante milliers. » Et cette anguille, qui vit dans les eaux profondes et rapides du Saint-Laurent, n'est jamais « bourbeuse » comme l'est trop souvent celle de France. Le Canadien a tout de suite appris à la saler; il l'empile dans des tonneaux. Voilà sa vie assurée pour le plus long hiver.

De toute manière, il semble que le jour soit proche où la colonie se pourra se nourrir elle-même. Hélas! les Iroquois vont venir mettre en fuite les travailleurs et couper ou brûler sur pied les récoltes. Mais, même au plus fort de la détresse, les colons n'attendront plus l'arrivée des vaisseaux avec la même anxiété que les compagnons de de Monts, de Champlain ou d'Émery de Caen. En ne tenant pas compte de quelques années désastreuses, on peut dire qu'il y a encore là un résultat acquis, et que, comme le constate Marie de l'Incarnation en 1660, au lendemain même d'une incursion iroquoise, « la colonie peut désormais se passer de la France pour le vivre (2) ».

La traite des pelleteries ne doit point demeurer la ressource principale de ce vaste pays où se retrouve toute la fécondité de l'ancienne France. De Champlain au père Le Jeune, tous les observateurs sagaces l'ont compris et proclamé. Mais en attendant que le bûcheron ait fait la place nette au laboureur, c'est la seule richesse immédiatement exploitable. Aussi bien

(1) *Relat. des Jésuites*, 1660, p. 4.
(2) Marie de l'Incarnation, *Lettres*. Lettres spirituelles, 17 septembre 1660, XC, p. 202.

c'est du succès de la traite que dépend le prompt établissement de la colonie. C'est la vente des précieuses robes qui doit fournir aux Associés de quoi se rembourser de leurs avances, de quoi faire face à leurs engagements. A la vérité, l'on conçoit parfaitement que les fondateurs des premières compagnies aient beaucoup espéré de la traite. En France, les pelleteries sont recherchées, payées très cher (1). Au Canada, les animaux à fourrure foisonnent : dans la forêt l'ours, le loup-cervier, le renard, l'orignal, le vison, la martre, le blaireau ; le rat musqué près des cours d'eau, et dans les lacs la loutre, et, ce qui restera toujours la proie la plus convoitée, le castor (2).

Entre les hommes rouges et les hommes blancs c'est là toute la matière du commerce. Commerce ou plus exactement troc. Les indigènes ne veulent point d'espèces monnayées. En échange du produit de leur chasse, ils demandent des armes : couteaux, haches, espées, fers de flèches, plus tard mousquets ; des outils et des ustensiles : tranches pour rompre la glace, chaudières. A l'occasion ils prendront aussi des vêtements, capots et couvertes; des vivres : bled d'inde, pois, biscuit et du petun, c'est-à-dire du tabac (3). Les traiteurs ont vite reconnu le goût effréné de ces primitifs pour l'eau-de-vie. Ils ne vont pas tarder à en abuser. Ces grands enfants n'ont aucune idée de la valeur des choses. Il n'est pas rare de leur faire abandonner des pièces magnifiques pour une aiguille, un grelot, un miroir de fer-blanc, un sol marqué (4).

Par la suite les Français iront chercher le castor jusqu'aux extrémités du continent. Pour le moment ils attendent les canots des tribus dans leurs habitations. Le rendez-vous est au début de l'été, juin et juillet, à l'arrivée des vaisseaux. Les échanges sont fort actifs, surtout à Tadoussac et aux Trois-Rivières. Bon an mal an, la compagnie reçoit de quinze à vingt mille peaux de castor. A une pistole par peau, cela fait un revenu

(1) La Chesnaye, *Mémoire*, 1697. Arch. col. Canada, Mémoires, 1540-1759, fol. 1.
(2) *Relat. des Jésuites*, 1626, p. 5. — P. Boucher, *Histoire véritable et naturelle de la Nouvelle-France*, pp. 62-63.
(3) *Relat. des Jésuites*, 1626, p. 5.
(4) La Chesnaye, *Mémoire*, 1697. Arch. col. Canada, Mémoires, 1540-1759, fol. 1.

de deux cent à trois cent mille livres (1). On pourrait croire que les habitants n'ont point de part à ce trafic. Les articles de 1627 le réservent expressément à la compagnie. Mais celle-ci ne peut vraiment les empêcher de s'approvisionner directement de chauds vêtements d'hiver. Elle les accepte aussi volontiers comme intermédiaires entre ses agents et les sauvages. Pour que ses intérêts soient sauvegardés il lui suffit que les pelleteries ne puissent sortir de la colonie que sur ses vaisseaux. La circulation de la pelleterie est si facile, si générale qu'elle devient une sorte de monnaie, voire une monnaie très avantageuse (2).

Cette prospérité ne dure pas. En proie à la guerre civile et à la guerre étrangère, la France ne peut plus acheter le castor qu'à vil prix. En même temps en Amérique, la traite devient de moins en moins productrice, de plus en plus dangereuse. Les Iroquois ont levé la hache sur les Français et leurs alliés. Les Cent Associés perdent courage. Ils ne parviendront jamais à se rembourser de leurs avances. Ils font, tout juste, leurs frais. Ils cèdent la traite à la communauté des habitants (1645). Celle-ci, en échange, accepte de lourdes obligations. Elle s'engage à pourvoir à l'entretien, à la défense, même au peuplement de la Nouvelle-France (3). Les colons n'en croient pas moins leur fortune faite. Ils ont compté sans les Iroquois. Ceux-ci massacrent ou dispersent les Hurons, bloquent deux de nos habitations sur trois. Effrayés, les autres sauvages ne se risquent point à forcer le blocus. Ils font retraite dans les forêts du nord. « Jamais, dit l'auteur de la relation de 1653, il n'y eut plus de castors dans nos lacs et dans nos rivières, mais

---

(1) *Relat. des Jésuites*, 1626, p. 5. — *Id.*, 1653, p. 28.

(2) « La pelleterie est non seulement la meilleure étoffe et la plus facile à mettre en usage... mais aussi la monnaie du plus haut prix. Et le bon est qu'après qu'on s'en est servi pour se couvrir, on trouve que c'est de l'or et de l'argent tout fait... Qui veut payer en cette monnaie les denrées qu'on y achète, y sauve les vingt-cinq pour cent que le prix du marché leur donne plus qu'en France pour le danger qu'elles courent sur mer. Les journaliers aiment mieux y recevoir le salaire de leur travail en cette monnoye qu'en aucune autre. » *Relat. des Jésuites*, 1636, pp. 18-19.

(3) Arrests du 6 mars 1645, du 7 mars, du 27 mars 1647. *Arch. col.* Canada, corr. gén., t, 1575-1660, fol. 233, 237, 234.

jamais il ne s'en est moins vu dans les magasins du pays. » Et il précise : « Le magasin de Montréal n'a pas acheté... un seul castor depuis un an (1). » A dire vrai, cette année 1653 est particulièrement désastreuse. Pendant les trêves il arrive que les Outaouais poussent jusqu'à Villemarie, le Montagnais jusqu'aux Trois-Rivières. Ce sont des aubaines inespérées. Il ne faut vraiment compter que sur la traite de Tadoussac. Si abondante que puisse être la récolte dans le bassin du Saguenay (2), le grand trafic du Canada a diminué de moitié. Les colons se résignent mal à être privés de leur principal revenu. Malgré les périls de l'entreprise, la jeunesse française se décide à rejoindre, dans la profondeur des terres, les nations dispersées, à aller chercher ce castor (3) qui s'accumule et qu'elles ne lui apportent plus.

La guerre iroquoise n'interrompt pas la distribution des seigneuries. La compagnie concède, en 1647, deux fiefs à Pierre Legardeur de Repentigny, celui qui portera son nom (4), et celui qui s'appellera plus tard Cournoyer (5); la Rivière du Sud, les îles aux Oies et aux Grues (6) au gouverneur Montmagny; la Poterie (7) et Portneuf (8) à Jacques Le Neuf de la Poterie; Saint-Gabriel (9) à Robert Giffard; en 1649, un fief sur la rivière Jacques Cartier (10) à Anne Gasnier, femme de Jean Bourdon ; Saint-François (11) à Jean Bourdon ; Vieux-Pont (12) à Michel Le Neuf du Hérisson ; en 1652, la Rivière des Prairies et l'Assomption (13),

---

(1) *Relat. des Jésuites*, 1653, p. 28.

(2) Voici le résultat d'une année exceptionnellement bonne : « La traite de Tadoussac montait à 40.000 livres de profit, et en tout environ à 250.000 livres ; il y avait 22.400 livres pesant pour le moins et plus de 500 orignaux. » *Journal des Jésuites*, 1648, p. 116.

(3) *Journal des Jésuites*, 1648, p. 129. — *Relat. des Jésuites*, 1653, p. 29.

(4) *Arch. canadiennes, Précis des actes de Foy et Hommages*, vol. I, 1re partie, 1667 et 1668, p. 456.

(5) *Id., loc. cit.*

(6) *Id.*, 2e partie, 1668-1671, p. 474.

(7) *Id.*, 1re partie, p. 109.

(8) *Id.*, 2e partie, p. 575.

(9) *Id.*, 1re partie, p. 438.

(10) *Id.*, p. 391.

(11) *Id.*, p. 408.

(12) *Id.*, p. 125.

(13) *Id.*, p. 217.

à M. de Lauson Charny ; l'île aux Cochons (1) à François Marguerie, Veron de Grandmesnil et David ; un fief aux bords de la rivière Saint-Charles (2) à Marie-Guillemette Hébert ; en 1653, Dombourg (3) et La Malbaie (4) à Jean Bourdon, Grosbois (5) à Pierre Boucher, Millevaches (6) à Robert Giffard, la Pointe à la Caille (7) à Noël Morin ; en 1656, un fief situé près de Lauson (8) à Jean de Lauson Charny, le cap de la Madeleine (9) à Quentin Moral de Saint-Quentin, Coulonge (10), à Louis d'Ailleboust, un fief « situé au-dessus de la cinquième rivière en remontant le grand fleuve » (11) à Pierre Boucher ; en 1660, Saint-Michel (12) à Charles Legardeur de Tilly.

Un certain nombre de ces seigneuries se placent entre Montréal et les Trois Rivières, c'est-à-dire sur le parcours de l'Iroquois. Tant qu'on n'aura point fermé la colonie aux farouches guerriers des Cinq Nations, il n'y a rien à entreprendre à l'Assomption, à Repentigny, à Cournoyer, sur les terres de Le Neuf ou de Boucher. Mais la plupart des fiefs concédés par les Cent Associés sont situés dans la région où les barbares ne pénètrent pas, où, du moins, ils ne font que de courtes incursions, autour de Québec. C'est là que, sans interruption, se poursuit l'œuvre de la colonisation. Et point seulement par les seigneurs. Dans la banlieue de la petite capitale, ce sont surtout des concessions en roture que distribue la compagnie. C'est ainsi qu'elle a donné en 1640, sur le grand chemin du cap Rouge, quatre-vingts et quelques arpents (13) à Juchereau, sieur de Mauro ; en 1647 et en 1649, sur le coteau Sainte-Geneviève, cent soixante (14),

---

(1) *Arch. canadiennes, Précis des actes de Foy et Hommages*, vol. I, p. 35.
(2) *Id.*, 2ᵉ partie, p. 623.
(3) *Id.*, 1ʳᵉ partie, p. 431.
(4) *Id.*, p. 387.
(5) *Id.*, 2ᵉ partie, p. 623.
(6) *Id.*, p. 498.
(7) *Id.*, 1ʳᵉ partie, p. 351.
(8) *Id.*, 2ᵉ partie, p. 606.
(9) *Id.*, 1ʳᵉ partie, p. 31.
(10) *Id.*, p. 318.
(11) *Id.*, 2ᵉ partie, p. 624.
(12) *Id.*, p. 535.
(13) *Id.*, 1ʳᵉ partie, p. 191.
(14) *Id.*, p. 460.

quatre-vingt-cinq (1), et soixante-et-onze arpents (2), à Pierre de Repentigny, à Pierre Delaunay, à Nicolas Marsollet.

Ce territoire concédé est déjà assez étendu pour nourrir une population de plusieurs milliers d'hommes. Mais la question est de savoir comment les bénéficiaires des fiefs pourront les mettre en valeur. Où trouveront-ils les hommes de travail dont ils ont besoin pour abattre la forêt, faire, comme on dit au Canada, les premiers déserts?

Ces défricheurs, le plus souvent, on ne peut se les procurer sur place, et cela coûte cher de les faire venir de France. Il y a pourtant des seigneurs qui sont capables de payer les frais du passage des hommes de travail. A la vérité, on a vite fait de les énumérer : Giffard, ces messieurs de la compagnie de Beaupré et de l'île d'Orléans, ces messieurs et dames de la société de Montréal, les Jésuites, les Ursulines, les Hospitalières.

Ces hommes de travail se nomment communément « engagés ». Ils contractent leur engagement pour une période de trois ans. Cependant qu'ils accomplissent leur tâche de bucherons et de laboureurs, ils acquièrent un double capital. Ils amassent l'argent qui leur permettra de s'établir pour leur propre compte, et, en même temps, ils s'acclimatent, ils font toute l'école du colon. Le système des engagés est excellent. Il a puissamment contribué au peuplement de l'Amérique. On l'applique aux Antilles et chez les voisins anglais. Pour le Canada, le témoignage de Pierre Boucher est formel. Le plus grand nombre des colons qui sont établis dans la Nouvelle-France, au moment où il écrit son *Histoire naturelle et véritable*, c'est-à-dire en 1661, avaient passé la mer en qualité d'engagés (3).

En toute chose la société de Montréal donne le bon exemple. En pleine guerre, avec son avant-garde d'enfants perdus, Maisonneuve a su fonder une florissante colonie. Pour les décider à s'habituer, il fait à ses soldats les offres les plus avantageuses. Chacun d'eux a droit à un demi-arpent dans la ville,

---

(1) *Arch. canadiennes, Précis des actes de Foy et Hommages*, vol. I, p. 373.
(2) *Id.*, p. 213.
(3) P. Boucher, *Histoire véritable et naturelle de la Nouvelle-France*, p. 161.

à trente arpents dans la plus proche banlieue. On leur fournira de quoi bâtir la maison, de quoi vivre avant la première récolte, de quoi couvrir tous les frais de premier établissement. Et cela n'est pas une avance que les colons auront plus ou moins de peine à rembourser. Cet argent ne sera réclamé qu'à ceux qui n'auront pas la persévérance, qui s'en iront. La société de Montréal fait royalement les choses. Les gratifications vont de quatre cents à mille livres. Colbert et Talon, qui s'approprieront le système, ne seront pas si généreux.

De 1654 à 1655, une trentaine des soldats de Maisonneuve prennent des terres. Un certain nombre d'artisans se joignent à eux. D'abord au service de la société, ils sont, eux aussi, par ses largesses, mis en état de s'établir pour leur compte. En 1659, le gouverneur d'Argenson compte à Villemarie quarante maisons, quarante maisons fortifiées dont chacune, isolément, peut braver l'effort des Iroquois. Elles se groupent vers le coteau Saint-Louis sous la protection d'une redoute. Montréal est né. Montréal a même déjà un commencement d'organisation municipale. Depuis 1644, ses habitants élisent, pour défendre les intérêts communs, un procureur syndic (1).

Comment cette population de deux mille cinq cents âmes est-elle répartie ? En trois groupes d'importance fort inégale autour des postes fortifiés de Québec, des Trois-Rivières et de Montréal.

Si nous en croyons Pierre Boucher, on compte à Québec huit cents habitants (2). Mais Boucher, qui est établi aux Trois-Rivières, n'a pu se renseigner par lui-même. Il avoue qu'il n'est pas sûr de son chiffre. Il oublie, en outre, de nous dire s'il doit s'appliquer exclusivement à la population de la ville ou à la population réunie de la ville et d'une partie de la banlieue. En recourant au recensement de 1665-1666 (3) qui donne deux mille cent trente-cinq habitants pour l'ensemble du groupe, et seulement cinq cent quarante-sept pour l'agglomération urbaine, on se rend compte qu'il est difficile de tirer parti de

---

(1) Faillon, *Histoire de la colonie française en Canada*, t. II, pp. 187, 460, 198.

(2) P. Boucher, *Histoire véritable et naturelle de la Nouvelle-France*, p. 139.

(3) Recensement de 1665-1666. *Censuses of Canada*, vol. IV, p. 2.

l'évaluation de Pierre Boucher. Ce qu'il y a de certain, c'est que le groupe de Québec est de beaucoup le plus considérable, et il n'y a aucune témérité à avancer qu'il renferme, pour le moins, les deux tiers de la population totale.

On conçoit qu'il ait grandi plus vite que les autres. Sans doute, l'hiver est ici plus rude que dans les pays d'amont puisqu'il dure un mois de plus qu'aux Trois-Rivières, six semaines de plus qu'à Montréal. Mais Québec est le plus ancien établissement de la colonie, son seul port, et, ce qui ajoute à ses habitants véritables un appoint de fonctionnaires, de soldats, de religieux, son chef-lieu politique, militaire, ecclésiastique. Québec, enfin, est le plus souvent resté en dehors des incursions iroquoises. Québec a déjà l'aspect d'une ville. C'est même une ville de marbre. On trouve sur place un marbre noir « qui se taille fort bien », et aussi « de la chaux et de la terre grasse pour faire de la brique, du pavé, de la tuile (1) ». La minuscule capitale a ses monuments. D'abord sa citadelle, le fort Saint-Louis qui a été commencé en 1620, puis rasé, et rebâti avec des dimensions plus vastes, à partir de 1626. Dans l'intérieur du fort, M. d'Ailleboust a, en 1647, fait élever un corps de logis qui servira d'habitation au gouverneur et qui prend le nom de château Saint-Louis. Cette même année a vu entreprendre les travaux de l'église paroissiale qui a remplacé Notre-Dame de Recouvrance, incendiée en 1640, et qui, depuis qu'il y a un évêque au Canada, est « comme la cathédrale du pays (2) ». A une courte distance du fort, du château et de l'église, le collège des Jésuites, le couvent des Ursulines, l'hôpital. Tout cela, avec les maisons des Québécois, les soixante-dix maisons « pierrotées » que compte M. Ernest Gagnon (3), tient aisément sur la plate-forme de la falaise qui, au sud, tombe à pic sur le grand fleuve, et, au nord, s'abaisse lentement par les grandes plaines d'Abraham. Tels sont les débuts de la haute ville. Au bord du Saint-Laurent, sur une grève étroite entre l'eau et le roc, quelques habitations et quelques magasins sont l'amorce de la basse ville.

(1) P. Boucher, *Histoire véritable et naturelle de la Nouvelle-France*, p. 14.
(2) *Id.*, p. 12.
(3) Ernest Gagnon, *Le Fort et le Château Saint-Louis*, p. 32.

Autour de Québec la colonisation s'est surtout portée sur la rive gauche du fleuve, en aval. « Au-dessous de la rivière Saint-Charles, dit Boucher, le pays est habité jusqu'à sept lieues en bas (1). » Un voyageur, qui est sans doute un missionnaire, puisque son récit nous est rapporté dans la *Relation* de 1663 fournit un témoignage plus précis : « Ce nous fut une navigation divertissante en montant la rivière depuis le cap Tourmente jusqu'à Québec, de voir, de part et d'autre, l'espace de huit lieues, les fermes et les maisons de la campagne basties par nos François tout le long de ces côtes : à droite les seigneuries de Beaupré, de Beauport, de Notre-Dame des Anges ; et, à la gauche, cette belle île d'Orléans qui continue à se peupler heureusement d'un bout à l'autre (2). »

Le recensement de 1665-1666 nous donne cent quatre-vingts âmes pour Beauport, cinq cent trente-trois pour Beaupré, quatre cent cinquante-deux pour l'île d'Orléans (3). En réduisant ces chiffres d'un quart, on peut conclure qu'à l'époque de la reprise de la colonie par le roi, la partie orientale du district de Québec devait compter un millier de colons. Cet accroissement de la population avait obligé l'évêque de Pétrée a créer sur la côte de Beaupré deux nouvelles paroisses : Sainte-Anne en 1657, Château-Richer en 1661 (4).

Dans les autres directions les progrès sont plus lents. Nous savons par Boucher que « Québec est habité assez avant dans les terres et aussi trois lieues en montant (5) » jusqu'au cap Rouge. Mais les colons sont peu nombreux au nord et à l'ouest de la ville. C'est à peine si, en 1665, on en compte une centaine pour la côte Sainte-Geneviève, la côte Saint-Jean, Sillery, Gaudarville. Enfin sur la rive droite du fleuve, il y a la seigneurie de Lauson avec treize habitants.

On ne retrouve de Français que trente lieues plus haut, aux

---

(1) P. Boucher, *Histoire véritable et naturelle de la Nouvelle-France*, p. 15.
(2) *Relat. des Jésuites*, 1663, pp. 25-26.
(3) *Censuses of Canada*, vol. IV, p. 2.
(4) Tanguay, *Dictionnaire généalogique des familles canadiennes*, t. I, p. 691.
(5) P. Boucher, *Histoire véritable et naturelle de la Nouvelle-France*, p. 15.

Trois-Rivières. Là, ils forment deux groupes, séparés par un bras du Saint-Maurice. L'un est au cap de la Madeleine, l'autre aux Trois-Rivières. Pour les deux groupes quatre cents âmes, au plus, en 1663. Les chiffres sont un peu plus forts pour Montréal. Cinq cents, six cents peut-être. C'est peu, mais si l'on se rappelle que les Montréalistes étaient cinquante-cinq en 1643, et par quelles épreuves ils ont passé, c'est un résultat que l'on ne pouvait pas espérer.

Mais, pour apprécier, à sa juste valeur, tout ce que la nation canadienne doit à ses premiers ancêtres, il ne suffit point de constater que ceux-ci ont, très vite, réussi à s'acclimater sous ce ciel étranger, appris, très vite, à trouver leur vie sur ce nouveau domaine. Les pères de la France américaine ont fait à leurs descendants un autre legs qui est d'un prix inestimable, celui de leurs vertus.

Point de doute que les compagnons de Champlain, de Giffard, de Maisonneuve, que les soldats de levée de 1653 n'aient été, moralement parlant, une élite. Et, si, un peu plus tard, on eut un besoin si pressant d'hommes de travail qu'il ne fut pas toujours possible, avant le départ, de pratiquer dans leurs rangs une sélection scrupuleuse, le changement d'air, qui vaut autant pour guérir le mal moral que le mal physique, et aussi la terrible épreuve, indéfiniment prolongée, de la guerre iroquoise auront tôt fait de les amender, de les relever, de les hausser vers le niveau des honnêtes gens.

Au surplus, les brebis galeuses qui ne se laissent pas guérir, ne sauraient échapper à la vigilance des bergers. Les bergers, ce sont les représentants des deux pouvoirs, spirituel et temporel. Sur un autre terrain ils sont en guerre. Sur celui-ci ils se coalisent pour imposer en même temps l'observation de la loi du royaume et de celle du Christ. Rien de plus difficile à mettre en défaut que leur surveillance. Le troupeau est encore si peu nombreux. Surtout il est parqué si à l'étroit. Comme le dit Boucher les méchantes gens ne peuvent vivre au Canada. « Ils y sont éclairés de trop près (1). » Longtemps, du reste, il n'est pas né-

---

(1) P. Boucher, *Histoire véritable et naturelle de la Nouvelle-France*, Avant-propos.

cessaire d'en venir à la répression. En dix-huit années, le maître des hautes œuvres n'a à exercer qu'une seule fois son métier pour fustiger deux vilaines (1). Même après cette date, les exécutions capitales, sont rares. Quelques garnements de pendus (2), deux blasphémateurs d'arquebusés (3), et c'est, jusqu'en 1663, tout le bilan de la haute justice. Il s'agit, en somme, beaucoup moins de punir le crime que d'empêcher la contagion du mauvais exemple. Tous ceux dont il n'y a pas à espérer le ferme propos de ne plus recommencer sont rembarqués. Rembarquées les deux vilaines, rembarqué, sans qu'on tienne le moindre compte de sa naissance et de son grade, un gentilhomme qui est au service de la société de Montréal, et qui a été surpris en flagrant délit de galanterie avec une sauvagesse (4). On ne se contente pas de proscrire les débauchés et les filles de petite vertu. On en vient à prendre des mesures préventives qui ne semblent pas toujours suffisamment justifiées et qui sont, en tout cas, d'une rigueur excessive. C'est ainsi que M. de Lauson met, brutalement, fin aux amours de Courville et de mademoiselle d'Auteuil. Courville était un roturier, quelque engagé peut-être, mademoiselle d'Auteuil la fille d'un des principaux habitants de la colonie, de celui-là même qui sera bientôt procureur général auprès du Conseil souverain. Cela menaçait d'aboutir, sinon à un scandale, du moins à une mésalliance. Courville est arrêté, gardé en prison jusqu'au départ des vaisseaux, renvoyé en France (5) !

Naturellement, aux yeux des missionnaires, le mérite principal des Canadiens est leur piété. Les Jésuites ne se lassent pas de la célébrer et de la proposer pour modèle (6). Cette piété, qui, en tout temps, est si ardente, s'avive encore aux heures de

---

(1) *Relat. des Jésuites*, 1651, p. 30.
(2) P. Boucher, *Histoire véritable et naturelle de la Nouvelle-France*, p. 156.
(3) *Journal des Jésuites*, p. 303.
(4) Dollier de Casson, *Histoire du Montréal*, pp. 55, 56, 58.
(5) Le roman tient dans quelques lignes du *Journal des Jésuites*. — Courville arrêté *propter raptum imminentem* de mademoiselle d'Auteuil, 1er mai 1651, p. 151. — Mademoiselle d'Auteuil envoyée à Beauport chez M. Giffard, 7 mai 1651, p. 152. — Courville embarqué pour la France, novembre 1651, p. 164.
(6) *Relat. des Jésuites*, 1631, p. 2. — *Id.*, 1663, p. 2.

péril. Il faut lire dans la *Relation* de 1651 à quel degré, au lendemain d'une des plus audacieuses attaques des Iroquois, elle s'exalte chez les habitants des Trois-Rivières (1), et dans celle de 1663, ce que furent pour la colonie tout entière « les bons effets du grand Tremble-terre » (2).

La moralité est à la hauteur de la piété. Les colons mènent la vie de famille la plus exemplaire. Aux bords du Saint-Laurent tout le monde se marie, et le plus tôt possible. Et, comme les femmes sont beaucoup moins nombreuses que les hommes, les épouseurs attendent à peine que les filles soient nubiles. Ils les prennent à quatorze ans, à treize ans, à douze ans même (3). Les veuves ne sont pas moins recherchées (4). Ici les deuxièmes noces sont la règle, les troisièmes ne sont pas rares et il y a quelques exemples des quatrièmes. Filles, femmes, veuves demeurent d'une conduite irréprochable. Et c'est assez, pour en témoigner contre toutes les calomnies, que de 1621 à 1661, sur six cent soixante-quatorze naissances enregistrées à Notre-Dame de Québec, l'abbé Ferland n'ait pu relever qu'une naissance illégitime (5).

Ces quelques centaines d'hommes que nous avons vus, durant un quart de siècle, tenir en échec la férocité iroquoise, n'ont plus à faire leurs preuves de bravoure. Chez eux tout contribue à exciter jusqu'à l'héroïsme ce courage militaire qui est dans le sang de notre race, et la nécessité de vaincre ou de mourir, et la conviction qu'ils sont les soldats de Dieu. Il faut lire dans Dollier de Casson ces sorties de Villemarie où Maisonneuve et Lambert Closse renouvellent les gestes des paladins, et surtout ces quatre journées épiques du Long-Sault où Daulac des Ormeaux et ses dix-sept compagnons arrêtent trois cents Iroquois devant de méchantes palissades. Tels sont les hommes de Montréal. Leurs femmes sont dignes d'eux. Catherine Mercier, tout comme un Brébeuf ou un Brigeart, lasse la cruauté des bourreaux (6). Martine Primot se débat

---

(1) *Relat. des Jésuites*, 1650 et 1651, p. 2.
(2) *Id.*, 1662 et 1663, p. 7.
(3) Ferland, *Cours d'histoire du Canada*, 2ᵉ partie, p. 7.
(4) Dollier de Casson, *Histoire du Montréal*, p. 107.
(5) Ferland, *Notes sur les registres de Notre-Dame de Québec*, p. 39.
(6) *Relat. des Jésuites*, 1651, pp. 1-2.

avec une telle fureur contre quatre Iroquois qui la frappent à coups de hache, qu'elle les met en fuite (1).

Guillaume Couture est au service des Jésuites. Il accompagne le père Jogues. Le convoi tombe dans une embuscade. Couture est jeune et agile. Il s'échappe. Soudain un remords le prend d'abandonner le missionnaire, il fait volte-face, tout seul il charge l'ennemi (2). Fait prisonnier, il a pourtant la vie sauve, et, après quelques années de servitude, reparaît à Québec avec, pour témoignage de son sacrifice, les glorieuses cicatrices de ses mains mutilées (3). Ce qui ne l'empêche pas de se marier (4), de vivre vieux, de laisser une nombreuse postérité (5).

Voici enfin un héros qui n'a pas douze ans, François Hertel. Il est le fils de l'un des premiers colons des Trois-Rivières, l'interprète Jacques Hertel. C'est, comme le fait remarquer l'auteur de la *Relation* de 1661, un enfant de famille, un enfant délicat. Il est captif à Agnié et il écrit à l'apôtre intrépide des Cinq Nations, le père le Moyne. Il s'excuse d'abord d'avoir été pris vivant. « La cause pour laquelle je ne me fis pas tuer, à mon malheur, c'est que je craignois de n'estre pas en bon estat. » Il raconte ensuite les tortures que lui ont infligées les barbares. « Mon père, je vous prie de bénir la main qui vous écrit et qui a un doigt bruslé dans un calumet pour amende honorable à la majesté de Dieu que j'ai offensé; l'autre a un poulce coupé. Mais ne le dites pas à ma mère (6). » L'homme tiendra tout ce que l'enfant promet. François Hertel deviendra un vaillant chef de guerre, un des meilleurs lieutenants de Frontenac (7). Il ira conquérir sur le sol de la Nouvelle-Angleterre ses titres de noblesse.

Tous ces gens vertueux, tous ces braves vivent entre eux comme des frères. Les Montréalistes cultivent en commun les

---

(1) Dollier de Casson, *Histoire du Montréal*, p. 81.
(2) *Relat. des Jésuites*, 1647, p. 19.
(3) *Id.*, 1645, p. 23.
(4) *Journal des Jésuites*, p. 43.
(5) Tanguay, *Dictionnaire généalogique des familles canadiennes*, t. I, pp. 147-148.
(6) *Relat. des Jésuites*, 1661, pp. 34-35.
(7) Charlevoix, *Histoire de la Nouvelle-France*, t. III, pp. 73-75.

champs des morts et des captifs (1). C'est la fraternité des soldats sur le champ de bataille.

Ce qu'il y a de touchant, c'est que cette fraternité s'étend aux indigènes. Même lorsque la guerre et le retard des vaisseaux réduisent la Nouvelle-France à la portion congrue, il y a toujours du pain pour les Algonquins et les Hurons. Nous avons vu qu'il y a aussi pour eux des écoles où l'on tente l'entreprise impossible de les instruire, de les policer, de les franciser. Et ce n'est point là seulement l'œuvre des serviteurs de Dieu et des représentants du roi. Une madame de la Peltrie, une Marie de l'Incarnation, un Champlain, un Sillery trouvent la collaboration spontanée de la colonie tout entière. La charité des habitants à l'égard des sauvages est inépuisable. Le mot même de charité est ici insuffisant. Il peut se mêler à son exercice chez celui qui donne je ne sais quel sentiment de supériorité. La vérité c'est que pour les colons français les hommes rouges sont aussi des frères. Madame Giffard vient de débarquer et vient d'accoucher. Son mari lui apporte un petit sauvage de six mois, qui est abandonné, et qui est malade. Elle allaite ce pauvre orphelin, elle en prend soin comme s'il était à elle (2).

Il y a dans l'*Histoire philosophique des Indes* (3), de Guillaume Raynal, en tête du volume qui est consacré à la Pensylvanie, une gravure de Eisen, où figurent deux quakers « dont l'un embrasse des Indiens, tandis que l'autre brise des arcs et des flèches, symboles de guerre. » En tête d'une histoire du Canada, je voudrais qu'on nous représentât madame Giffard donnant le sein au petit sauvage.

Les Anglo-Saxons excellent dans l'art de la réclame. Aussi bien que leurs marchandises ils savent faire valoir leurs hommes. Ils sont parvenus à imposer au monde une admiration qui ne rencontre pas de contradicteurs pour leurs premiers colons de la Nouvelle-Angleterre. Les vertus publiques et privées des puritains débarqués du May Flower ont mérité

---

(1) Faillon, *Histoire de la colonie française en Canada*, t. II, p. 68.
(2) Relat. des Jésuites, 1635, p. 7.
(3) Raynal, *Histoire philosophique... des deux Indes*, édit. 1783, Neuchatel, t. VI.

à leur race l'empire de l'Amérique du Nord : cela est partout ; cela est devenu un des lieux communs de l'Histoire. C'est le moment de se demander si ces Fathers Pilgrims tant célébrés n'ont point accaparé une gloire qu'en bonne justice ils devraient partager avec les compagnons de Champlain et de Maisonneuve, si même une comparaison entre les uns et les autres, poussée un peu loin, ne tournerait pas à l'avantage des pères de la nation canadienne française.

A concéder que la piété et les bonnes mœurs fleurissent également aux bords du Saint-Laurent et aux plages du cap Cod. Les deux grandes églises de l'Europe occidentale, chacune suivant l'idéal qui lui est particulier, ont fondé leur Jérusalem nouvelle. Vis-à-vis des indigènes, une piété ardente suggère aux puritains et aux catholiques les mêmes intentions charitables. Mais, si l'on passe aux actes, où est l'humanité véritable, chez les Anglais qui en viennent si vite à expulser, à massacrer, et, ce qui est peut-être plus odieux, à réduire en servitude leurs voisins à peau rouge, ou chez les Français qui savent, sans une heure de bataille, se faire admettre au partage de sol par les Algonquins et les Hurons, et qui, pendant deux siècles, se tiendront pour obligés à ne point les traiter en sujets, mais en hommes libres qui sont des associés? Et qu'on n'objecte pas que Champlain, sans être directement provoqué, s'attaque aux Cinq Nations, puisque c'est là encore un témoignage de loyauté et de générosité ! Ne devait-il pas défendre les peuples avec lesquels il avait contracté alliance? Enfin, de quel côté est l'héroïsme, alors que deux ou trois années de bataille assurent à la Nouvelle-Angleterre la sécurité de son premier établissement, et que, durant un quart de siècle, la Nouvelle-France demeure pantelante sous la hache iroquoise.

Une étape a été franchie qui est décisive. La race française a pris possession de son domaine d'Amérique. Deux mille cinq cents âmes, cela est peu de chose, sans doute, pour occuper solidement, sur plus de soixante lieues, les deux rives du Saint-Laurent moyen. Mais c'est ici le cas de dire que la qualité compense la quantité. Cette poignée d'hommes est physiquement et moralement une élite, elle s'est parfaitement naturalisée dans sa patrie nouvelle, surtout elle réalise à la lettre le

« Croissez et multipliez » de l'Evangile. Si bien que l'on peut se demander si elle n'a pas fourni à la nation canadienne autant et même plus que tous les contingents réunis des émigrations postérieures. Elle lui a donné, dans tous les cas, ses familles les plus fécondes. Relevez les noms les plus répandus parmi les Canadiens d'aujourd'hui : Gagnon, Trudel, Dion, Lefèvre, Archambault, Mercier, Paradis. Tous ces noms ont été apportés sur la terre d'Amérique par des compagnons de Champlain, de Giffard ou de Maisonneuve.

Dès à présent, ces deux mille cinq cents premiers Canadiens sont prêts à jouer vis-à-vis des nouveaux arrivants le rôle d'éducateurs et de dirigeants. Ils vont encadrer, instruire, discipliner les colons de Colbert.

Il n'y a d'échec que sur un point. Que reste-t-il, en 1660, des deux cent mille Algonquins que l'auteur de la relation de 1644 (1) dénombre sur la rive gauche du Saint-Laurent, de la région du Saint-Maurice aux confins de Labrador? Quelques milliers, tout au plus, de chasseurs misérables (2).

Quant aux trente-sept tribus dont se compose la nation huronne en 1639 (3), leur sort est encore plus lamentable. Après la grande picotte de 1640 (4), le grand massacre de 1649 (5), du moins dans leur pays, c'est-à-dire dans la partie orientale de la province actuelle d'Ontario, ils sont anéantis (6). Quatre cents survivants se sont réfugiés à Québec (7). Mais ils ne s'y sentent pas en sûreté, et, pour avoir la vie sauve, un grand nombre d'entre eux se résignent à obéir à la sommation des Iroquois, à se laisser emmener à Agnié et Onontagué (8), où ils seront d'abord captifs, où ils finiront par se mêler avec leurs vainqueurs.

Les grandes espérances qu'ont suscitées le bon accueil fait aux Français par les indigènes et les premiers succès des missionnaires dans les tribus ont un triste lendemain. Ce n'est

---

(1) *Relat. des Jésuites*, 1644, p. 1.
(2) *Id.*, 1660, p. 6.
(3) *Id.*, 1639, pp. 50-52. — *Id.*, 1648, p. 45.
(4) *Id.*, 1640, p. 54.
(5) *Id.*, pp. 3 et 33.
(6) *Id.*, 1660, p. 15.
(7) *Id.*, 1650, pp. 1, 26-28, 51.
(8) *Id.*, 1657, pp. 19-21, 22-23.

point que les Hurons, les Algonquins et les Montagnais changent de sentiments. Ils se laissent toujours instruire, baptiser, gouverner par les « robes noires ». Ils considèrent toujours comme leur père le gouverneur de la Nouvelle-France, Ononthio, « la grande montagne », ainsi qu'ils le nomment du nom de M. de Montmagny dont ils se sont fait donner l'étymologie. Ils vénèrent aussi, de loin, le roi de France, le grand Ononthio, qui règne de l'autre côté de la mer. Mais ce peuple se détruit à vue d'œil. La hache de l'Iroquois, la petite vérole, toutes les maladies, qui sont le châtiment de leur goût effréné pour l'eau-de-vie, les réduisent à rien.

QUATRIÈME PARTIE

LE GRAND EFFORT DE LOUIS XIV POUR LA COLONISATION DE LA NOUVELLE-FRANCE

L'INTENDANT TALON

CHAPITRE PREMIER

L'INTERVENTION DU ROI

Louis XIV vient au secours du Canada dès 1659. — Premiers secours infructueux. — Colbert secrétaire d'État à la marine. — Le Conseil souverain. — Déchéance des Cent Associés. — La Nouvelle-France cédée à la compagnie des Indes Occidentales ; — délivrée des Iroquois ; — accommodée avec ses créanciers. — L'homme de confiance de Colbert, Talon. — Enthousiasme de Talon pour le Canada. — Louis XIV se refuse à faire grand en Amérique.

Il faut rendre justice à Louis XIV. Il répond à l'appel de la Nouvelle-France, dès que cela est possible, dès qu'il a conclu la paix avec l'Espagne. L'évêque de Pétrée écrit de Québec à Rome, à la date du 21 octobre 1661, « que ce très munifique prince » a promis d'envoyer, pendant dix ans, trois cents hommes, chaque année, et il ajoute : « Nous attestons que, les trois années qui viennent de s'écouler, il a tenu sa promesse (1). » Le roi la tient toujours en 1662, 1663, 1664 (2). Par malheur, ses agents qui manquent d'expérience, et ne se soucient peut-être pas d'en acquérir, procèdent à la hâte et avec une extrême légèreté. Une première faute est de reculer l'embarquement jusqu'à l'été. Les colons ne prennent terre qu'en automne. Ils n'ont pas le temps de se mettre utilement au travail avant les grands froids. Ce qui fait, au moins, six mois de perdus et, pendant lesquels, il faut que la colonie les entretienne de tout (3). Une seconde faute entraîne des conséquences plus graves. On néglige de prendre à bord des navires les précautions hygiéniques indispensables ; les recrues sont décimées, pendant la traversée, par les maladies contagieuses (4). C'est ainsi que la recrue de 1659 perd, en mer, un bon tiers de son effectif et ne débarque guère à Québec que des malades : ce qui a pour conséquence d'introduire dans la colonie (5) la petite vérole qui y fait de terribles ravages. Celle de 1662 n'est pas beaucoup plus heureuse. Pierre Boucher amène cent engagés. Quand il s'agit, l'année suivante, de lui rembourser ses frais, on constate que trente-trois d'entre eux manquent à l'appel (6). Les immigrants de 1663 passent encore par de cruelles épreuves. On avait embarqué à la Rochelle, sur deux vaisseaux, environ trois cents hommes. Soixante-quinze étaient destinés à Plaisance dans l'île de Terre-Neuve. De ceux qui poussent jusqu'au Canada il en meurt soixante. Bref, il n'en parvient que cent cinquante-neuf à Québec. De ce nombre étaient trente-cinq filles que l'on marie facilement. « Parmi les

(1) *Archives de la propagande.* V. America, 3. Canada, 256, fol. 29.
(2) Mémoire anonyme : Pour le secours qu'il plaist au Roy donner au Canada en 1664. *Arch. col.* Canada, corr. gén., 2, 1663-1667, fol. 95.
(3) *Id.*, art. 12.
(4) « Depuis que le Roy a pris lui-même la conduite des affaires, l'on y a envoyé plusieurs secours qui ont été la plupart infructueux, tant à cause du mauvais ordre qui a été observé dans le passage que par les maladies qui ont enlevé la meilleure partie des nouveaux venus. » Lettre du 15 novembre 1664, qui est de Colbert à Tracy, bien que ni l'un ni l'autre n'y soit nommé. *Arch. col.* Canada, corr. gén., 2, 1663-1667, fol. 99.
(5) Faillon, *Histoire de la colonie française en Canada*, t. II, p. 354-356.
(6) Arrest du 17 octobre 1663. *Jugements et délibérations du Conseil souverain*, t. I, p. 31.

cent restants il y avait tout au plus que vingt hommes prêts à faire quelque travail, les autres étaient malades et faibles à ne se pouvoir tenir sur les pieds, d'ailleurs la plus part jeunes gens, clercs, escoliers ou de cette nature dont la meilleure partie n'avaient jamais travaillé. L'on en mist d'abord trente-huit dans l'hospital desquels il en mourut douze, le reste a été distribué aux habitants qui s'en sont chargés, espérant d'en retirer quelque travail icy après le rétablissement de leur santé. » Les malades se rétablissent. Les jeunes gens, clercs et écoliers, s'accoutument à la culture des terres (1). Mais le roi a destiné deux cent vingt-cinq personnes à la colonisation du Canada, et il parvient à en établir tout juste cent quarante-trois. C'est toujours le même déchet d'un tiers. Toutes ces tentatives, qui coûtent si cher pour n'aboutir qu'à de médiocres résultats, ont, par surcroît, le tort d'être prématurées. On a oublié de commencer par le commencement. Avant de songer à augmenter la colonie, il faut l'enlever à la compagnie des Cent Associés qui est réduite à l'impuissance ; il faut la soulager des dettes qui l'écrasent, il faut surtout la délivrer de l'Iroquois.

Louis XIV a rencontré Colbert. Colbert va être secrétaire d'État à la marine. Il aura la charge du domaine d'outre-mer. C'est dire que toutes les erreurs seront reconnues, et qu'on ne perdra pas de temps pour les réparer.

Dans l'œuvre qu'ils vont accomplir en Nouvelle-France il est assez difficile de faire exactement le départ entre ce qui revient au roi et ce qui revient au ministre. En théorie, c'est le roi qui fait tout. Dès qu'une affaire est de quelque conséquence, c'est à lui qu'il faut s'adresser. Et là-dessus Tracy, qui se croit toujours au temps de Mazarin, et qui a écrit directement à Colbert, reçoit de celui-ci un avis charitable (2). Aussi bien, si

(1) Toute cette histoire de la recrue de 1663 est racontée dans la lettre que M. de Villeray écrit le 28 juin 1664 à Louis XIV, au nom du Conseil souverain. *Jugements et délibérations du Conseil souverain*, t. I, p. 201-203.

(2) « La première chose dont je dois vous entretenir est que, comme le Roy prend connaissance luy-mesme de toutes ses affaires, que c'est à luy qu'il faut s'adresser directement pour lui en rendre compte et recevoir ses ordres. Il sera bon que vous l'observiez s'il vous plaît à l'advenir, car quoique je l'informe de toutes choses qui me sont escrites, ceux qui ont des postes de confiance comme vous, ont interest de s'establir une maxime d'avoir leur principale relation avec Sa Majesté. La correspon-

les dépêches qui portent les ordres de Versailles à Québec nous rendent, avec fidélité, la physionomie des séances du conseil, c'est le roi qui y joue le rôle prépondérant. Mais on sait que ce n'est là qu'une apparence, que la réalité le restitue, le plus souvent, à Colbert. Bon gré mal gré, le souverain se met à l'école de son grand commis, fait siennes ses doctrines, épouse ses préjugés.

Il ne faudrait pourtant pas lui dénier une participation efficace à la tâche. Il est manifeste, du moins au début de son règne, qu'il porte un vif intérêt à tout ce qui touche à la Nouvelle-France. Il va aux sources, se fait lire les plus longs mémoires, se mêle à la discussion du détail. Bref, c'est en parfaite connaissance de cause qu'il prononce la décision (1). A l'égard de la Nouvelle-France Louis XIV a rempli consciencieusement son métier de roi.

Au mois de mars 1663, Louis XIV met en train la réorganisation de la colonie par l'établissement d'une « justice réglée ». Comme il le fait à la même époque pour Saint-Domingue, il institue à Québec un Conseil souverain (2). Le Conseil de la Nouvelle-France a les attributions les plus étendues. Ce ne sera point seulement une cour d'appel qui juge, en dernier ressort, de toutes les causes civiles et criminelles. Cette cour d'appel a le pouvoir d'instituer dans la colonie les juridictions inférieures, « de commettre à Québec, à Montréal, aux Trois-Rivières, et en tous autres lieux, des personnes qui jugent en première instance » et aussi de « nommer des greffiers,

dance qu'ils tiennent avec les personnes qui ont l'honneur d'entrer dans le Conseil n'estant qu'une suite et dépendance de la première... » Colbert à Tracy du 15 novembre 1664. *Arch. col.* Canada, corr. gén., 2, 1663-1667, fol. 99.

(1) « Le Roy estant en son Conseil s'est fait représenter les lettres et relations venues l'année précédente de la Nouvelle-France... ensemble les états et mémoires contenant le nombre des François que Sa Majesté y a fait passer depuis quatre à cinq ans et des familles qui y sont établies, des terres qui y ont été défrichées et cultivées et tout ce qui concerne l'état dudit pays... » Arrêt du Conseil donné en faveur des habitants du Canada qui auront dix ou douze enfants vivants, 3 avril 1669. *Arch. col.* Canada, corr. gén., 3, 1668-1672, fol. 26.

(2) Édit de création du Conseil souverain de Québec, mars et avril 1663. *Arch. col.* Canada, corr. gén., 2, 1663-1667, fol. 10 et 26. — *Jugements et délibérations du Conseil souverain de la Nouvelle-France*, t. I, introd., XXII.

notaires, tabellions, sergents et autres officiers de justice. »

Ce n'est pas tout. A l'heure même, où il s'efforce, dans la mère patrie, de réduire les parlements à leur rôle judiciaire, le roi octroie au Conseil souverain de Québec un droit de contrôle sur le gouvernement de la colonie. Il veut qu'il « dispose de la traite des pelleteries avec les sauvages, ensemble de tout le trafic que les habitants peuvent faire avec les marchands de ce royaume », enfin, ce qui est encore plus important qu'il « ordonne de la dépense des deniers publics ».

Le Conseil souverain de la Nouvelle-France est composé de cinq conseillers, dont un premier conseiller, et d'un procureur général. Le roi abandonne au gouverneur et à l'évêque la nomination des cinq conseillers. Par la force des choses, ils les choisiront dans ces grandes familles de la colonie qui ont la prétention d'y accaparer l'influence. Si bien que le petit parlement de Québec, et c'est un point de plus de ressemblance qu'il a avec les parlements du royaume, ne cessera guère de faire de l'opposition au gouverneur, à l'intendant et même au roi. La coutume de Paris reste la loi de la Nouvelle-France.

Colbert, qui ne veut pas faire d'écoles aux dépens du trésor royal, procède avec méthode. Il entend ne rien entreprendre qu'à bon escient. Il a lu les Relations, reçu les requêtes des missionnaires. Il a interrogé Pierre Boucher. Il croit encore nécessaire d'envoyer sur place un homme à lui (1). Dupont-Gaudais ne demeure que six semaines à Québec, pendant l'été de 1663 ; mais cela suffit pour terminer l'enquête. Colbert se met à l'œuvre.

Une opération préliminaire s'imposait pour déblayer le terrain. Il fallait prononcer la déchéance de cette compagnie des Cent Associés qui, depuis plus de vingt ans, était convaincue d'impuissance, et, même, par l'abandon de ses membres, « presque anéantie. » Les intéressés n'osent pas se défendre. L'assemblée du 24 février 1663 remet la Nouvelle-France au

(1) Instruction pour le sieur Gaudais s'en allant de la part du Roy en Canada, 1er mai 1663. *Arch. col.* Canada, registre des ordres du Roy, 1663-1669, fol. 90.

roi, et les lettres de réunion sont publiées le mois suivant (1). Toutefois, pour justifier de leur droit à une indemnité, les derniers Associés ont cette prétention incroyable de prouver « par les extraits de l'amirauté » qu'ils ont tenu, et au delà, les engagements pris en 1628, qu'ils ont fait passer en Amérique plus de cinq mille personnes (2). Le roi ne reprend possession de la Nouvelle-France que pour l'aliéner de nouveau.

L'édit de création de la compagnie des Indes Occidentales est du mois de mai 1663 (3). Avec le Canada, l'Acadie, Terre-Neuve, Louis XIV lui concède la terre ferme d'Amérique, de la Virginie à la Floride, de l'Orénoque à l'Amazone, les Antilles, et, aussi, la côte d'Afrique, du cap Vert au cap de Bonne-Espérance : un domaine immense qui, d'un bord à l'autre de l'Atlantique, s'étend à deux continents.

Cet empire la compagnie le possédera en toute seigneurie et propriété. Elle y établira des juges, des conseils souverains ; elle y désignera à la nomination du roi des gouverneurs et autres officiers ; elle y aura le droit de vendre et d'inféoder la terre ; elle pourra y lever des troupes, y construire des vaisseaux, et, sur ces vaisseaux, arborer le pavillon et les armes de France.

Dans les pays qui lui sont concédés, à l'exception de la pêche qui demeure libre à tous les Français, la compagnie reçoit le monopole du commerce et de la navigation. En même temps, elle obtient dans la mère patrie, à l'entrée comme à la sortie, l'exemption de droits sur le plus grand nombre des marchandises, et même encore des primes qui sont, par tonneau, de quarante livres à l'exportation, de trente livres à l'importation.

En échange de tous ces avantages la compagnie des Indes

(1) Lettres de réunion à la couronne de la propriété de la Nouvelle-France sur la cession des intéressés, 24 février et mars 1663. *Arch. col.* Canada, corr. gén., 2, 1663-1664, fol. 3.

(2) Raisons de la Compagnie de Canada pour empescher sa dépossession ou du moins pour porter le Roy à lui accorder des conditions dont elle puisse se contenter, 1663. *Arch. col.* Canada, corr. gén., 2, 1663-1664, fol. 44.

(3) *Édit du Roy pour la création de la Compagnie des Indes Occidentales*, mai 1664, vérifié en Parlement le onzième jour de juillet 1664 et en Chambre des Comptes le dernier jour de juillet 1664.

Occidentales prend l'engagement de subvenir aux frais du culte et des missions, et naturellement aussi, de contribuer à la colonisation de toutes ces colonies qui passent sous sa propriété et seigneurie. Pourtant, quoique Richelieu l'eût fait pour les Cent Associés, Louis XIV ne fixe pas à leurs successeurs le chiffre des colons à transporter et à établir au Canada.

L'expérience a démontré que, pour assurer la prospérité d'une compagnie, ce n'était point assez de lui octroyer de fructueux monopoles, qu'il faut encore, au point de départ, lui constituer un capital considérable. Il s'agit de procurer à la compagnie des souscriptions importantes. Le roi réserve la voix délibérative, dans ses assemblées, aux actionnaires qui verseront de 10 à 20.000 livres, les places de directeurs généraux à ceux qui verseront 20.000 livres et au delà. Les gentilshommes ne dérogent pas en entrant dans la compagnie. Les étrangers y sont admis. Ils y auront le traitement des régnicoles. Le roi va plus loin. Il fait des avances aux nouveaux associés. Il fera le dixième des fonds qu'ils auront réunis. Il n'en réclamera le paiement que dans quatre ans, et, si besoin est, que dans huit ans. En cas de déficit persistant, il accepte même de le laisser combler avec l'argent qu'il a prêté.

On ne peut pas, non plus, abandonner la Nouvelle-France aux revendications impitoyables de ses créanciers. Ce serait pour elle la ruine, plus que la ruine, l'impossibilité de se relever. Ses habitants en sont déjà à ne plus oser faire aucun commerce avec la mère patrie, de crainte des saisies. L'intervention du roi se justifie d'autant plus que la colonie n'a jamais trouvé à emprunter qu'à des taux excessifs, trente, quarante pour cent. Le 31 mars 1665, Louis XIV ordonne à tous ceux qui se prétendent créanciers de la communauté des habitants de présenter leurs titres, ceux qui résident en la Nouvelle-France à Talon, ceux qui résident dans l'ancienne à Pussort, cet oncle de Colbert qui, si rudement, a fait rendre gorge aux traitants (1). Talon et Pussort pratiqueront des retranchements considérables La liquidation générale est close par le procès-verbal

(1) Arrest pour la liquidation des dettes de la communauté du Canada, 31 mars 1665, *Arch. col.* Canada, corr. gén., 2, 1663-1667, fol. 163.

du 25 juin 1666. La dette de la colonie est réduite à moins de quarante mille livres (1).

Il ne restait plus qu'à vaincre les Cinq Nations. Un vieux capitaine expérimenté, M. de Tracy, en est chargé. On rehausse son prestige du titre de vice-roi de l'Amérique française. On lui donne un millier de soldats d'élite, ce fameux régiment de Carignan qui vient de s'illustrer à Saint-Gothard contre les Turcs. Mais le vice-roi ne peut se consacrer immédiatement à sa tâche principale. Il doit se faire restituer Cayenne par les Hollandais, restaurer l'autorité royale aux Antilles. En 1665, la sécurité de la colonie est assurée. En 1666, une colonne de treize cents hommes, où les milices de la colonie comptent pour le quart, force les terribles ennemis de la Nouvelle-France à demander quartier sur les ruines de leurs villages (2). La confédération reconnaît la souveraineté du roi de France. Cette victoire assure à la colonie seize années de développement pacifique.

La compagnie des Indes Occidentales est entrée en possession, les Iroquois ont reçu une leçon qui les convainc de la supériorité des armes françaises, l'heure est enfin venue d'entreprendre le rétablissement de la colonie. Colbert ne peut en confier le soin, ni à Tracy dont la mission arrive à son terme, ni à son successeur, le gouverneur Courcelles, qui est un militaire de mérite, mais qui n'est pas autre chose, ni à l'agent général des associés qu'il s'agit justement de contrôler.

Pour remplir cette tâche difficile il lui faut rencontrer ce que nous appelons un bon administrateur. Et naturellement, il lui décernera le titre que l'on donne en France à ceux qui administrent les provinces : celui d'intendant.

Et c'est ainsi qu'au moment même où il importerait de créer au Canada l'unité de direction, un sage et clairvoyant ministre y organise un gouvernement à deux têtes. Et il voit si peu le péril qu'il ne songe pas un instant à tracer la frontière entre

---

(1) Procès-verbal de la liquidation des dettes de la Communauté de Canada, 25 juin 1666. *Arch. col.* Canada, corr. gén., 2, 1663-1667, fol. 238.
(2) Procès-verbal de la prise de possession du fort d'Agnié, 17 octobre 1666. *Arch. col.* Canada, corr. gén., 2, 1663-1667, fol. 210. — *Relat. des Jésuites*, 1666, p. 8.

les deux puissances. Il se laisse tromper par de fausses analogies. Il se persuade que les choses se passeront dans la colonie comme dans le royaume. Là, dès le premier jour, la question a été résolue par une abdication. Le gouverneur de province n'a gardé de sa fonction que les honneurs et les profits. Il a, tout de suite, laissé le champ libre à son concurrent. Il a été à Versailles remplir son devoir de courtisan. Il n'en reviendra jamais.

Or les gouverneurs et lieutenants généraux de la Nouvelle-France seront dans l'impossibilité d'abdiquer. Ils sont condamnés à la résidence, et par conséquent à batailler avec l'intendant pour le réduire au rôle de premier commis dans l'ordre civil. Les intendants résisteront, parfois même, prendront l'offensive, et ce sera la discorde à perpétuité. La bataille a commencé entre Talon et Courcelles.

Colbert ne met pas la main tout de suite sur l'homme dont il a besoin. Un premier intendant reçoit ses provisions en 1663 (1). Mais, et nous ignorons pourquoi, M. Robert ne passe point en Amérique. En 1664, Colbert cherche toujours et, comme il en fait confidence à Tracy, il désespère de pouvoir rencontrer l'homme qu'il lui faut (2). En 1665, il a Talon.

La famille Talon s'attribuait une origine d'outre-mer. Elle prétendait descendre d'un colonel irlandais qui aurait été au service de Charles IX. Quoi qu'il en soit de cette prétention, les Talon jouent un rôle en France dès la fin du seizième siècle. Au dix-septième, deux d'entre eux parviennent à la grande renommée : Omer et Denis Talon ; le premier, président à mortier, le second, avocat général au parlement de Paris. Ils sont surtout connus comme champions du gallicanisme. Les Talon ont d'illustres alliances dans la plus haute noblesse de robe, avec les Pontchartrain, les d'Aguesseau, les Lamoignon, les Joly de Fleury. Plus tard, Montcalm épousera une Talon du Boulay.

Jean Talon, le canadien, appartient à une branche cadette,

---

(1) Commission d'intendant en la Nouvelle-France pour le sieur Robert, 21 mars 1663. *Arch. col.* Canada, Mémoires, 1550-1669, fol. 278.

(2) « Je désespère de pouvoir rencontrer un intendant qui ayt les qualités propres pour cet employ, ceux qui s'en acquitteraient dignement n'ayant pas le cœur de s'exposer à un si long voyage. » Colbert à Tracy, 15 novembre 1664. *Arch. col.* Canada, corr. gén , 2, 1663-1667, fol. 99.

la branche champenoise. Né vers 1625, élevé par les Jésuites au collège de Clermont, il entre, de bonne heure, dans la clientèle de Mazarin, et c'est ainsi, certainement, qu'il a l'occasion de se faire apprécier par Colbert. Dès 1655, on lui confie un poste particulièrement difficile à remplir, l'intendance d'un pays conquis, le Hainaut. Il y reste dix ans. C'est de là que, directement, on l'envoie en Nouvelle-France (1).

En réalité, Talon est plus qu'un intendant de justice, police et finances. Il est l'homme de confiance de Colbert. Et il est tellement assuré que celui-ci est derrière lui, pour le soutenir, qu'il ne se fait aucun scrupule d'empiéter sur le domaine des autres, sur celui du Conseil souverain, sur celui du gouverneur. A ce dernier c'est tout juste s'il laisse le commandement des troupes et la conduite des négociations avec les sauvages. Pour lui, il a un terrain réservé où il ne tolère point d'intrus. Tout ce qui touche, de près ou de loin, à la colonisation reste sous son contrôle exclusif. Même, quand, après un premier départ, il accepte de retourner dans la colonie, en 1669, il obtient que l'on ajoute plusieurs paragraphes à la formule ordinaire des provisions (2), ce qui, en fait, équivaut à lui donner pleins pouvoirs.

Talon est nommé intendant le 23 mars 1665 (3). Il est à La Rochelle dans le courant d'avril, et, comme il lui faut attendre plus d'un mois, dans cette ville, avant de s'embarquer, il en profite pour commencer l'enquête (4) sur le pays qu'il a la charge d'administrer et de réorganiser. Nulle part cette enquête ne pouvait se mener plus facilement et se pousser plus loin. La Rochelle était pleine de soldats et d'émigrants destinés à l'Amérique française. Talon s'y rencontre aussi avec le nouveau gouverneur, M. de Courcelles, avec les directeurs et l'agent

---

(1) Chapais, *Jean Talon*, pp. 1-20.

(2) Pouvoir d'Intendant de justice, police et finances en Canada pour M. Talon, 10 mai 1669. *Arch. col.* Canada, registre des ordres du Roy, 1661-1669, fol. 123.

(3) Pouvoir d'Intendant de la Justice, police et finances en Canada pour le sieur Talon, 23 mars 1665. *Arch. col.* Canada, registre des ordres du Roy, 1663-1669, fol. 71.

(4) Talon à Colbert, La Rochelle, 15 mai 1665. *Arch. col.* Canada, corr. gén., 2, 1663-1667, fol. 135.

général de la compagnie des Indes Occidentales, avec quelques-uns de ces officiers de Carignan, auxquels il distribuera des seigneuries, et, ce qui l'intéresse davantage, avec des habitants de la colonie (1). Et Talon, qui joint à son intelligence si claire, à son bon sens si robuste, une imagination riche et prompte, entrevoit déjà « beaucoup de choses à faire (2).

A la fin de septembre Talon est à Québec. C'est le coup de foudre. Au premier regard, le Canada l'a conquis. Il est impatient de communiquer son enthousiasme au ministre. Dès le 4 octobre, il se hâte de lui adresser ce qu'il appelle modestement « un crayon grossier » (3). Il y pose la question qui doit être résolue, avant toutes les autres, et à laquelle les instructions du roi n'ont pas donné franchement la réponse. Quelles sont les véritables intentions du roi ? Le roi n'a-t-il point d'autre dessein que de favoriser la compagnie, que de lui permettre « d'augmenter le nombre de ses vaisseaux et faire un commerce utile à son estat sans avoir pour objet l'estendue des habitations de ce pays et la multiplication de ses colons », ou bien Sa Majesté regarde-t-elle ce pays « comme un beau plan sur lequel on peut former un grand royaume » ? Talon plaide chaleureusement pour la seconde alternative et s'efforce d'évoquer aux yeux de Louis XIV et de Colbert cette vision qui l'obsède d'une grande France qui irait « du Saint-Laurent jusques à la Floride, les Nouvelles Suède, Hollande et Angleterre et... par delà la première de ces contrées... jusqu'au Mexic. » Et, comme une association de particuliers, si riches, si zélés qu'ils puissent être, devra être impuissante à réaliser ce rêve grandiose, il en vient à réclamer, indirectement, la déchéance de la compagnie en proposant de lui retirer « la seigneurie, la propriété des terres, la nomination aux cures et même le commerce qui fait l'âme de l'établissement ».

L'hiver interrompt toute correspondance entre Versailles et

---

(1) « M. de Villeray conseiller au Conseil souverain de Québek et quatre ou cinq autres habitants du Canada. » Talon à Colbert, 24 mai 1665. Arch. col. Canada, corr. gén., 2, 1663-1667, fol. 110.

(2) Talon à Colbert, 13 mai 1665. Arch. col. Canada, corr. gén., 2, 1663-1667, fol. 135.

(3) Talon à Colbert, Québec, le 4 octobre 1665. Arch. col. Canada, corr. gén., 2, 1663-1667, fol. 143.

Québec. Talon a près d'une année pour nourrir sa belle chimère, et se flatter d'avoir gagné sa cause auprès d'un monarque jeune, audacieux, conscient de sa puissance, et qui semble décidé, en toute chose, à faire grand. Le réveil n'en est que plus pénible (1). Louis XIV se refuse à accomplir l'effort nécessaire pour former un grand royaume et il charge Colbert de donner ses raisons à l'intendant. Les raisons du roi ne valent guère. On est volontiers d'accord avec lui qu'il serait dangereux d'éparpiller la colonisation sur un trop vaste espace. Mais s'est-on donné au conseil la peine de comprendre ce que réclame Talon? S'il demande beaucoup de monde, il ne dit, nulle part, qu'avant de pousser plus avant il ne commencera pas par renforcer les établissements du Saint-Laurent. Quant à la crainte d'affamer la Nouvelle-France par l'envoi d'un contingent trop nombreux, on peut la partager sans doute. Encore faut-il s'entendre? Qui parle de transporter, d'un seul coup, des multitudes! Qui empêche par contre, d'augmenter raisonnablement le chiffre de la recrue annuelle! Le roi est-il vraiment trop pauvre pour nourrir, chaque hiver, en Amérique mille ou quinze cents personnes de plus. La dernière objection est puérile. Peut-on soutenir sérieusement qu'à coloniser en Amérique, avec quelque activité, on risque de dépeupler un royaume dont la population atteint quinze millions d'âmes, et croît très vite?

Aussi bien le véritable motif du refus est autre, et Louis XIV n'hésite pas à le laisser entendre. Il a d'autres affaires que de fonder des colonies. Remarquez que nous sommes au milieu de 1666, qu'il n'a pas terminé sa guerre avec l'Angleterre, qu'il médite d'exiger de la maison d'Espagne une avance d'hoirie aux Pays-Bas et en Franche-Comté. Pour conclure, voici le programme. Il faut penser, avant tout, à l'établissement du commerce, et ne point toucher, le moins du monde, au monopole de la compagnie. Quant à la colonisation proprement dite, on la pratiquera avec parcimonie, « avec ménage » (2), comme dit l'auteur d'un mémoire anonyme qui est, de la même époque,

---

(1) Colbert à Talon, Versailles, le 5 avril 1666. *Arch. col.* Canada, corr. gén., 2, 1663-1667, fol. 199.

(2) *Arch. col.* Canada, corr. gén., 2, 1663-1667, fol. 45.

avec l'espoir, quand même, d'obtenir de bons résultats « insensiblement par la succession d'un temps raisonnable ».

La déception de Talon est vive. Il semble qu'il ait, dès ce moment, songé à quitter la partie. Il commence à se plaindre de cette mauvaise santé (1) qui lui fournira, plus tard, par deux fois, le prétexte honnête pour avoir son congé. Pourtant il s'incline. Mais, même dans son acte de soumission, il lui est impossible de dissimuler combien la résignation lui est malaisée, et de ne point riposter par l'ironie à la plus mauvaise des objections qu'on lui a faites. « Monseigneur, écrit-il à Colbert, je n'aurai plus l'honneur de vous parler du grand establissement que, cy-devant, j'ay marqué pouvoir se faire en Canada à la gloire du Roy et à l'utilité de son état *puisque vous connaissez qu'il n'y a pas dans l'ancienne France assez de surnuméraires et de sujets inutiles pour peupler la nouvelle*, et entrant dans toutes les raisons de votre dernière depesche, je tourneray mes soins à ce que vous m'ordonnez jusques à ce que cette matière informe vous paraisse digne de quelque plus grand secours que celui qu'elle a reçu cette année. Souffrez seulement, Monseigneur, que je vous dise que, *si elle paraissait à vos yeux ce qu'elle est*, vous ne lui refuseriez pas votre application (2). » Mais Colbert ne peut pas voir ce que voit Talon. Colbert a « la vue intense mais immédiate et courte des myopes (3). » Et Talon se résigne à poursuivre la tâche modeste qui lui est assignée. Il y emploiera tout ce qu'il a d'intelligence, il y dépensera tout ce qu'il a d'énergie. Et comme c'est « un débrouillard », avec ce peu qu'on lui donne, il va, en cinq années, transformer la Nouvelle-France.

(1) Talon au roi, 11 novembre 1666. *Arch. col.* Canada, corr. gén., 2, 1663-1667, fol. 214.

(2) 13 novembre 1666. *Arch. col.* Canada, corr. gén., 2, 1663-1667, fol. 216.

(3) E. Lavisse, *Colbert intendant de Mazarin. Revue de Paris.* Septembre-octobre 1896, p. 20.

CHAPITRE II

LA COLONISATION, LA LEVÉE ET LE PASSAGE DES COLONS.

Les engagés et les familles. — Le roi fait les frais de la levée et du passage. Recrutement des colons. — La traversée. — Le contrôle à l'arrivée. — Les colons militaires. — Le chiffre de l'immigration. — Résultat quand même médiocre. — Mesures prises pour pousser au mariage et à la multiplication; leur succès. — Entraves mises au retour en France. — Élimination des mauvais éléments.

Pour établir en Nouvelle-France les colons du roi, Talon se trouve en présence de deux systèmes. Le système des engagés a le double avantage d'avoir été expérimenté avec succès, et d'être préconisé par le Conseil souverain, c'est-à-dire par les hommes qui représentent, avec le plus d'autorité, l'opinion de la colonie. Évidemment quand Villeray, Juchereau de la Ferté, d'Auteuil, Legardeur de Tilly, Damours écrivent à Louis XIV et à Colbert pour leur demander d'envoyer des engagés, rien que des engagés, on ne peut pas prétendre qu'ils soient désintéressés dans la question. Personnellement, ils ont le plus pressant besoin d'hommes de travail. Qu'importe! Les nouveaux venus y trouvent également leur compte. Ils y gagnent d'abord de s'assurer, en mettant pied à terre, d'un asile, du pain quotidien. Ils auront ensuite le loisir de s'acclimater, de faire l'apprentissage de leur vie nouvelle. Pour certains cela est d'une nécessité absolue. Du jour au lendemain, des écoliers, des marchands, des soldats ne sauraient se transformer en laboureurs. Même pour les vrais paysans ce temps passé au service des anciens colons sera profitable. Ils ont beaucoup à apprendre de l'exemple de ceux qui les ont précédés sous ce ciel où « les saisons ne sont pas les mêmes que dans l'Ancienne-France ». Enfin, les uns et les autres, s'ils ont le goût de l'économie, amasseront un petit pécule qui leur permettra de s'installer commodément, de ne point être à la merci de la première récolte (1).

L'envoi d'un tel colon ne coûte rien au roi. Tout au plus, doit-il lui faire l'avance de trente à trente-cinq livres pour ses hardes. Mais il est certain d'en être remboursé par le maître qui, à l'arrivée, prendra le nouveau-venu à son service. Voire, le Conseil souverain trouve un moyen ingénieux d'épargner à Louis XIV toute peine et tout risque. A partir de 1664, aucun navire de commerce n'aura ses passe-ports pour la Nouvelle-France s'il ne transporte des hommes de travail, à raison d'un par dix tonneaux. Naturellement, les armateurs rentreront, eux aussi, dans leur argent. Sur les gages du serviteur, ses gages de la première année, ils prélèveront les soixante livres qu'ils auront dépensés pour le vêtir et le nourrir pendant son passage (2).

Le système est excellent et l'on conçoit que Talon et son secrétaire Patoulet se rangent à l'avis du Conseil (3). Mais le

(1) Tous les arguments du Conseil souverain en faveur du système des engagés sont développés longuement dans deux lettres qui sont envoyées le 28 juin 1664, l'une à Louis XIV et l'autre à Colbert. *Jugements et délibérations du Conseil souverain de la Nouvelle-France*, t. I, pp. 201-203 et 203-206.

(2) Arrêt du 27 avril 1664. *Id.*, pp. 269-270.

(3) Dans une lettre à Colbert du 27 octobre 1667, Talon se plaint qu'on lui ait envoyé des filles au lieu d'engagés. « Je m'assure qu'ils n'ont pas considéré que vous me procurez un grand secours quand, sur un grand nombre de passagers, vous me donnez un recouvrement considérable à faire des avances qu'ils ont reçues en France. » *Arch. col. Canada, corr. gén.*, 2, 1663-1667, fol. 308. — Pour les années 1666, 1667, 1668, 1669, ces recouvrements montent à dix-huit mille cent trente-cinq livres Observations faites par Talon sur l'état présenté... par la Compagnie des Indes Occidentales, 1669. *Arch. col. Canada, corr. gén.*, 3, 1668-1672, fol. 31. — Patoulet fait l'intérim en 1669. Bouteroue, qui a pris un instant la place

roi a décidé de faire passer dans la colonie des familles, des « pauvres familles ». On ne peut évidemment les distribuer, en bloc, aux habitants. Ceux-ci n'ont que faire de bouches inutiles. En admettant même que les chefs de famille et quelques adolescents puissent être traités comme de véritables engagés, comment pourront-ils, avec leur maigre salaire, suffire à la subsistance des femmes et des enfants? Quant aux soldats congédiés ils sont quittes envers le roi. On ne va pas les contraindre à se remettre au service des particuliers. Avec les uns et les autres il est équitable de procéder autrement. On tombe d'accord à Versailles et à Québec « qu'il faut de nécessité les assister dans les premières années » (1).

Les deux systèmes s'appliquent concurremment. Le Conseil souverain multiplie les règlements pour que le premier fonctionne avec toute la régularité désirable. Il fixe le temps de l'engagement à trois ans (2) d'où le nom de « trente-six mois » donné fréquemment aux hommes de travail. Il prend ses mesures pour que la distribution des nouveaux débarqués se fasse sans retard (3). Tout au plus prévoit-il qu'ils peuvent demeurer trois jours sans maître (4). Surtout il n'en laisse aucun se libérer avant le terme prescrit. Il pousse la rigueur jusqu'à refuser au curé de Villemarie, M. Souard, la liberté d'un de ses domestiques qui a déjà servi quatre ans dans le pays (5). Il fait

---

de Talon est parti, et Talon n'est pas encore revenu. Patoulet écrit à Colbert, le 11 novembre 1669 : « On a introduit une meschante pratique d'y faire passer des familles. Cent personnes, dont vingt-cinq familles sont composées, coûteront autant au Roy que cent garçons, parce que ceux qui en font la levée donnent pour les petits comme pour les grands. De sorte que vingt-cinq familles de cent personnes reçoivent pour levée, nourriture, avances et passage, dix mille livres sur le pied de cent livres par chaque teste. La dépense à la vérité est pareille pour les garçons, sur lesquels cependant M. l'Intendant retire trois mille livres pour le remboursement des dix écus qui leur ont été avancés. » *Arch. col. Canada, corr. gén.*, 3, 1668-1672, fol. 61.

(1) Projet de règlement fait par MM. de Tracy et Talon sur la justice et la distribution des terres du Canada du 24 janvier 1667. *Arch. col., Canada, corr. gén.*, 2, 1663-1667, fol. 334.

(2) Arrêt du 15 octobre 1663. *Jugements et délibérations du Conseil souverain*, t. I, p. 29.

(3) Lettre du Conseil souverain à Louis XIV du 28 juin 1664. *Id.*, pp. 201-203.

(4) *Id.*, pp. 190-191.

(5) Arrêt du 16 octobre 1663. *Id.*, p. 30.

la répartition des engagés entre les divers districts de la colonie (1). Il n'y a plus qu'à les empêcher de déserter, et il châtie ceux qui s'enfuient, ceux qui les débauchent, ceux qui leur donnent asile (2). Les résultats sont d'abord excellents. Bon an mal an, il peut débarquer à Québec une centaine d'engagés (3). On se les dispute, dès le pont du navire et jusque devant les tribunaux (4). On en réclame toujours (5).

Lorsque Louis XIV commence à envoyer des colons au Canada tout est d'abord à sa charge. Plus tard, lorsqu'il donne sa charte à la compagnie des Indes Occidentales, il se délivre sur elle du soin de les recruter, de les équiper, de les transporter. Mais il lui tient compte de la dépense. Cette dépense s'élève communément par tête à cent livres : dix pour la levée, trente pour la fourniture des hardes, soixante pour le passage (6). Quels sont les moyens de propagande des agents de la compagnie, nous l'ignorons. On sait seulement que, toutes les fois que cela est possible, la coopération du clergé leur est acquise. Pour avoir des filles, Louis XIV s'adresse à l'archevêque de Rouen (7) et

(1) Arrêt du 16 octobre 1664. *Id.*, pp. 190-191.
(2) Les serviteurs paieront à leurs maîtres quatre livres pour chaque journée d'absence ou de temps perdu. Arrêt du 5 décembre 1663. *Id.*, p. 76. — Le 2 juin 1673, le Conseil décide que les domestiques en fuite seront punis pour la première fois du carcan et qu'en cas de récidive, ils seront battus de verges avec impression d'une fleur de lis. Il défend aussi « à toutes personnes de leur donner retraite... à peine de vingt livres et de payer chaque journée du dict service cinquante sols comme responsables des faits des fugitifs. » *Id.*, p. 711.
(3) Peut-être trois cents en 1664 (28 juin 1664, *Id.*, t. I, pp. 201-203), trente-cinq seulement en 1666, environ quatre-vingts en 1669. *Arch. col.* Canada, corr. gén., 3, fol. 61.
(4) Arrêt du 15 octobre 1663. *Jugements et délibérations du Conseil souverain*, t. I, p. 29.
(5) « On ne doit pas oublier le secours des hommes engagés très nécessaires à ce pays. » Talon à Colbert, 10 novembre 1670. *Arch. col.* Canada, corr. gén., 3, 1668-1672, fol. 77. — S'il y avait eu cette année cent cinquante filles et autant de valets, dans un mois ils auraient tous trouvé des maris et des maîtres. Frontenac à Colbert, 2 novembre 1672. *Arch. col.* Canada, corr. gén., 3, 1668-1672, fol. 233.
(6) Observations faites par Talon sur l'état présenté par la compagnie des Indes Occidentales. *Arch. col.* Canada, corr. gén., 3, 1668-1672, fol. 31.
(7) Lettre à M. l'archevêque de Rouen pour lui dire d'employer le crédit qu'il a dans l'étendue de son diocèse pour faire passer volontairement des filles en Canada. *Arch. col.* Canada, registre des expéditions, 1670, fol. 15.

Colbert fait agir auprès de ses curés (1). Un point important à constater c'est qu'on n'emmène personne de force. Tous ceux, toutes celles qui s'embarquent, et même les orphelines des hospices, le font de leur plein gré.

Somme toute, les engagements, qui sont pris au nom du roi vis-à-vis des émigrants, ont de quoi tenter les pauvres gens. Pour tous il y a la certitude d'obtenir une concession de terre, les uns immédiatement, les autres après un service à court terme. Tous, aussi, sont assurés qu'on ne les abandonnera pas. S'ils n'ont pas reçu des terres en partie défrichées, on les nourrira jusqu'à la première récolte. Quant aux filles rien que la perspective de trouver un mari suffirait sans doute à les décider à passer la mer.

Ces promesses, partout où elles sont publiées, produisent manifestement l'impression désirée. C'est Talon qui le constate, de visu, à La Rochelle, en 1665. Il se présente à l'embarquement beaucoup plus de monde qu'on n'en attend, qu'on en peut loger sur les navires. Talon obtient du roi qu'il donne à la compagnie l'ordre de ne refuser le passage à personne (2). Il est visible qu'avec un effort persévérant dans la réclame, et en l'étendant dans la profondeur du royaume, on eut assez facilement dé-

---

(1) Lettre de Colbert à Guenet, marchand de Rouen, où il le prie d'employer le crédit qu'il a sur les curés de trente ou quarante paroisses pour voir s'ils pourraient trouver volontairement en chacune une ou deux filles. *Arch. col.* Canada, registre des expéditions, 1670, fol. 16.

(2) « La Compagnie... estant obligée envers le Roy de passer en Canada quatre cents hommes de travail, a mandé à MM. les Directeurs qui sont icy de sa part d'en livrer cent cinquante. Par la recrue que j'en ai pu faire aujourd'hui... il s'en trouve au-delà de ce nombre ; entre lequel dix ou douze filles se présentent toutes capables de travailler à estendre les habitations. J'ai invité lesdicts directeurs de passer les surnuméraires de mesme que les filles, croyant... que vous approuverez qu'on n'aye pas renvoyé ces gens qui auraient pu, par leur retour dans les provinces, faire perdre à d'autres le dessein de se présenter dans la prochaine année. » Talon à Colbert, La Rochelle, 22 avril 1665. *Arch. col.* Canada, corr. gén., 2, 1663-1667, fol. 124. — « Le Roy a écrit qu'il approuvait que l'on reçût tous les passagers qui se présenteront pour le Canada, et comme il y a un navire qui doit faire voile quelques jours après vous et qu'il se présente encore tous les jours des gens pour la Nouvelle France... » Talon à Colbert, La Rochelle, 21 mai 1665. *Arch. col.* Canada, corr. gén., 2, 1663-1667, fol. 137. — *Id.*, 24 mai 1665. *Arch. col.* Canada, corr. gén., 2, 1663-1667, fol. 140.

terminé un puissant courant d'émigration vers le Canada.

D'où viennent les émigrants? D'abord, pour épargner le temps et l'argent, on cherche à les enrôler sur place. La Rochelle, sa banlieue, Ré, Oléron en fournissent le plus grand nombre. Mais des Rochelais, même catholiques, ne sauraient inspirer confiance aux tout-puissants missionnaires qu'épouvante jusqu'à l'ombre du calvinisme. Le roi reçoit de Québec une protestation où les habitants de l'Aunis sont fort mal traités : « L'expérience ayant fait voir en Canada que les gens pris à La Rochelle sont la plupart de peu de conscience et quasi sans religion, fainéants et très lâches au travail, et très mal propres pour habituer un pays, trompeurs, débauchés, blasphémateurs. » Par contre, on désigne les Normands, les Percherons, les Picards, les gens du voisinage de Paris comme ayant toutes les vertus requises (1). Inutile de dire qu'à part les griefs d'ordre religieux qui peuvent avoir quelque fondement, ce ne sont là que des calomnies. La région des Charentes a largement fourni à l'Amérique française sa part de citoyens utiles, et même sa part de grands citoyens : en tête, le patriote Joseph Papineau et l'historien Garneau. Colbert tient pourtant compte de la protestation, et cela contribue à maintenir dans la colonie la prépondérance de l'élément normand. Si c'est assez d'un soupçon de libertinage pour exclure de la colonisation des regnicoles, on admet à y participer les étrangers dont l'orthodoxie a de bons certificats. En 1667, Colbert annonce deux ou trois cents Suisses des cantons catholiques (2). Et l'année suivante, Marie de l'Incarnation signale l'arrivée d'Allemands, qui pourraient bien être les Suisses annoncés, et aussi de Portugais (3). Quant aux filles, elles sont tirées de La Rochelle, des environs de Rouen, des hôpitaux de Paris et de Dieppe (4), hôpital s'entendant ici dans le sens d'orphelinat.

---

(1) Mémoire anonyme : Pour le secours qu'il plaist au Roy donner au Canada en 1664, art. 2. *Arch. col.* Canada, corr. gén., 2, 1663-1667, fol. 95.

(2) Colbert à Talon, 5 avril 1667. *Arch. col.* Canada, corr. gén., 2, 1663-1667, fol. 290.

(3) Marie de l'Incarnation, *Lettres.* Lettres historiques, LXXXIII, p. 98.

(4) Patoulet à Colbert, 11 novembre 1669. *Arch. col.* Canada, corr. gén., 3, 1668-1672, fol. 51. — Colbert à Guenet, 1670. *Arch. col.* Canada, registre des expéditions, 1670, fol. 16.

La levée doit être achevée au début du printemps. Il faut mettre à la voile, à la mi-avril, pour débarquer dans le courant de juin, c'est-à-dire pour permettre aux nouveaux venus de terminer, avant les grands froids, leurs premiers travaux d'installation (1). Le voyage est long. C'est un triomphe pour un capitaine que de traverser l'océan en six semaines. Le plus souvent, on y met entre deux et trois mois. C'est ici le grand péril. Entassés dans un étroit espace, affaiblis par toutes les épreuves, qui leur sont nouvelles, de la navigation, médiocrement nourris, les passagers offrent aux maladies épidémiques une proie sans défense. C'est ainsi que les premières recrues, jusqu'en 1663, sont décimées (2). Il y a même à redouter que, comme en 1659, la contagion ne s'étende à la colonie (3). Mais on profite de la leçon. A partir de 1663, les précautions sont prises. La traversée est sans danger. En 1670, comme le raconte plaisamment Talon, qui est à bord, c'est une cavale qui paie le tribut pour un équipage de cent soixante-quatre personnes (4).

Cette émigration, si l'on ne veut pas avoir de mécomptes, demande à être contrôlée de près. On s'y emploie activement au départ et à l'arrivée. Un premier écueil à éviter, c'est que le contingent ne soit, physiquement ou moralement, de mauvaise qualité. En 1667, les directeurs essaient de faire passer des vieillards et des enfants. Et Talon de porter plainte auprès de Colbert (5). Il obtient la promesse qu'on ne lui enverra plus

---

(1) A partir de 1664, ou, du moins, de 1665, on suit le conseil que donnait l'auteur du mémoire intitulé : Pour le secours qu'il plaist au Roy donner au Canada en 1661, art. 12 : « Il faudroit estre prest à faire route le 12 avril... pour être rendus à Québec à la fin de juin... afin de gaigner leur travail de l'esté qui est très-précieux et qui est entièrement perdu lorsque l'on arrive à la fin de septembre et d'octobre comme sont arrivés les deux navires du Roy ces deux dernières années, en sorte que le secours n'a pas été utile au pays. » *Arch. col.* Canada, corr. gén., 2, 1663-1664, fol. 85.

(2) Colbert à Tracy, 15 novembre 1664. *Arch. col.* Canada, corr. gén., 2, 1663-1667, fol. 99.

(3) Patoulet à Colbert, 11 novembre 1669. *Arch. col.* Canada, corr. gén., 3, 1668-1672, fol. 61.

(4) Talon à Colbert, 29 août 1670. *Arch. col.* Canada, corr. gén., 3, 1668-1672, fol. 70.

(5) Talon à Colbert, 27 octobre 1667 : « J'ay bien du desplaisir de me

d'hommes en deçà de seize ans, au delà de quarante (1), et rien que des filles « à l'âge de la génération » et saines et fortes (2). Un peu plus tard, il constate que les pensionnaires de l'hôpital de Paris supportent difficilement la rude vie des champs. Pour le satisfaire, on lui enverra désormais de vigoureuses normandes (3). Et, prenant jusqu'au bout les intérêts de ces soldats, de ces volontaires qu'on va marier par ordre du roi, il obtient encore que l'on élimine toutes celles qui auraient quelque chose « de rebutant à l'extérieur » (4).

Il est encore une autre condition essentielle à exiger des futures mères canadiennes, c'est un certificat de bonne conduite. Cela est évidemment superflu pour les orphelines qui ont été, dès leur bas âge, aux mains des religieuses. A celles, qui s'offrent d'elles-mêmes ou qui sont offertes par leurs familles, on demande la garantie de témoignages respectables (5). Elles

sentir obligé de vous dire qu'au lieu de quatre cens bons hommes dont vous voulez fortifier ce pays et favoriser les habitants... je n'en ay reçu que cent vingt-sept, très faibles, de bas âge et de peu de service. » *Arch. col.* Canada, corr. gén., 2, 1663-1667, fol. 306.

(1) Talon à Colbert (avec réponses en marge de Colbert), 29 octobre 1667. *Arch. col.* Canada, corr. gén., 2, 1663-1667, fol. 322. — Lettre de Colbert à l'évêque de Pétrée, 15 may 1669 : « J'ai apporté cette année toute la précaution possible pour ne recevoir que des hommes propres au travail pour être transportés dans la Nouvelle-France. » *Arch. col.* Canada, registre des ordres, 1663-1669, fol. 111. — Colbert à Talon, 5 avril 1666 : « On apportera toutes les précautions qui seront possibles dans le choix des nouveaux colons. » *Arch. col.* Canada, corr. gén., 2, 1663-1667, p. 199.

(2) Talon à Colbert, 29 octobre 1667, loc. cit. — Colbert à Talon. *Arch. col.* Canada, registre des depesches, 1671, fol. 22.

(3) Lettre de Colbert à Guénet, marchand de Rouen : « Par les dernières lettres que j'ai reçues de Canada, l'on m'a donné avis que les filles qui y ont été transportées l'année passée, ayant esté tirées de l'hospital général, ne se sont pas trouvées assez robustes pour résister ny au climat, ny à la culture de la terre, et qu'il serait plus avantageux d'y envoyer de jeunes villageoises qui fussent en état de supporter la fatigue qu'il faut essuyer dans le pays. » 1670, *Arch. col.* Canada, registre des expéditions, 1670, fol. 16.

(4) Talon à Colbert, 10 novembre 1670. *Arch. col.* Canada, corr. gén., 3, 1668-1672, fol. 77.

(5) « Si le Roy fait passer d'autres filles ou femmes veuves... il est bon de les faire accompagner d'un certificat de leur curé ou du juge du lieu... qu'elles soient libres et en estat d'être mariées. » *Id.* loc. cit. — Et Colbert donne des ordres en conséquence.

sont, de plus, placées pendant la traversée, jusqu'à l'heure de leur établissement, sous la surveillance de personnes d'une vertu exemplaire et d'une prudence reconnue telles que madame Bourdon (1), la veuve du procureur général du Conseil souverain, et mademoiselle Estienne (2). Tant de précautions ne les ont pas mises à l'abri des calomnies de La Hontan (3).

C'est à l'arrivée seulement que l'on peut s'assurer s'il n'y a pas eu erreur ou tromperie sur le chiffre annoncé. Talon, qui veut tout voir par lui-même, vient, en personne, passer la revue des arrivants. Il est rare qu'il n'ait pas à constater un déficit. Ainsi pour les années 1665, 1667, 1668, le roi a payé à la compagnie le passage de onze cents immigrants (quatre cents, cinq cents, deux cents). Talon n'en trouve, au débarquement, que neuf cent soixante-dix-huit (4).

Les Iroquois vaincus, il ne pouvait être question de maintenir au Canada une garnison d'un millier d'hommes. On réduisit le corps d'occupation à quatre compagnies qui montaient, en tout, à trois cents hommes. Qu'allait-on faire des soldats qui devenaient disponibles (5) ? Il était naturel que l'on songeât à en retenir le plus grand nombre possible.

A dire vrai, l'idée de faire contribuer les troupes à l'augmentation de la colonie date du moment même où l'on commence à les lever. Dès 1665, dès que Talon rencontre à la Rochelle les compagnies de Carignan qui doivent passer avec

---

(1) Mémoire instructif de ce qui a esté fait pour le Canada, 22 juin 1669. *Arch. col.* Canada, corr. gén., 3, 1668-1672, fol. 43.

(2) État de la despense pour le Canada, 11 février 1671 : A la demoiselle Estienne, en considération du soin qu'elle prend des filles que l'on tire de l'Hôpital général pour envoyer en Canada et du voyage qu'elle y fait pour les diriger jusqu'à ce qu'elles soient mariées : 600 livres. *Arch. col.* Canada, registre des depesches, 1671, fol. 18.

(3) La Hontan, *Voyages dans l'Amérique Septentrionale*, t. I, lettre II, pp. 13-14.

(4) Observations faites par Talon sur l'estat présenté à Mgr Colbert par la Compagnie des Indes Occidentales, portant l'emploi des deniers fournis par le Roy pour faire passer en Canada..., 1669. *Arch. col.* Canada, corr. gén., 3, 1668-1672, fol. 31.

(5) Le régiment de Carignan-Salières se composait de douze compagnies, dont quelques-unes dépassaient l'effectif de soixante-six hommes. Il faut y ajouter les soldats qui se trouvaient dans la colonie avant l'arrivée de la petite armée de Tracy. Talon à Colbert, 4 octobre 1665, *Arch. col.* Canada, corr. gén., 2, 1663-1667, fol. 143.

lui, il a son plan. Il parvient à grossir leur effectif de soixante-dix surnuméraires, afin qu'il puisse, en laissant cependant lesdites compagnies complètes, distribuer aux habitants ceux qui seront « d'une profession utile au public ». Il propose aussi de « donner à chaque soldat de mestier quelque occupation qui lui convienne pour qu'il ne demeure pas oisif dans le temps que le service du roi ne l'attachera pas à son premier et principal employ, la guerre » (1). Sur place, l'intendant modifie quelque peu ses projets. D'accord avec Tracy, il réserve les vainqueurs des Agniers et des Onneyouths à la colonisation proprement dite, à la mise en valeur du sol. Tous deux, pour justifier de l'excellence du système, vont au lointain de l'histoire chercher l'exemple classique des Romains et même celui des Francs des deux premières races (2).

C'est avec empressement que les officiers et les soldats se conforment aux intentions de Louis XIV (3). Tout de suite, ce beau pays a exercé sur eux son charme. Ils savent aussi, déjà, que le gouvernement récompensera leur zèle en les favorisant, en les aidant de toutes manières, qu'il leur fournira abondamment de la terre, et, selon les nécessités, des vivres, de l'argent comptant et même, pour fonder le foyer, des femmes. Les opérations militaires sont à peine terminées que l'on assiste à l'établissement d'un grand nombre d'entre eux. Dès l'automne de 1666, six capitaines de Carignan, et dix officiers subalternes, lieutenants ou enseignes, entreprennent de faire une habitation (4). L'année suivante, l'intendant écrit au ministre : « M. de Tracy vous a dit qu'il y avait lieu d'espérer que plusieurs officiers et soldats se détermineraient à s'habituer dans

(1) Talon à Colbert, La Rochelle, 21 mai 1665. *Arch. col.* Canada, corr. gén., 2, 1663-1567, fol. 137.
(2) Projet de règlement fait par MM. de Tracy et Talon, sur la justice et la distribution des terres en Canada, du 24 janvier 1667. *Arch. col.* Canada, corr. gén., 2, 1663 1667, fol. 334.
(3) Le roi témoigne sa satisfaction « ... de ce que la plupart des soldats qui composent les quatre compagnies qui ont d'abord passé en Amérique sous le commandement du dit Tracy et le régiment de Carignan témoignent de beaucoup de disposition de s'habituer dans le pays. » Colbert à Talon, 5 avril 1666. *Arch. col.* Canada, corr. gén., 2, 1663-1667, fol. 199.
(4) Talon à Colbert, le 13 novembre 1666. *Arch. col.* Canada, corr. gén., 2, 1663-1667, fol. 216.

le pays. Il ne vous aura pas dit ce qui est arrivé depuis son départ; que desjà deux capitaines du régiment de Carignan-Salières se sont mariés à deux demoiselles du pays... (1) qu'un autre lieutenant et quatre enseignes sont en pourparlers avec leurs maîtresses et je les tiens déjà à demi engagés ; que tous ceux dont je parle, mariés ou non mariés, travaillent en ce moment à faire valoir l'habitation que je leur ai donnée... que les deux capitaines, employans sur les leurs les meilleurs soldats de leurs compagnies, et les subalternes ceux que leurs officiers supérieurs leur ont bien voulu accorder... il se fera durant l'hiver prochain un grand abatis. » Les soldats imitent leurs chefs. « Ils demandent « des femmes et des habitations. » Et Talon conclut en disant qu'il oserait répondre du succès s'il n'avait trouvé « des esprits qui se plaisent à traverser les desseins du Roy » (2).

Ces gens de mauvaise volonté, ce ne sont, ni plus ni moins, que le gouverneur Courcelles et le colonel de Carignan, M. de Salières (3). Ils ne savent pas se résigner, le premier à demeurer au Canada un général sans armée, le second à ne point ramener en Europe son régiment au complet. Ces résistances sont bientôt brisées. Le roi expédie à l'intendant une lettre de cachet où Sa Majesté gourmande vivement tous ceux qui ne secondent pas ses intentions « avec chaleur » et où elle déclare « que d'ailleurs elle fera plus de considération d'une compagnie qui se retournera faible en France, si le capitaine emporte un certificat qu'il aura laissé beaucoup de ses soldats en Canada, que d'une autre qui repassera forte » (4). En 1668, M. de Salières ne ramène en France que fort peu de

---

(1) M. de Varennes, qui a épousé une fille de Pierre Boucher, alors gouverneur des Trois-Rivières. Mémoire de la main de M. de Tracy, *Arch. col.* Canada, corr. gén., 2, 1663-1667, fol. 326.

(2) Talon à Colbert, le 27 octobre 1667. *Arch. col.* Canada, corr. gén., 2, 1663-1667, fol. 306.

(3) « M. de Salière... qui par son chagrin et sa mauvaise humeur nous donne icy beaucoup de peine et nous fait de grands obstacles aux establissements que vous m'ordonnez d'y faire en faveur des officiers et soldats. » *Id.* loc. cit.

(4) Lettre du 19 octobre 1667, de Talon à Colbert, où il y a les réponses en marge. *Arch. col.* Canada, corr. gén., 2, fol. 322.

monde. Quatre cent douze soldats, sans compter les officiers, s'étaient habitués (1).

On ne s'en tient pas là. Sur la petite garnison qui a été maintenue la propagande continue. Vainement Courcelles, dont l'opposition ne désarme pas, objecte qu'il faut garder des troupes réglées pour faire peur aux sauvages. En 1669, cent soldats sortent encore du rang pour se faire habitants (2). Lorsque Talon retourne à Québec, entre autres conditions qu'il met à ce retour, il obtient que l'on expédie dans la colonie, pour s'y établir, six nouvelles compagnies (3). Elles furent levées par les officiers qui étaient rentrés en France avec M. de Salières et qui n'avaient point tardé à le regretter. C'étaient les capitaines Chambly, La Durantaye, Berthier, Laubia, Grandfontaine et Perrot (4). De ces six compagnies, une, celle de M. de Grandfontaine, fut détachée en Acadie (5). Il restait deux cent cinquante hommes pour le Canada. L'année suivante 1670, ils étaient tous établis (6).

A quoi peut s'élever le chiffre des nouveaux habitants que la colonie doit à Louis XIV et à Colbert? Pour mener à bien ce calcul il y a deux périodes à distinguer: avant et après l'arrivée de Talon. Avant Talon, de 1659 à 1664, il n'y a point trace de contrôle à l'arrivée, et, comme conséquence, les informations précises font défaut. Nous avons seulement la preuve que le roi a tenu sa promesse d'envoyer chaque année trois cents per-

---

(1) Estat en abrégé du nombre des familles... en l'année 1668. *Arch. col.* Canada, registre des ordres du Roy, fol. 110. — *Relat. des Jésuites*, 1667-1668, p. 3.

(2) Patoulet à Colbert, 11 novembre 1669. *Arch. col.* Canada, corr. gén., 3, 1668-1672, fol. 61.

(3) Mémoire instructif de ce qui a esté fait pour le Canada..., 22 juin 1669. *Arch. col.* Canada, corr. gén., 3, 1668-1672, fol. 43.

(4) 25 mars 1669. Promesse des capitaines Chambly, La Durantaye, de Grandfontaine, Laubia et Berthier de mettre leurs compagnies sur le pied de cinquante hommes chacune. *Arch. col.* Canada, Mémoires, t. 1, 1556-1669, fol. 381.

(5) Mémoire à Colbert. *Arch. col.* Canada, corr. gén., 3, 1668-1672, fol. 110.

(6) « ... Je suis bien aise que tous les soldats qui ont passé l'année dernière... se soient habitués dans l'étendue de la seigneurie de leur capitaine. » — Le roi à Courcelles, 11 mars 1671. *Arch. col.* Canada, registre des depesches, 1671, fol. 36.

sonnes, et que même il a parfois dépassé ce chiffre, comme en 1659. Mais nous savons, d'autre part, que de ces secours « la plupart ont été infructueux, tant à cause du mauvais ordre qui a été observé dans le passage que par les maladies qui ont enlevé la meilleure partie des nouveaux venus. » Nous n'avons de renseignements particuliers que sur les recrues de 1662, 1663, 1664 (1). Les deux premières ont beaucoup souffert, subi de grosses pertes. La troisième a, par compensation, fourni un contingent de colons « fort sains et en estat de travailler ». A partir de 1665, nous avons enfin des chiffres qui inspirent confiance. Ils sont donnés par Talon (2). En 1665, 429 émigrants ; en 1666, année de guerre avec la Grande Bretagne 35, qui, par exception, passent aux frais de la compagnie ; en 1667, 286 ; en 1668, 228 ; en 1669, plus de 400 (3) ; en 1670 (4) et 1671, (5) au moins 200 chaque année ; en 1672, rien du tout (6) ; la guerre de Hollande est engagée ; en 1673, le dernier envoi, 60 filles (7).

Quant à la colonisation militaire, sa contribution est assez facile à déterminer ; 412 soldats habitués en 1668, 100 en 1669, 250 après 1670.

(1) « Pour les secours qu'il plaist au Roy donner au Canada en 1664. » Arch. col. Canada, corr. gén., 2, 1663-1667, fol. 95.

(2) Observations faites par Talon sur l'estat présenté à Mgr Colbert par la Compagnie des Indes occidentales portant l'emploi des deniers fournis par le Roy pour faire passer en Canada. Arch. col. Canada, corr. gén., 3, 1668-1672, fol. 31.

(3) Il a été ordonné que l'on ferait passer cinq cents personnes de l'un et l'autre sexe. Il a été embarqué deux cents personnes à la Rochelle en présence de Patoulet et en Normandie cent soixante-quatre. Mémoire instructif de ce qui a esté fait pour le Canada.., 22 juin 1667, Arch. col. Canada, corr. gén., 3, 1668-1672, fol. 43. — Le 11 novembre 1669, Patoulet écrit à Colbert qu'il a reçu à Québec deux cent vingt-cinq personnes levées à la Rochelle. Arch. col. Canada, corr. gén., 3, 1668-1672, fol. 61.

(4) Talon écrit à Colbert, le 29 août 1670, « que des cent soixante-quatre personnes embarquées à Dieppe il n'en est morte aucune et aussi qu'il reste encore un navire à venir et qu'il le croit bien avant dans la rivière. Arch. col. Canada, corr. gén., 3, 1668-1672, fol. 70.

(5) 11 février 1671. Arch. col. Canada, registre des depesches, 1671, fol. 20.

(6) « Sa Majesté ne peut faire cette année aucune dépense pour le Canada. » Colbert à Talon, 4 juin 1672. Arch. col. Canada, registre des depesches, 1672, fol. 62.

(7) Colbert à Frontenac, 13 juin 1673. Arch. col. Canada, depesches de Monseigneur, 1673, fol. 25.

Il ne reste plus qu'à trouver le total de l'immigration. L'opération serait d'une grande simplicité s'il n'y avait de l'incertitude pour les six premières années. Pourtant on doit approcher de la vérité en évaluant à deux mille le nombre des immigrants qui, de 1659 à 1664, s'embarquent pour le Canada. Réduisez le contingent d'un quart pour tenir compte du déchet causé par la maladie et vous arrivez à un chiffre fort acceptable. En douze ans (1), la Nouvelle-France a reçu quatre mille nouveaux habitants. Louis XIV a tenu parole.

Le résultat n'en est pas moins médiocre. A Versailles on se rend compte qu'il faut imaginer d'autres moyens pour accroître la population de la colonie. Et l'idée vient naturellement d'y rendre le mariage obligatoire, et d'encourager la fécondité en faisant largesse aux familles les plus nombreuses.

Pour marier les soldats inutile d'user de contrainte. D'eux-mêmes, avec une concession de terre, ils réclament une femme. Voire, il est nécessaire parfois de modérer leur impatience, et de ne point leur permettre d'en venir au sacrement, avant qu'ils aient terminé la chaumière où s'installera la nouvelle épouse (2). Il n'en va pas de même des volontaires. Ceux-ci aspirent déjà à la vie libre des bois (3). On a peine à les fixer. Talon espère avoir raison de leur humeur vagabonde par un règlement de police. Tout volontaire arrivé à l'expiration de ses trois années de service, et qui ne sera pas marié, quinze jours après l'arrivée des vaisseaux qui apportent les filles, sera privé de la traite et de la chasse (4). Il reste à appliquer les mêmes principes aux enfants des habitants. Le roi ordonne « qu'il soit établi quelque peine pécuniaire... contre les pères qui ne marient point leurs fils à l'âge de vingt ans, leurs filles

---

(1) De 1659 à 1673, il y a quatorze ans, mais nous défalquons 1666 et 1672, où le roi n'a pas fait de fonds pour l'envoi des colons.

(2) Talon à Colbert, 10 novembre 1670. *Arch. col.* Canada, corr. gén., 3, 1668-1672, fol. 77.

(3) « On travaille partout à fixer les volontaires et les attacher par le mariage à quelque communauté. » Talon à Colbert, 2 novembre 1671. *Arch. col.* Canada, corr. gén., 3, 1668-1672, fol. 172.

(4) Colbert à Talon. *Arch. col.* Canada, registre des depesches, 1671, fol. 22. — Addition au présent mémoire au Roi, de Talon. *Arch. col.* Canada, corr. gén., 3, 1668-1672, fol. 91.

à l'âge de seize (1) », et le Conseil souverain leur enjoint, à la date du 20 octobre 1670, « de faire déclaration au greffe, de six mois en six mois, des raisons qu'ils pourroient avoir eues pour le retardement du mariage de leurs enfants, à peine d'amende arbitraire (2) », enfin Louis XIV institue une sorte de prime pour ceux qui mettent le plus d'empressement à lui obéir. Il sera payé à tous les garçons qui se marient à l'âge de vingt ans et au-dessous, vingt livres, le jour de leurs noces (3).

Il est encore plus facile de pousser à la multiplication. Le pays, pour emprunter les propres expressions de Talon « est fécond en hommes français naturels ; les femmes y portent presque tous les ans. » En 1663, l'auteur d'un mémoire a déjà proposé que l'on établît des pensions pour ceux qui auraient un certain nombre d'enfants. En 1669, Louis XIV reprend l'idée pour son compte. Un arrêt du conseil est donné en faveur des habitants qui auront dix et douze enfants vivants, « non prêtres, religieux et religieuses ». Pour dix c'est trois cents livres de pension, pour douze c'est quatre cents (4). Sans compter qu'avec son argent le roi distribue des honneurs. Lorsqu'il s'agira de choisir les habitants qui prendront soin des affaires de chaque bourgade et qui, de ce fait, auront le pas sur les autres, le roi recommande que l'on préfère toujours les chefs des familles les plus nombreuses (5). En 1670, le roi dépense six mille livres en pensions et en cadeaux de noces (6).

De cette semence que l'on a dépensée avec tant de parcimo-

(1) Arrêt du Conseil, 3 avril 1669. *Arch. col.* Canada, registre des ordres du Roy, 1663-1669, fol. 112. — Corr. gén., 3, 1603-1672, fol. 26.

(2) *Jugements et délibérations du Conseil souverain*, t. I, pp. 38-39.

(3) Arrêt du 20 octobre 1670. *Jugements et délibérations du Conseil souverain*, t. I, pp. 638-639. — On voit ailleurs à quel âge Colbert voudrait les marier : « Il faut autant qu'il se pourra procurer les mariages des garçons à l'âge de dix-huit à dix-neuf ans et des filles à quatorze et quinze ans. » — Instruction pour le sieur Bouteroue s'en allant intendant... en Canada, 5 avril 1668 (de la main de Monseigneur). *Arch. col.* Canada, registre des ordres du roy, 1663-1669, fol. 86.

(4) Arrêt du Conseil, 3 avril 1669. *Arch. col.* Canada, registre des ordres du Roy, 1663-1669, fol. 112.

(5) *Id.* loc. cit.

(6) Estat des gratifications que le Roy a accordées aux troupes et aux Français habitués pour l'année 1670. *Arch. col.* Canada, registre des expéditions, 1670, fol. 27.

nie, mais dont on attend une si belle moisson, il faut perdre le moins possible. Aucun habitant, ancien ou nouveau, ne pourra repasser en France, sans donner de bonnes raisons, sans obtenir un congé du gouverneur et de l'intendant. Pourtant gouverneur et intendant se gardent d'avouer qu'en mettant le pied au Canada on s'expose à n'en plus pouvoir sortir. Dans une lettre à Colbert, Talon explique très bien ce qui fut pratiqué au sujet des retours en France jusqu'à la fin de la domination française. « Je dois en cet endroit vous demander, monseigneur, un ordre général ou un règlement du roi sur le retour en France de ceux qui demandent d'y repasser pour y traiter de leurs affaires. Comme il y a de l'inconvénient à l'accorder à tous, il est malaisé de le refuser sans blesser les intérêts de la colonie, il faut sur cela trouver un tempérament. Mon sentiment seroit que, ceux qui ont famille et une habitation formée, on l'accordât sans peine au chef, homme ou femme, son habitation et sa famille l'engageant suffisamment à en revenir ; pour les hommes qui ne tiennent au pays que par leur héritage, rendre l'héritage garant du retour, en prenant la précaution de déclarer les ventes nulles si elles ne sont approuvées ; et pour ceux qui n'y sont qu'engagés ou qui sortent de leur engagement de trois ans leur donner la liberté de retourner, en remboursant les frais de leur passage pour être employé au passage d'un autre, afin, par cette liberté générale, de ne pas rebuter ceux qui y voudroient passer, s'ils n'en estoient divertis par la pensée qu'on leur inspire qu'on n'en sort jamais quand on y est une fois (1) ». Talon reçoit de Colbert une approbation sans réserve (2).

Ne pas en conclure cependant qu'on soit devenu moins difficile dans le choix des habitants et que l'on renonce à cette sage coutume d'éliminer les mauvais éléments. De gré ou de force, on renvoie toujours les garnements (3) et les femmes de mœurs

(1) Talon à Colbert, 2 novembre 1671. *Arch. col.* Canada, corr. gén., 3, 1668-1672, fol. 172.
(2) Colbert à Talon, 4 juin 1672. *Arch. col.* Canada, registre des depesches, 1672, fol. 62.
(3) Arrêt du Conseil souverain du 15 octobre 1663 : « Sur ce qui a esté remontré par le procureur général du Roy que (parmi les passagers venus de France)... il y a plusieurs personnes inutiles au travail et défrichement

légères. On se débarrasse également de tous ceux que l'âge ou les infirmités rendent impropres au travail (1). On ne supporte pas mieux les opposants. Tracy, en 1667, ordonne à un officier de Carignan, M. de la Fredière, de monter sur le dernier navire (2). Un peu plus tard, Talon qui veut aussi user de ce procédé expéditif, mais qui tient à se mettre en règle, obtient une lettre du roi « pour lui permettre de faire repasser en France ceux qui ne concourraient point au bien du service » (3).

des terres, tant à cause de leur vieillesse, infirmités naturelles, maladies, qu'à cause de leurs sévices et mauvais déportements..... telles personnes seront renvoyées en France le plus tôt que faire se pourra et leurs passages payés des deniers publics. Et pour en faire la recherche et examen, commis le procureur général, lequel pour cet effet prendra soin de leur obtenir sauf-conduit de M. le Gouverneur. » *Jugements et délibérations du Conseil souverain*, t. I, pp. 18-19.

(1) Arrêt du 20 août 1664. *Jugements et délibérations du Conseil souverain*, t. I, p. 243.

(2) Ordre de Tracy, 27 août 1667. *Arch. col. Canada*, Mémoires, 1556-1669, t. I, fol. 315. — Il y a au folio suivant une protestation du colonel de Salières du 1ᵉʳ septembre de la même année.

(3) Talon à Colbert, 27 octobre 1667. *Arch. col. Canada*, corr. gén., 2, 1663-1667, fol. 322. — Lettre du Roy à M. Talon du 15 mai 1669. *Arch. col. Canada*, Mémoires, t. I, 1556-1669, fol. 393.

CHAPITRE III

L'ÉTABLISSEMENT DES COLONS

Le [roi] prend aussi à sa charge l'établissement des colons. — Secours donnés aux nouveaux habitants. — Pour encourager le zèle des seigneurs. — La distribution des terres — Expropriation partielle des anciens concessionnaires — Point de modification importante au régime des terres. — Obligations des seigneurs précisées — L'étendue des seigneuries. — Ordre de concentrer les établissements sur le Saint-Laurent moyen. — Impossibilité de créer des villages. — Les côtes — Nouvelles seigneuries. — Le territoire ouvert à la colonisation par Talon. — Etat du peuplement dans ce territoire. — Nouvelle tentative pour convertir et franciser les sauvages.

Il reste une charge dernière à imposer au trésor, et qui sera autrement lourde que les frais de la levée et du passage. Mais la dépense est tout à fait de première nécessité. Faute de s'y résigner immédiatement, on risque de rendre inutiles toutes celles auxquelles on a déjà consenti. Amener les émigrants sur le terrain, et leur signifier qu'ils aient à se tirer d'affaire tout seuls, c'est les livrer au froid, à la misère, à leur inexpérience, et, dans la plupart des cas, les condamner à l'impuissance et au découragement. Louis XIV le sait. Tant que les nouveaux venus n'auront pas mis leur concession en état de fournir le pain quotidien, il pourvoira à leurs besoins. A la rigueur, il eût été en droit de distinguer entre eux, de refuser son secours à l'engagé qui a fait son temps, et a dû emporter de la maison de son maître, avec la pratique des choses canadiennes, quelques économies. Il n'en fera rien. Celui-là, aussi, aura sa part de ses libéralités.

Le moins que l'on puisse faire pour les colons et leurs familles, c'est de leur distribuer des hardes (1), des instruments de travail (2) et la subsistance de la première année (3), ou, ce qui est beaucoup plus rare, l'équivalent en argent (4). Mais, le plus souvent, les douze mois révolus, il faudra renouveler le subside. C'est ainsi qu'en 1670 Talon n'hésite pas à réclamer une seconde année de vivres pour les soldats des six dernières compagnies, qui sont en train de s'établir, et même une troisième pour ceux des quatre compagnies établies depuis 1669 (5). En somme le roi est décidé, pour assurer le succès aux plus grands sacrifices. « Sa Majesté prétend faire la dépense entière pour former le commencement des habita-

(1) Arrêt du 10 octobre 1663. *Jugements et délibérations du Conseil souverain*, t. I, pp. 18-19. — « Je leur ai fait l'avance de cinquante livres... en couvertes de lict, en ustanciles et en denrées. » Addition au mémoire de Talon, 1670. *Arch. col.* Canada, corr. gén., 1668-1672, fol. 78.

(2) Projet de règlement fait par MM. de Tracy et Talon sur... la distribution des terres..., 24 janvier 1667. *Arch. col.* Canada, corr. gén., 2, 1663-1667, fol. 334.

(3) « On a donné à chacun des soldats (les quatre cents premiers soldats établis en 1668) cent francs ou cinquante livres avec les vivres d'une année à son choix, et cinquante escus au sergent ou cent francs avec les vivres d'une année aussi à son choix. » *Relat. des Jésuites*, 1668, p. 3. — « Des trois cents hommes dont estoient composées les quatre compagnies... il y en a déjà cent qui en sont sortis pour se lier au pays par l'habitation et par le mariage. J'ai donné à chacun d'eux, pour faciliter leur établissement, cinquante livres et pour une année de vivres. » Patoulet à Colbert, 11 novembre 1669. *Arch. col.* Canada, corr. gén., 3, fol. 63.

(4) Talon déconseille de faire des distributions d'argent et il donne ses raisons : « Sur cet article, je dois faire observer que si on transportait icy tout l'argent que le Roy ordonne pour le Canada et qu'on s'en servit en espèce, non seulement on n'accommoderait pas ce pays, mais on dépenserait le double. Cette pratique à convertir l'argent du Roy en denrées propres à la nourriture ou vestemens, fourniture d'ustanciles et aux établissements des soldats, des filles qui se marient et des nouvelles familles qui passent icy n'est pas agréable aux marchands qui voudraient que tout se prît chez eux, bon ou mauvais, et à si haut prix qu'il faudrait doubler la dépense. » Talon à Colbert, 10 novembre 1670. *Arch. col.* Canada, corr. gén., 3, 1668-1672, fol. 77.

(5) Talon. Addition au présent mémoire au Roy, 1670. *Arch. col.* Canada, corr. gén., 3, 1668-1672, fol. 98.

tions (1). » Tantôt on délivrera aux colons des terres défrichées et même ensemencées (2). Tantôt on ira jusqu'à leur payer « l'abatis, la culture et semence de deux arpents » (3), Ce qui revient à quarante livres par arpent (4). Parfois même, et, c'est le cas des soldats des six dernières compagnies de Carignan, on leur fait présent de petites maisons (5). Mais même alors, Talon n'ose pas abandonner à eux-mêmes ceux des colons qui n'ont pas fait, en qualité d'engagés, l'apprentissage de la nouvelle vie et du travail nouveau. Il sait que, dans la circonstance, toutes les libéralités du roi ne sauraient suppléer au défaut d'expérience. Ces novices ont à se mettre à l'école de ceux qui les ont précédés sur ce sol, sans quoi ils risquent de ne pas savoir comment s'y prendre (6). Et Talon se préoccupe de leur donner des instructeurs. En 1666, dans les villages et hameaux qu'il prépare dans la banlieue de Québec, il réserve un certain nombre de concessions pour « des vieux hyvernants capables d'informer les chefs de famille nouvellement venus... de la manière de cultiver plus utilement la terre » (7). En 1667, il mélange les soldats et les anciens habitants, et annonce qu'il procédera toujours de même (8).

(1) Projet de règlement fait par MM. de Tracy et Talon sur... la distribution des terres, 24 janvier 1667. *Arch. col.* Canada, corr. gén., 2, 1663-1667, fol. 234.

(2) *Relat. des Jésuites*, 1666 et 1667, p. 4. — Talon à Colbert, 10 novembre 1670. *Arch. col.* Canada, corr. gén., 3, 1668-1672, fol. 77.

(3) Projet de règlement fait par MM. de Tracy et Talon sur... la distribution des terres, 24 janvier 1667. *Arch. col.* Canada, corr. gén., 2, 1663-1667, fol. 234.

(4) Mémoire sur le Canada, par Talon, 1673. *Arch. col.* Canada, corr. gén., 1, 1672-1678, fol. 32.

(5) Talon à Colbert, 10 novembre 1670. *Arch. col.* Canada, corr. gén., 3, 1668-1672, fol. 77.

(6) « Ce serait une très mauvaise conduite que de mettre en arrivant les hommes que l'on envoye en pleine liberté et leur donner des terres à défricher. Il arriverait souvent, si on leur faisait des avances, qu'elles seraient dissipées auparavant qu'ils eussent regardé comment ils s'y prendraient. » Lettre de Villeray à Colbert, au nom du Conseil souverain. 28 juin 1664. *Jugements et délibérations du Conseil souverain*, t. I, pp. 203-206.

(7) Projet de règlement fait par MM. de Tracy et Talon sur la justice et la distribution des terres du Canada du 24 janvier 1667. *Arch. col.* Canada, corr. gén., 2, 1663-1667, fol. 234.

(8) Talon à Colbert, 27 octobre 1667. *Arch. col.* Canada, corr. gén., 2, 1663-1667, fol. 306.

Tout cela coûte très cher. On conçoit que Talon et Tracy aient cherché à faire rentrer le roi dans une partie de ses dépenses. Voici ce qu'ils imaginent pour obtenir des colons un remboursement qui ne leur soit pas trop onéreux. Au bout de trois ou quatre ans, c'est-à-dire lorsque l'émigrant sera tiré d'affaire, ils exigeront de lui qu'il rende au roi deux arpents désertés et ensemencés. Ils sont destinés aux nouveaux arrivés qui, dès le premier jour, y trouveront leur subsistance, et qui, à leur tour, de la même façon et dans le même délai, auront à payer leur dette (1). Rien de plus ingénieux.

La munificence royale ne s'exerce pas seulement vis-à-vis des pauvres gens. Le roi veut aussi favoriser l'établissement des personnes de qualité (2). Cela se comprend pour les officiers. On a évidemment intérêt à les garder dans la vie civile à la tête de leurs soldats qui deviennent habitants. On s'explique qu'ils figurent pour un chiffre important dans les états de gratifications. C'est ainsi qu'en 1670, il y a 1.640 livres pour deux capitaines et trois lieutenants qui sont déjà établis, 6.000 livres pour quatre capitaines, quatre lieutenants et quatre enseignes qui sont en train de s'établir, 6.000 encore pour les officiers qui passent cette année et qui ont promis de les imiter (3). Par surcroît, l'on saisit toutes les occasions de leur venir en aide : 1.200 livres à Berthier qui, en abjurant le calvinisme, a perdu tout espoir d'être soutenu par les siens (4); 300 livres à Chambly qui n'a pas de quoi construire un moulin (5). Sans compter que

---

(1) Projet de règlement fait par MM. de Tracy et Talon... sur la distribution des terres... 27 janvier 1668. *Arch. col.* Canada, corr. gén., 2, 1663-1667, fol. 334. — Talon dit ailleurs que lorsqu'il distribue des graines de chanvre, il a pour principe de faire rendre semence pour semence. Talon à Colbert, 21 octobre 1667. *Arch. col.* Canada, corr. gén., 2, 1663-1667, fol. 366.

(2) Nous disons personnes de qualité et non nobles. Il y a très peu de nobles au Canada. La plupart des officiers de Carignan en sont encore à solliciter leurs lettres de noblesse.

(3) Estat des gratifications que le Roi a accordées aux troupes et aux François habitués au Canada pour l'année 1670. *Arch. col.* Canada, registre des expéditions, 1670, fol. 27.

(4) Colbert à Talon, 5 avril 1666. *Arch. col.* Canada, corr. gén., 2, 1663-1667, fol. 199.

(5) Estat des gratifications pour l'année 1670. *Arch. col.* Canada, registre des expéditions, 1670, fol. 27.

l'on dote leurs femmes, et celles qui viennent de France(1), et celles qui sont nées dans la colonie. Talon demande cinq ou six mille livres pour « sept ou huit filles des plus apparentées aux familles du Canada » qui doivent épouser des officiers (2). A la fin l'intendant fera plus encore. Pour réduire au minimum les chances d'insuccès des seigneurs militaires, il prend le parti de s'intéresser « en son nom » dans toutes leurs habitations (3). Quelques nobles qui ne sont pas au service participent encore, dans une proportion moindre, il est vrai, aux subsides royaux. En 1669, dix jeunes gentilshommes qui passent en Nouvelle-France sont portés pour 1.200 livres (4).

Il était naturel que Talon fît comme ceux qui l'avaient précédé dans la charge de coloniser la Nouvelle-France. Comme les Cent Associés il essaie d'obtenir la coopération de l'initiative privée. Il prie Colbert d'examiner dans quelles conditions il pourra concéder des terres à ceux qui voudront « faire dépense et emploi de leur soin à la culture du Canada en formant eux-mêmes des hameaux, des villages ou des bourgades » (5). Et il donne son avis. Pour gagner au roi ces précieux auxiliaires il ne suffira pas de concéder des fiefs ; il faudra distribuer des titres, faire largesse de chatellenies, de baronnies, de vicomtés (6). Louis XIV lui répond comme il convient. Il le met en tête de cette liste de grands vassaux. Jean Talon est baron des Islets en 1671 (7). En 1675, il sera comte d'Orsain-

(1) A deux damoiselles qui passent audit pays : chacune 600 livres. Estat de la depense que le Roy veut être faite..., 26 mars 1669. *Arch. col.* Canada, registre des ordres du Roy, 1663-1669, fol. 110.

(2) Talon à Colbert, 27 octobre 1667. *Arch. col.* Canada, corr. gén., 2, 1663-1667, fol. 306.

(3) « Il est bon de remarquer ici que les gratifications que le Roy a faites aux officiers pour leur donner moyen de s'installer ne suffisant pas, j'ay jugé à propos de m'intéresser, en mon nom, avec eux, dans toutes leurs habitations. » Talon, addition au présent mémoire au Roy, 1670. *Arch. col.* Canada, corr. gén., 3, 1668-1672, fol. 28.

(4) Estat de la depense que le Roy veut être faite..., 26 mars 1669. *Arch. col.* Canada, registre des ordres du Roy, 1663-1669, fol. 110.

(5) Projet de règlement fait par MM. de Tracy et Talon sur la justice et la distribution des terres du 24 janvier 1667. *Arch. col.* Canada, corr. gén., 2, 1663-1667, fol. 331.

(6) Talon à Colbert, 27 octobre 1667. *Arch. col.* Canada, corr. gén., 2, 1663-1667, fol. 306.

(7) Colbert à Talon. *Arch. col.* Canada, registre des depesches, 1671, fol. 22.

ville (1). Un instant, on peut espérer que l'on va trouver les seigneurs dont on a besoin. En 1671, cinq gentilshommes débarquent et l'on parle d'un officier aux gardes qui a du bien, et qui veut acheter une terre en Amérique (2). Un commissaire général de l'artillerie, François Berthelot, a déjà acquis la moitié de l'île d'Orléans et il a fourni de quoi préparer une belle seigneurie (3). L'intendant se hâte de triompher. « Si les gens de cette qualité prennent aisément cette route, bientôt le Canada se peuplera de personnes capables de le soutenir (4). » Nous verrons que c'était triompher trop tôt. L'avant-garde ne sera pas suivie de l'armée qu'elle annonce. Même, en partie, elle se replie.

Pour la distribution des terres Louis XIV donne à Talon pleins pouvoirs. L'intendant n'a pas à tenir compte des droits du propriétaire qui est la compagnie des Indes Occidentales, pas même à obtenir l'agrément du représentant officiel du roi qui est le gouverneur (5). Il ira jusqu'à se substituer au Conseil souverain dans une de ses attributions essentielles qui est de faire des règlements généraux de police pour le bien et la conservation de la colonie, voire, à la fin, dans son attribution essentielle qui est de juger. Sans doute, il y a des résistances : on relève à chaque pas des protestations. La compagnie se plaint en 1669 « de ce que les grandes terres et seigneuries ont été concédées, depuis deux ans, sans sa participation » (6). Quant aux doléances du gouverneur, Frontenac qui

---

(1) L'enregistrement au Conseil souverain est du 23 septembre 1675. *Jugements et délibérations du Conseil souverain*, t. I, p. 995.

(2) Talon à Colbert, 2 novembre 1671. *Arch. col.* Canada, corr. gén., 3, 1668-1672, fol. 172.

(3) Talon à Colbert, 10 novembre 1670. *Arch. col.* Canada, corr. gén., 3, 1668-1672, fol. 77. — On voit aussi dans cette lettre que d'autres personnes envoient à Talon des sommes moindres dans les mêmes intentions.

(4) Talon à Colbert, 2 novembre 1671. *Arch. col.* Canada, corr. gén., 3, 1668-1672, fol. 172.

(5) On ne trouve qu'une concession de seigneurie faite par M. de Courcelles. C'est celle du fief de Normanville, le 10 juillet 1670. *Arch. col.* Canada, *Fois et Hommages*, t. I, hommage 50. — A remarquer qu'à cette date Talon n'a pas encore repris possession de l'intendance. Il ne débarque à Québec que cinq semaines plus tard, le 18 août.

(6) Estat du Canada en général, 1669. *Arch. col.* Canada, corr. gén., 3, 1668-1672, fol 37. — Il n'y a de concessions au nom de la compagnie des

a eu grand'peine à supporter, pendant quelques mois, la supériorité de Talon et qui désirerait fort qu'on ne lui donnât pas de successeur, les présente avec vivacité à Colbert (1). Mais l'intendant n'a jamais outrepassé ses instructions et, de jour en jour, il gagne en crédit à Versailles. Lorsque Talon revient en 1669, le roi spécifie dans ses pouvoirs d'intendant (2) qu'il aura le droit, en attendant la confirmation royale, de distribuer, par provision, les terres aux anciens et aux nouveaux habitants.

Talon a une première difficulté à vaincre : trouver des terres pour les colons. Certes elles ne manquent pas dans cette Nouvelle-France qui n'a pas trois mille habitants en 1666. Mais le roi ordonne de peupler, de proche en proche, en partant des établissements déjà formés ; et, comme il est impossible de s'éloigner de la seule grande route que la nature a tracée à travers le pays, c'est-à-dire du Saint-Laurent, la région colonisable se trouve réduite à la double bande littorale qui s'étend du saut Saint-Louis au cap Tourmente.

Dans ces conditions on comprend qu'il ne reste plus à distribuer beaucoup de terres « commodément situées (3) ». Les Cent Associés en ont disposé avec une incroyable prodigalité. C'est ainsi que M. de Lauson possède, pour ainsi dire, toute la rive droite du fleuve. Même aux environs de Québec, où le gaspillage a été moindre, les seigneurs de Beauport, de Notre-Dame-des-Anges, de la côte de Beaupré et de l'île d'Orléans accaparent tout ce qui est au bord de l'eau, tout ce qui est immédiatement accessible. D'où la nécessité de procéder à une expropriation. On n'a point à y mettre trop de scrupule. Avec la raison d'intérêt public, on a un grief légitime à faire valoir

Indes Occidentales qu'après le départ de Talon, en 1673 ; concession à François Divin, du 15 novembre 1673, et à Daulier-Duparc, du 23 décembre 1673, la Rivière du Loup et Madoueska. *Arch. col. Canada, Fois et Hommages*, t. I, hommage 12.

(1) Frontenac à Colbert, 2 novembre 1672. *Arch. col. Canada, corr. gén.*, 3, 1668-1672, fol. 233.

(2) Pouvoir d'intendant pour M. Talon, 10 mai 1669. *Arch. col. Canada, registre des ordres du Roy*, 1663-1669, fol. 125.

(3) Projet de règlement fait par MM. de Tracy et Talon sur la distribution des terres... 24 janvier 1667 *Arch. col. Canada, corr. gén.*, 2, 1663-1667, fol. 333.

contre la plupart des possesseurs actuels. N'ont-ils pas, au mépris d'engagements catégoriques, laissé une grande partie de leurs domaines en bois debout? Le roi n'hésite pas. A peine a-t-il repris le Canada aux Cent Associés que, par un arrêt rendu en son Conseil d'État le 21 mars 1663, il met les habitants en demeure de défricher leurs concessions, dans les six mois. Ce délai expiré, tout ce qui restera en friche sera remis au domaine et distribué à nouveau (1). A Québec on trouve moyen de gagner du temps. Ce n'est que dix-huit mois plus tard que le gouverneur Mézy demande au Conseil souverain l'enregistrement de l'arrêt (2). Bien mieux, lorsque Talon débarque en 1665, l'arrêt reste toujours à l'état de lettre morte. Et ce n'est pas seulement parce qu'on n'ose passer outre à la résistance des principaux intéressés. Ceux qui portent la responsabilité d'avoir désobéi à la volonté royale, devenue la loi, ont une excuse assez sérieuse. On ne peut vraiment agir à l'aveuglette. Avant de confisquer des terres il faut déterminer au juste quelle est l'étendue des terres concédées, quelle est l'étendue des terres mises en valeur. Tracy et Talon proposent alors la confection d'un papier terrier (3). Elle est confiée au lieutenant général civil et criminel, M. Chartier. Celui-ci a terminé son œuvre en 1669 (4). On n'en vient pas davantage à

(1) Arrêt du Conseil d'État qui ordonne que les habitants du Canada feront défricher les terres de leur concession, sinon révoque les concessions à eux faites, 21 mars 1663. *Arch. col.* Canada, corr. gén., 2, 1663-1667, fol. 8.

(2) *Jugements et délibérations du Conseil souverain*, 26 août 1664, t. I, pp. 251-252.

(3) « Qu'il soit faite une ordonnance qui enjoigne à tous habitants et à tous étrangers... de déclarer ce qu'ils possèdent, soit en fief d'hommage-lige, soit d'hommage simple, arrière-fief ou roture, par dénombrement et aveu... Par là, il sera connu ce qu'on prétend avoir été distribué de terre en Canada, ce qui en a été travaillé et mis en valeur, ce qui en reste à distribuer de celles qui sont commodément situées, si les concessionnaires ont satisfait aux clauses mises dans leur contrat et surtout s'ils n'ont pas empêché ou retardé par leur négligence l'établissement du Canada. » — Sur la distribution des terres du Canada et des concessions faites et à faire avec leurs clauses. — Projet de règlement fait par MM. de Tracy et Talon sur la distribution des terres du Canada, 24 janvier 1667. *Arch. col.* Canada, corr. gén., 2. 1663-1667, fol. 333.

(4) Estat du Canada en général, 1669. *Arch. col.* Canada, corr. gén, 3, 1668-1672, fol. 37. — Colbert à Talon (non daté, probablement de 1669).

l'exécution. C'est qu'en réalité le châtiment est trop sévère. Les habitants du Canada qui ne sont point venus à bout de la forêt méritent des circonstances atténuantes. Ils peuvent alléguer les Iroquois et le manque de bras. Si bien que Talon lui-même ne se résout pas à les déposséder.

Il se contente de « combattre leur lenteur » et de les menacer, et comme il ne se croit pas autorisé à appliquer un arrêt qu'il estime tombé en désuétude, il réclame un nouvel ordre de Sa Majesté (1). Il l'obtient en 1672.

Talon fera « une déclaration précise et exacte de la qualité des terres concédées aux principaux habitants dudit pays, du nombre d'arpents ou autres mesures usitées qu'elles contiennent sur le bord des rivières ou au-dedans des terres, et du nombre de personnes et de bestiaux propres à être employés à la culture et au défrichement d'icelles. En conséquence de laquelle déclaration la moitié des terres qui avaient été concédées auparavant les dix dernières années sera retranchée des concessions et donnée aux particuliers qui se présenteront pour les cultiver. » Et le roi prend ses précautions contre l'inertie des nouveaux possesseurs. S'ils n'achèvent pas le défrichement en quatre années, leur contrat deviendra caduc. Le roi n'a plus confiance en son Conseil souverain de Québec. Ses membres ont trop de parents, trop d'amis parmi ceux qu'il s'agit de déposséder. Le roi n'a confiance qu'en Talon. Il veut que les ordonnances qui seront faites par Talon soient

---

Il le prie de donner son avis sur les concessions et confirmations demandées par M. Chartier et lui demande « ce qu'il estime que l'on doive donner à M. Chartier pour la peine qu'il s'est donnée par le papier terrier. » *Arch. col.* Canada, corr. gén., 3, 1668-1672, fol. 54.

(1) « M. de Lauson part d'icy un peu mal satisfait de moy parce que je combats la lenteur de ceux auxquels M. son père a concédé de grandes et vastes étendues de terre... et que je menace de priver de possession les détenteurs qui, se contentant de profiter des pesches sans faire valoir les terres par la culture, gardent leurs contrats en poche, j'estime qu'il serait à propos que je reçoive un ordre du Roy sur ce sujet sur lequel il a esté par le passé donné un arrest qui n'a pas été exécuté et que cet ordre me commandât de retirer ces terres des mains de ceux qui s'en prétendent propriétaires et qui ne les travaillent pas ou que très-lentement pour les donner à d'autres de bonne volonté qui les feront incessamment valoir. » Talon à Colbert, 2 novembre 1671. *Arch. col.* Canada, corr. gén., 3, 1668-1672, fol. 172.

« exécutées selon leur forme et teneur souverainement, et en dernier ressort, comme jugement de cour supérieure ». Et il attribue à son intendant « toute cour, juridiction et connaissance » (1). Le Conseil souverain comprend qu'il n'y a qu'à se soumettre, et le plus vite possible. A peine l'arrêt lui est-il apporté qu'il l'enregistre (18 septembre) (2). Mais Talon est sur le point de prendre son congé définitif. Il n'a plus qu'une année à passer au Canada.

Il aura toutefois le temps de faire sa grande distribution de fiefs. Il y a longtemps, au reste, qu'elle est arrêtée dans son esprit, qu'il a fixé les emplacements des concessions, choisi les concessionnaires. Même, comme nous le verrons plus loin, et, notamment pour la région qui s'étend entre le Saint-Laurent et le cours inférieur du Richelieu, un certain nombre de futurs seigneurs ont eu confiance dans la parole de l'intendant et, sans attendre d'être en règle, ont fort avancé leurs établissements.

Dans le régime des terres rien de changé. Le roi a refusé qu'on lui constituât un domaine particulier aux dépens de la compagnie des Indes Occidentales. Celle-ci demeure propriétaire de toute la Nouvelle-France. Pour la répartition des terres elle procède absolument comme les Cent Associés. Sauf dans les villes de Québec et des Trois-Rivières et dans leurs banlieues, où elle délivre directement des censives, elle abandonne partout ce soin à des seigneurs. Rien de changé, non plus, dans la teneur des actes. Pour les possesseurs à tous les degrés, mêmes droits, mêmes redevances à acquitter que par le passé. C'est dire que les charges des colons restent aussi peu onéreuses que possible. Un seul amendement dans la rédaction. On y stipule, avec plus de netteté, les obligations du concessionnaire. Il est tenu de mettre en valeur son lot dans un délai donné, de laisser place pour les chemins et passages nécessaires, de réserver pour la marine les bois de chênes propres aux constructions navales, de donner avis de la découverte des mines (3).

(1) Arrest pour le retranchement des terres non défrichées du Canada, 4 juin 1672. *Arch. col.* Canada, corr. gén., 3, 1668-1672, fol. 213.
(2) *Jugements et délibérations du Conseil souverain*, t. I, pp. 692-694.
(3) « ...A la charge de tenir ou faire tenir feu et lieu sur ladite sei-

Sur un point seulement Talon innove, et l'innovation est des plus heureuses. Il ramène les concessions à des dimensions raisonnables. Leur taille moyenne sera désormais d'une lieue de front sur une lieue de profondeur. Telle est la superficie de Verchères (1), de Vincelotte (2), de l'Assomption 3). On la doublera pour les gros personnages, pour les capitaines La Durantaye (4), Berthier (5), Laubia (6), Chambly (7). Encore ces deux derniers ont-ils droit à une compensation pour avoir été relégués, l'un sur les bords du lac Saint-Pierre, l'autre en grand'-garde du côté de l'Iroquois. Pour rétablir l'équilibre Talon traitera beaucoup moins bien le seigneur de Bellevue (8) qui n'a qu'une demi-lieue sur une lieue, celui de Varennes (9) qui n'a que vingt-huit arpents sur une lieue, enfin celui de Sainte-Marie (10) qui n'a que trois quarts de lieue sur une demi-lieue.

Talon fait une grande distribution de seigneuries en 1672. La voici, en remontant le Saint-Laurent.

gneurie, et qu'il sera stipulé dans les contrats à faire à ses tenanciers qu'ils seront tenus de résider dans l'an et tenir feu et lieu sur leurs concessions et qu'à faute de ce faire, il rentrera de plein droit en possession desdites terres, que le sieur de Verchères conservera les bois de chesne propres à la construction des vaisseaux et fera la reserve dudit chesne dans l'étendue des concessions particulières, qu'il donnera avis au roi ou à la Compagnie des Indes occidentales des minerais ou mineraux... » Concession au sieur de Verchères du 29 octobre 1672. *Arch. col. Canada, Fois et Hommages*, t. I, hommage 2, p. 4.

(1) *Arch. col.* Canada, *Fois et Hommages*, t. I, hommage 2.
(2) *Id.*, hommage 3.
(3) *Id.*, hommage 16.
(4) *Id.*, hommage 91.
(5) *Id.*, hommage 89.
(6) *Id.*, hommage 11.
(7) *Id.*, hommage 52.
(8) *Id.*, hommage 5.
(9) *Id.*, hommage 61.
(10) *Id.*, hommage 26.

1. — *Région de Montréal.*

Rive gauche :
Depuis le confluent de l'Ottawa jusqu'à celui de la rivière des Prairies, dans l'archipel de Montréal :
- L'île Perrot (1) à M. Perrot, neveu de Talon, ancien capitaine au régiment d'Auvergne, gouverneur de Montréal.
- L'île de Sainte-Hélène (2).

Depuis le confluent de la rivière des Prairies jusqu'au lac Saint-Pierre :
- L'Assomption (3).
- L'île Bouchard (4) à Robineau.
- La Valtrie (5) à la Valtrie, lieutenant de Carignan.

Rive droite :
En face de Montréal :
- Augmentation de Longueil (6).
- Tremblay (7).
- Boucherville ou les Iles Percées (8) à Pierre Boucher, gouverneur des Trois-Rivières.
- Varennes (9) à Varennes, gendre du précédent, lieutenant de Carignan.

---

(1) *Arch. col.* Canada, *Fois et Hommages*, t. II, hommage 87.
(2) *Id.*, t. I, hommage 61.
(3) *Id.*, hommage 46.
(4) *Id.*, hommage 35.
(5) *Id.*, hommage 46.
(6) *Id.*, hommage 39.
(7) Liste de M. Rameau, *La France aux colonies*, 2ᵉ partie, p. 286.
(8) *Arch. col.* Canada, *Fois et Hommages*, tome I, hommage 55.
(9) *Id.*, hommage 64.

Du cap de la Trinité au lac Saint-Pierre.
- Cap de la Trinité (1).
- Guillaudière (2).
- Verchères (3) à Jarret de Verchères, enseigne de Carignan.
- Bellevue (4) à Denis de Vitré.
- Contrecœur au capitaine Contrecœur (5).
- Saint-Ours au capitaine Saint-Ours (6).
- Sorel au capitaine Sorel (7).

Dans l'intérieur des terres à cheval sur la rivière Richelieu, Chambly (8) à Chambly, capitaine de Carignan.

II. — *Autour du lac Saint-Pierre.*

Rive gauche :
- Ile Du Pas (9), Chicot (10).
- Maskinongé (11) à Pierre et Jean-Baptiste Legardeur.
- Grosbois ou Yamachiche (12) à Pierre Boucher.
- Gatineau (13) à un fils de Pierre Boucher.

---

(1) *Id.*, hommage 8.
(2) Liste de M. Rameau, *loc. cit.*
(3) *Arch. col.* Canada, *Fois et Hommages*, t. I, hommage 2.
(4) *Id.*, hommage 5.
(5) Liste de M. Rameau, *loc. cit.*
(6) *Arch. col.* Canada, *Fois et Hommages*, t. I, hommage 44.
(7) *Id.*, t. II, hommage 72.
(8) *Id.*, t. I, hommage 52.
(9) *Id.*, t. II, hommage 85.
(10) *Id.*, t. I, hommage 57.
(11) *Id.*, t. II, hommage 84.
(12) *Id.*, t. I, hommage 43.
(13) *Id.*, hommage 27.

Rive droite :
- Lussaudière (1).
- Fief de Laubia (2), qui prendra plus tard le nom de Cressé, à M. de Laubia, capitaine au régiment de Broglia.
- Ile Moras (3).

III. — *Du lac Saint-Pierre à Québec.*

Rive gauche :
- Marsolet (4).
- Sainte-Marie (5) à Lemoine.
- Sainte-Anne de la Perade (6).
- Dorvilliers (7).
- Tesserie (8).
- La Chevrotière (9).
- Belair ou les Écureuils (10).

Rive droite :
- Lotbinière (11).
- Maranda (12).
- Villieu (13), plus tard Tilly.

---

(1) Liste de M. Rameau, *loc. cit.*
(2) *Arch. col. Canada, Fois et Hommages*, t. I, hommage 11.
(3) *Id.*, t. II, hommage 93.
(4) *Id.*, hommage 88.
(5) *Id.*, t. I, hommage 26.
(6) *Id.*, hommage 25.
(7) *Id.*, hommage 20.
(8) Liste de M. Rameau, *loc. cit.*
(9) *Arch. col. Canada, Fois et Hommages*, t. II, hommage 81.
(10) *Id.*, t. I, hommage 23.
(11) *Id.*, t. II, hommage 88.
(12) Liste de M. Rameau, *loc. cit.*
(13) *Arch. col. Canada, Fois et Hommages*, t. I, hommage 66.

IV. — *De Québec à l'embouchure du Saint-Laurent.*

Rive gauche :
: Aucune concession nouvelle hormis la baronnie (1) des Islets qui est à Talon. Dans cette direction la seigneurie de la côte de Beaupré termine toujours la colonie.

Rive droite :
: Beaumont (2).
  Bellechasse (3) au capitaine Berthier.
  La Durantaye (4) au capitaine Morel de la Durantaye.
  Saint-Joseph de la Pointe-au-Foin (5).
  Vincelot ou Vincelotte (6) à Amyot.
  L'Islet (7).
  Sainte-Anne ou la Pocatière (8).
  La Rivière Ouelle ou la Bouteillerie (9) à M. de la Bouteillerie, officier de Carignan.
  L'Islet du Portage (10).

Sur ce territoire que Talon a ouvert à la colonisation, où en est la colonisation lorsque Talon s'en va? L'intendant a suivi d'abord, avec une fidélité scrupuleuse, les instructions qui lui

---

(1) Liste de M. Rameau, *loc. cit.*
(2) *Arch. col.* Canada, *Fois et Hommages*, t. I, hommage 17.
(3) *Id.*, t. II, hommage 89.
(4) *Id.*, hommage 91.
(5) *Id.*, t. I, hommage 22.
(6) *Id.*, hommage 3.
(7) *Id.*, hommage 21.
(8) *Id.*, hommage 31.
(9) *Id.*, t. II, hommage 110.
(10) *Id.*, hommage 102.

ordonnent de peupler de proche en proche. Il a travaillé uniquement à renforcer les centres déjà établis. Défense aux nouveaux venus de s'écarter. Les recensements de 1665-1666 et de 1667 ne font pas mention des lieux habités autres que les trois villes et autour de chacune des banlieues plus ou moins étendues (1). Le groupe de Québec a 2.315 habitants en 1665-1666, 2.583 en 1667. Pour la même période celui de Montréal passe de 625 à 760; celui des Trois-Rivières de 455 habitants à 575.

Après 1667, et jusqu'en 1681, la statistique officielle ne nous fournit plus que le chiffre en bloc de la population. Mais nous trouvons ailleurs la preuve que la population commence à se répandre en dehors des étroites limites qui lui avaient été primitivement fixées, et à peupler les nouvelles seigneuries. C'est le père François Lemercier qui, en 1668, avec une joie enthousiaste, annonce à l'ancienne France les progrès de la Nouvelle. « Il fait beau voir à présent presque tous les rivages de nostre fleuve Saint-Laurent habités de nouvelles colonies qui vont s'estendant sur plus de quatre-vingt lieues de païs le long des bords de cette grande rivière où l'on voit naître, d'espace en espace, de nouvelles bourgades qui facilitent la navigation, la rendant et plus agréable par la vue de quantité de maisons et plus commode par de fréquents lieux de repos (2). » Même témoignage dans un mémoire de 1669 (3). Un mémoire de 1671

---

(1) Localités mentionnées autour de Québec au recensement de 1665-1666 : Beaupré, Beauport, Isle d'Orléans ; côtes Saint-Jean, Saint-François, Saint-Michel ; Sillery, Notre-Dame-des-Anges, rivière Saint-Charles, Charlesbourg; — en plus au recensement de 1667 : côte Sainte-Geneviève, cap Rouge, côte Saint-Ignace. — Autour des Trois-Rivières : cap de la Madeleine, la Touche, Champlain (recensement de 1667). — Pour le groupe de Montréal il y a dans les deux recensements cette simple mention : Montréal et ses environs. — Voici les chiffres pour 1667 : Québec, 448; Beaupré, 667; Beauport, 186; Isle d'Orléans, 126 ; côtes Sainte-Geneviève, Saint-François, Saint-Michel, 187; Sillery, 56 ; cap Rouge, 162; côte Saint-Ignace, 50 ; Notre-Dame-des-Anges, rivière Saint-Charles, Charlesbourg, 291 ; Lauson, 111. — Trois-Rivières, 213 ; cap de la Madeleine, la Touche, Champlain, 362. — Montréal et ses environs, 760. Total, 3.918. *Censuses of Canada*, vol. IV, pp. 2 et 6.

(2) *Relat. des Jésuites*, 1668, p. 2.

(3) Estat du Canada en général, 1669. *Arch. col.* Canada, corr. gén , 3, 1668-1672, fol. 37.

nous renseigne avec plus de précision. A cette date, la colonie s'étend de la Chine que vient de fonder Cavelier de la Salle, à trois lieues en amont de Montréal, au cap Tourmente, à dix lieues en avant de Québec (1).

Il va sans dire que, sur cette ligne de près de cent lieues, tout n'est point aux mains des colons. Entre les Trois-Rivières et Québec il reste des espaces « de quatre à cinq lieues où il n'y a encore personne d'establv de pas un costé de la rivière (2). » Naturellement aussi, ces bourgades dont le père Lemercier salue la naissance, avec tant d'enthousiasme, se réduisent, la plupart du temps, à fort peu de chose. Mais l'important, c'est que la prise de possession est définitive, que la mise en valeur est commencée, qu'elle ne s'interrompra plus. Au surplus, ces réserves ne s'appliquent pas également à toutes les nouvelles seigneuries. Il est au moins une région où les progrès du peuplement sont considérables. C'est la région de Montréal. Les Montréalistes osent enfin sortir des retranchements de Villemarie. En 1671, ils ont occupé, sur un front de huit lieues, la côte sud de leur île. La côte sud, c'est la rive gauche du fleuve. En face, sur la rive droite, hier encore, toute en bois debout, la transformation est complète. C'est là, dans la péninsule triangulaire que forme la rencontre du Saint-Laurent et du Richelieu, que se porte le principal effort de la colonisation militaire. Les capitaines Sorel, Contrecœur, Saint-Ours, Chambly, le lieutenant Varennes, l'enseigne Verchères y ont reçu leurs concessions. Lemoine et Boucher sont au milieu d'eux. Mais il faut placer les fiefs dans l'ordre où ils s'échelonnent de l'ouest à l'est : Longueil (3) qui est à Lemoine, Boucherville qui est à Boucher ; Varennes, Saint-Michel, Verchères, Bellevue, Contrecœur, Saint-Ours et Sorel. Quant à Chambly il est le premier sur la route de l'Iroquois et n'a de devanture que sur le Richelieu. Il est vrai qu'il peut rester à portée de secours, s'il entre-

(1) Description du Canada, 1671. *Arch. col.* Canada, corr. gén., 3, 1668-1672, fol. 192.

(2) *Id.*, loc. cit.

(3) La concession de Longueil à Lemoine date de 1657 (démembrement de la Citière), mais il reçoit un accroissement considérable de Talon en 1672. *Arch. col.* Canada, *Fois et Hommages*, t. I, hommage 39. — Faillon, *Histoire de la colonie française en Canada*, t. III, p. 350.

tient la route stratégique que M. de Courcelles a tracée de la rive droite du Saint-Laurent au fort Saint-Louis qui s'élève au cœur de sa concession (1). Sauf Pierre Boucher, qui n'aura sa liberté qu'après avoir passé son gouvernement des Trois-Rivières à son gendre Varennes, tous ces nouveaux seigneurs sont au travail depuis plusieurs années (2). Dès 1667, suivant l'expression du père Lemercier, « les forts de Richelieu voyent autour d'eux des campagnes défrichées couvertes de très beaux blés » (3). Au jugement de Frontenac, c'est Chambly qu'a le mieux réussi. En 1672, il a « la plus jolie habitation de la colonie (4) ».

Talon a reçu la colonie morcelée en trois tronçons qu'une incursion de sauvages ou un hiver un peu rude suffisent à maintenir, pendant des mois, dans un isolement plein de péril. Il en opère la jonction et achève ainsi de prendre possession de tous les rivages du Saint-Laurent qui sont accessibles directement aux vaisseaux de France. En même temps, il trouve moyen de mettre la colonie en état de se défendre. Pourtant il a bien peu de monde à distribuer sur ce front de quatre-vingts lieues. Il doit laisser bien des postes insuffisamment garnis. Mais qu'importe ! L'invasion n'a que deux routes, celle de mer qui aboutit à Québec, celle de terre qui aboutit à Montréal. Autour de Québec et de Montréal Talon a su grouper le gros des défenseurs.

Mais, du moment qu'il reste toujours à envisager l'hypothèse d'une reprise des hostilités avec les Iroquois, la prudence exige de pousser la concentration plus loin encore. Les Français d'Amérique ne seront jamais véritablement en sûreté tant qu'on les laissera s'éparpiller dans ces habitations dont les plus rapprochées s'espacent de deux arpents en deux arpents (5).

(1) Voir la carte des « Plans des forts faicts par le régiment Carignan Salières sur la rivière de Richelieu », à la page 12 de la *Rel. des Jésuites*, 1665.
(2) « Les establissements qui se font tant par les officiers, capitaines, lieutenants et enseignes qui se lient au pays par le mariage et se nantissent de belles concessions qu'ils font valoir, que par les soldats qui trouvent de bons partis et s'estendent partout. » *Relat. des Jésuites*, 1666-1667, p. 4.
(3) *Id.*, p. 3.
(4) Frontenac à Colbert, 2 novembre 1672. *Arch. col.* Canada, corr. gén., 3, 1668-1672, fol. 223.
(5) « La plupart (des habitations) ne sont pas comme celles de France en bourgs et villages, car les maisons estant situées d'ordinaire aux bords

Et le roi qui, par surcroît, a le tort de professer cette maxime qu'il faut, en toute chose, façonner la colonie à l'image de la métropole, ordonne, par l'arrêt du 21 mars 1663, que la population soit désormais groupée dans des bourgs et dans des bourgades (1). L'alarme est vive parmi les Canadiens. Vont-ils être contraints de perdre le fruit de tant de travaux, d'abandonner leurs habitations? M. de Mezy et l'évêque de Pétrée les rassurent. La mesure ne peut avoir d'effet rétroactif. Elle est applicable non aux concessions établies mais aux concessions à établir (2). Bientôt Talon essaie de les rassurer davantage en leur fournissant la preuve que l'arrêt est exécutable. En 1665, il annonce à Colbert qu'il va lui adresser le plan d'une première bourgade (3). En 1666, il est en train sur un territoire emprunté à la seigneurie de Notre-Dame-des-Anges, c'est-à-dire aux Jésuites, de former trois villages (4). En 1667, les trois villages sont peuplés, deux avec des familles, un avec des soldats (5). Trois autres

des rivières, elles sont basties de deux arpens en deux arpens, c'est-à-dire qu'il y a une maison à un endroit et qu'à deux arpens de là le long de la rivière il y en a encore une autre ». Description du Canada, 1671. *Arch. col.* Canada, corr. gén., 3, 1668-1672, fol. 191. — C'est évidemment le minimum de distance que l'on peut constater entre les habitations. D'après le témoignage de Frontenac, sur les côtes d'Orléans, de Beaupré et de Beauport « qui sont les plus habitées » les maisons sont de quatre en quatre arpents. Frontenac à Colbert, 2 novembre 1672 *Arch. col.* Canada, corr. gén., 3, 1668-1672, fol. 257.

(1) Arrest qui ordonne que les habitants du Canada feront défricher les terres de leur concession, etc., 26 mars 1663. *Arch. col.* Canada, corr. gén., 2, fol. 8. — « Prendre soin de diviser les habitants par bourgades et les composer d'un nombre et estendue de pays raisonnable pour chacune et les porter à observer les règlements et usages qui se pratiquent en France. » — Mémoire du roy à M. Talon, 1669. *Arch. col.* Canada, registre des ordres du roy, fol. 135.

(2) 26 août 1664. *Jugements et délibérations du Conseil souverain*, t. I, pp. 251-252.

(3) Talon à Colbert, 4 octobre 1665. *Arch. col.* Canada, corr. gén., 2, 1663-1667, fol. 143.

(4) « Je travaille autant que je puis à réunir et rapprocher les habitations esloignées et je m'oppose à ce qu'à l'avenir on en forme aucune qui ne soit en corps de communauté, hameaux, villages et bourgs. Pour vous faire connaître que la chose est aisée j'ay entrepris de former trois villages dans le voisinage de Québec qui sont déjà bien avancés... » Talon à Colbert, 13 novembre 1666. *Arch. col.* Canada, corr. gén., 2, 1663-1667, fol. 216.

(5) Talon à Colbert, 27 octobre 1667. *Arch. col.* Canada, corr. gén., 2, 1662-1667, fol. 306.

villages se fondent par la suite dans le même quartier. Mais ce fut tout. Avec les trois villes de Québec, les Trois-Rivières et Montréal, avec le cap de la Madeleine qui est un faubourg des Trois-Rivières il n'y eut point en Nouvelle-France d'autres lieux « ramassés » (1) que Bourg-Royal, Charlesbourg, village Saint-Claude, village Saint-Joseph, village Saint-Bernard et Petite-Auvergne (2). Même aujourd'hui dans cette province de Québec qui a deux millions d'habitants on ignorerait ce que c'est qu'un village, au sens que nous donnons à ce mot, si précisément on n'avait pas le spectacle de ce qui reste de l'œuvre de Jean Talon (3). C'est que le roi et l'intendant s'étaient trompés. Ils n'avaient pas tenu compte du milieu et des circonstances. Quand il s'agit de choisir l'emplacement de sa maison le colon du Canada ne saurait obéir à l'arrêt de 1663. L'exemple donné par Talon ne prouve rien pour lui. Ce qui était facile à quelques heures du chef-lieu de la colonie, dans un pays anciennement déserté et habité, devient impossible ailleurs. Il faut à cet homme, de toute nécessité, accès direct et immédiat au fleuve ou à quelque grande rivière. Il a besoin de sa pêche pour vivre. A travers cette forêt vierge qu'est restée la Nouvelle-France, il n'a pas d'autres routes que ces chemins qui marchent. Il ne peut même pas serrer les rangs. Entre ses plus proches voisins et lui il est contraint de laisser un intervalle : sa concession est trop vaste. Ces considérations expliquent non seulement pourquoi il n'y a pas eu au Canada l'équivalent de ces villages de France qui se groupent autour du clocher ; elles expliquent aussi pourquoi la seigneurie et la paroisse n'ont jamais été que des divisions artificielles. Au Canada, l'unité géographique naturelle c'est la côte, c'est-à-dire l'ensemble des habitations qui, ici de plain-pied avec la grève ou la batture, là au sommet de la falaise, s'alignent entre deux coudes du fleuve.

On en est toujours à poursuivre l'exécution intégrale du

---

(1) Description du Canada, 1671. *Arch. col.* Canada, corr. gén., 3, 1668-1672, fol. 192.

(2) Ils sont énumérés dans le recensement de 1681. *Censuses of Canada*, vol. IV, p. 11.

(3) Surtout à Charlesbourg.

programme de Champlain et à considérer comme réalisable cette fusion des Français et des indigènes qui fut le rêve généreux du fondateur de Québec (1). En ce qui concerne l'ancienne France rien de plus explicable. On reste sous l'impression des premiers bulletins de victoire des Jésuites. On sait bien qu'ils ont été suivis de revers. Mais on croit qu'ils sont réparables, et peut-être qu'ils sont déjà réparés. On ne peut se figurer que la hache iroquoise et la picotte aient fait le désert autour des missions. Il suffit de débarquer à Québec pour voir les choses telles qu'elles sont. La preuve que sur les bords du Saint-Laurent les sauvages sont devenus une quantité négligeable, c'est que Talon dans ses premiers mémoires n'a pas un mot pour eux. S'il traite la question plus tard, c'est parce que le roi et le ministre l'y invitent expressément, et il est visible qu'il le fait sans beaucoup de conviction. Bien plus, il semble qu'il ait cherché à faire connaître la vérité à Louis XIV, et, n'osant s'y risquer lui-même, de peur de s'attirer trop d'hostilité de la part des Jésuites, qu'il en ait chargé un de leurs rivaux, sulpicien ou récollet. Quel que soit du reste l'auteur du mémoire intitulé « Description du Canada », il ne prend pas de ménagements pour nous apprendre que l'œuvre de la conversion a échoué. « Il y a quarante ans que l'on travaille à la conversion des sauvages, sans néanmoins avoir encore fait de grands progrès, puisque toute l'église des sauvages consiste dans une centaine de personnes, petits et grands, qui se trouvent parmi les Hurons et peut être parmi les Algonquins (2). » Voilà un témoignage qui est formel, et qui ne peut

(1) Colbert à Talon, 5 avril 1666. « Pour augmenter la colonie... il me semble que sans s'attendre à faire capital sur les nouveaux colons que l'on peut envoyer de France, il n'y aurait rien qui y contribuât davantage que de tascher à civiliser les Algonquins, les Hurons et les autres sauvages qui ont embrassé le christianisme et les disposer à se venir établir en communauté avec les Français pour vivre avec eux et élever leurs enfans dans nos mœurs et dans nos coutumes. » *Arch. col.* Canada, corr. gén., 2, 1663-1667, fol. 199. — Colbert à M. l'evesque de Pétrée, 15 mai 1669. « N'y ayant rien de plus important pour l'avantage de cette colonie et pour le salut des sauvages qui est le principal soin de Sa Majesté que de les joindre à la vie commune des Français. » *Arch. col.* Canada, registre des ordres du roy, 1663-1669, fol. 111.

(2) Description du Canada, 1671. *Arch. col.* Canada, corr. gén., 3, 1668-1672, fol. 192.

se récuser. Tenez compte tant que vous voudrez de la partialité du concurrent, doublez, triplez le chiffre du troupeau : la conclusion ne saurait varier.

Pourtant, pas plus à Québec qu'à Versailles, on ne perd courage. On saura bien contraindre les sauvages à multiplier, et Talon médite déjà quelque règlement qui remédie à la stérilité des sauvagesses (1). Pour la conversion on reprendra les choses où elles en étaient au début du siècle. Les ouvriers apostoliques affluent. Les Jésuites ont toujours la même ardeur (2). Les Sulpiciens et les Récollets viennent à la rescousse. Seulement on ne veut plus de l'ancienne méthode. Naguère on concédait que le chemin dût se parcourir en deux étapes, qu'il fallait convertir les sauvages avant que de les fixer, de les policer, de les assimiler. Et l'on laissait les Jésuites les suivre dans la forêt, apprendre leurs idiomes, sans essayer de leur enseigner le français, les maintenir hors de tout contact avec les colons. Maintenant, on mènera, de front, conversion et francisation. On va s'emparer des enfants indigènes pour « les élever dans nos mœurs, notre langue et nos maximes ». Tout le monde est d'accord pour se mettre immédiatement à la besogne, l'évêque de Pétrée, l'abbé de Queylus (3), le séminaire de Montréal, les Récollets et les Ursulines et, même, les Jésuites qui acceptent, de bonne grâce, les reproches de Talon (4).

(1) « Il n'en est pas de même des sauvages dont les femmes sont assez stériles, soit que le grand travail auquel elles sont obligées retarde leur portée, soit qu'elles nourrissent trop longtemps leurs enfants de leur lait. Mais cet obstacle à la prompte formation de la colonie peut être surmonté par quelque règlement de police. » Talon, mémoire de l'état présent du Canada, 1667. *Arch. col.* Canada, corr. gén., 2, 1663-1667, pp. 355.

(2) Talon à Colbert, 10 novembre 1670. *Arch. col.* Canada, corr. gén., 3, 1668-1672, fol. 77.

(3) Colbert à M. de Queylus, 15 may 1669. *Arch. col.* Canada, registre des ordres du roy, 1663-1669, fol. 115.

(4) Talon à Colbert, 27 octobre 1667. « Les pères jésuites auxquels j'ay fait une espèce de reproche, civilement néanmoins, de n'avoir pas jusqu'ici donné l'application qu'ils devaient à la politesse du naturel des sauvages et à la culture de leurs mœurs, m'ont promis qu'ils travailleraient à changer ces barbares en toutes leurs parties à commencer par la langue. Vous verrez à quoy le supérieur du séminaire de Montréal s'engage par un écrit ci-joint. » *Arch. col.* Canada, corr. gén., 2, 1663-1667, fol. 306.

Sans se demander si la matière est malléable, si nos procédés d'éducation auront enfin prise sur ces natures demeurées, jusque-là, refractaires à toute discipline, on se persuade « qu'il ne sera pas difficile, après leur conversion... de les réduire, petit à petit, à quitter la chasse et la pesche pour défricher ». En même temps, on va s'efforcer « d'unir les peuples par l'intérêt du sang comme ils le sont pas celui du commerce (1). » Pour favoriser les unions entre les deux races, pour décider les Français à épouser les filles rouges, le roi est prêt à les doter. Le « présent du roi » aux sauvagesses monte à cent cinquante livres (2).

(1) Mémoire de 1663. *Arch. col.* Canada, corr. gén., 2, 1663-1667, fol. 11.
(2) Estat de la dépense... pour le paiement... de gratifications au Canada, 26 mars 1669. *Arch. col.* Canada, registre des ordres du roy, 1663-1669, fol. 1669.

CHAPITRE IV

LE DÉVELOPPEMENT ÉCONOMIQUE. — AGRICULTURE ET INDUSTRIE

Le recrutement des gens de métier. — Le programme : apprendre aux habitants à tirer parti des ressources de la colonie, doter la colonie de ressources nouvelles — Multiplication de la race bovine. — Introduction des chevaux et des moutons. — La ferme-modèle des Islets. — La bière. — Le chanvre. — La laine. — Les bois. — Les constructions navales. — Les pêches sédentaires. — Les mines.

Le programme de Colbert et de Talon comporte une seconde partie. Ce n'est pas assez d'avoir, en quelques années, triplé la population française du Canada. L'heure est venue d'imprimer un essor vigoureux à son développement économique.

Cela est impossible tant qu'on n'aura pas introduit en Nouvelle-France un nombre suffisant de gens de métier. A quel point la colonie souffre de leur pénurie, Talon l'a appris dès la Rochelle (1). A peine débarqué à Québec, il se hâte, par son premier recensement, celui de 1665-1666, de relever, avec exactitude, tout ce qu'il y a d'artisans aux bords du Saint-Laurent. La liste n'est pas longue : 11 boulangers, 1 brasseur, 7 chapeliers, 7 charrons, 36 charpentiers, 1 charbonnier, 3 chaudronniers, 6 cordiers, 20 cordonniers, 8 corroyeurs, 4 drapiers, 1 fondeur, 32 maçons, 27 menuisiers, 9 meuniers, 1 pelletier, 1 scieur de

(1) Talon à Colbert, 21 mai 1665. *Arch. col.* Canada, corr. gén., 2, 1663-1667, fol. 137.

pierre, 14 taillandiers, 30 tailleurs d'habit, 1 tourneur, etc. (1).
Ce n'est point avec ces deux centaines d'hommes que l'on peut
créer de puissantes manufactures. Talon leur cherche du renfort parmi les serviteurs qui ont fini leur temps, parmi les
soldats (2). Surtout il fait venir des artisans de France (3). A
tous, pour les décider, il offre de sérieux avantages. Ils partici-
peront à toutes les distributions qui sont faites aux colons (4),
ils auront des salaires assurés dans les ateliers (5) qu'il organise. Une promesse plus tentante encore pour ceux qui n'ont
pas de lettre de maîtrise, c'est que l'intendant, d'accord avec le
Conseil souverain et les principaux habitants, aura qualité
pour les leur conférer. Mais il est entendu que cet effort et
cette dépense ne seront pas à renouveler. A l'avenir, la colonie
recrutera ses ouvriers sur place. On tiendra la main à ce que
les maîtres prennent « des apprentifs pour commencer à multiplier et perpétuer chaque espèce de métier sans qu'il soit nécessaire de retomber tous les ans sur la France (6). »

« Le programme « économique » de Talon est ambitieux. Il
apprendra aux colons à tirer parti de toutes les ressources qui
sont à leur portée. Il dotera le pays de richesses nouvelles. Et
il ne lui suffit pas que la France d'Amérique devienne capable
de subvenir à ses besoins; il veut encore que, dès maintenant,

(1) *Censuses of Canada*, vol. IV, pp. 1-5.
(2) « Je me suis fait donner des rôles particuliers de chaque soldat, afin
qu'arrivés que nous serons, je puisse en tirer ceux qui seront d'une profession plus utile au public et les distribuer aux habitants, ou bien donner à chaque soldat de mestier quelque occupation qui luy convienne
pour qu'il ne demeure pas oisif dans le temps que le service du roy, ne
l'attachera pas à son principal employ, la guerre. Talon à Colbert, 21 mai
1665. *Arch. col.* Canada, corr. gén., 2, 1663-1667, fol. 137.
(3) Talon parle « de familles nouvellement venues pour commencer les
manufactures. » Talon à Colbert, 10 novembre 1670. *Arch. col.* Canada,
corr. gén., 3, 1668-1672, fol. 77.
(4) *Id.* loc. cit.
(5) « Je projette dès ici (la Rochelle) de choisir les plus habiles gens des
mestiers et de former de chacun des ateliers pour l'utilité publique. »
Talon à Colbert, 21 mai 1665. *Arch. col.* Canada, corr. gén., 2, 1663-1667,
fol. 137. — « J'ai formé des ateliers qui ont entretenu près de trois cents
cinquante hommes durant tout l'été. » Talon à Colbert, 2 novembre 1671.
Arch. col. Canada, corr. gén., 3, 1668-1772, fol. 172.
(6) Talon à Colbert, la Rochelle, 21 mai 1665. *Arch. col.* Canada, corr.
gén., 2, 1663-1667, fol. 137.

elle commence à produire de quoi alimenter une exportation rémunératrice (1). Tout cela n'est réalisable qu'à une condition, et c'est que Louis XIV consente à de nouvelles dépenses. La colonie manque encore plus de capitaux que d'hommes. Les habitants les mieux établis peuvent, tout au plus, dans une association avec le roi, fournir leur quote-part.

Nous avons vu que le Canada a de belles prairies naturelles, et que, depuis longtemps déjà, on y pratique l'élevage avec succès, notamment à la côte de Beaupré. Pourtant jusqu'ici la race bovine a seule prospéré. Elle est représentée en 1667 par 3.107 têtes qui sont, presque toutes, groupées à l'est de Québec, sur la côte nord, de la rivière Saint-Charles au cap Tourmente (2) : ce qui est un chiffre considérable, si l'on met en face celui des habitants qui n'est, pour cette année, que de 3.918.

On procède avec les animaux comme avec les hommes. La compagnie achète et transporte, le roi rembourse ; Talon exerce à l'arrivée un contrôle attentif (3). Ce sont d'abord des chevaux que l'on réclame. En 1665, il en passe 14 ; en 1667, 14 encore ; en 1668, 13 ; en 1669, 14 (4). L'intendant préside à la distribution et prend des mesures pour faire emplir les cavales et conserver les poulains (5). Tous ces soins sont récompensés.

---

(1) « C'est dans ces veues que les premières pensées de M. Talon... furent de s'appliquer avec une activité infatigable à la recherche des moyens par lesquels il pourroit rendre ce païs florissant, soit en faisant les épreuves de tout ce que cette terre peut produire, soit en establissant le négoce, et noüant les correspondances qu'on peut avoir d'icy non seulement avec la France, mais encore avec les Antilles, Madère et les autres peuples tant d'Europe que d'Amérique. » *Relat. des Jésuites*, 1666-1667, p. 3.

(2) Recensement de 1667. *Censuses of Canada*, vol. IV, p. 7. Il y a 180 têtes à Québec, 578 à Beaupré, 254 à Beauport, 765 dans le district de la rivière Saint-Charles (Notre-Dame-des-Anges, rivière Saint-Charles, Charlesbourg).

(3) Observations faites par Talon sur l'estat présenté à monseigneur Colbert par la compagnie des Indes occidentales portant l'emploi des deniers fournis par le roy pour faire passer en Canada... (en 1665-1666-1667-1668), 1669. *Arch. col.* Canada, corr. gén., 3, 1668-1672, fol. 31. — En 1667, Talon signale à Colbert qu'on lui a envoyé des chevaux trop âgés. Talon à Colbert, 27 octobre 1667. *Arch. col.* Canada, corr. gén., 2, 1663-1667, fol. 306.

(4) Ordre du roy pour le paiement de 64.659 livres pour les frais de l'envoi de 500 personnes des deux sexes, 12 cavales, 2 étalons et 50 brebis, 16 février 1669. *Arch. col.* Canada, Mémoires, 1665-1669, fol. 380.

(5) État de la distribution des cavales, 1670. *Arch. col.* Canada, Mé-

L'espèce est acclimatée. On a 145 chevaux en 1679 (1), 400 en 1692 (2), 1.812 en 1706 (3). On en viendra au dix-huitième siècle à se plaindre qu'ils pullulent. Mais on échoue avec les ânes. Talon en réclame en 1670 (4). On parvient à en avoir 12 en 1679 (5), mais, pour une raison ou une autre, ils n'ont pas de postérité. À l'heure actuelle, notre patient et vigoureux baudet est encore inconnu au Canada. On est plus heureux avec les moutons. Il y en a déjà 45 en 1667 (6), 44 débarquent en 1668 (7). Il suffit qu'on défende de tuer les agneaux pour qu'ils multiplient avec rapidité. Trois ans plus tard, Talon écrit à Colbert qu'il n'est plus nécessaire d'en envoyer, et que, si l'on en manque, on pourra en tirer de l'Acadie et des colonies anglaises (8). Le recensement de 1679 en donne 719 (9). Les porcs prospèrent également. Ils ne figurent au recensement qu'à partir de 1688 où ils sont 3.701 (10). Mais, dès 1671, nous savons qu'ils sont dans la Nouvelle-France « aussi familiers que dans l'Ancienne », de sorte que le pays se passe déjà des lards de la Rochelle (11). Les bestiaux deviennent bientôt si nombreux que le Conseil souverain va être obligé de faire des règlements pour les empêcher de gâter les cultures (12).

moires, 1670-1676, fol. 5. — Mémoire de Colbert à Talon (avec réponses de Talon en marge), 18 mai 1669. *Arch. col.* Canada, corr. gén., 3, 1668-1672, fol. 39.

(1) Recensement de 1679, *Censuses of Canada*, vol. IV, p. 10.
(2) Recensement de 1692, *id.*, vol. IV, p. 29.
(3) Recensement de 1706, *id.*, vol. IV, p. 48.
(4) Talon à Colbert, 10 novembre 1670. *Arch. col.* Canada, corr. gén., 3, 1668-1672, fol. 77.
(5) Recensement de 1679, *Censuses of Canada*, vol. IV, p. 10.
(6) Recensement de 1667, *id.*, p. 7.
(7) Observations faites par Talon sur l'estat présenté à monseigneur Colbert par la compagnie des Indes occidentales, 1669. *Arch. col.* Canada, corr. gén., 3, 1668-1672, fol. 31.
(8) Talon au roi, 2 novembre 1671. *Arch. col.* Canada, corr. gén., 3, 1668-1672, fol. 159.
(9) Recensement de 1679, *Censuses of Canada*, vol. IV, p. 10.
(10) Recensement de 1688, *id.*, p. 23.
(11) Talon au roi, 2 novembre 1671. *Arch. col.* Canada, cor. gén. 3, 1668-1672, fol. 159.
(12) Arrêt du Conseil souverain (18 octobre 1673) sur les requestes présentées par divers habitants de Notre-Dame des Anges et de Beauport. *Jugements et délibérations du Conseil souverain*, t. I, p. 803.

Talon sait que l'on instruit surtout les hommes en leur prêchant d'exemple. Il offre à l'imitation des habitants une habitation modèle : sa terre des Islets sur la rivière Saint-Charles. Là, il entretient de nombreux chevaux et un beau troupeau de bêtes à cornes. Il a même « une grande basse-cour qui sert comme de pépinière pour tout ce qu'on veut faire multiplier dans le pays. On y élève toute sorte de volailles, de coqs d'Inde, de canards, d'outardes, d'oies, de pigeons et choses semblables pour distribuer aux habitants (1). »

Une autre préoccupation de l'intendant c'est d'introduire des cultures nouvelles. Le Canada a de la vigne sauvage. Mais on désespère d'en tirer du vin (2). Il ne faut pas songer à en faire venir de France. Pourtant les habitants ne sauraient toujours se contenter de cette boisson qu'ils appellent le bouillon (3). L'idée de leur procurer de la bière vient naturellement à Talon. L'orge a bien réussi dans l'Amérique française. Le propriétaire des Islets fait planter et cultiver six mille perches de houblon « qui produisent du fruit autant abondamment... et d'aussi bonne qualité que celuy des houblonnières de Flandre » (4). Il ne reste plus qu'à apprendre aux Canadiens à fabriquer de la bière. Talon s'en charge encore. Il construit une brasserie, où, suivant l'expression de Frontenac, il joint la magnificence à la commodité (5). L'année même où elle est achevée, elle peut fournir quatre mille barriques. C'est deux fois plus qu'il n'en faut pour la consommation de la colonie. Mais l'intendant a déjà des débouchés en vue pour l'exportation (6).

(1) Description du Canada, 1671. *Arch. col.* Canada, corr. gén., 3, 1668-1672, fol. 192.

(2) Encore aujourd'hui le Canada ne produit de vin que dans un petit district du sud-ouest de la province d'Ontario. C'est le comté d'Essex auquel sa situation entre deux lacs (Ontario et Saint-Clair) donne un climat d'une douceur exceptionnelle.

(3) Sur le bouillon voir dans les *Jugements et délibérations du Conseil souverain*, t. I, la note de la page 340.

(4) Talon au roi, 2 novembre 1671. *Arch. col.* Canada, corr. gén., 3, 1668-1672, fol. 159.

(5) Frontenac à Colbert, 2 novembre 1672. *Arch. col.* Canada, corr. gén., 3, 1668-1672, fol. 233. — La brasserie de Talon deviendra le siège du Conseil souverain.

(6) Talon au roi, 2 novembre 1671. *Arch. col.* Canada, corr. gén., 3, 1668-1672, fol. 159.

Talon tient beaucoup aussi à encourager la culture du lin, et surtout celle du chanvre. En 1666, il sème du chanvre et en distribue de la graine. Pour achever de vaincre les hésitations des habitants, il imagine « de les réduire à avoir besoin de fil ». Il se saisit de tout ce qu'il trouve de fil dans la colonie. Il n'en donne qu'à ceux qui s'engagent à le rembourser en chanvre. Il demande à Colbert d'obtenir de la compagnie qu'elle renonce à en importer (1). Bientôt quelques colons se laissent convaincre. Talon s'empresse d'acheter leur récolte « pour faire connaître aux autres qu'ils en auront le débit (2). » Si bien qu'en 1671 il croit la bataille gagnée, et qu'il écrit au roi : « On peut avec beaucoup de raison espérer que, dans trois ans d'ici, les habitants y auront, de leur culture et de leurs propres manufactures, la meilleure partie et peut-être le tout des toiles nécessaires à leur usage, quoiqu'il s'en consomme pour plus de soixante mille livres par année commune. » Il entrevoit le moment où ils auront du « surabondant » à envoyer en France. « Un seul habitant a fourny dans les magasins de Sa Majesté huit minots de graine et cent livres de chanvre après avoir pris la provision de sa famille (3). »

Dans le même ordre d'idées, Talon ne tolère pas que l'on laisse perdre la laine des cent et quelques brebis que possède la colonie. Elle lui donne du droguet, du bourracan, de l'étamine, de la serge de seigneur (4); il ne lui manque plus que de faire du drap. En même temps, il a une tannerie, la manufacture des souliers est commencée, et, comme il convient dans le pays du castor, aussi celle des chapeaux (5). Le 2 novem-

(1) Talon à Colbert, 13 novembre 1666. *Arch. col.* Canada, corr. gén., 2, 1663-1667, fol. 216.
(2) Mémoire de Colbert à Talon (avec réponse de Talon en marge) du 18 mai 1669. *Arch. col.* Canada, corr. gén., 3, fol. 39.
(3) Talon au roi. Mémoire sur le Canada, 2 novembre 1671. *Arch. col.* Canada, corr. gén., 3, 1668-1672, fol. 159.
(4) *Id.* loc. cit.
(5) Pour le débit des cuirs de bœufs et de vaches... et qui servira aussi pour accommoder les peaux d'élan... » Description du Canada, 1671. *Arch. col.* Canada, corr. gén., 3, 1668-1672, fol. 192. — L'existence de la tannerie est signalée en 1669 par Patoulet. Patoulet à Colbert, 11 novembre 1669. *Arch. col.* Canada, corr. gén., 3, 1668-1672, fol. 61. — *Relat. des Jésuites*, 1667-1668, p. 3.

bre 1671, il peut écrire au roi sur le ton du triomphe : « Présentement j'ay des productions du Canada de quoy me vestir du pied à la teste. Rien en cela ne me paraît plus impossible, et j'espère qu'en peu de temps le pays ne désirera rien de l'Ancienne France que très peu de chose du nécessaire (1). »

La richesse principale de la Nouvelle-France, c'est la forêt. C'est là un trésor où l'on peut puiser, à mains pleines, sans crainte d'atteindre au fond. Va-t-on toujours se contenter de prélever sur l'abatis de quoi construire et de quoi se chauffer? Colbert, qui, d'ordinaire, attend les propositions de son homme de confiance, prend, cette fois, l'initiative. Il lui demande de faire préparer du merrain (2) pour l'exportation. Ce merrain sera d'un débit facile en France où les habitants sont obligés de faire venir des bois de Norvège (3). Mais l'intendant comme le ministre (4) songent surtout à donner des vaisseaux au roi, avec cette différence que Colbert ne réclame que de la matière première, et que Talon veut entreprendre, sur place, les constructions navales. Talon procède avec sa méthode habituelle. Il visite les côtes. Il constate que la matière abonde, qu'elle est de belle qualité. Il se hâte de prévenir la dissipation qui se pourrait faire des bois propres à la marine « en prononçant de vigoureuses défenses de couper non seulement ce qui se trouvera en corps de chesnaye, mais mesme les arbres qui seront espars dans l'estendue des concessions (5). » Mais trou-

(1) Talon au roi, 2 novembre 1671. *Arch. col.* Canada, corr. gén., 3, 1668-1672, fol. 159.

(2) Le merrein, mairain ou mairrain, c'est du bois de charpente propre à bâtir.

(3) « Je vous diray... qu'il me semble qu'en faisant une grande quantité de merrein au Canada l'habitant y trouverait bien son compte parce que le roy faisant réserver tous les bois propres à la construction des vaisseaux sans permettre que l'on en fasse du merrein les particuliers sont obligés d'en aller chercher en Norvège. » Colbert à Talon, 5 avril 1666. *Arch. col.* Canada, corr. gén., 2, 1663-1667, fol. 199.

(4) « Convenir avec le sieur Colbert de Terron des moyens que l'on peut pratiquer pour faire débiter des bois en grande quantité au Canada pour le bastiment des vaisseaux du roy et pour les faire apporter en France... » Mémoire du roy pour être mis ès mains de Talon, 18 may 1669. *Arch. col.* Canada, corr. gén., 3, 1668-1672, fol. 39.

(5) Talon à Colbert, 27 octobre 1667. *Arch. col.* corr. gén., 2, 1663-1667, fol. 306. — Désormais il y aura dans tous les actes de concession une clause pour réserver les chênes au roi.

vera-t-on aussi ce qu'il faut pour le calfatage, le goudron et le brai? Un maître ouvrier venu de France fait, en 1671, des essais qui résolvent la question par l'affirmative (1). Il n'y a plus qu'à mettre les navires au chantier. Talon, au reste, n'a pas eu la patience d'attendre que toutes ces épreuves fussent terminées. Il a construit, en 1666, un navire de six vingts tonneaux (2). Ce navire a déjà fait plusieurs voyages en France (3), lorsque l'intendant s'associe à deux Canadiens pour faire les frais d'un bâtiment de quatre cents tonneaux, percé pour quarante-huit canons (4). Il ne reste plus qu'à obtenir du roi une prime pour les habitants qui construisent des navires. Elle est accordée en 1670, à raison de quatre francs par tonneau (5).

La forêt canadienne peut aussi fournir de la potasse (6). Talon le signale à Colbert, et celui-ci « fait octroyer à Nicolas Folin, pour douze ans, le privilège de faire seul au Canada la fabrique et composition des potasses de même qu'en Moscovie et celle des savons mols et autres ainsy qu'ils se font en Hollande (7). »

(1) « Le sieur Arnolf Alix faiseur de goudron est établi pour son hyvernement avec le nombre d'ouvriers qu'il m'a demandé. Il m'a fait savoir qu'il avait quinze cens pieds d'arbres escorchés, que, sans sortir de ce lieu, il pourrait se promettre de trouver de la matière pour travailler trente ans durant. » Talon à Colbert. Mémoire sur le Canada, 10 novembre 1670. *Arch. col.* Canada, corr. gén., 3, 1668-1672, fol. 77.

(2) Talon à Colbert, 13 novembre 1666. *Arch. col.* Canada, corr. gén., 2, 1663-1667, fol. 216.

(3) Description du Canada, 1671. *Arch. col.* Canada, corr. gén., 3, 1668-1672, fol. 192.

(4) Talon à Colbert, 27 octobre 1667. *Arch. col.* Canada, corr. gén., 2, 1663-1667, fol. 306.

(5) Talon. Addition au présent mémoire au roi. *Arch. col.* Canada, corr. gén., 3, 1668-1672, fol. 98.

(6) Talon attend de grands résultats de la fabrication de la potasse. « La potasse ayant très bien réussi dans toutes ses épreuves, soit seule et employée à lessiver le linge, soit convertie en savons mols... peut être fabriquée en Canada en quantité si grande qu'elle pourra donner lieu à Paris de se passer des soudes d'Espagne qu'il consomme pour des sommes considérables. Elle pourra de mesme donner lieu à Douay, l'Isle, Tournay et Courtray et autres villes de Flandre, de mesme que celles de France qui blanchissent des toiles de se passer des potasses de Moscovie... qui fortifient le commerce des Hollandais qui font de cette matière une partie de leurs retours. » Mémoire sur le Canada par M. Talon, 1673 (daté de Paris). *Arch. col.* Canada, corr. gén., 4, 1672-1678, fol. 32.

(7) Concession enregistrée au Conseil souverain, le 5 octobre 1671. *Jugements et délibérations du Conseil souverain*, t. I, p. 664.

Il faut encore apprendre aux Canadiens à tirer parti de ce fleuve sans pareil où se rencontrent, avec les plus belles espèces des eaux douces, le hareng, la morue et même le loup marin et le marsouin blanc qui donnent de l'huile de si bonne qualité (1). A ce vivier prodigieux on doit vraiment demander autre chose que la subsistance de quelques milliers d'hommes. Talon use du procédé qui lui réussit toujours. Il nourrit le régiment de Carignan avec de la morue. Et, ce qui est un stimulant énergique, il assure à ceux qui la fournissent de gros bénéfices (2). C'est assez pour entraîner tout le monde. Dès la première année, les résultats sont des plus encourageants. Mais ils ont été obtenus par les pêches « ambulantes » et Talon attend beaucoup mieux des pêches « sédentaires. » Elles seront « l'âme et tout le soutien du négoce. » Il s'occupe de créer une compagnie « pour soustenir la despense de leurs commencements (3). » Cette compagnie est en formation en 1670, et fait venir de France cent matelots (4). L'année suivante, deux concessions de pêche sont données, l'une sur le golfe à Canseau, et l'autre sur le bas Saint-Laurent au-dessus des sept îles, la première à Denis, la seconde à Bissot (5).

« Travailler toujours à la recherche et establissement des mines de fer, plomb, cuivre et estain et considérer ce travail comme le plus important qu'il y ait à faire pour l'augmentation du Canada (6)... » Telles sont les instructions du roi. Talon s'y conforme de son mieux. Au fur et à mesure, il signale à Colbert les résultats obtenus par les prospecteurs. Un jour, c'est le fondeur envoyé par la compagnie des Indes Occidentales qui

---

(1) *Relat. des Jésuites*, 1666-1667, p. 3.
(2) Talon à Colbert, 27 octobre 1667, *Arch. col.* Canada, corr. gén., 1663-1667, 2, fol. 306.
(3) *Relat. des Jésuites*, 1666-1667, p. 3.
(4) Pour la levée de 100 matelots demandés par la Compagnie qui se forme pour les pêches sédentaires : 10.000 livres. *Arch. col.* Canada, registre des expéditions, 1670, fol. 27.
(5) Talon à Colbert, 2 novembre 1671. *Arch. col.* Canada, corr. gén., 3, 1668-1672, fol. 159.
(6) Mémoire succinct des principaux points des intentions du roy sur le pays de Canada que Sa Majesté veut être mis ès mains du sieur Tallon... le 17 mai 1669. *Arch. col.* Canada, registre des ordres du roy, 1662-1667, fol. 135.

prétend avoir découvert des mines d'or et d'argent. D'autres fois, ce sont des découvertes réelles, celle du charbon de terre au cap Breton, celle du cuivre au lac Supérieur (1). Talon attache plus d'importance aux mines de fer qui ont été définitivement reconnues aux Trois-Rivières, en 1670, par un maître de forges, M. de la Potardière (2). Mais, quoiqu'il ait besoin de fer pour ses grands projets de constructions navales, il n'ose engager le roi dans de nouvelles dépenses (3). Si bien que l'exploitation de ces mines, qui sont très riches, est reculée jusqu'au dix-huitième siècle.

(1) Talon à Colbert, 4 octobre 1665. *Arch. col.* Canada, corr. gén., 2, 1663-1667, fol. 113.

(2) Talon au roi. Mémoire sur le Canada, 2 novembre 1671. *Arch. col.* Canada, corr. gén., 3, 1668-1572, fol. 159.

(3) Description du Canada, 1671. *Arch. col.* Canada, corr. gén., 3, 1668-1672, fol. 192. — « M. de la Potardière, maître de forges passe en France avec vingt barriques de la mine de fer et quelque quantité de sable de fer... Comme la dépense d'une forge et de ses fourneaux doit estre de quelque conséquence, on ne peut prendre trop de précautions pour ne s'y embarquer pas mal à propos. » Colbert à Talon. Mémoire du 10 novembre 1670. *Arch. col.* Canada, corr. gén., 3, 1668-1672, fol. 75.

CHAPITRE V

LE DÉVELOPPEMENT ÉCONOMIQUE (suite). — LE COMMERCE

Le commerce : le monopole de la compagnie en 1663. — La liberté du commerce. — Il ne reste à la compagnie que la jouissance de ses droits sur les pelleteries. — Les denrées de France : le dix pour cent. — La traite. — La foire de Montréal. — Avilissement du castor. — Le commerce entre le Canada, les Antilles, la France. — Pour avoir une route d'hiver. — La monnaie. — Le départ de Talon : ses causes. — Foi de Talon dans l'avenir de la Nouvelle-France.

En 1663, c'est toujours la communauté des habitants qui est maîtresse du commerce. Le roi la dépossède, et, en même temps, se décharge sur le Conseil souverain de Québec, par l'édit même de sa création, du soin « de disposer de la traite des pelleteries avec les sauvages, ensemble de tout le trafic que les habitants peuvent faire avec les marchands (1). » Le petit parlement de Québec reconnaît tout de suite qu'il lui est difficile de recouvrer, directement, le quart des castors et le dixième des orignaux, d'exploiter, lui-même, la traite de Tadoussac. Il décide que les droits et la traite seront affermés pour trois années (2). Aubert de la Chesnaye qui pousse jusqu'à quarante-

---

(1) Édit de création du Conseil souverain, avril 1663. *Arch. col.* Canada, corr. gén., 2. 1663-1667, fol. 26.

(2) 6 octobre 1663. *Jugements et délibérations du Conseil souverain*, t. I, p. 14.

six mille cinq cents livres l'emporte aux enchères (1). Quelques mois plus tard, Louis XIV cède la Nouvelle-France à la compagnie des Indes Occidentales. Les nouveaux seigneurs ne se hâtent pas de prendre possession de leur domaine. Ils laissent d'abord les choses dans l'état où ils les trouvent. Mais, en 1665, ils installent un agent général à Québec (2) et vont prétendre au monopole absolu du commerce. Les représentants de la compagnie font entendre « qu'elle ne souffrirait aucune liberté du commerce, non seulement aux Français qui avaient coustume de passer en ce pays pour le transport des marchandises de France ; mais mesme aux propres habitants du Canada jusqu'à leur disputer le droit de faire venir pour leur compte des denrées du royaumes desquelles ils se servent tant pour leur subsistance que pour faire la traite avec les sauvages (3). » A lire la charte de la compagnie, il apparaît bien que ses prétentions sont justifiées. Pourtant, quelque soin que l'on ait pris dans la rédaction du contrat à préciser les droits des associés, il y a toujours matière à controverse. Les colons protestent, et Talon s'emploie chaleureusement à plaider leur cause. Sa première requête est modeste. Il demande pour ceux qui s'établissent, et pour ceux qui font un voyage en France, l'autorisation d'en rapporter « des denrées tant pour la subsistance de leurs familles que pour leurs autres besoins ». Avec adresse, il fait valoir que « du passage de ces denrées accordé ou refusé dépend la bonne ou mauvaise impression que les peuples prendront de l'établissement de la Compagnie des Indes Occidentales dans leur pays (4). » Talon remporte un

---

(1) 23 octobre 1663. *Id*, t. I, pp. 39-40.
(2) L'enregistrement par le Conseil souverain de l'édit du roi du 11 juillet 1664, pour l'establissement de la compagnie des Indes Occidentales, est du 6 juillet 1665. *Jugements et délibérations du Conseil souverain*, t. I, p. 364. — L'installation de l'agent général Le Barrois est du 23 septembre de la même année. *Id.*, t. I, pp. 364-365. — Doublet, le fameux corsaire qui a laissé des mémoires, est installé comme commis général de la compagnie, à Gaspé, le 24 juillet 1665. *Arch. col.* Canada, Mémoires, 1556-1666, fol. 323.
(3) Talon à Colbert, 4 octobre 1665. *Arch. col.* Canada, corr. gén., 2 1663-1667, fol. 113.
(4) Talon à Colbert, la Rochelle, 24 mai 1665, le jour où Talon va s'embarquer pour la Nouvelle-France. *Arch. col.* Canada, corr. gén., 2, 1663-1667, fol. 140.

premier avantage. Les directeurs laissent embarquer les provisions des Canadiens qui sont à la Rochelle en mai 1665 (1). Talon s'enhardit. Maintenant, il va réclamer la liberté entière du commerce (2). Voici la déclaration qu'il fait à l'agent général de Québec : « Que lesdits habitants devaient non seulement avoir la liberté de la dite traite et d'envoyer lesdites pelleteries en France, mais encore qu'il estait de l'avantage du pays que le commerce des marchandises de France fut entièrement libre tant pour les Français que pour les habitants qui en feraient venir de France. »

L'essentiel est de gagner le procès auprès de Louis XIV et de Colbert. Ceux-ci sont visiblement dans l'embarras. Il est certain qu'ils ont accordé à la compagnie le monopole sans faire aucune réserve (3), non moins certain qu'ils ont confiance dans l'activité et le succès d'une société au recrutement de laquelle ils ont donné leurs soins et que, par toutes sortes de libéralités, ils croient avoir mise en état de faire face à ses obligations. D'autre part, il y a un excellent argument dont l'intendant ne se laisse pas désarmer, c'est le texte de ses instructions. Sa Majesté ne lui a-t-elle pas expressément commandé d'exciter les habitants à faire du commerce? Voire n'a-t-elle pas promis qu'elle les y aiderait ? (4)

(1) Talon à Colbert, la Rochelle, 4 mai 1665. *Arch. col.* Canada, corr. gén., 2, 1663-1667, fol. 130.

(2) Mémoire des choses principales qui regardent le Canada et les affaires de la Compagnie des Indes occidentales et sur lesquelles il est nécessaire de répondre à M. Talon. *Arch. col.* Canada, corr. gén., 2, 1663-1667, fol. 172.

(3) « ... La Compagnie des Indes occidentales ayant les droits de l'ancienne Compagnie de la Nouvelle-France peut prétendre légitimement de faire seule la traite des pelleteries ou du moins, en exécutant la cession qui en a esté faite aux habitants, prétendre la redevance annuelle d'un millier de castors. » Colbert à Talon, 5 avril 1666. *Arch. col.* Canada, corr. gén., 2, 1663-1667, fol. 199.

(4) Talon à Colbert, 21 mai 1665. *Arch. col.* Canada, corr. gén., 2, 1663-1667, fol. 137. — « Comme sa prétention (de la compagnie) et les ordres que le Roy m'a donnés par mon instruction par lesquels Sa Majesté me commande d'exciter lesdits habitants au commerce ne s'accordent pas trop, je tiendrai tant que je pourrai les choses en balance pour nourrir quelque espérance de lucre et de profit dans les esprits que je trouve abattus jusques à ce que dans l'année prochaine Sa Majesté se soit mieux expliquée... » Talon à Colbert, 4 octobre 1665. *Arch. col.* Canada, corr. gén., 2, 1663-1667, fol. 143.

Il faut croire que, dès cette époque, l'autorité de Talon est solidement établie auprès du roi et du ministre. Ils ne lui résistent pas longtemps. Ils capitulent déjà dans la réponse qu'ils font, le 5 avril 1666, à son mémoire du 4 octobre 1665. Sans doute Colbert déclare que la compagnie, aux termes de sa concession, peut prétendre au monopole de la traite avec les sauvages. Il ajoute même, avec quelque apparence de raison, « qu'il aurait été plus avantageux de la luy laisser parce qu'il est à craindre que par le moyen de la traite les habitants ne demeurent une bonne partie de l'année dans l'oysiveté, au lieu que s'ils n'avaient pas la liberté de la faire, ils seraient nécessités de s'appliquer à bien cultiver leurs terres. » Pourtant Colbert a cédé. Il annonce à Talon que Sa Majesté « a fait condescendre la compagnie à se relascher en faveur des habitants de la traite avec les sauvages. » Sur le second point, l'entrée libre des marchandises du royaume, il n'y a qu'une demi-capitulation. Le ministre est persuadé que, pour donner satisfaction à tous les intérêts, il suffira de forcer la compagnie à choisir de bons commis. Il consent toutefois à faire une épreuve. Pour donner lieu à Talon « d'en juger avec plus de certitude » il a encore obtenu des associés qu'ils accordent, pour une année, la liberté du commerce « indistinctement à toutes sortes de personnes (1). »

L'année d'épreuve terminée, soit qu'elle n'ait pas donné les résultats que Talon et les colons en espéraient, soit que la compagnie soit parvenue à recouvrer son crédit, la liberté du commerce est refusée. L'intendant ne se décourage pas. Il se sent appuyé par l'opinion unanime des Canadiens. Sous son inspiration le Conseil souverain revient à la charge. Il fait bon accueil à une requête présentée par le syndic des habitants, Jean Le Mire (2). Il décide qu'on en écrira à Colbert. La lettre

---

(1) Colbert à Talon, 5 avril 1666. *Arch. col.* Canada, corr. gén., 2, 1663-1667, fol. 199.

(2) Voici la requête du syndic Jean Le Mire. Elle résume bien, sur le fait du commerce, tous les desiderata des habitants : « Sur ce qui a esté representé au Conseil... par Jean Le Mire syndic des habitants de ce païs qu'il sera escript à Monseigneur Colbert pour demander en faveur de toutes personnes la liberté du commerce en ce païs. Et en cas qu'elle ne se pust accorder le supplier de reprendre la veûe qu'il a eûe de former la

est du 30 octobre 1668. Elle énumère les griefs de la colonie contre la compagnie. Le moins pardonnable est qu'elle s'est montrée incapable de fournir au Canada tout ce dont il a besoin, que toutes les denrées de première nécessité ne se trouvent pas dans ses magasins. On lui reproche encore de ne plus vouloir accorder le passage aux marchandises des habitants nouveaux et anciens ; et l'on cite le cas d'un officier, M. de Villieu, qui, après avoir vendu tout son bien en Europe, faute d'avoir obtenu le transport de ses effets, a été obligé de renoncer à s'embarquer, le cas d'un chirurgien de Montréal qui, devant un pareil refus, est passé aux Iles. On exprime la crainte que de tels procédés ne portent préjudice au peuplement. La conclusion est que la liberté du commerce est indispensable. Pourtant, si elle ne peut s'obtenir, on se contenterait de voir transférer le monopole à une autre compagnie qui se composerait exclusivement d'habitants (1). Sur ces entrefaites, Talon, qui a déjà, depuis quelques jours, remis son service à M. de Bouteroue, repasse en France (2). Il est probable qu'il y achève de convaincre Louis XIV et Colbert. Ce qui n'est peut-être pas difficile. Il est déjà manifeste que la compagnie des Indes Occidentales ne réalisera pas les grandes espérances que l'on a conçues autour de son berceau. Bref la liberté du commerce est accordée (3). Il y a au Canada un moment de joie. « La liberté du

Compagnie qui luy fust proposée l'année dernière par Monsieur Talon. Comme aussi de faire que par son authorité ceux qui seront cy après chargés du commerce du païs fournissent aux habitans les denrées qui leur seront nécessaires à un prix plus modique que par le passé. Et sans que les habitans qui ont du bien en France et ceux qui seront en volonté de se venir habituer en ce païs soient exclus de convertir leurs deniers en achapt de telles marchandises qu'ils adviseront bon estre et icelles faire passer en cedit païs... » 30 octobre 1668. *Jugements et délibérations du Conseil souverain*, t. I, pp. 524-525.

(1) 30 octobre 1668. *Jugements et délibérations du Conseil souverain*, t. I, pp. 525 à 527. — Talon avait déjà, en 1667, proposé à Colbert la création d'une compagnie d'habitants. Mémoire sur le Canada (écrit pour la défense des intérêts de la Compagnie). *Arch. col.* Canada, corr. gén., 2, 1663-1667, fol. 351.

(2) Les lettres patentes de M. de Bouteroue sont lues au Conseil souverain le 22 octobre 1668. *Jugements et délibérations du Conseil souverain*, t. I, p. 521.

(3) « Après avoir examiné tout ce qui peut concerner le commerce du Canada, Sa Majesté a résolu sur le rapport que je luy en ay fait de le

commerce que vous avez accordée à la Nouvelle-France, écrit Patoulet à Colbert, le 11 novembre 1669, lui a admirablement succédé. Les marchands y sont venus à foule et avec un tel nombre de denrées que le pays en est fourni pour deux ans » (1).

Que reste-t-il à la compagnie de ce monopole qui semblait si exorbitant? Rien que la jouissance du quart du castor, du dixième des orignaux et de la traite de Tadoussac. Dès ce moment, elle est condamnée. En attendant l'heure désormais fatale de la déchéance, Talon reçoit l'ordre d'assurer aux associés la perception intégrale du maigre revenu que l'on renonce à leur disputer, et qui leur permettra, tout juste, de s'acquitter de leurs obligations. « Pour la conservation des droits de la compagnie, écrit Talon au roi, j'ai fait une ordonnance par laquelle j'enjoins à toutes personnes de porter les pelleteries au bureau estably à Québec pour y recevoir la marque de ladite compagnie à peine de confiscation et de cinq cents livres d'amende (2). »

Nous avons vu que, dès la fin de la période précédente, la colonie était en état de nourrir ses habitants. Mais, pour satisfaire à un grand nombre de besoins qui sont encore de première nécessité, pour s'approvisionner des objets d'échange, qui restent la seule monnaie acceptée des sauvages, ils doivent toujours recourir à la mère patrie. En attendant que les manufactures de Talon fonctionnent, ils tirent de France les toiles, les draps, les étoffes, les vêtements et, d'une manière générale, tout ce qu'on appelle encore aujourd'hui, dans la province de Québec, les marchandises sèches, et aussi les boissons, vins et liqueurs.

---

laisser libre à tous les Français. » Colbert à l'évêque de Pétrée, 15 mai 1669. *Arch. col.* Canada, registre des ordres du Roy, 1663-1669, fol. 111. — Le roi spécifie même que les habitants du Canada auront la permission d'apporter en France des morues de la pêche du pays et du charbon de terre. Arrêt du 13 avril 1669. *Arch. col.* Canada, Mémoires, 1550-1665, fol 390. — Il n'y avait pas de charbon de terre au Canada proprement dit, mais en Acadie.

(1) Patoulet à Colbert, 11 novembre 1669. *Arch. col.* Canada, corr. gén., 3, 1668-1672, fol. 61.

(2) Talon, addition au présent mémoire au roi. *Arch. col.* Canada, corr. gén., 3, 1668-1672, fol. 98.

Y aura-t-il des droits à l'entrée? Cela est devenu nécessaire depuis que la communauté des habitants a des dettes à payer. On fixe une taxe de dix pour cent sur la totalité des importations (1). Nul n'en est dispensé, pas même les colons qui se contentent de rapporter de France ce qui est applicable à leur usage personnel (2). L'impôt est insupportable ; on obtient du Conseil souverain, en 1664, qu'il casse l'arrêt qui l'établit (3). Le roi ne tient pas compte de la cassation (4). Le Conseil revient à la charge en 1670, avec plus de succès, cette fois (5). Le roi diminue l'impôt de moitié (6). En 1670, comme en 1664, le Conseil remplaçait le dix pour cent par un droit sur les vins et sur les liqueurs (7) : en 1670, dix pour cent sur les vins et vingt-cinq pour cent sur les liqueurs, avec cinq sols par livre pesant de tabac. Mais, et cela explique que le roi hésite à donner son approbation, il est à craindre que cette taxe de remplacement ne doive pas rapporter beaucoup. Pour combattre l'ivrognerie le Conseil a décidé de favoriser la création d'une brasserie et de répandre l'usage de la bière, « boisson saine et nourrissante ». Il a limité le nombre des barriques à recevoir annuellement à huit cents pour le vin, et quatre cents pour l'eau-de-vie (8).

Une autre difficulté c'est d'empêcher les marchands de vendre

(1) 26 septembre 1663 et 10 juin 1664. *Jugements et délibérations du Conseil souverain*, t. I, pp. 7 et 193-194.

(2) 26 mars 1664. *Id.*, p. 145.

(3) 10 juin 1664. *Id.*, *loc. cit.*

(4) « On a continué à lever un droit de dix pour cent en mon absence. » Talon, addition au présent mémoire au roi. *Arch. col.* Canada, corr. gén., 3, 1668-1672, fol. 98.

(5) 20 octobre 1670. *Jugements et délibérations du Conseil souverain*, t. I, pp. 637-638.

(6) « On avait fait espérer au peuple qu'il ne se leverait aucun droict cette année sur les marchandises seiches et les effects apportés par les premiers vaisseaux avant la reception de votre depesche avaient été vendus sans imposition. Ainsy on a continué sur le pied à l'égard des autres. L'année prochaine, je ferai lever sur les marchandises seiches la moitié des droits puisque vous l'approuvez. » Talon à Colbert, 2 novembre 1671. *Arch. col.* Canada, corr. gén., 3, 1668-1672, fol. 172.

(7) Mémoire de d'Auteuil sur « ce qui concerne le commerce du castor », 1715. *Arch. col.* Canada, corr. gén., 34, 1713-1714, fol. 193.

(8) 5 mars 1668. *Jugements et délibérations du Conseil souverain*, t. I, pp. 176-177-178.

trop cher. On leur imposa un tarif. Le Conseil prend comme base le prix de la marchandise en France, interdit tout bénéfice qui dépasse cinquante-cinq pour cent sur les marchandises sèches, cent et même cent vingt pour cent sur les liquides (1). Il reste à tenir la main ferme à l'exécution de ces règlements. Les marchands ne se font guère scrupule de faire tort au fisc, guère scrupule, non plus, de vendre au-dessus des prix du tarif. Il s'agit d'organiser un contrôle sévère. Pour laisser trace de la perception, le Conseil fait estamper les étoffes, les draps, les toiles, et, à tout propos, il se fait présenter les factures, les mémoires, les livres, où il exige que les noms des acheteurs soient mentionnés (2).

La paix a rendu à la traite toute son activité. « Les sauvages nos alliés, dit l'auteur de la *Relation* de 1666-1667, ne craignans plus d'être surpris en chemin nous viennent chercher de tous côtés, de cinq à six cents lieues d'icy, pour rétablir leur commerce... ou pour en commencer de nouveaux comme prétendent faire des peuples fort éloignés qui n'avaient jamais paru et qui sont venus cet esté (3). »

La règle générale, c'est que les colons attendent chez eux les sauvages (4). Si quelques-uns tentent déjà d'aller dans les bois à leur rencontre pour les enivrer et arracher à leur ivresse le castor à un prix dérisoire, ils savent qu'ils le font à leurs risques et périls. Depuis la publication de l'ordonnance du 26 juin 1669, ils sont passibles de la confiscation de leurs marchandises, d'une amende de cinquante livres, et, en cas de récidive, d'une punition corporelle. Personne n'a plus le droit d'aller à la chasse, sans avoir obtenu un congé, sans avoir laissé visiter ses bagages, sans pouvoir emporter, par tête, et pour huit jours, plus d'un pot d'eau-de-vie (5). Nous verrons, par la suite, quelle extension fâcheuse prendront la course dans

(1) 30 juin 1664. *Id.*, p. 222.
(2) 16 janvier 1664. *Id.*, p. 93.
(3) *Relat. des Jésuites*, 1667-1668, p. 2.
(4) Mémoire de d'Auteuil sur ce qui concerne le commerce des castors et ses dépendances, 1715. *Arch. col.* Canada, corr. gén., 34, 1713-1714, fol. 193.
(5) 26 juin 1669. *Jugements et délibérations du Conseil souverain*, t. I, pp. 558-559.

les bois et la traite de l'eau-de-vie avec les indigènes. Pour le moment, le commerce des pelleteries, en mettant à part la traite réservée de Tadoussac, se fait surtout dans les villes : à Québec, aux Trois-Rivières, à Montréal. Mais le marché de Québec n'a jamais été que d'une importance secondaire, et celui des Trois-Rivières, qui tenait naguère le premier rang, commence à être abandonné des tribus du nord et de l'ouest (1). C'est à Montréal qu'abordent, par cent cinquante et deux cents, les canots des Outaouais, que se font les transactions les plus nombreuses, les plus importantes (2). Cette foire attire beaucoup de monde dans la cité de Maisonneuve. Les marchands de tous les quartiers de la colonie s'y donnent rendez-vous. Le gouverneur et l'intendant y viennent aussi le plus souvent. C'est le meilleur moyen pour eux de se mettre en contact avec nos alliés, et de s'informer sûrement de l'état des affaires dans le pays d'En haut.

Le commerce avec les sauvages se fait toujours par voie de troc. Ils réclament de l'eau-de-vie, du vin, des fusils, de la poudre, des balles, des haches, des chaudières, des vêtements, des étoffes. Les acquéreurs de pelleteries ont ensuite à s'en défaire. De 1663 à 1669, ils sont obligés de les porter aux magasins de la compagnie. Plus tard, quand le monopole est aboli, ils les expédient à la Rochelle à des correspondants (3), après, toutefois, avoir payé aux commis de la compagnie le quart des castors et le dixième des orignaux (4).

Que produit la traite? En 1670, le quart des castors et le dixième des orignaux produisent soixante-dix mille livres (5). Ce qui est un chiffre satisfaisant si l'on met en face les chiffres obtenus antérieurement : cinquante mille cent quarante en

(1) Charlevoix, *Journal d'un voyage dans l'Amérique septentrionale*, lettre VIII, t. V, p. 209.
(2) *Id.*, loc. cit.
(3) Mémoire de d'Auteuil, 1715, *Arch. col. Canada, corr. gén.*, 34, 1713-1714, fol. 193.
(4) « Pour la conservation des droits de la Compagnie j'ai fait une ordonnance par laquelle j'enjoins à toutes personnes de porter les pelleteries au bureau de Québec pour y recevoir la marque de ladite Compagnie, à peine de confiscation et de cinq livres d'amende. » — Talon, Addition au présent mémoire au roi. *Arch. col. Canada, corr. gén.*, 3, 1668-1672, fol. 98.
(5) *Id.*, loc. cit.

1660, vingt-six mille neuf cent trente en 1661 (1). La meilleure année semble avoir été 1667, où la Nouvelle-France exporte pour près de cinq cent cinquante mille livres de pelleteries (2). Pourtant Talon n'est rien moins que content. Le bénéfice n'est pas tel qu'il le pouvait raisonnablement espérer. C'est en vain que l'on envoie en France un nombre chaque année plus considérable de robes et de peaux si leur valeur sur le marché ne cesse de s'avilir (3). Or le prix des pelleteries a singulièrement baissé depuis cinq ou six ans. Il a passé pour le castor gras de quatorze et dix livres à six et quatre, pour l'orignal de trente et vingt-cinq sols à vingt et quinze. D'où vient la baisse? L'intendant et Aubert de la Chesnaye sont d'accord pour fournir l'explication. La multiplication des marchands fait tout le mal. D'accord également pour proposer le remède : la réunion de tous les castors dans les mains d'une seule compagnie (4). De Versailles on répond qu'il faut laisser la liberté (5).

Talon entend que la colonie tire le plus large parti possible de toutes ses richesses. Il a travaillé avec application et persévérance à favoriser le commerce de pelleteries. Mais il ne faut pas conclure qu'il attache plus d'importance qu'il ne convient au succès de ce commerce. Entre ces deux opinions extrêmes, celle d'Aubert qui, en 1670, en est encore à prétendre que la traite est « le seul revenu du Canada », et celle du missionnaire qui écrit en 1671 que « la ressource de castor sera peu de chose à l'advenir » (6), il y a place pour une appréciation

(1) 24 janvier 1661. *Jugements et délibérations du Conseil souverain de Québec*, t. I, p. 103.

(2) Talon, Mémoire de l'état présent du Canada, 1667. *Arch. col.* Canada, corr. gén., 2, 1663-1667, fol. 355.

(3) « Si le castor et les orignaux avaient en France une vente aussy favorable que lorsque j'arrivay icy en 1665, les retours de la présente année vaudraient plus d'un million. » — Talon. Addition au présent mémoire au roi. *Arch. col.*, corr. gén., 3, 1668-1673, fol. 98.

(4) Aubert de la Chesnaye, Mémoire sur le prix du castor. *Arch. col.* Canada, corr. gén., 3, 1668-1672, fol. 150.

(5) La réponse est en marge de l'addition au présent mémoire au roi cité plus haut. — Colbert avait pourtant prévu, dès 1666, que la liberté du commerce du castor aurait pour résultat que le débit s'en ferait à vil prix. Colbert à Talon, 5 avril 1666. *Arch. col.* Canada, corr. gén., 2, 1663-1667, fol. 159.

(6) Description du Canada, 1671. *Arch. col.* Canada, corr. gén., 3, 1668-1672, fol. 192.

modérée de la valeur de la traite, et il est visible que le sage et clairvoyant Talon l'adopte.

On commence en France à apprécier ces bois du Canada qui valent au moins les bois de Norvège. Ils ont déjà la clientèle du roi. Colbert fait des commandes pour les constructions navales (1). La morue, qui se pêche maintenant dans le fleuve comme dans le golfe, est aussi dans la mère patrie d'un débit assuré; aussi sans doute l'huile de loup marin. Mais, raisonnablement, on ne peut écouler en France tous les produits alimentaires du Canada. Il faut avoir un autre débouché. Il y a longtemps que Talon le sait, et qu'il pense aux Antilles (2) qui manquent précisément de ce que la Nouvelle-France a en excès. Mais il procède avec sa méthode habituelle. Il attend que la colonie ait du surabondant. Il s'abouche alors avec ceux qui commandent aux îles françaises de l'Amérique centrale; et ce n'est qu'après avoir reçu les renseignements dont il a besoin (3) qu'il dresse son plan de campagne.

Dans cet échange que peut donner le Canada? La liste est toute faite. Voici la cargaison de trois navires qui font ce trafic en 1669 : des planches, du poisson vert et sec, des anguilles salées et du saumon salé, de l'huile de marsouin, des pois, de la bière de la brasserie de Québec et cinq barriques de farine (4). Que peuvent donner les Antilles? Du sucre et du

---

(1) Mémoire... que Sa Majesté veut être mis ès mains du sieur Talon, 18 mai 1669. *Arch. col.* Canada, corr. gén., 3, 1668-1672, fol. 39.

(2) « Je dis plus que... (le Canada) aura dans quinze ans suffisamment de surabondant, tant en blé, légumes et chair qu'en poisson pour fournir les Antilles, même les endroits de la terre ferme de cette partie du monde... » Talon à Colbert, 4 octobre 1665. *Arch. col.* Canada, corr. gén., 2, 1665-1667, fol. 113.

(3) « J'écris à MM. de Bas et Pélissier et je leur envoie des mémoires des denrées que le Canada peut fournir à leurs besoins en demandant le détail de celles que les Iles peuvent donner en retour. » Addition au présent mémoire de Talon. *Arch. col.* Canada, corr. gén., 3, 1668-1672, fol. 98. — Nous avons la réponse de M. Pélissier. Mémoire touchant le commerce du Canada aux Iles françaises de l'Amérique, joint à la lettre de M. Pélissier du 15 décembre 1670. *Arch. col.* Canada, corr. gén., 3, 1668-1672, fol. 116.

(4) Talon. Addition au présent mémoire au roi. *Arch. col.* Canada, corr. gén., 3, 1668-1672, fol. 98. — « On demande des Isles des bois tout taillés pour réparer les ruines des ouragans de l'an passé. » Talon à Colbert, 10 novembre 1670. *Arch. col.* Canada, corr. gén., 3, 1668-1672, fol. 77.

tabac (1). Ce sont là des produits dont on ne peut faire sur le Saint-Laurent une grande consommation. Il est tout indiqué de les porter en France. De là on reviendra à Québec avec, pour lest, des draps, des étoffes, des toiles, du vin, de l'eau-de-vie. Il n'y a plus qu'une question à régler. A quelles époques placer les étapes de ce grand voyage circulaire d'un bord à l'autre de l'Atlantique? L'hiver ferme le Saint-Laurent de décembre à avril. Les ouragans défendent l'accès des Antilles de la mi-juillet à la mi-septembre. Tout s'arrange à merveille. On quittera Québec en novembre, alors que tous les travaux des champs, à part la tâche du bûcheron, vont s'interrompre; et l'on arrivera aux Antilles en décembre, au moment où la récolte des cannes se termine. La navigation entre la mer des Caraïbes et l'Europe est facile et sûre en février et en mars. Enfin, pour retourner au point de départ, pas de saison plus favorable que le début de l'été (2). Le commerce avec les Antilles est inauguré en 1667. Talon donne une fois encore l'exemple à son propre risque. Il s'associe avec un marchand de Québec pour y expédier une cargaison sur un des vaisseaux de la compagnie (3). En 1669, trois navires prennent la route de l'Amérique centrale, trois navires canadiens, doublement canadiens puisqu'ils sont exclusivement chargés du cru du Canada et qu'ils ont été construits aux chantiers de la rivière Saint-Charles (4). Deux de ces bâtiments sont destinés à la Tortue et à Cayenne que l'on sait moins fréquentées que les autres possessions françaises, et où il y a à espérer des marchés très avantageux (5). En 1670, un vaisseau, que Talon a envoyé pour son compte à la Guadeloupe et à la Martinique, s'ouvre « sous le poids de son sucre » dans le havre de Dieppe. Cela ne le décourage pas. Il arme deux bâ-

(1) Mémoire du roi, avec, en marge, les réponses de Talon, 18 mai 1669. Arch. col. Canada, corr. gén., 3, 1668-1672, fol. 39.

(2) Mémoire touchant le commerce du Canada aux Isles Antilles françaises de l'Amérique, joint à la lettre de M. Pélissier du 15 décembre 1670. Arch. col. Canada, corr. gén., 3, 1668-1672, fol. 116.

(3) Talon à Colbert, 27 octobre 1667. Arch. col. Canada, corr. gén., 2, 1663-1667, fol. 306.

(4) Mémoire du roi (avec, en marge, les réponses de Talon), 18 mai 1669. Arch. col. Canada, corr. gén., 1668-1672, fol. 39.

(5) Talon. Addition au présent mémoire au roi. Arch. col. Canada, corr. gén., 3, 1668-1672, fol. 98.

timents pour la même destination en 1671 (1), et peut-être encore deux autres dont Frontenac nous signale le voyage en 1672 (2).

Un grand obstacle au développement commercial de la colonie, c'est cet isolement de cinq mois auquel l'hiver la condamne. Cette avenue incomparable, qui pénètre du golfe de Terre-Neuve jusqu'au cœur du continent, est, de la fin de novembre à la mi-avril, obstruée par la glace. C'est pour la Nouvelle-France un blocus, avec toutes ses conséquences matérielles et morales. Une fois pour toutes, il faut le faire lever. Il faut chercher sous un ciel plus doux, c'est-à-dire vers le sud, la route qui, d'un bout à l'autre de l'année, reste largement ouverte. Et Talon pense au fleuve Hudson, qui est si longtemps navigable, qui naît si près du Richelieu, c'est-à-dire si près de Montréal, qui, enfin, aboutit à cette rade si profonde et si bien abritée de Manhatte. Un instant, l'occasion lui semble particulièrement heureuse pour obtenir la cession de la Nouvelle-Belgique. Les Hollandais sont en guerre avec l'Angleterre, ils ont réclamé le secours de Louis XIV. Talon insiste auprès de Colbert pour qu'on acquière Manhatte et Orange par quelque accommodement (3). La paix signée entre la Hollande et l'Angleterre déçoit cette espérance (4). Et, ce qui est vraiment préjudiciable aux intérêts de la colonie française, Manhatte et Orange ne demeurent pas aux mains de leurs anciens maîtres, mais passent à celles des Anglais qui, désormais, auront une ligne ininterrompue de possessions de la frontière de l'Acadie à la frontière de la Floride.

(1) Talon à Colbert, 2 novembre 1671. Arch. col. Canada, corr. gén., 3, 1668-1672, fol. 172.
(2) Frontenac à Colbert, 2 novembre 1672. Arch. col. Canada, corr. gén., 3, 1668-1672, fol. 223.
(3) Talon à Colbert, 25 août 1667. Arch. col. Canada, corr. gén., 2, 1663-1667, fol. 298. — Manhatte et Orange, aujourd'hui New-York et Albany.
(4) « Je ne parle plus de Manhatte et Orange, puisque ces deux postes n'ont pu estre au roy par quelque accommodement, ce qui à mon sens luy aurait été d'une grande utilité. » Talon, Addition au present mémoire. Arch. col. Canada, corr. gén., 3, 1668-1672, fol. 98. — En 1671, le missionnaire qui est l'auteur de la Description du Canada demande encore que l'on achète la Nouvelle-Hollande, ce qui signifie évidemment la Nouvelle-Belgique.

Force est de se rabattre sur l'Acadie Par ses nombreux cours d'eau qui prennent leur source à peu de distance du Saint-Laurent et qui débouchent dans l'Atlantique, elle ouvre aussi des routes, moins commodes sans doute que la vallée de l'Hudson, mais encore praticables. Talon les fait reconnaître, choisit entre elles, et par la Chaudière et la rivière de Pentagoët, jalonne déjà les étapes entre Québec et la baie Française. Pour que l'on trouve sur ce chemin de soixante lieues « des entrepôts, le couvert et des rafraîchissements », il se propose d'y installer « une vingtaine de personnes de distance en distance ». Il espère ainsi réduire à huit ou dix jours un voyage qui a demandé jusqu'alors un mois entier. Talon projette même, si sa santé se rétablit, de pousser jusqu'à Pentagoët et jusqu'à Port-Royal. Il y a un commencement d'exécution. Mais l'intendant s'en va. L'affaire est abandonnée. Les Français ne traceront jamais le chemin de Québec à la baie Française (1).

Jusqu'ici en Nouvelle-France l'argent monnayé est resté très rare. Cette situation est modifiée par l'arrivée du régiment de Carignan qui paie tout en espèces. Mais, quoi qu'en dise la mère Marie de l'Incarnation, l'argent monnayé n'est pas devenu « commun » dans la colonie après 1666 (2). Dans tous les cas, dès que la baisse du castor s'accentue, il ne tarde pas à repasser la mer. « Comme les marchands, écrit Talon en 1671, ne trouvent pas présentement tant d'avantage dans les retours des pelleteries qui n'ont pas un cours fort favorable en France, ils recherchent avec soing l'argent, le transportent hors de ce pays, de sorte qu'il en reste peu pour le commerce ordinaire qui se fait entre les habitants (3). » Il n'y a vraiment qu'un moyen d'en remettre en circulation des quantités suffisantes. C'est que le roi les procure à la colonie par la distribution annuelle de ses subsides. Mais le roi n'y consent pas, et il a pour cela une bonne

---

(1) Talon, Mémoire sur le Canada, 2 novembre 1671. *Arch. col.* Canada, corr. gén., 3, 1668-1672, fol. 159. — Talon, Mémoire sur le Canada, 1673, *Arch. col.* Canada, corr. gén., 4, 1672-1678, fol. 32.

(2) « L'argent est à présent commun, ces messieurs en ayant beaucoup apporté. Ils payent en argent tout ce qu'ils achètent. » Marie de l'Incarnation, *Lettres.* Lettres historiques, 13 août 1666, CI, p. 216.

(3) Talon au roi, le 2 novembre 1671. *Arch. col.* Canada, 3, 1668-1672, fol. 159.

raison. S'il fallait acquérir sur place tout ce qu'il fait distribuer aux colons, l'opération serait ruineuse. Les marchands du Canada ne prélèvent-ils pas sur la vente un bénéfice qui dépasse souvent le prix de France de cinquante pour cent (1)?

Bref le castor demeure sinon, comme le dit Aubert de la Chesnaye, la « seule monnaie » (2), du moins la principale monnaie de la colonie. Au castor il faut ajouter le blé, le vin, l'eau-de-vie, et, d'une façon générale, les denrées du pays (3). Nous avons des ordres du Conseil souverain qui obligent d'accepter en paiement le blé et les pelleteries, et qui fixent leur valeur (4). On a pourtant intérêt à transporter du numéraire sur les bords du Saint-Laurent. L'argent de France y fait prime, prime de vingt-cinq pour cent (5). Cette pénurie de

(1) « Vous avez raison de dire que les dépenses augmenteraient considérablement si le Roy faisait passer en espèces les fonds qu'il fait pour le soutien et l'augmentation de la colonie et, quelque chagrin que les marchands témoignent des denrées, ustanciles et autres choses en quoy l'on convertit les fonds, il est bien important de continuer à envoyer des denrées et de tenir toujours l'argent au dedans du Royaume. » Colbert à Talon, 1671. *Arch. col.* Canada, registre des depesches, 1671, fol. 22.

(2) Mémoire sur le prix du castor. Aubert de la Chesnaye, 1670. *Arch. col.* Canada, corr. gén., 3, 1668-1672, fol 150.

(3) Accusés de faire du commerce, voici ce que les Jésuites font répondre devant le Conseil souverain : « Qu'ils n'ont faict jamais aucune profession de vendre et n'ont jamais rien vendu, mais seulement que les marchandises qu'ils donnent aux particuliers ne sont que pour avoir leurs nécessités et qu'il ne reste plus rien à présent que pour faire quelques aumosnes et pour les nécessités de leur maison et que sy ils ont quelques travaux à faire il fauldra qu'ils les payent en vin et eau de vye et denrée du païs... » Déclaration du 26 novembre 1664. *Jugements et délibérations du Conseil souverain*, t. I, pp. 300-301.

(4) Sentence portant que le sieur Gloria visitera certaine quantité de castor et que si le castor est estimé gras, le sieur Petit devra le prendre en paiement de ce qui lui est dû par Claude Charron et le sieur le Gagneur le recevoir dudit Petit, 16 août 1664. *Jugements et délibérations du Conseil souverain*, t. I, p. 260. — Arrêt fixant la valeur du blé donné en payement selon qu'il sera estimé à dire d'experts, 29 mai 1665. *Id.*, p. 355. — Ordonnance qui oblige les marchands à prendre le blé de leurs débiteurs en payement à raison de quatre livres le minot, le 19 mars 1669, *Id.*, p. 519. — Ordonnance qui taxe le prix du castor à six francs la livre, celui d'été à soixante-neuf sols et l'orignal à vingt sols et ordre de le recevoir en payement à ce prix, à peine de cent cinquante livres d'amende, 15 septembre 1670. *Id.*, pp. 636 et 637.

(5) Une pièce de quinze sous en valait vingt en Canada. P. Boucher, *Histoire véritable et naturelle de la Nouvelle-France*, p. 161. — Jugement...

monnaie est très gênante pour le commerce. Talon, pour y remédier, propose d'introduire dans la France d'Amérique une monnaie qui ne puisse en sortir, qui soit « non valable ailleurs » (1).

Talon repasse en France en 1672. Si Talon s'en va, en plein succès à Québec, en pleine faveur à Versailles, c'est qu'il est las de lutter contre les mauvaises volontés coalisées de ceux qui auraient dû être ses auxiliaires les plus dévoués, les plus loyaux. Sans doute, en 1672, il va être délivré de ce pauvre Courcelles qui n'a jamais pu comprendre pour quelles raisons d'intérêt général on reléguait un gouverneur au second rôle (2), et qui n'a pas laissé échapper une occasion de traiter l'intendant en « petit subalterne » (3). Mais qu'y gagne Talon ? Courcelles est remplacé par Frontenac. Puis l'évêque de Pétrée, les Jésuites (4) et aussi probablement ceux qu'on appelle parfois les principaux de la colonie (5), et qui dominent au Conseil

condamnant... Palentin.. à restituer... à Levasseur la somme de deux cents livres pour l'augmentation qui se trouve sur la somme de six cents livres par lui touchée en argent prix de France, valant en ce pays celle de huit cents livres, 27 novembre 1673. *Jugements et délibérations du Conseil souverain*, t. I, p. 780.

(1) Talon au roi, le 2 novembre 1671. *Arch. col. Canada, corr. gén.*, 3, 1668-1672, fol. 159.

(2) « Vous aurez peine à le guérir de la jalousie qu'il a conçue de ce que vous me faites l'honneur de vous confier en moy et des établissements que je fais dont je souffre souvent qu'il se donne tout le mérite. Par mon retour en France, mes peines finiront. » Talon à Colbert, 2 novembre 1671. *Arch. col. Canada, corr. gén.*, 3, fol. 172.

(3) État du Canada par Talon, 1671. *Arch. col. Canada, corr. gén.*, 3, fol. 181.

(4) « Sur ce qui vous sera avancé touchant l'église dont l'authorité bien loin d'être diminuée a repris de nouvelles forces et s'est rendue si redoutable que j'ose assurer que tandis qu'elle demeurera au point où je la vois, vous, Monseigneur, et ceux qui auront l'honneur de servir icy soubs vos ordres auront beaucoup de peine à faire valoir les bonnes intentions de Sa Majesté pour l'augmentation de cette colonie qui sera toujours de beaucoup retardée par la crainte que l'église a fait naistre de son gouvernement qu'on peut dire estre trop souverain et s'estendre au-delà de ses bornes. » Talon à Colbert (de la main de Talon), 26 avril 1667. *Arch. col. Canada, corr. gén.*, 2, 1663-1667, fol. 302.

(5) Lire le jugement extrêmement défavorable porté par d'Auteuil sur le rôle des intendants dans la colonie. On peut considérer que d'Auteuil exprime l'opinion de son père, conseiller et procureur général au temps de Talon. Mémoire au duc d'Orléans, 9 décembre 1715. *Arch. col. Canada, corr. gén.*, 34, 1713-1774, fol. 177.

souverain, ne peuvent décidément pas lui pardonner d'avoir, si puissamment, contribué à mettre fin à leur règne.

Il y a du reste longtemps, on peut dire dès le premier jour, que l'intendant sollicite, comme une faveur, d'être relevé de ses fonctions, et qu'il invoque, comme motif, sa santé (1). Cette requête se renouvelle presque à chaque courrier. A dire vrai, il semble bien qu'il supporte assez péniblement les rigueurs de l'hiver canadien (2). Mais ce n'est point pour si peu qu'un homme de cette trempe songe à quitter un poste qui est un poste d'honneur. Ce qui lui rend intolérable la pensée d'un plus long séjour dans la colonie, il n'hésite pas à l'avouer à Colbert. « Si vous souhaitez, lui écrit-il en 1671, apprendre la principale cause de ma maladie, mon secrétaire pourra vous le dire et vous expliquer les déplaisirs sensibles que je reçois sur le service que j'ai à rendre icy (3). » Une première fois, en 1668, le roi s'est rendu à ses raisons, et lui a accordé son congé (4). Mais son départ laisse une œuvre inachevée et le nouvel intendant, Bouteroue, témoigne immédiatement d'une inaptitude absolue à la poursuivre (5). Le roi doit s'adresser de nouveau à Talon qui consent à reprendre le chemin de Québec en 1669 (6), mais stipule, expressément, qu'on ne l'y laissera pas longtemps. Dès 1671, Talon réclame un successeur (7).

(1) Pouvoir d'intendant de la justice, police et finances en Canada pour M. Talon..., 10 mai 1669. *Arch. col.* Canada, registre des ordres du Roy, 1663-1669, fol. 125.

(2) Talon à Colbert, 11 novembre 1666. Il se déclare malade et ajoute : « La grâce que je pourrais demander est que je sceusse au vray le temps que j'aurai à servir le Roy. » *Arch. col.* Canada, corr. gén., 2, 1663-1667, fol. 214.

(3) Il est malade six mois en 1671. Talon à Colbert, 2 novembre 1671, *Arch. col.* Canada, corr. gén., 3, 1667-1672, fol. 172.

(4) Talon à Colbert, 2 novembre 1671. *Arch. col.* Canada, corr. gén., 3, 1668-1672, fol. 172.

(5) Talon repasse en France le 8 avril 1668. Note sur Talon. *Arch. col.* Canada, corr. gén., 2, 1663-1667, fol. 123.

(6) Les ouvrages publics que M. Talon a laissé faire à MM. de Courcelles et Bouteroue pour faire un domaine utile au Roy ne sont pas achevés, mesme la meilleure partie n'est pas commencée. Patoulet à Colbert, 11 novembre 1669. *Arch. col.* Canada, corr. gén., 3, 1668-1672, fol. 61. — M. Bouteroue « n'a pas l'action que demande le Canada », écrit Talon à Colbert le 10 novembre 1670. *Arch. col.* Canada, corr. gén., 3, 1668-1672, fol. 77.

(7) Il propose pour lui succéder en première ligne son cousin Talon de

Evidemment Talon s'en va trop vite. Il reste tant de choses à faire. Pourtant son court passage à Québec marque pour la Nouvelle-France un pas en avant qui est décisif. Avec le minimum de moyens, avec ce peu d'hommes et ce peu d'argent qu'une parcimonie inintelligente lui marchande, il a obtenu de merveilleux progrès. N'eût-il fait que d'attacher au sol et de transformer en habitants les pauvres gens que lui envoie Colbert qu'il mériterait d'être placé au premier rang parmi les fondateurs de la nation canadienne française. Mais il révèle encore à la Nouvelle-France toute l'étendue de sa richesse. En la dotant de toutes les industries de première nécessité, il la met définitivement en état de se suffire à elle-même. Pour son commerce, en même temps qu'il lui fournit la matière, il lui ouvre les chemins. Certes au Canada il y a avant lui des colons, et des colons de la meilleure espèce, mais ce n'est qu'après lui qu'il y a une véritable colonie.

Les contemporains, les spectateurs ne s'y trompent point. Même ceux qui, pour la défense d'intérêts particuliers, ont dû participer à cette opposition qui l'a vaincu, qui l'a obligé à une retraite prématurée, ne peuvent s'empêcher de regretter son départ et de souhaiter son retour (1).

Talon s'en va plein de confiance dans la solidité et dans la durée de son œuvre. Ce qui n'était en 1665 qu'un pressentiment est maintenant pour lui une certitude. En 1671, il promet au roi que « cette partie de la monarchie française deviendra quelque chose de grand » (2). » En 1673, dans un mémoire qu'il

Villeneuve et ensuite son secrétaire Patoulet. Mémoire de M. Talon. *Arch. col.* Canada, corr. gén., 3, 1668-1672, fol. 19.

(1) Voici l'adieu que le père Claude Dablon adresse à la fois à Courcelles et à Talon dans des termes qui les mettent, l'un et l'autre, à leur place : « Nous ne pouvons regarder sans quelque chagrin les vaisseaux qui partent de notre rade, puisqu'ils enlèvent en la personne de Monsieur de Courcelles et en celle de Monsieur Talon ce que nous avions de plus précieux. Éternellement nous nous souviendrons du premier, pour avoir si bien rangé les Iroquois à leur devoir; et éternellement nous souhaiterons le retour du second, pour mettre la dernière main aux projets qu'il a commencé d'exécuter si avantageusement pour le bien de ce païs. » *Relat. des Jésuites*, 1671-1672, p. 1.

(2) « Je ne suis pas homme de cour et je ne dis pas par la seule passion de plaire au Roy et sans un juste fondement que cette partie de la monarchie française deviendra quelque chose de grand. Ce que j'en découvre

rédige après son retour en France, et qui est son testament, il renouvelle son acte de foi en précisant ses espérances. « Dans ce pays informe, sauvage et payen », il voit « les commencements d'une province » et il se hâte d'ajouter aussi peut-être les commencements « d'un royaume » (1). Et comme il est naturellement persuadé que la crainte des armes du roi suffira toujours à forcer les Anglais à respecter nos droits de premier occupant, et à se resserrer « dans de très étroites limites », il donne à ce royaume dans l'intérieur du continent une extension indéfinie.

Talon avait certainement l'intention de revenir à Québec. En 1681, il propose au roi de repasser en Canada pour y fonder un hôpital général. Mais les mêmes hommes qui l'avaient obligé à partir, rendent son retour impossible. Talon est définitivement vaincu par M. de Laval et par les Jésuites (2). Il terminera sa carrière à la cour, en qualité de premier valet de garde-robe du roi et de secrétaire de son cabinet (3). Mais le grand intendant n'a jamais cessé de s'intéresser à la Nouvelle-France. Colbert le sait bien, et toutes les fois qu'il a besoin d'un avis éclairé sur les hommes et les choses du Canada, c'est à Talon qu'il le demande (4).

de près me le fait préjuger. Et ces parties des nations étrangères qui bordent la mer, si bien establies, tremblent déjà d'effroi à la vue de ce que Sa Majesté a fait icy dans les terres depuis sept ans. Les mesures qu'on a prises pour les resserrer dans de très étroites limites par les prises de possession que j'ai fait faire ne souffrent pas qu'elles s'étendent qu'en même temps elles ne donnent lieu de les traiter en usurpatrices... » Talon au roi, 2 novembre 1671. *Arch. col.* Canada, corr. gén., 3, 1668-1673, fol. 159.

(1) Talon. Mémoires sur le Canada, 1673, *Arch. col.* Canada, corr. gén., 4, 1672-1678, fol. 32.

(2) Chapais, *Jean Talon*, pp. 470-477.

(3) *Id.*, pp. 460, 464.

(4) *Id.*, p. 469.

CINQUIÈME PARTIE

LA PAIX EN AMÉRIQUE
LA GUERRE EN EUROPE
(1678-1684)

CHAPITRE PREMIER

LA COLONISATION ET LE DÉVELOPPEMENT ÉCONOMIQUE

Le roi reprend la Nouvelle-France à la compagnie des Indes Occidentales. — Mais la guerre de Hollande l'oblige à réduire ses subsides. — Suppression des *Relations*. — Situation favorable encore : la paix en Amérique. — Malheureusement Talon n'est pas remplacé. — Immigration insignifiante. — Multiplication par l'excédent des naissances. — Nouvelles distributions de concessions. — Le plus grand nombre des seigneurs trop pauvres et trop entreprenants. — Quelques bons seigneurs. — Les seigneurs besogneux. — Ils font la chasse aux fonctions publiques. — Ils parviennent tout de même à peupler leurs seigneuries. — L'établissement d'une seigneurie. — Succès des censitaires. — L'habitant canadien plus heureux que le paysan français. — Progrès de la colonisation. — Tableau de la Nouvelle-France en 1681. — Cultures et manufactures abandonnées. — Le commerce avec les Antilles.

La déconfiture de la compagnie des Indes Occidentales suit de près le départ de Talon. En 1674, elle est arrivée au bout de ses ressources (1). Le roi est obligé de lui reprendre la Nouvelle-

(1) « La compagnie des Indes Occidentales perdit en six ans trois millions et demi ». Clément, *Histoire de Colbert*, t. I, p. 505.

France (1). Cette fois-ci, Louis XIV garde la colonie sous sa dépendance, dans son domaine. Malheureusement il n'est plus en état de continuer les sacrifices auxquels il a consenti pendant la période précédente. Depuis 1672, et pour sept années, il est en guerre avec la Hollande, l'Espagne, l'Empire (2). S'il continue à parer au plus pressé et à suppléer à l'insuffisance des recettes du petit budget colonial, il renonce à poursuivre à ses frais l'œuvre de peuplement et de mise en valeur. Pour envoyer et fixer des colons, pour créer de nouvelles cultures, de nouvelles manufactures, de nouveaux commerces, il n'aura plus d'argent, ou si rarement et si peu que cela revient au même. La Nouvelle-France est comme un enfant qui, pour le succès de son établissement, a besoin d'une dot. Après bien des délais, elle en a reçu une partie, mais elle ne doit plus espérer que de petits acomptes.

Autre disgrâce pour la Nouvelle-France. Les Jésuites renoncent en 1673 sinon à composer (3), du moins à publier (4) ces *Relations* qui, depuis un demi-siècle, faisaient à la colonie une si heureuse réclame.

La situation est pourtant encore favorable. La paix n'est compromise ni en Amérique, ni sur les routes d'Amérique. Les

(1) Édit du roy portant révocation de la Compagnie des Indes occidentales du mois de décembre 1674. Arch. col. Canada, depesches et expeditions, 1674-1775, fol. 60.

(2) « Je vous diray donc, encore que Sa Majesté n'eût pas fait dessein de donner aucune assistance au Canada cette année par les grandes et prodigieuses dépenses qu'elle a été obligée de faire pour l'entretènement de plus de deux cent mille hommes qu'elle a à présent sur pied et de cent vaisseaux et de vingt-cinq galères qu'elle a, à présent, sur mer, elle n'a pas laissé de faire encore la dépense de l'envoy de soixante filles et de donner quelque assistance à l'hospital de Québek et à quelques autres particuliers. Mais c'est tout ce qu'elle a pu faire cette année, se réservant à faire quelque chose davantage les années suivantes, si Dieu nous donne la paix. » Colbert à Frontenac, 13 juin 1673. Arch. col. Canada, depesches de monseigneur de 1673, fol. 23.

(3) Les *Relations inédites de la Nouvelle-France*, 1672-1679, ont été publiées dans les Voyages et travaux des missionnaires de la Compagnie de Jésus. Douniol, 1861.

(4) Voir les articles de Verreau dans la Revue de Montréal, 1877, pp. 107 et 162 — et celui de Brucker : *Sur la vie de Mgr Laval*, de Gosselin. Études Religieuses... revue publiée par les Pères de la Compagnie de Jésus, 1891, t. LII, pp. 511-513.

Cinq Nations n'oublient pas encore la leçon que Tracy et Courcelles leur ont infligée, et la coalition qui dispute, avec tant d'acharnement, aux armes du roi les Pays-Bas et le Rhin, n'a pas d'escadres pour menacer ses possessions d'outre-mer, pas même de corsaires pour donner la chasse à ses convois. Autrement que par la diminution des libéralités royales on ne s'aperçoit pas à Québec de la guerre de Hollande. Si les successeurs de Talon n'ont pas de quoi ensemencer des champs nouveaux, ils peuvent du moins, partout où la charrue a déjà passé, faire la moisson en pleine sécurité.

Encore faudrait-il que Talon eût des successeurs capables de tenir sa place? Sans prétendre à diminuer le personnage de Frontenac, il est impossible de ne point reconnaître qu'il n'était pas homme à poursuivre l'œuvre patiente et méthodique du grand intendant. Pour ce tempérament de soldat et de diplomate c'est de la besogne trop terre à terre. Il n'est pas question de marchander la gratitude qui est due au vainqueur de l'Iroquois et du Bostonnais. Mais il est bien permis de dire, qu'avant cette heure critique où il déploie son audacieux génie, pendant les dix années de paix de son premier gouvernement de 1672 à 1682, il a manqué à cette partie essentielle de sa tâche qui de Versailles lui est rappelée sans cesse. « L'augmentation de la colonie est presque la seule chose que vous devez avoir dans l'esprit », lui écrit Louis XIV en 1675 (1). Relisez les dépêches du vainqueur de Phipps. Il rêve d'une grande France qui atteigne dans l'intérieur des terres aux limites extrêmes du continent. Il lance à sa conquête les explorateurs et les coureurs de bois. Il médite l'écrasement de tous ceux, indigènes et européens, qu'il rencontre sur son chemin. Mais quand donc s'inquiète-t-il, si ce n'est en passant, de la multiplication des familles, des progrès du défrichement, du développement économique sur le sol de cette petite France qui est déjà fondée aux bords du Saint-Laurent?

S'il laissait encore l'intendant Duchesneau travailler en paix! Duchesneau est un médiocre mais un consciencieux. Dans ce collaborateur qui lui est imposé le gouverneur ne voit qu'un

(1) Le roi à Frontenac, 22 avril 1675. Arch. col. Canada, expéditions 1671-1675, enregistrement des dépêches des Iles et du Canada, 1675, fol. 10.

rival, et il dépense beaucoup trop d'énergie à le combattre. Qu'attendre enfin de Lefebvre de la Barre et du marquis Denonville, qui, dans des circonstances particulièrement difficiles, font l'intérim entre les deux gouvernements de Frontenac? De tous les représentants du roi en Canada pendant cette période, un seul a la perception nette des intérêts de la colonie et veut en revenir à la méthode de Talon, c'est l'intendant de Meulles (1). Il est disgracié au bout de quatre ans.

Première conséquence de la diminution des libéralités royales : l'immigration est réduite au minimum. Vainement, à chaque courrier de Québec, réclame-t-on des hommes de travail et des artisans (2). La plupart du temps, à Versailles, on fait la sourde oreille. Quand on se décide à donner satisfaction à de Meulles cela ne vaut guère mieux. On lui envoie soixante engagés en 1684. Mais ce sont « des petits enfants » bons tout au plus « à garder les vaches » et l'intendant a toutes les peines du monde à s'en défaire (3).

Heureusement que la fécondité de la race est toujours la même. Sur les bords du Saint-Laurent on se marie toujours très jeune et l'on a, communément, dix ou douze enfants, qui, sous ce ciel salubre, s'élèvent à merveille (4). Il en résulte un excédent de naissances sur les décès qui, bon an mal an, doit monter à trois ou quatre cents âmes (5). On a quelques raisons de ne point accorder aux premiers recensements de Frontenac la même confiance qu'à ceux de Talon. On comprend que Louis XIV ne puisse accepter celui de 1673. Il est inadmissible

---

(1) De Meulles à Colbert, 4 novembre 1683. *Arch. col.* Canada, corr. gén., 6, 1682-1684, fol. 181.

(2) Duchesneau à Colbert, 13 novembre 1680. *Arch. col.* Canada, corr. gén., 5, 1679-1681, fol. 161. — De Meulles à Colbert, 12 novembre 1682. *Arch. col.* Canada, corr. gén., 6, 1682-1684, fol. 81.

(3) De Meulles à Colbert, 12 novembre 1684. *Arch. col.* Canada, corr. gén., 6, 1682-1684, fol. 399.

(4) « L'air y est extrêmement pur. Les pères et les mères y élèvent si heureusement leurs enfants qu'ils n'en perdent que par accident et presque jamais par maladie. Ils en ont communément dix ou douze et assez souvent davantage, et il est surprenant de voir combien on y peuple. » *Id.*, 4 novembre 1683. *Arch. col.* Canada, corr. gén., 6, 1682-1684, fol. 181.

(5) En 1680, 404 naissances et 85 décès. Duchesneau à Colbert, 13 novembre 1680. *Arch. col.* Canada, corr. gén., 5, 1679-1681, fol. 161.

que le Canada, qui a 6.282 habitants en 1667, six ans plus tard n'en ait que 6.705 (1). Le chiffre de 1675, 7.832, se rapproche évidemment davantage de la vérité. Il n'en provoque pas moins encore une protestation du roi (2). Frontenac n'est pas encore assisté d'un intendant. Il aura confié la besogne délicate d'aller, de porte en porte, s'enquérir du nombre des âmes à quelque subalterne négligent. Mais pour les années suivantes l'opération est menée consciencieusement par Duchesneau, par De Meulles, par les juges et les curés dont le roi a fait leurs auxiliaires. Aussi bien les chiffres se confirment les uns par les autres. La Nouvelle-France a 8.415 habitants en 1676, 9.400 en 1679, 9.719 en 1680, 9.667 en 1681, 10.251 en 1682, 12.263 en 1685 (3). Ce sont là des résultats satisfaisants, point ceux toutefois que l'on devait attendre. Nous verrons plus loin comment la colonie perd d'un côté ce qu'elle gagne de l'autre.

Le progrès est toutefois suffisant pour justifier de nouvelles distributions de terre. Une première est faite par Frontenac seul. Mais lorsque Duchesneau arrive en 1675, Louis XIV prend une décision qui sera maintenue jusqu'à la fin de la domination française. Le gouverneur et l'intendant auront « conjointement » le pouvoir de donner des concessions (4). Elles seront du reste toujours soumises à la confirmation royale.

Le gouvernement de Versailles n'a point changé de maxime. Il ne permet pas de coloniser hors de la zone restreinte dont Talon a marqué les limites. Il refuse à Joliet l'autorisation

---

(1) « Sa Majesté a été surprise de voir par les tables que vous m'avez envoyées qu'il n'y a que 6.705 hommes, femmes et enfants dans toute l'étendue du Canada. » Colbert à Frontenac, le 17 mai 1674. *Arch. col.* Canada, mémoires, 1670-1676, fol. 195.

(2) Le roi à Frontenac, 15 avril 1676. *Arch. col.* Canada, expéditions des Indes orientales et occidentales, 1676-1678, fol. 15.

(3 *Censuses of Canada*, vol. IV. Introduction, pp. xvii et xviii. — Il y a du reste matière à discussion sur certains chiffres. Ainsi dans un état de 1683 (*Censuses of Canada*, vol. IV, p. 14) la population monte à 10.251 et dans un estat des curés et missions qu'on peut faire cette année en Canada, du 27 octobre 1683, contresigné De Meulles et François, évêque de Québec, elle n'est évaluée qu'à 9.679. *Arch. col.* Canada, mémoires, 1681-1690, fol. 51.

(4) Enregistrement des lettres patentes du 20 mai 1676 portant pouvoir aux sieurs comte de Frontenac et Duchesneau de concéder les terres du Canada. *Arch. col.* Canada, corr. gén., 4, 1673-1678, fol. 115.

d'emmener vingt habitants aux Illinois (1). Une seule exception et c'est pour Cavelier de la Salle. Il obtient une seigneurie à Catarocoui, à la sortie du Saint-Laurent de l'Ontario. Mais cette dérogation à la règle s'excuse par les meilleures raisons d'ordre stratégique et commercial (2), et la règle est appliquée strictement. On ne peut même pas s'installer à proximité de la frontière. En 1680 et 1682, Frontenac et Duchesneau donnent à d'Ailleboust un billet de concession pour un fief situé à quelques lieues en amont de Montréal. Les héritiers de d'Ailleboust attendent la ratification royale jusqu'en 1721. Lorsqu'elle leur est enfin accordée, voici l'explication qui leur est donnée pour ce retard d'un demi-siècle : « auparavant l'isle de Montréal n'était pas assez bien établie » (3).

Même dans l'intérieur de la colonie telle qu'elle a été constituée par Talon en 1672, le roi ne veut pas que l'effort s'éparpille ; on peuplera de proche en proche. Les concessions nouvelles doivent être contiguës à des terres déjà défrichées (4). Il insiste aussi pour qu'on ne soit pas trop généreux en son nom, qu'on ne crée pas de *latifundia* (5), encore plus, pour que les nouveaux seigneurs soient tenus de mettre leur lot en valeur dans les six années (6). Duchesneau apporte, en 1675, une ordonnance qui retranche la moitié de toutes les terres concédées avant 1665, et qui ne sont pas complètement en culture. Mais Duchesneau

---

(1) « Sa Majesté ne veut point accorder au sieur Joliet la permission .. de s'aller établir avec vingt hommes dans le pays des Illinois. Il faut multiplier les habitans de Canada avant de penser à d'autres terres. » Le roi à Duchesneau, 28 avril 1677. *Arch. col.* Canada, expéditions des Indes orientales et occidentales, 1676-1678, année 1677, fol. 1.

(2) Arrest qui accepte les offres faites par Robert Cavelier de la Salle, 13 may 1675. *Arch. col.* Canada, expéditions 1674-1675, enregistrement des dépêches des Iles et du Canada.

(3) Mémoires des titres du fief et de la seigneurie d'Ailleboust. *Arch. col.* Canada, concessions, t. I, non folioté.

(4) Enregistrement des lettres patentes du 20 mai 1676 portant pouvoir aux sieurs Frontenac et Duchesneau de concéder les terres du Canada. *Arch. col.* corr. gén., 4, 1673-1678, fol. 115.

(5) Le roi à de la Barre, 10 avril 1684. *Arch. col.* Canada, corr. gén., 6, 1682-1686, fol. 244.

(6) Arrest pour la confirmation des concessions de Frontenac et de Duchesneau du 12 octobre 1676 jusqu'au 6 septembre 1629, 29 mai 1686. *Arch. col.* Canada, concessions, t. I, non folioté.

prend sur lui de donner aux retardataires un délai d'un an (1), et Colbert se laisse ramener à quelque indulgence. Nouvelle ordonnance en 1679. Elle ne retranche plus que le quart des domaines restés en friche, avec, toutefois, la menace pour ceux qui ne répareront pas assez vite le temps perdu, de s'en voir enlever, chaque année, un vingtième (2).

Louis XIV et Colbert prennent encore une précaution. Ils retardent la ratification des concessions jusqu'à ce qu'ils soient informés non seulement de leur étendue, mais aussi des diligences que ceux auxquelles elles ont été accordées font ou peuvent faire pour les défricher et les mettre en culture (3). Le grand ministre en vient à faire une guerre déloyale à ceux qu'il considère comme ayant abusé de la confiance du roi. Il y a procès pour un domaine entre Denis l'oncle et Denis le neveu. C'est l'oncle qui a raison; l'honnête Duchesneau lui donne son appui. Et Colbert de le tancer vertement : « Il faut, écrit-il, sans difficulté maintenir le neveu contre l'oncle, puisque celui-ci a trop entrepris et qu'il laisse par impuissance le pays de sa première concession inutile. » Et, pour s'excuser de prendre parti contre le bon droit, le ministre ajoute : « Les maximes générales de l'établissement des colonies répugnent quelquefois à ce qui concerne la justice à rendre entre les particuliers, mais il faut dans ces occasions que le bien général soit préféré » (4).

Une première distribution est faite par Frontenac seul, du 22 mars au 2 septembre 1674. Elle n'obtient, du reste, la confirmation royale qu'en 1679 (5). On y retrouve parmi les concession-

(1) Colbert à Duchesneau, 15 mai 1678. *Arch. col.* Canada, corr. gén., 1, 1673-1678, fol. 189.
(2) Ordonnance du 9 mai 1679. *Arch. col.* Canada, corr. gén., 5, 1679-1681, fol. 101.
(3) Colbert à Duchesneau, 28 mai 1676. *Arch. col.* Canada, expéditions des Indes orientales et occidentales, 1676-1678, fol. 28.
(4) *Id.*, loc. cit.
(5) Concessionnaires de la première distribution : Guyon, de Saint-Ours, de Chavigny, Le Parc, Jobin, d'Héry, Le Rouge, Roberge, de la Durantaye, Dubos, Jaret, Godefroy, Denis, Jalot, Paulin, Lemoine, Saurel, Salnay. Arrest du Conseil d'Estat qui confirme les concessions faites par le sieur comte de Frontenac aux habitants de la Nouvelle-France, 18 mai 1679. *Arch. col.* Canada, corr. gén., 4, 1673-1678, fol. 101.

naires Saint-Ours, Morel de la Durantaye, Jaret de Verchères, Denis, Lemoine, Godefroy, Sorel. Soit qu'il s'agisse de leur accorder des augmentations, soit plutôt qu'il n'y ait là que l'octroi du titre définitif de propriété sur des terres dont ils ont, sur un billet de Talon, déjà pris possession, dont ils ont plus ou moins avancé la mise en culture (1).

La deuxième distribution est faite conjointement par Frontenac et Duchesneau, du 12 octobre 1676 au 6 septembre 1679. Elle est ratifiée le 29 mai 1680 (2). Quelques noms nouveaux : Joybert, seigneur de Soulange et de Marson, La Vallière, le conseiller d'Amours Deschauffours, Crevier, Bizart le major de Montréal, le notaire Becquet, l'explorateur Joliet, Juchereau de Saint-Denis. Le séminaire de Saint-Sulpice, Repentigny et Verchères s'agrandissent. Le capitaine Berthier, qui a d'abord été possessionné sur la côte sud, en aval de Québec, reçoit la seigneurie qui doit perpétuer sa mémoire, à l'entrée du Saint-Laurent, dans le lac Saint-Pierre, sur la côte nord.

La troisième distribution est de La Barre et de Meulles, du 5 janvier 1682 au 16 septembre 1684, avec confirmation du 15 avril 1684 (3). Parmi les concessionnaires deux Amyot, Jean

(1) « Les autres officiers qui sont habitués ici... essaient tous à accommoder leurs habitations le mieux qu'ils peuvent, mais le retardement que M. Talon a jusqu'icy apporté à leur donner, leurs contrats les ayant tenus dans de grandes incertitudes les a aussi empêchés, à ce que la plupart m'ont dit, de travailler avec autant de soin et de dépense... dans l'appréhension que leur travail leur fût infructueux. » Frontenac à Colbert, 2 novembre 1672. *Arch. col.* Canada, corr. gén, 3, 1668-1672, fol. 233.

(2) Concessionnaires de la deuxième distribution : Pierre de Joybert seigneur de Soulanges et de Marson, Raudin, De la Vallière, de Repentigny, Bertier, Marie Anne Juchereau, veuve du sieur de la Combe, de Bécancourt, Marie Guillemette, Hébert veuve Couillart, demoiselle Geneviève Couillart, Rousselot dit La Prairie, Noël Langlois, François Bellanger, Damours Deschaufour, Crevier, de Verchère, Bizart, Romain Becquet, de Boyvinet, Jacques Delalande, Louis Jolliet, Nicolas Juchereau de Saint-Denis pour Joseph son fils, André de Chaune, Antoine Caddé, Charles Marquis, Jean Levrard, le supérieur et les ecclésiastiques de Saint-Sulpice de Paris. Arrest d'enregistrement de l'édit du roi portant rectification de concessions faites... par le comte de Frontenac et l'intendant Duchesneau, 24 octobre 1680. *Jugements et délibérations du Conseil souverain*, t. II, pp. 424-425.

(3) Concessionnaires de la troisième distribution : Denis de Rome, Anne Aubert, Guillaume Bonhomme, Pierre Dupré Martel, Jean Le Chasseur, les deux filles du notaire Becquet, Jean Amiot, Charles Amiot, René Pas-

le Chasseur, l'ancien secrétaire de Frontenac, le procureur général d'Auteuil et les Ursulines de Québec. A remarquer que dans les trois distributions, à côté des fiefs il y a des cens et rentes. Ce sont des terrains donnés pour bâtir dans les villes.

Mais, anciens ou nouveaux, désignés à la faveur royale par Talon ou par Frontenac, les seigneurs ont-ils mis à profit une paix de vingt ans pour fonder des établissements durables? A considérer le plus grand nombre des choix que les circonstances ont imposés à Louis XIV il n'est pas permis de trop compter sur un succès. Que peut-on attendre de ces officiers en réforme qui figurent pour la moitié au moins parmi les concessionnaires de fiefs, et auxquels le roi a fait, avec tant de prodigalité, largesse de la terre canadienne (1)? A supposer qu'ils se consolent d'une retraite le plus souvent prématurée, qu'ils viennent à aimer leur vie nouvelle, où auront-ils acquis cette science agricole qui demande partout un patient apprentissage? Et c'est une forêt vierge que l'on partage entre ces novices. Encore s'ils étaient riches, s'ils pouvaient impunément faire des écoles! Mais ils n'ont communément pour tout capital que la maigre dot d'une fille d'habitant ou d'une orpheline qui a reçu le présent du roi. Et Talon n'est plus là pour s'intéresser avec eux dans leurs seigneuries, et la source des libéralités royales est à peu près tarie. Aussi quelques-uns se sont déjà découragés. L'Italien Laubia, encore plus dépaysé que les autres, vend son fief au bout d'un an (2). Chambly, qui s'était pourtant mis à l'œuvre avec une si belle ardeur, saisit la première occasion de s'en aller. Il obtient d'abord le gouvernement de l'Aca-

---

quier, les Jésuites, d'Auteuil, De la Mothe de Lucière, Laurens Philippe, Jacques Lefebvre, de Crété, les Ursulines de Québec, Dugué, de Pommainville. Arrêt d'enregistrement de l'arrêt du Conseil d'État... du 15 août dernier portant confirmation des concessions faites par le Gouverneur et l'Intendant depuis le 5 janvier 1682 jusqu'au 17 septembre 1683... 5 décembre 1684. *Jugements et délibérations du Conseil souverain*, t. II, pp. 968-969.

(1) Ainsi Saint-Ours a reçu 98.781 arpents, La Durantaye 70 560. Suite, *Morel de la Durantaye*, p. 11.

(2) De Laubia, capitaine d'une compagnie d'infanterie au régiment de Broglin, a reçu sa concession le 29 octobre 1672 et la vend à M. de Cressé en 1673. *Arch. col. Canada. Fois et Hommages*, hommage 110, t. I, p. 25.

die, puis, en 1679, un commandement dans les îles. Il y a, sans doute, une autre catégorie de seigneurs sur laquelle on peut compter davantage, et c'est celle qui a été recrutée parmi les descendants des anciennes familles du pays. De ceux-là on ne peut pas dire qu'ils manquent d'expérience. Ils savent comment on s'attaque au bois debout. Par malheur, ils ne sont guère plus fortunés que les soldats. C'est ainsi que les D'Ailleboust, les Repentigny, les Denis, « les trois premières familles de la colonie », dit Frontenac, vont rapidement à la misère. Ils ont trop d'enfants (1).

Un défaut commun aux uns et aux autres, c'est une sorte d'impuissance à limiter, à concentrer leur effort. Ils ont la maladie d'entreprendre au-delà de leurs forces. Simon Denis, en même temps qu'une terre en face de Montréal, obtient le privilège de la pêche sédentaire à Canseau (2), et tandis qu'il se ruine sur le golfe (3), il laisse le Cap de la Trinité en friche. François Hertel, qui a eu beaucoup de peine à trouver quelques censitaires pour la concession de taille médiocre qui porte son nom, ne résiste pas à la tentation qui s'offre de s'agrandir démesurément. Il prend à sa charge la grande seigneurie de Chambly (4). Par surcroît, ces gens-là ne tiennent pas en place. Ils sont toujours prêts à partir. C'est le tempérament qui l'exige. La chasse, la pêche, la traite, tout est bon pour les arracher à ce qui devrait être leur tâche unique. Que sera-ce quand la guerre recommencera, qu'il y aura un coup à frapper sur l'Iroquois ou le Bostonnais ?

Évidemment il y a des exceptions heureuses. Un soldat, M. de la Bouteillerie, donne l'exemple d'une longue persévérance couronnée de succès (5). Il a ce mérite exceptionnel

(1) Frontenac au roi, 6 novembre 1679. *Arch. col.* Canada, corr. gén., 5, 1679-1681, fol. 12.

(2) Talon au roi, 2 novembre 1871. *Arch. col.* Canada, corr. gén., 3, 1668-1672, p. 159.

(3) Frontenac à Colbert, 6 novembre 1679. *Arch. col.* Canada, corr. gén., 5, 1679-1681, fol. 8.

(4) En 1692. *Arch. col.*, Canada, *Fois et Hommages*, hommage 52, t. I, p. 119.

(5) Voir sur la seigneurie de M. de la Bouteillerie, La Bouteillerie autrement dite la rivière Ouelle, l'intéressante monographie de l'abbé Casgrain : *Une Paroisse canadienne au dix-septième siècle.*

d'avoir, lui-même, recruté en France une partie des colons de la rivière Ouelle (1). Quant à Pierre Boucher, c'est le seigneur modèle. Dès qu'il a reçu de Talon sa concession aux Iles Percées, il n'a plus qu'une pensée, celle de se consacrer exclusivement à la mettre en valeur, et lorsqu'en 1672 il a obtenu de se faire remplacer au gouvernement des Trois-Rivières par son gendre Gauthier de Varennes (2), il a désormais le loisir de réaliser le programme qu'il se trace à lui-même dans un mémoire que ses descendants ont pieusement conservé (3). Et jusqu'à l'heure de la mort (4), pendant plus d'un demi-siècle, Pierre Boucher reste fidèle à la tâche qu'il s'est imposée. Boucherville est une des seigneuries les plus peuplées, les plus riches de la colonie. Il faut la citer immédiatement après Montréal, la côte de Beaupré, l'île d'Orléans et Beauport.

François Berthelot n'est pas le type du seigneur canadien tel que Colbert et Talon ont pu l'imaginer, puisqu'il ne se décide jamais à passer la mer et à visiter son domaine de l'île d'Orléans. Il n'en collabore pas moins efficacement à l'œuvre de la colonisation. Il en a, du reste, les moyens. C'est évidemment, le plus considérable et le plus riche des concessionnaires de fief. Il est comte de Jouy, conseiller-secrétaire du roi, commissaire général de l'artillerie, poudres et salpêtres (5), même, si nous en croyons La Hontan, fermier général (6). François Berthelot est toujours prêt à la dépense. Et cela est d'autant plus méritoire que, lorsqu'il l'achète à la compagnie de Beaupré, l'île d'Orléans est déjà une des seigneuries les plus peuplées, les mieux cultivées de la Nouvelle-France. En 1670, il donne à Talon dix mille

(1) *Id.*, p. 34.
(2) Provisions de gouverneur des Trois-Rivières pour le sieur de Varennes 1672. *Arch. col.* Canada, expéditions, registre des dépêches 1672, fol. 71.
(3) *Histoire de la paroisse de Boucherville*. Annuaire de Villemarie, t. I, pp. 260-261.
(4) Pierre Boucher meurt en avril 1717 à l'âge de quatre-vingt-dix-sept ans. *Id.*, p. 274.
(5) Arrêt d'enregistrement des lettres patentes du roi, érigeant l'île d'Orléans en comté sous le nom de comté de Saint-Laurent en faveur du sieur Berthelot, 29 octobre 1676. *Jugements et délibérations du Conseil souverain*, t. II, p. 87.
(6) La Hontan, *Voyages dans l'Amérique septentrionale*, t. I, lettre III, p. 17.

livres « pour lui faire une terre » (1). En 1671, il s'engage à envoyer des colons (2). Tient-il sa promesse? Cela est vraisemblable. Une année où le roi n'a pas d'argent pour faire son présent aux jeunes mariés, il leur distribue trente livres (3). Les recensements apportent en sa faveur un témoignage irrécusable. De 1667 à 1685, la seigneurie de François Berthelot passe de 424 habitants à 1.205, de 1.182 arpents de terre mis en culture à 3.073, de 327 têtes de bétail à 852 (4). C'est un résultat qui, pendant la même période, n'a été obtenu nulle part, pas même à Montréal. Montréal a passé de 760 âmes à 1.539, de 1.181 arpents en culture à 3.963, de 311 têtes de bétail à 1.181 (5). La récompense ne se fait pas attendre. En 1676 la seigneurie de l'île d'Orléans est érigée en comté de Saint-Laurent (6).

Voilà les seigneurs modèles. Ils ne vont pas à la demi-douzaine. Que deviennent les autres, ceux qui n'ont pas la vocation, ceux qui n'ont pas de moyens? Il ne faut pas être injuste. Ceux-là encore se donnent beaucoup de mal.

Pour quelques-uns qui se contentent de léguer leur nom à un canton désert, combien s'opiniâtrent à la conquête de ce qui leur manque surtout, l'argent. Ils peuvent le demander à la traite du castor et l'on verra plus loin que les principaux de la colonie se font peu de scrupule, avec ou sans congé, d'aller ou d'envoyer à la course des bois. Mais la manne la plus désirée, c'est celle qui tombe du trésor royal. Que de requêtes pressantes, touchantes pour solliciter une petite pension ou même une gratification passagère! L'ambition de tous ces besogneux, c'est d'entrer ou de rentrer au service. C'est une bataille perpétuelle pour enlever les gouvernements particuliers, les com-

---

(1) Talon à Colbert, 10 novembre 1670. *Arch. col.* Canada, corr. gén., 3, 1668-1672, fol. 77.

(2) Talon à Colbert, 2 novembre 1671. *Arch. col.* Canada, corr. gén., 3, fol. 172.

(3) Duchesneau à Colbert, 6 octobre 1679. *Arch. col.* Canada, corr. gén., 5, 1679-1681, fol. 21.

(4) *Censuses of Canada*, vol. IV, pp. 6 et 7, 16 et 17.

(5) *Id., loc. cit.*

(6) Voir note 5, p. 135.

missions d'officiers dans les troupes du détachement de la marine, les sièges du Conseil souverain. A la longue, les trois quarts des solliciteurs sont pourvus. Varennes est gouverneur des Trois-Rivières, Bécancourt est grand voyer, Denis est conseiller au Conseil souverain, La Durantaye se fait nommer commandant en chef au pays d'En haut.

Les voilà fonctionnaires. Ils ont désormais de quoi vivre ou à peu près, mais de quoi bâtir, de quoi défricher, cela est autre chose. On ne bâtit, on ne défriche guère avec les trois cents livres d'un conseiller (1), les douze cents livres d'un capitaine (2), même avec les trois mille livres d'un gouverneur particulier (3). Pourtant à force de persévérance, même les plus pauvres et les moins habiles obtiennent un résultat qui est appréciable. Ils trouvent des habitants pour leurs seigneuries. Les font-ils venir de France? Il faudrait payer le passage. Sauf pour M. Berthelot et M. de la Bouteillerie, on ne trouve, nulle part, trace d'un recrutement de colons dans la métropole par les seigneurs canadiens. C'eût été un titre sérieux à la faveur royale. Ces gens-là, ou leurs protecteurs, n'eussent point manqué de le rappeler dans une de ces nombreuses requêtes qu'ils adressent à Québec et à Versailles. C'est sur place qu'ils doivent trouver des censitaires. Avant 1673 rien de plus facile. Louis XIV se charge de les lever et de les transporter. Mais, depuis que l'immigration aux frais du roi a cessé, il semble qu'il ne leur reste qu'à se disputer quelques soldats congédiés, quelques engagés qui ont fini leurs trente-six mois, quelques artisans qui veulent devenir propriétaires (4). Heureusement que pendant ce temps-là les anciennes seigneuries, celles qui datent de la période des Cent Associés prospèrent, non seulement en vertu de la vitesse acquise, mais aussi parce qu'elles sont aux mains de seigneurs qui veulent et peuvent remplir leur tâche. Dans ces quartiers favorisés les hommes et

---

(1) Estat des charges du pais de Canada... par Talon, 1665. *Arch. col.* Canada, corr. gén., 2, 1663-1667, fol. 159.

(2) *Id., loc. cit.*

(3) « Le Roy y a établi (aux Trois-Rivières) un gouverneur qui mourroit de faim s'il ne faisoit quelque commerce de Castor. » La Hontan, *Voyages dans l'Amérique septentrionale*, t. I, lettre IV, pp. 28 et 30.

(4) Casgrain, *Une Paroisse canadienne au dix-septième siècle*, p. 35.

l'argent commencent à multiplier à intérêts composés. C'est là que les seigneurs besogneux trouvent leurs censitaires. C'est ainsi, et l'étude des registres de paroisses en fournit des preuves abondantes, que les familles établies, à l'époque antérieure de Québec au cap Tourmente et dans l'île d'Orléans, et qui en sont à la deuxième, et même à la troisième génération, commencent à essaimer sur la rive d'en face, de Lauson à la rivière Ouelle (1).

Ce qui se dépense de courage et de persévérance à établir une seigneurie est incroyable, surtout lorsque la concession est située loin des centres anciennement peuplés. Les débuts sont extrêmement pénibles. Le seigneur, ses serviteurs, et le premier groupe des censitaires qu'il a recrutés, campent dans une clairière sous des tentes, ou plutôt sous des écorces de bouleau. Il n'y a point de temps à perdre si l'on veut, avant les neiges, avoir achevé, avec les premiers déserts et les premiers labours, la construction de quelques grossières maisons de bois, et, aussi, la répartition des lots de censive (2). Les années suivantes, le seigneur a le loisir de s'installer plus au large et, quelquefois, non sans luxe. Dans son voyage de Québec à Montréal, La Hontan signale des maisons de belle apparence (3). Robineau de Bécancourt, le baron de Portneuf, a « décoré la sienne de toutes les marques de la noblesse et de la seigneurie », c'est-à-dire qu'il a copié, le mieux possible, un château de l'ancienne France (4). Deux bâtiments dont la construction ne peut être retardée, car ils servent à tout le monde, c'est la chapelle et le moulin. Pour ce dernier il est particulièrement difficile d'avoir, du premier coup, un bon emplacement. A la Bouteillerie, avant de découvrir un ruisseau dont le débit et la pente soient suffisants, on se reprend à six fois (5) ! Dans la partie occidentale de la colonie, il faut encore prévoir le cas

(1) Casgrain, *Une Paroisse canadienne*, p. 117. — Sulte, *Morel de la Durantaye*, pp. 11 et 18.
(2) Casgrain, *Une Paroisse canadienne*, pp. 5 à 26.
(3) La Hontan, *Voyages dans l'Amérique Septentrionale*, t. I, lettre IV, p. 28.
(4) Acte d'érection de la seigneurie de Portneuf en baronnie. Abbé Gatien, *Histoire de la paroisse du Cap Santé*, p. 370.
(5) Casgrain : *Une Paroisse canadienne*, pp. 23-26.

d'une attaque des sauvages et préparer un refuge à la population en construisant un fort (1).

Un seigneur qui a bâti une belle église, un bon moulin, un fort inexpugnable aux Iroquois, qui même donne à ses vassaux l'exemple d'une exploitation bien menée, a-t-il fait tout son devoir ? Non certes. Il lui reste à jouer, vis-à-vis de ses censitaires, le rôle d'un guide, d'un arbitre, d'un père de famille. Le bon seigneur s'oblige à la résidence. Tout au plus se peut-il donner licence de s'en aller, une fois l'an, à Québec, pour y présenter ses hommages au gouverneur et s'informer des nouvelles (2). S'il demeure ainsi à son poste en voici une heureuse conséquence. Comme il n'a pas d'autre compagnie possible que celle de ses vassaux il en vient à se rapprocher d'eux, à permettre, à désirer qu'ils se rapprochent de lui, à vivre, amicalement avec tous, familièrement avec quelques-uns (3).

Cette vie utile et heureuse, et qui n'a que le tort d'être un peu monotone, a ses jours de fête. Il faut laisser la parole à l'historien de la seigneurie de la rivière Ouelle : « Chaque automne, vers l'époque de la Saint-Martin, le seigneur faisait faire la criée à la porte de l'église pour avertir les censitaires de venir payer leurs cens et ventes. On attendait ordinairement pour cela les premiers beaux chemins d'hiver. Le manoir devenait alors un centre d'activité comme l'est encore aujourd'hui le presbytère du curé au temps de la rentrée des dîmes. Les habitants arrivaient soit en carrioles, soit en traînes, emportant avec eux un ou deux chapons, quelques minots de pain ou d'autres effets ; car bien que les droits fussent exigibles en monnaie, le seigneur acceptait souvent des denrées en échange. M. de la Bouteillerie assis dans son fauteuil, au fond de la grande salle du manoir et ayant devant lui une table recouverte d'un tapis où était le censier, donnait audience » (4).

Une fois mis en possession de la terre, que les colons trouvent ou non, auprès de leurs seigneurs, l'appui et l'exemple

---

(1) *Histoire de la paroisse de Boucherville*, Annuaire de Villemarie, t. I, p. 263-264.
(2) Casgrain : *Une Paroisse canadienne*, p. 172.
(3) *Id.*, pp. 64-65.
(4) *Id.*, pp. 173-174.

qu'ils sont en droit d'en réclamer, cela n'importe pas autant qu'on pourrait le croire. Les habitants sont capables de se passer de leurs tuteurs. Ils ont vite conquis l'aisance. Là-dessus les témoins sont unanimes Voici le témoignage de de Meulles, en 1683, c'est-à-dire après un an de séjour : « On vit icy fort doucement. La nourriture y est bonne. Il n'y a point de si misérable particulier qui ne recueille assez de blé pour nourrir sa famille et qui n'ait dans son habitation quelques vaches, des volailles et quantité de légumes. A douze ou quinze lieues autour de Québec, on pesche force saumon et anguille dans la saison dont ils peuvent vendre une partie en ayant gardé assez pour leur provision d'hyver. La pluspart peuvent encore vivre de leur chasse. S'ils trouvaient tout le débit de leurs denrées ils seraient trop aises (1). » Ceux qui viennent de France ne peuvent s'empêcher de faire la comparaison entre le sort du Français d'Europe, et du Français d'Amérique. Et toujours elle tourne à l'avantage du second. Ecoutez Duchesneau : « Quant aux laboureurs qui s'appliquent avec assiduité à la terre, ils subsistent fort honnestement et sont, sans comparaison, plus heureux que ce qu'on nomme en France les bons paysans. » (2) La Hontan exprime la même opinion avec son humour habituel. « Les païsans y sont à leur aise et je souhaiterais une aussi bonne cuisine à toute notre noblesse délabrée en France. Que dis-je païsan? Amende honorable à ces messieurs! Ce nom-là pris dans la signification ordinaire mettrait nos Canadiens aux champs. Un Espagnol, si on l'appeloit villageois, ne fronceroit pas plus le sourcil, ne releveroit pas plus fièrement la moustache. Ces gens-ci n'ont pas tort après tout; ils ne payent ni sel, ni taille ; ils chassent et pêchent librement; en un mot ils sont riches. Voudrez-vous donc les mettre en parallèle avec nos gueux de païsans? Combien de nobles et de gentilshommes jetteroient à ce prix-là les vieux parchemins dans le feu! (3) »

(1) De Meulles à Colbert, 4 novembre 1683. *Arch. col.* Canada, corr. gén., 6, 1682-1684, fol. 181.

(2) Duchesneau à Colbert, 6 octobre 1679, *Arch. col.* Canada, corr. gén., 5, 1679-1681, fol. 21.

(3) La Hontan, *Voyages dans l'Amérique Septentrionale*, t. I, lettre II, p. 11.

Si bien qu'il n'est pas rare de constater que le possesseur du fief ait à envier la prospérité de quelques-uns de ses censitaires (1). Cette ascension du tiers-état dans la colonie ne doit pas s'arrêter à mi-chemin. A la génération suivante les fils d'habitants commenceront à acheter les seigneuries.

Le recensement de 1685 est là (2) pour fournir la preuve que, malgré l'impuissance et l'inaptitude d'un très grand nombre

(1) « Un colon, Joseph Renault qui avait trois domestiques à son service, « cinquante arpents de terre en valeur... paraît avoir été plus à l'aise que le seigneur lui-même ». Casgrain ; *Une Paroisse canadienne*, p. 39.

(2) Recensement de 1685 :

	Habitants.	Arpents en culture.	Bêtes à cornes.
Total général de la Nouvelle-France. . .	10.725	24 390	7.474
Chiffres pour les nouvelles seigneuries :			
Neuville, Dusault.	190	927	190
Saint-François, Villemur, Sorel	272	539	242
Lotbinière, Villieu, prairie de la Madeleine .	260	520	195
Becancourt, Berthier, Beaumont.	269	380	132
La Durantaye, Rivière du Loup.			
Contrecœur, La Trinité, Bonsecours. . . .	250	339	209
La Bouteillerie			
Portneuf, Cressé, Dutort, Varennes.	225	519	163
Batiscan	261	124	196
Sainte-Anne.	114	256	88
Vincelot, l'Espinaye, Grondines	261	551	287
Louviers, Isle Jésus.			
Boucherville, Gaudarville.	316	1.289	180
Cap de la Madeleine.	268	969	196
Longueil, Châteauguay			
Saint-Ours, Deschambault.	108	224	88
Fort Frontenac, Repentigny.	185	1.134	249
La Chesnaye			
La Valterie, Verchères.	145	296	168
Gentilly, Saint-Michel.			
Sainte-Thérèse, Saint-Paul, Dautré	121	165	104
Total. . . .	3 545	8 232	2.747

Il reste à réduire ces totaux d'environ un cinquième. Le cap de la Madeleine est depuis longtemps colonisé. Neuville et Gaudarville ont été concédés par la compagnie des Cent Associés : en 1681, le cap de la Madeleine a 204 habitants, Neuville avec Dombourg 372, Gaudarville 66. Il est vrai que Chambly, nouvelle seigneurie, ne figure pas sur le tableau, mais cela ne fait pas compensation (Chambly, 74 habitants en 1681).

de seigneurs, la colonisation des seigneuries a fort honorablement réussi. En 1685 on relève dans toute la Nouvelle-France : 10.725 habitants, 7.474 têtes de gros bétail, 21.390 arpents mis en valeur (1), et, sur ce total, les nouvelles seigneuries comptent pour un peu plus du quart des habitants, un peu plus du tiers des animaux, les deux cinquièmes des terres cultivées.

Il semblerait qu'il dût être facile de déterminer avec quelque exactitude comment, à la date de 1684, la population française se répartit sur le sol canadien. Le recensement de 1685 est très complet. Malheureusement son auteur ne s'astreint pas à traiter séparément chaque seigneurie. Le plus souvent il groupe les fiefs par deux et par trois, de la manière la plus bizarre. On conçoit qu'il associe Chateauguay et Longueil, Lotbinière et Villieu qui se touchent. Mais pourquoi réunir Boucherville qui est proche de Villemarie à Gaudarville qui est proche de Québec, et la Pointe-au-Tremble qui est dans l'île de Montréal à Chambly qui est sur le Richelieu ? Pourquoi surtout dénombrer ensemble Repentigny et la Chesnaye qui sont au cœur de la région colonisée et cette seigneurie du Fort Frontenac que Cavelier de la Salle possède sur le lac Ontario ? On est obligé de recourir, encore que sa date convienne beaucoup moins, au recensement de 1681 (2) qui a un article séparé pour chaque seigneurie et surtout à un « État des cures et missions » du 27 octobre 1683 qui est signé par l'évêque Laval et l'intendant de Meulles (3). Sans doute cet État ne donne le chiffre des âmes qu'en groupant plusieurs seigneuries, mais, comme on ne peut faire rentrer dans les limites d'une paroisse ou d'une mission que des territoires qui se suivent sur la même rive, ou qui, d'une rive à l'autre, se font vis à vis, l'État des cures et missions est précieux pour débrouiller le chaos du recensement de 1685.

Grande multiplication dans cette île de Montréal qui ne comptait que 767 âmes en 1667 (4). En 1683, la population a doublé :

(1) *Censuses of Canada*, vol. IV, p. 16.
(2) *Id.*, p. 11.
(3) Estat des cures et missions qu'on peut faire cette année en Canada, moyennant le supplément que Sa Majesté aura agréable de donner... 27 octobre 1683. *Arch. col.* Canada, mémoires, 1681-1690, fol. 51.
(4) Recensement de 1667. *Censuses of Canada*, vol. IV, p. 6.

LA PAIX EN AMÉRIQUE — LA GUERRE EN EUROPE

617 dans la paroisse même de Villemarie, 314 à la Chine et dans le haut de l'île, 427 à la Pointe-au-Tremble et dans l'île de Sainte-Thérèse (1). Les Montréalistes sont à leur aise. Ils jouissent de beaux revenus qu'ils doivent également à la culture et à la traite (2). Ces messieurs de Saint-Sulpice, qui ont hérité, en 1663, de la société de Notre-Dame de Montréal (3), n'ont pas laissé péricliter l'œuvre de Maisonneuve. Ils peuvent se vanter d'avoir la plus belle seigneurie de la Nouvelle-France. Et ils ont encore beaucoup de terre à distribuer. Le nord de l'île est toujours en bois debout (4). En bois debout aussi ses satellites, l'île Bizard et l'île Perrot qui reste le rendez-vous, l'asile des coureurs de bois. Même à l'île Jésus le défrichement n'en est encore qu'à ses débuts (27 habitants en 1681). Malgré l'intérêt évident qu'il y a, en face de l'Iroquois et du Bostonnais, à mettre en état de défense ce boulevard de la colonie, la cité de Maisonneuve n'a pas de fortifications, pas même une chemise de pieux (5). Elle n'a d'autres monuments que la grande et belle maison en pierre de taille des Sulpiciens et leur église qui est bâtie sur le modèle de Saint-Sulpice de Paris (6).

Progrès aussi sur la rive droite du Saint-Laurent qui fait face à la côte méridionale de la grande île. Quelques concessions y demeurent en friche comme Chateauguay qui a été concédé trop récemment, comme Vitré dont le seigneur Denis a entrepris trop de choses à la fois. Mais la prairie de la Madeleine, la côte Saint-Lambert, Longueil qui sera bientôt érigé en baronnie (7), Tremblay, Boucherville, Varennes, Saint-Michel ont en 1683 plus de 700 habitants. De toutes ces habitations la plus florissante est, sans contredit, celle de Boucherville. En 1681 Boucherville

---

(1) Le chiffre du recensement de 1681 est de 1418. Celui du recensement de 1685 est de 724 pour Villemarie, 375 pour le Haut-de-l'Ile et la Chine, 110 pour la Pointe aux Trembles à laquelle on joint, il est vrai, Chambly; mais, comme le recensement sépare l'île de Sainte-Thérèse du groupe de Montréal, on peut estimer qu'il y a compensation.
(2) La Hontan, *Voyages dans l'Amérique Septentrionale*, t. I, lettre IV, p. 32.
(3) Faillon, *Histoire de la Colonie française en Canada*, t. III, pp. 61-63.
(4) La Hontan, *loc. cit.*
(5) *Id.*, t. I, lettre IV, p. 29.
(6) *Id.*, p. 32.
(7) En 1700, Bouchette, *Topographie du Canada*. Append. xxvii.

a déjà 179 âmes. Par contre, on doit constater un échec à Chambly. En 1681, Chambly compte encore 78 habitants. Mais, la jolie habitation (1) que Frontenac citait comme un modèle n'est plus que le refuge des contrebandiers qui vont à Orange et à Manhatte. (2) Toujours sur la rive droite, Verchères, Contrecœur, Saint-Ours et Sorel ont entre 300 et 400 habitants (en 1681, 61, 69, 86 et 118.) En vis-à-vis, sur la rive gauche, la Chesnaie, Repentigny, La Valtrie fournissent, à peu de chose près, le même contingent (en 1681 la Chesnaie 72, Repentigny 111).

Nous voici arrivés au lac Saint-Pierre. Là on est toujours aux débuts de la colonisation, surtout sur la côte nord où la Rivière du Loup a si peu d'habitants que, malgré la distance, qui est de six lieues, il faut, en 1683, la faire desservir par le missionnaire de Sorel. Sur la côte sud, on est plus avancé. En 1681, Saint-François a 51 âmes et Nicolet 37. Mais Cressé n'est pas mentionné avant le recensement de 1688 (avec Saint-Antoine 48 habitants) (3). Néanmoins, dès 1683, l'intendant de Meulles, qui se vante d'avoir visité toute la colonie, signale dans cette région plusieurs bonnes habitations (4), et l'année suivante, pendant la traversée du lac Saint-Pierre, La Hontan découvre avec son télescope de très belles maisons (5).

Pour un établissement qui date d'un demi-siècle, les Trois-Rivières n'ont guère prospéré : 272 habitants en 1683, c'est maigre. Elles sont pourtant le siège d'un des gouvernements de la colonie, et font, à un certain point de vue, figure de chef-lieu. Au témoignage de La Hontan, cette ville minuscule est fort riche et bâtie magnifiquement (6).

(1) Frontenac à Colbert, 2 novembre 1672. *Arch. col. Canada*, corr. gén., 3, 1668-1672, fol. 233.
(2) Chambly... c'est une seigneurie dont la situation est remarquable. Il y a eu autrefois un assez grand nombre d'habitants dont la plupart ont abandonné ou sont devenus pauvres parce qu'ils n'ont pas été appuyés, en sorte qu'elle est devenue le refuge des gens qui n'ont en vue que le commerce d'Orange et de Manhatte. — Mémoire à MM. les Intéressés en la société en commandite de la ferme et commerce de Canada, 1683. *Arch. col. Canada*, corr. gén., 6, 1682-1686, fol. 216.
(3) *Censuses of Canada*, vol. IV, p. 21.
(4) De Meulles au ministre, 4 novembre 1683. *Arch. col. Canada*, corr. gén., 6, 1682-1684, fol. 167.
(5) La Hontan, *Voyages dans l'Amérique Septentrionale*, t. I, lettre IV, p. 28.
(6) *Id., loc. cit.*

De l'autre côté du Saint-Maurice, le cap de la Madeleine est comme un faubourg des Trois-Rivières (204 habitants en 1681). Viennent ensuite le fief Hertel et le fief Marsollet où sont établis quelques censitaires (11 pour les deux en 1681). Quant à Champlain, à Batiscan et à Sainte-Anne de la Pérade, ils forment un des quartiers les plus peuplés de la colonie ; en 1685, Champlain 272 habitants ; en 1683, Batiscan et Sainte-Anne 303. Champlain et Batiscan fournissent un grand nombre de coureurs de bois. Les seigneuries qui font pendant sur la rive droite sont loin d'être dans un état aussi satisfaisant. Godefroy, Becancourt, Dutort et Gentilly (1), à toutes quatre, n'ont pas, en 1685, 200 âmes.

La partie occidentale du gouvernement de Québec n'est guère mieux peuplée que le gouvernement de Trois-Rivières. Sur la côte sud, Lotbinière, Sainte-Croix et Villieu n'ont encore attiré qu'une poignée de colons (2). La côte nord, avec les Grondines, Deschambault, Portneuf, Neuville, la Pointe aux-Écureuils, dépasse quelque peu 500 habitants (3). La banlieue Ouest de Québec reste toujours en retard sur la banlieue Est. Le cap Rouge, où les premiers établissements remontent à plus de quarante ans, même joint à la côte Saint-Ange et à Notre-Dame de Foye, atteint à peine à un demi-millier d'habitants (431 en 1683).

Avec ses 1200 âmes, 1400 ou 1500 en ajoutant à la population urbaine celle des faubourgs : côte Sainte-Geneviève, la Canardière, la Petite Rivière (4), Québec demeure une très petite ville. C'est pourtant une vraie capitale, et par sa situation qui est unique dans la Nouvelle-France, et par quelques-uns de ses monuments. Ceux-ci se concentrent à la Haute-Ville sur cette falaise qui s'incline du cap Diamant au confluent de la rivière Saint-Charles. Ce sont la cathédrale, le séminaire,

---

(1) En 1688 Dutort et Bécancourt 101 habitants, Gentilly avec Lotbinière 96.

(2) En 1681, Lotbinière, 58 habitants, Villieu, 15 et Linctot, 15.

(3) En 1681, Dombourg et Neuville, 372 habitants, Portneuf et Chavigny, 59. — En 1683, Neuville, Pointe-aux-Écureuils (avec Villieu qui ne compte presque pas), 391. — A la même date, Deschambault et Portneuf (avec Lotbinière et Sainte-Croix), 189.

(4) État des cures et missions, 1683. — Au recensement de 1685, Québec 1.205 habitants, ses environs 292.

l'église des Jésuites admirée de la Hontan, toujours indulgent pour l'architecture canadienne, la chapelle des Ursulines plusieurs fois brûlée et chaque fois rebâtie « à mieux », la chapelle plus modeste des Récollets et l'Hôtel-Dieu. Au sommet de la montagne, le château Saint-Louis résidence du gouverneur ; à sa base, l'ancienne brasserie de Talon, devenue l'Intendance, et qui donne aussi, trois ou quatre fois par semaine, l'hospitalité au Conseil souverain. Les maisons des particuliers ne manquent point non plus d'allure. Dans la basse ville les marchands en ont à trois étages et de cette pierre noire, dure comme le marbre, qui se recueille sur place (1). Mais Frontenac leur reproche d'avoir été construites à la fantaisie des propriétaires, « sans aucun ordre. » Il écrit à Colbert en 1672 : « Dans les établissements comme ceux-ci qui peuvent un jour devenir considérables, on doit, je crois, songer non seulement à l'état présent dans lequel on se trouve, mais à celui où les choses peuvent parvenir. » Et Frontenac songe que Québec peut devenir la capitale « d'un grand empire » (2). Le futur vainqueur de Phipps déplore que l'on ait laissé la place sans défense. Les murailles du château Saint-Louis sont « toutes à bas : il n'y a plus de portes ni de corps de garde, et c'est un lieu tout ouvert où l'on peut entrer de tous les côtés (3). »

À l'est de la rivière Saint-Charles, les quatre villages de Beauport ont, en 1683, 320 âmes, et plus au nord, dans l'intérieur des terres, les sept villages de Charlesbourg qui d'après l'état des cures sont « fort pauvres et en méchante terre » (4), en ont pourtant 307. Au delà de Montmorency, on entre dans la plus grande seigneurie de la Nouvelle-France, celle de Beaupré. Château-Richer et l'Ange-Gardien ont, en 1683, 505 habitants, Sainte-Anne du Petit-Cap, qui est déjà « la dévotion du pays,

---

(1) Pour la description de Québec, La Hontan, *Voyages dans l'Amérique Septentrionale*, t. I, lettre III, pp. 18, 19, 20, 21.

(2) Frontenac à Colbert, 2 novembre 1672. *Arch. col.* Canada, corr. gén. 3, 1668-1672, fol. 233.

(3) Frontenac à Seignelay, 2 novembre 1681. *Arch. col.* Canada, corr. gén., 5, 1679-1681, fol. 269.

(4) Il y a, en 1685, 1870 arpents de terres cultivées pour Orsainville, Charlesbourg et Saint-Jean, ce qui prouve que Talon n'a pas travaillé sans succès sur cette méchante terre.

le pèlerinage des matelots », en a 167 (1), enfin le cap Tourmente avec la baie Saint-Paul, 68. Toujours à la même date, l'île d'Orléans ou, plus exactement, le comté de Saint-Laurent atteint à plus de 1100 habitants ; 549 à la Sainte-Famille et à Saint-François, 600 à Saint-Paul et à Saint-François (2). Encore faut-il considérer que Beaupré et l'île d'Orléans seraient beaucoup plus peuplés s'ils n'avaient déjà fourni des colons à la longue côte qui fait vis-à-vis de la pointe de Lévi à la rivière Ouelle. Là, pour un espace de vingt-cinq lieues, il faut réunir une dizaine de concessions pour avoir de 800 à 900 colons (3).

En vingt ans, le groupe de l'est a plus que doublé, celui de l'ouest presque quadruplé : ce qui commence à rétablir l'équilibre des forces entre les deux ailes. Si le progrès a été plus lent au centre, du moins, il n'y a plus là interruption du territoire colonisé. La Hontan peut dire en 1685 que de Québec à Montréal « on a le plaisir de faire soixante lieues entre deux villages (4). »

Que deviennent les manufactures que Talon a créées des deniers du roi et de ses propres deniers ? Elles ont disparu ou elles périclitent. Ce n'est pas que l'article soit rayé du programme : Louis XIV recommande expressément à Duchesneau « de porter les habitants à establir des manufactures de laines, de cuirs, et généralement de ce qui peut leur être nécessaire, mesme de ce qui peut servir à être envoyé au dehors ». Il doit aussi tenir la main à ce que celle de la potasse « y soit maintenue et augmentée (5). »

(1) Pour les débuts du pèlerinage de Saint-Anne, de Beaupré, voir le chapitre dernier de la *Relat. des Jésuites*, 1667. Récit des merveilles arrivées en l'église de Sainte-Anne du petit cap, coste de Beauprey, pp. 29-32.

(2) Il y a dans le comté de Saint-Laurent un arrière-fief important, celui d'Argentenay. Il comprend près de la moitié de l'île depuis la pointe du Nord jusqu'à la rivière Delfine.

(3) « La coste de Lauson autrement la pointe de Levy, Mont-à-Peine, Beaumont, La Durantaye, Bellechasse autrement Berthier qui contiennent dix lieues, 522 âmes. — Le cap Saint-Ignace auquel on joindra la Bouteillerie, la rivière du Sud et plusieurs autres seigneuries qui contiennent quinze lieues d'estendue avec l'isle aux Oyes, 325 âmes ». Estat des cures et missions, 1683.

(4) La Hontan, *Voyages dans l'Amérique Septentrionale*, t. I, lettre IV, p. 29.

(5) Instruction que le Roy a ordonné estre mise ès mains du sieur Du_

Si bien conçu que soit le programme, il est, à bref délai du moins, d'une exécution malaisée. Certes, aux bords du Saint-Laurent, la multiplication du bétail est rapide ; mais quelques milliers de bêtes à cornes et quelques centaines de moutons (1) ce n'est point assez pour alimenter de matière première des manufactures de cuir et de laine. Sur la potasse, le roi est tout à fait mal renseigné. Il n'est pas question d'en augmenter, même d'en maintenir la production. On n'en a jamais sérieusement produit. Folin a déçu l'espoir que l'on fondait sur sa science. Il est repassé en France ne rapportant que des échantillons médiocres (2). On n'entendra plus parler de lui. On a aussi cessé de fabriquer de la bière. Les fermiers ont fait passer en quantité du vin et de l'eau-de-vie que les habitants préfèrent (3). Si la culture du chanvre n'est point abandonnée, le nombre est singulièrement réduit de ceux qui y persévèrent. La raison est que les Canadiens ne savent à qui vendre le chanvre (4).

Bref, rien ne peut s'entreprendre avec chance de succès, faute de capitaux, faute de débouchés. Faute aussi d'hommes de métiers. La pénurie d'artisans est aussi grande qu'il y a vingt ans lorsque Talon débarque. De remède, de Meulles n'en voit qu'un. Que le roi établisse dans la brasserie une manufacture générale ; qu'il achète aux habitants les laines, les crins, les chanvres ; qu'il recrute, transporte, nourrisse, salarie, pendant cinq ou six ans, des hommes de métiers, par centaines ; qu'il se fasse drapier, cordonnier, cordier (5). Le roi décline l'invite. Il consent seulement à acheter le chanvre et, même, à un prix un peu supérieur à celui de France (6). De Meulles espère

chesneau, 7 juin 1675. *Arch. col.* Canada, expéditions 1674-1675, enregistrement des depesches des Iles et du Canada, 1675, fol. 43.

(1) En 1667 : 85 moutons et 3.107 bêtes à cornes ; en 1685 : 787 moutons et 7.474 bêtes à cornes. *Censuses of Canada*, vol. IV, pp. 7 et 17.

(2) Mémoire pour l'établissement en Canada des manufactures de potasse et de savon. *Arch. col.* Canada, corr. gén., 6, 1682-1687, fol. 474.

(3) Duchesneau à Colbert, 24 janvier 1681. *Arch. col.* Canada, mémoires, 1710-1759, fol. 67.

(4) De Meulles à Colbert, 12 novembre 1682. *Arch. col.* Canada, corr. gén., 6, 1682-1684, fol. 81.

(5) *Id., loc. cit.*

(6) Colbert à de Meulles, 10 avril 1684. *Arch. col.* Canada, corr. gén., 6, 1682-1684, fol. 377.

que le jour est proche où la colonie sera à même de fournir à toute la consommation de la Marine à Rochefort (1).

En résumé, moins par le manque d'application des chefs de la colonie que par la brusque interruption des libéralités royales, au moment où elles étaient le plus nécessaires pour achever ce qui avait été si bien commencé, l'œuvre de Talon est, sur ce point, compromise. Tout est à recommencer, ou peu s'en faut, pour doter la Nouvelle-France de manufactures.

Elle n'en est pas moins en mesure de fournir abondamment la matière pour un commerce avec les Antilles. Elle a du blé, des bestiaux, des denrées plus qu'elle n'en peut consommer et elle ne sait comment s'en défaire. Le roi gourmande vivement ses représentants qui lui paraissent être un peu négligents à exciter les habitants à armer des vaisseaux. Les uns et les autres ont une excuse valable : personne n'est assez riche dans la colonie pour faire les frais d'une pareille entreprise (2). Seul, le premier conseiller Villeray en est capable. Encore ne reçoit-il aucun appui de la part de Frontenac qui ne lui pardonne pas d'être attaché aux Jésuites (3). Pourtant le commerce avec les Antilles n'est pas interrompu. Duchesneau, piqué au vif par les reproches qui viennent de Versailles, proteste que ce commerce n'a jamais été aussi actif que depuis qu'il est à Québec. Il donne des chiffres qui le justifient : quatre navires une année, deux toutes les autres, mais un seul en 1681 (4) La Barre témoigne aussi de quelque ardeur. Pour développer les échanges entre les colonies, comme naguère Talon avec Pellissier, il se met en rapport avec Blenac et Begon qui commandent aux Îles (5). Il est vrai que son collaborateur de Meulles reconnaît qu'il est fort malaisé d'y réussir (6).

(1) De Meulles à Colbert, 12 novembre 1682. *Arch. col.* Canada, corr. gén., 6, 1682-1684, fol. 81.
(2) *Id.*, loc. cit.
(3) Colbert à Frontenac, 17 mai 1674. *Arch. col.* Canada, expéditions, 1674-1675, fol. 22.
(4) Duchesneau à Seignelay, 13 novembre 1681. *Arch. col.* Canada, corr. gén., 5, 1679-1681, fol. 290.
(5) De la Barre à Colbert, 1682. *Arch. col.* Canada, corr. gén., 6, 1682-1684, fol. 59.
(6) De Meulles à Colbert, 12 novembre 1682. Loc. cit.

CHAPITRE II

LES COUREURS DE BOIS. — L'ÉCHEC DE LA FRANCISATION

Une déperdition de forces. — Les coureurs de bois. — La traite plus avantageuse que jamais. — Les tentations de la vie libre. — En canot du Saint-Laurent au Supérieur. — La foire de Montréal. — Progrès de la découverte. — Cinq cents voyageurs sur quinze cents adultes. — Insuccès de la répression. — Les congés. — Échec de la francisation. — Les quatre missions. — La dot des sauvagesses.

En quinze années, de 1668 à 1683 (1), la Nouvelle-France n'a pas gagné quatre mille âmes. Au milieu de cette paix, avec cette fécondité des ménages, avec ce progrès continu dans l'établissement des seigneuries, on s'attendait à mieux. Le retour en France de ceux que le climat rebute, ou qui perdent courage à la rude tâche du défrichement, fournit une première explication. Mais on ne peut s'en contenter. Pour empêcher ce qui est considéré comme une désertion, on a pris à Québec des mesures si sévères qu'elles ont dû être efficaces. La vérité c'est que la grande majorité des déserteurs ne quittent point le sol du nouveau monde. A peine peuplée, la petite France du Saint-Laurent commence à essaimer à travers le continent.

Une fois la hache de l'Iroquois enterrée, il était fatal que le Français d'Amérique ne pût résister à son tempérament, qu'il

---

(1) En 1668 : 6.282; en 1683 : 10.251. Censuses of Canada, vol. IV. Introduction, p. xvii.

se mit à courir les aventures. Parmi les recrues de la colonisation il y a deux espèces d'hommes auxquels il doit être particulièrement difficile de tenir en place. Quoi d'étonnant à ce que Talon n'ait pas réussi à fixer la totalité des engagés et des soldats Quelques-uns d'entre eux ont, peut-être, cette excuse d'avoir fait l'essai loyal de la vie sédentaire et d'avoir échoué. Le fait est qu'aussitôt après le départ de l'intendant la gueuserie s'introduit à Québec. Les gueux sont si turbulents, si audacieux que le Conseil souverain est obligé d'intervenir. En 1676, il enjoint à trois cents mendiants qui sont à la charge du public de retourner sur leurs concessions (1). Pour que ces gens-là obéissent, il faudrait que la forêt ne leur offrît pas la vie libre et la traite.

D'autant plus que la traite devient très avantageuse. Quelque nombre de peaux que l'on apporte au magasin on a la certitude de les vendre à un prix sur lequel les tarifs défendent de rien rabattre (2). Pour avoir le castor à bon marché il ne s'agit que de joindre les sauvages dans la profondeur des bois. Là il sera facile d'abuser de l'insouciance de ces grands enfants, du goût effréné qu'ils ont pris pour l'eau-de-vie. Vingt ans plus tôt il n'eût pas été nécessaire de s'écarter beaucoup. Le castor abondait sur le Saint-Maurice et sur la rivière des Outaouais. Mais le précieux rongeur partage le sort de tout ce qu'il y a de gibier en Nouvelle-France. A portée des habitations, il est devenu rare. La « source du castor », pour se servir de l'expression qui revient sans cesse dans la correspondance de Frontenac et de Duchesneau, est rejetée par delà la grande mer d'eau

---

(1) Ordonnance portant défense de mendier, 31 août 1676. *Jugements et délibérations du Conseil souverain*, t. II, pp. 30 et 31.

(2) « Il est nécessaire de savoir que le défaut d'attention de ceux qui en avaient la revente (du castor) en France pour observer s'il ne s'en apporte pas de Canada au-delà de ce qui pouvait s'en consommer... a été le principe de ce mal. En effet les habitants de Canada qui estoyent assurés d'un prix raisonnable de leur castor ne cherchèrent plus que les moyens d'en avoir pour se procurer des lettres d'échange sur France qui étaient très bien payées. Jusqu'alors ces habitants s'étaient fixés à l'augmentation de leurs biens par la culture de leurs terres... l'avidité d'avoir du castor fit que plusieurs personnes de toutes qualités allèrent sans permission à Michillimackinac... y porter des marchandises afin de trafiquer avec les sauvages. » Mémoire d'Auteuil sur le commerce des castors. *Arch. col.* Canada, corr. gén., 31, 1713-1714, fol. 198.

douce, à l'ouest du lac Supérieur, à l'ouest et au sud du lac Michigan (1). Les traiteurs sont condamnés à un voyage de cinq à six cents lieues. Cela n'est pas fait pour refroidir les enthousiasmes. Cette vie errante a tant de charmes. Les voyageurs sont libérés de toutes les contraintes. Ils n'ont plus à obéir ni aux lois du royaume, ni, ce qui libère peut-être davantage, à ces lois de l'Église qui s'appliquent si sévèrement dans une société puritaine. La liberté avec l'espoir d'un gain facile, voilà de quoi séduire les imaginations. Et c'est ainsi que la contagion du vagabondage se propage jusqu'à ceux qui sembleraient devoir lui être le plus réfractaires, jusqu'à ces laboureurs qui sont les vrais colons (2). Même ceux qui, en personne, ne prennent point part à la traite trouvent moyen de s'associer à ses bénéfices. Les uns envoient dans les bois leurs enfants et leurs valets. Les autres se contentent de faire à ceux qui partent des avances dont ils se remboursent avec usure (3).

La course des bois s'organise très vite. En 1668, le Conseil souverain constate « qu'à peine il y a une bande de sauvages qui n'aye des Français avec soy » (4). En 1669, ces plaintes se

(1) « La source du castor est vers les nations du lac supérieur et de l'ouest. » Frontenac à Colbert, 9 octobre 1679. *Arch. col. Canada, corr. gén.*, 5, 1679-1681, fol. 8. — Elle est « chez les Assiniboels, Nadouessioux, Miamis, Islinois. » Duchesneau à Colbert, 13 novembre 1681. *Arch. col. Canada, corr. gén.*, 5, 1679-1681, fol. 290.

(2) « Quant aux laboureurs qui s'appliquent avec assiduité à la terre, non seulement ils subsistent fort honnestement et sont sans comparaison plus heureux que ce qu'on nomme en France les bons paysans. Mais comme les esprits de ce pays prennent aisément l'essor et qu'ils ont beaucoup de l'humeur sauvage qui est légère et ennemie d'un travail assidu, voyant la liberté qu'on prend si hardiment de courir les bois, ils se débauchent... » Duchesneau à Colbert, octobre 1679. *Arch. col. Canada, corr. gén.*, 5, 1679-1681, fol. 21.

(3) « La plus grande partie des officiers du Conseil souverain et des autres justices... font du commerce... Plusieurs des gentilshommes, officiers réformés et seigneurs des terres... font leur plus grande occupation de la chasse et de la pêche... ils se meslent de commerce, s'endettent... excitent leurs jeunes habitants de courir les bois et y envoient leurs enfants. » Duchesneau à Colbert, octobre 1679, loc. cit. — Les principales familles se trouvent intéressées dans le commerce des coureurs des bois. Frontenac à Colbert, 9 octobre 1679. *Arch. col. Canada, corr. gén.*, 5, 1679-1681, fol. 8.

(4) 29 février 1668. *Jugements et délibérations du Conseil souverain*, vol. I, p. 474.

précisent : « Plusieurs particuliers, tant soldats et volontaires qu'habitants, ont été dans les bois trente, quarante et cinquante lieues au-devant des sauvages (1). » En 1672, c'est Frontenac qui jette le cri d'alarme : les coureurs de bois sont à cinq ou six cents lieues des habitations (2). Toutes les régions de la colonie donnent des recrues à la course des bois et naturellement, à cause de sa situation, celle de Montréal plus que les autres.

Par les fleuves, les rivières, les lacs, la route est ouverte aux voyageurs. Ils s'entassent avec leur pacotille dans des canots sauvages à trois places. Ils les manœuvrent avec une vigueur, une adresse qui les égalent à leurs maîtres Outaouais et Iroquois. Mais quelle vie ! A tous les portages avoir aux épaules l'embarcation et les marchandises. Sur les grands lacs plus de telles fatigues, mais un péril de tous les instants. Au moindre vent qui s'élève la coque de noix risque de culbuter (3). Enfin, et c'est là sans doute l'apprentissage le plus cruel, il faut apprendre à supporter la famine. Dès que le gibier manque, on est réduit aux racines.

Si capricieuse que soit l'humeur des aventuriers, ils ont à accepter un itinéraire qui ne comporte qu'un petit nombre de variantes. Et la preuve que c'est bien là le grand chemin qu'il faut suivre, c'est qu'à tous ses carrefours ils trouvent installés les missionnaires : à Saint-Ignace dans le lac Huron ; au Saut-Sainte-Marie à l'entré du lac Supérieur ; à saint François Xavier dans la baie des Puants, c'est-à-dire sur le Michigan.

Les premières étapes sont bien faites pour décourager les moins énergiques. De l'Ottawa au Nipissingue par la Matawan, de la rivière des Français au lac Huron, c'est, à l'infini, la multiplication des rapides et, conséquemment, des portages. Il faut ensuite franchir le lac Huron sans s'arrêter. On a trop peu à récolter sur les deux rives de la baie Georgienne et dans l'île Manitoualin. Au delà, on a le choix entre deux routes. Celle du lac Supérieur est la moins tentante. Du Saut-Sainte-Marie au

---

(1) 26 juin 1669. *Jugements et délibérations du Conseil souverain*, t. I, p. 558.
(2) Le roi à Frontenac, 5 juin 1672. *Arch. col. Canada*, mémoires 1670-1676, fol. 91.
(3) La Hontan, *Voyages dans l'Amérique Septentrionale*, t. I, lettre VI, p. 43.

fond du lac elle ne donne rien au nord, et, au sud, ne donne que peu de chose. Il est vrai que plus loin on se dédommage, que l'on pousse, au nord-ouest, jusqu'au lac Michigan, ou, à l'ouest, vers les villages de Nadouessioux. De ce côté les plus aventureux se risquent au pays des Assiniboels. De toute manière il vaut mieux entrer dans le Michigan. De Michillimakinac on est tout de suite à la baie des Puants. C'est là, pour les traiteurs, la Terre promise. Les tribus riveraines Poutéoutamis, Malomines, Sakis, et, un peu plus loin dans l'intérieur, sur le chemin de Mississipi, les Outagamis, les pourvoient abondamment de robes précieuses. De la pointe sud du Michigan ils peuvent encore gagner les terres vierges des Miamis et des Illinois (1). On conçoit qu'un pareil voyage, aller et retour, dure longtemps. Ainsi de Montréal au Saut-Sainte-Marie et à Michillimackinac on compte une cinquantaine de jours. La navigation du lac Supérieur, où les vents arrêtent souvent les canots, quand ils ne les chavirent pas, exige deux mois et demi. Ajoutez-y le temps même de la traite et la halte forcée de l'hivernage, et, avec très peu d'école buissonnière, cela fera pour le coureur de bois entre deux ans, trois ans d'absence (2).

C'est à Montréal que les coureurs de bois font leur rentrée dans la vie civilisée. C'est là, lorsqu'il leur faut se cacher, qu'ils trouvent le plus de complices, recéleurs, acheteurs clandestins (3). C'est là surtout où ils trouvent le débit le plus assuré et le plus avantageux de leur marchandise. Naturellement les

(1) Pour déterminer dans ses grandes lignes l'itinéraire des coureurs de bois, voir « Un mémoire préparé par ordre du gouverneur » sur « la manière dont on pourrait avertir (les coureurs de bois) des lettres d'amnistie que le roi leur avait accordées et du temps qu'il (leur) serait à peu près nécessaire pour pouvoir se rendre dans les habitations », 23 août 1681. *Jugements et délibérations du Conseil souverain*, t. II, pp. 170-171.

(2) Deux ou trois ans, dit Duchesneau, 13 novembre 1681. *Arch. col. Canada*, corr. gén. 5, 1679-1681, fol. 290. — Un an ou dix-huit mois, dit La Hontan, *Voyages dans l'Amérique Septentrionale*, t. I, lettre IV, p. 31.

(3) Deux anciens lieutenants de Carignan, Brussy et Carion, sont à Villemarie les complices, les protecteurs des coureurs de bois. Le premier leur donne l'hospitalité dans son habitation de l'Ile Perrot, le second en fait évader plusieurs. Mémoire des motifs qui ont obligé monsieur le comte de Frontenac de faire arrester M. Perrot, gouverneur de Montréal. *Arch. col. Canada*, mémoires, 1670-1676, fol. 127.

coureurs de bois font scandale dans la ville fondée par le pieux Maisonneuve. « La bonne chère, les femmes, le jeu, la boisson tout y va. Tant que les castors durent, rien ne coûte à nos marchands. Vous seriez même étonnés de la dépense qu'ils font en habits. Mais la source est-elle tarie, le magasin est-il épuisé? Adieu dentelles, dorures, habillements, adieu l'attirail de luxe, on vend tout. De cette dernière monnaie, on négocie de nouvelles marchandises; avec cela ils se remettent en chemin et partagent ainsi leur jeunesse entre la peine et la débauche ». Ce brillant tableau est de la Hontan. Il reconnaît toutefois que les coureurs de bois mariés sont d'ordinaire plus sages, qu'ils vont se délasser chez eux, qu'ils y portent leurs profits (1).

Les indigènes accueillent volontiers ces hommes qui leur en imposent par leur hardiesse et leur vigueur, qui parlent facilement leurs langues et, ce qui suffirait à leur assurer une cordiale réception, apportent l'eau-de-vie. Meilleur accueil encore de la part des sauvagesses. Ces filles rouges qui, même quand elles ont passé par la discipline persuasive des Ursulines, font fi d'un laboureur ou d'un artisan, se défendent mal contre ces hardis compagnons qui, en adoptant la vie nomade, se rapprochent d'elles. Et le mélange des races s'opère. Mais non tel que l'a rêvé Champlain. Ce n'est pas l'Europe qui, dans cette alliance, civilise l'Amérique, c'est l'Amérique qui, se venge de l'invasion en ramenant l'envahisseur à la barbarie. Et il en résulte un grand scandale. Denonville accuse les compagnons de Cavelier de la Salle de changer de sauvagesses tous les huit jours (2). Le désordre ne va pas sans doute toujours aussi loin, mais point de traiteur qui n'ait, dans chaque tribu où il séjourne, une squaw et des enfants, et, ce qui est un préjudice sérieux pour la colonisation, des enfants qui resteront des sauvages.

La course des bois n'a-t-elle eu que des suites malheureuses? Évidemment non. On lui doit, en grande partie, le progrès rapide et décisif qui, de la fin du dix-septième siècle à la première

(1) La Hontan, *Voyages dans l'Amérique Sentenlrionale*, t. I, lettre IV, p. 31.
(2) Denonville au ministre, 25 août 1687. Arch. col. Canada, corr. gén., 9, 1687, fol. 61.

moitié du dix-huitième, s'accomplit dans l'exploration du pays d'en haut. Joliet, La Salle, Varennes de la Vérendrie, du moins à leurs débuts, sont-ils autre chose que des coureurs de bois? Cette avant-garde d'enfants perdus a aussi contribué à nous gagner l'affection et la confiance de ces tribus de l'ouest, qui, jusqu'au dernier moment, combattent à nos côtés. Enfin ces déserteurs, ces rebelles n'ont jamais manqué à l'appel de la patrie en danger. La Nouvelle-France n'a pas de défenseurs plus vaillants que ces aventuriers aguerris à tous les périls, à toutes les fatigues, à toutes les misères.

Mais et, c'est un sujet constant de doléances pour les missionnaires, par le mauvais exemple qu'ils donnent, les coureurs de bois compromettent l'œuvre de la conversion, et, ce qui est plus grave, par le développement de l'ivrognerie, accélèrent la destruction des races indigènes. Surtout leur exode commence trop tôt à une heure où la colonie, pour la mise en valeur du sol et la multiplication de la population, a besoin de tous ses enfants. La course des bois risque de compromettre l'œuvre de Talon au moment où les plus belles espérances sont permises. Voyez quelle dîme elle prélève. « Il y a 800 coureurs de bois, dit Duchesneau (1). » De 500 à 800 dit Patoulet (2). Prenez le plus bas chiffre, 500; ce n'est que le vingtième de la population totale, mais ce n'est, ni plus ni moins, que le tiers de la population masculine adulte, puisque dans un pays où les adolescents se marient par ordre du roi, il n'y a en 1681 que 1175 hommes mariés et 65 veufs (3). Et ceux-là qui partent sont, nécessairement les plus vigoureux, les plus énergiques. Ce sont les plus propres à cultiver la terre, à défendre la colonie (4).

Talon est le premier à constater le mal et à tenter de l'enrayer dès son début. Pour mettre un terme au vagabondage il

---

(1) Duchesneau à Colbert, 13 octobre 1680. *Arch. col. Canada, corr. gén.*, 5, 1679-1681, fol. 161.

(2) Mémoire pour faire connaître à Monseigneur (Colbert) les désordres causés par les coureurs des bois. *Arch. col. Canada, corr. gén.*, 5, 1679-1681, fol. 320.

(3) *Censuses of Canada*, vol. IV, p. 12.

(4) Duchesneau à Colbert, 10 novembre 1679. *Arch. col. Canada, mémoires*, 1549-1759, fol. 61.

imagine de rendre le mariage obligatoire pour les volontaires arrivés au terme de leur engagement. S'ils ne prennent point femme dans les quinze jours qui suivent l'arrivée des vaisseaux qui amènent les filles, ils seront privés de la chasse et de la traite. L'intendant du reste ne compte pas trop sur l'efficacité du remède. Il est en quête de quelque autre expédient. Il voudrait que Sa Majesté lui ordonnât, par une lettre de cachet, de fixer ces errants, en quelque lieu où ils prissent part aux ouvrages de la communauté (1). Il faut en venir bientôt à une répression plus énergique. A partir de 1672, à mesure que la désertion se généralise, les ordonnances contre les coureurs de bois et, ce qui vise à les atteindre indirectement, en leur enlevant leur principale monnaie d'échange, les ordonnances contre la vente et le transport de l'eau-de-vie, se multiplient à tel point qu'il serait fastidieux de les énumérer dans l'ordre chronologique. Aussi bien défenses du roi, du gouverneur, de l'intendant, du Conseil souverain, toutes s'inspirent des mêmes préoccupations. Il n'y a que les pénalités qui varient. En 1672, les coureurs de bois risquent le fouet et, en cas de récidive, les galères (2). En 1673, la sévérité s'aggrave. Défense de vaquer plus de vingt-quatre heures dans les bois sans permission à peine de la vie (3). En 1696, Louis XIV s'aperçoit qu'il est allé trop loin, qu'il y a disproportion entre la faute et le châtiment. Il la réduit, pour la première fois, à la confiscation des pelleteries et à une amende qui peut monter à deux mille livres, et, pour la seconde, à une peine arbitraire qu'il abandonne à la décision de l'intendant (4). Tout cela ne servira de rien si l'on épargne les complices : commanditaires, receleurs, acheteurs. Frontenac y pourvoit (5) et « pour couper la racine du mal » il

---

1) Addition au précédent mémoire... *Arch. col.* Canada, corr. gén., 3, 1668-1672, fol. 98.
2) Ordonnance du 27 septembre 1672. *Arch. col.* Canada, mémoires, 1670-1676, fol. 95.
3) Ordonnance du roi, 5 juin 1673, *Arch. col.* Canada, mémoires, 1670-1676, fol. 120.
4) Ordonnance du Roi, 15 avril 1676. *Arch. col.* Canada, mémoires, 1550-1669, fol. 57.
5) Par l'ordonnance du 27 septembre 1672. *Arch. col.* Canada, mémoires, 1670-1676, fol. 95.

organise la surveillance là où elle est le plus nécessaire. Un ancien capitaine de Carignan, renommé pour son énergie, Chambly, est nommé commandant militaire dans le district de Montréal. Mais Chambly est bientôt appelé au gouvernement de l'Acadie (1) et on ne lui donne pas, on ne lui trouve pas, peut-être, de remplaçant. De son côté, le Conseil souverain a limité le droit de traiter des fourrures aux trois marchés de Montréal, des Trois-Rivières et de Québec (2).

Il faut toujours compter avec l'ingéniosité des fraudeurs. Le roi a oublié de comprendre, expressément, l'Acadie dans ses défenses. On s'y porte en foule. On a encore la ressource, pour mettre, du moins au départ, la surveillance en défaut, d'obtenir un congé de chasse. Louis XIV est averti de toutes ces supercheries. Il étend ses défenses à l'Acadie (3). Il interdit au gouverneur et à l'intendant de délivrer des permissions d. chasse « en dehors des terres défrichées et à une lieue à la ronde » (4). Mais presque aussitôt il se laisse désarmer par la crainte d'enlever à la colonie un de ses moyens de subsistance. Le gouverneur et l'intendant pourront permettre de chasser du 16 janvier au 15 avril (5).

Quel est le résultat en somme? Est-on parvenu à atténuer le mal? A-t-on seulement réussi, pour faire des exemples, à prendre en flagrant délit et à mener devant les juges un nombre suffisant de coupables. A dire vrai, il ne semble pas que le grand prévôt, qui est chargé de les capturer, fasse merveille. De 1676 à 1685, les registres du Conseil souverain ne men-

(1) Mémoire des motifs qui ont obligé monsieur le comte de Frontenac de faire arrester M. Perrot, gouverneur de Montréal. *Arch. col. Canada*, mémoires, 1670-1676, fol. 127.
(2) Arrêt du 5 octobre 1676. *Jugements et délibérations du Conseil souverain*, t. II, pp. 75-76.
(3) Ordonnance du Roy, 12 mai 1678, qui défend la traite du côté de l'Acadie. *Arch. col. Canada*, expéditions des Indes orientales et occidentales, 1676-1678, fol. 12.
(4) Ordonnance du Roy, 12 mai 1678, qui défend au gouverneur et à l'intendant de donner des permissions d'aller à la chasse hors de l'étendue des terres défrichées et une lieue à la ronde. *Arch. col. Canada*, expéditions des Indes orientales et occidentales, 1676-1678, fol. 11.
(5) Ordonnance du Roi du 25 avril 1679. *Arch. col. Canada*, mémoires, 1677-1680, fol. 228.

tionnent qu'une douzaine de condamnations à l'amende (1). Cet échec de la répression s'explique par la complicité universelle. Parmi les condamnés ne trouve-t-on pas les noms les plus respectés de la colonie, un Hertel, un Legardeur (2)? Il n'est pas jusqu'aux représentants du roi qui ne prêtent au soupçon. Ils se chargent du reste les uns les autres. Duchesneau accuse Perrot et Bizard, le gouverneur et le major de Montréal (3), et Frontenac rend à Duchesneau accusation pour accusation (4), fait faire le procès de Perrot (5), et, dans une dépêche chiffrée demeurée fameuse, met en cause les Jésuites (6). A Versailles où il y a un juge impartial, Colbert, c'est Frontenac qui est condamné (7).

Le gouvernement royal hésite à s'engager à fond dans la répression. Si elle devient trop rigoureuse ne reste-t-il pas toujours aux coureurs de bois un moyen d'échapper? Ils n'ont qu'à ne pas revenir dans la colonie. Ils n'ont qu'à se rendre indépendants. Quant à leurs pelleteries, ils savent que les colonies anglaises les réclament (8). Déjà Duluth a réussi à en

---

(1) *Jugements et délibérations du Conseil souverain*, t. II, pp. 260, 263-264, 313-314, 358-359, 578-579.

(2) *Id.*, pp. 263-264 et 313-314.

(3) Extrait de la lettre de M. Duchesneau, 10 novembre 1679. *Arch. col. Canada, mémoires*, 1540-1759, fol. 61.

(4) Frontenac à Colbert, 19 octobre 1679. *Arch. col. Canada, corr. gén.*, 5, 1679-1681, fol. 8.

(5) *Jugements et délibérations du Conseil souverain*, t. II, pp. 514-516, 568-569, 695-697, 699-701.

(6) « Pour vous parler franchement, ils songent autant à la conversion du castor qu'à celle des âmes. Car la plupart de leurs missions sont de pures mocqueries... (en chiffres). » Frontenac à Colbert, 2 novembre 1681. *Arch. col. Canada, corr. gén.* 4, 1679-1681, fol. 277. — M. Harrisse a pris une phrase de cette dépêche pour épigraphe de ses *Notes pour servir à l'Histoire, à la Bibliographie et à la Cartographie de la Nouvelle-France, 1545-1700*.

(7) Colbert, sans doute édifié par l'affaire du coureur de bois La Taupine (extrait de la lettre de Duchesneau du 10 novembre 1679 citée plus haut), fait adresser par le roi une sévère admonestation au gouverneur. Extrait de la lettre du roi à Frontenac, 29 avril 1680. *Arch. col. Canada, mémoires*, 1677-1680, fol. 315.

(8) « Leur insolence... va jusqu'au point de faire des ligues et de semer des billets pour s'attrouper, menaçant de faire des forts et d'aller du costé de Manatte et d'Orange où ils se vantent qu'ils seront reçus... Ils ont commencé de leur porter des peaux dès l'année passée. » Frontenac

grouper un certain nombre, à s'en faire obéir et, en même temps, à contracter des alliances avec les tribus, et même, ce qui est méritoire, à les pacifier (1). Sur le Supérieur et le Michigan Duluth est plus roi que le roi. Et Frontenac de rappeler l'exemple des Boucaniers de Saint-Domingue (2). Louis XIV se résigne à pardonner, à proclamer une amnistie plénière avec un si complet effet rétroactif qu'elle fait rembourser les amendes (3). L'amnistie c'est pour le passé ; pour l'avenir on trouve habile de faire la part du feu. Comme il importe beaucoup moins d'empêcher la traite que de restreindre le nombre des traiteurs, on imagine le système des congés (4).

Chaque année le gouverneur général accorde, au nom du roi, des permissions de traite aux pauvres gentilshommes, aux officiers en réforme, à leurs veuves. Ces permissions ne doivent pas dépasser le nombre de vingt-cinq. On limite aussi la quantité des marchandises à transporter. Elles n'excéderont pas la charge de deux grands canots. Le titulaire d'un congé n'est pas obligé de l'exploiter en personne. Neuf fois sur dix, il le vend à un marchand. Celui-ci n'a pas de peine à trouver des voyageurs. Et, du coup, voici un certain nombre de ces hors la

à Colbert, 2 novembre 1672. *Arch. col.* Canada, corr. gén., 3, 1668-1672, fol. 233.

(1) Frontenac à Colbert, 9 octobre 1679. *Arch. col.* Canada, corr. gén., 5, 1679-1681, fol. 8.

(2) *Id.*, 2 novembre 1672. *Arch. col.* Canada, corr. gén., 3, 1668-1672, fol. 233.

(3) Lettres patentes portant amnistie pour les coureurs de bois du Canada, 2 mai 1681. *Arch. col.* Canada, corr. gén., 5, fol. 328.

(4) « Et voulant en même temps donner moyen à quelques-uns des habitants de la Nouvelle-France de faire commerce avec les nations sauvages les plus éloignées des habitations françaises, pour les accoutumer mesmes à venir tous les ans porter leurs pelleteries dans les foires establies à Montréal et ailleurs, Sa Majesté a ordonné... qu'il sera donné tous les ans permission à vingt-cinq canots équipés de trois hommes chacun d'aller traiter avec les sauvages, lesquelles permissions ne pourront estre données que par le gouverneur... et visées par l'intendant. Enjoint Sa Majesté de distribuer ces permissions également à tous les habitants sans qu'aucun puisse les obtenir deux années de suite. » Ordonnance, mai 1681. *Arch. col.* Canada, mémoires, 1681-1690, fol. 17.

loi qui sont mis en règle avec elle. Les congés sont très recherchés. Ils procurent de beaux bénéfices (1).

En même temps, contre les coureurs de bois qui agissent pour leur propre compte, qui ne sont pas au service des propriétaires des congés, la menace de châtiments sévères est renouvelée. C'est pour la première fois le fouet et la flétrissure de la fleur de lys, pour la seconde les galères à perpétuité. Mais l'amnistie présente n'apparaît aux yeux de ceux qui en bénéficient que comme un témoignage éclatant de l'impuissance du gouvernement; ils vont escompter les pardons futurs. En outre, la distribution des congés ne fait que rendre plus difficile la surveillance des autorités. Bref l'insuccès est complet (2). Les coureurs de bois sont toujours « d'une audace inouïe » écrit M. de La Barre dès l'année suivante (3). Ce n'est, du reste, plus l'heure de rien entreprendre contre eux. Les Iroquois reprennent les armes. En 1686, il faudra appeler les vaillants aventuriers au secours de la colonie. Ils obéissent en masse, et Duluth,

(1) Voici, suivant La Hontan, ce que peut rapporter un congé à un marchand qui n'a eu à débourser que six cents écus pour acheter le privilège et mille écus pour faire la pacotille : « Cette somme de mille écus raporte ordinairement au retour du voiage sept cens pour cent de profit...; parce qu'on écorche les sauvages... ; ainsi ces deux canots qui ne portent que mille écus de marchandises trouvent après avoir fait la traite assez de castors de ce provenu pour en charger quatre. Or quatre canots peuvent porter cent soixante paquets de castors... chaque paquet valant cinquante écus ; ce qui fait en tout au retour du voiage la somme de huit mille écus. Voici comment on fait la répartition : Le marchand retire en castors de ces huit mille écus de pelleteries le paiement du congé que j'ai fait monter à six cens écus, celui des marchandises qui va à mille. Ensuite sur les six mille quatre cens de surplus il perd quarante pour cent pour la bomerie (prêt à grosse avanture) ce qui fait encore deux mille cinq cent soixante écus. Après quoi le reste est partagé entre les six coureurs de bois qui n'ont assurément pas volé les six cens écus ou à peu près qui reste à chacun d'eux. » La Hontan, *Voyages dans l'Amérique Septentrionale*, t. I, lettre IX, p. 85-86.

(2) A la vérité, d'Auteuil prétend que « la plus grande partie des coureurs de bois obéit et revint dans la colonie ; mais quand ils s'aperçurent que ceux qui devaient donner l'exemple sous divers prétextes contrevenaient eux-mêmes aux défenses, ils se débandèrent de nouveau et le nombre des Coureurs de bois fut aussy grand que jamais. » Mémoire de d'Auteuil, 1715. *Arch. col. Canada, corr. gén.*, 34, 1712-1714, fol. 193.

(3) Ordonnance de MM. de La Barre et de Meulles contre ceux qui vont dans les bois sans congés, 19 octobre 1682. *Arch. col. Canada, mémoires*, 1681-1690, fol. 104.

ce fameux Duluth auquel Duchesneau n'admettait pas qu'on pût jamais pardonner, est à leur tête.

Où en est-on avec les sauvages? Jésuites, Sulpiciens, Récollets se sont engagés à les réduire à la vie civile, à les franciser. Se sont-ils mis à l'œuvre résolument? Ont-ils enfin obtenu des résultats?

Nous avons vu qu'ils ont réussi à fixer dans l'intérieur de la colonie un certain nombre d'indigènes. Ils les ont groupés en quatre missions, deux dans la banlieue de Québec, Lorette et Sillery; deux dans celle de Montréal, Saint-François-Xavier du-Sault et la Montagne. Cette dernière est dirigée par les Sulpiciens, les trois autres par les Jésuites. A la Montagne et à Saint-François ce sont des Iroquois, à Sillery des Abenakis, à Lorette des Hurons.

Pour agir sur les indigènes adultes, il n'y a que l'exemple. Le spectacle de la vie française va-t-il leur inspirer l'envie de nous imiter? Cela n'est guère probable. A ces hôtes de la colonie, il n'y a que deux choses à demander. D'abord qu'ils contribuent à la défense; et cela on l'obtient aisément. Les Iroquois « domiciliés » suivront M. de la Barre contre leurs frères des Cinq Nations. Ensuite, et c'est là l'essentiel, qu'ils nous livrent leurs enfants.

Dans toutes les missions il y a des écoles où l'on élève les petits sauvages à la française. Leur enseigne-t-on le français? Sans doute, puisque les missionnaires s'y sont engagés; mais quel est le succès de cet enseignement? Nulle part il n'est fait mention d'indigènes s'exprimant en notre langue. Les missionnaires ne sont pas plus heureux dans leurs efforts pour attacher au sol ces fils d'une race vagabonde. C'est en vain qu'ils essaient de leur donner du goût pour les travaux de l'agriculture. Comme leurs ancêtres, les élèves des missions ne veulent vivre que de la chasse et de la traite.

Il semble que l'on s'y prenne mieux avec les filles. Les Ursulines de Québec se piquent d'honneur. Elles ont à maintenir la brillante réputation qu'elles doivent à Marie de l'Incarnation. Elles excellent à enseigner aux sauvagesses à prier Dieu et à parler français. Mais les bons esprits sont d'accord pour estimer que cela n'est pas assez. Telle est du moins l'opinion de l'intendant de Meulles qui voudrait qu'en toute chose on leur apprît à vivre à la façon de nos villageoises, c'està-dire à coudre, à tricoter, à filer, à avoir soin des bestiaux. De Meulles obtient gain de cause à la Montagne de Montréal. Les Filles de la congrégation qui y secondent ces messieurs du séminaire et qui sont dirigées par mademoiselle Bourgeois consentent à tenter une expérience intéressante. Elles demandent en France quelques habiles ouvrières pour servir de maîtresses. On leur envoie « six misérables servantes, trouvées sur le pavé de la Rochelle », qu'elles n'osent point mettre en contact avec leurs élèves de peur de les corrompre.

Il est visible que de Meulles croit au succès définitif, au succès prochain de la francisation. Il voit déjà les Huronnes et les Iroquoises décider leurs maris « à s'habiller, se nourrir et vivre comme des Français (1) ». Cela ne suffit pas à Louis XIV : il en tient toujours pour la fusion des races. Alors qu'il a si peu d'argent pour les plus pressants besoins de la NouvelleFrance, il n'hésite pas à faire un fonds de trois mille livres pour distribuer aux sauvagesses qui sortent des Ursulines et qui se marient avec des Français. Le malheur est que le fonds demeure sans emploi. Les élèves des Ursulines et de mademoiselle Bourgeois sont comme leurs aînées! Elles ne veulent pas des Français. Le roi s'obstine, maintient le crédit. En 1684, devant les réclamations du gouverneur et de l'intendant, il se décide à l'affecter aux mariages entre Français. Pourtant il fait encore cette réserve à M. de la Barre : « Observez que s'il y avait des sauvagesses en état d'être mariées avec des Français, comme il est fort important de les y accoutumer, je veux que vous les préfériez aux Françaises (2) ».

L'échec est complet. Au reste, serait-on parvenu à réaliser, point par point, le programme de francisation que le résultat

---

(1) « Il y a dans l'estat des gratifications... 3.000 livres pour dotter les filles des sauvages qui sortent de chez les Ursulines de Québec et qui se marient aux Français à raison de 50 livres chacune... Je crois vous devoir donner avis qu'à peine s'en marie-t-il une ou deux par an ». De Meulles au ministre, 12 novembre 1682. *Arch. col.* Canada, corr. gén., 6, 1682-1684, fol. 81.

(2) Le roi à M. de la Barre, 10 août 1684. *Arch. col.* Canada, corr. gén., 6, 1682-1684, fol. 241.

n'en resterait pas moins insignifiant. L'ivrognerie et toutes les maladies que l'Européen apporte avec lui sur la terre d'Amérique achèvent leur œuvre. Cette race est condamnée. Sait-on ce qu'il y a de sauvages domiciliés dans la colonie? 1528 en 1685, 1259 en 1688 (1).

Pouvait-on enrayer cette dépopulation? Cela n'est pas sûr. Les exemples sont nombreux, et sous toutes les latitudes, de populations indigènes qui n'ont pu survivre au contact de l'Européen. Il n'en est pas moins vrai qu'il y a des coupables et que ce sont ceux qui vendent aux sauvages les boissons enivrantes. Vainement l'évêque Laval et les missionnaires combattent-ils la vente du poison avec les armes spirituelles les plus redoutées (2). La passion des indigènes et l'intérêt des colons, qui ne peuvent obtenir la fourrure à bon compte qu'en satisfaisant cette passion, finissent par l'emporter. Talon lui-même ne se décide pas à prendre parti contre la traite de l'eau-de-vie (3).

(1)

	1685	1688
Saint-François-Xavier-du-Sault.	682	435
Montagne de Montréal	222	181
Sillery.	488	512
Lorette.	146	131

Censuses of Canada, vol. IV, pp. 16-21.
(2) La Rochemonteix, *Les Jésuites et la Nouvelle-France au dix-septième siècle*, t. II, pp. 315-325.
(3) M. Dudouyt à M. de Laval, 1677. *Arch. canadiennes*, Rapport de 1885, p. 641.

CHAPITRE III

L'ORGANISATION DE LA COLONIE

Le gouverneur et l'intendant. — Le Conseil souverain. — La participation des habitants au gouvernement. — Les syndics. — Assemblées consultatives. — Les quatre ordres de Frontenac. — L'organisation ecclésiastique. — L'évêque et le séminaire. — Revenus de l'église canadienne. — Missionnaires et curés. — La milice. — L'instruction publique : les Jésuites, le Séminaire, les Ursulines. — Le budget de la colonie. — Recettes et dépenses. — Les subsides du roi.

Lorsque les Cent Associés déposent entre les mains du roi leur démission collective, ce n'est pas assez de dire que le gouvernement de la Nouvelle-France est à réorganiser. En réalité, il est à organiser de toutes pièces. Il s'agit de doter la colonie du régime administratif, judiciaire, financier, ecclésiastique, militaire, qui est le plus propre à favoriser son développement. Il s'agit aussi, pour mettre fin à des compétitions, qui se sont exaspérées à la période précédente, de procéder à une répartition des pouvoirs qui place chacun à son rang, qui enferme chacun dans son domaine.

A ne considérer que les dates des ordonnances qui pourvoient aux créations et aux modifications nécessaires, le nouveau régime ne met pas dix ans à se constituer. Le Canada a son évêque depuis 1659 ; l'adjonction de l'intendant au gouverneur est décidée en 1663, et le premier intendant débarque en

1663 ; le Conseil souverain siège depuis 1663 ; la première levée de la milice coïncide avec le grand effort de Tracy contre les Iroquois, en 1667. Mais, dans la réalité, pour que la réorganisation soit achevée, il faut que Louis XIV mette fin, en 1672, à la mission extraordinaire qui confère à Talon une sorte de dictature, et qu'en 1674 il se décide à reprendre la colonie à la compagnie des Indes Occidentales.

Au temps de Talon, c'est le gouverneur qui est annihilé par l'intendant. Avec Frontenac le gouverneur prend sa revanche. Mais Louis XIV, qui reçoit les protestations de Duchesneau, rappelle Frontenac à l'ordre. Il lui fait écrire par Colbert que sur les trois points de la justice, de la police et des finances, il ne doit « faire autre chose que d'ayder et d'appuyer l'intendant de toute son autorité » (1). Frontenac empiète encore sur le domaine du Conseil souverain. Cela lui vaut une nouvelle semonce. Il lui est interdit d'abuser de sa situation de chef et président de la haute chambre de Québec. Il laissera à ceux qui la composent « l'entière liberté de dire leur avis et décider les affaires à la pluralité des voix ». Frontenac enfin a des prétentions à la puissance législative. Elles sont également condamnées. S'il y a nécessité de faire de nouveaux règlements de police ou de modifier les anciens règlements, le gouverneur assemblera le Conseil souverain, prendra les avis des principaux habitants et, ensuite, fera les règlements « qui seront résolus, de l'autorité dudit conseil » (2). Frontenac ne tient pas compte de ces avertissements. Il est disgracié en 1684. La leçon sera profitable. Il n'y aura plus entre le gouverneur et l'intendant de guerre ouverte. Mais la rivalité subsiste. Il est toujours difficile d'obtenir des deux chefs de la colonie cette entente parfaite, cette collaboration loyale qui seraient si nécessaires.

Le Conseil souverain de la Nouvelle-France n'a pas toujours mis l'empressement qu'il eût fallu à obéir aux ordres de Louis XIV. Lorsque le roi a, en 1675, après la dépossession de la compagnie, à renouveler les pouvoirs du petit parlement de

---

(1) Colbert à Frontenac, 10 mai 1677. Arch. col. Canada, ordres du roy, 1677, fol. 22.

(2) Le roi à Frontenac, 22 avril 1675. Arch. col. Canada, expéditions, 1674-1675, fol. 10.

Québec, il en profite pour lui infliger une diminution de prestige. Le Conseil souverain ne sera plus qu'un Conseil supérieur (1). Il garde du reste toutes ses attributions.

Si la colonie n'a pas le self government qui a tant contribué au développement des colonies anglaises voisines, il n'en faut pas conclure que les habitants soient exclus de toute participation au gouvernement de la Nouvelle-France.

Et d'abord, on peut considérer que le Conseil souverain représente la population de la Nouvelle-France ou du moins ses principales familles. Il est recruté presque exclusivement sur place parmi les notables. A côté de son pouvoir judiciaire il possède un véritable pouvoir législatif. Enfin on le voit, dans maintes circonstances, se faire auprès du roi l'interprète des sentiments, des vœux, des doléances de la colonie.

Il y a mieux; les habitants ont des représentants directs, élus. L'élection de syndics « pour la conservation des droits de la communauté », remonte à la période des Cent Associés (2). D'Avaugour les supprime en 1661. En 1663, le Conseil souverain fait plus que de les rétablir. Il décide que les habitants de Québec s'assembleront pour élire un maire et deux échevins (3). Les voix se portent sur Jean-Baptiste Legardeur de Repentigny, le chirurgien Madry et le marchand Charron (4). Mais, quelques mois plus tard, le Conseil se déjuge. Par l'organe du procureur général d'Auteuil, il avertit les nouveaux magistrats municipaux de ne point se mettre en peine de leurs charges. La petite capitale devra se contenter d'un syndic (5). En 1664, Charron est élu syndic (6). Charron et ses successeurs prennent à cœur la défense des intérêts qui leur sont confiés. On relève, à chaque instant, dans les registres du Conseil souverain, leurs doléances et leurs représentations (7). Ils ont des

(1) *Jugements et délibérations du Conseil souverain*, 23 septembre 1675, t. I, p. 988.
(2) Voir p. 101.
(3) *Jugements et délibérations du Conseil souverain de la Nouvelle-France*, t. 1, p. 5.
(4) *Id.*, p. 15.
(5) Révocation de l'élection d'un maire et de deux échevins et ordre d'élire un syndic, 11 novembre 1663. *Id.*, p. 56.
(6) 3 août 1664. *Id.*, p. 250.
(7) *Id.*, pp. 285, 299, 305, 307.

collègues à Villemarie qui ne s'acquittent pas de leur devoir avec moins de zèle. L'un d'eux, Louis Chevalier, réunit les Montréalistes pour déterminer avec eux le mode de perception d'une taxe locale (1).

Quand le roi a repris la Nouvelle-France à la compagnie des Indes Occidentales, Frontenac imagine de faire solennellement prêter aux Canadiens le serment de fidélité. Il les divise en quatre « espèces de corps » de clergé, noblesse, justice et tiers état. Ce qui ne va pas sans quelques difficultés : les Jésuites ne voulant pas se joindre au clergé, et le corps de la noblesse ne se composant que de quatre nobles authentiques. Frontenac parvient néanmoins à vaincre tous les obstacles et toutes les mauvaises volontés. La cérémonie à laquelle prennent part plus de mille personnes réussit brillamment, à la grande admiration des sauvages présents (2).

Frontenac avait-il l'intention de perpétuer sa division en quatre ordres et l'arrière-pensée d'obtenir, par la suite, la création d'Etats coloniaux ? Cela n'est guère vraisemblable. Pas plus que Louis XIV, l'impérieux gouverneur n'était homme à souffrir un contrôle. On s'inquiète pourtant à Versailles, et Colbert ne perd pas de temps à rédiger une semonce qui vaut la peine d'être reproduite intégralement : « L'assemblée et la division que vous avez faite de tous les habitants en trois Ordres ou Etats (3) pour leur faire prêter le serment de fidélité pouvait produire un bon effet dans ce moment là ; mais il est bon que vous observiez que, comme vous devez toujours suivre, dans le gouvernement et la conduite de ce pays-là, les formes qui se pratiquent ici et que nos rois ont estimé du bien de leur service, depuis longtemps, de ne point assembler les États généraux de leur royaume, pour peut-être anéantir insensiblement cette forme ancienne, vous ne devez aussi donner que très rarement et pour mieux dire jamais cette forme au corps des habitants du dit pays ; et il faudra même, avec un peu de temps et lorsque la colonie sera encore plus forte qu'elle n'est,

---

(1) Faillon, *Histoire de la Colonie française en Canada*, t. III, pp. 3-333.
(2) Frontenac à Colbert, 2 novembre 1672. *Arch. col. Canada*, c. gén., 3, 1668-1672, fol. 233.
(3) Colbert a lu avec distraction : c'est quatre qu'il fallait lire.

supprimer insensiblement le syndic qui présente des requêtes au nom de tous les habitants, étant bon que chacun parle pour soi et que personne ne parle pour tous (1) ». Le résultat fut la suppression des syndics. On peut, du moins, le conclure de la disparition des registres du Conseil de leurs représentations.

La suppression des syndics suffit au roi. Il n'entend pas enlever aux habitants le droit de faire connaître leur opinion. Dans toutes les affaires d'importance le gouverneur, l'intendant, le Conseil souverain sont invités (2) à solliciter l'avis des notables ou même, au besoin, d'une assemblée plénière. En 1675, les marchands se prétendent lésés par une ordonnance fiscale de Duchesneau. Pour juger du bien fondé de leur réclamation le Conseil souverain convoque une assemblée des habitants de Québec et des principales côtes (3). En 1678, tout ce qui compte dans la colonie est convoqué, sur l'ordre même du roi, pour l'éclairer sur cette irritante et insoluble question du commerce de l'eau-de-vie avec les sauvages (4). En 1681, nouvelle réunion de notables par M. de la Barre. On veut avoir leur opinion sur les trois propositions de M. de Meulles à propos de la ferme (5). En 1688, on les réunit encore avant de procéder à la rédaction de nouveaux règlements de police (6).

---

(1) Extrait de la lettre du ministre à M. le comte de Frontenac. *Arch. col.* Canada, mémoires, 1670-1676, fol. 121.

(2) Le roi à Frontenac, 22 avril 1675. *Arch. col.* Canada, expéditions, 1674-1675, fol. 10.

(3) 7 octobre 1675. *Jugements et délibérations du Conseil souverain*, t. I, p 1006.

(4) Ordre à un certain nombre d'habitants. . et que le conseil a choisis de se trouver devant le conseil pour donner leur avis sur le commerce du vin et de l'eau-de-vie avec les sauvages, 10 octobre 1678. *Jugements et délibérations du Conseil souverain*, t. II, pp. 247 et 253.

(5) 9 novembre 1681. Advis des principaux habitants de Québec sur les trois propositions envoyées à M. de Meulles. *Arch. col.* Canada, corr. gén., 6, 1682-1684, fol. 392.

(6) Sur ce qui a été remontré par le procureur général du Roy qu'il ne s'est point fait d'assemblée de police depuis quelques années et qu'il seroit à propos, attendu les nécessités présentes, d'en faire une où les principaux bourgeois et habitans de cette ville seroient entendus en leurs avis sur ce qui convient ordonner de plus avantageux pour le bien public et l'exécution des anciens règlements et même procéder à en faire de nouveaux. » 3 février 1688. *Jugements et délibérations du Conseil souverain*, t. III, p. 512.

Il y a aussi à organiser le gouvernement ecclésiastique de la colonie. L'heure est venue de rendre les missionnaires à ce qui est leur tâche propre, la conversion des sauvages, d'instituer pour les Français du Saint-Laurent une église sur le modèle des églises de France. Les missionnaires se résignent de bonne grâce à une dépossession qui est inévitable. Ils cherchent seulement à sauvegarder leur influence. Dès qu'il est question d'un évêque, Jésuites et Sulpiciens ont leurs candidats. Un instant, il semble que les Sulpiciens l'emportent. Ils font venir en Canada M. de Queylus qui se fait reconnaître en qualité de grand vicaire de l'archevêque de Rouen. Mais, à Paris comme à Rome, leurs concurrents sont beaucoup mieux en cour. Ils finissent par faire accepter François de Montmorency-Laval qui est leur homme. Il débarque à Québec le 16 juin 1659. Toutefois Louis XIV n'obtient pas encore du pape ce qu'il en réclame. On ne lui accorde qu'un vicaire apostolique, honoré, il est vrai, d'un titre d'évêque *in partibus*, celui de Pétrée (1). Pour avoir un véritable évêque de la colonie il faut négocier jusqu'en 1670, et même, sur un point important, capituler devant Clément X. Le chef spirituel de la Nouvelle-France est soumis « immédiatement » au Saint-Siège (2).

On pouvait croire que la présence d'un évêque à la tête de l'église canadienne dut modifier rapidement l'état des choses. Il n'en fut rien. Pour une raison ou pour une autre, M. de Laval ne sait grouper autour de lui qu'une poignée de prêtres séculiers : neuf en 1667 (3), après un séjour de huit années. Si bien que les Jésuites, les Sulpiciens et les Récollets sont toujours obligés de donner leurs soins spirituels aux habitants (4). Le prélat a pourtant fondé le séminaire de Québec en 1663 (5). En 1675, il

---

(1) Faillon, *Histoire de la Colonie française au Canada*, t. II, pp. 317-338.
(2) Gosselin, *Vie de Mgr Laval*, t. I, p. 642.
(3) Talon, *Mémoire de l'estat présent du Canada*. L'ecclésiastique, 1667. Arch. col. Canada, corr. gén , 2, 1663-1667, fol. 355.
(4) Ainsi dans la paroisse du Cap Santé, de 1679 à 1708, sur dix-sept desservants treize sont des Récollets. Gatien, *Histoire de la paroisse du Cap Santé*, pp. 49-50. — Voir également : *Histoire de la paroisse de Boucherville. Annuaire de Villemarie*, t. I, p. 303.
(5) Érection du séminaire de Québec, 26 mars 1663. Arch. col. Canada, corr. gén., 2, 1663-1667, fol. 30.

l'unit au séminaire des Missions Étrangères de Paris (1). Ce qui a l'avantage, en attendant que l'on ait instruit et formé un nombre suffisant d'enfants du pays, d'assurer le recrutement du clergé canadien.

Il eût été rationnel que M. de Laval cherchât à organiser son diocèse sur le type d'un diocèse du royaume. Mais son rêve, qui est celui d'un jésuite, c'est d'avoir, sous ses ordres, une milice disciplinée, et à tout moment mobilisable. Il ne veut point de curés fixés, point de curés indépendants. Les desservants des côtes et des seigneuries devront rester à perpétuité « amovibles, révocables, destituables à la volonté de l'évêque et du séminaire ». Ils n'auront pas, non plus, de ressources personnelles. Le séminaire pourvoira, au jour le jour, à leurs besoins. M. de Laval prétend qu'il se conforme ainsi à la pratique des premiers siècles. Cependant le roi n'hésite pas à approuver un règlement (2) qui, dans sa pensée, n'est que provisoire. Il sera temps d'avoir des curés inamovibles quand on aura fondé des paroisses. Et il laisse tous les revenus, qui doivent fournir à l'église canadienne son temporel, s'accumuler aux mains de l'évêque et des officiers du séminaire, le supérieur, les deux assistants, le procureur.

Ces revenus sont d'origine diverse. Il y a d'abord les dîmes, les dîmes de tout ce qui naît par le travail des hommes, de tout ce que la nature produit par elle-même. Louis XIV décide qu'elles se paieront seulement « de treize une ». Mais les dîmes ne sauraient suffire à tous les frais du culte. Heureusement que l'évêque et le séminaire sont devenus de grands propriétaires. Ils ont d'abord les deux belles seigneuries de la côte de Beaupré et celle de l'île d'Orléans, bientôt remplacée, après un échange avec François Berthelot, par celle de l'île Jésus. Le roi y vient d'ajouter deux abbayes en France, celles de Maubec et d'Estrées, plus tard il en donnera une troisième à M. de Saint-Vallier. Il fait aussi des cadeaux en argent. Sans faire état des

(1) Lettres d'union données par M. de Laval le 19 mai 1675, agréées et confirmées par lettres patentes du roi au mois d'avril 1676, enregistrées au Conseil souverain de la Nouvelle-France le 26 octobre 1676. *Jugements et délibérations du Conseil souverain*, t. II, pp. 85-86.

(2) La confirmation du roi est d'avril 1663. *Arch. col.* Canada, corr. gén., 1663-1667, 2, fol. 32.

gratifications extraordinaires, le séminaire a, dès le premier jour, trois mille livres de rentes (1). Elles vont s'augmenter bientôt d'un supplément annuel pour l'entretien des cures et missions. En 1675, il monte à quatre mille livres.

Le régime institué en 1663 par l'acte d'érection du séminaire de Québec pouvait parfaitement convenir à la Nouvelle-France telle que M. de Montmorency-Laval l'avait trouvée au sortir de la guerre iroquoise. Quinze ans plus tard, il n'a plus de raison d'être. La population qui a quadruplé et qui, en dehors des villes, se groupe désormais autour des manoirs seigneuriaux, se met à réclamer des curés fixes. Elle se plaint que les visites des prêtres missionnaires soient trop rares; et le fait est que les habitants des quartiers éloignés demeurent pendant la plus grande partie de l'année privés de secours spirituels. Louis XIV, Colbert, Seignelay, les gouverneurs et les intendants reconnaissent le bien fondé de ces doléances (2). Ils pressent l'évêque de leur donner satisfaction. Mais celui-ci défend son œuvre, et l'on sait qu'il est d'humeur batailleuse. Il a un argument qui lui semble invincible. Les dîmes ne produisent pas encore assez pour l'entretien d'un clergé sédentaire. Et, afin d'être sûr qu'elles resteront longtemps encore insuffisantes, il réclame pour ses curés un salaire annuel de six cents livres.

On use, d'abord, de ménagement avec le prélat. On discute avec lui. Colbert lui cite les cas d'un grand nombre de curés du royaume qui vivent avec moins de deux cents livres (3). A la

---

(1) Talon, *Mémoire de l'état présent du Canada*, 1667. Arch. col. Canada, corr. gén., 2, 1663-1667, fol. 355. — *Estat présent de l'Église et de la Colonie française dans la Nouvelle-France*, par M. l'évêque de Québec, pp. 228-230.

(2) « Sur les plaintes que quelques habitants font de ce que le sieur Evesque de Quebek a réglé le district des paroisses de sa seule autorité et ne leur donne point de curés fixes quoique les dixmes fussent suffisantes pour les entretenir, quoique tout ce qui concerne les cures et les paroisses soit du fait dudit sieur Evesque et que vous ne deviez lui donner aucun empeschement dans tout ce qui concerne son pouvoir et ses fonctions, je ne laisseray pas de faire examiner sur ce point et de lui escrire. » Le roi à Frontenac, 28 avril 1677. Arch. col. Canada, expéditions des Indes Orientales et Occidentales, 1676-1678, année 1677, fol. 19.

(3) « La maxime que ledit sieur Evesque advance qu'un prestre ne peut pas subsister à moins de six cens livres à quoy son grand vicaire qui est icy adjouste encore deux cens livres ne peut pas estre soutenue... y ayant

LA PAIX EN AMÉRIQUE — LA GUERRE EN EUROPE

fin, comme il ne veut pas en démordre, il faut bien se fâcher et menacer. « Les peuples auxquels on n'administre pas les sacrements ne doivent pas être obligés à payer les dîmes » (1), écrit le ministre à Duchesneau.

Lorsque Louis XIV se fut engagé à fournir un supplément (2), il n'y eut plus moyen de prolonger la résistance. Laval fixe une quinzaine de curés (3). Mais il ne veut pas aller au delà. La bataille va recommencer.

Voici comment, en 1683, les vingt-cinq curés et missionnaires qui dépendent de l'évêque et du séminaire de Québec se partagent le territoire de la colonie (4) :

1° Montréal et sa banlieue.

2° La Chine et le Haut de l'île de Montréal.

3° La pointe aux Trembles (avec la partie orientale de l'île de Montréal), l'île de Sainte-Thérèse.

4° La prairie de la Madeleine, la côte Saint-Lambert, Chambly,

5° Boucherville, la Tremblaye, Longueil, le cap de Varennes, le Petit-Moyne, le cap Saint-Michel.

6° Repentigny, Tilly, l'île Jésus, la côte de Saint-Sulpice.

7° Saint-Ours, Contrecœur, La Boisselière, La Valtrie.

8° Sorel, Berthier, Dautré, Saint-François, la rivière du Loup.

---

plus de quatre mille curés dans le Royaume qui ne jouissent pas de deux cens livres de revenu et l'on a cru par les ordonnances pourvoir avantageusement les curés en leur donnant le choix d'abandonner leur gros pour une pension de deux ou trois cens livres ». Colbert à Duchesneau, 15 mai 1678. *Arch. col.* Canada, expéditions des Indes Orientales et Occidentales, 1676-1678, année 1678, fol. 4.

(1) « Faites-moi savoir entre les mains de qui l'on met les 4.000 livres employés dans mes états pour les curés et prêtres du séminaire. » Le roi à Duchesneau, 2 juin 1680. *Arch. col.* Canada, corr. gén., 5, 1679-1681, fol. 209.

(2) La Rochemonteix, *Les Jésuites et la Nouvelle-France au dix-septième siècle*, t. III, p. 347.

(3) « M. l'évesque continue de faire des difficultés pour l'établissement des cures fixes ». Frontenac au ministre, 2 novembre 1681. *Arch. col.* Canada, corr. gén., 5, 1679-1681, fol. 266.

(4) Estat des cures et missions qu'on peut faire cette année en Canada, moyennant le supplément que Sa Majesté aura agréable de donner tant à raison du peu de valeur des dixmes que des grandes dépenses qu'un prestre est obligé de faire pour un valet et un canot nécessaire dans la pluspart des lieux. Signé De Meulles et François, évêque de Québec, 27 novembre 1683. *Arch. col.* Canada, mémoires, 1681-1690, fol. 51.

9° Les Trois-Rivières et Cressé.

10° Le cap de la Madeleine, la rivière Saint-Michel.

11° Champlain et Gentilly.

12° Batiscan et Sainte-Anne (de la Perade).

13° Lotbinière, Sainte-Croix, les Grondines, Deschambault, Portneuf.

14° Neuville, la Pointe-aux-Ecureuils et Villieu.

15° Le cap Rouge, Notre-Dame de Foy, la côte Saint-Ange.

16° Charlesbourg.

17° Beauport.

18° Chateau-Richer et l'Ange-Gardien.

19° Sainte-Anne du petit cap (de Beaupré).

20° Le cap Tourmente et la baye Saint-Paul.

21° La Sainte-Famille et Saint-François,) dans l'île
22° Saint-Pierre, Saint-Paul et Saint-Jean,) d'Orléans.

23° La côte de Lauson ou pointe de Levy, Mont-à-Peine, Beaumont, La Durantaye, Bellechasse.

24° Le cap Saint-Ignace, la Bouteillerie, la rivière du Sud, l'île aux Oyes.

25° Québec avec la Canardière, la Petite rivière (rivière Saint-Charles), la côte Sainte-Geneviève.

Le total des âmes est de 9.769, le produit des dîmes est évalué à 8.100 livres. Le roi fournit un supplément de 5.300 livres (1).

Telle qu'elle est faite en 1683, la répartition des cures et des missions laisse toujours beaucoup à désirer. Un grand nombre de fidèles restent hors de portée des pasteurs. C'est ainsi que le prêtre qui réside à Sorel doit, non seulement traverser le fleuve, mais franchir six lieues pour atteindre à la Rivière du Loup, et qu'un seul missionnaire a la charge des âmes sur une côte de quinze lieues depuis le cap Saint-Ignace jusqu'à la Grande-Ance. Il y a progrès tout de même. En 1681, Laval et Duchesneau distribuaient des paroisses de trente ou quarante lieues de large (1). Autre progrès. On commence à recruter le clergé sur place. On a déjà trouvé parmi les clercs originaires

---

(1) Frontenac au ministre, 2 novembre 1681. *Arch. col.* Canada, 1679-1681, 5, fol. 266.

du pays « quelque bons sujets pour le sacerdoce (1). » Mais que cette église naissante est pauvre! Les chapelles des seigneuries présentent l'aspect le plus misérable. Dans sa première tournée à travers son futur diocèse, Saint-Vallier s'afflige de voir « ces lieux saints couverts de paille, tout délabrés, sans vaisseaux et sans ornements » (2). Pour toute la colonie quatre églises de pierre (3) : à Québec, à Villemarie et dans le comté de M. Berthelot dont la générosité ne se lasse jamais. Même la cathédrale de Québec n'est pas achevée. On en est réduit, pour continuer les travaux, à attendre, chaque année, le petit subside du roi. Si l'on a si peu d'argent pour édifier et entretenir les églises, on n'en a pour ainsi dire pas pour construire des presbytères. Presque partout, curés et missionnaires prennent pension chez l'habitant (4).

Cependant M. de Laval, soit qu'il sente réellement les atteintes de l'âge et de la maladie, soit qu'il désespère de soutenir plus longtemps la lutte qu'il a, sur tous les terrains, engagée contre le pouvoir temporel, ne va pas tarder à quitter la place. En 1680, il a déjà annoncé son intention de se retirer. En 1685, il choisit un successeur, M. de Saint-Vallier. Celui-ci passe immédiatement en Amérique (5) avec le titre de grand vicaire. Il est vrai qu'il doit attendre jusqu'en 1687 son élévation au siège de Québec. C'est à M. de Saint-Vallier que revient l'honneur d'avoir donné à l'église canadienne l'organisation qu'elle a gardée jusqu'à la fin de la domination française.

Le roi qui a besoin de tant de soldats pour ses guerres d'Europe ne laisse dans la colonie qu'un détachement des troupes de la marine (6). Cela est plus que suffisant en temps de paix.

---

(1) *Estat présent de l'Église et de la Colonie française dans la Nouvelle-France*, par M. l'évêque de Québec, p. 14.
(2) *Id* , p. 57.
(3) *Id.*, p. 55.
(4) *Id.*, p 56.
(5) M. de Saint-Vallier a laissé une intéressante relation de son premier séjour au Canada (de l'été 1685 à l'automne 1686). C'est l'*Estat présent de l'Église et de la Colonie française dans la Nouvelle-France*, par M. l'evesque de Québec. Paris, 1688.
(6) En 1675, 27 hommes de garnison à Québec, 10 aux Trois-Rivières,

Mais il faut toujours prévoir l'hypothèse d'un retour offensif de l'Iroquois, d'une agression, par terre ou par mer, de l'Anglais. D'où la nécessité d'organiser une milice.

Louis XIV a une haute idée des vertus militaires de notre race. Il écrit à Frontenac : « Je vous dirai que, les Français étant naturellement braves, je ne vois pas qu'en aucun lieu de mon royaume j'ai eu de la peine à les faire armer, mais bien souvent à les empêcher d'être armés (1). » Ses sujets d'Amérique méritent ce bel éloge. Ils ont fait leurs preuves d'endurance héroïque pendant les vingt-cinq années du péril iroquois. Plus récemment, à l'heure de l'effort final contre les barbares, ils combattent aux côtés des réguliers de façon à conquérir leur estime. Dollier de Casson, qui témoigne d'une partialité bien excusable à l'égard de son troupeau, réclame pour les Montréalistes le prix du courage. Il nous assure que M. de Courcelles leur a fait constamment l'honneur de leur donner « la tête en allant et la queue au retour » (2). D'autre part, à en croire La Hontan, les gens des Trois-Rivières passent pour être les meilleurs soldats de la Nouvelle-France (3). Depuis l'établissement du régiment de Carignan on a de quoi encadrer solidement cette population vaillante et aguerrie.

Dès 1669, le roi écrit à M. de Courcelles « pour lui ordonner de diviser les habitants par compagnies pour leur faire faire l'exercice » (4). En même temps il s'occupe de les armer. Cela eût pu paraître superflu. Dans ce peuple de chasseurs point d'homme valide qui n'ait son fusil ou son mousquet (5). Pour être assuré néanmoins qu'à l'heure du péril rien ne fera défaut il y a un dépôt d'armes dans chaque seigneurie (6). La

---

10 à Montréal. Etat de la dépense que le roi veut être faite... en pays de Canada... 4 juin 1675. *Arch. col.* Canada, mémoires, 1670-1676, fol. 432.

(1) Extrait de la lettre du roi à M. de Frontenac, 22 avril 1675. *Arch. col.* Canada, mémoires, 1670-1676, fol. 372.

(2) Faillon, *Histoire de la colonie française au Canada*, t. III, pp. 149-150.

(3) La Hontan, *Voyages dans l'Amérique Septentrionale*, t. I, lettre IV, p. 28.

(4) Le roi à M. de Courcelles, 3 avril 1669. *Arch. col.* Canada, corr. gén., 3, 1668-1672, fol. 22.

(5) En 1679 : 1 840 fusils et 159 pistolets. Duchesneau à Colbert, 10 novembre 1679. *Arch. col.* Canada, corr. gén., 5, 1679-1681, fol. 21.

(6) Extrait de la lettre du Roi à M. de Frontenac, 2 avril 1675. *Arch. col.* Canada, mémoires, 1670-1676, fol. 372.

milice s'organise très vite avec, à sa tête, les seigneurs et les notables. Communément il y a une compagnie de milice par côte. Quel est l'effectif de la milice? S'agit-il de résister sur place, il sera possible de recourir à la levée en masse : elle donnera entre trois mille et quatre mille combattants (1). Mais si l'on prend l'offensive, il faut en retrancher les trois quarts. « On trouverait facilement dans le pays mille bons hommes pour faire la guerre », écrit M. de Meulles en 1684 (2). Le fait est que, cinq mois auparavant, M. de La Barre en avait emmené sept cents (3), contre les Iroquois.

Le collège de Québec a prospéré. Les Jésuites ont maintenant des élèves dont ils peuvent se faire honneur. En 1658 ils les envoient complimenter M. d'Argenson à son arrivée (4). En 1666, ils donnent un examen public de philosophie. M. Talon y assiste et ne dédaigne pas de prendre part à la controverse. Il argumente contre les meilleurs écoliers. L'un d'eux est Joliet, le futur explorateur du Mississipi (5). A partir de 1668 les Jésuites ont à subir la concurrence du petit séminaire que fonde l'évêque de Pétrée. En principe les enfants qui y entrent se destinent à la prêtrise. On garde pourtant jusqu'au bout ceux qui ne conservent pas la vocation ecclésiastique. On ne peut évidemment traiter de la même manière les séminaristes qui ne témoignent d'aucune aptitude pour le travail intellectuel. Pour ceux-là M. de Laval a l'excellente idée de créer au cap Tourmente une sorte d'école d'arts et métiers. Là on enseigne les professions mécaniques, entre autres, celles de maçon, de serrurier, de tailleur, de cordonnier, de couvreur (6).

Sous la direction d'une femme de grand cœur et de haute intelligence, Marie de l'Incarnation, les Ursulines de Québec se chargent de l'éducation des filles. Elles reçoivent, à la fois,

(1) Mémoire de Patoulet. 25 janvier 1672, *Arch. col.* Canada, corr. gén., 3, 1668-1672, fol. 274.
(2) De Meulles au roi, 12 novembre 1684. *Arch. col.* Canada, corr. gén., 6, 1682-1684, fol. 393.
(3) La Barre au ministre, 5 juin 1684. *Arch. col.* Canada, corr. gén., 6, 1682-1684, fol. 273.
(4) Faillon, *Histoire de la colonie française en Canada*, t. III, p. 260.
(5) *Journal des Jésuites*, 2 juillet 1666, p. 345.
(6) Archives du séminaire de Québec, vol. in-fol. intitulé : *Noms de ceux qui sont entrés au petit séminaire.*

celles des Français et des sauvages. Elles les font vivre en commun. Avec les sauvagesses le succès est médiocre. Quelques-unes sans doute sont « élevées à la française ». Mais le plus grand nombre de ces « oiseaux passagers » que l'on tente d'apprivoiser s'échappe. Elles « grimpent comme des escurieux » la palissade du couvent. Il arrive aussi que leurs parents « ont peur qu'elles ne meurent » et viennent les retirer (1). La tâche est plus facile avec les Françaises. On leur apprend à lire, à écrire et « tout ce que doit savoir une fille (2). » En 1668, il y a au séminaire des Ursulines sept religieuses de chœur employées à l'instruction des filles des habitants (3). En réalité elles y viennent toutes, les unes après les autres, et, comme l'écrit Marie de l'Incarnation : « Il n'y en a pas une qui ne passe par nos mains et cela réforme toute la colonie et fait régner la religion et la piété dans toutes les familles (4). » A Montréal M. Souard tient école pour les garçons, et la sœur Bourgeois pour les filles (5).

Est-il possible de suffire aux dépenses de la colonie avec ses propres revenus? Ces revenus on les connaît déjà. Il y a d'abord les droits que paient à l'entrée les marchandises de France : le 10 pour 100 sur les marchandises liquides, le 3 pour 100 sur les marchandises sèches. Mais leur produit est exclusivement consacré à éteindre les dettes contractées à la période précédente par la communauté des habitants. On en est réduit à vivre du quart des castors, du dixième des orignaux et de l'exploitation de la traite de Tadoussac. C'est uniquement avec les bénéfices qu'elle tire du commerce des pelleteries que la compagnie des Indes Occidentales doit faire face à l'entretien de son domaine de l'Amérique du Nord.

Ce que sont ces bénéfices on peut le déterminer exactement. La compagnie a affermé tous ses droits à Aubert de la Chesnaye pour quarante-six mille cinq cents livres. Mais raisonnablement il n'est pas permis d'exiger d'elle la somme entière. Il est légi-

---

(1) Marie de l'Incarnation, *Lettres spirituelles*, 9 août 1668, CXII, p. 258.
(2) *Id., loc. cit.*
(3) *Id.*, p. 257.
(4) *Id.*, 19 août 1664, CI, p. 230.
(5) Faillon, *Histoire de la colonie française en Canada*, t. III, pp. 264-265.

time qu'elle garde quelque chose à distribuer à ses membres. Aussi proteste-t-elle vivement lorsque Talon dispose du revenu total de la ferme. Colbert lui donne raison. Il limite sa contribution annuelle à trente-six mille livres.

Trente-six mille livres de recettes, est-ce assez pour fournir à toutes les dépenses nécessaires ? On se rend compte facilement que non par un état de charges que nous donne Talon à la fin de l'année 1665 (1).

Le voici :

Pour appointements du gouverneur............	8.000 livres.
Pour appointements du capitaine de la garnison.	2.400 —
Pour appointements de quarante soldats à raison de 300 livres chacun, cy..............	12.000 —
Au gouverneur de Montréal avec dix soldats...	4.000 —
Au gouverneur des Trois-Rivières avec dix soldats.	4.000 —
Aux RR. PP. Jésuites................	5.000 —
Pour la Paroisse.................	1.000 —
Pour l'Hospital.................	800 —
Pour les Ursulines................	400 —
Pour le chirurgien à Québec............	150 —
Pour un chirurgien aux Trois-Rivières......	150 —
Pour le commis du magasin............	500 —
Aux cinq conseillers du Conseil souverain.....	1.500 —
Au secrétaire du Conseil.............	500 —
Au Procureur général...............	500 —
A l'exécuteur de Haute Justice...........	300 —
Au contrôleur du magasin.............	300 —
Au juge royal de Montréal............	200 —
Au procureur du roy de Montréal..........	50 —
Au juge royal des Trois-Rivières..........	200 —
Au procureur du roy (des Trois-Rivières)....	50 —
Les ouvrages et réparations et despenses inopinées évaluées par estimation à 12.000 livres se pourront réduire, étant bien dispensés, à la somme de..................	6.000 —
Pour l'entretènement d'un brigantin et un matelot.	6 000 —
Total......	54.000 livres.

Cinquante-quatre mille livres à payer quand la colonie, en

(1) Talon. État des charges du pais de Canada, le paiement desquelles s'est toujours fait des deniers provenans du droit du quart des pelleteries, 3 novembre 1665. *Arch. col.* Canada, corr. gén., 2, 1663-1667, fol. 159.

tout, ne peut faire fond que d'un revenu de trente-six mille !
C'est, naturellement, le roi qui va combler le déficit. Sans
compter qu'il lui reste à parfaire les appointements du gouverneur et à payer intégralement ceux de l'intendant : ce qui fait
quatre mille livres pour le premier et douze mille pour le second (1). Sans compter les gratifications de toute sorte. Enfin
il faut se rappeler que, de 1659 à 1673, Louis XIV poursuit,
à ses frais, la colonisation du Canada.

En 1674, lorsque Louis XIV reprend le Canada à la compagnie des Indes, il n'y aurait rien de changé dans le régime
financier de la colonie si cette date ne coïncidait pas avec la
brusque suppression de ce budget extraordinaire de la colonisation dont l'intendant Talon a si brillamment tiré parti. Pour
le reste, la pratique reste la même. Le roi afferme les droits
de traite à Nicolas Oudiette, et lui impose exactement les
mêmes charges qu'à la compagnie. Chaque année, il fixe sa redevance, et elle dépasse rarement de beaucoup le chiffre normal
de 36.000 livres : 39.300 en 1679 (2), 41.351 en 1680 (3), 36.761
en 1683 (4). C'est que le roi veut faire gagner de l'argent au
fermier avec l'espérance qu'il avoue d'augmenter, plus tard, le
prix du bail (5). En attendant, il interdit formellement à Duchesneau de disposer des deniers des fermes, pour quelque
cause et sous quelque prétexte que ce soit, sinon dans le cas
d'une guerre déclarée. S'il n'obéit pas ponctuellement, on lui
retiendra sur ses appointements ce qu'il aura ordonné en
trop (6).

(1) Pour 1665 et pour les neuf premiers mois de 1666, le trésor royal
fournit à Courcelles 27.640 livres 15 sols 8 deniers ; à Talon 25.765 livres
16 sols 8 deniers. Mémoire des fonds faits pour le paiement des officiers
passés en Canada depuis le 1ᵉʳ janvier 1665. *Arch. col.* Canada, corr.
gén., 113, dépenses générales, 1663-1739, fol. 11.
(2) État de la dépense, 25 avril 1679, *Arch. col.* Canada, 4, 1679-1681,
fol. 82.
(3) État de la dépense que le Roi veut et ordonne être faite en Canada,
25 avril 1680. *Arch. col.* Canada, corr. gén., 5, 1679-1681, fol. 192.
(4) État de la dépense 1683. *Arch. col.* Canada, corr. gén., 6, 1682-1686,
fol. 199.
(5) Instruction au sieur Duchesneau. *Arch. col.* Canada, expéditions,
1674-1675, enregistrement des dépeches des Iles et du Canada, fol. 43.
(6) Colbert à Duchesneau, 28 avril 1677. *Arch. col.* Canada, expéditions,
1677, fol. 1.

Tandis que les recettes de la Nouvelle-France demeurent stationnaires, par le fait même de son développement, ses dépenses s'accroissent. Ainsi, en 1675, les indemnités accordées aux membres du Conseil souverain sont portées de deux mille à deux mille huit cents livres, l'entretien des curés et des missions en demande quatre mille. Puis il faut rétribuer de nouveaux fonctionnaires, un lieutenant général pour Québec, un grand voyer (1), et, un peu plus tard, un prévôt des maréchaux avec un lieutenant et des archers (2). Le trésor du roi est mis à contribution pour une somme qui, de plus en plus, va dépasser le revenu de la ferme. En 1679, les subsides royaux s'élèvent à 47.260 livres (3).

(1) État de la dépense..., 4 juin 1675. *Arch. col.* Canada, mémoires, 1670-1676, fol. 432.

(2) État de la dépense..., 25 avril 1680. *Arch. col.* Canada, corr. gén., 5, 1679-1681, fol. 192.

(3) En voici le détail :

Appointements de Frontenac et solde de sa compagnie de gardes pendant l'année commencée le 1ᵉʳ mars 1678.	20.748 livres.
Gratifications aux officiers des troupes qui ont passé au Canada en 1667 à raison de 300 livres chacun.	1.800 —
A la supérieure des religieuses de Québec pour l'entretien de l'hôpital.	1.000 —
A la même pour médicaments.	2.000 —
Aux Récollets.	1.200 —
Au supérieur du séminaire de Saint-Sulpice de Montréal.	1.320 —
Pour l'entretènement à Québec d'un garde-magasin, d'un armurier et d'un canonnier.	1.320 —
Appointements de Duchesneau du 1ᵉʳ juin 1678 au 1ᵉʳ juin 1679.	12.000 —
Pour le prêt des hardes que Frontenac fait passer en Canada.	3.000 —

Fonds faits pour les dépenses du Canada et des Iles d'Amérique, 22 avril 1679. *Arch. col.* Canada, corr. gén., 113, dépenses générales, 1603-1739, fol. 11.

SIXIÈME PARTIE

LA GUERRE EN EUROPE ET EN AMÉRIQUE
(1683-1713)

CHAPITRE PREMIER

LA DEUXIÈME GUERRE IROQUOISE

La deuxième guerre iroquoise. — Les sauvages lancés par les Anglais. — La colonie surprise. — Ravages et massacres. — Elle est sauvée par Frontenac. — Le bilan des pertes. — La garnison permanente. — La révocation de l'édit de Nantes en Nouvelle-France.

Mais voici que la paix conquise par Tracy et Courcelles touche à son terme. L'Iroquois et l'Anglais s'unissent contre la Nouvelle-France. Etait-il possible d'éviter le retour offensif des Cinq Nations ? Certains historiens l'ont pensé et ils rejettent toute la responsabilité de la rupture sur l'incapacité de M. de la Barre, sur la mauvaise foi de M. de Denonville (1). A la vérité, ils ont, l'un et l'autre, commis de graves fautes. La Barre entreprend d'intimider les sauvages par une grande démonstration militaire. Il n'aboutit qu'à leur donner le spectacle d'une armée mourant de faim (2). Denonville demeure sans excuse d'avoir

(1) Lorin, *Le Comte de Frontenac*, p. 331.
(2) *Id.*, pp. 290-291.

retenu prisonniers et expédié aux galères des chefs iroquois qui se présentaient au fort Frontenac en qualité d'ambassadeurs (1). Les instructions de Louis XIV, qui réclamait de robustes sauvages pour compléter ses chiourmes de la Méditerranée, n'autorisaient, en aucune façon, cette odieuse violation du droit des gens. Il n'en est pas moins certain que, même avec une direction militaire et diplomatique plus habile, plus ferme, plus loyale, le résultat ne pouvait être changé. Les Iroquois étaient décidés à déterrer la hache, si ce n'est contre nous, du moins contre nos alliés. Comme jadis le Huron et l'Algonquin, allions-nous laisser exterminer l'Outaouais, l'Illinois, le Miami, l'Outagami, le Pouteoutami (2) ?

Encore si les Iroquois étaient livrés à eux-mêmes, s'ils étaient seuls, il resterait quelque espérance de les réconcilier avec nous et avec nos sauvages. Mais, bien avant qu'il y ait guerre ouverte entre Louis XIV et Guillaume d'Orange, les Anglais sont là pour fournir à nos ennemis des armes et des munitions, et surtout pour les empêcher d'entrer en accommodement avec leur père Ononthio. Rien de plus caractéristique à cet égard que le rôle du colonel Dongan, gouverneur de la Nouvelle-York. Dongan représente Jacques II, qui est l'allié, l'obligé du roi de France. Dongan est catholique. N'importe ! Nous n'avons pas d'adversaire plus acharné, moins scrupuleux. Il a été, comme dit Charlevoix, « le véritable moteur de cette guerre » (3). En vain son maître lui ordonne-t-il d'observer vis-à-vis de nous la neutralité. Il refuse d'obéir.

Ce qui fait la force de Dongan, ce qui lui permet de contrevenir, avec une si longue impunité, aux ordres de Jacques II, c'est qu'il a derrière lui tous les Anglais d'Amérique. Ceux-ci

---

(1) Lorin, *Le Comte de Frontenac*, p. 332.

(2) 8 octobre 1686. Déclaration de la guerre qui doit être faite aux Iroquois pour les punir des meurtres qui ont été exercés tant envers les Français que leurs alliés. *Arch. col.* Canada, mémoires, 1682-1690, fol. 270.

(3) « Mais on ne sçavoit peut-être pas encore tout ce qu'on avoit à craindre d'un si dangereux voisin que toute l'autorité du duc d'York, de qui il dependait immédiatement, n'avoit pu engager, depuis même que ce prince étoit monté sur le thrône, a demeurer spectateur tranquille de tout ce qui se passoit entre nous et l'Iroquois. » Charlevoix, *Histoire de la Nouvelle-France*, t. II, p. 330.

ont entrepris de nous déposséder de la traite. Ils ont déjà réussi, par les prix avantageux qu'ils leur font, à attirer sur leurs marchés un grand nombre de nos sauvages et quelques-uns de nos coureurs de bois. Mais ce commerce clandestin, et dont les profits sont trop variables, ne peut les satisfaire. Il s'agit de conquérir sur nous ces quartiers du nord qui produisent les bonnes pelleteries et, en attendant que l'heure soit venue d'entrer, eux-mêmes, en ligne, nos rivaux lancent sur nous les Iroquois (1).

La seconde guerre iroquoise ressemble singulièrement à la première. Certes, les colons français sont, à la fin du dix-septième siècle, en meilleure posture pour se défendre qu'entre 1640 et 1665. Ils ont passé de deux mille à dix mille. Ils ont une organisation militaire qui place à leur tête les vétérans de Carignan. Ils peuvent, enfin, compter sur le secours de la métropole. Mais, autant que par le passé, ils demeurent exposés aux surprises. Ils n'ont pas pu se grouper en bourgades. Ils n'ont pas suffisamment fait reculer la forêt. Leur multiplication même a l'inconvénient de livrer un plus grand nombre de victimes aux barbares. Ceux-ci n'ont point dégénéré de leurs terribles pères. A tous les points de vue, hélas! ils sont restés les mêmes. Vingt ans de rapports pacifiques avec les Français, quarante ans d'apostolat des missionnaires n'ont rien adouci de leur férocité. A la Chine ils empalent des femmes, ils éventrent celles qui sont enceintes. Ils mettent des enfants vivants à la broche et contraignent les mères à la tourner (2). Un jour, ils enlèvent cinq enfants à Sorel. Quelques heures après, on en reprend quatre. Les sauvages avaient mangé le cinquième (3).

Les Iroquois débutent à Chambly en 1687 (4). Ils y capturent quelques colons. En 1689, c'est la tuerie abominable de la

---

(1) Charlevoix, *Histoire de la Nouvelle-France*, t. II, pp. 387-388.
(2) Frontenac au ministre, 15 novembre 1689. *Arch. col.* Canada, corr. gén., 10, 1688-1689, fol. 267.
(3) « Mémoire de ce qui s'est passé en Canada au sujet de la guerre contre les Anglais et les Iroquois durant l'année 1690. » Champigny au ministre. *Arch. col.* Canada, mémoires, 1540-1759, fol. 213.
(4) Charlevoix, *Histoire de la Nouvelle-France*, t. II, p. 365.

Chine (1). Ces horribles scènes se répètent la même année à l'île Jésus et à la Chesnaye (2). En 1690, Phipps et les milices de la Nouvelle-Angleterre sont devant Québec. On sait l'accueil que leur réserve Frontenac (3). En 1691, Valrennes traite de même à la prairie de la Madeleine, en face de Villemarie, cinq cents Anglais, Agniers et Mahingans (4). Ce qui n'empêche pas, du reste, les Iroquois de ravager, une fois de plus, l'île de Montréal (5). En 1692 et en 1693, les barbares reviennent, mais les habitants sont prêts à les recevoir (6). En 1693, La Durantaye leur inflige une sanglante défaite à Boucherville (7). Le moment du grand péril est passé.

Heureusement que vingt ans de paix n'ont pas entamé l'énergie des Français du Canada. L'élan des barbares se brise à une résistance énergique. Chaque seigneurie a son fort de pieux où, à la première alerte, les non-combattants trouvent un refuge et où une poignée de combattants peut tenir en échec des centaines d'assaillants. Le plus bel exploit de ce genre est celui qui a illustré une fillette de quatorze ans, Marie-Madeleine Jaret de Verchères (8).

(1) Charlevoix, *Histoire de la Nouvelle France*, t. II, pp. 403-404.
(2) Champigny au Ministre, 16 novembre 1689. *Arch. col.* Canada, corr. gén., 10, 1688-1689, fol. 256.
(3) Lorin, *Le Comte de Frontenac*, pp. 385-395.
(4) Frontenac au ministre, 20 octobre 1691. *Arch. col.* Canada, corr. gén., 11, 1690-1691, fol. 233.
(5) Champigny au ministre, 12 mai 1691. *Arch. col.* Canada, corr. gén., 11, 1690-1691, fol. 251.
(6) Frontenac au ministre, 11 novembre 1692. *Arch. col.* Canada, corr. gén., 12, 1692-1693, fol. 46.
(7) Charlevoix, *Histoire de la Nouvelle-France*, t. III, p. 228.
(8) Voici comment mademoiselle de Verchères raconte son fait d'armes : « Le hazard a fait que me trouvant à l'aage de quatorze ans environ à quatre cent pas du fort de Verchères qui est à mon père à huit lieues de Montréal, dans lequel il n'y avait qu'un soldat en faction, les Iroquois, qui étaient cachés aux environs dans les buissons, firent tout à coup une irruption sur tous nos habitants dont ils enlevèrent une vingtaine ; je fut poursuivie par un Iroquois jusques aux portes, mais comme j'ai conservé dans ce fatal moment le peut d'assurance dont une fille est capable et peut être armée, je lui laissay entre les mains mon mouchoir de col et je fermay la porte sur moi en criant aux armes et sans m'arrester aux gemissements de plusieurs femmes désolées de voir enlever leurs maris je monté sur le bastion ou estait la sentinelle. Vous dirai-je, Madame, que je me métamorphosay pour lors en mettant le chapeau du

Mais l'expérience de la première guerre n'a point été perdue. Le succès de Tracy a fourni la preuve qu'il n'y a qu'un moyen de faire lâcher prise aux Iroquois, et que c'est de les menacer sur leur propre territoire. Puis, il est nécessaire de donner aux Anglais de l'occupation chez eux (1). Et l'on passe à l'offensive.

Admirablement commandés par Frontenac, les Canadiens rendent coup pour coup à leurs ennemis. Ils font subir aux Iroquois de telles pertes (2) qu'ils les réduisent à s'avouer vaincus. Ce fut Callières qui, en 1701, le réconcilia solennellement avec les Français et tous leurs alliés. Les Cinq Nations sortaient de cette lutte de quinze années tellement affaiblies qu'elles ne seront plus jamais en état de reprendre les armes contre leur père Ononthio. En ne tenant pas compte de quelques alertes de peu d'importance, la paix jurée au successeur de Frontenac sera observée pendant plus d'un demi-siècle, jusqu'à la guerre de Sept ans, jusqu'à la crise finale où succombe la Nouvelle-France.

soldat sur ma tête, et que faisant plusieurs mouvements pour donner à connaistre qu'il y avait beaucoup du monde quoy qu'il n'y eut que ce soldat, je chargeai moy mesme un canon de quatre livres de balle que je tiré sur eux. Ce coup sy précipité eut heureusement tout le succès que je pouvais attendre pour avertir les forts voisins de se tenir sur leurs gardes. » Marie-Magdeleine de Verchères à madame de Maurepas, 15 octobre 1699. *Arch. col.* Canada, mémoires, 1681-1690, fol. 311.

(1) « Si l'on demeure sur la deffensive dans le Canada il est impossible d'en éviter la ruine. » Mémoire du chevalier de Callières sur l'estat présent du Canada, 1690. *Arch. col.* Canada, corr. gén., 11, 1690-1691, fol. 1490. — Callières propose de conquérir la Nouvelle-York.

(2) Les Iroquois n'ont jamais été très nombreux. On n'a jamais évalué à plus de dix mille âmes la population des Cinq Nations. Voici quelques chiffres qui donnent une idée des pertes qui leur sont infligées : En 1693, on fait chez les Agniers trois cents prisonniers dont cent guerriers. L'année suivante, les Outaouais et les Illinois, qui sont nos alliés, leur prennent ou tuent trois cent cinq hommes et cent quatre-vingt-deux femmes et filles. Après l'expédition de 1696, les Iroquois meurent de faim. — Relation de ce qui s'est passé en Canada depuis le mois de septembre 1692... *Id.*, depuis le mois de novembre 1693... *Id.*, depuis le départ des vaisseaux de... 1695. *Arch. col.* Canada, mémoires, 1691-1696, fol. 116, 287, 365. — Ils ont aussi perdu beaucoup de monde de la petite vérole : cinq cents en 1690. Mémoire de ce qui s'est passé... en Canada... du mois de novembre 1689 jusqu'à la fin de 1690. *Arch. col.* Canada, mémoires, 1681-1690, fol. 213.

Les Iroquois font beaucoup de victimes. On n'a de chiffre précis que pour la Chine : deux cents tués et cent vingt prisonniers (1). Mais on sait que les paroisses du Haut-de-l'Ile et de la Rivière des Prairies, que l'Ile Jésus, La Chesnaye, la Valtrie, Repentigny, Saint-Sulpice, Chateauguay, Verchères, Contrecœur, Sorel, Chambly ont la plupart de leurs habitants « détruits » suivant l'expression familière de M. de Catalongne qui, vingt ans plus tard, recueillait sur place le souvenir de ces terribles années (2). Même à Dautré tout le monde périt, seigneur et colons. Si Villemarie, Longueil, Boucherville et Saint-Ours n'étaient pas épargnés, tout le gouvernement de Montréal y passerait. Heureusement qu'à partir de 1691 les Canadiens sont sur leurs gardes. Les Iroquois doivent, désormais, se contenter de faire main basse sur les isolés et les imprudents. Mais, à s'en tenir aux pertes subies en 1689 et en 1690, le total est déjà effroyable, surtout quand on considère que le théâtre de ces massacres se restreint à la région occidentale de la Nouvelle-France.

Le reste de la colonie n'en paie pas moins l'impôt du sang sur tous les champs de bataille de l'Amérique. Ce sont des Canadiens, et que commandent des Canadiens, d'Ailleboust de Mantet, Lemoine de Sainte-Hélène, Hertel, Robineau de Bécancourt, baron de Portneuf, qui, en 1690, vont porter la terreur sur les frontières de la Nouvelle-Angleterre et enlèvent si brillamment Corlar, Sementels, Kaskébé (3). Ils fournissent encore un contingent considérable à cette colonne qui, en 1693, pénètre jusqu'aux cabanes des Agniers (4). Enfin dans cette grande expédition de 1696 qui se termine par la destruction des bourgades des Onontagués et des Onneyouths, et qui, pour décourager les Cinq Nations, est décisive, les miliciens partagent l'honneur de

(1) Frontenac au Ministre, 15 novembre 1689. *Arch. col.* Canada, corr. gén., 10, 1688-1689, fol. 267.

(2) Mémoire du sieur de Catalongne sur les plans des seigneuries et habitations des gouvernements de Québec, les Trois-Rivières et Montréal, 7 novembre 1712. *Arch. col.* Canada, corr. gén., 33, 1712, fol. 209.

(3) Frontenac au ministre, 30 avril 1690. *Arch. col.* Canada, mémoires, 1681-1690, fol. 375.

(4) Relation de ce qui s'est passé en Canada depuis le mois de septembre 1692 jusqu'au départ des vaisseaux en 1693. *Arch. col.* Canada, mémoires, 1692-1696, fol. 116.

la victoire avec les compagnies de la marine. Frontenac a emmené quatre bataillons de soldats et quatre bataillons d'habitants (1). Et, pour maintenir la domination française dans le pays d'En haut, pour disputer l'Acadie aux Anglais, pour conquérir sur eux la baie d'Hudson et Terre-Neuve, c'est encore aux Canadiens qu'il faut avoir recours (2).

Les premières familles sont décimées. Trois Lemoine (3), deux Hertel, un Repentigny, un frère de l'héroïque Marie-Madeleine de Verchères tombent glorieusement.

La maladie donne le coup de grâce. La rougeole et la fièvre pourprée sévissent en 1687 et 1688. La première année elles tuent cinq cents Français et trois cents indigènes domiciliés (4). Il est vrai que, par compensation, elles n'épargnent pas les Anglais et leurs alliés.

Là, où l'Iroquois a passé, ceux qui survivent sont ruinés et affamés. Impossible de travailler aux champs. L'ennemi rôde autour des habitations du petit printemps à l'été sauvage. Impossible encore d'avoir les bras nécessaires pour l'agriculture lorsque le plus grand nombre des hommes valides est pris pour la guerre. Point de récolte en 1691 (5). En 1692, Champigny doit faire venir de la farine de France pour nourrir les soldats (6). En 1694, pour protéger les laboureurs, Frontenac est obligé d'amener deux cents soldats dans l'île de Montréal (7). C'est la tactique de l'ennemi de nous vaincre par la famine. En 1693 Callières écrit à Frontenac qu' « un party de huit cents Iroquois était à ses portes pour

(1) Relation de ce qui s'est passé de plus remarquable en Canada depuis le départ des vaisseaux de l'année.. 1695 jusqu'au commencement de novembre 1696. *Arch. col.* Canada, mémoires, 1691-1696. fol. 365.
(2) Charlevoix, *Histoire de la Nouvelle-France*, t. III, pp. 260-291. — Lorin, *Le Comte de Frontenac*, pp. 457-462.
(3) Charlevoix, *Histoire de la Nouvelle-France*, t. III, p. 217.
(4) Denonville et Champigny au ministre, 6 novembre 1687. *Arch. col.* Canada, corr. gén., 9, 1687, fol 3. — Denonville et Champigny au ministre, 6 novembre 1688. *Arch. col.* Canada, corr. gén., 10, 1688-1689, fol. 8.
(5) Champigny au ministre, 12 novembre 1691. *Arch. col.* Canada, corr. gén., 11, 1690-1691, fol. 290.
(6) Champigny au ministre, 21 septembre 1692. *Arch. col.* Canada, corr. gén, 12, 1691-1693, fol. 54.
(7) Frontenac et Champigny au ministre, 5 novembre 1694. *Arch. col.* Canada, corr., gén, 13, 1694-1695, fol. 4.

empêcher de faire les récoltes qui sont les plus belles du monde, les ennemis estant au désespoir de n'avoir pu empescher les semences (1). »

La population de la Nouvelle-France, qui est de 10.725 âmes en 1685 (2), tombe en 1688 à 10.303 (3). En 1692 elle est remontée péniblement à 11.075 (4). Mais ce n'est là qu'un arrêt de développement momentané. La marche en avant va reprendre d'une manière normale. Le recensement de 1695 donne 12.786 habitants (5), celui de 1698 13.815 (6).

Si le mal n'est pas pire, s'il n'y a qu'un instant de recul, c'est que les morts ont été rapidement remplacés. Pour combler les vides faits par la hache iroquoise et la fièvre pourprée, il y a les excédents d'une natalité qui se maintient à un chiffre élevé, il y a même un certain apport d'immigration. Les vaisseaux n'ont pas cessé de transporter des engagés. Ils débarquent aussi des familles. Par malheur ces nouveaux colons ne sont pas toujours bien choisis. Denonville s'en plaint vivement. « Il en est venu cette année avec leurs femmes qui sont fort décontenancées. Cependant elles sont demoiselles. J'aimerais mieux voir de bons paysans (7). »

En réalité, l'augmentation de la colonie vient de l'établissement des soldats. Il était naturel que, pendant la paix, on songeât à les mettre à la disposition des habitants. L'affaire est avantageuse pour tout le monde. L'habitant y trouve des hommes de travail dont il n'a pas à payer le transport, et qu'il paie moins cher que de véritables engagés. Le soldat est très satisfait de gagner avec sa nourriture vingt à trente sous par jour (8). Il n'y a pas jusqu'à l'officier qui n'y trouve son bénéfice, un bénéfice illicite du reste. Sous prétexte d'indemniser ceux qui

(1) Callières à Frontenac, 11 aoust 1693. *Arch. col.* Canada, mémoires, 1691-1696, fol. 143.
(2) *Censuses of Canada*, t. IV, p. 16.
(3) *Id.*, p. 21.
(4) *Id.*, p. 28.
(5) *Id.*, p. 34.
(6) *Id.*, p. 40.
(7) Denonville au ministre, 10 novembre 1686. *Arch. col.* Canada, corr. gén., 8, 1686, fol. 129.
(8) Champigny au ministre, 12 novembre 1691. *Arch. col.* Canada, corr. gén., 11, 1690-1691, fol. 290.

montent la garde à leur place, il retient la solde des permissionnaires (1). Cette pratique déplorable se généralise. Au dire de Frontenac, il n'y a que quatre capitaines qui résistent à la tentation du mauvais exemple, quatre sur une trentaine. Ce sont deux fils de Lemoine, Longueil et Maricourt, Duluth, le fameux chef des coureurs de bois, et la Durantaye qui a peut-être plus de vertu que les autres, étant si pauvre (2). Le scandale est si grand que l'évêque Saint-Vallier en fait un cas de conscience et qu'il défend aux confesseurs d'absoudre les prévaricateurs (3).

Quoi qu'il en soit de cet abus, la main-d'œuvre militaire est si appréciée, que, même aux heures de péril, on se décide malaisément à s'en priver, et que ce spectacle étrange nous est donné : des soldats professionnels qui sont laissés à des besognes pacifiques tandis qu'on mobilise les milices (4).

Ce soldat qui travaille si bien pour l'habitant est fait pour devenir habitant lui-même et l'on réclame du roi qu'il lui rende sa liberté. En 1686 Louis XIV se rend aux raisons de Denonville. Tout soldat qui voudra se marier et se faire habitant, en prenant à cultiver des terres non défrichées, sera dégagé du service et payé pendant un an de sa solde comme s'il servait (5). Denonville distribue libéralement les congés : une centaine en 1686 (6), quarante-huit en 1687 (7).

La guerre interrompt à ses débuts ce nouvel essai de colonisation militaire. La paix signée avec l'Anglais, Frontenac s'em-

---

(1) Frontenac et Champigny au ministre, 4 novembre 1693. *Arch. col.* Canada, corr. gén., 13, 1692-1693, fol. 207.

(2) Champigny au ministre, 14 octobre 1698. *Arch. col.* Canada, corr. gén., 16, 1698, fol. 102.

(3) Frontenac et Champigny au ministre, 4 novembre 1693. *Arch. col.* Canada, corr. gén., 13, 1692-1693, fol. 207.

(4) « Les habitants très mécontents de ce qu'ils étaient toujours commandés pendant que quantité de soldats travaillent ». Champigny au ministre, 12 novembre 1691. *Arch. col.* Canada, corr. gén., 11, 1690-1691, fol. 290.

(5) Extrait des réponses aux lettres reçues du Canada pendant la présente année 1686. *Arch. col.* Canada, corr. gén., 8, 1686, fol. 42.

(6) Denonville au ministre, 10 novembre 1686. *Arch. col.* Canada, corr. gén., 8, 1686, fol. 108.

(7) Denonville et Champigny au ministre, 6 novembre 1687. *Arch. col.* Canada, corr. gén., 9, 1687, fol. 3.

presse de solliciter le renouvellement de l'autorisation accordée à Denonville (1). L'ordonnance du 21 novembre 1698 lui donne entière satisfaction.

Le traité de Ryswick rend à la Nouvelle-France quelques-uns de ses enfants qu'elle a crus perdus et qui sont captifs dans les colonies anglaises. Il lui laisse même quelques-uns des Anglais qui sont tombés entre les mains de ses soldats. On voit par une supplique que le gouverneur et l'intendant adressent, en leur nom, à Louis XIV que plusieurs d'entre eux qui sont catholiques, ou s'engagent à le devenir, sollicitent des lettres de naturalité (2). Tanguay a donné la liste de ceux qui les ont obtenues (3).

Pour dresser le bilan complet de la Nouvelle-France à la fin du dix-septième siècle il faut ajouter à la colonne des pertes celle des protestants français. Depuis 1628, les sujets du roi qui professent la religion réformée ne peuvent pas s'habituer ni même hiverner dans la colonie. Mais, de l'arrivée au départ des vaisseaux, ils ont le droit d'y faire du commerce et nous voyons qu'un certain nombre de marchands de La Rochelle viennent, chaque année, à la belle saison, ouvrir leurs magasins à Québec (4). L'édit de révocation les expulse définitivement du Canada (5).

---

(1) Mémoire sur les affaires du Canada, 1696. Arch. col. Canada, corr. gén., 14, 1696, fol. 304.

(2) Frontenac et Champigny au ministre, 15 octobre 1698. Arch. col. Canada, corr. gén., 16, 1698, fol. 1.

(3) Tanguay, *Dictionnaire généalogique des familles canadiennes*, t. I, pp. 8-10.

(4) Voir page

(5) « Quoique S. Majesté soit persuadée qu'il est à présent informé de l'heureux succès de son zèle pour la conversion de ses sujets de la R. P. F., elle est bien aise de lui faire savoir qu'ayant reçu des avis de toutes les provinces de son royaume... du grand nombre de conversions qui s'y fesaient... cela l'obligea à faire publier un édit... pour révoquer celui de Nantes. Depuis ce temps, Dieu bénissant les pieux desseins de S. M., tous ses sujets qui restaient dans l'hérésie en ont fait abjuration... elle est persuadée que cet exemple déterminera les hérétiques qui peuvent être en Canada à faire la même chose, et elle espère que ledit sieur Denonville y travaillera avec succès. Cependant si dans ce nombre il s'en rencontrait quelques-uns d'opiniâtres qui refusaient de s'instruire, il peut se servir de soldats pour les faire mettre en prison et joignant à cette rigueur le soin nécessaire pour leur instruction, en quoi il doit agir avec l'évêque. »

C'est pendant cette période que, parmi les riches habitants de la colonie qui souffrent toujours de la pénurie de la main-d'œuvre, on a, pour la première fois, l'idée de faire venir des nègres (1). C'est le procureur général d'Auteuil qui se charge de présenter leur requête. Le roi n'y oppose pas de refus formel. Il exprime seulement la crainte que « la différence du climat ne fasse périr les Africains ». On lui riposte qu'on a un bon moyen de les préserver du froid. On les habillera « d'un vêtement de castor qui ne coûtera que peu parce qu'en s'en servant ils l'engresseront et ainsi l'augmenteront de prix (2). »

Extrait du mémoire du Roy au sieur marquis de Nonville en réponse à ses lettres du 20 août, 3 septembre ; 12 et 19 novembre 1685, 3 juin 1686. *Arch. col.* Canada, mémoires, 1681-1690, fol. 266.

(1) Champigny au ministre, 16 novembre 1689. *Arch. col.* Canada, corr. gén., 10, 1688-1689, fol. 211.

(2) D'Auteuil, mémoire concernant les affaires du Canada, 1689. *Arch. col.*, Canada, corr. gén., 10, 1688-1689, fol. 311.

CHAPITRE II

DE LA PAIX DE RYSWICK A LA GUERRE DE LA SUCCESSION D'ESPAGNE

Courte paix, 1697-1701. — L'établissement des soldats. — Progrès du peuplement. — Terribles épidémies, 1699 et 1703. — Les inconvénients de la réunion des castors. — Ruine successive des fermiers. — La compagnie de la colonie, 1700. — Elle fait faillite. — Multiplication excessive de la monnaie de cartes : nouveau désastre.

De si courte durée qu'elle soit, la paix est très favorable à la Nouvelle-France. Les habitants du gouvernement de Montréal, qui ont dû se réfugier dans les quartiers de la colonie où l'Iroquois ne pouvait atteindre, retournent sur les terres abandonnées depuis plus de dix ans (1). En même temps, pour décider les soldats à s'établir, Callières et Champigny vont au-delà des promesses royales. A tous ceux qui offrent de prendre des terres, même à ceux qui ne sont pas encore mariés, ils donnent l'année de solde (2). Le nombre des soldats dont on peut faire des colons est assez considérable. En 1700, les trente-cinq compagnies de la marine sont ramenées sur le pied de paix, ce qui rend disponibles deux ou trois centaines d'hommes. Nouvelle distribution de congés en 1701. Le roi expédie une

---

(1) *Arch. col.* Canada, corr. gén., 19, 1701, fol. 277.
(2) Callières et Champigny au ministre, 18 octobre 1700. *Arch. col.* Canada, corr. gén., 18, 1700, fol. 3.

recrue de trois cents hommes qui est, manifestement, destinée à remplacer des soldats établis (1).

Dans tous les cas, il y a un rapide progrès du peuplement et du défrichement, surtout dans la région de Montréal où la qualité supérieure des terres attire la majeure partie des soldats congédiés et des fils d'habitants (2). Que peut être l'accroissement total? En 1701 la Vallière prétend que « les peuples ont augmenté de près d'un quart, de même que la culture » (3). L'auteur d'un mémoire, qui est de 1704 ou de 1705, cherche à préciser. Il fixe à trois mille le nombre des nouveaux habitants (4). La comparaison du recensement de 1698 (13.815 habitants) et de celui de 1706 (16.417) (5) ne confirme pas tout à fait ces appréciations optimistes. Pour sept ans le résultat est assez médiocre. Il s'explique aisément par les ravages de la petite vérole. Elle tue cent personnes en 1699 (6) et de deux à trois mille en 1703, en comptant, il est vrai, les sauvages dans la somme des victimes (7).

La colonie, déjà si éprouvée par la guerre, n'est pas au bout de ses épreuves. Elle va subir une crise financière (8) qui la mène à la faillite. On a commis une erreur grave en adoptant le système de la réunion des castors. Il est sans doute fort avantageux aux coureurs de bois et à leurs associés. Quelle que soit la quantité de pelleteries qu'ils apportent, ils sont assurés

---

(1) Callières et Champigny au ministre, 5 octobre 1701. *Arch. col.* Canada, corr. gén., 19, 1701, fol. 3.

(2) Champigny au ministre, 20 octobre 1699. *Arch. col.* Canada, corr. gén., 17, 1699, fol. 66.

(3) La Vallière, *Projets sur la Nouvelle-Angleterre*, 1701. *Arch. col.* Canada, corr. gén., 19, 1701, fol. 232.

(4) Premier mémoire sur les impôts que le roy veut imposer sur le Canada. *Arch. col.* Canada, corr. gén., 22, 1701-1705, fol. 37.

(5) *Censuses of Canada*, vol. IV, pp. 40 et 48.

(6) Champigny au ministre, 26 mai 1699. *Arch. col.* Canada, corr. gén., 17, 1699, fol. 53.

(7) « Plus de deux mille morts à Québec, sans parler des environs », Casgrain. *Histoire de l'Hôtel-Dieu de Québec*, fol. 338-342.

(8) Pour l'histoire de cette crise financière la source principale est un mémoire de Riverin qui fut en France un des députés de la colonie, ou, plus exactement, de la compagnie de la colonie. Mémoire historique à monseigneur le comte de Pontchartrain sur les mauvais effets de la réunion des castors dans une seule main. Paris, le 12 février 1705. *Arch. col.* Canada, corr. gén., 22, 1704-1705, fol. 356.

de s'en défaire à des prix rémunérateurs. Mais la nécessité d'accepter toutes les robes que l'on présente à leurs bureaux, suivant un tarif qu'il leur est interdit de modifier, ruine, les uns après les autres, tous les adjudicataires des produits de la traite. Les fermiers, qui sont contraints à acheter toujours, demeurent dans l'impossibilité de vendre, même à perte, la plus grande partie des peaux qui s'entassent dans leurs magasins. Nulle part leur clientèle ne peut s'accroître, ni en France, ni dans les pays qui sont accoutumés de se servir de pelleteries canadiennes, en Hollande et, par l'intermédiaire des Hollandais, en Moscovie. Encore la plupart du temps, dans cette longue période qui va de 1672 à 1714, la guerre qui reprend sans cesse entre Louis XIV et les États généraux ferme-t-elle aux marchandises françaises les marchés des Provinces-Unies. Quant à s'ouvrir d'autres débouchés, il n'y faut pas songer.

Le fermier général Guiges a une idée ingénieuse. Il fait carder et filer du castor avec de la laine et il fabrique des draps, des flanelles, des bas. Par malheur ces essais lui coûtent très cher et « ne servent qu'à convaincre davantage que les castors ne sont propres qu'à faire des chapeaux ». Le remède le plus rationnel est de diminuer la récolte. Mais, peut-on empêcher la course des bois ? En vain le roi a multiplié les ordonnances contre ce mauvais commerce « L'avarice, la cupidité, la jalousie de l'autorité, la fausse politique » ont toujours trouvé moyen de les éluder. Tout a échoué, menaces de châtiment, promesses de pardon. Puis, sur le fond même de la question, à Québec comme à Versailles, on hésite à se prononcer. Les sauvages n'abandonneront-ils pas les Français si l'on cesse d'aller leur prendre le castor ? Bref, on en est venu naturellement à tenter, non de supprimer la course des bois, mais à la réglementer. Le roi a créé les vingt-cinq congés.

Les vingt-cinq congés ne sont pas longtemps distribués, selon les ordres du roi, entre les pauvres familles de la colonie. La Barre et Frontenac les livrent à de riches marchands qui les intéressent dans leurs bénéfices. Ce qu'il y a de plus fâcheux c'est que, bien ou mal distribués, on pouvait attendre des congés qu'ils réduisissent le nombre des voyageurs et qu'il n'en fut rien.

D'abord on va bien au-delà de ce chiffre de vingt-cinq. D'autres licences de voyager et de trafiquer sont données sous le nom d'ordres ou de passeports. Puis l'effectif des coureurs de bois ne diminue en aucune manière. Le seul résultat que l'on obtient, et il est désastreux, c'est que, redoutant une répression sévère, ils rentrent, de moins en moins, dans la colonie. Mais au delà du territoire où le prévôt et ses sergents peuvent les atteindre, leurs complices trouvent moyen de les rejoindre, de leur prendre le castor, de les ravitailler. Et, leurs complices, à quelques exceptions près, c'est tout le monde, c'est le plus grand nombre des officiers du roi depuis les gouverneurs comme la Barre et Frontenac, des intendants comme de Meulles jusqu'au dernier des enseignes. Quand il s'agit de gagner sur les peaux, les Canadiens, même les plus irréprochables à d'autres points de vue, n'ont guère de scrupule. Lemoine d'Iberville fait la traite à la Mobile. Un scandale de l'époque, c'est le procès de ce valeureux Louvigny qui a commandé la grande expédition contre les Renards. Laporte de Louvigny, fait major des troupes et lieutenant du roi à Québec, est convaincu d'avoir abusé de son commandement pour faire du commerce (1). On fait la traite jusque dans les partis de guerre. Jamais on n'a tant apporté de castor aux bureaux des fermiers que pendant la deuxième guerre iroquoise.

Si encore on pouvait espérer que cette chasse effrénée aurait la fin de toutes les exploitations à outrance, qu'elle rendrait plus rare, plus difficile à conquérir, la richesse exploitée, mais cela n'est pas possible. Si le castor a disparu du bassin du Saint-Laurent, il abonde toujours dans la région des lacs. Surtout il pullule dans ces immensités de la Louisiane où l'on commence à s'établir.

Donc tous les fermiers succombent. Le premier a passé la main au bout de deux ans. Ses successeurs, Berthelot (c'est le comte de Saint-Laurent), Cassel, Delagny, Daulier, Cabaret,

---

(1) Extrait des informations et autres procédures faites contre les sieurs de Louvigny et de la Perrotière accusés d'avoir fait la traite au fort Frontenac. Arch. col. Canada, corr. gén., 18, 1700, fol. 325.

Dumas sont des hommes riches et puissants (1). Ils tiennent plus longtemps : six ou sept ans. Après quoi ils sont tout heureux de céder aux Fermiers généraux. Ce fut la belle période pour les coureurs de bois. Les Fermiers généraux étaient en état de payer sans compter. Bon an mal an, on leur vend du castor pour cinq ou six cent mille livres. Tant qu'à la fin ils prennent peur et demandent au Conseil d'être déchargés de ce monopole désastreux pour ceux qui l'exercent. Ils offrent de remettre le castor au roi. Le 31 août 1700 celui-ci y consent. Il remboursera « Fermiers les avances qu'ils ont faites. Elles montent à trois millions sept cent soixante-deux mille livres.

L'affaire se solde pour le roi par une perte de près des trois quarts. Il ne peut tirer de son amas de pelleteries que douze cent cinquante mille livres. Aussi se hâte-t-il de conclure avec un nouveau fermier, Louis Guiges. C'est celui-là qui fit, avec si peu de succès, carder et filer du castor. Guiges prend la précaution de faire insérer dans son bail que tous ses engagements deviendront caducs s'il n'y a point suppression complète des congés. Il cherche surtout à obtenir une réduction sur les tarifs d'achat.

La perspective de la suppression des congés n'effraie point les habitants. Ils se savent en mesure de continuer la traite malgré les défenses les plus rigoureuses. Ils s'émeuvent davantage lorsqu'on parle de diminuer le prix du castor. Le gouverneur et l'intendant veulent alors trouver un tempérament entre les prétentions de Guiges et celles des habitants. Ils provoquent des pourparlers. Ils n'aboutissent à rien. C'est alors que Callières et Champigny suggèrent à Louis XIV qui lui fait bon accueil une solution hardie : la colonie elle-même traiterait de la ferme du roi et de la réunion du castor.

A première vue rien de plus avantageux, rien de plus rationnel. Les bons esprits étaient d'accord sur un point : c'est qu'on ne pouvait remédier à la mévente du castor qu'en diminuant sa récolte. Or, s'il avait été jusqu'ici impossible de procéder à cette diminution nécessaire, c'était uniquement par suite de la mauvaise volonté des habitants. Du jour où ceux-ci

---

(1) Mémoire de M. Dudouyt à Mgr de Laval, 1677. Rapport sur les archives canadiennes, 1885, pp. cxii.

auront la charge d'écouler les produits de la traite, ne doit-on pas espérer qu'ils se rendront à l'évidence, qu'ils appliqueront d'eux-mêmes le remède? Mais il eût fallu qu'il y eût dans la colonie assez de capitaux pour soutenir une entreprise où avaient succombé tant de riches compagnies, qu'il s'y trouvât également des hommes habiles et intègres pour diriger des opérations si considérables et si délicates. Faute de rencontrer toutes ces conditions remplies, on allait à un désastre.

Les colons acceptent la proposition du roi. Ils envoient des députés en France. Par l'arrêt du 9 février 1700 ils se font céder les droits de Louis Guiges. Quatre mois plus tard, ils obtiennent encore de l'ancien fermier qu'il leur abandonne, avec un rabais extrêmement avantageux, toute la masse qu'il garde en magasin. Les députés apportent ces deux traités à Québec. Ils y sont ratifiés en une assemblée solennelle. On se réjouit d'acquérir huit cents milliers pesant de castor pour sept cent mille livres payables, en sept ans, et sans intérêts. « On regardait cette affaire comme le coup de la fortune du pays. On dresse en hâte un acte d'association et tout le monde signe. »

La compagnie de la colonie est très vite constituée. Elle met à sa tête des directeurs dont les principaux, d'Auteuil, Lotbinière, Hazeur [1], sont tirés du Conseil souverain. Ruette d'Auteuil, qui a succédé à son père comme procureur général et qui va être obligé de se démettre, était d'une grande activité et d'une belle intelligence comme il apparaît dans les mémoires qu'il a laissés, mais un peu brouillon, et vraiment incapable de vivre en paix avec les puissances. Chartier de Lotbinière est le fils d'un lieutenant du roi à Québec que Talon estimait fort. Hazeur est d'extraction plus modeste et il a épousé une fille de chambre de madame de Champigny [2], mais il est réputé comme habile marchand.

Dès que la compagnie a trouvé en France les commissionnaires qui lui feront les avances, elle se met à l'œuvre. Mais, tout de suite, ses administrateurs sortent du droit chemin. Avant de prendre des engagements nouveaux, ils oublient

---

[1] Les directeurs de la compagnie de la colonie à Pontchartrain, 6 novembre 1700. *Arch. col.* Canada, corr. gén., 18, 1700, fol. 311.

[2] *Arch. col.* Canada, corr. gén., 19, 1701, fol. 97.

qu'ils ont à alléger le poids des anciens. Ils entretiennent un personnel trop nombreux ; ils le paient trop bien. Ils font venir infiniment plus de marchandises qu'ils ne peuvent en écouler par le troc avec les indigènes. Cette gestion de prodigues, donne, pendant quelque temps, l'illusion de la prospérité. On s'y laisse prendre en France comme en Canada. Et surtout lorsqu'on a entendu dans une assemblée générale à Québec, les déclarations volontairement mensongères et follement optimistes d'un député qui revient de la mère patrie, il y a un nouvel accès d'enthousiasme. Cela est poussé si loin, que quelques hommes sages qui se sont débarrassés de leurs actions s'en repentent, et vont jusqu'à plaider pour rentrer en leur possession.

On ne tarde pas à déchanter. Soudain, on apprend que les commissionnaires refusent d'accepter et de payer les lettres de change. Ils se plaignent d'avoir été obligés de faire des avances prodigieuses. Une enquête leur donne raison. Il en ressort que la compagnie, toutes les ventes effectuées, demeure débitrice vis-à-vis d'eux de neuf cent mille livres. Bref, les commissionnaires veulent faire un procès pour obtenir des dommages-intérêts. Le roi intervient. Il désigne des arbitres. Ceux-ci n'ont pas encore prononcé au moment du départ des vaisseaux en 1703. La conséquence c'est que cette année-là, les marchands, qui ne sont pas payés de leurs lettres de change, se trouvent hors d'état de faire leurs envois ordinaires. Avec le vaisseau du roi il ne passe qu'un petit navire. Le renchérissement, la disette s'ensuivent ; et c'est l'année de cette terrible picote qui fait tant de ravages.

Les demandeurs ont définitivement gain de cause. Cependant, on garde l'espoir que tout peut être remis sur pied. Deux commissionnaires se retirent. Le troisième constitue une nouvelle société qui consent à traiter avec la compagnie de la colonie. La société se charge d'acquitter toutes les lettres de change et toutes les autres dettes de la compagnie, mais elle exige des intérêts très onéreux et refuse d'avancer à l'avenir pour plus de deux cent mille livres par an. De leur côté, les habitants font un grand sacrifice. Ils se résignent à une diminution du prix du castor. Cela pouvait être le salut. Par malheur, les directeurs persistent dans leurs prodigalités, et, à brève échéance, c'est la faillite.

En novembre 1701, les directeurs sont contraints d'annoncer à Vaudreuil et à Beauharnais, qu'ils sont dans l'incapacité absolue de pourvoir aux charges portées sur l'état du roi et qui s'élèvent à quatre-vingt-un mille livres. A cette nouvelle, le Canada est en révolution. Tout le monde proteste avec véhémence, et les marchands qui courent à la ruine et les fonctionnaires qui redoutent de ne point être payés de leurs appointements. On voit les hôpitaux se fermer aux malades qu'ils ne pourront pas entretenir, et même s'organiser une grève inattendue, celle des curés qui menacent, s'ils sont privés de leur supplément, d'abandonner leurs ouailles. Tout est perdu sans le secours de la métropole. Vaudreuil et Beauharnais prennent sur eux de faire tirer sur le trésorier de la marine cinquante-quatre mille livres en lettres de change et, pour le restant de l'état des charges, de mettre en circulation de la monnaie de cartes (1).

La mise en circulation de la monnaie de cartes va aboutir à un nouveau désastre. Lorsqu'il s'est décidé à donner à la colonie une garnison permanente, le roi a pris à sa charge le paiement des troupes et l'extraordinaire des guerres. Mais il n'envoie les fonds que par son vaisseau, c'est-à-dire, jamais avant le mois d'août. Or, la colonie n'a point d'excédent de recettes; les intendants ne disposent d'aucune réserve. Il n'est pourtant pas possible de laisser sans solde, pendant sept ou huit mois, les soldats et même les officiers qui, en réalité, sont aussi pauvres que les soldats. En 1691, M. de Champigny imagine de créer un papier monnaie (2). C'est la monnaie de cartes, ainsi nommée parce qu'elle est faite avec des morceaux de cartes à jouer (3). Il y a des cartes d'une livre, de deux, de

(1) Vaudreuil et Beauharnais à Pontchartrain, 17 novembre 1701. *Arch. col.* Canada, corr. gén., 22-23, 1704-1705, fol. 4.
(2) Champigny et Frontenac font de la monnaye de cartes pour le paiement des troupes. — 12 octobre 1691. *Arch. col.* Canada, corr. gén., 11, 1690-1691, fol. 279.
(3) Pour la fabrication de la monnaie de cartes voici des détails qui sont tirés de Charlevoix. « On met sur chaque pièce de cette monnoye... sa valeur, la signature du trésorier, une empreinte des armes de France et en cire d'Espagne celle du gouverneur et de l'intendant. On en fit en-

quatre, de seize, de trente-deux livres. Avant le départ des vaisseaux, les détenteurs de cartes doivent les apporter à Québec au commis de la Marine. Celui-ci leur donne des lettres de change sur Paris ou sur Rochefort.

Au début, le système fonctionne à la satisfaction générale. Champigny ne met en circulation que la quantité de cartes strictement nécessaire et l'on fait en France honneur à sa signature. Mais les gouverneurs et les intendants ne tardent pas à abuser de la faculté qu'ils ont de se procurer ainsi des ressources à discrétion. Les trésoriers généraux de la marine se mettent à refuser les traites que l'on tire sur eux d'Amérique. Du coup, la monnaie de cartes subit une dépréciation qui, de chute en chute, va jusqu'aux trois quarts. En vain, Vaudreuil ordonne le cours forcé. Les marchands et les artisans ne peuvent refuser les cartes, mais ils s'arrangent pour ne rien perdre. Ils augmentent leurs prix « à proportion de la perte qu'ils prévoient devoir faire ». Il y a des victimes qui ne peuvent absolument pas échapper. Ce sont ceux qui vivent de l'argent du roi, qui ne peuvent être payés qu'avec le mauvais papier. Les officiers des troupes, de justice, de plume, les rentiers, les pensionnaires sont réduits à la misère.

En 1714, il reste, entre les mains des habitants, des cartes pour deux millions de livres. La paix signée, on espère que le roi va rembourser. Hélas ! le roi aussi en est aux expédients. Pontchartrain notifie à Begon que les Canadiens doivent faire abandon de la moitié de leur créance. L'autre moitié leur sera payée à raison de cinquante mille écus par an (1). Les engagements du roi n'ont leur entière exécution qu'en 1717 (2).

suite imprimer en France sur des cartons avec les mêmes empreintes qu'avoient les monnoyes courantes du royaume... Cette monnoye de carton ne subsista pas longtemps et l'on en revint aux cartes sur lesquelles on grava de nouvelles empreintes. L'intendant signait celles qui étaient de quatre livres et au-dessus et se contentait de parapher les autres. Dans les derniers temps le gouverneur général signait aussi celles qui étaient de six livres et au-dessus... » Charlevoix, *Journal d'un voyage dans l'Amérique Septentrionale*, t. V, lettre IV, p. 136.

(1) Toute cette affaire de la monnaie de cartes est longuement traitée dans un mémoire d'Auteuil. D'Auteuil au duc d'Orléans, 9 décembre 1715, *Arch. col.* Canada, corr. gén., 34, 1713-1714, fol. 176.

(2) Charlevoix, *Journal d'un Voyage dans l'Amérique Septentrionale*, t. V, lettre IV, p. 137.

CHAPITRE III

LA GUERRE DE LA SUCCESSION D'ESPAGNE

Tentative pour garder la neutralité en Amérique. — Les Iroquois. — Echec de l'invasion anglaise en 1711. — La guerre épargne le bassin du Saint-Laurent. — On y continue l'établissement des soldats. — Mais les Canadiens servent en grand nombre hors de la colonie. — L'exode vers la Louisiane.

L'annonce d'une nouvelle guerre est mal accueillie en Amérique. Au début du moins, les adversaires manquent d'enthousiasme. Il leur est pénible de reprendre les armes après une si courte trêve. Colons français et colons anglais hésitent également à frapper le premier coup, à déchaîner la furie des sauvages.

L'hésitation est telle qu'on espère s'entendre pour garder la neutralité dans le nouveau-monde, et laisser les métropoles vider leur querelle sur les champs de l'ancien. Avec l'aveu de Pontchartrain, des négociations s'engagent (1). Un instant elles paraissent devoir aboutir. Les Hollandais qui dominent encore dans la Nouvelle-York, et qui, depuis qu'ils n'ont plus la satisfaction de voir un prince d'Orange sur le trône de la Grande-Bretagne, commencent à supporter, avec quelque impatience,

---

(1) Projet des articles de trêve à conclure entre les gouvernements de la Nouvelle-France et de la Nouvelle-Angleterre. *Arch. col.* Canada, corr. gén., 22, 1701-1705, fol. 280.

la suprématie anglaise, sont particulièrement bien disposés (1). Néanmoins, et sans doute par un ordre venu de Londres, il faut rompre les pourparlers.

A dire vrai, les Canadiens ne s'émeuvent pas outre mesure de la perspective d'un nouveau choc à soutenir de la part de leurs voisins européens. Ils savent par l'expérience de la dernière guerre, que ce n'est pas là l'ennemi le plus redoutable (2). Callières et son successeur, le premier Vaudreuil, n'ont qu'un souci, et c'est comme Louis XIV le leur ordonne expressément de maintenir à tout prix la paix avec les Iroquois (3). Par bonheur, ceux-ci professent à notre égard des sentiments analogues. Ils n'ont pas oublié les rudes leçons infligées par Frontenac. Ils ne demandent pas mieux que de ne pas déterrer la hache. Les sages politiques qui dirigent les Cinq Nations ont une vue très juste de l'avenir qui leur serait réservé, au cas où l'une des deux puissances européennes qui se disputent l'empire de l'Amérique du Nord viendrait à l'emporter définitivement. Ils savent que ce serait, pour eux, à bref délai, la perte de l'indépendance. Ils ont donc manifestement intérêt à tenir la balance égale entre les belligérants. En 1703, les Tsonnontouans tenteront de se porter comme médiateurs (4).

Il n'y a donc qu'à être attentif à ne point provoquer, à ne point léser les Iroquois. Il est convenu qu'on respectera leur territoire (5). On n'y lancera point de parti. La difficulté c'est

(1) Ferland, *Cours d'Histoire du Canada*, 2ᵉ partie, p. 361.
(2) « Je n'ay jamais regardé la guerre des Anglais comme la principale occasion de nos dépenses... mais celle des Iroquois. » Champigny au ministre, 14 octobre 1698. *Arch. col.* Canada, corr. gén., 16, 1698, fol. 102.
(3) « Le sieur de la Mothe (Cadillac)... ne négligera rien pour entretenir la paix et l'union entre les sauvages... et au cas que les sauvages qui sont au détroit ou d'autres qui y viennent, vinssent à faire quelque coup sur les Iroquois, il fera son possible pour leur donner satisfaction, l'intention de Sa Majesté estant que l'on abandonne plus tôt tous les autres que de recommencer la guerre avec ces derniers. » Vaudreuil. Ordre à M. de la Mothe, 20 juin 1706. *Arch. col.* Canada, mémoires, 1706-1710, fol. 6.
(4) Lettre de M. de Ramesay à M. de Vaudreuil, 19 octobre 1709, citée par Ferland, *Cours d'Histoire du Canada*, 2ᵉ partie, p. 371.
(5) « La neutralité dure toujours, monseigneur, parmi les Iroquois et il ne tiendra pas à moi qu'elle ne continue... Je ne fais aucune guerre qui puisse nous les rendre contraires, épargnant à leur considération les habitants des costes d'Orange. » Vaudreuil au ministre, 3 avril 1704. *Arch. col.* Canada, corr. gén., 22, 1704-1705, fol. 32.

qu'on n'a pas su donner à nos alliés sauvages l'habitude d'obéir et que, plusieurs fois, ils seront sur le point d'amener une rupture. En 1704, les Outaouais font un coup sur les Tsonnontouans (1). Mais Vaudreuil châtie les coupables (2). Vaudreuil a, du reste, dans les villages même des Cinq Nations d'excellents auxiliaires, le père Bruyat, le père Le Vaillant, Joncaire, le fils des Tsonnontouans, Longueil et Maricourt qui, comme tous les Lemoine, sont les fils des Onontagués.

Tout l'effort des Français se porte sur la Nouvelle-Angleterre. Vaudreuil, qui a été à l'école de Frontenac, recommence la guerre de partis, où les Canadiens excellent. Les Bostonnais se vengent sur les Acadiens et les Abenakis. Malheureusement, la guerre ne tarde pas à prendre une mauvaise tournure en Europe. Blenheim et Ramillies suscitent chez les Anglais les plus grandes ambitions. Il n'est plus question que de nous expulser d'Amérique. La victoire de Berwick à Almansa détourne une première fois l'orage. Mais, en 1711, nos ennemis ont conçu le plan de cette double attaque qui devait, cinquante ans plus tard, nous donner le coup de grâce. Nicholson par l'Hudson, le Champlain, le Richelieu, marchera sur Montréal. Walker, par le Saint-Laurent, amènera jusqu'au pied de la falaise de Québec, avec le reste des milices des colonies, sept régiments de vétérans de Marlborough. Les Anglais se croient sûrs du succès. Bolingbroke écrit au comte d'Orrery : « Nous avons reçu la nouvelle... que la flotte de l'amiral Walker et les forces commandées par M. Hill ont passé la rivière de Canada à Québec, tandis que le colonel Nicholson avec la milice des colonies britanniques et les Indiens est entré par terre dans la Nouvelle-France. Ces dispositions étant conformes à leurs instructions particulières, il n'y a point de doute que la nouvelle ne soit vraie et je crois que vous pouvez compter à l'heure qu'il est que nous sommes maîtres de toute l'Amérique septentrionale (3). » Bolingbroke vendait la peau de l'ours. La flotte de Walker n'avait point passé la rivière de Canada à Québec.

(1) Ferland, *Cours d'Histoire du Canada*, 2ᵉ partie, p. 351.
(2) *Id.*, p. 357.
(3) Bolingbroke au comte d'Orrery, 21 août-1 septembre 1711. Lettres de Bolingbroke publiées par le général Grimoard, t. I, pp. 64-65.

Elle avait été vaincue par la tempête sur le bas fleuve. Après avoir perdu plusieurs vaisseaux et un millier d'hommes, elle devait renoncer à son entreprise. Les Anglais avaient été plus heureux en Acadie. Après deux tentatives malheureuses en 1704 et en 1707, ils avaient fini, en 1710, par s'emparer de Port-Royal.

Pendant cette longue période un seul échec qui soit un coup sensible pour la colonie. Le vaisseau du roi, la *Seine*, est capturé en 1705. Il portait, avec quelques personnages de marque, comme l'archevêque Saint-Vallier, une cargaison qui fut estimée à près d'un million de livres (1).

Dans tous les cas, cette guerre de dix ans, et c'est là l'essentiel, a épargné le bassin du Saint-Laurent où la colonisation a pu se poursuivre en toute sécurité. On y continue même, comme en pleine paix, l'établissement des soldats. Le roi a renouvelé, en 1706, l'autorisation de les marier et de les réformer sur place (2). Même en 1711, l'année de la grande alerte, il y en a soixante-huit qui se font habitants (3).

Est-ce à dire que la guerre de succession d'Espagne n'ait coûté que peu de chose à la Nouvelle-France ? Comme toujours il faut se reporter aux tables de recensement. Après un essor rapide au début, 16.417 habitants en 1706, 17.104 en 1707, il y a ralentissement, et, un instant, recul : 18.440 en 1712, 18.420 en 1713, 18.964 en 1714 (4).

Ce ralentissement est significatif. La vérité c'est que les Canadiens, que l'ennemi a respectés chez eux, ont été partout le chercher chez lui. Ils se laissent entraîner plus loin encore. Ils ont répondu à l'appel des capitaines corsaires qui, pour la vigueur et l'intrépidité, les préfèrent aux Français de France et marquent cette préférence en leur accordant une plus forte

---

(1) Vaudreuil au ministre, 16 octobre 1705. *Arch. col.* Canada, corr. gén., 22, 1704-1705, fol. 233. — « La prise du vaisseau la *Seine* nous a presque tous mis à l'aumône. » Ramesay au ministre, 12 octobre 1705. *Arch. col.* Canada, corr. gén., 22, 1704-1705, fol. 326.

(2) Ordonnance en faveur des soldats... qui voudront se faire habitants, 11 juin 1706. *Arch. col.* Canada, mémoires, 1706-1716, fol. 3.

(3) Vaudreuil et Raudot au ministre, 7 novembre 1711. *Arch. col.* Canada, corr. gén., 22, 1704-1705, fol. 206.

(4) *Censuses of Canada*, vol. IV, intr. xxi.

solde. Et les corsaires les ont surtout emmenés dans le golfe de Mexique et aux Antilles, où le climat des Tropiques a plus que décimé ces fils du Nord. Même, si l'on croit d'Auteuil, ils y sont « quasi tous morts » (1). Enfin, la découverte de la Louisiane rend encore plus désastreuse la déperdition de la traite. La course des bois attire toujours les mêmes recrues et le même nombre de recrues. Et la preuve c'est que les déclarations portant défenses et les amnisties se succèdent avec autant de rapidité que par le passé (2). Mais naguère on ne pouvait pas dire que tous les voyageurs fussent à jamais perdus pour la colonie. C'était un dur métier que la récolte du castor et qui demandait la pleine vigueur de la jeunesse. Aux premières atteintes de l'âge beaucoup de coureurs de bois rentraient au bercail. Maintenant voici que la Louisiane exerce toutes ses séductions sur la jeunesse canadienne, et la Louisiane ne rend pas à la Nouvelle-France les enfants qu'elle lui ravit. Les coureurs de bois descendent, en masse, vers le golfe du Mexique. D'Iberville, qui vient de chasser l'Anglais et l'Espagnol des bouches du Mississipi, les appelle pour peupler l'établissement qu'il a fondé à la Mobile (3). Callières et Beauharnais, qui voient le péril de cet exode, protestent avec vivacité auprès du ministre : « Sa Majesté veut établir le Mississipi et ne pas détruire le Canada. C'est pourquoy il nous paraist qu'il est plus à propos que la France fasse cet établissement par elle-mesme que par le moyen de cette colonie qu'on ne peut démembrer tant soit peu, sans luy porter un notable préjudice. D'ailleurs la dépense

(1) D'Auteuil, *Mémoire*, 1715. *Arch. col.* Canada, corr. gén., 34, 1713-1714, fol. 176.

(2) Ordonnance de M. de Callières... qui fixe l'époque à laquelle les Français de Michillimakinac et des environs doivent se rendre audit lieu pour revenir ensemble sous les ordres de M. de Tonty de la traite des pelleteries, 1er mai 1700. *Arch. col.* Canada, mémoires, 1697-1705, fol. 164. — Déclaration du Roy portant défenses d'aller en traite en la profondeur des terres, avec terme de deux ans à ceux qui y sont pour revenir en colonie du Canada ou celle du Mississipy, du mois de juin de l'année 1703. *Arch. col.* Canada, mémoires, 1697-1705, fol. 335. — Ordonnance du Roy portant amnistie en faveur des Canadiens, sauvages et autres coureurs des bois ses sujets, 10 mai 1710. *Arch. col.* Canada, mémoires, 1706-1710, fol. 165.

(3) Champigny au ministre, 21 septembre 1699. *Arch. col.* Canada, corr. gén., 17, 1699, fol. 61. — Extrait des lettres du Canada, 3 et 31 octobre, 1701. *Arch. col.* Canada, corr. gén., 19, 1701, fol. 45, en marge.

en estant moins grande du costé de la France, il est constant que ceux qui donnent des avis contraires, ne le font que pour un principe d'intérêt particulier (1) ». C'était mettre en cause d'Iberville. Les accusateurs n'hésitent pas à préciser l'accusation. Le glorieux fils de Charles Lemoine n'aurait en vue qu'un trafic fructueux de pelleteries (2). Comme conclusion ils demandent que dans les amnisties on exige le retour de tous les voyageurs aux bords du Saint-Laurent (3). Mais à Versailles on n'entend pas la voix de la raison. Les coureurs de bois auront le choix entre le Canada et la Louisiane (4). La seule concession qui est faite aux intérêts du Canada c'est que les émigrants seront tenus de payer les dettes qu'ils ont laissées à leur point de départ. Et quand M. Crozat a besoin d'hommes pour Ouabache le roi donne l'ordre à Vaudreuil de lui fournir cinquante Canadiens (5), et Vaudreuil en expédie trente-deux (6). Il en est de même lorsque La Mothe-Cadillac va fonder un établissement à Détroit ou, pour employer le terme officiel, au fort Pontchartrain. Un recensement de 1710 nous donne avec de grands détails la liste des habitants de la naissante colonie. Cela fait au bas mot une centaine d'âmes (7). Comme on est loin de cette période où, si jalousement, on gardait tout le monde dans la vallée du Saint-Laurent pour coloniser de proche en proche !

(1) Callières et Champigny au ministre, 5 octobre 1701. *Arch. col.* Canada, corr. gén., 19, 1701, fol. 3.

(2) « Nous savons de source certaine qu'ils (les coureurs de bois) ne sont au Mississipy que pour chercher des marchandises que le sieur d'Iberville leur donne en échange de leurs pelleteries » Callières et Beauharnais au ministre, 3 novembre 1702. *Arch. col.* Canada, corr. gén., 20, 1702, fol. 56.

(3) Extrait des lettres du Canada, 1701. *Arch. col.* Canada, corr. gén, 19, 1701, fol. 45.

(4) Déclaration du Roy portant défenses d'aller en traite en la profondeur des terres, avec terme de deux ans à ceux qui y sont pour revenir en colonie du Canada ou celle du Mississipy, du mois de juin 1703. *Arch. col.* Canada, mémoires, 1697-1705, fol. 335.

(5) Ordre du roy du 6 juin 1713 pour permettre à M. Crozat de faire engager en la Nouvelle-France jusqu'à 50 Canadiens pour les faire passer à Ouabache. *Arch. col.* Canada, dépêches et ordres, 1713, fol. 115.

(6) 10 juillet 1715. *Arch. col.* Canada, mémoires, 1706-1716, fol. 306.

(7) Recensement du détroit de Pontchartrain de l'année 1710. *Arch. col.* Canada, corr. gén., 31, 1710, fol. 160.

CHAPITRE IV

LA COLONISATION

La coopération des seigneurs. — Seigneurs gueux, seigneurs parasites. — Les familles qui ont le mieux réussi. — Les fiefs aux mains des marchands et des laboureurs. — Le succès des seigneurs ecclésiastiques. — Retours en France. — Très peu de nouvelles seigneuries. — Presque toutes des seigneuries de second rang. — Le territoire colonisé en 1713 : le mémoire de Catalongne. — Les sauvages domiciliés demeurent des sauvages. — L'alcoolisme et les épidémies les déciment toujours. — Établissement des Abenakis dans la colonie.

Ce qu'a pu être pendant ces deux guerres qui, même en tenant compte de la courte trêve qui les interrompt, s'étendent sur un quart de siècle, la coopération des seigneurs au développement de la colonie, on le devine. Les uns, les seigneurs de la région de Montréal, ont, cinq ou six étés de suite, subi l'invasion des barbares, et c'est un miracle s'ils ne sont pas tous ruinés. Mais ne faites état que des autres, de ceux qui n'ont pas reçu la visite des Iroquois, et qui sont, du reste, les plus nombreux. Rien que les appels, pour ainsi dire annuels de la milice, en leur enlevant les plus utiles travailleurs, les réduisent à l'impuissance. Comptez enfin tous ceux que la faillite de la compagnie a touchés. Les victimes ici sont surtout les marchands et les officiers de justice.

Ne point croire cependant que tout le mal soit le fait de l'Anglais, de l'Iroquois ou du krach de 1705. Voici ce que Denonville écrit au ministre en 1686, c'est-à-dire tout à fait au début de la première guerre. « Je dois rendre compte à monseigneur de l'extrême pauvreté de plusieurs nombreuses familles qui sont à la mendicité, et toutes nobles, ou vivant comme telles, la famille de Saint-Ours est à la teste. Il est bien gentilhomme de Dauphiné, chargé d'une femme et de dix enfants; il n'y a pas deux jours qu'il me vint faire un compliment pour avoir la permission de passer en France, l'an prochain, avec sa femme et ses enfants, pour y chercher du pain, et mettre les enfants à servir de costé et d'autre... et pour luy d'essayer de se mettre dans les troupes. Il se plaint de n'avoir pas de bled pour les deux tiers de l'année. Le père et la mère me paraissent dans un véritable désespoir de leur pauvreté. Cependant les enfants ne s'épargnent pas, car j'ai veu deux grandes filles couper du bled et tenir la charrue. Je serai bien long à vous faire le détail de plusieurs autres familles qui sont dans la même pauvreté qui souvent me viennent trouver les larmes aux yeux. Le sieur de Linctot et sa femme (1) qui ont dix enfants et deux d'une de leurs filles se plaignent de n'avoir pas de pain... » L'année suivante Denonville sollicite les libéralités du roi pour une autre infortune. « Il y a le bonhomme Tilly qui est de nos conseillers et gentilhomme qui a quinze enfants... il lui faut donner du bled présentement pour vivre. Ses enfants sont fort bien élevés et le cœur noble. Sa femme et sa fille labourent la terre tous les jours (2). » De 1686 à 1713 la liste de ces nobles nécessiteux s'allonge encore. Les Verchères (3) sont dans la misère, dans la misère aussi les Repentigny (4). Aubert de la Chesnaye, le plus habile, le plus persévérant, le plus audacieux des hommes d'affaires

---

(1) Sur cette madame de Linctot voici ce qu'écrivait Tracy quelque vingt ans auparavant : « Le sieur de Linctot qui est marié à une jolie femme qui s'acquitte dignement de faire des enfants. » Mémoire de la main de M. de Tracy. *Arch. col.* Canada, corr. gén., 2, 1663-1667, fol. 326.

(2) Denonville et Champigny au ministre, 6 novembre 1687. *Arch. col.* Canada, corr. gén., 9, 1687, fol. 3.

(3) Champigny au ministre, 22 juillet 1700. *Arch. col.* Canada, corr. gén., 18, 1700, fol. 90.

(4) Frontenac au ministre, 20 octobre 1691. *Arch. col.* Canada, mémoires, 1691-1696, fol. 35.

de la colonie, celui dont Frontenac écrivait en 1693 qu'il était « le plus riche et le plus accrédité habitant du Canada » (1) meurt en 1702, et il ne laisse à sa femme et à ses six enfants qu'une rente viagère de trois cent vingt-cinq livres (2). Ces nouveaux venus ne sont guère plus riches. Denonville écrit sur Vaudreuil qui vient d'arriver : « C'est un cadet de Gascogne qui ne fera pas venir souvent de lettres de change (3). » Le cadet de Gascogne fera son chemin.

Tous ces malheureux n'ont qu'un espoir, c'est d'apitoyer le roi. La grande ambition c'est d'être admis dans les troupes. On acceptera le plus modeste grade. On remue ciel et terre pour être enseigne, pour être cadet ou garde-marine (4). A la vérité, et ceci est une sorte de compensation des maux de cette guerre interminable, en obligeant à entretenir dans la colonie une trentaine de compagnies, elle donne au gouvernement la possibilité d'agréer un grand nombre de ces requêtes. Repentigny a six ou sept enfants au service (5), Tilly six (6), Hertel cinq (7). Faute de mieux on se rabat sur les charges de judicature. Le vieux La Durantaye, qui ne peut plus résister aux fatigues d'une campagne, obtient un siège au Conseil supérieur (8). Godefroy de Tonnancourt est trop heureux de se faire nommer procureur

---

(1) Extrait des lettres et différentes demandes, 8 février 1693. *Arch. col.* Canada, corr. gén., 12, 1692-1693, fol. 327.

(2) Beauharnais et Vaudreuil au ministre. *Arch. col.* Canada, corr. gén., 21, 1703, fol. 5.

(3) Denonville au ministre, 28 octobre 1687. *Arch. col.* Canada, corr. gén., 9, 1687, fol. 117.

(4) Marie-Madeleine de Verchères demande une enseigne pour un de ses frères. — 19 octobre 1699. *Arch. col.* Canada, mémoires, 1681-1699, fol. 311. — Frontenac demande une lieutenance réformée pour François Hertel et une enseigne pour Hertel de la Fresnière. État des emplois vacants... 1691, 15 août 1691. *Arch. col.* Canada, corr. gén., 11, 1691-1696, fol. 122. — « Cent escus d'aumone à chacune de ces familles... et six places de gardes-marines pour les vrais nobles. » Conseil de Canada. Lettres écrites en 1686. En marge. *Arch. col.* Canada, corr. gén., 8, 1686, fol. 8.

(5) Frontenac au ministre, 20 octobre 1691. *Arch. col.* Canada, mémoires, 1691-1696, fol. 35.

(6) Denonville au ministre, 6 novembre 1687. *Arch. col.* Canada, corr. gén., 9, 1687, fol. 1.

(7) Vaudreuil, Beauharnais et Raudot au ministre, 19 octobre 1705. *Arch. col.* Canada, corr. gén., 23, 1705, fol. 111.

(8) Sulte, *Morel de la Durantaye*, pp. 22-23.

aux Trois-Rivières (1), ce qui ne lui donnera pas deux cents livres par an. Plus que par le passé, et sous tous les prétextes, on sollicite les pensions, les congés, les secours de toute sorte, et Louis XIV, encore que son trésor soit à vide, est bien obligé de faire quelques aumônes. Repentigny a sa pension (2), Saint-Ours aussi. Il est vrai qu'on n'a pas d'argent pour les payer (3).

Avec l'argent du roi, et pour ceux qui vont aux partis de guerre, quelques bénéfices de traite, plus ou moins licites, et que favorise le désordre de la guerre (4), il faut croire qu'on ne meurt pas de faim. Ce qu'il y a de certain c'est que, non sans surprise, on retrouve à la fin de la crise tous ces besogneux en possession de leur seigneurie. Mais ces pauvres gens qui sont réduits à conquérir leur pain, au jour le jour, auront-ils été, en quoi que ce soit, capables de remplir leur rôle de colonisateurs ? Évidemment non. Si encore ces collaborateurs, qui justifient si mal la confiance que l'on a eue en eux, se contentaient de faillir à leurs engagements, mais ils sont devenus de véritables parasites. Leur entretien annuel grève lourdement le petit budget de la colonie.

Puis cette bataille qui n'en finit pas et qui s'étend à la moitié d'un continent achève ce que les charmes et les profits de la course des bois ont commencé si mal à propos. Comment ramener à la vie sédentaire, au labeur sans gloire de la colonisation, un vainqueur des Bostonnais, un conquérant de Terre-Neuve ou de la Baye du Nord ? Ne point exagérer cependant. On a trop dit que le seigneur canadien n'avait été qu'un chas-

---

(1) Catalongne, Mémoire, 1712. *Arch. col.* Canada, corr. gén., 33, 1712, fol. 209.

(2) Frontenac au ministre, 20 octobre 1691. En marge au crayon : 500 livres. *Arch. col.* Canada, mémoires, 1691-1696, fol. 35.

(3) Le roi au sieur de Saint-Ours, 1 juillet 1713. « Je suis très fâché par l'état fâcheux où vous me marquez que vous êtes réduit par le défaut de paiement de vos pensions. » *Arch. col.* Canada, depesches et ordres, 1713, fol. 109.

(4) « L'ardeur d'amasser du castor ne diminua point pendant des troubles si longs et si fâcheux. Chacun trouvait moyen d'envoyer de nouvelles marchandises aux Outaouacks, les uns en profitant des partis qui sortaient en campagne... » Riverin, Mémoire historique à Pontchartrain, 12 février 1703. *Arch. col.* Canada, corr. gén., 22, 1701-1703, fol. 356.

seur de castor et qu'un soldat. Enumérez jusqu'au dernier les héros de l'épopée française en Amérique au dix-septième siècle. Mettez à part deux officiers venus de la métropole et qui n'ont aucun établissement dans la colonie, M. de Troyes et M. de Louvigny. Est-ce que tous les autres ne sont pas des d'Ailleboul, des Hertel et des Lemoine : d'Ailleboul de Mantet, d'Ailleboul d'Argenteuil, Hertel de Chambly, Hertel de la Fresnière, Hertel de Rouville ; Lemoine d'Iberville, Lemoine de Bienville, Lemoine de Sainte-Hélène, Lemoine de Maricourt, Lemoine de Martigny. Le plus grand nombre des seigneurs est demeuré sur ses fiefs. Boucher a retenu autour de lui une partie de ses enfants. La Bouteillerie (1), un ancien Carignan pourtant, et Juchereau de Saint-Denis, seigneur de Beauport, n'ont tiré l'épée qu'une fois et ç'a été le jour où Phipps est remonté le Saint-Laurent avec son insolente Armada (2). Sur les quatre-vingt-quatre seigneurs dont Catalongne nous donne les noms en 1712, il y a plus de soixante-dix (3) qui, comme les peuples heureux, n'ont pas d'histoire.

En somme ni les meurt-de-faim, ni les aventuriers ne sont la majorité des seigneurs et cette majorité accomplit sa tâche tant bien que mal. Pour balancer le lamentable échec des Saint-Ours, des Godefroy, des d'Ailleboust, des Verchères, des Repentigny, parmi les familles nobles ou vivant noblement, il y a plus d'un succès à relever. Le petit-fils du patriarche Hébert, Couillard de l'Epinay, vit honorablement des revenus de la Rivière du Sud (4). Beauport n'a pas non plus périclité entre les mains du gendre de Giffard, Juchereau (5). L'enseigne Rigauville tir un bon parti des deux seigneuries qu'il administre au nom de sa femme, la veuve du capitaine Berthier (6). Tandis

---

(1) Casgrain, *Une Paroisse canadienne*, p. 97.
(2) Juchereau de Saint-Denis a eu, à l'âge de 60 ans, le bras fracassé à la tête des miliciens de Beauport. Mémoire de Frontenac. *Arch. col. Canada, corr. gén.*, 11, 1690-169', fol. 108.
(3 Mémoire de Catalongne, 1712. *Arch. col. Canada, corr. gén.*, 33, fol. 209.
(4) Et, à la vérité, aussi de ses appointements de procureur du roi à Québec. *Id., loc. cit.*
(5) *Id., loc. cit.*
(6) *Id., loc. cit.*

que ses cadets vont se faire tuer aux quatre coins de l'Amérique, l'aîné des Lemoine fait de l'utile besogne à Longueil et à Sainte-Hélène (1). Le roi le récompense en érigeant son fief principal en baronnie (2), et en lui donnant le gouvernement de Montréal. Pierre Boucher, presque centenaire, est toujours à son poste en 1712 (3). Les Boucher méritent toujours l'éloge que leur adressait Denonville en 1686 : « C'est la famille qui a le mieux travaillé au bien de la colonie » (4).

Ce qui frappe, c'est la réussite presque générale des marchands. Les Mille-Isles, la Chesnaye, la Noraye, l'île Perrot, Maskinongé, la Rivière du Loup, Yamaska, Nicolet, Mont-à-peine, Vincelot (5), par concession directe ou par vente, ont passé entre leurs mains. Les seigneurs laboureurs (6) sont encore plus nombreux, mais ils ont moins de moyens et il faut leur faire crédit, attendre à la génération suivante. Les habitants ont déjà conquis un bon tiers des seigneuries.

Les seigneurs qui, de toute manière, ont le mieux réussi, ce sont les seigneurs ecclésiastiques. Pour l'étendue comme pour la richesse de leurs domaines, ils sont vraiment hors de pair. Avec de nombreuses propriétés dans la banlieue de la capitale, les Ursulines de Québec possèdent le plateau Sainte-Croix (7), celles des Trois-Rivières viennent de recevoir Saint-Jean du lac Saint-Pierre (8) ; les Hospitalières de Québec ont Saint-Bernard et Saint Antoine (9). L'hôpital général doit à la muni-

(1) Id., loc. cit. — Frontenac et Champigny au ministre, 15 octobre 1698. Arch. col. Canada, corr. gén., 16, 1698, fol. 1. — Bouchette. *Topographie du Canada*, Appendice xxxvii.

(2) Callières et Champigny au ministre, 20 octobre 1699. Arch. col. Canada, corr. gén., 17, 1699, fol. 3.

(3) Mémoire de Catalongne. Arch. col. Canada, corr. gén., 33, 1712, fol. 209.

(4) Denonville au ministre, 10 novembre 1686. Arch. col. Canada, corr. gén., 8, 1686, fol. 2.

(5) A relever les noms de quelques-uns de ces seigneurs marchands : Dupré, Neveu, Romain, Desruisseaux, Beaubien, Bissot, Vincelot. Mémoire de Catalongne, loc. cit.

(6) Douze seigneuries de laboureurs dans le mémoire de Catalongne : Ile Dupas, Yamachiche, Grondines, fiefs Chicoine, Bonneau, La Pierre, Du Moine, Chorel, Marandat, Gagnier, Belanger.

(7) Mémoire de Catalongne, loc. cit.

(8) Arch. col. Canada, Fois et Hommages, t. II, hommage 109, fol. 211.

(9) Mémoire de Catalongne, loc. cit.

ficence de son fondateur Saint-Vallier, la terre des Récollets et le comté d'Orsainville (1). Les mieux partagés, ce sont les Jésuites et les deux séminaires de Québec et de Montréal.

En ce qui concerne les Jésuites, on peut laisser la parole au procureur général d'Auteuil. Il a entrepris, sans succès du reste, de leur faire restituer la seigneurie de Sillery qui ne leur a été concédée que « comme tuteurs des sauvages » et qu'ils entendent conserver après la dispersion de leurs catéchumènes. D'Auteuil écrit à Pontchartrain à la date du 17 octobre 1705 : « Ils ont assez de biens fonds en ce pays. Car dans tous les quartiers on voit des seigneuries qui leur appartiennent; ils ont près Québec les seigneuries de Nostre-Dame-des-Anges et de Saint Gabriel qui contiennent plus de vingt lieues en superficie établies et à établir. A la coste de Lauson deux arrière-fiefs. Dans le gouvernement des Trois-Rivières, Batiscan, le cap de la Magdelaine et une autre seigneurie aux environs de la ville des Trois-Rivières : les trois faisant plus de dix lieues en superficie. Dans le gouvernement de Montréal, la Prairie de la Magdelaine, la Prairie Saint-Lambert et le sault Saint-Louis : encore plus de dix autres lieues en superficie tellement qu'il paraîtrait de l'excès de leur en donner davantage et il semble qu'il vaudrait mieux réunir cette seigneurie au domaine du Roy » (2). L'énumération n'est même pas complète. Les missionnaires possèdent encore près de Québec deux bourgs, Bourg-Royal et Bourg-la-Reine (3), qu'ils se sont fait céder par l'Hôpital général, enfin un emplacement au cœur de la ville de Trois-Rivières (4). En 1706, les Jésuites n'ont pas loin de 2.000 censitaires (5).

Le séminaire de Québec a reçu de Mgr Laval la plus vaste et

(1) *Arch. col.* Canada, *Fois et Hommages*, t. II, hommage 111, fol. 250.
(2) D'Auteuil à Pontchartrain, 17 octobre 1705. *Arch. col.* Canada, corr. gén., 22, 1701-1705, fol. 402.
(3) En 1698. *Arch. col.* Canada, *Fois et Hommages*, t. II, hommage 111, fol. 256.
(4) D'Auteuil à Pontchartrain, 17 octobre 1705, *loc. cit.*
(5) Au recensement de 1706 : Notre-Dame-des-Anges et Sillery, 869 habitants ; Saint-Ignace (avec Orsainville), 112 ; Batiscan, 352 ; Cap de la Madeleine (avec Linctot et Godefroy), 123 ; Saint-Lambert (avec la Prairie), 169 ; Prairie de la Magdeleine, 218. *Censuses of Canada*, vol. IV, p. 48.

la plus anciennement peuplée des seigneuries canadiennes, la côte de Beaupré. Il y a ajouté l'île Jésus, jumelle de Montréal, dont le développement a été retardé par les Iroquois. En 1706, Beaupré a 1184 habitants, l'île Jésus environ 200 (1).

Le séminaire de Montréal tient toujours le premier rang. Il a fini par se faire concéder l'île entière de Montréal (2). Au nord-est Saint-Sulpice prolonge ses possessions sur la rive gauche du Saint-Laurent. 3.000 colons, pour le moins, paient les cens et rentes aux Sulpiciens de Villemarie (3). Au début du dix-huitième siècle, près de la moitié des habitants du Canada sont concentrés dans les seigneuries ecclésiastiques (4).

Quelques retours en France à signaler. A la mort du capitaine Sorel en 1683, son fils repasse en France, il y obtient un grade dans la marine (5), et ne reparait plus en Amérique. Le grand fief de la rivière Richelieu est à vendre. Il n'a point encore trouvé d'acquéreur en 1712 (6). Un abandon plus regrettable est celui de François Berthelot. Il ne pardonne pas sans doute à la Nouvelle-France l'argent qu'il a perdu dans la ferme du castor. Il vend le comté de Saint-Laurent à M. Gaillard pour la somme de vingt-quatre mille livres (7).

De 1684 à 1713, en ne tenant pas compte des agrandissements et des démembrements (8), des anciens fiefs, l'accroissement

(1) Isle Jésus (avec La Chesnaye), 361 habitants. *Censuses of Canada*, vol. IV, p. 48.
(2) Le restant de l'île de Montréal (à l'exception de 500 arpents sur la montagne), 1666. Iles Courcelles, 1674; isles et islets qui sont entre l'isle de Montréal et l'isle Jésus, 1679. *Arch. col.* Canada, *Fois et Hommages*, t. II, hommage 92, fol. 201.
(3) Au recensement de 1706 : Montréal et banlieue, 2.025 ; Pointe-aux-Trembles, 427 ; La Chine, 459 ; le Bout-de-l'Ile, 175; Rivière des Prairies (avec l'île Sainte-Thérèse), 284 ; Saint-Sulpice, 61. *Censuses of Canada*, vol. IV, p. 48.
(4) Total de la population en 1706 : 16 417. *Id., loc. cit.*
(5) La Barre au ministre, 3 novembre 1683. *Arch. col.* Canada, corr. gén., 6, 1682-1684, fol. 131.
(6) Mémoire de Catalongne, 1712. *Arch. col.* Canada, corr. gén., 33, 1712, fol. 209. — *Arch. col.* Canada, *Fois et Hommages*, t. II, hommage 72, fol. 163.
(7) *Id.*, hommage 121, fol. 275.
(8) C'est ainsi que Demuy en 1695 est démembré de Boucherville. *Arch. col.* Canada, *Fois et Hommages*, t. I, hommage 54, fol. 123. — Saint-Blain en 1686 de Verchères. *Id.*, t. I, hommage 10, fol. 23. — Fosseneuve de Contrecœur. *Id.*, t. I, hommage 37, fol. 85.

du nombre des seigneuries n'est pas considérable. C'est qu'il n'y a plus grand chose à distribuer dans les étroites limites fixées par Talon et que le roi accorde difficilement l'autorisation de les franchir. Il interdit même formellement de s'étendre en amont de Montréal. C'est ainsi qu'il refuse au gouverneur Vaudreuil et à son beau-frère Soulanges la concession de la presqu'île formée par la rencontre du Saint-Laurent et de l'Ottawa (1).

Plus de terres vacantes sur le fleuve dans le gouvernement de Montréal. C'est à peine si entre La Valtrie et Antaya il y a une devanture pour la Noraye (2) (1688). Mais on peut faire des largesses sur la rivière Richelieu : Monnoir (3) (1708), en face de Chambly ; Bourchemin (4) (1695), entre Sorel et Chambly ; Belœil (5) (1694), dans l'intérieur des terres, à égale distance du fleuve et de son grand affluent, à la hauteur de Verchères. En même temps, la distribution s'achève dans la région du lac Saint-Pierre. Dans le lac lui-même Iles Saint-Pierre (6) (1696) ; au nord-ouest, La Fond (7) (1684) ; sur le Saint-Maurice, Sainte-Marguerite (8) (1691) et Carufet (9) (1705) ; sur un affluent de l'Yamaska, Bourgmarie (10) (1708), Ramezay (11) (1700). En sortant du lac, sur la rive droite, quelques vides comblés : Cabanac (12) (1687), près de Cournoyer ; Bonsecours (13) (1687), entre Sainte-Croix et Tilly. Sur la rive gauche, Auteuil (14) entre Portneuf et Neuville. Autour de Québec, pour avoir de la terre, il faut pénétrer dans les profondeurs. Sur la rive gauche, le fief

---

(1) *Fois et Hommages*, t. I, hommage 94, fol. 214. — *Id.*, hommage 96, fol. 218.
(2) *Id.*, t. II, hommage 82, fol. 191.
(3) *Id.*, hommage 72, fol. 163.
(4) *Id.*, hommage 94, fol. 214.
(5) *Id.*, t. I, hommage 40, fol. 93.
(6) *Id.*, t. II, hommage 76, fol. 172.
(7) *Id.*, t. I, hommage 24, fol. 56.
(8) *Id.*, t. II, hommage 188, fol. 118.
(9) *Id.*, t. I, hommage 16, fol. 50.
(10) *Id.*, hommage 41, fol. 96.
(11) *Id.*, t. II, hommage 72, fol. 103.
(12) *Id.*, hommage 1, fol. 1.
(13) *Id.*, t. I, hommage 61, fol. 150.
(14) *Id.*, t. II, hommage 120, fol. 272.

Hubert (1) (1698) est rejeté derrière Saint-Ignace et Saint-Gabriel ; sur la rive droite, Maillou (2) (1702) et les Etchemins (3) (1697) prennent rang derrière Lauson. Vers l'embouchure du fleuve, une seule concession nouvelle à la côte nord, Saint-Paul ou Kitzeraki (4) ; trois à la côte sud, qui s'échelonnent à la suite de la Grande-Ance, Rimouski (5) (1688), l'île Verte (6) (1684), la rivière des Trois-Pistoles (7) (1687). On tente enfin de coloniser la Gaspesie et la baie des Chaleurs : Grande vallée des monts Notre-Dame (8) (1691), Rivière de la Madeleine (9) (1689), Ance de l'Etang (10) (1697), Paspebiac et Montlouis (11) (1707), Pabo (12) (1696). Il faut mettre à part, comme étant trop éloignée de la colonie proprement dite la seigneurie concédée à M. de la Mothe-Cadillac au détroit du lac Pontchartrain (13).

Rien de plus aisé que de tracer un tableau de la Nouvelle-France à l'époque de la grande pacification d'Utrecht. Un officier qui y a servi longtemps comme ingénieur militaire, qui a même fini par y acheter une petite seigneurie, M. de Catalongne, livre, pour ainsi dire, la besogne toute faite (14). Il a envoyé à Pontchartrain, en 1712, les plans des seigneuries et des habitations des trois gouvernements avec un mémoire explicatif. Les plans demeurent introuvables, mais heureusement les archives du ministère des colonies conservent le mémoire.

(1) *Fois et Hommages*, t. I, hommage 78, fol. 175.
(2) *Id.*, hommage 83, fol. 183.
(3) *Id.*, t. II, hommage 108, fol. 242.
(4) *Id.*, hommage 117, fol. 266.
(5) *Id.*, hommage 90, fol. 199.
(6) *Id.*, t. I, hommage 13, fol. 32
(7) *Id.*, hommage 15, fol. 38.
(8) *Id.*, t. I, hommage 105, fol. 236.
(9) *Id.*, *loc. cit.*
(10) *Fois et Hommages*, t. II, hommage 79, fol 176.
(11) *Id.*, hommage 105, fol. 236.
(12) *Id.*, hommage 111, fol. 249.
(13) Voir page 308.
(14) Sur les plans des seigneuries et habitations des gouvernements de Québec, les Trois-Rivières et Montréal : le sieur Catalongne, 7 novembre 1712. *Arch. col.* Canada, corr. gén., 33, 1712, fol. 209. — La seigneurie que Catalongne a achetée est celle des Prairies Marsollet dans le gouvernement des Trois-Rivières.

Plus de vingt ans après leur dernière incursion, l'île de Montréal garde les traces du passage des barbares, surtout à la Chine et vers la rivière des Prairies. Le progrès est considérable quand même. C'est ainsi que l'on se contentait de trois paroisses en 1683 (Montréal, la Chine, la Pointe-aux-Trembles) et qu'il en faut maintenant cinq (en plus le Haut de l'Isle et la Rivière des Prairies), sans compter la mission du Saut du Récollet, qui remplace celle de la Montagne. Beaucoup de côtes nouvelles : autour du mont Royal, Sainte-Catherine, Notre-Dame des Neiges, Notre-Dame de Liesse, les Vertus ; au nord-ouest, Saint-Laurent, Saint-Michel, la Visitation ; au nord-est, Sainte-Marie, Saint-Martin et Saint-François, « qui n'étaient qu'une forêt en 1684 ». Bref, la colonisation qui, avant la guerre iroquoise, se cantonnait au sud de l'île, gagne de toutes parts le centre et le nord. Les censitaires de ces messieurs de Saint-Sulpice continuent à tirer un bon parti d'un sol exceptionnellement fertile. L'île Perrot n'a qu'une habitation, c'est celle de son seigneur qui est, du reste, fort belle. Les prêtres du séminaire de Québec ont aussi, à l'île Jésus, un beau domaine avec beaucoup de bétail, mais ils ne sont pas encore suffisamment parvenus à remplacer les habitants massacrés par les Iroquois. L'île Sainte-Hélène, que l'on a déboisée pour chauffer les Montréalistes, est un beau verger. Les habitants de l'île Sainte-Thérèse sont riches. Sur la côte nord du Saint-Laurent, on n'a pas non plus, comme il eût fallu, réparé les maux de la terrible invasion. La Chesnaye, Répentigny, Saint-Sulpice se relèvent trop lentement ; à La Valtrie, la plus grande partie des terres sont redevenues « en taillis ». A Berthier, il y a peu d'habitants ; à la Noraye et à Antaya, moins encore ; à Dautré, depuis le massacre général, il n'y en a plus. Mais les colons ont multiplié et réussissent bien aux Mille-Isles (au nord de l'Ottawa, en face l'île Jésus) et dans l'île Bouchard.

La côte sud présente un aspect plus réjouissant. Si Châteauguay en est toujours aux débuts du défrichement, la mission du Saut Saint-Louis, la prairie de la Madeleine, seigneurie des Jésuites, et la baronnie de Longueil prospèrent. Les habitants du Tremblay et des îles Lamoureux sont à leur aise. A Boucherville, le patriarche Boucher est toujours là pour donner l'exemple du labeur et du succès. Demi-succès seulement à Varennes, à la Trinité, à Grandmaison, à Verchères qui a beaucoup souffert de la guerre et dont les seigneurs sont réduits à la misère. Les fiefs de Chicouane et de Boisseau n'ont chacun, pour habitant (1), que leur seigneur. Plus on approche du confluent du Richelieu et moins les résultats sont satisfaisants. Les grandes seigneuries des capitaines de Carignan, Saint-Ours, Contrecœur, Sorel, sont à peine peuplées. Sorel n'a même plus de seigneur. Elle est « en decret ». François Hertel n'a pas mieux réussi à Chambly. Quant à l'île Du Pas, elle serait d'un bon rapport si les inondations n'y étaient pas si fréquentes.

A suivre la double ligne des seigneuries qui se font vis-à-vis sur le lac Saint-Pierre et sur le fleuve, le gouvernement des Trois-Rivières paraît aussi peuplé que le gouvernement de Montréal. A la côte nord, Maskinongé, la Rivière du Loup, le Petit et le Grand Yamachiche, le fief de l'enseigne Boucherville, la Pointe du Lac, la ville des Trois-Rivières, le Cap de la Madeleine, le fief La Pierre, le fief Hertel, Champlain, Batiscan, le fief du Moine, Sainte-Anne de la Perade ; à la côte sud, Yamaska, Saint-François, Lussaudière, Saint-Antoine ou la baie du Febvre, Nicolet, Godefroy, Becancourt, Linctot, Gentilly, Bequet, la rivière du Chesne. Par malheur, il n'y a ici qu'une apparence. Les Trois-Rivières, qui datent pourtant de près d'un siècle, demeurent une bourgade. Avec sa banlieue, elles ne comptent, en 1706 (2), que 206 âmes. Au Cap de la Madeleine, c'est la décadence. Que sont devenus les 201 habitants de 1681 (3) ? En 1706, il faut joindre à sa population celle de Marsollet et de Linctot pour atteindre 123. Point de groupes importants, du reste, si ce n'est à Champlain et à Batiscan (Champlain avec Gentilly et Cressé, 320 en 1706 ; à la même date Batiscan, seul, 352). Ailleurs, c'est le bois debout, plus ou moins exploité par le bûcheron, plus ou moins parcouru par le chasseur et le pêcheur. Tonnancourt n'a qu'un

---

(1) Un habitant qui a certainement de la famille, et, probablement, des serviteurs.
(2) *Censuses of Canada*, vol. IV, p. 48.
(3) *Id.*, p. 11.

habitant. La seigneurie du fils de Pierre Boucher et celle du laboureur La Pierre n'en ont aucun. Pour celle de Lussaudière, bien qu'elle ait été concédée par Talon et que la terre y soit excellente, non seulement elle est toujours en friche, mais elle est si abandonnée que les voisins ne savent pas si elle a un seigneur. Voici, du reste, les chiffres pour l'ensemble du gouvernement : 1.169 habitants en 1681, 1.411 en 1706. A ce taux d'accroissement, il faudrait à cette population soixante ans pour doubler. Comparés aux résultats que l'on obtient à Québec et à Montréal, ceux-ci sont des plus médiocres.

De cette lenteur à progresser, il y a une explication à chercher. Le sol est-il ici de mauvaise qualité ? Non, certes. Il vaut autant qu'ailleurs. Catalongne signale, à chaque instant, des terres fertiles, de belles forêts, l'abondance du gibier et du poisson, sans compter les mines (1). L'homme a-t-il eu ici moins d'énergie, moins de persévérance ? A-t-il trop volontiers couru les aventures ? Peut-être. La région passe pour fournir beaucoup de coureurs de bois et des soldats intrépides à tous les partis de guerre. François Hertel est le type de l'homme des Trois-Rivières.

Dans le même ordre d'idées, on peut penser qu'il a manqué à la région moyenne du Saint-Laurent la présence de ces habiles, de ces patients, de ces riches seigneurs ecclésiastiques qui, en amont et en aval, dans l'île de Montréal et à la côte de Beaupré, ont eu un si rapide succès et donnent si heureusement l'exemple. Il y a une dernière explication et c'est vraiment la meilleure. Le plus sérieux obstacle à la colonisation dans le gouvernement des Trois-Rivières, c'est la difficulté des communications. Ici la grande route, le Saint-Laurent, ne mène pas partout. Ses rives sont, trop souvent, inabordables. Au lac Saint-Pierre, ce sont les inondations et les marécages qui arrêtent (2) ; sur le fleuve, ce sont les écorres et la pente abrupte des falaises (3). Pour se peupler, le gouvernement des Trois-Rivières attend le chemin du roi.

(1) Mines de fer au cap de la Madeleine, au fief Hertel, mine d'argent à Maskinongé.
(2) Surtout à Maskinongé et au petit Yamachiche.
(3) Surtout à la Pointe du Lac, à Becquet, à la Rivière du Chesne. —

De la frontière du gouvernement des Trois-Rivières à la banlieue de Québec, s'échelonnent, sur les deux rives, une quinzaine de seigneuries : à gauche, les Grondines, la Chevrotière, Deschambault, Portneuf, la rivière Jacques-Cartier, la Pointe-aux-Écureuils, Neuville, Demaure, Gaudarville et Fossambault, le fief Bonhomme ; à droite, Lotbinière, le plateau Sainte-Croix, Chorel, Maranda, Villieu, Lauson. A part le fief Bonhomme et celui de Maranda, ce sont des concessions déjà anciennes, et pourtant, elles non plus, ne fournissent pas grand'-chose au total des habitants et à la somme des richesses. Trois exceptions seulement, Neuville et Demaure qui ont, en 1706, 399 et 307 habitants et Lauson qui avec Lamartinière en a 431. Mais Lauson est dans une belle situation, en face de Québec, et peut se rattacher à la banlieue de cette ville. L'excuse est que la devanture est parfois d'un accès difficile (1) et que la terre est souvent médiocre (2). Ce qui ne veut pas dire que, plus souvent encore, il n'y ait de la faute des seigneurs. A partir du cap Rouge le spectacle change. En 1706, Québec, dont l'aspect monumental ne s'est guère modifié dans ces trente dernières années, a 1.771 habitants, Notre-Dame-des-Anges et Sillery 869, Orsainville et ses dépendances 142, Beauport 384, la côte de Beaupré, qui se prolonge maintenant à l'est par la baie Saint-Paul et la Malbaye, 1.184, le comté de Saint-Laurent avec ses quatre belles paroisses, 1.091. Tous ces chiffres marquent un progrès sur le recensement de 1685. Québec a augmenté d'un tiers, Beauport d'un quart, Beaupré a presque doublé. Sans doute le comté de Saint-Laurent a vu sa population diminuer : 1.205 en 1685 (3), 1.472 en 1698 (4), 1.091 en 1706. Mais on sait que les familles établies dans l'île d'Orléans ont accoutumé d'essaimer sur la rive qui leur fait face au sud. Sur cette côte le développement a été ra-

---

« Ecorres ce sont « les bords d'un banc lesquels sont escarpés comme une muraille ». Explications de quelques termes... La Hontan, *Voyages dans l'Amérique Septentrionale*, t. I, p. 403.

(1) Rivière Jacques-Cartier, Neuville, Demaure, Gaudarville, Fossambault, Chorel, Villieu.

(2) La Chevrotière, Lotbinière, Plateau Sainte-Croix.

(3) *Censuses of Canada*, p. 16.

(4) *Id.*, p. 39.

pide. C'est un accroissement de cent cinquante pour cent : 450 habitants en 1681, plus de 1.500 en 1706. Beaumont a 212 habitants, la Durantaye 225, Bellechasse 125. L'Isle aux Oies, Saint-Jean, Bonsecours, Vincelot, la rivière du Sud, les Trois-Saumons, la rivière du Loup, la rivière Verte, la Fresnaye, Saint-Joseph en ont 724. La Bouteillerie est passée en vingt-cinq ans de 62 à 149. Comme on l'a vu plus haut la Grande-Ance n'est plus le point terminus de la colonisation. Vers l'embouchure du fleuve jusqu'à la rivière du Loup et la rivière Verte (1), on a gagné une dizaine de lieues. Sans compter de nouvelles seigneuries qui s'intercalent entre les anciennes : Bernier, Gagnier, Belanger, Dutarte (2).

Que sont devenues les petites communautés de sauvages établies au milieu des Français? En 1712, on en retrouve cinq : dans le voisinage de Montréal, la mission du Saut Saint-Louis et celle du Saut au Récollet pour les Iroquois, celle de l'Isle aux Tourtes pour les Nipissingues ; au sud du lac Saint-Pierre, celle de Saint-François, dans la seigneurie du même nom, pour les Abenakis, enfin, dans la proche banlieue de Québec, celle de la Nouvelle-Lorette pour les Hurons (3).

Les missionnaires ont-ils obtenu de leurs troupeaux une conversion parfaite? Ils s'en vantent et il apparaît en effet que tous ces gens-là sont fort dociles à leurs enseignements. Mais sur l'article des mœurs le succès est plus douteux. Sans aller jusqu'à dire que les indigènes n'ont pris des Européens que les vices (4), il est certain qu'à part ceux de Lorette (5), ils n'ont pas été corrigés de leur passion irrésistible pour l'eau de feu, et l'ivrognerie suffit pour donner libre carrière à tous les désordres, à toutes les violences.

A-t-on du moins fixé ces nomades? Leur a-t-on appris à

(1) Catalongne s'arrête à la rivière du Loup ; mais la rivière Verte apparaît dans le recensement de 1706.

(2) Gagnier apparaît dans le recensement de 1698. Bernier, Belanger et Dutarte sont décrits dans le mémoire de Catalongne.

(3) Mémoire de Catalongne. *Arch. col.* Canada, corr. gén., 33, 1712, fol. 209.

(4) Denonville fait la remarque « que bien loin que les Sauvages s'instruisent de la religion et des bonnes mœurs qu'au contraire ils ne s'attachent qu'à ce qu'il y a de mauvais en nous. » Denonville au ministre, 13 novembre 1685. *Arch. col.* Canada, corr. gén., 7, 1685, fol. 78.

(5) Mémoire de Catalongne, *loc. cit.*

vivre de la terre ? Les a-t-on accoutumés au labeur régulier ? Il ne faut point se fier à certaines apparences. Au Saut au Récollet, au Saut Saint-Louis on cultive le bled d'Inde, le haricot, le melon, la citrouille ; on recueille du sucre d'érable (1). Mais ce sont là les cultures anciennes des indigènes. Après tant d'années de contact avec nous, nulle part, ils n'ont eu l'idée qu'ils auraient avantage à substituer le froment au blé d'Inde. Ils ignorent l'usage de la viande de boucherie. Ils n'ont même pas envie d'avoir des chevaux. Au surplus ces hommes fiers ont gardé tout le dédain de leurs ancêtres pour le travail manuel. Ils abandonnent aux femmes les besognes indignes des guerriers. Eux, ils vivent noblement : ils chassent, ils pêchent, ils vont à la traite et à la guerre.

Or ces guerriers du Saut Saint-Louis et du Saut au Récollet ce ne sont pas, pour la plupart du moins, des néophytes arrachés d'hier à la vie des bois. Ils sont nés dans la colonie. Ils ont été à l'école des Jésuites et des Sulpiciens. Si, malgré tant d'efforts et de dépenses, ces fils de sauvages domiciliés sont demeurés si profondément sauvages, c'est qu'il n'y a rien à faire de la race, c'est que l'entreprise de la francisation est chimérique.

En a-t-on fait des vassaux fidèles ? Evidemment, la plupart du temps, ils nous suivent volontiers contre l'Iroquois et contre l'Anglais, mais cela est moins par affection pour nous que pour assouvir des haines héréditaires. Quand leur intérêt est contraire au nôtre, ils n'hésitent guère à désobéir aux ordres les plus formels de l'Ononthio de Québec et du grand Ononthio de l'autre côté de la mer. Tel est le cas du célèbre Huron Kondiaronk qui ne veut pas que nous traitions avec les Cinq Nations et qui trouve moyen, par un guet-apens savamment organisé, de rompre des pourparlers fort avancés (2). Un peu plus tard ce sont les Outaouais qui, sans succès du reste, entreprennent de nous forcer à recommencer une guerre dont nous ne voulons à aucun prix (3). En temps de paix ils se rient de toutes les dé-

(1) Mémoire de Catalongne, *loc. cit.*
(2) Voir l'histoire de Kondiaronk dans Charlevoix, *Histoire de la Nouvelle-France*, t. II, pp. 383-386.
(3) Voir p. 305.

fenses, de toutes les sanctions qu'elles comportent. Les Iroquois chrétiens du Saut Saint-Louis sont constamment sur la route d'Orange et de Manhatte où ils troquent le castor contre des étoffes (1).

Les sauvages sont des alliés qui n'ont rien aliéné de leur indépendance, et comme on est résolu à ménager leurs susceptibilités et à ne jamais leur faire sentir le poids de notre puissance, chaque fois que l'on a besoin de leur concours, il faut négocier. Même pour les méfaits qu'ils commettent chez nous et contre nous, nous n'osons pas les déférer à nos tribunaux. Ainsi en 1712, trois sauvages assaillent un habitant de Montréal et le blessent grièvement. Vaudreuil est fort embarrassé. S'il leur fait faire leur procès dans les formes ordinaires de la justice, il risque de provoquer une protestation générale des indigènes. Il ne veut pas, non plus, que le crime échappe au châtiment. Il s'en tire en donnant l'ordre à Ramezay d'agir en qualité de chef militaire. Ramezay fait mettre en prison les trois coupables, et les force à payer à leur victime une indemnité en peaux de castor. Là-dessus Vaudreuil et Begon demandent au roi comment procéder à l'avenir dans les circonstances analogues (2). Voici la réponse de Louis XIV : « A l'égard de la prétention que les sauvages ont qu'ils ne soient pas sujets aux lois du pays, la matière est délicate... Il faut tascher à les accoutumer peu à peu à subir les lois... Il faut commencer par tascher de les accoutumer à la justice militaire (3). »

Cette race continue à s'en aller. Elle ne fait plus d'enfants. Elle est toujours la proie de l'alcoolisme (4) et encore davantage des maladies contagieuses. Rien qu'en 1687, la rougeole tue cent trente sauvages à Sillery (5). A partir de 1692, Sillery n'est plus mentionné dans les recensements. Si les mission-

---

(1) Mémoire de Catalongne, *loc. cit.*
(2) État de la colonie 1713-1714, 15 novembre 1713. *Arch. col.* Canada, corr. gén., 1713-1717, fol. 4.
(3) *Arch. col.* Canada, corr. gén., 34, 1713-1714, fol. 32.
(4) Lettre de M. Dollier (Dollier de Casson) supérieur du séminaire de Montréal au sujet des ravages causés par l'ivrognerie, 7 octobre 1691. *Arch. col.* Canada, corr. gén., 11, 1690-1691, fol. 220.
(5) Denonville, Mémoire de l'estat présent des affaires du Canada, 27 octobre 1687. *Arch. col.* Canada, corr. gén., 9, 1687, fol. 121.

naires ne recrutaient pas de nouveaux catéchumènes dans les cantons iroquois, au pays d'En haut, si d'importantes fractions d'Abenakis ne venaient s'établir dans le gouvernement des Trois-Rivières pour échapper aux représailles anglaises, toutes les missions auraient le sort de Sillery (1).

(1) 1.538 sauvages domiciliés en 1685, 1.259 en 1688, 1.356 en 1693, 1.510 en 1698. *Censuses of Canada*, vol. IV, pp. 16, 21, 28, 10.

CHAPITRE V

LE DÉVELOPPEMENT ÉCONOMIQUE

Accroissement du territoire en culture et du bétail. — La fabrique de Madame de Repentigny. — Les constructions navales. — Le commerce. — Pour améliorer les voies de communication. — La route de Chambly, le canal de la Chine : projets abandonnés. — La carte du Saint-Laurent.

Vingt-six années de guerre pour quatre années de paix, deux catastrophes financières, voilà ce qui, à première vue, ne permet pas d'espérer, de 1683 à 1713, un important progrès dans la mise en valeur de la Nouvelle-France. Les résultats ne sont pourtant pas aussi mauvais que l'on pourrait le craindre. Aussi bien faut-il distinguer entre les périodes. Si la première guerre, celle où il faut combattre à la fois les Anglais et les Iroquois, est vraiment désastreuse, la seconde, celle où les Anglais ont perdu l'alliance des Cinq Nations, ne fait pas beaucoup de mal. Entre les deux, il y a une trêve qui a été très heureusement mise à profit.

Le bilan de l'invasion iroquoise est facile à faire avec deux chiffres : en 1688, 28.603 arpents de terre en culture, en 1692, 26.609. Mais dès que l'invasion est repoussée, les habitants se remettent courageusement à l'œuvre. Ils réparent leurs pertes : 28.110 arpents de terre en culture en 1695, 32.524 en 1698. Mêmes variations dans la récolte du blé : 100.971 boisseaux en 1688, 88.711 en 1692, 129.154 en 1695, 166.978 en 1698 (1). De 1698 à 1702, pendant la paix, et même, malgré la reprise des hostilités et la faillite de la compagnie de la colonie, jusqu'en 1705 et en 1706, le développement agricole est rapide. En huit années, le chiffre des arpents mis en culture passe de 32.824 à 43.671, celui des bêtes à cornes, de 10.209 à 14.191, celui des chevaux, de 684 à 1.872 (2). Cette progression est telle que Pontchartrain s'en inquiète. Il craint que la facilité d'avoir un équipage ne fasse perdre aux Canadiens leur précieuse qualité de marcheurs, qu'ils ne laissent l'usage des raquettes. Il enjoint au gouverneur « de tenir la main à la réduction des chevaux » (3). Malgré la difficulté qu'ils ont à les nourrir pendant l'hiver, les habitants se décident à avoir des moutons : 994 en 1698, 1.820 en 1706. Dans treize ans, leur nombre aura décuplé (4). Quant aux porcs qui figurent pour la première fois au recensement de 1688 (3.701) (5), ils sont 5.147 en 1698 (6).

De 1706 à la conclusion de la paix d'Utrecht, les recensements des statistiques officielles font défaut. Mais trois ans plus tard, en 1716, il y a en Nouvelle-France 57.240 arpents de terres cultivées (7), ce qui marque un progrès considérable. Nous savons aussi, par le témoignage de Catalongne que les laboureurs canadiens ont fait de la bonne besogne et que leurs efforts ont été, la plupart du temps, récompensés.

Au total, labourage et pâturage continuent à procurer à l'habitant de quoi vivre « assez commodément ». C'est le mot de Champigny qui, lui aussi, constate que les paysans du Canada « trouvent des avantages que ceux de France n'ont point (8). »

Mais les Canadiens tirent-ils du sol autre chose que leur

(1) Recensements de 1688, 1692, 1695, 1698. *Censuses of Canada*, t. IV, pp. 23, 29, 35, 41.
(2) Recensement de 1706. *Id.*, p. 48.
(3) 10 juin 1710. *Arch. col.* Canada, mémoires 1706-1716, fol. 170.
(4) 8.435 moutons. Recensement de 1719. *Censuses of Canada*, vol. IV, p. 52.
(5) *Id.*, p. 23.
(6) *Id.*, p. 41.
(7) Vaudreuil au Conseil de marine, 12 novembre 1716. *Arch. col.* Canada, corr. gén., 37, 1717, fol. 86.
(8) Champigny au ministre, 20 octobre 1699. *Arch. col.* Canada, corr. gén., 17, 1699, fol. 66.

nourriture? Ici, il faut reconnaître que les belles espérances conçues à l'époque précédente, sont loin d'être réalisées. Seule, la culture du chanvre n'a point trop périclité. Fréquemment, les intendants signalent le succès de ceux qui s'y livrent (1).

Les manufactures de Talon n'ont point été relevées. Le Canada demeure toujours tributaire de l'industrie métropolitaine, et cela est conforme aux maximes de l'établissement des colonies. A peine quelques exceptions, quelques infractions, si l'on veut, à la règle. C'est ainsi que Denonville signale que les habitants de la côte de Beaupré font des toiles (2). Mais voici que la guerre avec l'Angleterre va rendre extrêmement précaire le maintien des communications entre l'ancienne et la Nouvelle-France. Les vaisseaux qui apportent les hardes n'arrivent plus régulièrement au port. La nécessité réveille chez les Canadiens l'esprit d'initiative (3). Une intéressante tentative est due à une femme des anciennes familles, Agathe de Saint-Père, veuve de M. de Repentigny, ce même Repentigny qui avait tant de peine à nourrir ses onze enfants.

Madame de Repentigny raconte elle-même au ministre Pontchartrain comment elle s'y est prise pour doter la colonie d'une manufacture de « tortes, droguets, serges, croisées et couvertes ». Le plus difficile à se procurer, ce sont des ouvriers. Les colonies voisines en sont mieux pourvues. Madame de Repentigny rachète des mains des sauvages neuf prisonniers anglais, et voilà son atelier constitué. La matière première n'est point non plus en quantité suffisante. Madame de Repentigny remplace le chanvre et le lin qui font défaut par les orties « qui sont, dit-elle, comme les mannes du désert ». Ces orties donnent des toiles excellentes. Les moutons de la colonie ne sont pas encore assez nombreux pour fournir toute la laine dont on a besoin. Mais il y a celle des bœufs islinois pour faire de la serge sur fil, et pour faire des couvertes, les écorces levées

(1) Beauharnais au ministre, 16 novembre 1703. *Arch. col.* Canada, corr. gén., 21, 1703, fol. 93. — Ne pas confondre Beauharnais l'intendant (1702-1705) avec Beauharnais le gouverneur général (1726-1746).

(2) Denonville au ministre, 8 mai 1686. *Arch. col.* Canada, corr. gén., 8, 1685, fol. 6.

(3) Raudot au ministre, 19 octobre 1705. *Arch. col.* Canada, corr. gén., 22, 1701-1703, fol. 297.

dans les bois qui après le séchage « souffrent la lessive comme les lins ». Madame de Repentigny signale en outre au ministre le parti qui se pourrait tirer du coton qui pousse au-dessus de Catarocouy. Pour conclure, elle lui envoie des échantillons de tous ses ouvrages (1). Vaudreuil et Beauharnais constatent le succès de la nouvelle manufacture et, pour son ingénieuse créatrice, sollicitent du roi une gratification (2).

Si les Canadiens n'ont plus de navires en chantiers et n'envoient même plus leurs bois aux chantiers du roi à Rochefort, il ne faut point en accuser seulement leur apathie. Ce sont là des entreprises qui exigent d'importantes mises de fonds, et ils sont pauvres. Plus encore que l'argent il leur manque une main-d'œuvre exercée. L'intendant Raudot est très frappé de l'exemple des Bostonnais qui vendent des vaisseaux « dans toute l'Europe ». Il essaie de restaurer au Canada l'industrie des constructions navales. Il demande à Versailles des constructeurs de navires et des charpentiers! Comme Talon enfin, pour encourager les habitants « à s'appliquer aux chanvres, au bray, au goudron, et à disposer les bois pour la construction des vaisseaux », il ne voit pas d'autre moyen que de faire acheter par le roi les chanvres, le bray, le goudron, les bois (3). Que le roi ait acheté ou non, il semble bien que les efforts de Raudot aient abouti à un résultat appréciable. On construit en 1705 « avec les beaux chênes de la seigneurie de Linctot » un vaisseau de trois à quatre cents tonneaux (4). C'est Prat, le capitaine du port de Québec, qui dirige les constructions navales (5).

Sur l'article du commerce rien de changé. La Nouvelle-France n'a point cessé de demander à la métropole des étoffes, des hardes, des vins, des liqueurs et les objets néces-

---

(1) Sur les productions du Canada, lettre de Madame de Repentigny, 13 octobre 1705. *Arch. col.* Canada, corr. gén., 22, 1704-1705, fol. 343.

(2) Vaudreuil et Beauharnais au ministre, 19 octobre 1705. *Arch. col.* Canada, corr. gén., 22, 1704-1705, fol. 171.

(3) Raudot au ministre, 19 octobre 1705. *Arch. col.* Canada, corr. gén., 22, 1704-1705, fol. 297.

(4) Mémoire de Catalongne. *Arch. col.* Canada, corr. gén., 33, 1712, fol. 209.

(5) Prat, capitaine du port de Québec, au ministre, 6 novembre 1712. *Arch. col.* Canada, corr. gén., 33, 1712, fol. 181.

saires à la traite; elle reçoit toujours des Antilles du rhum, du tafia, du sucre. Avec ses pelleteries qui restent son trafic principal et de beaucoup, elle a à exporter du poisson et de l'huile de poisson, et, quand l'année est bonne, l'excédent des produits de son agriculture : farines, grains de toute espèce, légumes (1). Aux débouchés que nous connaissons déjà, les Iles et la Rochelle, s'ajoute Plaisance (2), la petite capitale des établissements français de Terre-Neuve où il y a à nourrir toute une population de pêcheurs.

Voici l'exportation agricole d'une des meilleures années, 1685 : « Sans qu'il ait enchéri, les habitants ont pu à la fois livrer deux cents milliers de farine aux magasins de la colonie et expédier, tant aux Isles qu'à la Rochelle, dix-huit mille quatre cent quatre-vingt-onze minots de grains (3). » L'année suivante ce sont encore les vaches grasses, à ce point que le roi permet aux Anglais de venir chercher du blé à Québec (4).

Jusqu'ici point d'autres routes au Canada que le Saint-Laurent et ses principaux affluents. Si elles avaient été praticables toute l'année, on aurait pu s'en contenter longtemps encore. Un demi-siècle plus tard c'est à peine si la colonisation commence à s'éloigner de leurs rivages (5). Mais ces magnifiques avenues sont interceptées de la fin de novembre à la mi-avril. La nécessité s'impose de créer un réseau de communications terrestres. Callières propose d'employer les soldats à rétablir la voie stratégique que Tracy a ouverte, une première fois, un peu sommairement, de Montréal à Chambly. Pontchartrain approuve. Il admet aussi qu'il est urgent de relier Québec à

(1) Champigny au ministre, 20 octobre 1699. *Arch. col.* Canada, corr. gén., 17, 1699, fol. 66.
(2) Mémoire de Catalongne, 1712, loc. cit.
(3) Denonville au ministre, 20 août, 3 septembre, 13 novembre 1685. *Arch. col.* Canada, corr. gén., 7, 1685, fol. 69.
(4) Extrait des réponses aux lettres reçues pendant la présente année 1686. *Arch. col.* Canada, corr. gén., 8, 1686, fol. 42.
(5) « Comme les terres qui sont habitées en Canada sont situées le long du fleuve Saint-Laurens... et que ce qui est défriché ne s'étend tout au plus quasi partout qu'*un quart de lieue* dans la profondeur des bois. » Remarques sur ce qui paroist important au service du Roy pour la conservation de la Nouvelle-France, 1689. *Arch. col.* Canada, corr. gén., 30, 1688-1689, fol. 336.

Montréal (1). Mais ces deux projets ont le sort de tant d'autres dans cette colonie à demi abandonnée où la pénurie est telle d'argent et de main-d'œuvre (2). On attendra plus de trente ans avant qu'un chemin royal réunisse en tout temps les deux capitales de la Nouvelle-France.

Pour le canal de la Chine, on fait mieux que de le projeter, on en commence les travaux. Il s'agit de tourner le saut Saint-Louis qui, immédiatement au-dessus de Villemarie, arrête la navigation. Dollier de Casson, l'annaliste, est alors supérieur du séminaire, c'est-à-dire, en fait, seigneur de Montréal. Il entreprend de creuser un canal (3). Il y voit un double avantage : il donnera aux bateaux un facile accès sur le haut Saint-Laurent, jusqu'au lac Saint-François, et sur l'Ottawa jusqu'au saut du Calumet ; il pourra encore, sur la rivière artificielle, bâtir un nombre considérable de moulins. En 1701, Catalongne, l'ingénieur militaire de la colonie, se met à l'œuvre. Par malheur, Dollier meurt cette même année et le travail se trouve interrompu. Il était fort avancé. Il n'y avait plus à creuser que trois cents toises (4). Deux autres ingénieurs, Levasseur et Beaucour, déclarent, en 1702, qu'il suffira de dix mille livres pour tout terminer. Mais c'est en vain que le nouveau supérieur, M. de Brelay, obtient les encouragements du gouverneur, de l'intendant et du ministre. Il ne trouve nulle part les dix mille livres. Montréal et la Chine n'auront leur canal qu'au milieu du dix-neuvième siècle.

Le Saint-Laurent est-il du moins suffisamment reconnu pour la sécurité et la commodité des navigateurs ? Pas encore autant qu'il le faudrait. A la fin du dix-septième siècle on ignore

---

(1) Extrait des lettres de Canada de l'année 1703. *Arch. col.* Canada, corr. gén., 21, 1703, fol. 180.

(2) La route de Montréal à Chambly a été, du moins, commencée par le baron de Longueil. Il la poussa plus loin jusqu'à quatre lieues et demie. Mais il interrompit là des travaux qui lui coûtaient fort cher. Plans des seigneuries et habitations... Mémoire de Catalongne. *Arch. col.* Canada, corr. gén., 33, 1712, fol. 209.

(3) Grands détails sur l'affaire du canal de la Chine dans le mémoire de Catalongne : sur les plans des seigneuries et habitations des gouvernements de Québec, les Trois-Rivières et Montréal, 1712, loc. cit. — Extrait des lettres de Canada de l'année 1703, loc. cit.

(4) Le canal de la Chine a huit milles et demi de longueur.

toujours que des deux chenaux de l'île d'Orléans c'est le chenal du sud qu'il faut prendre. C'est d'Iberville qui fera cette découverte (1). En 1695 Frontenac avait chargé Joliet de perfectionner les cartes du Saint-Laurent (2). En 1712 Catalongne se plaint encore que le Saint-Laurent soit « très dangereux » et il demande qu'on enseigne le pilotage à un certain nombre de Canadiens et d'officiers des troupes (3).

(1) Charlevoix, *Journal d'un Voyage fait dans l'Amérique Septentrionale*, t. V, lettre II, p. 98.
(2) Frontenac et Champigny au ministre, 10 novembre 1695. *Arch. col.* Canada, corr. gén., 13, 1694-1695, fol. 296.
(3) Mémoire de Catalongne, loc. cit.

SEPTIÈME PARTIE

DU TRAITÉ D'UTRECHT A LA GUERRE DE SEPT ANS
(1713-1754)

CHAPITRE PREMIER

APRÈS LA PAIX D'UTRECHT

Une paix qui va durer. — L'avance des Anglais. — Le Canada à Versailles. — Pour peupler le Canada : propositions de d'Auteuil, de Vaudreuil et de Begon.

La paix est faite avec l'Angleterre, et, dès le premier jour, on a le pressentiment que cette paix va durer. Les deux nations et, ce qui est tout à fait rassurant, les deux gouvernements en ont besoin. Au surplus, Louis XIV, qui ne se fût pas résigné à laisser empiéter sur ses droits, va mourir. Le Régent et Dubois seront prêts à tout sacrifier en Amérique au maintien de la bonne entente avec Londres. Nos rivaux peuvent retenir sous leur domination les Acadiens dont l'exode est prévu par le traité et que nous destinons au peuplement de l'île Royale, écraser nos fidèles Abenakis, usurper le bassin du fleuve Saint-Jean qui est, à tout le moins, un territoire contesté : c'est à peine si nous protestons. Il faut que leurs voyageurs apparaissent à Chouagen pour que nous nous décidions à leur barrer la route (1). Qu'importe, après tout, que nous laissions replier nos avant-postes ici et là, nous avons la moitié d'un continent à coloniser.

Les usurpations continuelles des Anglais ont l'avantage de nous ouvrir les yeux sur le péril qui va grandissant. Si belle que soit leur part, les ambitions de nos voisins ne se contenteront pas d'un partage. La conquête de l'Acadie, de Terre-Neuve, de la baie d'Hudson, n'est pour eux que la première étape de notre dépossession complète. C'est toute l'Amérique septentrionale qu'ils réclament. Dans cette arrogante sommation qui reçut un si prompt châtiment, Phipps l'a signifié à Frontenac. Lorsqu'on connaît en Angleterre les conditions de la paix, la ville de Londres donne mandat à ses députés de demander aux ministres pourquoi ils ont laissé à la France le Canada et le Cap Breton (2).

Hélas ! nos adversaires ont déjà pris sur nous une telle avance que les clairvoyants commencent à désespérer de l'avenir. Pourrons-nous jamais rétablir l'équilibre des forces ? Vaudreuil jette le cri d'alarme. « Le Canada, écrit-il à Pontchartrain (3), n'a actuellement que quatre mille quatre cent quatre-vingt-quatre habitants en état de porter les armes depuis l'âge de quatorze ans jusqu'à soixante, et les vingt-huit compagnies ne font en tout que six cent vingt-huit soldats. Ce peu de monde est répandu dans une étendue de cent lieues. Les colonies anglaises ont soixante mille hommes en état de porter les armes, et on ne peut douter qu'à la première rupture ils ne fassent un grand effort pour s'emparer du Canada... » Non moins franchement quelques années plus tard, Charlevoix avoue son inquiétude, lorsqu'il nous montre comment « les Anglais en moins d'un siècle et demi sont venus à bout de peupler plus de cinq cents lieues de pays, et de former dans

---

(1) Ferland, *Cours d'Histoire du Canada*, 1re partie, p. 420.
(2) Charlevoix, *Histoire de la Nouvelle-France*, t. IV, p. 150.
(3) Vaudreuil au ministre, 2 novembre 1714. Arch. col. Canada, corr. gén., 36, 1716, fol. 97.

ce continent une puissance qu'on n'envisage qu'avec frayeur, quand on la voit de près (1). »

Plus de temps à perdre ! Cette heure est la dernière qui est donnée à la France pour implanter solidement sa domination en Amérique du Nord.

Une condition assez favorable, c'est que le Canada n'est pas sans défenseurs à Versailles. Les Vaudreuil sont bien en cour, madame de Vaudreuil surtout. Elle obtient la charge de gouvernante d'un prince du sang, le duc d'Alençon. Elle reste dix ans à Versailles. Madame de Vaudreuil met en jeu toute son influence pour obtenir à son mari la concession d'un poste de traite, celui du lac Temiscamingue (2), pour procurer l'avancement de ses fils dont l'aîné sera le dernier gouverneur de la Nouvelle-France. Elle parvient même à faire choisir une amie canadienne, madame de Beaujeu comme remueuse des enfants de France. On cherche quand et comment elle a plaidé la cause de la colonie. Elle la sert partout indirectement en assurant le crédit de son mari. Celui-ci peut faire un assez long séjour dans l'ancienne France en 1715 et en 1716 (3), et comme il a de l'expérience et du bon sens, il a dû donner aux ministres de bons avis.

Un conseiller qui s'offre de lui-même, c'est d'Auteuil. Fils du premier procureur général qui fut institué auprès du Conseil souverain, procureur général lui-même, Ruette d'Auteuil a résigné pour devenir un des directeurs de la compagnie de la colonie. Cette compagnie est en déconfiture et d'Auteuil passe en France pour solliciter et pour accuser. Il s'en prend à tout le monde de sa mauvaise chance. Les gouverneurs et les intendants ne trouvent point grâce devant lui. Il en veut surtout à MM. Raudot. Or il se trouve que MM. Raudot sont plus que

---

(1) Charlevoix, *Journal d'un Voyage dans l'Amérique Septentrionale*, t. V, lettre IV, p. 131.

(2) Pétition de la marquise de Vaudreuil demandant à son altesse le comte de Toulouse, pour le marquis, la liberté d'établir un poste aux Temiscamingue. *Arch. col. Canada*, corr. gén. 38, 1717, fol. 170

(3) L'intérim est fait par Ramesay à partir de novembre 1714. Corr. gén., 34, 1713-1714, fol. 364. — Vaudreuil, à son retour, passe par la Rochelle en juillet 1716. Corr. gén., 36, 1716, fol. 57. — Il est rentré à Québec en octobre 1716. Corr. gén., 36, 1716, fol. 59.

jamais en faveur. D'Auteuil est éconduit. Il ne peut même pas avoir audience du Conseil de marine. Cela est fâcheux. Les mémoires de d'Auteuil, encore qu'ils se transforment trop souvent en réquisitoires contre ses ennemis personnels, sont abondamment documentés et bien présentés. Si l'on n'adhère pas sans réserve à tous ses projets pour l'avenir, on accepte volontiers ses explications pour le passé. Le mémoire de 1715 et l'addition de 1719 sont, dans tous les cas, précieux à l'historien.

Riverin (1) porte un titre qui peut donner le change sur son importance réelle. Ce député de la colonie n'est que le représentant de la compagnie de la colonie. Intelligent, énergique, il semble avoir fait bonne impression sur Pontchartrain. Mais Riverin est un pauvre diable dont on oublie de payer les appointements et qui, pour bien tenir son rôle, a trop à lutter contre la misère (2).

Ceux qui peuvent le plus en faveur du Canada ce sont MM. Raudot père et fils, tous deux anciens intendants de la Nouvelle-France. Ruette d'Auteuil insinue qu'ils se sont enrichis à Québec. Mais, vraie ou fausse, l'accusation ne porte pas. MM. Raudot sont trop bien apparentés. Le fils est entré par mariage dans la famille de M. de Pontchartrain. Quel que soit le jugement qu'il faille porter sur leur probité, il faut reconnaître que leurs mémoires abondent en vues justes. Toutes les fois qu'on aura à Versailles une décision quelque peu embarrassante à prendre sur les affaires du Canada, on demandera l'avis de MM. Raudot (3).

Ce qui manque au Canada et ce que tous ses avocats réclament pour lui, ce sont des colons. Là-dessus le gouverneur Vaudreuil et l'intendant Begon sont d'accord avec Ruette d'Auteuil. Mais où l'accord cesse, c'est quand il s'agit de trouver ces colons. L'ancien procureur général n'y va pas de main morte. Il demande la mise en réforme immédiate de la garnison colo-

(1) Voir les lettres de Riverin, 9 avril, 5 mai, 31 juillet 1716. Arch. col. Canada, corr. gén., 36, 1716, fol. 308, 313, 315.
(2) Mémoire au comte de Toulouse sur la députation du sieur Riverin du Canada en France et sur les appointements qui lui sont dus. Arch. col. Canada, corr. gén., 36, 1716, fol. 338.
(3) Vaudreuil au ministre, 8 novembre 1718. Arch. col. Canada, corr. gén. 39, 1718, fol. 163.

niale et l'établissement jusqu'au dernier des soldats de vingt-huit compagnies (1). Il invoque comme un précédent qui lui semble tout à fait favorable le licenciement de la petite armée de Tracy. La riposte est facile. Du temps de Tracy on n'avait rien à craindre des Anglais. Mais la perspective d'une invasion anglaise ne trouble pas d'Auteuil. Pour le rassurer il lui suffit que les officiers des troupes congédiées restent dans la colonie, et, moyennant la conservation d'une demi-solde, se consacrent à l'instruction des milices. A tout prendre, la proposition n'est pas aussi déraisonnable qu'elle en a l'air. En cas d'invasion anglaise, ce n'est pas avec six cents réguliers que l'on défendra l'entrée du Saint-Laurent et la route du lac Champlain à Montréal. En cas de guerre avec les sauvages, ce sera assez de lancer les tribus alliées et ces coureurs de bois qui sont toujours prêts. Puis les milices n'ont-elles pas fait leurs preuves, avec éclat, sous Frontenac, lorsque Phipps a paru devant Québec?

Vaudreuil et Begon s'opposent avec énergie au projet de d'Auteuil. Bien loin de consentir à la réforme de la garnison coloniale, ils ne voient de salut que dans le renforcement des effectifs. Il leur faut des soldats, le plus de soldats possible. Ce n'est pas qu'ils ne soient, eux aussi, partisans de la colonisation militaire. Ils ne veulent recruter les travailleurs et les chefs de famille que parmi les soldats. Mais ils entendent s'en tenir à l'établissement de ceux qui ont fini leur temps. Dès que l'on est certain de la paix, dès que la mer est libre, leur première demande est pour réclamer des recrues. Ils écrivent à la date du 15 novembre 1713 : « Cette colonie ne souffre pas moins par le défaut d'ouvriers qui sont si rares qu'il n'est presque possible de cultiver les terres ny d'y faire la récolte et par cette raison il est très important d'envoyer des recrues suffisantes pour mettre les trente compagnies qui sont icy à cinquante hommes (2). » Le gouverneur et l'intendant sont à tel point entichés des soldats qu'ils accueillent de mauvaise grâce la

(1) D'Auteuil, Mémoire concernant le Canada, 9 décembre 1715. Arch. col. Canada, corr. gén., 34, 1713-1714, fol. 170.

(2) Vaudreuil et Begon au ministre. Arch. col. Canada, corr. gén., 34, 1713-1714, fol. 4.

nouvelle que le roi va leur envoyer des engagés. D'Auteuil, qui aime à prêter aux chefs de la colonie des vues intéressées, trouve tout de suite les causes de cette prédilection : « Les soldats sont gens à eux dont ils disposent à leur volonté (1), » et, à la vérité, Vaudreuil ne se fait point scrupule d'employer la main-d'œuvre militaire au défrichement de sa seigneurie. En attendant, d'accord avec Begon, il présente un bon argument. « Il est plus avantageux au service du Roy et à celui de la colonie d'obliger les vaisseaux marchands à apporter des soldats que des engagés parce que les soldats ne peuvent sortir des troupes qu'en se mariant, au lieu qu'un engagé, après avoir servi son temps icy, est le maître de s'en retourner en France (2). » Le curieux c'est que d'Auteuil reprend l'argument à son compte. Il se plaint de la facilité avec laquelle on donne aux soldats des congés pour repasser en France (3). Et l'ancien procureur général fait un long plaidoyer en faveur des engagés. Il trouve à ce système de recrutement des colons tous les mérites, dont le moindre n'est pas, aux yeux de ce parlementaire, d'avoir été proposé au roi par le Conseil souverain de Québec. Il se complait à retracer le tableau des progrès qui se fussent accomplis si MM. les gouverneurs et les intendants, qu'il tient absolument à rendre responsables de tous les insuccès, avaient mieux tenu la main à l'exécution des règlements. « Voilà une des raisons pour lesquelles le Canada n'est pas peuplé au point qu'il devrait l'être, car on ne peut disconvenir que depuis 1665 jusqu'à présent il n'ait été à Québec chaque année, l'une dans l'autre, assez de navires pour contenir au moins deux mille tonneaux, tellement que ce aurait été deux cents hommes par année qui successivement se seraient établis, ce qui fait dix mille hommes, et par conséquent dix mille familles qui auraient multiplié pour le moins au triple. » (4).

La pénurie d'hommes est telle que Vaudreuil en vient à faire

---

(1) Addition au mémoire de d'Auteuil. *Arch. col.* Canada, corr. gén., 40, 1719, fol. 256.

(2) Vaudreuil et Begon au ministre. *Arch. col.* Canada, corr. gén., 34, 1713-1714, fol. 352.

(3) Mémoire concernant le Canada, 9 décembre 1715. Corr. gén., 34, 1713-1714, fol. 176.

(4) *Id.*, loc. cit.

bon marché de l'idéal ancien. Qu'importe que pendant plus d'un siècle on ait travaillé à faire de la France nouvelle une France modèle. Pour acquérir quelques milliers de bras de plus il n'hésitera point à mêler aux petits neveux des héros et des saints les rebuts de l'ancienne France. Il implore comme une grâce qu'on lui expédie « des faux sauniers, des prisonniers de toute espèce (1). » Bégon cherche d'un autre côté. Il réclame des nègres.

Vaudreuil, Bégon et d'Auteuil ne pouvaient avoir gain de cause à Versailles sur tous les points. Le duc d'Orléans ne consent ni à la réforme des compagnies, ni à l'introduction de l'esclavage, mais il accorde tout de suite les engagés et les soldats, et, un peu plus tard, les prisonniers.

(1) *Arch. col.* Canada, corr. gén., 34, 1713-1714, fol. 382.

CHAPITRE II

LE PEUPLEMENT

Les engagés. — Les soldats. — Les prisonniers. — Les Anglais. — L'esclavage au Canada : les Panis. — Les excédents de naissance. — Les bâtards. — Les pertes : Canadiens à la Louisiane ; la picotte. — La population quadruple en quarante ans. — Les sauvages domiciliés. — Arrêt dans la distribution des seigneuries. — Nouvelles distributions après 1731. — Extension de la zone de la colonisation : sur le Richelieu, le Champlain, la Chaudière ; Détroit. — Québec et Montréal.

Pour les engagés, il suffit de remettre en vigueur les prescriptions qui sont tombées en désuétude. La paix est à peine signée que l'ordonnance du 20 mars 1714 oblige les capitaines des navires marchands « à amener depuis trois engagés jusqu'à six suivant le port de leurs vaisseaux (1). » Le règlement de novembre 1716 réitère et précise les ordres du roi (2). Les précautions sont bien prises. On ne permet plus aux armateurs et aux capitaines d'exciper de leur bonne foi et de leur ignorance. Au moment de recevoir leurs passeports et de mettre à la voile, on leur fait reconnaître leurs obligations, à peine d'une amende qui pour les bâtiments de deux cents tonneaux s'élève à dix mille livres. Le contrôle est organisé. Au

---

(1) 7 novembre 1715. *Arch. col.* Canada, corr. gén., 35, 1715, fol. 15.
(2) Archives de la Charente-Inférieure. Amirauté de la Rochelle, série B, registre B, 221, fol. 52.

départ de France les commissaires de la marine, à l'arrivée à Québec l'intendant ou ses représentants passent à bord la revue des engagés (1).

Au surplus le passage de ces hommes n'est pas une charge trop onéreuse pour les propriétaires de navires. Ils se remboursent de la plus grande partie de leurs frais en distribuant les engagés aux habitants de la colonie (2). Comme par le passé, les engagés ne recouvrent la disposition d'eux-mêmes qu'au bout de trois ans. S'ils désertent avant d'avoir fini leur temps, ils sont passibles de la prison (3). Les ordonnances de 1714 et de 1716 ont été observées jusqu'à la guerre de la succession d'Autriche (4). Après la paix d'Aix-la-Chapelle, les capitaines et les armateurs tentent de s'exempter de leur obligation et les commissaires des ports ferment les yeux. Mais Bigot proteste vivement (5), et il y a lieu de croire que sa protestation a été entendue à Versailles. Il ne faut pas songer à déterminer, même approximativement, ce qu'il a été transporté d'hommes de travail en Nouvelle-France pendant les trente-cinq années de la grande paix. Connût-on exactement le chiffre des navires qui viennent de l'ancienne France et leur tonnage, il subsisterait encore une cause d'erreur : les capitaines ont été autorisés à embarquer, à la place des engagés, des soldats et des prisonniers.

Pour la colonisation militaire, va-t-on suivre l'opinion de d'Auteuil, licencier et établir en masse toute la garnison de la Nouvelle-France, ou bien, comme le demande Vaudreuil, se contenter de marier et d'établir, chaque année, un petit nombre de soldats?

On conçoit très bien qu'à Versailles on ait donné raison à

(1) Engagement de Dompierre, propriétaire de la Reine-des-Anges en 1727. Archives de la Charente-Inférieure. Amirauté de la Rochelle, série B, registre B, 224, fol. 101.
(2) Begon au ministre, 12 novembre 1714. *Arch. col.* Canada, corr. gén., 34, 1713-1714, fol. 303.
(3) Règlement du Conseil supérieur de Québec. *Arch. col.* Canada, corr. gén., 36, 1716, fol. 166.
(4) Beauharnais et Hocquart au ministre, 14 octobre 1743. *Arch. col.* Canada, corr. gén., 79, 1743, fol. 62.
(5) Bigot au ministre, 21 octobre 1749. *Arch. col.* Canada, corr. gén., 93, 1749, fol. 293.

Vaudreuil. Avec le licenciement annuel, la colonie reste toujours en état de défense et, en même temps, elle s'accroît tous les ans d'un contingent de colons d'élite, qui sont à l'épreuve du climat, qui ont été à l'école de l'énergie et de la discipline. Cela est parfait en théorie. Encore faut-il qu'en pratique le roi envoie, chaque printemps, assez de nouveaux soldats pour que l'on distribue aux anciens un nombre suffisant de congés. Sans compter qu'il y a une sélection à faire dans les dépôts de la marine et qu'il importe d'arrêter à l'embarquement tout ce qui ne sera pas d'une vigueur, d'une moralité satisfaisantes.

Malheureusement ni l'une ni l'autre de ces conditions, et cela par la négligence des autorités métropolitaines, n'est remplie. En 1716, au lendemain d'une longue guerre qui a décimé les défenseurs de la Nouvelle France, la recrue est de cent soixante-trois hommes (1), ce qui est évidemment considérable pour un effectif normal de six cents à sept cents (2). Mais c'est un effort qui ne se renouvellera pas, du moins jusqu'à la reprise des hostilités avec l'Angleterre. En général, la recrue n'atteint pas cent hommes, et elle tombe quelquefois à moins de cinquante (3). Avant de songer à la colonisation, il y a à combler les vides créés par la mort et la désertion. Enfin du total des soldats qui peuvent s'habituer il reste encore à soustraire tous ceux qui sont autorisés à repasser en France (4), tous les vétérans qu'il est temps de mettre à la demi-solde ou d'envoyer à l'hôpital (5).

(1) 10 novembre 1716. *Arch. col.* Canada, corr. gén., 36, 1716, fol. 67.
(2) 628 soldats au Canada, en 1716. Vaudreuil au ministre, 2 novembre 1716, *Arch. col.* Canada. Corr. gen. 36, 1716, fol. 97.
(3) En 1719, 98 hommes de recrue; en 1728, 100; en 1729, 95; en 1731, 89; en 1739, 59; en 1744, 43. *Arch. col.* Canada, corr. gén., 40, 1719, fol. 30; corr gén., 50, 1728, fol. 23; corr. gén., 51, 1729, fol. 78; corr. gén , 54, 1731, fol. 136; corr. gén., 71, 1739, fol. 9; corr. gén., 81, 1744, fol. 12.
(4) 22 en 1720; 17 en 1723, 17 en 1740. *Arch. col.* Canada, corr. gén., 42, 1720, fol. 121; corr. gén., 45, 1723, fol. 309; corr. gén., 76, 1741, fol. 307.
(5) En 1721 on signale des soldats de cinquante-six à quatre-vingt-cinq ans. *Arch. col.* Canada, corr. gén., 44, 1721-1722, fol. 80. — En 1724 on demande la demi-solde pour un sergent de cinquante-deux ans, un caporal de cinquante-cinq, un autre caporal de soixante-sept et trois soldats de cinquante-huit, de soixante-dix, de soixante-douze ans. *Arch. col.* Canada, corr. gén., 46, 1724, fol. 59. — En 1734 encore des soldats de soixante ans passés. *Arch. col.* Canada, corr. gén., 61, 1734, fol. 201.

L'insuffisance numérique de la recrue s'aggrave encore de sa mauvaise qualité. Au point de vue moral Beauharnais porte sur elle un jugement sévère : Ce sont « gens ramassés, tous sans cœur ni honneur (1). » Sans doute Beauharnais exagère ; il cède à quelque mouvement de mauvaise humeur. Puis le changement d'air et la discipline doivent exercer sur les soldats leur salutaire influence.

Avec tant de non-valeurs les troupes ne sauraient suffire à la tâche double qu'on leur impose, à la garde et au peuplement de la colonie. Elles ne peuvent fournir de bons habitants qu'à la condition de s'appauvrir de bons soldats. L'alternative est cruelle pour les gouverneurs. Vaudreuil finit par vouloir garder ses soldats. Il en vient, lui l'avocat si convaincu de la colonisation militaire, à leur refuser le plus longtemps possible cette permission de se marier qui leur donnera le droit au congé absolu (2). Beauharnais est dans le même embarras. Tantôt il écrit au ministre qu'il ne délivrera un congé qu'aux soldats qui seront hors d'état de servir (3), tantôt qu'il se conforme aux intentions du roi, qu'il congédie à l'arrivée des recrues les soldats qui se sont mariés. Il ajoute avec regret « qu'il arrive ordinairement que ce sont les meilleurs (4). »

Il est heureux que le clergé soit là pour marier les soldats sans l'aveu, contre l'aveu de leurs chefs. L'évêque Saint-Vallier ne cesse de protester contre ces règlements militaires qui condamnent tant d'hommes au célibat, et partant à l'inconduite. Il signale l'augmentation inquiétante du nombre des bâtards (5). Il profite du séjour que Vaudreuil fait en France pour marier tous les soldats qui le demandent (6). Des deux côtés, on en

---

(1) Beauharnais au ministre, 15 octobre 1737. *Arch. col.* Canada, corr. gén., 67, 1737, fol. 176.

(2) Pendant huit et dix ans, dit l'évêque Saint-Vallier, évêque de Québec au conseil de marine, 6 octobre 1721. *Arch. col.* Canada, corr. gén., 43, 1721, fol. 320.

(3) Beauharnais au ministre, 28 septembre 1726. *Arch. col.* Canada, corr. gén., 1726, fol. 161.

(4) Beauharnais et Hocquart au ministre, 11 octobre 1733. *Arch. col.* Canada, corr. gén., 59, 1733, fol. 113.

(5) L'évêque de Québec au Conseil de marine, 6 octobre 1721, *loc. cit.*

(6) Vaudreuil au Conseil de marine, 12 janvier 1719. *Arch. col.* Canada, corr. gén., 40, 1719, fol. 161.

appelle au roi. En 1721, le Conseil de marine donne tort à l'évêque (1). En 1734 le roi ordonne que les soldats ne pourront se marier qu'après avoir servi trois ans (2).

Mais après Beauharnais, le revirement est complet dans l'esprit des gouverneurs. La Galissonnière et la Jonquière favorisent le plus qu'ils peuvent les mariages militaires. « Nous avons, écrit le premier au ministre, une quantité de soldats mariés et il s'en marie tous les jours (3). » Et il ajoute : « Pour l'utilité de la colonie on ne saurait trop tôt congédier les soldats mariés; plus ils restent dans les troupes, moins on peut se flatter d'en faire de bons habitants, surtout de bons laboureurs, qui est ce qui manque le plus (4). » En 1748, sur 784 soldats on en compte 110 de mariés (5); en 1749, sur 886, 164 (6). En 1750, la Jonquière en congédie 233 et les établit en grande partie dans les campagnes. Il est vrai qu'il laisse à entendre que tous ces nouveaux colons ne sont pas d'une heureuse acquisition pour la colonie (7).

De la paix d'Utrecht aux débuts de la guerre de Sept ans, pour une période de quarante années, qu'a produit la colonisation militaire ? Une trentaine de colons par an, au temps de Vaudreuil et de Beauharnais (8), le double peut-être au temps de la Galissonnière et de la Jonquière. Cela fait un total qui ne doit pas dépasser quinze cents âmes.

Le duc d'Orléans hésite longtemps à envoyer des prisonniers au Canada. En 1719 il oppose encore un refus aux instances de Vaudreuil et de Begon (9). A la fin, comme le gouverneur et

(1) Le Conseil de marine, 2 décembre 1721. *Arch. col.* Canada, corr. gén., 43, 1721, fol. 320.
(2) Beauharnais et Hocquart au ministre, 7 octobre 1734. *Arch. col.* Canada, corr. gén., 61, 1734, fol. 61.
(3) La Galissonnière au ministre, 11 octobre 1747. *Arch. col.* Canada, corr. gén., 87, 1746, fol. 236.
(4) Id., 3 novembre 1747. *Arch. col.* Canada, corr. gén., 87, 1746, fol. 274.
(5) 22 octobre 1748. *Arch. col.* Canada, corr. gén., 91, 1748, fol. 229.
(6) 20 septembre 1749. *Arch. col.* Canada, corr. gén., 93, 1747, fol. 97.
(7) 1ᵉʳ novembre 1750. *Arch. col.* Canada, corr. gén., 95, 1750, fol. 335.
(8) 66 congés dont 37 de soldats mariés. 1ᵉʳ octobre 1733. *Arch. col.* Canada, corr. gén., 59, 1733, fol. 71. — 27 soldats congédiés, 15 octobre 1740. *Arch. col.* Canada, corr. gén., 76, 1741, fol. 307.
(9) 25 octobre 1719. *Arch. col.* Canada, corr. gén., 41, 1720, fol. 38.

l'intendant ne cessent de se lamenter sur la pénurie d'hommes, il se décide à leur donner satisfaction. En 1723 débarque à Québec le premier contingent de la colonisation pénale (1).

Les prisonniers se répartissent en deux catégories. Il y a d'abord les fils de famille qui se sont dévoyés et que l'on déporte sur la requête de leurs proches, par lettres de cachet (2). Sauf un petit nombre qui est condamné à servir dans les troupes (3), ils demeurent libres dans les limites de la colonie. Triste recrue! La plupart sont incapables de tout espèce de travail. A moins qu'ils ne soient secourus des leurs, les fils de famille tombent à la charge de la colonie. Tel est le cas de Jacques d'Orceval, un vrai gentilhomme. Dans une supplique adressée en 1735 à Maurepas, il se plaint amèrement d'être victime d'une sévérité excessive. Le malheureux ne s'explique pas qu'il ait encouru la disgrâce d'un tel exil. « Il ne s'est jamais mêlé des affaires d'état ni de religion. Son seul crime est un trop grand amour des plaisirs suivi de quelque dépense. » Au demeurant il s'est amendé, il s'est marié; mais il meurt de faim (4). Nous retrouvons d'Orceval en 1742 sur la liste des nécessiteux qui vivent aux dépens des magasins du roi. On lui délivre deux rations de soldat et, pour qu'il puisse chasser, du plomb en pain (5). Il lui faut encore attendre dix ans pour obtenir la permission de rentrer en France (6).

Mais la grande masse des prisonniers sort des rangs du peuple. Ce sont des pauvres diables qui ont braconné (7) ou qui ont fait de la contrebande, des faux-sauniers surtout (8). On peut

(1) 11 octobre 1723. *Arch. col.* Canada, corr. gén., 45, 1723, fol. 3.
(2) Beauharnais et Hocquart au ministre, 15 octobre 1730. *Arch. col.* Canada, corr. gén., 52, 1730, fol. 86.
(3) En 1726 « quatre jeunes gens de famille ont été destinés par le roy à servir dans cette colonie en qualité de soldats le reste de leurs jours », 27 octobre 1726. *Arch. col.* Canada, corr. gén., 48, 1726, fol. 155.
(4) *Arch. col.* Canada, corr. gén., 63, 1735, fol. 49.
(5) Registres des magasins du 1ᵉʳ septembre 1741 au 1ᵉʳ septembre 1742. *Arch. col.* Canada, corr. gén., 78, 1742, fol. 35.
(6) Duquesne au ministre, 6 octobre 1752. *Arch. col.* Canada, corr. gén., 98, 1752, fol. 167.
(7) « Louis James, dit Vadeboncœur, soldat, est venu il y a sept ans pour avoir chassé sur les terres de M. le comte de Charolois. » 12 octobre 1748. *Arch. col.* Canada, corr. gén., 91, 1748, fol. 199.
(8) Dans le convoi de 1731 il y a un jeune homme dérangé, quatre con-

avoir « fraudé les droits du Roy » et garder des habitudes laborieuses. On n'est pas un criminel pour avoir tiré ou pris au collet le gibier d'un grand seigneur. A part quelques-uns qui sont incorporés dans les troupes, les prisonniers de cette catégorie sont traités comme des engagés. Ils sont distribués aux habitants (1). Ceux-ci les gardent à leur service de trois à cinq ans (2) et leur fournissent un salaire annuel de cent livres (3). Mais tandis que les engagés sont, à l'expiration de leur engagement, libres de retourner en France, les prisonniers, à moins qu'ils n'obtiennent des lettres de grâce, ce qui est fort rare, sont condamnés à passer leur vie dans la colonie (4).

Les premiers prisonniers ne débarquent pas sans provoquer beaucoup d'inquiétude et quelques protestations assez vives. En tête des protestataires se place naturellement l'évêque. Il conjure le ministre d'empêcher la Nouvelle-France de « s'anéantir par l'envoi et la communication de personnes déréglées et capables de presque tous les crimes ». Beauharnais et Dupuy à la place de cette jeunesse « dangereuse » réclament des enfants trouvés (5). Il y a pourtant un revirement assez rapide. En 1730 l'intendant Hocquart rend témoignage à quinze faux-sauniers qui réussissent parfaitement dans le pays (6). Aussi en 1731 insiste-t-il pour qu'on lui en expédie chaque année le plus grand nombre possible. « Y en eut-il quatre cents », il n'en

trebandiers, soixante faux-sauniers, 5 octobre 1731. Beauharnais et Hocquart au ministre. *Arch. col.* Canada, corr. gén., 54, 1731, fol. 77.

(1) En 1732, sur 85 prisonniers 5 sont incorporés dans les troupes et 78 distribués aux habitants ; en 1734 sur 49 prisonniers 2 sont incorporés dans les troupes, 47 distribués aux habitants. *Arch. col.* Canada, corr. gén., 57, 1732, fol. 75 ; corr. gén., 61, 1734, fol. 61.

(2) Beauharnais et Hocquart au ministre, 9 octobre 1733. *Arch. col.*, Canada, corr. gén., 59, 1733, fol. 93. — Ordonnance du roy du 14 janvier 1721. Amirauté de la Rochelle, registre B, 234. — On les appelle souvent les « trente-six mois » comme les engagés.

(3) Beauharnais et Hocquart au ministre, 5 octobre 1735. *Arch. col.* Canada, corr. gén., 63, 1735, fol. 119.

(4) Vaudreuil et Begon au ministre, 26 octobre 1720. *Arch. col.* Canada, corr. gén., 42, 1720, fol. 90.

(5) Beauharnais et Dupuy au ministre, 31 octobre 1726. *Arch. col.* Canada, corr. gén., 48, 1726, fol. 90.

(6) Beauharnais et Hocquart au ministre, 15 octobre 1730. *Arch. col.* Canada, corr. gén., 52, 1730, fol. 78.

sera pas embarrassé (1). En 1732 il en a reçu quatre-vingt-cinq et il déclare qu'ils se sont tous trouvés de bon service (2). L'Église elle-même désarme. Monsieur le coadjuteur a réclamé six prisonniers. Il faut dire, et cela explique la satisfaction des Canadiens, que Maurepas a donné tous ses soins au recrutement des convois et qu'il se vante de n'avoir tiré des prisons royales que de « bons hommes (3). » A remarquer que les certificats favorables des autorités coloniales ne vont jamais aux fils de famille, aux libertins, mais aux vrais prisonniers, aux condamnés, aux contrebandiers, aux braconniers, aux faux-sauniers.

Ainsi donc le changement d'air a suffi pour transformer un certain nombre de ces malheureux en serviteurs appréciés et, après leur libération, en colons utiles. Quelques-uns réussissent brillamment. Un ancien contrebandier, Revol, s'enrichit par le commerce et finit par inspirer une telle confiance à La Galissonnière que celui-ci demande qu'il lui soit permis de passer en France pour ses affaires. Il est vrai qu'au moment même où le commandant-général se porte garant de sa bonne conduite, le déporté tente de s'évader par le Saint-Laurent sur un navire dont il est propriétaire (4). Il est repris et sévèrement châtié pour l'exemple (5). Revol trouve pourtant moyen de réparer honorablement tout son passé. On le retrouve en 1757 avec quelques volontaires tâchant de défendre Gaspé contre les Anglais (6). Un certain nombre de ces prisonniers ont laissé en France femmes et enfants. La première faveur qu'ils réclament est de les faire venir. Toutes les fois que le sujet en vaut la peine, elle est accordée (7).

(1) Beauharnais et Hocquart au ministre, 5 octobre 1731. *Arch. col.* Canada, corr. gén., 54, 1731, fol. 77.
(2) Beauharnais et Hocquart au ministre, 15 octobre 1732. *Arch. col.* Canada, corr. gén., 57, 1732, fol. 166.
(3) Maurepas à Beauharnais et Hocquart, 1ᵉʳ mai 1731. *Arch. col.* Canada, corr. gén., 56, 1731, fol. 71.
(4) 23 octobre 1748. *Arch. col.* Canada, corr. gén., 91, 1748, fol. 234.
(5) La Jonquière et Bigot au ministre, 29 octobre 1749. Corr. gén., 93, 1749, fol. 49.
(6) Vaudreuil et Bigot au ministre, 1ᵉʳ juillet 1757. *Arch. col.* Canada, corr. gén., 102, 1757, fol. 51.
(7) En 1736, le prisonnier Gabriel Cordier remet quarante-huit livres à

Ce fut, en définitive, pendant une quinzaine d'années presque un succès. Par la suite l'enthousiasme pour les prisonniers vient à baisser. Pourquoi ? Est-ce que Maurepas aurait cessé de pratiquer une sélection indispensable parmi les hôtes des geôles royales ? Ce qu'il y a de certain c'est que les Canadiens n'en veulent plus (1). Le nombre des transportés diminue d'année en année. Il passe de 130 en 1723 à 17 en 1743. Encore qu'il y ait eu en 1749 un dernier convoi de prisonniers, en fait, la guerre de la succession d'Autriche met fin à la grande tentative de colonisation pénale en Nouvelle-France.

Il est assez facile de déterminer quel a été l'appoint fourni par la transportation à la colonisation du Canada. Les gouverneurs et les intendants accusent, chaque année, réception du contingent qui leur est envoyé (2). En défalquant du total ceux qui désertent (3) et ceux qui demeurent des non-valeurs, les vieillards, les malades et les estropiés, en y ajoutant les femmes et les enfants qui viennent rejoindre les chefs de famille on arrive pour la période qui s'étend de 1728 à 1749 tout au plus à un millier d'âmes.

On ne donnerait pas un tableau complet de l'immigration au Canada pendant la première moitié du dix-huitième siècle si

---

Beauharnais pour faire passer dans la colonie sa femme et ses quatre enfants. *Arch. col.* Canada, corr. gén., 65, 1736, fol. 1750. — En 1737, on accorde le passage à quatre enfants du faux-saunier Odio, 5 octobre 1737. *Arch. col.* Canada, corr. gén., 67, fol. — En 1740, la femme de Pierre Martin, faux-saunier, débarque avec cinq enfants, 29 septembre 1740. *Arch. col.* Canada, corr. gén., 74, 1740, fol.

(1) En 1743, le vaisseau du roi n'amène que 17 faux-sauniers et l'on est embarrassé pour les placer. Le gouverneur n'en veut plus que 10 pour l'année suivante, 14 octobre 1743. *Arch. col.* Canada, corr. gén., 79, 1743, fol. 53.

(2) 130 prisonniers en 1723, 50 en 1724, 33 en 1728, 64 en 1731, 75 en 1732, 93 en 1733, 49 en 1734, 54 en 1735, 42 en 1736, 23 en 1737, 60 en 1739, 31 en 1741, 31 en 1742, 17 en 1743, 9 en 1749. *Arch. col.* Canada, corr. gén., 45, 1723, fol. 130 ; corr. gén., 46, 1724, fol. 27 ; corr. gén., 50, 1728, fol. 11 ; corr. gén., 54, 1731, fol. 77 ; corr. gén., 57, 1732, fol. 166 ; corr. gén., 59, 1733, fol. 113 ; corr. gén., 61, 1734, fol. 61 ; corr. gén., 63, 1735, fol. 52 ; corr. gén., 65, 1736, fol. 8 ; corr. gén., 67, 1737, fol. 16 ; corr. gén., 71, 1739, fol. 9 ; corr. gén., 75, 1741, fol. 59 ; corr. gén., 77, 1742, fol. 33 ; corr. gén., 79, 1743, fol. 53 ; corr. gén., 93, 1749, fol. 108.

(3) *Arch. col.* Canada, corr. gén., 61, 1734, fol. 61 ; corr. gén., 67, 1737, fol. 16.

l'on omettait de signaler la part que l'élément anglais y a prise. A première vue, la présence de cet élément étonne. La colonie n'est-elle pas rigoureusement fermée aux étrangers? Mais la plupart des Anglais que nous trouvons en Nouvelle-France n'y sont pas venus volontairement. Ce sont des prisonniers de guerre. Ils sont particulièrement nombreux à la fin de la guerre de la succession d'Espagne. Même en 1710 plus de quatre-vingts obtiennent des lettres de naturalité. Après la paix d'Utrecht, ces nouveaux Français ont la permission de retourner dans leur pays d'origine (1). Les autorités de Boston envoient à Québec un navire pour les rapatrier. Combien profitent de ces facilités pour redevenir sujets britanniques, il est difficile de l'estimer? Seulement on a la preuve qu'il en est resté dans la colonie un certain nombre (2). Après la guerre de la succession d'Autriche, il ne semble pas que la Nouvelle-France ait gardé ses prisonniers. Il n'est plus question que de déserteurs. En 1750 La Jonquière en compte 33. Il déclare, il est vrai, qu'il ne conservera que les meilleurs sujets (3).

Malgré toutes les défenses il y a des Anglais qui parviennent à s'installer dans la colonie en pleine paix. L'intendant Dupuy en trouve même à Montréal « un nombre infini » (4). Il n'est pas besoin de la protestation de Beauharnais pour nous convaincre que Dupuy qui est un homme d'imagination voit double ou triple. Il y a pourtant là un danger. Ce n'est certes pas que les Anglais en viennent jamais à tenir, numériquement parlant, une trop grande place à côté des Français. Mais les

(1) « Le nombre des prisonniers anglais et anglaises qui ont obtenu des lettres de naturalité de Sa Majesté, au mois de mai 1710, se monte à près de quatre-vingts personnes..., non compris mademoiselle Silver et mademoiselle Wheelright, qui ont eu la leur en 1711 et sont toutes deux religieuses à l'Hôtel-Dieu de Montréal et aux Ursulines de Québec. Pour la fille de M. Williams, dont MM. Dudley et Nicholson me parlent, elle s'est mariée à un sauvage et ne veut point absolument s'en aller. » Vaudreuil au ministre, 14 avril 1714. *Arch. col.* Canada, corr. gén., 34, 1713-1714, fol. 263.

(2) Beauharnais au ministre, 15 novembre 1728. *Arch. col.* Canada, corr. gén., 50, 1728, fol. 175.

(3) La Jonquière et Bigot au ministre, 23 octobre 1750. *Arch. col.* Canada, corr. gén., 33, 1750, fol. 102.

(4) M. Dupuy au ministre, 1ᵉʳ novembre 1727. *Arch. col.* Canada, corr. gén., 49, 1727, fol. 135.

intrigues de quelques Anglais suffiraient pour détacher de nous les sauvages domiciliés. Ceux-ci n'ont-ils pas déjà une tendance trop marquée à porter chez nos rivaux le castor et le ginseng? Les menées d'un certain Lydius qui, pour inspirer confiance, s'est converti donnent l'alarme. On le convainc de commerce illicite et, après un long procès, on se décide à le bannir (1). Maurepas prit les mesures nécessaires pour conjurer le péril. Par les lettres patentes du mois d'octobre 1727, le roi interdit aux étrangers établis dans les colonies de faire le commerce. Il est vrai qu'avec une largeur de vues que nous rencontrons, pour la première fois, dans l'histoire du Canada français, il leur permet d'y faire valoir des terres et des habitations (2). Ce n'est pas du reste à la légère qu'on accorde aux Anglais des lettres de naturalité. Des meilleurs sujets on exige non seulement la conversion au catholicisme, mais encore, pour mettre à l'épreuve leur fidélité, un très long stage (3).

C'était fort bien de tolérer des colons étrangers en Nouvelle-France. Mais pourquoi ne pas les y attirer? Ne savait-on pas ce qu'avaient gagné les treize colonies à accueillir les émigrants de toute l'Europe? En supposant même qu'on se restreignît aux catholiques, le champ de recrutement était encore assez vaste. Craignait-on que la colonie française ne fût pas assez forte pour absorber quelques milliers d'Irlandais, d'Allemands des bords du Rhin ou de Bavière, de Suisses des Vieux-Cantons?

Quelques bonnes raisons qu'ils fassent valoir, et quoiqu'ils reviennent souvent à la charge, les Canadiens n'obtiennent jamais du roi d'avoir des nègres. Ce qui ne veut pas dire qu'il n'y ait pas eu sur les bords du Saint-Laurent quelques esclaves

---

(1) Beauharnois et Hocquart au ministre, 25 octobre 1729. *Arch. col.* Canada, corr. gén., 51, 1729, fol. 6.

(2) Maurepas à Dupuy, 4 mai 1728. *Arch. col.* Canada, corr. gén., 50, 1728, fol. 452.

(3) C'est le cas de deux Anglais établis dans la colonie en 1711, Olivier et Verber. Le premier, gentilhomme et « bon catholique », n'obtient ses lettres de naturalité qu'en 1732. Pour le second, encore que Beauharnais certifie de sa bonne conduite et de sa loyauté, on trouve qu'une épreuve de vingt années n'est pas encore suffisante. *Arch. col.* Canada, corr. gén., 57, 1732, fol. 61 — Extrait des lettres de la Cour de 1731. *Arch. col.* Canada, corr. gén., 56, 1731, fol. 213.

africains, entre autres cette négresse qui est pendue à Montréal comme incendiaire en 1734 (1). Les Canadiens se rabattent sur les indigènes. Ils réduisent en servitude des sauvages avec lesquels ils ne sont pas « en commerce » et qui leur sont vendus par d'autres sauvages. Ils appartiennent à la nation des Panis établie à l'ouest du Mississipi (2). Le roi, qui a semblé d'abord le tolérer, se décide en 1736 à interdire formellement l'esclavage des Panis (3). Les esclaves Panis n'ont jamais été très nombreux dans la colonie. Tanguay n'en relève pas au delà d'une centaine (4).

Un millier de prisonniers, un peu plus de soldats, une poignée d'Anglais naturalisés avec les engagés et immigrants libres, cela fait peut-être, cela fait au maximum de quatre à cinq mille nouveaux chefs de famille. En trente années, trente années de paix profonde, le résultat est misérable. Heureusement que la race n'a rien perdu de sa fécondité. Cette fécondité frappe tous ceux qui arrivent de l'ancienne France. Montcalm n'a pas encore pris terre à Québec qu'il en constate les effets sur le bas fleuve. Il consigne dans son journal qu'un seul homme, un soldat de Carignan, a deux cent vingt descendants dans les quatre petites paroisses des Éboulements, de la baie Saint-Paul, de l'île aux Coudres et de la Petite-Rivière. « Cela, dit-il, paraîtra singulier dans le royaume et surtout à nos seigneurs de la cour qui craignent d'avoir plus d'un héritier (5). » Mais c'est une remarque en passant. Chez la Galissonnière l'impression est autrement forte. Le commandant général a tout de suite compris que c'est cette vertu qui donnera la victoire, que par elle, malgré tant de fautes qui semblent irréparables, s'assure l'avenir de la Nouvelle-France. En 1747,

(1) Beauharnais et Hocquart au ministre, 9 octobre 1734. *Arch. col. Canada*, corr. gén., 61, 1734, fol. 131.
(2) Beauharnais et Hocquart au ministre. *Arch. col. Canada*, corr. gén., 50, 1733, fol. 108. — Réponse au mémoire du roi, 13 octobre 1735. *Arch. col. Canada*, corr. gén., 63, 1735, fol. 74.
(3) Beauharnais et Hocquart au ministre, 12 octobre 1736. *Arch. col. Canada*, corr. gén., 65, 1736, fol. 28.
(4) Tanguay, *Dictionnaire généalogique des familles canadiennes*, t. VI, p. 200.
(5) Collection Lévis, *Journal du marquis de Montcalm*, 8 mai 1756, pp. 56-57.

c'est ainsi qu'il répond aux détracteurs de la colonie « que si les autres colonies produisent plus de richesses, celle-ci produit des hommes, richesse bien plus estimable pour un grand roi que le sucre ou l'indigo ou, si l'on veut, tout l'or des Indes (1). » En 1748, il est plus affirmatif encore dans son espérance de succès final. « La France tire d'elle-même et de ses autres colonies des productions de toute espèce. Celle-ci ne produira d'ici à très longtemps que des hommes, mais si on veut, elle en produira en assez peu de temps une si grande quantité que, bien loin de craindre les colonies anglaises ni les nations sauvages, elle sera en état de leur faire la loi (2). »

Pour avoir une idée exacte de ce qu'est la natalité canadienne, on peut parcourir les généalogies de Tanguay, ou, pour restreindre la besogne, quelque généalogie particulière : par exemple, les *Vieilles familles d'Yamachiche* de F. L. Desaulnier (3). Il est facile aussi, dans un pays où les registres de paroisses ont été admirablement conservés, d'avoir, pour un grand nombre de paroisses, le relevé annuel des baptêmes et des sépultures. Voici, de 1741 à 1754, l'état comparatif des naissances et des décès à Boucherville (4), au Cap Santé (5), à l'Ile aux Coudres (6).

	BOUCHERVILLE		CAP-SANTÉ		ILE-AUX-COUDRES	
	Baptêmes	Sépultures	Baptêmes	Sépultures	Baptêmes	Sépultures
1741...	3	0	20	12	51	28
1742...	5	2	21	11	58	43
1743...	5	1	26	11	46	36
1744...	4	0	32	8	59	29
1745...	8	0	28	5	65	28
1746...	4	0	35	17	49	24
1747...	8	3	25	15	51	39

(1) La Galissonnière au ministre, 21 octobre 1747. *Arch. col.* Canada, corr. gén., 87, 1746, fol. 264.
(2) La Galissonnière au ministre. *Arch. col.* Canada, Corr. gén., 91, 1748, fol. 116.
(3) F.-L. Desaulnier, *Les Vieilles familles de Yamachiche*. Trois généalogies, 2 vol. Montréal, 1899.
(4) Annuaire de Villemarie, *Histoire de la paroisse de Boucherville*, t. I, pp. 368 et 369.
(5) Abbé F.-X. Gatien, *Histoire de la paroisse du Cap-Santé*, p. 364.
(6) Abbé Alexis Mailloux, *Histoire de l'Ile-aux-Coudres*, p. 17.

Année						
1748	5	0	38	18	68	30
1749	11	0	28	16	55	41
1750	2	3	34	12	55	36
1751	14	3	31	16	52	26
1752	6	1	41	23	54	22
1753	7	1	34	12	50	12
1754	0	0	36	20	46	22
	81	20	429	196	759	410

Dans un pays qui est encore si mal peuplé et qui reçoit si peu d'émigrants, il ne faut rien laisser perdre de ce que fournit l'excédent des naissances. Le gouvernement colonial est amené à exercer une tutelle vigilante sur une catégorie d'enfants qui, plus que toutes les autres, est livrée sans défense à la maladie et à la mort. Ce sont les bâtards.

La bonne conduite est toujours la règle en Canada. Si les mœurs ne sont plus tout à fait celles que les Jésuites proposaient à l'imitation de l'ancienne France, les vrais colons ne sont point en cause. Tout s'explique par la présence d'un certain nombre de gens voués au célibat prolongé, soldats, matelots, marchands forains, et surtout par l'affluence des prisonniers.

Un premier danger c'est que les filles séduites cherchent à dissimuler leur faute, et, parvenues au terme, tuent leur enfant, ou le portent aux sauvages. En 1722, on remet en vigueur une loi de Henri II (1). Celles qui cèleront leur grossesse seront punies de mort. En 1732, deux de ces malheureuses qui avaient été jusqu'au crime, sont condamnées. L'une s'enfuit, l'autre est pendue (2). Les mères criminelles sont l'exception. Le plus à redouter pour les enfants de l'amour illégitime c'est qu'ils périssent d'être trop mal nourris, trop mal soignés. Pour les sauver point d'autre remède que de les faire adopter par la colonie. Aussitôt après leur naissance, les bâtards sont, de droit, les pensionnaires du Domaine. Le procureur du roi, le procureur fiscal, ou, dans les lieux où il n'y a pas d'officiers de justice, le curé, leur choisit une nourrice à raison de quarante-cinq livres

---

(1) 6 février 1722. *Arch. col.* Canada, corr. gén., 45, 1723, fol. 296.
(2) Hocquart au ministre, 10 octobre 1732. *Arch. col.* Canada, corr. gén., 58, 1732, fol. 213.

le premier quartier, de trente livres les quartiers suivants (1). Cette nourriture se prolongera jusqu'à leur adolescence, jusqu'au moment où ils pourront être engagés à des habitants (2).

Il faut croire que les nourrices sont bien choisies et très consciencieuses. La mortalité des bâtards est insignifiante. Pour l'année 1736, sur 390 enfants on ne compte que 12 ou 13 décès (3). Les pupilles de notre assistance publique gagneraient à être aussi bien soignés que les bâtards canadiens du dix-huitième siècle.

390 bâtards, 128 pour Québec, 251 pour Montréal et 11 pour les Trois-Rivières, le chiffre est fort. Il décroît par la suite. En 1752, les bâtards ne coûtent plus que 12.153 livres (4), ce qui à 120 livres par tête, les réduit à une centaine. La proportion redevient raisonnable pour une population de cinquante mille âmes. Aussi bien peut-on se demander si, parmi les bâtards, il n'y a pas un certain nombre d'enfants légitimes que la mort de leurs parents met eux aussi à la charge du Domaine?

Le Canada continue à tenir vis-à-vis des autres colonies de l'Amérique française le rôle de mère patrie. S'il n'a que peu contribué au peuplement de l'île Royale (5) et de l'île Saint-Jean (6), il a largement participé à celui de la Louisiane.

« La Louisiane n'est presque établie que par les Canadiens » écrit Vaudreuil en 1717 (7). Et, jusqu'à la fin de la domination française, rien ne pourra enrayer le mouvement d'immigration qui entraîne les habitants du bas Saint-Laurent vers les pays neufs de l'ouest et du sud-ouest. D'abord la Louisiane offre un débouché à ces fils de famille qui ont tant de peine à

(1) 6 février 1722. *Arch. col.* Canada, corr. gén., 45, 1723, fol. 296.
(2) Hocquart au ministre, 8 novembre 1740. *Arch. col.* Canada, corr. gén., 53, 1740, fol. 400.
(3) *Arch. col.* Canada, corr. gén., 65, 1736, fol. 248.
(4) Domaine d'Occident. *Arch. col.* Canada, corr. gén., 98, 1752, fol. 470.
(5) A l'île Royale le plus grand nombre des colons viennent de Terre-Neuve et de l'Acadie.
(6) Parmi les soixante chefs de famille recensés en 1728 à l'île Saint-Jean la plupart sont des Acadiens ou des Français de l'ancienne France : deux seulement sont Canadiens. Casgrain, *Une seconde Acadie*, pp. 53-55.
(7) Vaudreuil au Conseil de marine, 14 janvier 1717. *Arch. col.* Canada, corr. gén., 37, 1717, fol. 23.

faire leur chemin dans les vingt-huit compagnies du détachement de la marine. En 1735, quatorze officiers et cadets de la colonie demandent à servir au Mississipi (1). En fait, à la Louisiane, une bonne moitié des emplois militaires, administratifs, judiciaires, est aux mains des Canadiens. Lors de la cession à l'Espagne en 1768, O'Reilly fait fusiller six notables de la Nouvelle-Orléans qui ont commis le crime de ne point se résigner assez vite à ne plus être Français. Parmi les victimes il y a un Hertel, un Villeray, un Noyan (2).

La charte octroyée à la compagnie d'Occident lui a défendu de recruter des colons au Canada (3). Mais les Canadiens sont attirés vers la Louisiane par un attrait irrésistible. Vainement Beauharnais s'efforce-t-il de les retenir et fait-il toutes sortes de difficultés pour accorder des passeports à ceux qui prétendent aller aux Illinois (4). Il ne peut empêcher un certain nombre d'habitants de sortir de la colonie sous le prétexte de faire la traite. Ces coureurs de bois sont perdus pour la Nouvelle-France. On les retrouve à Ouabache et à Tamarois, à Saint-Louis du Missouri, aux Arkansas, aux Natchez et sur les bords du golfe du Mexique, à la Mobile, à Biloxi, à la Nouvelle-Orléans (5).

Ne pas croire pourtant que la saignée soit dangereuse comme au temps de Frontenac. De 1720 à 1739 (6), les recensements donnent le chiffre de ces absents dont si peu reviendront. Ce

(1) Liste des jeunes gens de famille qui demandent de l'emploi à la Louisiane, 10 octobre 1731. *Arch. col.* Canada, corr. gén., 54, 1731, fol. 416. — Deux officiers vont à la Louisiane en 1719, 26 octobre 1719. *Arch. col.* Canada, corr. gén., 40, 1719, fol. 65 ; trois en 1731, 10 octobre 1731, corr. gén., 54, 1731, fol. 416 ; quatre en 1733, 1ᵉʳ octobre 1733, corr. gén., 54, fol. 371.

(2) Barbé-Marbois, *Histoire de la Louisiane*, p. 119.

(3) Lettres patentes en forme d'édit portant établissement d'une compagnie de commerce sous le nom de compagnie d'Occident, à Paris, août 1717. *Arch. col.* Canada, corr. gén., 38, 1717, fol. 247.

(4) Beauharnais au ministre, 25 septembre 1727. *Arch. col.* Canada, corr. gén., 49, 1727, fol. 132.

(5) Vaudreuil au Conseil de marine, 14 janvier 1717. *Arch. col.* Canada, 31, 1717, fol. 23.

(6) 315 en 1720, 282 en 1721, 305 en 1722, 332 en 1723, 340 en 1724, 238 en 1726, 118 en 1727, 214 en 1730, 101 en 1732, 430 en 1734, 276 en 1736, 210 en 1737, 320 en 1739. *Arch. col.* Canada, *recensements*, t. II, non folioté.

chiffre varie de cent un à quatre cent trente. En moyenne, il n'atteint pas trois cents. Moins de trois cents manquants, c'est une perte légère pour une population qui passe de vingt-quatre mille à quarante-trois mille âmes (1).

Aux Canadiens qui s'établissent au Mississipi, il faut ajouter ceux qui émigrent à Saint-Domingue et aux petites Antilles. On en signale quelques-uns qui passent à l'étranger, et point seulement chez les Anglais. Un d'Auteuil est capitaine de vaisseau au service de sa majesté catholique (2).

Comme toujours, c'est la petite vérole qui fait le plus de mal. L'épidémie de 1733 est demeurée dans la mémoire du peuple. Cette année-là, à l'hôpital général de Québec, on compte à la fois jusqu'à deux mille malades. Quand on relève les morts, il y en a de dix-sept à dix-huit cents (3).

Cette paix de trente années qui a donné un tel essor à l'expansion des races colonisatrices d'Europe n'a pas profité aux indigènes. Elle n'a même pas marqué un temps d'arrêt dans leur décadence. D'après un mémoire de 1737, qui est de Hocquart, c'est-à-dire qui présente toutes les garanties d'exactitude, de l'Acadie aux Illinois, pour toute la Nouvelle-France, c'est à peine si les tribus alliées peuvent lever de vingt-cinq mille à trente mille guerriers. On n'arrive pas à des résultats plus satisfaisants en se restreignant aux sauvages qui se sont soumis à notre tutelle, qui, sous la direction des missionnaires, se sont établis, soit au milieu des seigneuries de la colonie proprement dite, soit dans l'ouest autour de nos forts. Voici, tiré du même document, un recensement détaillé des sauvages domiciliés en état de porter les armes. Dans le bassin du Saint-Laurent : les Hurons de Lorette, 30; les Abenakis de Saint-François et de Bécancourt, 300 ; les Iroquois du saut Saint-Louis, les Iroquois, les Algonquins, les Nipissingues du lac des Deux-Montagnes, 350 ; les Têtes de Boule et les Montagnais des Trois-Rivières, 30. En Acadie, 400 Abenakis et

---

(1) 24 4%, 1720, 43.382 en 1739, *Censuses of Canada*, t. IV, pp. 42 et 60.

(2) Alexandre Ruette d'Auteuil. *Arch. col.* Canada, Aveux et Dénombrements, t. I, fol. 996.

(3) Hocquart au ministre, 3 octobre 1733. *Arch. col.* Canada, corr. gén. 60, 1733, fol. 37.

500 Micmacs. Au pays d'En haut : sur l'Ontario, 50 Mississagués ; au Détroit 250 Hurons, 250 Poutcoutamis, 140 Outaouais ; au lac Saint-Clair, 150 Sauteux ; à Michillimackinac et aux environs 200 Outaouais, 100 Sauteux, 150 Sakis, 150 Folles-Avoines, de 60 à 80 Renards (1). Ce ne sont plus que des débris de peuples.

Quinze ans plus tard, l'ingénieur militaire Franquet passe l'inspection de la colonie et il cherche à se rendre un compte exact de tout ce qu'on peut tirer, au point de vue de la défense, des six groupes d'indigènes installés sur le territoire actuel de la province de Québec. Il trouve des effectifs un peu plus forts que l'auteur du *Détail de toute la colonie*, 200 guerriers au saut Saint-Louis, 228 au lac des Deux-Montagnes (2). Doit-on en conclure que la dépopulation soit enrayée ? Non certes. Si la hache iroquoise n'a point été déterrée depuis la pacification de Callières, deux fléaux continuent leur œuvre de mort, la picote et l'eau-de-vie. Contre la picote rien à faire. Contre l'eau-de-vie, peu de chose. Les défenses du coadjuteur Dosquet ne portent guère. Franquet nous parle de l'ivrognerie des sauvages comme un contemporain de Frontenac (3). S'il n'y a pas décroissance numérique plus rapide, c'est que nos sauvages adoptent beaucoup de bâtards français et d'enfants anglais enlevés par les partis de guerre (4).

Les missionnaires ont-ils du moins réussi sur un autre terrain ? Ont-ils civilisé leurs néophytes, les ont-ils rapprochés des colons ? A la vérité, si jamais les Jésuites se sont engagés de plein gré à franciser les sauvages, pour des hommes si habiles ils n'ont pas été heureux. Sauf à Lorette, où la plupart des Hurons parlent notre langue, adoptent notre costume, cherchent à copier nos mœurs (5), partout les sauvages s'opi-

---

(1) Hocquart, Détail de toute la colonie. *Arch. col.* Canada, corr. gén., 67, 1737, fol. 95.
(2) Franquet, *Voyages et mémoires sur le Canada*, pp. 119 et 121.
(3) *Id.*, p. 23.
(4) « Au saut Saint-Louis il y a parmi eux plusieurs bâtards français et beaucoup d'enfants anglais faits prisonniers en la dernière guerre et qu'ils ont adoptés. Ces enfants s'élèvent avec les façons et les inclinations sauvages. » *Id.*, p. 107.
(5) *Id., loc. cit.* — « Les Hurons de Lorette sont policés. » — Dénombre-

niâtrent à ne rien apprendre de nous. Les Iroquois du Saut, qui vivent en contact perpétuel avec les habitants de Montréal, ne daignent pas parler le français. Ils ne s'abouchent avec nous que par interprète (1). En un siècle et demi on a francisé une centaine de Hurons.

Ces sauvages domiciliés sont traités en enfants gâtés. On a si peur de les indisposer, de les jeter dans les bras de l'Anglais, qu'on leur cède sur tous les points. On ne fait aucun effort sérieux pour les empêcher de porter le castor et le ginseng à la Nouvelle-Angleterre et à la Nouvelle-York (2).

Tout à fait à la fin de son règne, et sans doute sous le coup des pertes cruelles subies au traité d'Utrecht, Louis XIV se rend compte de tout le temps qui a été perdu en Amérique. Mais il n'avoue pas que le mal vient de son abandon prématuré. Il s'en prend au système de colonisation. « Si toutes les terres de la Nouvelle-France fussent en roture, elles seraient mieux habituées, » écrit-il en 1714 (3).

En dehors de leur pauvreté et de leur incompétence, quels reproches peut-on adresser aux seigneurs du Canada? L'intendant Begon porte contre eux une accusation grave. Il les accuse d'exploiter, de décourager les censitaires par des exigences illégales. Telles sont les corvées et la rente foncière qu'ils réclament pour la jouissance de la commune qui sert de pacage aux bestiaux. Ils se réservent encore les pins et les chênes. Ils réclament le onzième poisson (4). Ils n'acceptent point d'être payés en monnaie de carte (5). Ils refusent aux tenanciers des continuations de terre en bois debout. Sur ce dernier point on en finit avec la résistance des opiniâtres en les avertissant que, s'ils ne s'exécutent pas de bonne grâce, les continuations seront accordées au nom du

ment des nations sauvages qui ont rapport au gouvernement du Canada, *Arch. col.* Canada, corr. gén., 66, 1736, fol. 236.

(1) Franquet, *Voyages et mémoires sur le Canada*, p. 35.
(2) *Id.*, pp. 174-175.
(3) Mémoire du roy, 19 mai 1714. *Arch. col.* Canada, depesches et ordres, fol. 336.
(4) Begon, 1717. *Arch. col.* Canada, concessions, 1670-1676, non folioté.
(5) Begon au ministre, 21 juin 1723. *Arch. col.* Canada, corr. gén., 37, 1717, fol. 265.

roi (1). Sur tous les autres points les délinquants sont vivement rappelés à l'ordre (2).

Les abus sont vivaces. Dix ans plus tard, Beauharnais et Hocquart renouvellent le réquisitoire de Begon. « Il est vrai, en général, que les seigneurs concèdent les terres ou paraissent les concéder gratis, mais ceux qui éludent la disposition de l'arrêt du Conseil ont soin de s'en faire payer la valeur sans en faire mention dans les contrats ou d'en faire passer des obligations aux concessionnaires sous prétexte de sommes qui leur sont dues d'ailleurs (3). » Il resterait à infliger le châtiment suprême, à déposséder les coupables ou les négligents incorrigibles, à prononcer la réunion à la couronne. Vaudreuil et Begon hésitent à le faire. Ils se contentent de menacer. Ils se persuadent que la menace est un stimulant assez énergique (4).

Au surplus, et ceci est dans l'ordre, on est toujours plus sévère pour les petits que pour les grands. Si l'on ne se décide point à prononcer la réunion au domaine du roi des seigneuries non établies, on a moins de ménagements pour les censitaires qui, dans le délai marqué, ne tiennent pas feu et lieu. De 1727 à 1730, l'intendant Hocquart, en se conformant à l'arrêt du 16 juillet 1711, a prononcé la réunion de plus de deux cents concessions roturières au domaine des seigneurs. L'intendant a pourtant pris sur lui de donner chaque fois au censitaire, pour se mettre en règle, un délai de six mois (5).

Des insuccès de la colonisation seigneuriale on tire cette conclusion qu'il ne faut plus concéder de seigneuries. Les fiefs concédés à Langloiserie et Petit, à Soulanges et à Vaudreuil, doivent être les derniers (6). On refuse des fiefs à un grand sei-

---

(1) Vaudreuil et Begon au ministre, 26 octobre 1719. *Arch. col.* Canada, corr. gén., 40, 1719, fol. 33.

(2) Projet de mémoire du roy. *Arch. col.* Canada, corr. gén., 40, 1719, fol. 284.

(3) Beauharnais et Hocquart, 10 octobre 1730. *Arch. col.* Canada, concessions, 1670-1760. Non folioté.

(4) Vaudreuil et Begon au ministre, 26 octobre 1719. *Arch. col.* Canada, corr. gén., 40, 1719, fol. 33.

(5) Hocquart, 10 octobre 1730. *Arch. col.* Canada, concessions, 1670-1760.

(6) Le roi à Vaudreuil et Begon, 5 mai 1716. *Arch. col.* Canada, depesches et ordres, fol. 216.

gneur de France, Créqui (1), à un bon serviteur de la colonie, le capitaine Desjordis, et même au tout puissant Vaudreuil (2). On n'accordera plus que des concessions en roture : trois arpents de front sur quarante arpents de profondeur, des parts de laboureurs. A-t-on réellement distribué de ces concessions-là ? Point ou si peu qu'il n'en reste aucune trace, en dehors des banlieues de Québec et des Trois-Rivières, où cela a toujours été d'usage.

Aussi bien on n'est pas fixé à Québec, et encore moins à Versailles, sur la meilleure méthode à suivre en matière de colonisation. Avant de faire un règlement définitif, Begon démontre la nécessité d'avoir un nouveau papier terrier (3), c'est-à-dire un état complet des résultats antérieurement obtenus. Le directeur du Domaine se met à l'œuvre en 1723. Le papier terrier n'est pas achevé en 1715 (4).

Contre toutes les sollicitations le gouvernement de Versailles tient bon pendant plus de quinze ans. Mais à se prolonger, cette résistance perd de sa raison d'être. Quand Vaudreuil et Begon affirment en 1720 qu'ils ne croient pas qu'il y ait aucune seigneurie de l'intérieur de la colonie qui ne soit établie (5), on peut les accuser de quelque complaisance. Mais dix ans plus tard le progrès de la population et celui du défrichement sont tels qu'il devient nécessaire d'ouvrir à la colonisation de nouveaux cantons. C'est ainsi que de 1713 à 1730 la colonie passe de 19.315 habitants à 34.118, gagnant 15.000 âmes, doublant presque. D'autres chiffres, sont d'une éloquence encore plus démonstrative. Entre 1720 et 1730 l'étendue des terres mises en valeur fait plus que doubler : en 1720, 61.357 arpents en cul-

(1) Délibération du Conseil de marine, 6 janvier 1720. *Arch. col.* Canada, corr. gén., 41, fol. 8.
(2) Vaudreuil et Begon au ministre, 26 octobre 1719. *Arch. col.* Canada, corr. gén., 40, 1719, fol. 30.
(3) Ordre de faire un papier terrier donné au directeur du domaine, 17 octobre 1722. *Arch. col.* Canada, corr. gén., 44, 1721-1722, fol. 295.
(4) Deuxième volume de supplément remis en 1715; troisième promis pour 1716. M. Leverrier au ministre, 27 novembre 1715. *Arch. col.* Canada, corr. gén., 84, 1715, fol. 217.
(5) Vaudreuil et Begon au ministre, 26 octobre 1720. *Arch. col.* Canada, corr. gén., 42, 1720, fol. 31.

ture et 10.132 en prairies; en 1730, 130.791 arpents en culture, 18.102 en prairies (1). Ce sont là les bienfaits de la paix.

L'heure est venue de revenir à l'ancien système. On ne s'y résigne pas tout de suite à Versailles. Un instant, il est question de remplacer les seigneuries par de grandes concessions en roture. En 1724, Gastineau en demande une de quatre lieues de profondeur, et le ministre est disposé à accueillir favorablement sa requête (2). Mais, dans la pratique, quelle différence y aura-t-il entre une concession en roture de cette dimension et un fief véritable? Son propriétaire ne sera-t-il pas obligé d'agir comme un seigneur, de la distribuer en petits lots à des habitants? En 1725, il se fait à la règle une première dérogation. On donne à d'Ailleboust d'Argenteuil l'île de Carion et la grande seigneurie qui porte son nom sur la rive gauche de l'Ottawa. Mais la seigneurie était promise depuis 1680 (3).

A partir de 1731 on recommence à distribuer des seigneuries (4).

Entre Québec et Montréal il ne reste plus sur le fleuve qu'un très petit nombre de devantures qui n'aient pas encore de propriétaires. Mais, sans craindre de tenter l'Iroquois, sans craindre non plus de nuire au développement des seigneuries anciennes, il est permis de s'étendre aux deux extrémités et, en même temps, dans la région centrale, dans la colonie de Talon, de créer, tant par des augmentations de fiefs que par la concession

(1) *Arch. col.* Canada, recensements, t. II, non folioté.
(2) Le roi à Vaudreuil et Robert, 30 mai 1724. *Arch. col.* Canada, ordres et depesches, 1724, fol. 129.
(3) Mémoire des titres du fief et de la seigneurie d'Ailleboust. *Arch. col.* Canada, concessions, 1670-1760, non folioté.
(4) Pour la distribution des seigneuries à partir de 1731, voir la « Liste des concessions données en Canada... tant en fiefs qu'en censives par M. le marquis de Beauharnais... et Hocquart... depuis 1731 jusques et compris 1734. » *Arch. col.* Canada, corr. gén., 61, 1734, fol. 280; et la « Liste des concessions accordées... depuis le 23 septembre 1736 jusqu'au 3 septembre 1751... apostillée des travaux qui y ont été faits et des habitants qui y sont établis ou qui y ont pris des terres. Pièce non datée, probablement de l'automne 1751. » *Arch. col.* Canada, concessions, 1670-1760, non folioté. — Voir aussi « Extrait de concessions de terres octroyées en fief dans la province du Bas Canada » (avec un article pour chaque seigneurie). Bouchette, *Topographie du Canada*. Appendix.

de fiefs nouveaux, une deuxième et, çà et là, une troisième ligne d'établissements.

En amont, la marche en avant se poursuit à la fois sur le Saint-Laurent et sur l'Ottawa.

Sur la rive droite du fleuve, Chateauguay qui fut plus de cinquante ans l'avant-poste se couvre à l'ouest par Beauharnais, au sud par la Salle : cette dernière concession entièrement dans l'intérieur des terres. Sur la rive gauche, la Nouvelle-Longueil part des limites de Soulanges et atteint, à la pointe du Baudet, la moitié du lac Saint-François. Sur la Grande Rivière, à droite, Rigaud prolonge Vaudreuil ; à gauche, la frontière est portée beaucoup plus loin avec Argenteuil. On augmente aussi la seigneurie déjà si vaste du séminaire de Saint-Sulpice, au lac des Deux-Montagnes.

De Montréal au lac Saint-Pierre, peu de changement. En première ligne, une augmentation de Berthier avec devanture ; en seconde ligne, une augmentation de la Valtrie, une concession à Jean-Baptiste Neveu, derrière Dautré et La Noraye, une autre à Geneviève de Ramezay, derrière Berthier ; en troisième ligne, encore une seigneurie pour d'Ailleboust d'Argenteuil. Rien en face. Dans la péninsule de Richelieu, tout a été distribué du premier coup par Talon.

Autour du lac Saint-Pierre, il reste davantage de terre à distribuer. Sur la rive nord, une seigneurie nouvelle avec, comme son nom l'indique, accès à la grande route d'eau douce, c'est la Pointe du Lac ou Tonnancourt. Elle absorbe l'ancien fief de Normanville. Au second rang, Dusablé derrière le fief Bruneau, une augmentation de Gastineau, les deux seigneuries de la compagnie des forges de Saint-Maurice qui font suite à la censive royale des Trois-Rivières, Saint-Etienne qui prolonge Saint-Maurice. A la rive sud, Deguire s'adosse à Saint-François, Courval à la baie Saint Antoine.

Du lac Saint-Pierre à Québec, rive gauche, l'augmentation de Sainte-Anne de la Pérade, Perthuis derrière Portneuf, Bourglouis derrière Neuville. En face, il y a place sur le Saint-Laurent entre Bonsecours et Tilly pour le fief Desplaines. Gaspé est créé derrière Tilly, Saint-Gilles derrière Tilly et Desplaines. Mont-à-peine qui est derrière Saint-Michel, démembrement de la Durantaye, reçoit une augmentation. Livaudière se place derrière Vincennes, Saint-Gervais derrière Livaudière.

Pas grand'chose sur le bas Saint-Laurent : augmentation de la rivière Ouelle, deux nouvelles seigneuries qui s'intercalent, Richard Rioux entre Dartigny et le Bic, Saint-Barnabé entre Rimouski et Lessard.

Le principal progrès de la colonisation n'est point sur la ligne du fleuve, mais sur deux de ses principaux affluents de la rive droite, le Richelieu, la Chaudière.

Sur le Richelieu la crainte de l'Iroquois et de l'Anglais a empêché que la colonisation dépassât le bassin de Chambly. Encore Chambly est-il, au rapport de Catalongne, fort mal établi et presque dépeuplé en 1712. Après vingt ans de paix, Beauharnais et Hocquart se persuadent qu'il n'y a plus rien à redouter des ennemis de la colonie sur cette grande route de l'invasion. Ils entreprennent de pousser les établissements jusqu'au lac Champlain. De 1733 à 1739, grande distribution de fiefs sur la rivière et sur le lac ; sur la rivière, à Sabrevois, Sabrevois de Bleury, Noyan, La Fontaine de Bellecour, Foucault, Chaussegros de Léry, Péan, Denis de la Ronde, aux Ramezay ; sur le lac à Daine, Lusignan, La Gauchetière, Saint-Vincent, Contrecœur, Boucher de la Perière, Legardeur de Beauvais, d'Ailleboust d'Argenteuil, Dagnan Douville, Rambault. En même temps l'intendant Hocquart crée une seigneurie du roi au fort Saint-Frédéric.

Mais, comme il est arrivé tant de fois à leurs prédécesseurs, Beauharnais et Hocquart n'ont pas été heureux dans le choix des seigneurs. En 1741 presque tous ont laissé leurs seigneuries dans l'état où ils les ont reçues. Les instructions du roi sont formelles. Il faut prononcer leur déchéance. Auparavant l'intendant les convoque pour entendre leurs explications, manifestement avec l'espérance de les pouvoir agréer. Tous ces gens-là ont de bonnes excuses à faire valoir (1). Beaujeu a été appelé à Québec pour son service, Lusignan détaché à la rivière Saint-Joseph, Saint-Vincent aux Ouyatanons. Denis de la

---

(1) Hocquart au ministre, 10 mai 1741. *Arch. col.* Canada, concessions, 1670-1760, non folioté.

Rondo était à Chagouamigon à la découverte de mines de cuivre. Beaujeu, Péan, Contrecœur, La Perière, allèguent qu'ils n'ont point trouvé de défricheurs. Tous auraient dû avouer la pauvreté d'où venait leur impuissance. C'est toujours la même chose. Il n'y a point d'autres seigneurs à choisir que des officiers ou des fonctionnaires et, sauf des exceptions extrêmement rares, officiers et fonctionnaires sont incapables d'être des seigneurs utiles. On commence par appliquer le règlement en déclarant déchus vingt de ces concessionnaires. On se hâte pourtant de promettre de nouveaux titres (1) à ceux d'entre eux qui justifieraient, dans le délai d'un an, d'avoir fait « des travaux réels et de grandes dépenses. » Sept sur vingt méritent de nouveaux titres, Beaujeu, Foucault, Noyan, les deux Sabrevois, Péan, qui sont sur la rivière Richelieu, et Estèbe qui est sur le lac Champlain. En 1743, au lac Saint-Frédéric, Hocquart obtient une seigneurie pour son propre compte (2). En 1746 (3), Péan, Beaujeu, Estèbe, Foucault, réussissent à trouver quelques censitaires. Foucault fait même bâtir un moulin, une chapelle, un presbytère. Le fermier de M. Hocquart a de très belles récoltes. Mais voici que la guerre de la succession d'Autriche s'étend à l'Amérique. En 1746, les habitants du lac Champlain doivent évacuer leurs habitations (4).

Tout est à recommencer en 1748. A cette date deux nouvelles concessions à Levasseur sur la rivière du Missisquoi, à Louise de Ramezay sur le Champlain. A la veille de la guerre de Sept ans, où en est-on à la rivière Richelieu et sur le lac Champlain? Le résultat (5) n'est pas brillant. En 1751, pas un habitant chez Rambault, chez Noyan, chez Sabrevois, une famille chez Levasseur, deux chez Beaujeu et chez Louise de Ramezay, sept chez Foucault, vingt-quatre chez

---

(1) Beauharnais et Hocquart. Extrait de leur réponse au mémoire du roy, 24 septembre 1742. *Arch. col.* Canada, corr. gén., 80, 1743, fol. 383.
(2) Brevet de concession reçu par M. Hocquart, 5 octobre 1743. *Arch. col.* Canada, corr. gén., 79, 1743, fol. 311.
(3) 12 octobre 1744. *Arch. col.* Canada, corr. gén., 81, 1744, fol. 12.
(4) M. Hocquart au ministre, 24 octobre 1746. *Arch. col.* Canada, corr. gén., 85, 1746, fol. 375.
(5) Notes en marge de la « Liste des Concessions... depuis le 23 septembre 1736 jusqu'au 31 septembre 1751 », *loc. cit.*

Hocquart. L'invasion anglaise est proche. En 1759 et en 1760, Amherst et Haviland vont descendre le Richelieu et tout détruire sur leur passage, si tant est qu'il y ait grand'chose à détruire (1). Après la crise que reste-t-il de la tentative de colonisation de la rivière Richelieu et du Champlain? Rien sinon quelques titres seigneuriaux qui sont reconnus par les conquérants : sur le Richelieu, en partant du Champlain, Beaujeu et Léry, à gauche; Foucault, Noyan, Bleury, à droite; sur la Yamaska, Saint-Hyacinthe; entre la Yamaska et la baie de Missisquoi, Saint-Armand. Les premiers colons de la rivière Richelieu et du lac Champlain viendront à la fin du siècle. Ce sont des loyalistes anglais (2).

On est plus heureux sur la Chaudière. Là, le point de départ est à une petite journée de Québec, c'est-à-dire à portée de la région qui a le plus de colons à fournir. De plus le sol est exceptionnellement fertile, d'où vient le nom de Nouvelle-Beauce (3). Il y eut sept concessions en tout, cinq en 1736, une en 1737, une en 1738. Dans l'ordre géographique, en remontant la rivière, depuis Lauson, c'est Saint-Étienne à Cugnet, Sainte-Marie à Taschereau, Saint-Joseph à Rigaud de Vaudreuil, la Gorgendière qui s'appelle plus tard Vaudreuil, puis Beaurivage, enfin vers la source, à l'ouest, le fief de la dame Aubert, à l'est celui d'Aubin de l'Isle. Trois concessionnaires de 1736, Taschereau, Rigaud et la Gorgendière, étaient tenus par leur contrat à tracer un chemin depuis le Saint-Laurent jusqu'à l'islet au Sapin (4). Ils se sont exécutés. Le succès ne se fait pas attendre. Dès 1739 il y a en Nouvelle-Beauce 779 arpents de terre mis en valeur avec 245 habitants, parmi lesquels, il est vrai, le plus grand nombre est engagé pour le défrichement et ne doit pas s'établir. En 1744, on ne relève plus

---

(1) Casgrain, *Montcalm et Lévis*, t. II, pp. 391-393. Lutte acharnée à l'Ile-aux-Noix en 1760.
(2) Nombreux loyalistes anglais à Beaujeu, loyalistes anglais et hollandais à Saint-Armand signalés par Bouchette. *Topographie du Canada*, pp. 183, 195, 196.
(3) Le nom apparaît dans le recensement de 1739. Recensement de 1739, *Censuses of Canada*, vol. IV, p. 60.
(4) Beauharnais et Hocquart au ministre, 2 octobre 1736. *Arch. col.* Canada, corr. gén., 67, 1737, fol. 3.

que de véritables habitants qui tiennent feu et lieu. Ils sont 132 (1). La guerre ne les trouble point dans leurs travaux comme leurs voisins du Richelieu et du Champlain. En 1751 ils sont passés à 166 (2). En 1765 le premier recensement anglais donne pour Saint-Joseph et Sainte-Marie 495 et 357 (3). La Nouvelle-Beauce n'a pas été sur le chemin de l'envahisseur. Elle n'a point reçu la visite d'Amherst et d'Haviland. Cela explique, en partie, ses progrès merveilleux. La proximité de Québec, un meilleur choix des seigneurs ont fait le reste.

Un autre succès à enregistrer, celui-ci en plein pays d'En haut. Depuis sa fondation, la colonie de Détroit, ou, pour lui donner son nom officiel, le fort Pontchartrain de Détroit n'avait fait que végéter. En 1721, 31 habitants (4) qui en 1727 tombent à 28 (5). Cela est peu si l'on considère que La Mothe-Cadillac a distribué 30 concessions. Ces concessions, du reste, n'étaient pas faites selon les règles. Elles sont annulées. Par la même occasion on restreint l'étendue de la seigneurie. On ne laisse au seigneur que les terres qu'il a mises en valeur, ou pour lesquelles il a trouvé des censitaires. Il se constitue ainsi à Détroit un domaine du roi et c'est pourquoi nous voyons les gouverneurs de la Nouvelle-France y distribuer directement des censives (6). En 1734 (7) et en 1736 (8) Beauharnais et Hocquart donnent des titres réguliers à 31 habitants. Mais la colonie ne prend vraiment son essor que dans les dernières

---

(1) Beauharnais et Hocquart au ministre, 12 octobre 1744. *Arch. col.* Canada, corr. gén., 81, 1744, fol. 12.

(2) Dont 48 chez Taschereau, 28 chez Rigaud de Vaudreuil, 99 pour La Gorgendière, 1 pour Aubert. Notes en marge de la « Liste des concessions du 23 septembre 1736 jusqu'au 3 septembre 1751 », *loc. cit.*

(3) *Censuses of Canada*, vol. IV, p. 65. — Saint-Joseph, c'est la seigneurie de Vaudreuil, Sainte-Marie celle de Taschereau.

(4) Vaudreuil et Bégon au Conseil de marine, 4 novembre 1721. Détroit. *Arch. col.* Canada, concessions, 1670-1760, non folioté.

(5) Dupuy au ministre, 28 octobre 1727. *Arch. col.* Canada, corr. gén., 1727, fol. 274.

(6) Vaudreuil et Bégon au Conseil de marine, 11 octobre 1716. *Arch. col.* Canada, concessions, 1670-1760, non folioté.

(7) Terres et censives au détroit du lac Érié. Beauharnais et Hocquart au ministre, 3 juillet 1734. *Arch. col.* Canada, corr. gén., 61, 1734, fol. 280.

(8) Beauharnais et Hocquart au ministre, 1ᵉʳ septembre 1736. Détroit du lac Érié. *Arch. col.* Canada, concessions, 1670-1760, non folioté.

années de la domination française. Frappé de la belle situation stratégique du fort Pontchartrain, la Galissonnière s'emploie à renforcer sa population. En 1749, il promet à tous ceux qui s'y établiront deux ans de farine avec les instruments nécessaires au défrichement (1). Ces promesses procurent à Détroit, cette même année, 57 habitants de plus (2). La Jonquière et Bigot offrent des conditions encore plus avantageuses (3). Ils chargent de la propagande les capitaines des côtes (4). Elle produit son effet immédiatement. En 1751, un recensement donne pour le fort Pontchartrain 110 habitants avec 33 esclaves Panis (5).

Comme sur la Chaudière une riche moisson d'hommes allait lever à Détroit. Les compagnons de la Mothe-Cadillac, les colons de la Galissonnière et de la Jonquière ont eu une postérité magnifique. Aujourd'hui elle se partage entre l'État de Michigan et la province canadienne d'Ontario. Rien que sur le territoire de la Puissance, dans les cinq comtés d'Essex, de Lambton, de Kent, de Bothwel, d'Elgin, on comptait, en 1891, 21.300 Canadiens français (6).

(1) 5 octobre 1749. *Arch. col.* Canada, corr. gén., 93, 1749, fol. 31.
(2) La Jonquière et Bigot au ministre. *Arch. col.* Canada, corr. gén., 91, 1750, fol. 3.
(3) « Le roy voulant aider les familles qui montent au Détroit pour s'y établir...
Article Premier. — Il ne sera admis pour monter audit poste du Détroit... que des habitants terriens et de bonnes mœurs et s'ils sont mariés leurs familles monteront avec eux et il leur sera fourni aux frais du roy les voitures, vivres et voyageurs nécessaires pour les y rendre.
Art. II. — Le commandant du poste fera fournir aux frais du roy à chaque homme en état de travailler et qui s'établira sur une terre un fusil, une pioche, une hache, un soc de charrue, une faux, une faucille... une truie, six poules, un coq, six livres de poudre et douze livres de plomb, le tout gratis.
Art. III. — L'habitant marié... sera nourri par le roy ainsi que sa femme et ses enfants... pendant dix-huit mois...
Art. IV. — Les garçons qui auront pris des terres seront également nourris pendant ledit temps...
Art. V. — Ils n'auront aucune part aux libéralités du roy, ceux qui au lieu de cultiver leurs terres s'adonneront à la traite. » La Jonquière et Bigot, 2 janvier 1750. *Arch. col.* Canada, corr. gén., 95, 1750, fol. 8.
(4) 6 janvier 1750. *Arch. col.* Canada, corr. gén., 95, 1750, fol. 17.
(5) Recensement de Détroit envoyé à part. La Jonquière et Bigot, 1ᵉʳ octobre 1751. *Arch. col.* Canada, *recensements*, t. II, non folioté.
(6) Rameau de Saint-Père : Le Recensement canadien de 1891; ses

Dans les dernières années de la domination française, Québec a beaucoup grandi. De 4.600 habitants en 1739 (1), la petite capitale passe à 8.001, en 1754 (2). A part une nouvelle paroisse dans la Dame-Ville, cette « Notre-Dame des Victoires » qui fut élevée pour commémorer la défaite de Phipps, Québec n'a pas d'autres monuments que ceux que la Hontan a décrits. La ville s'est pourtant embellie. Il y a de belles maisons sur la place d'armes et dans les deux grandes rues qui y aboutissent, la rue Saint-Jean et la rue Saint-Louis. Québec est protégé du côté de la terre par une enceinte continue, bastionnée et flanquée de redoutes (3).

Montréal a 4.000 habitants en 1754. La cité de Maisonneuve n'a toujours à montrer à l'étranger que son église bâtie sur le modèle de Saint-Sulpice de Paris. On a beaucoup dépensé pour entourer la seconde ville de la Nouvelle-France d'un mauvais mur de pierres de la hauteur de quatre pieds (4).

inexactitudes et ses altérations au point de vue français. Extrait de la *Revue Française*, 1894, p. 38.
(1) Censuses of Canada, vol. IV, p. 160.
(2) *Id.*, p. 61.
(3) J. C. Bonnefons, *Voyage en Canada, depuis l'an 1751*, pp. 31-35.
(4) *Id.*, p. 65.

CHAPITRE III

DÉVELOPPEMENT ÉCONOMIQUE

Les chemins de Lanouiller. — Les céréales. — Disettes. — Introduction des cribles. — La pomme de terre. — Le chanvre. — Le tabac. — Le ginseng. — L'élevage. — La pêche. - L'exploitation de la forêt. — Le goudron. — Les mines de Saint-Maurice. — Les constructions navales. — La traite. — Postes concédés aux officiers, mis aux enchères. — Les postes du roi. — La contrebande. — Le produit de la traite. — Importations et exportations. — Prospérité des habitants.

La colonie n'a toujours qu'un grand chemin, le Saint-Laurent, un grand chemin, impraticable la moitié de l'année, et où, même à la belle saison, on reste souvent en panne. « Il faut quelquefois selon les vents un mois entier pour l'allée et le retour de Montréal », écrit l'intendant Dupuy en 1727 (1). Il y a longtemps du reste que l'on est d'accord sur la nécessité de doubler le magnifique fleuve par une route. A cette œuvre d'un intérêt capital pour le progrès de la colonisation s'attelle un homme intelligent et énergique. C'est Lanouiller de Boisclerc (2), un membre du Conseil supérieur, dont Hocquart fait un grand voyer.

(1) Dupuy au ministre, 20 octobre 1727. *Arch. col.* Canada, corr. gén., 1727, fol. 355.
(2) Le travail eût été achevé à Maskinongé en 1732 « si la récolte eût

Au surplus, le travail est déjà commencé. Plus ou moins bien entretenus, des tronçons de la grande route existent déjà. Il s'agit de les raccorder. La lacune principale est au lac Saint-Pierre. La première difficulté est de se procurer la main-d'œuvre. Par raison d'économie il faut recourir à la corvée, et l'on ne peut vraiment pas exiger des habitants de trop longues périodes de prestation corporelle. A force d'activité, Lanouiller vainc tous les obstacles. En 1733, il est à cheval, cent quarante-cinq jours de suite (1). A la fin de cette campagne, il ne manque plus que deux lieues entre la rivière du Loup et la rivière Maskinongé et, sur les treize ponts qui sont nécessaires, il y en a dix d'achevés. En 1737, de Québec à Montréal, sur la rive gauche du Saint-Laurent, les chemins sont « roulants ». On peut aller d'une ville à l'autre, avec un seul cheval, en quatre jours (2). Ce qui ne veut pas dire que Boisclerc ait droit au repos. Il reste à perfectionner, à corriger sur bien des points. A Maskinongé, sur une longueur de trois lieues et demie, la route est inondée. Il faut la reporter plus haut (3). Enfin, sur trois cours d'eau trop larges, rivière Batiscan, rivière Saint-Maurice, rivière des Prairies, on doit renoncer à dresser des ponts. On établira des bacs. Cela n'est pas encore fait en 1747 (4).

Mais, par compensation, à cette date, Lanouiller vient de doter la colonie d'une seconde route royale. Celle-ci est une voie de pénétration du nord au sud; elle mène à la Nouvelle-York. Elle part, en face de Montréal, de la prairie de la Bataille, gagne la rivière Sorel à Saint-Jean, et ne s'arrête qu'au fort Saint-Frédéric sur le lac du Saint-Sacrement, à

été bonne et si les habitants de ces cantons n'eussent pas été obligés d'aller travailler ailleurs pour faire vivre leurs familles. » Lanouiller de Boisclerc au ministre, 17 octobre 1733. *Arch. col.* Canada, corr. gén., 60, 1733, fol. 378.

(1) Hocquart au ministre, 11 octobre 1733. *Arch. col.* Canada, corr. gén., 60, 1733, fol. 80.

(2) Lanouiller de Boisclerc au ministre, 17 octobre 1733. *Arch. col.* Canada, corr. gén., 60, 1733, fol. 378.

(3) Hocquart au ministre, 11 octobre 1737. *Arch. col.* Canada, corr. gén., 68, 1737, fol. 31.

(4) Lanouiller de Boisclerc au ministre, 4 novembre 1747. *Arch. col.* Canada, corr. gén., 89, 1747, fol. 218.

la frontière (1). La Nouvelle-France doit encore à son grand voyer d'avoir, sur un grand nombre de points, tracé ses chemins d'intérêt local. En 1733, il a déjà accompli le travail préparatoire pour les côtes de Longueil, Tremblay, Boucherville, Varennes, pour l'île de Montréal et l'île Jésus, pour les côtes de Terrebonne, la Chesnaye et le long des rivières de Mascouche et de l'Assomption (2).

Que vaut l'œuvre de Lanouiller ? Il faut ici encore avoir recours à Franquet. Celui-ci a voyagé en carriole de Québec à Montréal et, à plusieurs reprises, il porte sur les routes du Canada un jugement favorable. Voici ce qu'il pense des chemins entre la Pointe aux Trembles et la seigneurie de Sainte-Anne de la Perade : « Les chemins, en général, de cette journée sont assez bons ; il n'y a que les côtes de difficiles ; elles sont roides, dures aux chevaux et trop étroites aux carrioles et calèches, qui sont les voitures les plus ordinaires pour voyager dans ce pays. On pourrait habituer les habitants à les adoucir, et à les élargir jusqu'à vingt pieds au moins (3). »

Ce grand effort trouve tout de suite sa récompense. Une partie considérable du district des Trois-Rivières, qui jusqu'alors était demeurée inaccessible, s'ouvre enfin aux colons. Ceux-ci n'ont point perdu de temps pour s'installer le long des chemins de M. de Boisclerc (4).

L'occasion serait heureuse pour se remettre au canal de la Chine. Malheureusement on s'effraie des deux cent cinquante-cinq mille livres que M. de Lery demande pour l'achever (5). Par contre, on résout, tant bien que mal, plutôt mal que bien, un problème demeuré insoluble pour les deux générations précédentes, celui de se maintenir en communications avec la

---

(1) Lanouiller de Boisclerc au ministre, 4 novembre 1747. *Arch. col.* Canada, corr. gén., 89, 1747, fol. 218.

(2) Lanouiller de Boisclerc au ministre, 17 octobre 1733. *Arch. col.* Canada, corr. gén., 60, 1733, fol. 378.

(3) Franquet, *Voyages et mémoires sur le Canada*, p. 133. — Plus loin Franquet déc'are « assez bien » les chemins entre Sainte-Anne et le cap de la Madeleine. *Id.*, p. 136.

(4) Au recensement de 1739 grand progrès de la population sur le lac Saint-Pierre. *Censuses of Canada*, vol. IV, p. 68.

(5) Beauharnais et Hocquart au ministre, 25 septembre 1733. *Arch. col.* Canada, corr. gén., 59, 1733, fol. 51.

mère patrie, de la fin de novembre au commencement de mai. On se résigne à se servir régulièrement de la voie des colonies anglaises (1). Il est vrai que Beauharnais et Hocquart recommandent la prudence. Ils ont peur que les gouvernants de la Nouvelle-Angleterre ne soient un peu trop curieux de ce qui se passe dans la Nouvelle-France (2).

La paix, cette longue paix, donne un essor extraordinaire au développement économique de la Nouvelle-France. Naturellement le plus grand progrès porte sur la culture des céréales. De 234.566 boisseaux de blé en 1719 (3), on passe en 1734 à 737.892, auxquels le recensement ajoute 3.462 boisseaux d'orge, 5.223 boisseaux de maïs, 163.988 boisseaux d'avoine (4). Au-delà de 1734 les chiffres précis font défaut. Mais il est certain que les habitants s'adonnent avec énergie à la production du froment. Ils tentent même d'avancer l'époque des semailles, de les placer comme dans l'ancienne France en octobre ou novembre. Vainement du reste. Les essais de blé d'automne échouent. Trop souvent, et lorsque les neiges viennent trop tard, et, lorsque, après la fonte des neiges, il y a des gelées, ce blé périt en herbe (5). Pour être rejetée aux derniers jours de l'été, la récolte n'en est pas moins belle. Elle donne du huit, du onze, du quinze (6), et même, dans les terres neuves, encore davantage. Les Canadiens ont plus de blé qu'il n'en faut pour leur consommation (7).

Pourtant le tour des vaches maigres vient quelquefois. Les

---

(1) Vaudreuil au Conseil de marine, 6 mai 1719. *Arch. col.* Canada, corr. gén., 40, 1719, fol. 166.

(2) Beauharnais au ministre, 17 août 1729. Corr. gén., 51, 1729, fol. 131.

(3) Recensement de 1719. *Censuses of Canada*, vol. IV, p. 52.

(4) Recensement de 1734. *Id.*, p. 57.

(5) Hocquart. Détail de toute la colonie. *Arch. col.* Canada, corr. gén., 67, 1737, fol. 95.

(6) « Il est à remarquer que ce n'est pas faute de cultiver la terre en ce pays, si l'on essuie des disettes puisqu'un laboureur de la paroisse de Sainte-Foye proche Québec dont les terres sont fort mauvaises assure... que l'année dernière, il a semé 30 minots de bled, qui à la récolte ont donné 250 minots. Cela vaut bien la peine de cultiver la terre. » Mémoire sur les moyens d'augmenter la culture des terres en Canada... Franquet, *Voyages et mémoires sur le Canada*, p. 181.

(7) Mémoire sur le commerce du Canada. *Arch. col.* Canada, corr. gén., 76, 1741, fol. 318.

printemps secs sont toujours à redouter, surtout dans le gouvernement de Montréal (1). La sécheresse, c'est la récolte perdue. En 1737, en 1738, en 1742, coup sur coup, la catastrophe se renouvelle. Elle a pour suite une misère affreuse. Laissons l'intendant Hocquart tracer le tableau de la famine de 1738 : « Je ne puis vous exprimer, monseigneur, la misère causée par la disette qui se fait sentir dans toutes les campagnes. Le plus grand nombre des habitants, particulièrement de la coste sud, manquent de pain depuis longte... une grande partie ont erré pendant tout l'hiver dans les costes du nord, qui ont été moins maltraitées, pour y recueillir des aumônes et quelque peu de bled pour semer. D'autres ont vécu et vivent encore d'un peu d'avoine et de bled d'Inde et de poisson. Les villes ont été remplies tout l'hiver de ces coureurs misérables qui venaient y chercher quelques secours de pain ou d'argent. Les habitants des villes, particulièrement les journaliers et artisans, sont dans une situation aussi fâcheuse manquant tous de travail. Ils continuent d'estre à charge au public, à M. le Général (2) et à moy et encore plus au Roy. J'ai esté et je suis toujours dans la nécessité de faire fournir régulièrement du pain, de la viande et des légumes des magasins à ces indigents et aux pauvres infirmes. M. Michel en a usé de même par mon ordre à Montréal. Autrement nous aurions exposé les sujets du Roy, des familles entières à périr (3). »

A ce mal dont les retours offensifs sont si redoutables, il y a un premier remède tout indiqué. Et c'est, aussitôt qu'apparaissent les signes précurseurs de la crise, de retenir la farine qui est destinée à l'exportation.

En 1716, le roi prescrit de ne point permettre la sortie des vivres toutes les fois que la colonie pourrait en souffrir et il s'en remet à la prudence du gouverneur et de l'intendant de décider de l'opportunité de la mesure (4). La difficulté est

---

(1) Hocquart. Détail de toute la colonie. *Arch. col.* Canada, corr. gén., 67, 1737, fol. 95.

(2) Hocquart au ministre. Commerce du Canada, 8 octobre 1743. *Arch. col.* Canada, corr. gén., 79, 1743, fol. 319.

(3) Général est ici synonyme de gouverneur.

(4) Hocquart au ministre, 12 mai 1738. *Arch. col.* Canada, corr. gén., 69, 1738, fol. 191.

grande. Il n'est pas toujours aisé de savoir à l'avance ce que sera la récolte. En 1717, après un été mal arrosé, grande querelle entre Vaudreuil qui veut fermer la porte et Begon qui insiste pour qu'on la laisse ouverte toute grande (1).

Si bien que les habitants ne savent jamais s'ils peuvent prendre des engagements vis-à-vis de ceux qui leur demandent leurs farines, et cela les décourage de semer plus qu'ils n'ont besoin pour leur propre subsistance. D'autant plus que si nous en croyons Franquet, l'inconstance des saisons ne serait pas pour grand'chose dans ces désastres. Hardiment l'ingénieur militaire dénonce les accapareurs. « On a permis, écrit-il, dans son mémoire sur les moyens d'augmenter la culture des terres en Canada, en différents temps et presque toujours à des particuliers soupçonnés d'être singulièrement protégés par les personnes qui occupent les premières places... d'acheter ou de faire acheter tout ce qu'il y avait de bleds et de farine dans la colonie, d'en faire des amas considérables, de les enlever même d'autorité sous prétexte de service du roy, soit pour la subsistance des villes, des troupes des différentes garnisons de la colonie, soit pour les laisser perdre, soit pour l'employer à leur commerce... de sorte qu'au milieu de l'abondance même, on a souvent trouvé moyen de faire naître une disette affreuse. » Pour donner tout son poids à une accusation aussi grave Franquet ajoute : « On n'avance rien en cela qu'on n'ait vu maintes et maintes fois, et pour s'en assurer, il suffit d'interroger les habitants sensés et raisonnables du Canada (2). »

Au surplus, que les Canadiens soient victimes des caprices de la nature ou de la cupidité des hommes, les mauvaises années sont l'exception et pendant cette dernière période de la domination française, l'exportation du blé devient une des principales ressources de la colonie.

Comme débouché il y a celui qui a été ouvert par Colbert aux Antilles. Un second marché s'ouvre à l'Ile Royale. Là, on ne s'est occupé que de créer une forteresse, une station de pêche,

---

(1) Vaudreuil au ministre, 3 novembre 1717. *Arch. col.* Canada, corr. gén., 38, 1717, fol. 156.

(2) Franquet, *Voyages et mémoires sur le Canada*, p. 180. — Franquet avait vu à l'œuvre Bigot et la Grande Société. Bigot était intendant depuis 1748.

un entrepôt de commerce. Toute la population ordinaire et extraordinaire, habitants, soldats, pêcheurs, a besoin des farines canadiennes (1). Les pêcheurs surtout. Ceux-ci savent maintenant qu'il est inutile d'apporter sur les morutiers autre chose que la provision de l'aller, que les colons de la Nouvelle-France sont en mesure de leur fournir les vivres de la campagne et ceux du retour (2). Enfin, à la veille même de la catastrophe qui doit séparer violemment la métropole et la colonie, la colonie a déjà essayé de vendre son blé à la métropole.

Pour conquérir des clients nouveaux, comme pour garder les anciens, il faut fournir une marchandise de bonne qualité, et, à ce point de vue, les farines canadiennes laissent un peu à désirer. On leur reproche de prendre une odeur désagréable, dans leurs petits barils de bois vert. Il est facile de se servir de barils de bois sec (3). Ce qui est encore plus urgent, c'est d'épurer ces farines (4). De 1722 à 1734, l'intendant Hocquart fait venir de France des cribles cylindriques (5). Six sont destinés au gouvernement de Québec, quatre à celui de Montréal. Ils sont remis à des propriétaires de moulins qui, pour rétribution, reçoivent six deniers par minot. On défend aux habitants de vendre du blé non criblé, à peine de cent livres d'amende et, en cas de récidive, du double (6).

Ces farines désormais bonnes, loyales et marchandes

---

(1) « Il est évident que le commerce des blés (avec l'Ile Royale) devient de plus en plus intéressant pour la colonie. » Beauharnais et Hocquart au ministre, 3 octobre 1731. *Arch. col.* Canada, corr. gén., 54, 1731, fol. 10.

(2) Requête des négociants de la Nouvelle-France demandant au roi d'empêcher les habitants... de l'Ile Royale de commercer avec les Anglais. *Arch. col.* Canada, corr. gén., 49, 1727, fol. 52. — Beauharnais et Hocquart au ministre, 12 octobre 1731. *Arch. col.* Canada, corr. gén., 54, 1731, fol. 136.

(3) Vaudreuil et Begon au Conseil de marine, 26 octobre 1719. *Arch. col.* Canada, corr. gén., 41, 1720, fol. 6.

(4) Beauharnais et Hocquart au ministre, 4 octobre 1731. *Arch. col.* Canada, corr. gén., 54, 1731, fol. 57.

(5) Ordonnance d'Hocquart. *Arch. col.* Canada, corr. gén., 57, 1732, fol. 293.

(6) Règlement de MM. de Beauharnais et Hocquart... qui établit des cribles dans partie des moulins de la colonie, 8 février 1734. *Arch. col.* Canada, corr. gén., 61, 1734, fol. 3.

donnent annuellement à l'exportation entre 50.000 (1) et 80.000 minots (2).

La pomme de terre a été cultivée au Canada avant la conquête anglaise. En 1758, Vaudreuil et Bigot recevaient du ministre l'ordre de la faire connaître dans la colonie. Ils pouvaient répondre que cela était déjà fait, qu'un habitant avait fait venir de France des patates, et qu'il avait reconnu qu'elles produisaient beaucoup, avec très peu de soin. L'intendant obtient de cet habitant quelques centaines de tubercules et les distribue aux réfugiés acadiens (3).

La culture du chanvre introduite en Nouvelle-France par Talon, n'avait jamais été complètement abandonnée. Il s'en fallait pourtant de beaucoup qu'on lui eût donné l'extension désirable. Un mémoire de 1716, « le mémoire instructif des intentions de Sa Majesté », que l'on attribue à Raudot fils (4), invite Vaudreuil et Begon à la propager dans la colonie. Vaudreuil et Begon mettent de l'empressement à se conformer aux ordres du roi. Ils font des essais très encourageants. Pour décider les habitants à entreprendre en grand la culture du chanvre, il n'y a plus qu'à leur garantir un débit avantageux. En 1720, Begon fait annoncer à la colonie par les curés que les magasins prendront le chanvre à soixante livres le quintal (5). Le succès est rapide. Les magasins achètent 1.044 livres de chanvre en 1723, 5.795 en 1724, 44.200 en 1727. L'intendant Dupuy ne voit plus qu'un obstacle à la propagation de la nouvelle culture, et c'est l'opposition des curés qui n'ont point la dîme sur le chanvre. Il propose de la leur accorder (6). Maurepas

---

(1) Mémoire de Payet. *Arch. col.* Canada, corr. gén., 96, 1750, fol. 298.
(2) « Dans les bonnes années il sort de la colonie quatre-vingt mille minots de blé ». Hocquart. Détail de toute la colonie. *Arch. col.* Canada, corr. gén., 67, 1737, fol. 95.
(3) Vaudreuil et Bigot au ministre, 8 août 1758. *Arch. col.* Canada, corr. gén., 103, 1758, fol. 3.
(4) Mémoire instructif des intentions de Sa Majesté pour le gouverneur et l'intendant du Canada, 1716. *Arch. col.* Canada, corr. gén., 36, 1716, fol. 43.
(5) Begon au ministre, 26 octobre 1720. *Arch. col.* Canada, corr. gén., 43, 1721, fol. 74.
(6) Dupuy au ministre, 20 octobre 1727. *Arch. col.* Canada, corr. gén., 49, 1727, fol. 271.

refuse. Si les desservants canadiens « s'avisent par des vues d'intérêt de détourner les habitants des cultures utiles à la colonie », il sait où il peut les atteindre. Il les privera des suppléments qu'ils doivent à la générosité royale. Au reste, à Versailles comme à Québec, on se persuade que l'heure est venue de diminuer le prix d'achat. En 1728, on ne reçoit plus le chanvre aux magasins que pour quarante livres, en 1730 que pour vingt-cinq livres (1). Du coup la récolte tombe entre douze et quinze milliers (2). Par bonheur, à ce moment, les constructions navales prennent un grand développement. Il faut du chanvre pour fabriquer les cordages (3), et c'est ainsi que, de 1732 à 1743, la production annuelle se maintient entre quinze et vingt milliers : ce qui est tout à fait suffisant pour alimenter les corderies (4). La culture du chanvre est définitivement introduite en Nouvelle-France. Quant à celle du lin elle devient de plus en plus importante : 45.970 livres au recensement de 1719 (5), 54.630 à celui de 1720 (6), 92.246 à celui de 1734 (7). Aux dernières années de la domination française elle s'élèvera à 120.000 quintaux (8).

Longtemps les Français du Canada n'ont fumé que du tabac d'importation, du tabac brésilien surtout. Ce tabac est aussi très goûté des indigènes (9). Mais pourquoi ne tenterait-on point d'en produire sur place? L'herbe à petun croît naturellement dans la colonie (10). Il ne s'agit que d'en perfectionner la culture.

---

(1) Maurepas à Dupuy, 11 mars 1728. *Arch. col.* Canada, corr. gén., 50, 1728, fol. 128.

(2) Hocquart au ministre, 17 octobre 1730. *Arch. col.* Canada, corr. gén., 53, 1730, fol. 113.

(3) Voir pages 388-389.

(4) Hocquart au ministre, 11 octobre 1737. *Arch. col.* Canada, corr. gén., 68, 1737, fol. 31 ; 12 octobre 1738. Corr. gén., 70, 1738, fol. 19 ; 11 octobre 1739. Corr. gén., 71, 1739, fol. 243 ; 21 octobre 1742. Corr. gén., 80, 1713, fol. 99.

(5) *Censuses of Canada*, vol. IV, p. 52.

(6) *Id.*, p. 53.

(7) *Id., loc. cit.*

(8) Mémoire sur le Canada. M. de Beaucas, 1758. *Arch. col.* Canada, corr. gén., 103, 1758, fol. 188.

(9) Domaine. *Arch. col.* Canada, corr. gén., 59, 1732, fol. 318.

(10) Une des tribus huronnes est nommée la nation du Petun. *Relat. des Jésuites*, 1635, p. 33.

Et l'on se met à l'œuvre. Dès 1728 les plantations de tabac se multiplient (1). Mais le climat est trop rude et l'on ne prend sans doute pas toutes les précautions qui sont nécessaires (2). Les déboires sont nombreux. Doit-on renoncer à l'espoir de rivaliser avec la Virginie et le Maryland ou simplement limiter la tentative au district de Montréal où l'hiver est de moindre durée ? Les habitants semblent s'être découragés (3). Les fermiers généraux ont plus de persévérance (4). Cugnet, le directeur du Domaine, envoie au receveur du tabac de la Rochelle 6.446 livres en 1743 (5), et 32.000 en 1744 (6). On est loin encore des trente mille boucauts que le Maryland exporte chaque année de son fameux Oroonoko (7). Le début promet cependant. Suivant la méthode qui a déjà souvent réussi, l'intendant Hocquart propose d'attribuer des gratifications aux particuliers qui imiteront Cugnet. La proposition vient trop tard, en 1743, à la veille de la guerre.

Le ginseng avait été signalé dans l'Amérique française par le père Laffitau, dès le début du dix-huitième siècle (8). Quand les Canadiens eurent appris par les missionnaires, que les Chinois attribuaient à cette plante toutes les vertus d'une panacée et qu'ils s'en procuraient à des prix exorbitants, ils crurent leur fortune faite, et, habitants aussi bien que sauvages, se précipitèrent à la cueillette de la précieuse araliacée (9). Le succès fut extraordinairement rapide. En quelques années, les années qui

---

(1) Ferme de Tadoussac et Canada en général. Droits du domaine. *Arch. col.* Canada, corr. gén., 1728, fol. 409.

(2) Voir les procédés de culture du tabac en Amérique du Nord dans le *Voyage au Canada dans le Nord de l'Amérique septentrionale* fait depuis 1751 à 1761, par J. C. B , pp. 155 et 156.

(3) Mémoire sur le commerce du Canada, 1711. *Arch. col.* Canada, corr. gén., 76, 1711, fol. 318.

(4) Hocquart. Détail de toute la colonie. *Arch. col.* Canada, corr. gén., 67, 1737, fol. 93.

(5) 16 novembre 1743. Hocquart au ministre. *Arch. col.* Canada, corr. gén., 80, 1743, fol. 3.

(6) 27 octobre 1744. *Arch. col.* Canada, corr. gén , 81, 1744, fol. 446.

(7) Le boucaut pèse 800 livres *Histoire et commerce des colonies anglaises dans l'Amérique septentrionale.* Londres, 1755, pp. 253 et 257.

(8) Charlevoix, *Journal d'un voyage dans l'Amérique septentrionale*, t. VI, lettre XII, p. 24.

(9) Franquet, *Voyages et mémoires sur le Canada*, pp. 177-178.

suivent la paix d'Aix-la-Chapelle, la livre de ginseng monta de trente sols à vingt-cinq livres (1). Comme l'avait bien prévu le sage Franquet, on n'allait point tarder à tuer la poule aux œufs d'or (2). Il fallait cueillir le ginseng en septembre et le faire sécher à l'ombre, lentement. Trop pressés, les Canadiens le cueillent en mai et le font sécher au four. Les Chinois ne veulent plus du ginseng canadien. On en avait vendu en 1751 pour cinq cent mille livres (3). En 1752, il n'y avait plus personne pour l'acheter, même au plus bas prix (4).

L'élevage est en progrès constant. Entre 1719 et 1734, le troupeau des bêtes à cornes passe de 18.241 à 33.179. L'accroissement est un peu moindre pour les porcs : 13.823 en 1720, 19.815 en 1734. Quant aux moutons que l'on a eu tant de peine à introduire et à acclimater au siècle précédent, ils pullulent à leur tour : 1820 en 1706, 13.823 en 1720, 19.815 en 1734. Le chiffre des chevaux reste stationnaire : 5.063 en 1720, 5.056 en 1734 (5). Pourtant, gouverneurs et intendants trouvent encore qu'il est trop élevé. Ils s'inquiètent de voir que les fils d'habitants mettent leur amour-propre à avoir des chevaux de selle. Beauharnais et Hocquart pensent là-dessus comme Vaudreuil. Il faut empêcher la jeunesse canadienne de perdre l'habitude et le goût de la marche. Hocquart propose de n'autoriser qu'un cheval pour quatre bœufs (6). Mais que faire des chevaux en excédent? On ne peut pourtant pas les égorger. La meilleure solution serait de les vendre hors de la colonie. D'autant plus qu'ils sont de bonne qualité, forts et résistants à la fatigue (7). On essaie d'en importer aux Antilles. La tentative échoue. Les chevaux continuent à multiplier. En

---

(1) Raynal, *Histoire philosophique et politique des établissements et du commerce des Européens dans les deux Indes*, 1783, t. VII, livre XVI, p. 278.
(2) Franquet, *loc. cit.*
(3) Raynal, *loc. cit.*
(4) Mémoire de Taché au nom des marchands du Canada, *Arch. col.* Canada, corr. gén., 98, 1752, fol. 460.
(5) *Censuses of Canada.*, vol. IV, p.p. 48, 52, 53, 57.
(6) Beauharnais et Hocquart au ministre 4 octobre 1731. *Arch. col.* Canada, corr. gén., 54, 1731, fol. 70.
(7) Franquet, *Voyages et Mémoires sur le Canada*, p. 27.

1763, au premier recensement anglais, pour 70.000 habitants ils sont 13.488 (1).

Charlevoix avait vu juste lorsqu'il assurait que la pêche de la baleine pourrait être un grand objet dans le commerce de la colonie, et qu'il attribuait les insuccès antérieurs uniquement au manque d'argent et au défaut de persévérance (2). En 1737, un navire de Saint-Jean-de-Luz capture dans le Saint-Laurent cinq animaux d'âge adulte et cinq petits, ce qui donne trois cents barriques d'huile et de deux à trois milliers de fanons (3). Du coup, les Basques rapprennent le chemin de la grande rivière de Canada. Ils y font de beaux bénéfices (4). Ils se découragent pourtant encore une fois. Alors Rouillé accorde une prime de cinq cents livres par baleine capturée. En 1751, deux bâtiments de Bayonne prennent vingt-sept baleines au large de Kamouraska (5).

Mais les Canadiens aiment mieux s'attaquer à des cétacés de moindre taille. En 1720, Boishébert, l'héritier de M. de la Bouteillerie, et Peyre obtiennent la prorogation de leur concession. Un grand nombre d'habitants suivent leur exemple (6). En 1724, il y a, pour toute la Nouvelle-France, dix-sept pêches sédentaires. On y prend soixante marsouins (7). L'année suivante, le chiffre monte à cent (8). Résultat médiocre en 1728, et

---

(1) Recensement de 1765. *Censuses of Canada*, vol. IV, p. 67.

(2) Charlevoix. *Journal historique d'un voyage dans l'Amérique septentrionale*, t. V, lettre VIII, p. 219.

(3) Beauharnais et Hocquart au ministre, 1ᵉʳ octobre 1737. *Arch. col. Canada*, corr. gén., 67, 1737, fol. 6.

(4) Mémoire de Payet. *Arch. col. Canada*, corr. gén., 96, 1750, fol. 298.

(5) Collection Levis. *Journal du marquis de Montcalm*, 8 mai 1756, p. 51.

(6) Vaudreuil et Begon au ministre, 26 octobre 1720. *Arch. col. Canada*, corr. gén., 42, 1720, fol. 27.

(7) Voici ces dix-sept pêches : Côte sud : à l'île Verte, à la rivière du Loup, à la rivière des Capes, à Kamouraska, à la pointe aux Orignaux, à la pointe aux Iroquois, à la rivière Ouelle, au cap Martin, à l'île Saint-Denis, à la pointe des Aunets, à la rivière du Sud, à l'île aux Oies. — Côte nord : à la Sainte-Famille, à la Petite-Famille, à l'île aux Coudres, aux moulins de Baude. 2 novembre 1724. État des pêches à marsouins. *Arch. col. Canada*, corr. gén., 46, 1724, fol. 269.

(8) *Arch. col. Canada*, corr. gén., 48, 1726, fol. 418.

cela étonne (1), et cet étonnement prouve que les mauvaises années sont rares.

La pêche du loup marin et de la vache marine vient pour l'importance immédiatement après celle du marsouin. De leur peau on ne fait plus de manchons, mais de très bons souliers qui ne prennent point l'eau et des couvertures inusables pour les malles, les coffres, les sièges (2). Quant à l'huile, l'auteur du mémoire de 1741 est persuadé qu'ils en peuvent fournir chaque année de trois à quatre mille barriques. Mais il recommande la modération. Il craint qu'on n'extermine la race ou qu'on ne l'oblige à émigrer. La bête à la grande dent a déjà disparu aux îles de la Magdeleine. Il serait prudent de laisser aux amphibies quelque répit (3).

Les Canadiens envoient chaque année une trentaine de petits bateaux à la pêche à la morue. Le renseignement est de Payet (4). Nous aurions besoin de savoir s'il compte comme Canadiens les habitants de l'île Royale.

Les Canadiens négligent toujours de puiser au trésor inépuisable que leur offre la forêt. Ils lui demandent de quoi charpenter leurs maisons, de quoi clôturer leurs champs, et c'est tout. Pourtant ils n'ont pas à aller loin pour trouver le pin, l'épinette, l'orme, le chêne, le prusse, le noyer, le frêne. Les seigneuries du Saint-Laurent, même celles où le défrichement a été poussé le plus loin, gardent d'abondantes réserves de bois debout. Pour ne point tirer parti de tant de richesses, les habitants ont leurs excuses ordinaires : le manque d'argent, la pénurie de main-d'œuvre, la difficulté de s'assurer des moyens de transport.

Comme toujours, il faut que le roi intervienne. Il donnera l'exemple. Il achètera, en 1724, la seigneurie de la Malbaye et y fera commencer l'exploitation des pinières (5). En même temps, ce qui vaut mieux, pour des fournitures de bois qui

---

(1) *Arch. col.* Canada, corr. gén., 50, 1728, fol. 155.
(2) Charlevoix. *Journal historique*, t. V, Lettre VIII, pp. 214-215.
(3) Mémoire sur le commerce du Canada. *Arch. col.* Canada, corr. gén., 76, 1741, fol. 318.
(4) Mémoire de Payet. *Arch. col.* Canada, corr. gén., 96, 1750, fol. 298.
(5) Vaudreuil et Begon au ministre, 2 novembre 1724. *Arch. col.* Canada, corr. gén., 48, 1724, fol. 10.

seront employés aux constructions navales, Vaudreuil et Bégon passeront marché avec un Canadien.

C'est M. de Ramezay, gouverneur de Montréal, qui, en 1721, se décide à tenter l'aventure (1). Il meurt bientôt, mais sa veuve continue à livrer aux chantiers de Rochefort les bordages de chêne et de pin, les mâts d'épinette (2). Par malheur, elle va se heurter au mauvais vouloir des officiers de la marine royale. En 1727, le capitaine de l'*Éléphant* aime mieux prendre un lest de pierres que d'embarquer les bois de madame de Ramezay (3). Celle-ci renonce à la lutte. L'intendant traite alors avec l'abbé Lepage, seigneur de Terrebonne (4). L'abbé Lepage a des débuts brillants, et il est visible que l'intendant Hocquart compte beaucoup sur son succès (5). D'autant plus, qu'un nouveau débouché vient de s'ouvrir. En 1729, quatre navires ont chargé à Québec du bois pour les Antilles (6). Malgré toute son intelligence, toute son activité, l'abbé Lepage finira par se ruiner (7). Mais l'exploitation de la forêt canadienne est mise en train.

Pour la fabrication du goudron, du brai, de la résine, les Canadiens n'en sont plus à leur premier essai. Ils ont pourtant beaucoup à apprendre ou à rapprendre. Tout d'abord, on hésite à faire venir des goudronniers de France. On n'en peut trouver qu'à dix-huit cents livres par an (8). Même, on s'imagine qu'il suffira de distribuer parmi les habitants un certain nombre de copies des mémoires qui sont composés à leur intention par

---

(1) *Arch. col.* Canada, corr. gén., 43, 1721, fol. 368.

(2) Bégon au ministre, 2 novembre 1724, *Arch. col.* Canada, corr. gén., 1724, fol. 154.

(3) Dupuy au ministre, 21 octobre 1726. *Arch. col.*, corr. gén., 1726, fol. 297.

(4) Beauharnais et Dupuy au ministre, 20 octobre 1727. *Arch. col.* Canada, corr. gén., 49, 1727, fol. 18.

(5) Hocquart au ministre, 25 octobre 1730, *Arch. col.* Canada, corr. gén., 53, 1730, fol. 181.

(6) Beauharnais et Hocquart au ministre, 25 octobre 1729. *Arch. col.* Canada, corr. gén. 1729, fol. 15.

(7) Hocquart au ministre, 7 octobre 1736, *Arch. col.* Canada, corr. gén., 66, 1736, fol. 3. — « L'abbé Le Page s'est ruiné pour l'augmentation de la colonie. » Beauharnais au ministre, 28 octobre 1739, *Arch. col.* Canada, corr. gén., 71, 1739, fol. 72.

(8) Maurepas à Beauharnais et Hocquart, *Arch. col.* Canada, corr. gén., 56, 1731, fol. 49.

MM. Mithon et d'Erchigny (1). Heureusement que le roi se décide à envoyer un habile homme, M. de Chevigny (2). Celui-ci s'établit à la baie Saint-Paul, et, pour ses débuts, en 1733, produit dix mille livres de brai sec et de résine (3). Sous la direction de Chevigny, les habitants terminent bientôt leur apprentissage. Il faut croire qu'ils deviennent de parfaits goudronniers, car Franquet qui, d'ordinaire, ne brille point par l'indulgence, nous rapporte une visite à l'un de leurs fourneaux sans accompagner sa description de la plus légère critique (4). Afin de pousser à la production, et sur l'avis de Begon, le roi s'est fait acheteur de goudron, de brai et de résine (5). Il fait même des avances aux constructeurs de fourneaux (6). Tous ces efforts sont couronnés de succès. Les fourneaux se multiplient. On en signale à la baie Saint-Paul, à Kamouraska, à la rivière Ouelle, à Sorel, à Dautré, à l'île Sainte-Thérèse (7), bref dans toutes les parties de la colonie.

Il y a longtemps (8) que, sur le Saint-Maurice, dans la banlieue des Trois-Rivières, on connaît l'existence de gisements considérables de fer. En 1729, un négociant de Montréal, Poulin de Francheville, sollicite la concession de ces mines (9). L'année suivante, il a son brevet. A Versailles, le fer de Saint-Maurice est jugé de bonne qualité. On le compare, à la fois, à celui de Suède « qui se forge facilement » et à celui d'Espagne qui « est très doux à battre à froid » (10). Le concessionnaire fait

(1) Hocquart au ministre, 17 octobre 1730. *Arch. col.* Canada, corr. gén., 53, 1730, fol. 113.
(2) Chevigny au ministre, 11 octobre 1733. *Arch. col.* Canada, corr. gén., 60, 1733, fol. 299.
(3) Beauharnais et Hocquart au ministre, 10 octobre 1734. *Arch. col.* Canada, corr. gén., 61, 1734, fol. 173.
(4) Franquet, *Voyages et mémoires sur le Canada*, pp. 83-84.
(5) Begon au Conseil de marine. *Arch. col.* Canada, corr. gén., 43, 1721, fol. 31.
(6) Hocquart au ministre, 11 octobre 1734. *Arch. col.* Canada, 65, 1734, fol. 88.
(7) Hocquart au ministre, 12 octobre 1738. *Arch. col.* Canada, corr. gén., 70, 1738, fol. 19 ; 16 octobre 1745 *Arch. col.* Canada, corr. gén., 83, 1745, fol. 270.
(8) Voir page 205.
(9) Beauharnais et Hocquart au ministre, 28 octobre 1729. *Arch. col.* Canada, corr. gén., 1729, 51, fol. 99.
(10) Mines de fer au Canada, 10 octobre 1732. *Arch. col.* Canada, corr.

venir de France deux fondeurs. Il s'aperçoit alors qu'à procéder d'après les méthodes en usage en Europe, il se ruinera. Les voisins de la Nouvelle-Angleterre savent extraire et traiter le minerai à peu de frais. On lui permet d'envoyer un forgeron canadien se mettre à leur école (1). En 1734, le forgeron est de retour et le roi s'intéresse à l'affaire. Il fait à Francheville une avance de dix mille livres (2). On peut espérer un prompt succès. Francheville meurt.

Il est évident que l'entreprise ne peut être abandonnée. Trois solutions sont présentées au ministre par Beauharnais et Hocquart. Le roi peut prendre directement l'exploitation à son compte, ou, ce qui revient, à peu de chose près, au même, commanditer les anciens intéressés. Il peut enfin concéder l'exploitation à une compagnie. La troisième solution est de beaucoup la plus raisonnable. La concession de Poulin de Francheville passe à une société à la tête de laquelle nous trouvons Olivier de Vezins (3). Celui-ci est un homme compétent, un maître de forges, qui, dès 1735, était venu étudier l'affaire sur place. M. de Vezins fixait à 30.000 livres les frais de premier établissement et à 61.250, les frais d'exploitation d'une année. Il est vrai qu'il croyait à une production annuelle de 116.000 livres et qu'il voyait ainsi toutes les avances remboursées dès le premier exercice (4).

Quoi qu'il en soit, voici les mines de Saint-Maurice en pleine

---

gén., 58, 1732, fol. 186. — Il existe encore aujourd'hui des restes des forges de Saint-Maurice. « Le rendement du minerai est d'environ 60 p. 100 de fer métallique. L'analyse de quelques échantillons a donné les résultats suivants :

Peroxyde de fer.	77.60	74.30	64.80
Sesquioxyde de manganèse	0.30	»	5.00
Silice.	5.40	3.60	4.80
Acide phosphorique.	1.80	1.80	»
Matières volatiles.	14.00	20.30	23.65

Gerbié, *Le Canada et l'émigration française*, p. 231.

(1) Beauharnais et Hocquart au ministre, 15 octobre 1732. *Arch. col.* Canada, corr. gén., 57, 1732, fol. 200.

(2) Hocquart au ministre, 10 octobre 1734. *Arch. col.* Canada, corr. gén., 62, 1732, fol. 27.

(3) 13 juin 1739. *Arch. col.* Canada, corr. gén., 71, 1739, fol. 113.

(4) Beauharnais et Hocquart au ministre, 26 octobre 1735. *Arch. col.* Canada, corr. gén., 63, 1735, fol. 173.

exploitation. En 1737, il y a déjà cent ouvriers aux forges (1). En 1738 (2) et en 1739 (3), elles fournissent le fer nécessaire pour une flûte et un vaisseau des chantiers royaux de Québec. Il y a deux forges et un fourneau. Du 20 octobre 1739 au mois de septembre 1740, les deux forges produisent trois cent cinquante milliers de fer ; du 23 mai au 4 octobre 1740, le fourneau donne six cent cinquante milliers de matière de fonte (4).

Les forges de Saint-Maurice vendent à la colonie des pots, des marmites, toutes sortes d'ustensiles (5). Les intéressés tentent même d'acquérir la clientèle des arsenaux métropolitains. En 1739, ils obtiennent d'envoyer sur le vaisseau du roi, c'est-à-dire sans frais de transport, cinquante milliers de fer à Rochefort à charge de reprendre la marchandise si elle ne convient pas (6). Pourtant cette prospérité est en partie factice. Elle est due surtout aux avances consenties par les trésoriers de la marine, et la preuve que l'affaire est médiocre, c'est qu'en 1743 la compagnie offre au roi de lui céder l'établissement à la seule condition qu'il la tienne quitte de tous ses emprunts (6). Il est vrai que ceux-ci montent à 192.642 livres (7). En 1745, le roi se décide à accepter le marché. Hocquart est, du reste, suivant sa coutume, optimiste. Il se fait fort de n'avoir jamais besoin de fonds extraordinaires (8). Ce que fut le résultat de cette mise en régie on l'apprend par Franquet qui a visité les forges en 1752. L'établissement est considérable. Il occupe un personnel de plus de cent vingt personnes. Il produit annuellement de trois à quatre cents milliers de fer (9), et ce fer,

(1) Beauharnais et Hocquart au ministre, 8 novembre 1737. Arch. col. Canada, corr. gén., 67, 1737, fol. 91.

(2) Arch. col. Canada, corr. gén., 70, 1738, fol. 111.

(3) 13 juin 1739. Arch. col., corr. gén., 71, 1739, fol. 113.

(4) Hocquart au ministre, 4 octobre 1740. Arch. col. Canada, corr. gén., 73, 1640, fol. 143.

(5) J.-C.-B. (Bonnefons) Voyage au Canada dans le nord de l'Amérique septentrionale, fait depuis l'an 1751 à 1761, p. 46.

(6) Hocquart au ministre, 1ᵉʳ avril 1769. Arch. col. Canada, corr. gén., 73, 1740, fol. 372.

(7) Hocquart au ministre, 28 octobre 1743. Arch. col. Canada, corr. gén., 80, 1743.

(8) Hocquart au ministre, 19 mai 1745. Arch. col. Canada, corr. gén., 83, 1745, fol. 156.

(9) Mémoire de Payet. Arch. col. Canada, corr. gén., 96, 1759, fol. 298.

estimé de qualité supérieure, a son débit dans la colonie, et même à Brest et à Rochefort. Mais, et c'est un aveu du directeur Hertel de Rouville qu'enregistre Franquet, la forme de la régie ne saurait être que très onéreuse au roi (1).

Avec du bois à ne savoir qu'en faire, avec du goudron, du brai, des cordages, du fer en quantités suffisantes, les Canadiens ont, sur place, tout ce qui est nécessaire aux constructions navales. Pour les décider à tenter l'entreprise, il ne manque plus que l'encouragement d'une gratification royale (2). Maurepas l'accorde en 1732. La prime s'accroît avec la taille des navires. Elle est de trois à cinq livres par tonneau, de cinq livres à partir de cent tonneaux (3).

Le succès est immédiat : dix navires construits en 1732, dix encore en 1733. Il reste pourtant à dissiper une inquiétude sur la qualité du bois canadien. On prend une consultation d'un savant renommé. En 1736, Duhamel du Monceau examine en France deux navires sortis des cales de Québec. Le résultat de l'examen est très favorable (4). D'année en année, le succès se confirme, et l'on avoue qu'il passe toutes les espérances que l'on a pu concevoir (5). L'île Royale, l'île Saint-Jean, et surtout la Martinique font des commandes de navires à la Nouvelle-France. Cela va si bien que le roi peut, en 1740, supprimer la prime. Au surplus, cela ne lui a pas coûté très cher de lancer sur les bords du Saint-Laurent l'industrie des constructions navales : en neuf années, 17,844 livres (6).

(1) Franquet, *Voyages et mémoires sur le Canada*, pp. 19-21, 112-113.
(2) Hocquart au ministre, 8 octobre 1731. *Arch. col.* Canada, corr. gén., 54, 1731, fol. 106.
(3) En 1732, le roi paie 500 livres pour un navire de 100 tonneaux, 248 livres pour un navire de 62 tonneaux, 120 livres pour un navire de 40 tonneaux et pour dix bâtiments représentant un total de 732 tonneaux, 3.073 livres. Liste des bâtiments construits au Canada en 1732. *Arch. col.* Canada, corr. gén., 60, 1733, fol. 87.
(4) Mémoire de Duhamel de Monceau, 1736. *Arch. col.* Canada, corr. gén., 66, 1736, fol. 206.
(5) Neuf navires construits en 1739. Octobre 1739. *Arch. col.* Canada, corr. gén., 71, 1739, fol. 182. — Neuf navires construits en 1741. *Arch. col.* Canada, corr. gén., 80, 1743, fol. 368.
(6) « Le bois de construction revient à Toulon 3 livres le pied cube et celui de Lorraine 50 sols; le bois revient à Québec 20 et 22 sols le pied. »

L'épreuve a été si concluante, les conditions paraissent si avantageuses que le ministre de la marine va maintenant opérer au Canada pour son propre compte (1). Sous la direction de l'ingénieur militaire Levasseur, de 1740 à 1750, se construit à Québec toute une escadre légère, les flûtes le *Canada* (2) et le *Caribou* (3), les frégates le *Castor* (4) et la *Martre* (5), l'*Original*, la corvette le *Carcajou* (6), et même des vaisseaux, le *Saint-Laurent* (7) et l'*Algonquin*, le plus grand, de soixante-douze canons (8).

Pour le commerce des pelleteries rien de changé. Celui du castor est toujours l'objet d'un monopole. Le privilège de Gayot et de Néret, qui date de 1706, arrive à son terme le 31 décembre 1717 (9). A Gayot et Néret succède la compagnie d'Occident. Celle-ci obtient un long bail, du 1er janvier 1718 au 31 décembre 1742. Elle recevra, à l'exclusion de tous autres, les castors que les habitants auront traités. Mais le roi se réserve, sur les mémoires qui lui seront envoyés de la Nouvelle-France, de fixer les quantités des différentes espèces de castor que la compagnie sera tenue de recevoir chaque année et les prix auxquels elle devra les payer (10). Les Canadiens ne sont pas satisfaits. Ils réclament la liberté de la traite du castor. Ils

---

Chaussegros de Léry au ministre, 31 octobre 1741. *Arch. col.* Canada, corr. gén., 76, 1741, fol. 284.

(1) Hocquart au ministre, 5 juillet 1740. *Arch. col.* Canada, corr. gén., 73, 1740, fol. 68.

(2) Beauharnais et Hocquart au ministre, 13 septembre 1742. *Arch. col.* Canada, corr. gén., 77, 1742, fol. 33.

(3) Levasseur au ministre, 14 mai 1744. *Arch. col.* Canada, corr. gén., 82, 1744, fol. 309.

(4) Beauharnais et Hocquart au ministre, 13 octobre 1745. *Arch. col.* Canada, corr. gén., 83, 1745, fol. 37.

(5) Beauharnais et Hocquart au ministre, 19 septembre 1746. *Arch. col.* Canada, corr. gén., 85, 1746, fol. 9.

(6) La Galissonnière et Hocquart au ministre, 17 août 1748. *Arch. col.* Canada, corr. gén., 91, 1748, fol. 3.

(7) La Jonquière et Bigot au ministre, 1er septembre 1750. *Arch. col.* Canada, corr. gén., 95, 1750, fol. 23.

(8) Bigot au ministre, 5 septembre 1749. *Arch. col.* Canada, corr. gén., 93, 1749, fol. 264.

(9) Collet, procureur général au ministre, 25 juin 1717. *Arch. col.* Canada, corr. gén., 37, 1717, fol. 240.

(10) *Arch. col.* Canada, corr. gén., 38, 1717, fol. 248.

obtiennent satisfaction. L'arrêt du 16 mai 1720 convertit le privilège exclusif de la compagnie en un droit qui lui sera payé à l'entrée du royaume, à raison de neuf sols par livre pesant de castor gras, et de six sols par livre pesant de castor sec (1). Ce droit est beaucoup trop onéreux. Pour pétitionner contre un régime qui ne donne que les apparences de la liberté les négociants canadiens s'unissent aux négociants rochelais (2). Cette protestation aboutit le 30 mai 1721 au rétablissement pur et simple du privilège exclusif de la compagnie d'Occident (3).

Dans le commerce avec les sauvages tout est matière à privilège. On donne, on vend, on afferme les postes de traite (4). Les officiers qui servent au pays d'En haut ne se sont jamais fait scrupule de trafiquer. C'est un abus qui ne peut être réprimé. Pourquoi ne pas se résigner à l'inévitable, ne pas régulariser une pratique frauduleuse? Et c'est ainsi qu'on en vient à affermer les forts à leurs commandants (5). Ces fermiers militaires sont avantagés de toutes manières. En échange d'un monopole exclusif la colonie n'exige d'eux qu'une faible redevance. Maurepas, qui tance l'intendant Dupuy à ce sujet, aurait voulu qu'on n'en exigeât aucune (6). Les magasins leur fournissent des marchandises à bon marché. S'ils ont un peu d'ordre, c'est la fortune. Au dire de Franquet, un officier qui a commandé trois ans au pays d'En haut, s'en revient communément avec un bénéfice de trente à cinquante mille livres. Il cite l'exemple de M. Marin qui a le poste de la baie des Puants et qui a rapporté en 1731 quatre cents paquets de castors, et trois cent soixante-cinq paquets de loutres, de martres, de loups-cerviers, le tout estimé à deux cent cinquante mille livres. C'est la deuxième année de son commandement. La première n'a pas

(1) Mémoire sur la liberté du castor accordée aux habitants du Canada par arrêt du 16 mai 1720. *Arch. col.* Canada, corr. gén., 42, 1720, fol. 137.
(2) *Arch. col.* Canada, corr. gén., 43, 1721, fol. 229.
(3) 8 octobre 1729. *Arch. col.* Canada, corr. gén., 44, 1721-22, fol. 31.
(4) Mémoire de Beaucas. *Arch. col.* Canada, corr. gén., 103, 1758, fol. 508.
(5) « Dans les dernières années de Vaudreuil et les premières de Beauharnais. » C'est ainsi que la Galissonnière détermine la période où l'on commence à faire des officiers les fermiers des postes. Vaudreuil est mort en 1725. 23 octobre 1748, la Galissonnière. *Arch. col.* Canada, corr. gén., 91, 1748, fol. 231.
(6) Maurepas à Dupuy. *Arch. col.* Canada, corr. gén., 50, 1728, fol. 463.

été moins fructueuse. Pour peu que la troisième soit d'un égal produit, Franquet prédit un gain tout net de cent mille écus. Et l'inspecteur général des fortifications s'explique ainsi que les officiers se marient si facilement en Nouvelle-France. L'espérance d'avoir un jour un poste de traite fait un parti avantageux du dernier enseigne, du moindre cadet à l'aiguillette (1).

On ne tarde pourtant pas à être édifié sur les inconvénients de cet étrange cumul. Il est scabreux que le même personnage trafique pour son propre compte et exerce l'autorité au nom du roi. Il perd vite le respect, la sympathie des indigènes (2). Et les bons esprits de préconiser la solution qui paraît la plus profitable aux intérêts de la colonie. Ils demandent qu'on mette les postes en adjudication. Il suffit d'indemniser les commandants en obligeant, de par son contrat, l'adjudicataire à leur payer une bonne gratification annuelle. On enlève donc aux officiers un certain nombre de postes. Par malheur, on s'est formé une idée trop haute des profits qui s'y peuvent faire. Les enchères sont poussées trop loin. Le résultat est facile à prévoir. Le fermier est forcé de se rattraper sur les sauvages. Il leur vend à des prix exorbitants. Il leur achète à des prix dérisoires (3). On verra plus loin les fruits de cette exploitation à outrance.

Celui qui exploite le plus grand nombre de postes, et qui s'en tire le plus mal, c'est le roi. Il y a longtemps qu'il a cette immense réserve de Tadoussac dont il tire un si maigre profit. Un instant il parvient à trouver des fermiers. Mais en douze ans, l'un après l'autre, Bourgeois et Carlier se ruinent. Carlier laisse 122.000 livres à rembourser, à rembourser par le Trésor, cela va sans dire (4). Tadoussac est mis en régie. Cela va mieux. On relève 13.000 livres d'excédent de recettes en

---

(1) Franquet, *Voyages et mémoires sur le Canada*, pp. 29-30.
(2) Détail de toute la colonie. *Arch. col.* Canada, corr. gén., 17, 1737, fol. 95.
(3) La Galissonnière, au ministre, 23 octobre 1738. *Arch. col.* Canada, corr. gén., 91, 1748, fol. 231. — « En 1754 on avait, dans le poste de la mer de l'Ouest, une peau de castor pour quatre grains de poivre et on retire jusqu'à huit cents livres d'une livre de vermillon. » Mémoire de Beaucas, *Arch. col.* Canada, corr. gén., 103, 1758, fol. 508.
(4) Domaine d'Occident. *Arch. col.* Canada, corr. gén., 59, 1733, fol. 348.

1733 (1). Il est temps de passer la main. On donne Tadoussac pour un bail de 4.500 livres (2).

L'expérience faite sur le Saguenay ne suffit pas. Le roi a ses ports de traite : fort Frontenac, Niagara, le fond du lac Ontario. Cette fois-ci c'est un désastre. Les meilleures années 1724 et 1725, il a 38.669 livres de recettes contre 36.067 de dépenses (3), puis c'est le déficit perpétuel. En 1742, il se présente un sieur Chalot pour demander les trois postes. On se hâte de lui en faire cession et abandon (4). Hocquart pousse un soupir de soulagement. Il écrit au ministre : « Heureusement le service se trouve débarrassé d'une traite aussi désavantageuse et je n'aurai plus le déplaisir de vous rendre un compte aussi peu satisfaisant sur cette matière (5). » Chalot ne fut pas plus heureux que Louis XV. En 1745, il renonce à une exploitation ruineuse (6).

Les congés, les vingt-cinq congés que l'on vend au bénéfice des veuves et des orphelins sont supprimés depuis 1696. Il y a unanimité pour déplorer leur suppression. C'est à elle que Catalongne attribue la décadence commerciale de Montréal, la désaffection des sauvages qui portent maintenant leurs pelleteries à Orange et à la baie d'Hudson, la désertion des habitants qui « se débandent par brigades » pour se livrer au commerce frauduleux (7). Ce n'était pas la peine de supprimer les vingt-cinq congés pour les remplacer par d'autres congés qui sont à la discrétion du gouverneur et de l'intendant (8). Les

---

(1) Domaine d'Occident, 1735. *Arch. col.* Canada, corr. gén., 65, 1736, fol. 234.

(2) Domaine d'Occident, 1738. *Arch. col.* Canada, corr. gén., 74, 1740, fol. 285.

(3) Estat des pelleteries provenant de la traite faite au fort Frontenac, à Niagara, et dans le sud du lac Ontario pendant les années 1724-1725. 22 octobre 1725. *Arch. col.* Canada, corr. gén., 1725, fol. 263.

(4) Projet de règlement... à l'occasion de la cession que le roi fait au sieur Chalot des traites des forts de Frontenac, Niagara et étendue sur le lac Ontario. 3 septembre 1742. *Arch. col.* Canada, corr. gén., 78, 1742, fol. 293.

(5) Hocquart, au ministre, 21 octobre 1742. *Arch. col.* Canada, corr. gén., 78, 1742, fol. 58.

(6) 23 octobre 1745. *Arch. col.* Canada, corr. gén., 83, 1745, fol. 42.

(7) Catalongne, mémoire, 9 octobre 1712. *Arch. col.* Canada, corr. gén., 33, 1712, fol. 209.

(8) Edit du roy, 29 mars 1714, qui défend aux habitants du Canada de

pauvres y perdent tout. Les abus demeurent les mêmes (1). Il n'y a que deux solutions : revenir au régime antérieur à la déclaration de 1696 ou octroyer la liberté absolue de la traite. Vaudreuil et Begon réclament, tour à tour, l'une et l'autre (2). Ils ont gain de cause en 1716. Le gouvernement métropolitain rétablit les vingt-cinq congés (3). Mais il revient tout de suite sur sa décision en 1719, et, malgré le redoublement des doléances (4) la colonie doit attendre jusqu'en 1728 leur rétablissement définitif (5).

La contrebande est toujours aussi audacieuse, toujours aussi ingénieuse. Une grande partie du castor est portée aux Anglais. Ceux-ci paient plus cher, au moins un tiers en plus (6). Ils offrent aux sauvages des chaudières à bon marché et des écarlatines bleues que les fabriquants de l'ancienne France se refusent absolument à tisser pour eux. Ils leur débitent de l'eau-de-vie sans mesure (7). Les Français vont aussi en Nouvelle-Angleterre. Ils organisent entre les deux colonies un trafic clandestin. Ils échangent le castor contre des laines, des draperies, des merceries, des toiles peintes (8). Quel est le dommage causé aux manufactures de France et à la compa-

faire la traite avec les sauvages sans un congé du gouverneur et de l'intendant. — Mémoire de l'état présent du Canada, 15 février 1712. *Arch. col.* Canada, corr. gén. 33, 1712, fol. 265.

(1) Vaudreuil et Begon, au ministre, 12 novembre 1712. *Arch. col.* Canada, corr. gén., 1712, fol. 15.

(2) 28 avril 1716. Déclaration du Roy portant rétablissement des vingt-cinq congés. 28 avril 1716. *Arch. col.* Canada, corr. gén., 36, 1766, fol. 46. — Justification des vingt-cinq congés pour 1718. *Arch. col.* Canada, corr. gén., 38, 1717, fol. 85.

(3) Vaudreuil se plaint de la suppression des congés, 2 octobre 1719. *Arch. col.* Canada, corr. gén., 40, 1719, fol. 50.

(4) Conseil. L'Evêque de Québec 18 octobre 1720. *Arch. col.* Canada, corr. gén., 43, 1721, fol. 206.

(5) Etat de distribution des congés rétablis par Sa Majesté pour la subsistance des pauvres familles de la colonie. *Arch. col.* Canada, corr. gén., 50, 1728, fol. 151. — Distribution des congés en 1739. 28 octobre 1739. *Arch. col.* Canada, corr. gén., 71, 1739, fol. 72 — en 1746. 1er octobre 1746. *Arch. col.* Canada, corr. gén., 85, 1746, fol. 197.

(6) Détail de toute la colonie. *Arch. col.* Canada, corr. gén., 1737, 67, fol. 95.

(7) 8 octobre 1721. *Arch. col.* Canada, corr. gén., 44, 1721-1722, fol. 4.

(8) Détail de toute la colonie. 1737, loc. cit.

gale ? En 1728, on l'évalue entre 150 et 200.000 livres (1). L'intendant Hocquart va plus loin en 1737. Il prétend que la plus grande partie du castor va aux Anglais et cela une année où les bureaux de la compagnie ont reçu 185 milliers (2).

Il faut engager la lutte contre la fraude. La compagnie croit encourager la dénonciation en faisant aux dénonciateurs abandon des captures et des amendes (3). Les Canadiens ne se dénoncent pas entre eux (4). On imagine de garder les passages. En 1719, sur le lac Champlain, depuis le commencement de la navigation jusqu'à la fin d'octobre, Vaudreuil tient en permanence un détachement de deux officiers et de douze hommes (5). Quelques fraudeurs se laissent prendre. Entre autres Réaume, qui en est quitte pour une amende de 500 livres (6). Les fraudeurs tournent la difficulté. Ils n'iront plus à Orange. Ils y enverront les sauvages domiciliés auxquels on a accoutumé de laisser toute liberté (7). Cela est d'autant plus nécessaire que les Anglais, non plus, ne veulent pas de Français à Orange. Au point de vue commercial comme au point de vue politique, les Anglais tiennent à être en contact direct avec nos sauvages (8).

S'il n'est point trop malaisé, avec l'aide vraiment inattendue des autorités de la Nouvelle-Angleterre, d'empêcher les colons de passer la frontière, la surveillance et la répression doivent échouer avec les indigènes. Tout au plus est-il possible de faire la part du mal. On essaie d'une certaine tolérance. On permet

---

(1) Ferme de Tadoussac et Canada en général. *Arch. col.* Canada, corr. gén., 1728, fol. 409.
(2) Détail de toute la colonie, 1737, loc. cit.
(3) Ordonnance de M. Begon portant exécution des articles 2 et 4 de l'édit du mois d'août 1717 et ordonnant que les confiscations de castors soient applicables en entier aux dénonciateurs. *Arch. col.* Canada, corr. gén., 39, 1718, fol. 39.
(4) Hocquart au ministre, 12 et 20 octobre 1729. *Arch. col.* Canada, corr. gén., 51, 1729, fol. 315.
(5) Vaudreuil et Begon, au ministre, 26 octobre 1719. *Arch. col.* Canada, corr. gén., 40, 1719, fol. 61.
(6) Dupuy au ministre, 21 octobre 1726. *Arch. col.* Canada, corr. gén , 48, 1726, fol. 288.
(7) Hocquart aux directeurs de la C¹ᵉ des Indes, 17 octobre 1737. *Arch. col.* Canada, corr. gén., 68, 1737.
(8) Vaudreuil et Begon au ministre, 8 octobre 1721. *Arch. col.* Canada, corr. gén., 44, 1721-22, fol. 4.

aux « domiciliés » de porter du castor aux Anglais à trois conditions : qu'il provienne uniquement de leur chasse, que ce soit en un seul paquet, qu'ils aient licence des missionnaires. Ils abusent de cette tolérance. Lorsque Franquet visite le village de Saint-François, il n'y trouve en fait d'hommes que des vieillards ; les autres sont à la récolte du ginseng ou à la Nouvelle-Angleterre (1).

Le plus sûr moyen de retenir les Iroquois, les Abenakis, les Hurons, les Algonquins, dans la colonie, c'est de leur fournir sur place, abondamment et à bon marché, tout ce dont ils ont besoin. Si l'on pouvait leur débiter de l'eau-de-vie, comme au temps de Frontenac (2) ! Mais sans avoir l'énergie d'un Laval et d'un Saint-Vallier, les évêques du dix-huitième siècle maintiennent le cas réservé. En 1733, un mandement du coadjuteur Dosquet défend à tous les confesseurs d'absoudre ceux qui, directement ou indirectement, contribuent à enivrer les sauvages (3). Du coup, du moins les intéressés le prétendent, le commerce français diminue, le commerce anglais s'accroît à proportion.

Mais, tout en refusant aux naturels le poison, qui les dégrade et qui les tue, ne peut-on pas satisfaire leurs autres désirs ? Ils marquent une prédilection pour les draps et les écarlatines de couleur bleue. Comme on n'en trouve point en France, on se résigne à en acheter dans l'ancienne ou dans la Nouvelle-Angleterre. Enfin Gery, de Montpellier, se décide à fabriquer les marchandises réclamées. En 1715, les agents de la compagnie peuvent donner aux sauvages le choix entre les écarlatines anglaises et les écarlatines françaises. Les sauvages constatent, tout de suite, la qualité supérieure de ces dernières. Mais la qualité se paie : elles coûtent trop cher. Ils continuent à acheter les autres. Vainement le directeur du castor envoie-t-il dans la métropole les renseignements les plus précis sur les goûts de la clientèle qu'il s'agit de con-

---

(1) Franquet, *Voyages et mémoires sur le Canada*, pp. 174-175.

(2) « Il faudrait rétablir la liberté du commerce de l'eau-de-vie. » *Mémoire sur le commerce du Canada. Arch. col.* Canada, corr. gén., 76, 1711, fol. 318.

(3) Le coadjuteur de Québec au ministre, 28 janvier 1733. *Arch. col.* Canada, corr. gén., 60, 1733, fol. 332.

quérir (1). Les fabricants français mettent déjà leur point d'honneur à imposer leur goût à leurs clients d'outre-mer. La tentative échoue complètement.

Il fallait pourtant imaginer quelque chose, ne fût-ce que pour empêcher les liaisons de nos alliés avec nos ennemis. En 1738, la compagnie des Indes, « dans la ferme confiance que cette augmentation anéantirait le commerce frauduleux », se résout à payer le castor gras et sec de bonne qualité à cinquante-cinq sols la livre, et les espèces inférieures à vingt sols (2). La guerre recommence avec l'Angleterre. On élève encore les prix. Le castor gras et veule passe à quatre livres, le castor sec et veule à trois livres quinze sols, les autres à trente sols (3).

Cette répression, cette surveillance, ces concessions ont-elles abouti à un résultat? Il faut le croire. Les auteurs de mémoires, la plupart du temps porte-paroles des intéressés, ne cessent point leurs doléances (4). Cela est dans l'ordre. Mais on peut leur opposer le témoignage de l'intendant Hocquart. Celui-ci affirme, à plusieurs reprises, que le commerce étranger n'est pas assez considérable au Canada pour porter un préjudice sérieux à celui de France (5).

Une excellente raison de croire que les mesures prises pour arrêter la fraude sont efficaces, c'est que le produit des pelleteries ne cesse d'augmenter. Avant 1720, le magasin de la compagnie à Québec ne reçoit annuellement qu'une soixantaine de milliers de castors. En 1726 la recette double : cent trente-cinq milliers (6). Léger recul en 1737, cent vingt-quatre milliers (7). Mais la valeur de la traite est plus facile à déter-

(1) Mémoire sur les 207 pièces d'écarlatine d'Angleterre envoyées à Québec par le sieur Gaillot en 1711 et sur 216 d'écarlatine envoyées en 1715 de la manufacture de Montpellier. *Arch. col.* Canada, corr. gén., 23, 1715, fol. 182.
(2) Ordonnance de M. Hocquart qui fixe le prix du castor gras et sec. 11 juillet 1738. *Arch. col.* Canada, corr. gén., 69, 1738, fol. 215.
(3) 6 juin 1746. *Arch. col.* Canada, corr. gén., 85, 1766, fol. 3.
(4) Mémoire sur le commerce du Canada. *Arch. col.* Canada, corr. gén., 76, 1741, fol. 318.
(5) Hocquart au ministre, commerce du Canada, 8 octobre 1743. *Arch. col.* Canada, corr. gén., 76, 1743, fol. 319.
(6) Hocquart au contrôleur général. *Arch. col.* Canada, corr. gén., 68, 1737, fol. 49.
(7) 30 octobre 1726. *Arch. col.* Canada, corr. gén., 48, 1726, fol. 321.

miner en argent. Pour la période qui précède immédiatement la catastrophe, Payet (1) et Beaucas (2) sont d'accord pour la fixer à 1.500.000 livres. En 1762, le général Murray veut se rendre compte des ressources du pays conquis. Il arrive à un résultat qui est sensiblement le même : pour 1754, 1.547.885 livres; pour 1755, 1.265.630 livres (3).

Nous avons mieux que les chiffres de Beaucas, de Payet et de Murray. M. Emile Garnault a relevé dans les archives de la chambre de commerce de la Rochelle de 1718 à 1761, année par année, tout ce qui concerne les pelleteries canadiennes (4). Il va de soi qu'on n'acceptera pas les chiffres de M. Garnault tels quels. Quelques-unes des peaux qui débarquent à la Rochelle ne sont point originaires de la grande forêt boréale. Les cuirs tannés, les cuirs en poil viennent en grande partie des Antilles. Mais on peut les défalquer du total sans le diminuer de plus de 4 ou 5 pour 100 (5), et comme d'autre part, la Rochelle n'a plus au dix-huitième siècle le monopole du transit avec la Nouvelle-France, on peut admettre que les chiffres de M. Garnault s'approchent de la vérité.

Les voici :

1718...	262.223	1741...	1.014.830
1719...	770.383	1742...	
1720...	431.148	1743...	
1721...	389.804	1744...	1.037.720
1722...	752.873	1745...	
1723...	801.123	1746...	248.137
1724...	638.604	1747...	980.084
1725...	521.354	1748...	778.528
1726...	211.952	1749...	2.803.670
1727...	2.096.302	1750...	1.211.010
1728...	1.307.491	1751...	970.809
1729...	1.339.040	1752...	3.084.501

(1) Mémoire de Payet. *Arch. col. Canada, corr. gén.*, 96, 1750, fol. 258.
(2) Beaucas, Mémoire sur le Canada. *Arch. col. Canada, corr. gén.*, 103, 1758, fol. 188.
(3) Rapport du général Murray sur Québec. *Arch. canad.*, B7, B M. 2166.
(4) Emile Garnault, *Les Rochelois et le Canada*, p. 14.
(5) 1.284 + 2.457 sur 262.223 en 1718; 31.634 + 7.420 sur 1.307.491 en 1728; 11.210 + 18.970 sur 1.084.958 en 1738; 9.564 + 16.180 sur 778.528 en 1748. *Id.*, pp. 13-16.

1730	1.411.285		1753	636.673
1731	1.161.827		1754	3.932.127
1732	1.014.460		1755	
1733	1.191.989		1756	151.937
1734	949.815		1757	1.988.869
1735	920.037		1758	577.312
1736	653.718		1759	704.536
1737	632.703		1760	256.020
1738	1.084.058		1761	532.025 (1)
1739	1.035.216			
1740	981.806			

Defalquons les périodes de guerre, encore que l'on constate non sans surprise que l'exportation des pelleteries ait encore été très considérable en 1757, trois ans après l'ouverture des hostilités, dix-huit mois après la déclaration officielle de la guerre. Considérons encore comme une année exceptionnelle celle qui suit la paix d'Aix-la-Chapelle, et où la compagnie a certainement écoulé en France des quantités de peaux recueillies dans les campagnes antérieures. Les chiffres des balances commerciales de la Rochelle justifient-ils cette moyenne de 1.500.000 livres donnée par Beaucas et Payet ? Ce qui frappe d'abord, ce sont les variations du produit de la traite : 211.052 livres en 1726, 2.609.392 en 1727, 3.084.801 en 1752, 636.673 en 1753, 3.932.127 en 1754. Mais à envisager les périodes dans leur ensemble, et non plus les années isolément, il apparaît que l'augmentation est constante. Les cinq premières années de 1718 à 1722 ne donnent pas trois millions, les cinq dernières de 1750 à 1754 en donnent plus de neuf. Beaucas et Payet n'ont point exagéré. Sur l'ensemble des pelleteries, quelle est la part du castor, castor frais et castor sec ? Payet la fixe à un peu plus de la moitié. La statistique de M. Émile Garnault donne encore raison à Payet : en 1718, le castor compte pour 108.930 livres sur 262.223; en 1728, pour 676.090 sur 1.307.401; en 1738, pour 568.741 sur 1.084.058. Dans les dernières années cependant cette proportion ne se maintient pas. Le castor va tomber du tiers au quart du total : 1.153.050 sur 3.084.801 en 1752, 1.044.300 sur 3.932.127 en

(1) Émile Garnault, *Les Rochelois et le Canada*, pp. 15-16.

1754. Ce qui gagne en quantité, ce sont les peaux de martres (155.145 livres en 1751, 308.352 livres en 1752, 433.005 en 1754), les peaux de cerfs (594.408 livres en 1752, 824.208 livres en 1754), les peaux d'ours (196.126 livres en 1752, 414.102 livres en 1754).

Quelle est la valeur totale du commerce, quelle est surtout la valeur respective des entrées et des sorties, c'est ce que l'intendant Hocquart, avec son application coutumière, tâche de préciser. Il tâtonne quelque peu avant de s'arrêter à des chiffres vraisemblables. Pour 1729 il fixe le résultat de l'importation à 3.000.000 de livres et celui de l'exportation à 1.287.250. Mais Maurepas proteste. Il n'accepte pas que le commerce de la colonie doive près de deux millions à celui de la métropole (1). L'intendant s'excuse. Il avoue qu'il a fait une opération sujette à caution, qu'il a estimé la quantité de marchandises entrées par la consommation qu'en pouvaient faire les habitants (2). Mieux éclairé, Hocquart va donner des chiffres dont la comparaison est plus satisfaisante. Il arrive par année commune à une importation de 18 à 1.900.000 livres (3). Par la suite, il donnera les résultats annuels régulièrement : pour 1735, 2.307.662 contre 1.705 698 ; pour 1737, 1.913.142 contre 1.077.693 (4) ; pour 1739, 1.827 081 contre 1.760.017 (5). On est tout près d'atteindre à la balance des entrées par les sorties. Mais la guerre va ramener le déficit. De 1749 à 1755, les exportations vont retomber au tiers des importations (6).

Ce qui est certain, ce qui ressort de tous les témoignages, c'est que dans les dernières années de la grande paix, le colon du Canada a la vie facile et heureuse. Là-dessus tous sont d'ac-

(1) Maurepas à Beauharnais et Hocquart. *Arch. col.* Canada, corr. gén., 56, 1731, fol 16.
(2) Hocquart à Maurepas, 27 octobre 1732. *Arch. col.* Canada, corr. gén., 58, 1732, fol. 116.
(3) Hocquart, 25 octobre 1733. Commerce du Canada. *Arch. col.* Canada, corr. gén., 60, 1733, fol. 263.
(4) Hocquart au ministre. *Arch. col.* Canada, corr. gén., 70, 1738, fol. 217.
(5) Hocquart au ministre, 2 octobre 1739. *Arch. col.* Canada, corr. gén., 69, 1738, fol. 213.
(6) Importation de 8.000.000 de livres, exportation de 2.500.000 livres Mémoire de Beaucas. *Arch. col.* Canada, corr. gén., 103, 1758, fol. 508.

cord, l'ingénieur Franquet, Montcalm et ses lieutenants, le bas officier Bonnefons, Kalm le savant suédois qui avait commencé son voyage en Amérique par l'Amérique anglaise et qui n'en devait être que plus difficile à satisfaire, et même les envahisseurs anglais.

A Québec, dit Bonnefons, tout le monde jouit d'une honnête aisance sans richesse (1). A Montréal cela va mieux encore. Franquet trouve sept ou huit riches. Il précise. Ces favorisés de la fortune ont de cent cinquante à deux cent mille francs de capital (2). Ce sont des négociants et des officiers qui font la traite. Le chiffre n'est pas énorme. Mais à remarquer comme l'enrichissement a été rapide. Trente ans plus tôt, au dire de Charlevoix, on ne voyait pas de personnes riches en Nouvelle-France (3). Il ne faut pas, pourtant, s'imaginer qu'il n'y ait pas de pauvres dans les villes, à Québec surtout. Les familles des journaliers, la plupart du temps des soldats libérés, y sont trop souvent à la charité publique (4). Mais ce qu'il importe de constater c'est que le sort des habitants des campagnes, c'est-à-dire des vrais colons, est digne d'envie.

Les campagnes sont riches, florissantes, abondantes en toutes sortes de denrées. La phrase est de Franquet (5). Et l'inspecteur des fortifications est à ce point frappé de cette prospérité, qu'il la signale à toutes ses étapes. Un jour même où il a reçu, à la Chesnaye, une hospitalité plus large que de coutume, il en vient, non sans un air d'ingratitude, à proposer au roi « de charger un peu » des gens si bien dans leurs affaires (6). Au texte de Franquet, il n'est pas de meilleur commentaire que la description enthousiaste de l'île d'Orléans par le capitaine anglais Knox (7), à l'heure où débarquaient ces soldats de Wolfe qui devaient tout y mettre à feu et à sang.

(1) J.-B. C. (Bonnefons) *Voyage au Canada dans le nord de l'Amérique septentrionale fait depuis 1751 à 1761* p. 36.
(2) Franquet, *Voyages et mémoires sur le Canada*, p. 115.
(3) « On ne voit point en ce pays de personnes riches », écrit Charlevoix en 1720. Charlevoix, *Journal d'un voyage dans l'Amérique Septentrionale*, t. V, lettre III, p. 117.
(4) Franquet, *Voyages et mémoires sur le Canada*, pp. 199-200.
(5) *Id.*, p. 197.
(6) *Id.*, pp. 157-158.
(7) *Knox's Journal*, cité par Casgrain, *Montcalm et Lévis*, t. II, pp. 78-79.

Aussi bien l'usage, la règle est de jouir immédiatement de cette richesse. Suivant l'expression de Charlevoix, personne ne s'amuse à thésauriser (1) Et cela explique que pour participer à la distribution du fonds des congés, il y a tant de veuves et tant d'orphelins des meilleures familles. On dépense pour bien vivre et aussi pour paraître. Les Canadiennes aiment à faire valoir la grâce et l'élégance qui leur sont naturelles (2). C'est pourtant le luxe des garçons qui étonne le plus Franquet. Il décrit longuement « les fistons des paroisses » qui « portent une bourse aux cheveux, un chapeau brodé, une chemise à manchettes, des mitasses aux jambes » et qui « dès qu'ils sont en âge d'être mariés ont chacun leur cheval » (3). Montcalm l'a vu tout de suite. Ces roturiers vivent comme des petits gentilshommes de France (4). A ce jeu-là, ils ne laissent qu'un maigre héritage (5) et leurs enfants ne se comptent pas. Mais qu'importe, les enfants travailleront à leur tour. Les fils d'habitants ont la terre à discrétion. Les fils de seigneurs entreront au service. Cette insouciance du lendemain n'est pas que de l'imprévoyance. C'est le courage devant la vie. Et cette belle vertu a puissamment contribué à créer cette énergique, cette solide race canadienne-française, toujours prête au labeur, à la lutte, à l'aventure.

(1) Charlevoix, *Journal d'un voyage dans l'Amérique septentrionale*, t. V, lettre III, p. 117.
(2) « (Les Canadiennes)... sont généralement jolies, grandes, bien faites... et pour le luxe au dernier point. » Lettre du capitaine Duchat, 1756, cité par Casgrain, *Montcalm et Lévis*, t. II, p. 463.
(3) Franquet, *Voyages et mémoires sur le Canada*, pp. 26 et 27.
(4) Collection Lévis, *Journal du marquis de Montcalm*, 13 mai 1756, p. 63.
(5) Charlevoix, *Journal d'un voyage dans l'Amérique septentrionale*, t. V, lettre III, p. 118.

CHAPITRE IV

LE GOUVERNEMENT DE LA NOUVELLE-FRANCE

L'intendant subordonné au gouverneur. — Le développement de tous les services. — Petit nombre des fonctionnaires. — La garnison et la milice. — L'instruction publique. — Les nouvelles cures. — Fin de la théocratie.

Une heureuse pacification va restaurer dans le gouvernement de la colonie la discipline et l'unité de direction. Ces rivalités qui depuis si longtemps mettent aux prises le gouverneur, l'intendant, le Conseil supérieur vont prendre fin. Le Conseil supérieur renonce à jouer au parlement, se renferme dans ses attributions judiciaires. Quant à l'intendant il se laisse ramener à son rang, c'est-à-dire au second. Ce n'est pas qu'il n'y ait encore quelques brouilleries entre les puissances. Vaudreuil ne fait pas toujours bon ménage avec Begon (1). Mais la disgrâce éclatante de Dupuy qui prétend tenir tête à Beauharnais, et qui est soudain destitué et même obligé de s'embarquer, sans attendre son successeur (2), donne une leçon qu'il

---

(1) Vaudreuil au ministre, 13 novembre 1716 et 3 novembre 1717. *Arch. col.* Canada, corr. gén., 36, 1716, fol. 70; et corr. gén, 36, 1717, fol. 156.
(2) Dupuy ne veut pas venir chez Beauharnais sans un ordre du roi. Beauharnais au ministre, 6 mars 1627. *Arch. col.* Canada, corr. gén, 49, 1727, fol. 60. — Sur le conflit entre Beauharnais et Dupuy, voir Gosselin, *Québec en 1730*, pp. 30-31.

ne sera pas nécessaire de renouveler. Pendant près de vingt ans, 1729-1748, le successeur de Dupuy, Hocquart, sera pour Beauharnais et la Galissonnière le plus dévoué, le plus déférent des collaborateurs.

L'augmentation de la colonie en hommes et en richesses a-t-elle rendu nécessaire la création de nouveaux services ou, du moins, un accroissement de personnel administratif? Il est facile de dresser une liste complète des fonctionnaires que le roi entretient au Canada à la veille de la guerre de Sept ans. Dans le projet de « capitation » de 1754 elle est donnée toute faite (1). Le gouverneur général, en tant que gouverneur particulier de Québec, et les gouverneurs particuliers de Montréal et des Trois-Rivières sont assistés, tous les trois, d'un lieutenant du roi et d'un major. L'intendant a un second, le commissaire ordonnateur (2) qui réside à Montréal. Pour l'administration de la justice il y a au Conseil supérieur de Québec un premier conseiller, neuf conseillers, un procureur général, un greffier en chef, un huissier en chef; à la prévôté de la même ville, un lieutenant général, un lieutenant particulier, un procureur du roi, un greffier, un grand prévôt; à la juridiction royale de Montréal, un juge, un lieutenant particulier, un procureur du roi, un greffier; à celle des Trois-Rivières, un juge, un procureur du roi, un greffier. Il suffit à l'amirauté d'un juge et d'un greffier. L'administration du Domaine du roi est concentrée à Québec. Elle se compose d'un directeur, d'un contrôleur, de trois visiteurs, d'un capitaine des gardes, de trois écrivains. Le contrôleur de la marine a sous ses ordres à Québec un garde des magasins, un trésorier, dix-neuf écrivains, à Montréal un garde des magasins, un trésorier, six écrivains. Le service du port de Québec est assuré par un capitaine, un lieutenant, un maître, sans compter le chef des constructions navales. Les trente compagnies de la garnison ont, chacune, un capitaine, un lieutenant, deux enseignes : soit cent vingt officiers auxquels il faut ajouter l'ingénieur en chef qui est pré-

---

(1) Capitation 1754. *Arch. col.* Canada, corr. gén., 99, 1753-1754, fol., 529.

(2) Quand il n'y a pas d'intendant le commissaire fait l'intérim. C'est ainsi que d'Aigremont remplace Dupuy. *Arch. col.* Canada, corr. gén, 50, 1728, *passim.*

posé aux fortifications. Enfin le roi entretient dans la colonie un médecin et trois chirurgiens. Deux cent huit personnes à la solde du roi sur cinquante-cinq mille habitants (1). On ne peut pas dire, comme on l'a dit si souvent des possessions françaises, que le Canada soit une colonie de fonctionnaires.

La reprise des hostilités avec les Anglais, les menaces de l'invasion pendant la guerre de la succession d'Autriche, la prise de Louisbourg par Pepperel donnent l'alarme à la colonie. La mesure la plus urgente à prendre était d'augmenter le petit corps d'occupation de la Nouvelle-France. En temps de paix, il se composait de vingt-huit compagnies, qui, en défalquant les non-valeurs, n'auraient pas fourni six cents combattants (2). C'était vraiment trop peu pour couvrir un front de bataille qui allait de l'isthme acadien au cours moyen de l'Ohio, trop peu surtout pour tenir tête à un ennemi auquel on ne pouvait enlever le commandement de la mer, et qui, rien qu'en Amérique, nous accablait d'une supériorité numérique de vingt contre un. La Galissonnière ne cesse de réclamer des renforts (3). On lui envoie tout juste de quoi remplacer les morts et les invalides. La Jonquière est plus heureux. On lui accorde la création de deux compagnies nouvelles et que l'effectif de chaque compagnie soit porté à cinquante hommes (4).

Heureusement que, pour défendre le Canada, il y a encore à compter sur la vaillance et le patriotisme des Canadiens. Beauharnais, la Galissonnière, la Jonquière (5), portent la milice à son effectif maximum. La récapitulation de 1750 (6) donne 11.687 miliciens sur une population qui n'atteint certainement pas à soixante mille âmes. C'est, en somme, la levée en masse.

(1) C'est le chiffre donné par le projet de capitation de 1751.
(2) Etat joint à une lettre de la Jonquière, 29 septembre 1749. *Arch. col.* Canada, corr. gén., 93, 1749, p. 90.
(3) La Galissonnière au ministre, 11 octobre et 3 novembre 1746. *Arch. col.* Canada, corr. gén., 87, 1746, fol. 236 et 271.
(4) Marquis de la Jonquière, *Le chef d'escadre marquis de la Jonquière et le Canada*, p. 172-173.
(5) Et non La Galissonnière tout seul comme le prétend l'abbé Laverdière. *Histoire du Canada*, p. 143. Cf. Girard, *L'œuvre militaire de La Galissonnière au Canada*, pp. 6 et 31.
(6) Récapitulation des milices du gouvernement général du Canada pour l'année 1750. *Arch. col.* Canada, corr. gén., 97, 1750, fol. 345.

Quand il s'agit de défendre la terre natale, on n'invoque pas au Canada l'excuse de l'âge. Dans le rôle de la compagnie de la côte Saint-Michel, sur quatre-vingts hommes, on relève sept vieillards de soixante ans et au-dessus, onze adolescents de moins de dix-huit ans (1). Les anciens règlements obligent les miliciens à s'armer eux-mêmes. Un grand nombre de pauvres habitants n'y parviennent pas. Le roi envoie dans la colonie près de dix mille fusils avec une provision de sabres, d'épées et de pistolets (2). Il ne reste plus qu'à exercer, qu'à entraîner le landsturm canadien. La Jonquière reçoit dans ses instructions l'ordre de faire passer dans les côtes par des officiers-majors de fréquentes revues, « en observant néanmoins de ménager leurs mouvements et leurs exercices de manière que les habitants ne soient pas détournés sans nécessité de la culture de leurs terres. » On attend beaucoup de la milice. A Versailles on la considère comme « la principale force de la colonie ». Duquesne écrit au ministre : « Je n'exagère pas, Monseigneur, lorsque je vous assure que la troupe la mieux tenue ne pourrait être mieux armée que les miliciens », et il les déclare capables de repousser à la fois les incursions sauvages et anglaises (3).

Il y a longtemps que dans les trois villes de la Nouvelle-France on a pourvu à l'instruction de la jeunesse. Le collège des Jésuites et le séminaire de Québec, le collège des Récollets aux Trois-Rivières, le séminaire de Saint-Sulpice à Montréal, les deux établissements des Ursulines à Québec et aux Trois-Rivières, celui des Filles de la Congrégation de Notre-Dame de Montréal datent du siècle précédent. Le plus grand nombre de ces maîtres et de ces maîtresses a une bonne réputation et la mérite. Les Ursulines gardent les méthodes et les

---

(1) Rôle de la compagnie de la côte Saint-Michel dressé comme modèle par M. Fleury Deschambault, agent de la compagnie des Indes à Montréal pour l'état de la milice de 1750. Cité par Rameau, *La France aux colonies*, Deuxième partie, p. 301.

(2) Mémoire du Roi pour servir d'instruction au marquis de la Jonquière... gouverneur... de la Nouvelle-France. Marquis de la Jonquière, *Le chef d'escadre marquis de la Jonquière... et le Canada de 1749 à 1752*, pp. 259-260.

(3) 29 septembre 1754, *Arch. col.* Canada, corr. gén., 93, 1753-1754, fol. 238.

traditions qu'elles tiennent de Marie de l'Incarnation, les deux séminaires trouvent dans un personnel assez nombreux de bons régents. Quant aux Jésuites, ils font sur Kalm l'impression la plus favorable. Il rend justice à leur goût de l'étude, à leur science, à l'agrément, à l'intérêt de leur conversation (1).

Mais en dehors des villes, les écoles font absolument défaut et les habitants des campagnes, c'est-à-dire la grande majorité de la population, demeurent condamnés à l'ignorance. Dès la fin du dix-septième siècle on essaie de porter remède à une situation aussi déplorable. Un laïc, M. Charron, en même temps qu'il prend la direction de l'Hôpital de Villemarie, essaie de créer des écoles dans les côtes (2). Mais Charron n'est pas riche. Il achève de se ruiner par des spéculations malheureuses. Il faut que le roi se décide à venir à son aide. Un premier subside de 1.000 livres lui est accordé en 1707 (3). En 1711, malgré l'opposition de Vaudreuil et de Bégon, on se décide à donner à Charron les 3.000 livres qui sont jusqu'alors consacrées à la dot de soixante filles pauvres. Le directeur de l'hôpital de Montréal fait un voyage en France, en 1719 ; il en ramène dix maîtres d'école. Mais il meurt en mer. Un des maîtres d'école prend sa place. Il semble que l'entreprise n'ait eu qu'un succès médiocre. Si l'on en croit Le Beau, on en est réduit à employer comme instituteurs dans les campagnes les jeunes libertins que l'on déporte de France (4). On réussit mieux avec les filles. Les sœurs de la congrégation de Notre-Dame de Montréal s'en chargent. Ce ne sont point à proprement parler des religieuses ; elles ne prononcent que des vœux simples ; elles peuvent se retirer quand bon leur semble. A l'époque où Franquet inspecte les fortifications de la Nouvelle-France, en 1752, elles ont trente maîtresses à la ville et cinquante à la campagne. Elles obtiennent de la générosité et de la reconnaissance des habitants de quoi construire de belles écoles. Pour tout dire, l'ingénieur en chef leur reproche de

(1) Kalm. *Voyages en Amérique*. Traduction Marchand. Mémoires de la société historique de Montréal, 8e livraison, p. 68.
(2) Juchereau, *Histoire de l'Hôtel-Dieu*, pp. 352-353.
(3) Note tirée d'un mémoire de M. Normand, par Faillon, *Archives de Saint-Sulpice*, IX, p. 16.
(4) Le Beau, *Aventure du sieur C. Le Beau...* 1738, première partie, p. 67.

pousser trop loin l'instruction des filles d'habitants, d'en faire des maniérées, des ambitieuses, et, comme nous dirions, des déclassées qui ne veulent plus entendre parler que d'un établissement à la ville (1).

La multiplication du nombre des colons, l'extension du territoire colonisé, impliquent un accroissement considérable dans l'effectif du clergé canadien. De vingt-cinq paroisses en 1683, on passe à quatre-vingt-deux en 1721 (2), à cent vingt-quatre en 1756 (3). Mais un grand nombre de ces paroisses sont encore trop mal peuplées, trop pauvres pour nourrir un pasteur du produit de leurs dîmes. Celles-là, vingt-six en 1721, suivant l'usage ancien, sont desservies par voie de mission, c'est-à-dire par le prêtre qui réside dans une paroisse voisine qui est mieux établie (4). A remarquer que le séminaire de Québec ne parvient point encore à pourvoir à tous les besoins spirituels de la Nouvelle-France. L'évêque fait venir des séculiers de France (5). Il emploie aussi des réguliers, qui sont sur place, les Récollets (6). Une question qui n'est pas encore résolue, c'est la fixation des cures. M. de Pontbriant pense là-dessus comme M. de Laval et M. de Saint-Vallier. Il tient à pouvoir changer ses curés quand il lui plaît. Sur les représentations de Beauharnais et de Hocquart qui se font les interprètes des sentiments du clergé canadien, le roi ordonne à M. de la Jonquière « de se concerter avec le sieur de Pontbriant pour examiner la matière avec soin et expliquer leur avis afin que Sa

---

(1) Franquet, *Voyages et mémoires sur le Canada*, pp. 7-8 et 31.

(2) Règlement des districts des paroisses de la Nouvelle-France, 1721. *Arch. col. Amérique du Nord. Canada. Fleuve Saint-Laurent*, 12, fol. 2.

(3) Mémoire à présenter à Mgr. le garde des Sceaux, ministre de la Marine, sur la suppression des suppléments... par l'abbé de l'Isle-Dieu, 8 janvier 1756. *Archives de Saint-Sulpice*. Documents pour l'histoire de l'église du Canada, I, 1611 à 1760, 81.

(4) « Il y en a même qui sont chargés en même temps de la conduite de trois à quatre églises. » Lettre de Joseph Navières, curé de Sainte-Anne, 28 septembre 1735. L. Drapeyron, *Lettres inédites du missionnaire Joseph Navières sur le Canada, 1735-1737*. Revue de Géographie, février 1895, pp. 81-96.

(5) Comme ce Joseph Navières dont M. Drapeyron a publié les lettres.

(6) Mémoire du roi pour servir d'instruction au sieur marquis de La Jonquière. Contre signé: Rouillé, 30 avril 1749. Marquis de la Jonquière, *Le chef d'escadre marquis de la Jonquière... et le Canada*, pp. 253-267.

Majesté pût prendre un parti définitif à cet égard » (1). M. de la Jonquière essaya-t-il sérieusement de convaincre M. de Pontbriant? Ce qu'il y a de certain c'est, que l'évêque de Québec ne se laissa pas convaincre et qu'il n'y eut pas de cures fixes au Canada pendant la domination française. L'église de la Nouvelle-France est toujours, en grande partie, à la charge du roi. En 1756, il n'y a encore que quarante-quatre paroisses qui puissent se passer de supplément (2).

Avec le progrès de la colonie, avec l'accroissement de sa population, la Nouvelle-France échappait de plus en plus à la théocratie. Certes la propagande philosophique n'a point passé l'Atlantique. Les Canadiens sont toujours des enfants dociles de l'Église catholique. Mais les Jésuites ont perdu une grande partie de leur influence, sinon sur la société, du moins sur le gouvernement, et les évêques de Québec ont, la plupart du temps, la sagesse de se renfermer dans leurs fonctions ecclésiastiques. Cela est vrai surtout après la mort de M. de Saint-Vallier. Celui-ci jusqu'au bout n'entend rien abdiquer du grand rôle que s'est attribué M. de Montmorency-Laval. A dire vrai on ne peut que l'approuver lorsque, malgré Vaudreuil, il marie les soldats (3), lorsqu'il tente d'épargner à la Nouvelle-France la honte et le péril de la colonisation pénitentiaire (4). Le coadjuteur Dosquet (5) qui prend sa place en 1728 n'est pas un homme de la même trempe. C'est un médiocre, un faible, et, ce qui affaiblit encore davantage son

---

(1) Marquis de la Jonquière, *Le chef d'escadre marquis de la Jonquière...* loc. cit.

(2) La rivière Ouelle, l'Islet, le Cap Saint-Ignace, Saint-Thomas, Saint-Pierre, Saint-Vallier, Saint-François, Pointe-de-Levi, Contrecœur, Saint-Denis, Chambly, Saint-Antoine-de-Chambly, Saint-Charles, Boucherville, Verchères, Longueil, la Prairie, Sainte-Claire, Saint-Laurent, rivière des Prairies, Pointe aux Trembles, La Chesnaye, l'Isle Jésus, Saint-Vincent-de-Paul, l'Assomption, Saint-Sulpice, La Valtrie, Berthier, Yamachiche, Sainte-Anne de Batiscan, Cap Santé, Neuville, Lorette, Charlesbourg, Beauport, Le Chateau, Saint-Joachim, la Sainte-Famille, Saint-Pierre, Saint-Laurent, Saint-Jean, Montréal. Mémoire de l'abbé de l'Isle-Dieu, loc. cit.

(3) Voir page 345.

(4) Voir page 348.

(5) Sur Mgr Dosquet, évêque de Samos *in partibus*, qui administra le diocèse de Québec comme coadjuteur de Mgr de Mornay, voir Gosselin, *Québec en 1730*, pp. 28-30.

autorité, il n'est point désintéressé. Il lui faut une seigneurie (1) et, pour la déserter, il se hâte de réclamer des faux-sauniers (2). Tout au plus montre-t-il un peu d'énergie lorsqu'il s'agit d'empêcher la vente de l'eau-de-vie aux sauvages. Il reprend cette arme du « cas réservé » (3) qui avait été si redoutable aux mains de ses prédécesseurs. Mais à Québec comme à Versailles le gouvernement a le sentiment de sa force et ne se fait pas scrupule d'imposer sa volonté. On le voit bien en 1732. Trois soldats ont été condamnés à mort pour rébellion. Deux frères récollets, par commisération sans doute, leur fournissent les moyens de s'évader. Grand scandale (4). Beauharnais sollicite du roi une répression sévère. Louis XV lui donne satisfaction immédiate et fait une déclaration « concernant les perquisitions autorisées dans les maisons religieuses où seraient réfugiés des criminels. » Et le roi prévoit le cas où séculiers et réguliers contreviendraient à ses ordres et il les défère aux juges ordinaires, aux juges laïcs. C'était une rude atteinte aux antiques privilèges des clercs. Le coadjuteur Dosquet protesta vivement. Ce fut en vain. La déclaration ne fut jamais rapportée (5). Un peu plus tard, c'est le tour des Jésuites. Ils reçoivent un sévère avertissement. On les accusait de faire, sous le nom des demoiselles Desauniers, et par les sauvages de leurs missions, un commerce frauduleux au sault Saint-Louis. Ils s'en défendaient. Le ministre leur fit expliquer par M. Hocquart « la nécessité qu'il y avait que les ordres du Roy fussent exécutés au sault Saint-Louis comme partout ailleurs et que Sa Majesté prendrait des mesures efficaces pour empêcher toute fraude (6). » Cinquante ans auparavant, les mission-

---

(1) Gosselin, *Québec en 1730*, p. 35.

(2) Voir page 319.

(3) Mandement du 26 novembre 1730. *Mandements des évêques de Québec*, t. I, p. 535.

(4) Beauharnais et Hocquart au ministre, 25 octobre 1730. *Arch. col. Canada, corr. gén.*, 52, 1730, fol. 118. — Le coadjuteur au ministre, 23 octobre 1731. *Arch. col. Canada, corr. gén.*, 56, 1731, fol. 201.

(5) Pour toute cette affaire lire l'intéressante brochure de Gosselin, *Le Clergé canadien et la déclaration de 1732*. — *Mémoires de la Société royale du Canada*. 2ᵉ série 1900-1901, t. VI, section I.

(6) Hocquart au ministre, 28 octobre 1741. *Arch. col. Canada, corr. gén.*, 76, 1741, fol. 28.

naires se fussent âprement défendus. Ils eussent mis tout en œuvre pour faire disgracier Beauharnais (1). Soit qu'ils manquent de chefs énergiques, soit qu'ils comprennent que les temps sont changés, en 1741, ils s'inclinent.

Pour témoigner combien la théocratie a perdu de terrain, voici les Huguenots qui font leur rentrée. En 1741, on en compte neuf à Québec. Ce sont les commis ou les associés d'importantes maisons de Rouen, de la Rochelle, de Montauban. Cette présence des hérétiques soulève des protestations de la part du clergé catholique. Mais Beauharnais et Hocquart se portent garants de la conduite irréprochable des religionnaires (2). En 1750, l'évêque revient à la charge. Il réclame l'expulsion des dissidents qui sont maintenant une douzaine. Cette fois, c'est Bigot qui prend leur défense. Justement, cette même année, deux riches négociants de Montauban avaient fondé des succursales à Québec. L'intendant n'a pas de peine à montrer quel tort on ferait à la colonie en donnant satisfaction à M. de Pontbriant. L'intendant propose pourtant d'empêcher les protestants d'amener leurs femmes (3). A la même époque le plus important des armateurs qui envoient leurs navires dans le Saint-Laurent, est un juif de Bordeaux, Gradiche (4).

(1) Beauharnais ne quitte le gouvernement du Canada qu'en 1746.
(2) Beauharnais et Hocquart au ministre, 18 septembre 1741. *Arch. col.* Canada, corr. gén., 75, 1741, fol. 14. — Un de ces huguenots Payet ou Pagès comme lit M. Marmette, associé des sieurs Rauly père et fils de Montauban, a, pendant la guerre de Sept ans, plaidé la cause du Canada avec autant de chaleur que d'habileté. Son mémoire est un document historique de valeur. *Arch. col.* Canada, corr. gén., 96, 1750, fol. 298.
(3) Bigot au ministre, 3 octobre 1749. *Arch. col.* Canada, corr. gén., 93, 1749, fol. 257.
(4) Collection Lévis, *Journal du marquis de Montcalm*, 8 mai 1756, pp. 55-56.

CHAPITRE V

CE QUE COUTE LA NOUVELLE-FRANCE

Le Domaine réuni à la Marine. — L'Etat du roy. — Dépenses et recettes. — Excédent de dépenses. — La contribution de la métropole. — Nouveaux impôts. — Le Canada qui coûte très peu a la réputation de coûter très cher. — Le Canada mal connu et méconnu. — La Hontan. — Charlevoix. — Voltaire.

Le gouvernement de la Régence et celui de Louis XV n'apportent d'abord aucune modification au régime financier du Canada. Les droits du domaine d'Occident y sont toujours affermés, les fermiers toujours tenus de contribuer, par une redevance annuelle, à l'entretien de la Nouvelle-France. Mais soit que le ministre ne trouve plus de fermiers, soit qu'il se persuade qu'il y a avantage à s'en passer, ce régime est aboli. Un arrêt du conseil d'État, du 5 août 1732, ordonne que les droits du Domaine d'Occident qui se perçoivent dans les colonies, seront distraits du bail de Nicolas Desboves, et réunis à la Marine (1). Le gain n'est pas considérable pour la Marine, c'est-à-dire pour le trésor royal. Le domaine a grand'peine à s'acquitter de ses obligations. Il reste à espérer que les intendants se tirent mieux d'affaire que les fermiers.

En pratique, le Domaine d'Occident continue à être admi-

(1) Beauharnais et Hocquart au ministre, 1ᵉʳ octobre 1733. *Arch. col. corr. gén.*, 59, 1733, fol. 71.

nistré à part. Suivant les instructions de Versailles, l'intendant se garde de confondre les comptes du Domaine et les comptes de la Marine (1). Le maintien de la distinction est rationnel. Elle correspond à la réalité des choses. Le budget du Canada s'alimente à deux sources : la perception faite sur place des droits du Domaine qui sont toutes les recettes de la colonie, l'envoi de subsides métropolitains par le trésorier de la Marine. Il est d'une bonne comptabilité d'en tenir registre séparément.

Les intendants du dix-huitième siècle, surtout le consciencieux Hocquart, mettent une grande application à bien gérer les finances de la colonie. Pour chaque exercice, à l'avance, ils dressent un Projet de dépense (2). Ce projet est transmis à Versailles. Il revient à Québec revu et corrigé. C'est l'État du Roy, le Projet de l'état des payements, ou encore les Fonds ordonnés (3). Cet État du roy est un budget de prévision complet. Il autorise la dépense après avoir prévu la recette. Il fixe la quote-part que l'on doit attendre du Domaine, de la colonie (4). Le roi n'a plus qu'à expédier l'argent. Son vaisseau apporte en juin ou juillet, avec les fonds ordonnés pour l'exercice en cours, une avance de soixante mille livres pour l'exercice suivant (5).

La grosse dépense de la colonie c'est l'entretien de sa petite garnison. On sait que celle-ci, en temps normal, comprend vingt-huit compagnies, à trente hommes, et aussi que leur effectif est rarement au complet. Le chapitre comporte peu de variations : 147.500 livres en 1728, 146.524 en 1731 (6), 154.812 en 1734. On a aussi à payer les retraites, les pen-

(1) Hocquart au ministre, 30 septembre 1733. *Arch. col.* corr. gén., 60, 1733, fol. 3.
(2) Projets de dépense pour 1728 et 1733. *Arch. col.* Canada, corr gén., 50, 1728, fol. 305 et corr. gén., 60, 1733, fol. 191.
(3) Fonds ordonnés pour 1719. Conseil de marine, 27 octobre 1719; Etat du roy pour 1721, 11 novembre 1721; Projet de l'état des payements que le Roy veut et ordonne être faits... pendant l'année 1743. *Arch. col.* Canada, corr. gén , 41, 1720, fol. 155 ; corr. gén., 44, 1721-1722, fol. 178; corr. gén., 78, 1742, fol. 40.
(4) Charges employées à l'Etat du Roy: 114.161 livres en 1733, 115.780 en 1734, 123.705 en 1739. *Arch. col.* Canada, corr. gén., 65, fol. 228, corr. gén., 73, 1740, fol. 403.
(5) A M. de Chasel. *Arch. col.* Canada, ordres du Roy, 1725, fol. 810.
(6) Dépenses de 1731. *Arch. col.* Canada, corr. gén., 60, 1733, fol. 251.

sions de réforme des anciens officiers : 1.800 livres en 1728, 2.220 en 1731, 3.890 en 1734, 6.850 en 1743.

Une dépense dont l'utilité est plus contestable ce sont les fortifications (1). On a conçu le plan chimérique de mettre en état de défense cette frontière démesurée qui s'étend du golfe de Terre Neuve et de l'isthme acadien au cours moyen de l'Ohio. En même temps, on entoure Montréal d'une chemise de pierre. Les fortifications et réparations s'élèvent à 40.000 livres en 1728, à 39.251 en 1731, à 29.583 en 1734, à 99.785 en 1743. Le rempart de Villemarie, derrière lequel Levis n'osera pas tenir vingt-quatre heures, revient de 1716 à 1741 à 415.141 livres (2). De 1735 à 1737, on prélève 123.440 livres pour le fort Saint-Frédéric (3) qui est à la pointe nord du lac Champlain, et, en 1742, il faut encore consacrer 30.000 livres à le réparer (4)? On ne parle pas des millions enterrés sous les bastions de Louisbourg. Le budget de la Nouvelle-France n'a point contribué à cette folie, et pendant ce temps on laisse Québec vulnérable du côté de la terre ferme, Québec où devait, manifestement, se jouer la partie suprême.

Le chapitre de la défense comprend en outre des achats de vivres et de munitions. On conçoit que suivant les circonstances leur importance varie extrêmement. En 1728, l'année où commence la guerre des Renards, il faut 7.500 livres de vivres, et 22.750 livres de munitions, en 1735 le total de l'approvisionnement militaire (vivres, munitions, marchandises) tombe à 12.809 livres.

Mais la colonie ne compte point seulement pour se défendre sur sa garnison. Elle paie la fidélité des sauvages. 20.000 livres de présents annuels pour nos alliés, telle est la règle (5). On y

---

(1) « Les forts que l'on a bâtis (en Acadie) sont des dépenses extraordinaires qui ne regardent qu'indirectement le Canada. Ils ont cependant coûté des millions qu'on ne distingue pas cependant des dépenses faites en Canada et tout passe sur le compte de cette infortunée colonie. » Mémoire de Payet. *Arch. col.* Canada, corr. gén., 96, 1750, fol. 298.

(2) 6 avril 1743. *Arch. col.* Canada, corr. gén., 80, 1743, fol. 385.

(3) Hocquart au ministre. 13 octobre 1738. *Arch. col.* Canada, corr. gén., 70, 1738, fol. 27.

(4) Varin, contrôleur au ministre, 31 octobre 1742. *Arch. col.* Canada, corr. gén., 78, 1742, fol. 107.

(5) 20.000 livres. 1722. A Vaudreuil, 5 juin 1722. *Arch. col.* Canada,

joint 2.000 livres pour les Abenakis (1), qui habitent le territoire contesté entre la France et l'Angleterre et dont il faut récompenser la fidélité. Le total se grossit de quelques frais de réception lorsque les ambassadeurs des tribus se présentent à Ononthio ou à son premier lieutenant le gouverneur de Montréal (2).

Par malheur, il n'y a pas que des sauvages à pensionner. Il y en a qu'il faut combattre. A la vérité on y met très peu de patience et, de l'avis des gens raisonnables, on multiplie beaucoup trop les coups de main contre les pillards ou les rebelles. Mais tant de gens y trouvent leur avantage. La jeunesse de la colonie y satisfait sa passion pour l'aventure. Les officiers des compagnies y gagnent des avancements, des croix, des gratifications. En 1728, Beauharnais réclame 60.000 livres pour détruire la puissance des Renards. Jusqu'en 1735 on ne cesse de faire colonne dans l'Ouest. Cela ne va pas loin comme dépense : 33.833 livres pour quatre campagnes (3). La saignée est pourtant débilitante sur un budget si pauvre. En paix comme en guerre, pour s'entendre avec les hommes rouges qui décidément, s'obstinent à ne point apprendre le français, on a besoin d'interprètes : interprète pour l'iroquois, l'algonquin, l'outaouais, l'abenaki (4).

Ce que coûtent les travaux publics n'est pas facile à déterminer. Dans les comptes du Domaine on ne leur attribue pas le plus souvent de chapitre spécial. Pour une raison qui échappe, on les joint aux frais d'entretien des bâtards (5). Ils sont pourtant ins-

ordres du Roy et dépesches, 1722, fol. 800. — 20.000 livres. 1728. Projet de dépenses pour 1728, *loc. cit.* — 20.000 livres en 1733. Projet de dépenses pour 1733, *loc. cit.*

(1) 2.000 livres en 1722, 1728, 1731.

(2) Ainsi, en 1731, indemnité à Longueil qui a fait quelques frais avec les Iroquois. Projet de dépenses pour 1731, *loc. cit.*

(3) Pour mouvements de guerre contre les Sakis, Renards, Chichachas, ..., de 1732 à 1735, 21 octobre 1735, *Arch. col.* Canada, corr. gén., 63, 1735, fol. 29.

(4) Projet de dépenses pour 1733, *loc. cit.*

(5) Nourriture d'enfans bastards et dépenses des travaux publics : 16.506 livres. Bordereau et compte rendu par le directeur-receveur du Domaine d'Occident en Canada... 1733. *Arch. col.* Canada, corr. gén., 59, 1733, fol. 274.

crits à part en 1737 pour 1.912 l. (1). D'une manière générale, c'est une petite dépense. Pendant longtemps il n'y a pas d'autre route que le fleuve et, quand Lanouillier de Boisclerc fait ses grands chemins, il a recours à la corvée.

Après la garnison coloniale, ce qui coûte le plus cher c'est le personnel administratif. Le gouverneur et l'intendant ont le même traitement : 12.000 livres (2). Lorsqu'ils passent en Nouvelle-France, ils ont droit à la même indemnité, 3.000 livres, pour le fret et transport de leurs hardes et provisions. Le gouverneur a sa compagnie de gardes : trois officiers et dix-sept carabiniers dont l'entretien monte à près de 9.000 livres. Cela est le gros morceau. Les autres fonctionnaires n'ont que de maigres soldes. Le gouverneur de Montréal a 3.000 livres, celui des Trois-Rivières 3.000 également, l'ingénieur 2.000, le commissaire de la Marine 1.800, celui de l'Artillerie 1.800 (3). Au Conseil supérieur le plus appointé est le procureur général : 1.500 livres (4), le premier conseiller n'atteint qu'à 930 (5). Au total, les officiers et autres entretenus figurent au budget des dépenses pour une cinquantaine de mille livres : 49.968 en 1728, 44.918 en 1731, 44.168 en 1733, 52.088 en 1743. Les employés des bureaux et magasins ne sont pas compris dans ce total. Ils l'accroissent de 20.000 livres (19.307 en 1731, 21.393 en 1733). Ajoutez enfin quelques gratifications extraordinaires (6), et si l'on arrive à 75.000 livres pour le personnel administratif, c'est le maximum.

Outre les appointements des magistrats qui, à commencer par les membres du Conseil supérieur, sont très mal payés, l'administration de la justice ne revient pas annuellement à plus de 20.000 l. Les frais ordinaires de justice sont peu de chose : 1.000 livres en 1736 et 1737 (7). Les frais extraordinaires

(1) Hocquart au ministre, 15 octobre 1737. *Arch. col.* Canada, corr. gén., 68, 1737, fol. 54.
(2) Projet de dépenses à faire pour 1728, *loc. cit.*
(3) Projet de dépenses à faire pour 1733, *loc. cit.*
(4) 17 octobre 1723. *Arch. col.* Canada, corr. gén., 45, 1723, fol. 376.
(5) Conseil de Marine. *Arch. col.* Canada, corr. gén., 41, 1720, fol. 101.
(6) Au gouverneur des Trois-Rivières, 1.000 livres en 1728.
(7) Domaine d'Occident, Canada. Bordereau du compte à rendre par le commis du trésorier général de la Marine à Québec pour l'année 1736 et pour l'année 1737. *Arch. col.* Canada, corr. gén., 1738, fol. 93 et 176.

s'élèvent à 16.260 l. en 1739, 21.401 en 1740, 10.619 en 1742.

Une dépense de première nécessité est celle des transports. Même lorsque les chemins de M. de Boisclerc auront été livrés, ils se font surtout par la grande route fluviale. Il faut d'abord construire et entretenir toute une flotte de canots. On en compte cent cinquante-cinq en 1728, cent quarante pour l'usage des troupes, quinze pour celui du gouverneur, de l'intendant, des majors. Construction, radoub, achat, cela monte en 1728 à 9.300 livres, en 1731, à 3.981, en 1734, à 13.100 en tenant compte de l'entretien d'une barque sur le lac Ontario. Le matériel tenu au complet et en bon état, il y a maintenant à payer pour le fret et voiture des vivres, munitions et ustensiles : 6.600 livres en 1728, 12.000 livres dans le Projet pour 1734. Reste enfin à pourvoir aux courses et voyages qui se font dans l'étendue de la colonie : 4.000 livres en 1728, 1295 en 1731, 7.000 dans le Projet pour 1734.

Le budget de la colonie doit contribuer au soutien de l'Eglise. Le clergé séculier n'a point assez de ses dîmes pour vivre et surtout pour entretenir les édifices religieux. Un grand nombre de paroisses sont encore trop mal établies, trop pauvres. En 1736 et en 1737 (1), on consacre 20.700 l. aux bâtiments et églises, 8.000 au chapitre de Québec, 2.000 aux prêtres « usés », 7.600 à la subsistance des curés. En 1737, on ajoute 500 l. de gratification pour l'évêque. Ce qui est peut-être moins nécessaire, c'est de pensionner les communautés auxquelles on a donné tant de belles seigneuries. A dire vrai ces gratifications ne sont pas très onéreuses : en 1734, 500 l. aux Récollets de Québec, 500 aux Jésuites de Montréal.

La somme qu'il faut employer à l'entretien des hôpitaux n'est pas considérable : 4.059 livres en 1728, 2707 en 1731, 4.200 en 1733. Le reste est à la charge des communautés hospitalières qui ont reçu des dotations en terre. Vient ensuite la nourriture des bâtards : 13.969 livres en 1737, 12.153 livres en 1752 (2). Les gratifications, ordinaires et

---

(1) Dépenses à faire pour 1737. *Arch. col.* Canada, corr. gén., 68, 1737, fol. 61.

(2) Domaine d'Occident, 1752. *Arch. col.* Canada, corr. gén., 98, 1752, fol. 470.

extraordinaires, sont accordées à ceux qui ont été au service du roi et surtout à leurs veuves et à leurs orphelins. En 1728, on compte deux gratifications ordinaires à 75 l., douze à 150, deux à 300; en 1734, deux à 75, une à 100, seize à 150. Beaucoup moins nombreuses sont les gratifications extraordinaires. Les plus fortes ne dépassent pas non plus 300 l. Au total environ 4.000 l. Ajoutez-y les rations que l'on distribue parfois à de pauvres gens. Il y a malheureusement des calamités qui reviennent périodiquement et qui exigent des secours immédiats et beaucoup plus considérables : l'incendie et la famine. En 1737, on distribue aux incendiés de Montréal 2.454 l. en argent, 3.135 en vivres et 1.060 en remèdes et ustensiles.

On n'attend point seulement du roi qu'il vienne au secours des infortunes privées. Dans un pays où il n'y a point de riches, où l'on manque de la première mise de fonds nécessaire pour toutes les entreprises, aucun progrès économique n'est possible sans une contribution du trésor métropolitain. Le roi s'exécute à regret, avec une parcimonie fâcheuse, mais il s'exécute. Ses encouragements prennent toutes les formes. Il donne une prime fixe pour la construction des vaisseaux. Il accorde des gratifications à tous ceux de ses sujets canadiens qui font une tentative intéressante pour doter le Canada d'une industrie nouvelle, pour y développer une industrie ancienne demeurée languissante. Plusieurs années de suite, il y a une gratification pour madame de Repentigny en considération de la manufacture de grosses couvertes, pour Peyre et Boishébert en considération de la pêche des marsouins. Il favorise de sa clientèle ceux qui exploitent en grand la forêt. Il conclut des traités à longue échéance avec madame de Ramezay, avec l'abbé Lepage pour la fourniture des mâts, des cordages, des planches, du goudron, du brai, de la résine. Ce sont des achats pour la marine à Rochefort. Aussi bien l'affaire ne doit pas être mauvaise : le bois canadien n'est pas cher. Mais quand il le faut, le roi se résigne à y perdre. Il consent à payer les chanvres bien au-dessus du prix de France, de la valeur réelle. Il va plus loin. Il se fait agriculteur, industriel, commerçant dans la colonie. Mais il faut distinguer entre les cas. Lorsque le roi fait cultiver le tabac par les agents du Domaine d'Occident il donne un bon exemple et fait une opération assez heureuse. Lorsqu'il prend à son compte les forges et les mines de Saint-Maurice qui ont ruiné les premiers concessionnaires et dont personne n'ose plus se charger, il obéit à une nécessité évidente. Mais on ne saurait l'approuver d'avoir supprimé la prime à la construction navale pour pouvoir construire lui-même, et quand on le voit s'obstiner à exploiter la seigneurie de la Malbaye, les traites de Tadoussac et de l'Ontario, on s'étonne qu'il soit si mal conseillé. Utiles ou non à la colonie, toutes ces dépenses figurent à son budget. Elles le grèvent démesurément. Pour ne prendre qu'un exemple, rien que dans les six derniers mois de 1748 (1) les frais des constructions navales s'élèvent à 234.848 livres. Et c'est ainsi que se propage l'idée fausse que le Canada coûte trop cher.

Prenons, à égale distance de la paix d'Utrecht et de la guerre de Sept ans, une année qui puisse représenter l'année moyenne, 1731 (2) par exemple. Encore que la guerre des Renards ne soit pas terminée, c'est le type de l'année ordinaire sans dépenses imprévues.

Fortifications.	39.251 l. 15 s. 7 d.
Artillerie.	525 l. 10 s.
Loyer des maisons	4.560 l.
Constructions et radoub.	3.981 l. 17 s. 6 d.
Journées d'ouvriers et façons d'ouvrages.	10.208 l. 6 s. 6 d.
Achat de marchandises	49.988 l. 17 s. 3 d.
Fret et voitures.	13.166 l. 3 s. 7 d.
Hôpitaux.	2.707 l. 15 s. 2 d.
Gages d'employés	21.393 l. 00 s. 11 d.
Courses, voyages.	1.295 l. 10 s.
Diverses dépenses.	1.402 l.
Appointements et soldes des compagnies et officiers.	148.854 l. 5 s.

(1) Bigot au ministre, 2 novembre 1749. *Arch. col.* Canada, corr. gén., 93, 1749, fol. 381.

(2) Bordereau des acquits de recette et dépense employés dans le compte de 1731. Dépenses de 1731. Récapitulation. *Arch. col.* Canada, corr. gén., 60, 1733, fol. 254.

Appointements d'officiers généraux et autres. . .	44.918 l.		
Gratifications ordinaires. .	4,396 l.	13 s.	4 d.
Gratifications extraordinaires	6.100 l.		
Autres dépenses.	3.150 l.		
Acquisitions d'un terrain. .	1,388 l.		
Total	150.553 l.	17 s.	1 d.

Mais on s'aperçoit bientôt qu'il y a des dépenses à rejeter sur 1732 ; les voici (1) :

Fortifications et réparations.	10.519 l.	11 s.	
Construction et radoub. . .	1.022 l.	16 s.	
Achat de marchandises. . .	35.747 l.	16 s.	
Achat de vivres	13.608 l.	15 s.	
Fret et voitures	1.175 l.	11	
Courses et voyages.	4 112 l.		
Diverses dépenses	9.355 l.	5 s.	4 d.
Soit	75.590 l.	8 s.	4 d.

Quel est le total de la dépense? Il faut distinguer entre les périodes, ou plutôt tenir compte de la progression constante de la dépense. Dans les dix premières années qui suivent la paix d'Utrecht, les États du roi ne dépassent guère 300,000 livres : 282.238 pour 1719 (2), 309,543 pour 1721 (3), 314.114 pour 1722 (4). Mais on sait que les Fonds ordonnés sont presque toujours insuffisants et, en évaluant les excédents de dépense, bon an mal an, à 100.000 livres, on ne risque pas d'exagérer.

Pour la période postérieure, nous avons les chiffres com-

(1) Bordereau des acquits excédant les recettes et dépenses du compte de 1731 à rejeter dans le compte de 1732. *Arch. col.* Canada, corr. gén., 60, 1733, fol. 233.
(2) Conseil de marine. M. Begon. Dépenses, 27 octobre 1719. *Arch. col.* Canada, corr. gén., 41, 1720, fol. 155.
(3) État du Roy pour les dépenses de cette année, 11 septembre 1721. *Arch. col.* Canada, corr. gén., 44, 1721-1722, fol. 178.
(4) A Vaudreuil et Begon, 11 juin 1722. État des dépenses pour cette année. *Arch. col.* Canada, ordres du Roy et dépesches, 1722, fol. 326.

plets : dépenses soldées immédiatement, dépenses rejetées sur l'exercice suivant. C'est, pour 1731, 420.565 et 90.186 livres (1); pour 1736, 492.081 et 176.960; pour 1737, 534.478 et 25.248 (2); pour 1741, 418 027 (3) et 103.169 (4). Dans les quinze dernières années de la domination française les dépenses oscillent entre 500.000 et 800.000 livres.

Les recettes de la colonie balancent-elles ses dépenses? On n'a rien changé au régime fiscal de la Nouvelle-France. Elle n'a point de nouveaux revenus. Toutes ses ressources proviennent des droits qui ont été établis au siècle précédent : droits d'entrée et de sortie (5), droits domaniaux et féodaux (6), bénéfice sur les ventes des magasins, exploitation de la traite de Tadoussac.

Les droits d'entrée sur les vins et les eaux-de-vie sont toujours de dix pour cent. En pratique, par une tolérance préjudiciable aux intérêts du trésor, on se contente de percevoir neuf livres par barrique de vin, vingt-deux livres dix sols par barrique d'eau-de-vie. Le droit sur le tabac reste à cinq sols par livre. Il est vrai qu'il donne de moins en moins (7). Les Canadiens se sont mis à fumer le tabac indigène. Que produisent les droits d'entrée? Voici un tableau complet pour toutes les années, sauf une, qui vont de 1719 à 1738 (8).

(1) 21 octobre 1733. *Arch. col.* Canada, corr. gén., 69, 1733, fol. 158.

(2) Hocquart au ministre, 13 octobre 1738. *Arch. col.* Canada, corr. gén., 70, 1738, fol. 27.

(3) 27 octobre 1744, *Arch. col.* Canada, corr. gén., 74, 1744, fol. 446.

(4) *Arch. col.* Canada, corr. gén., 78, 1742, fol. 97.

(5) Les droits d'entrée et de sortie demeurent tels qu'ils ont été fixés par l'article 359 du bail général des fermes de France fait à Pierre Domergue le 18 mars 1687. Domaine. Mémoire sur toutes les parties du Domaine d'Occident en Canada. *Arch. col.* Canada, corr. gén., 59, 1733, fol. 318.

(6) Les droits ordinaires et casuels demeurent tels qu'ils ont été fixés par l'ordre d'établissement de la compagnie des Indes Occidentales en 1664. Ferme de Tadoussac et Canada en général. *Arch. col.* Canada, corr. gén., 1728, fol. 409.

(7) Domaine. Mémoire sur toutes les parties de la régie du Domaine d'Occident en Canada, 1733, *loc. cit.*

(8) Pour les quatorze premières années de 1719 à 1732 (exclusivement), voir : Domaine. Mémoire sur toutes les parties de la régie du Domaine d'Occident en Canada, 1733, *loc. cit.*

DU TRAITÉ D'UTRECHT A LA GUERRE DE SEPT ANS   421

1719	21.047 l.	7 s.	6 d.
1720	25.303 l.	10 s.	
1721	29.416 l.	13 s.	4 d.
1722	21.080 l.	5 s.	
1723	32 332 l.	10 s.	10 d.
1724	30.070 l.	16 s.	8 d.
1725	32.029 l.	13 s.	4 d.
1726	36.698 l.	3 s.	4 d.
1727	27.004 l.	7 s.	6 d.
1728	42 257 l.	14 s.	2 d.
1729	47.613 l.	7 s.	6 d.
1730	51.856 l.	1 s.	8 d.
1731	52.178 l.	0 s.	5 d.
1732	49.993 l.	2 s.	1 d.
1733 (1)	51.347 l.	17 s.	1 d.
1734 (2)	59.158 l.	3 s.	9 d.
1735 (3)	61 035 l.	8 s.	4 d.
1736			
1737 (4)	48.402 l.	15 s.	15 d.
1738 (5)	62.005 l.	10 s.	10 d.

La progression est constante : en vingt années la recette double.

Pour l'unique droit de sortie, le droit sur les orignaux, c'est le résultat inverse : en 1720, 1.580 livres; en 1722, 2.679; en 1727, 921; en 1730, 919 (6); en 1734, 1150, en 1735, 718; en 1738, 702. L'orignal disparaît ou s'éloigne.

Les droits domaniaux et féodaux ne sont pas non plus très

(1) Bordereau... par le directeur-receveur du Domaine... pendant l'année 1733, *Arch. col.* Canada, corr. gén. 59, 1733, fol. 274.
(2) Domaine d'Occident. Canada, 1734. Bordereau par le directeur du Domaine. *Arch. col.* Canada, corr. gén., 65, 1736, fol. 244.
(3) Bordereau... par le directeur-receveur du Domaine, 1735. *Arch. col.* Canada, corr. gén. 65, 1736, fol. 234.
(4) Extrait du produit des droits du Domaine d'Occident en Canada pendant l'année 1737. *Arch. col.* Canada, corr. gén., 68, 1737, fol. 204.
(5) Domaine d'Occident. Canada, 1738. *Arch. col.* Canada, corr. gén., 74, 1740, fol. 285.
(6) Pour 1720, 1722, 1727, 1730. Domaine. Mémoire sur toutes les parties de la régie du Domaine d'Occident en Canada, 1733, *loc. cit.*

productifs. Entre 1719 et 1732, la plus forte année, 1730, est de 3.079 livres. Dans ce chiffre les lods et ventes comptent pour 3.907 livres (1). La recette tombe à 1.065 en 1735, malgré l'aubaine inespérée d'un échouement, à 183 en 1738. De temps à autre, elle s'augmente de quelques amendes ou confiscations infligées aux habitants qui sont pris en flagrant délit de commerce frauduleux ou de vente de boissons aux sauvages (2). Elle reste toujours insignifiante.

Les ventes des magasins sont, au contraire, très importantes. Elles semblent varier de 50.000 à 100.000 livres (3). Les ventes de 1730 qui montent à 104.882 livres sont considérées comme un résultat extraordinaire. Mais quel bénéfice laissent-elles? On n'a point tous les éléments nécessaires pour le déterminer. Qu'il atteigne à vingt, vingt-cinq pour cent du prix d'achat et des frais de transport cela est tout ce qu'on peut espérer. Dans ces conditions les ventes des magasins contribueraient aux recettes pour 20.000 ou 30.000 livres, les meilleures années.

A première vue la traite de Tadoussac paraît une bonne affaire. Elle produit 62.834 livres en 1733, 52.012 en 1734, 59.001 en 1735. Mais on déchante quand on constate à combien s'élèvent les frais de régie : 42.428 livres en 1733, 50.476 en 1734, 46.019 en 1735. La soustraction faite, le reliquat est maigre, si maigre que l'on sera heureux d'affermer sans retard ce qu'on avait appelé pompeusement le royaume de Tadoussac pour la somme modique de 4.500 livres (4).

A ces recettes ordinaires on peut ajouter la vente des congés. Elle monte à 6.250 livres en 1731 (5). Mais on n'accorde pas de

(1) Domaine. Mémoire sur toutes les parties de la régie du Domaine d'Occident en Canada, *Arch. col.* Canada, corr. gén. 59, 1733, fol. 318.

(2) Voir quelques exemples : Domaine. Mémoire sur toutes les parties de la régie du Domaine d'Occident en Canada, 1733, *loc. cit.*

(3) En 1712, 56,899 l. 11 s. 7 d. ; en 1713, 51.160 l. 13 s. 5 d Extrait fait par M. Dupuy des comptes rendus par les trésoriers généraux de la Marine à Québec. *Arch. col.* Canada, corr. gén., 1727, fol. 367. — En 1730, 104,882 l. 15 s., 15 octobre 1731. *Arch. col.* Canada, corr. gén., 55, 1731, fol. 176. — Mémoires sur les excédents de dépenses faits au Canada depuis l'année 1730... jusques et y compris 1735. *Arch. col.* Canada, corr. gén., 1736, 66, fol. 25.

(4) Domaine d'Occident. Canada, 1738, *loc. cit.*

(5) Bordereau des acquits de recette et dépense employés dans le compte de 1731. *Arch. col.* Canada, corr. gén., 60, 1733, fol. 210.

congés tous les ans. Reste enfin l'imposition mise en 1716 sur les Montréalistes (4.000 livres sur les habitants, 2.000 livres sur le séminaire) (1), pour la construction de leurs remparts.

Voilà de médiocres recettes. Encore est-on obligé d'en défalquer les appointements des commis du bureau de Québec et les frais de régie : 15.036 livres en 1733 ; 15.154 en 1734 ; 16.813 en 1735 ; 19.595 en 1738. Il faut encore débourser pour le papier terrier qui doit faciliter le recouvrement des droits domaniaux et qui s'achève si péniblement : soit une dépense de 1.000 à 1.200 livres (2). Sans compter que les recouvrements s'opèrent avec difficulté. Les Canadiens sont trop pauvres pour se mettre en règle immédiatement avec le fisc. Au marchand qui a des droits d'entrée à payer, comme à l'habitant qui fait ses achats aux magasins, on est contraint d'accorder des délais, délais qu'il faut parfois prolonger jusqu'à deux ans (3).

Pour faire face aux dépenses, que fournissent les recettes ? Entre 120.000 et 130.000 livres : en 1733, 116.064 ; en 1735, 123.582 ; en 1738, 122.126. La colonie est à la charge du roi pour une somme qui, suivant les années, passe de 300.000 à 600.000 livres.

Mais la colonie n'est point destinée à demeurer indéfiniment à la charge de la métropole. Malgré les disettes, les incendies, les guerres, la Nouvelle-France ne cesse de se peupler, de s'enrichir. Il devient possible d'exiger des Canadiens qu'ils contribuent à l'entretien du Canada. Au surplus, il y a longtemps que le gouvernement royal a eu, pour la première fois, l'idée d'imposer les habitants. Elle apparaît dans un mémoire de

(1) Conseil, 25 août 1722. *Arch. col.* Canada, corr. gén., 44, 1731-1732, fol. 435.

(2) 1.050 en 1733. — 1.200 en 1739. Domaine d'Occident, Canada, 1739. *Arch. col.* Canada, corr. gén., 73, 1740, fol. 405.

(3) « Vous avez de la peine, monseigneur, à croire combien sont petites les ressources des particuliers en Canada ; je me suis trouvé un grand nombre de fois dans la nécessité de suspendre les poursuites contre les débiteurs des magasins parce qu'il leur est dû à eux-mêmes par d'autres particuliers dont ils ne reçoivent aucun payement... Cependant ces débiteurs satisfont peu à peu. Je ne puis faire vendre les pelleteries et marchandises des magasins qu'à de longs crédits et de la même manière à peu près que les négociants de la Rochelle vendent les leurs » Hocquart au ministre, 30 octobre 1732. *Arch. col.* Canada, corr. gén , 58, 1732, fol. 121.

1713 (1). Mais les colons font si bien valoir leur pauvreté qu'ils détournent le coup. Une nouvelle tentative est plus près d'aboutir en 1733. Beauharnais et Hocquart, mis en demeure, se résignent à proposer deux sortes d'impositions : un droit de 3 pour 100 à l'entrée et à la sortie des marchandises, ou bien une taille dans les campagnes et une capitation dans les villes. Mais en même temps, ils font un tableau si poussé au noir de la situation, que le roi renonce encore une fois à établir des droits (2). Cette résistance finit par être vaincue. L'arrêt du Conseil d'État du 23 janvier 1747 accroît le droit d'entrée sur les vins de trois livres par barrique, celui sur les eaux-de-vie de sept sous quatre deniers par velte, celui sur les guildives de neuf livres par barrique. Et cela n'est qu'un début. L'année suivante (février 1748), sans même qu'on attende la conclusion de la paix en Europe, un édit du roi porte inscription d'un droit de 3 pour 100 sur toutes les marchandises qui ont été jusqu'alors exemptes de droits à l'entrée et à la sortie du Canada (3). A la vérité, la perception des nouveaux droits ne s'opère pas sans difficulté. Elle rencontre « bien des oppositions de la part de tous les commerçants ou pour mieux dire, de tous ceux qui demeurent à Québec, puisqu'un chacun, depuis l'officier jusqu'au dernier (habitant), vend et fait ce qu'il peut pour frauder. » Cugnet, le directeur du Domaine, se plaint même que « personne ne veuille occuper les petits emplois que cette nouvelle perception occasionne de créer, comme ceux de visiteurs (4). » Cette mauvaise volonté générale n'empêche pas les nouveaux droits de donner tout de suite les résultats

(1) « Sachant que ces peuples de la Nouvelle-France ne sont pas riches, Sa Majesté ne veut pas les charger en entier des dépenses qu'elle fait dans la colonie, qu'ils en fournissent une partie... S'ils ne le peuvent faire en argent, qu'ils le fassent en leurs denrées. » Mémoire du Roy, *Arch. col.*, Canada, corr. gén., dépesches et ordres, 23 juin 1713. fol. 54.
(2) Beauharnais et Hocquart au ministre, 1er octobre 1733. *Arch. col.* Canada, corr. gén., 59, 1733, fol. 71.
(3) Domaine d'Occident, Canada. Bordereau du compte à rendre par le receveur des droits du Domaine... pendant l'année 1750. *Arch. col.* Canada, corr. gén., 90, 1750, fol. 302.
(4) Mémoire pour la perception des nouveaux droits, de Cugnet, directeur du Domaine. Bigot au ministre, 4 novembre 1749. *Arch. col.* Canada, corr. gén., 93, 1749, fol. 405.

les plus satisfaisants. Ils produisent 200.109 livres en 1749, 171.816 en 1750 (1). Payet peut affirmer que l'heure est proche où la colonie ne coûtera absolument rien au roi (2). On n'a point abandonné l'idée de l'impôt par tête. Il y a dans la correspondance de 1754 un projet de capitation qui, pour une population évaluée à 55.000 âmes, devait donner 225.842 livres (3).

Et quand même la Nouvelle-France continuerait, pendant une ou deux générations, à prélever sur les ressources de l'ancienne un demi-million chaque année ! Pour assurer à notre race sa place dans le monde, pour lui conserver la moitié du continent le plus approprié par la richesse de son sol, par la salubrité de son climat, à l'expansion européenne, à quels sacrifices un gouvernement prévoyant, une opinion éclairée ne devraient-ils pas se résigner ? Comme il serait facile de retrancher sur les caprices d'une favorite, sur les pensions des courtisans, sur l'entretien d'une valetaille oisive, de quoi créer sur les bords du Saint-Laurent le grand royaume de Talon !

Mais la Nouvelle-France a toutes les malechances. Alors qu'en réalité elle coûte si peu, pourquoi faut-il qu'elle ait la réputation de coûter si cher ! A la vérité, on comprend très bien d'où vient l'erreur. L'État du roi ne cesse pas d'être insuffisant. Le ministre prévoit toujours trop de recettes, ne prévoit jamais assez de dépenses. Le résultat c'est le déficit à perpétuité. Que doit faire le roi ? Se résoudre à accroître ses subsides ou, tout au moins, à combler le déficit au fur et à mesure, afin qu'il apparaisse tel qu'il est, c'est-à-dire peu de chose. Mais, avec je ne sais quel espoir d'une suite miraculeuse de vaches grasses, le roi laisse rejeter les excédents de dépenses d'un exercice sur l'autre. On voit la conséquence. L'opinion ne se fût point inquiétée que l'État du roi s'augmentât de trente mille écus, elle doit s'émouvoir quand elle apprend que le déficit du Canada atteint, dépasse un million de livres. Elle n'est pas obligée de savoir que c'est là l'arriéré de tant et tant d'années. Elle se convainc que cette colonie est vraiment ruineuse.

(1) Domaine d'Occident, *Arch. col.* Canada, corr. gén., 96, 1750, fol. 302.
(2) Mémoire de Payet, *Arch. col.* Canada, corr. gén., 96, 1750, fol. 298.
(3) Capitation, *Arch. col.* Canada, corr. gén., 99, 1753-1754, fol. 529.

Le grand malheur c'est que la Nouvelle-France est mal connue, de plus en plus mal connue, de l'ancienne. Un contemporain de Richelieu, de Mazarin, de Colbert, peut se faire du Canada de son état présent, de son avenir une idée exacte. Il a, pour le tenir au courant des progrès et des reculs de la colonisation française dans la grande forêt de l'Amérique septentrionale, la relation que les Jésuites de Québec font imprimer chaque année. Mais, à partir de 1673, le silence se fait autour du Canada français, et ce silence lui est mortel. Sans une réclame poursuivie avec persévérance, impossible de procurer à la colonie cette immigration d'hommes et de capitaux dont elle a tant besoin; et si les Français de France sont, pendant trois quarts de siècle, tenus dans l'ignorance de ce que devient la France américaine, comment veut-on qu'ils n'en arrivent point à se désintéresser de son sort ? Où veut-on que les Français, qui vivent sous la Régence ou pendant le ministère de Fleury, trouvent à s'éclairer sur la valeur du Canada ? Ils ont La Hontan, rien que La Hontan.

Ce pauvre cadet de Gascogne, qui dépense des trésors d'intelligence, d'énergie, de belle humeur pour finir dans l'exil, est un impatient de toute discipline. Il a le tempérament de ce sauvage qui est figuré à la première page de ses Voyages dans l'édition de 1728, avec cette légende : *Et leges et sceptra terit* (1). Il ne peut pas plus supporter les reproches justifiés du gouverneur de Terre-Neuve, son chef (2), que la violation de son domicile par le sulpicien de Montréal qui veut détruire son Pétrone (3). C'est de plus un conteur allègre, qui manie la satire avec une verve endiablée et qui, pour égayer son livre d'une anecdote gauloise, ne se fait aucun scrupule d'accueillir sans le moindre examen les fables les plus scandaleuses. Voilà de quoi expliquer la longue vogue de La Hontan, les sept éditions françaises publiées en Hollande de 1703 à 1731, et les deux traductions anglaises de 1703 et de 1735 (4). On ne prétend pas, au reste,

(1) Planche du titre. La Hontan, t. I, édit. de 1728, Amsterdam.
(2) *Id.*, lettre XXV, pp. 392-393.
(3) *Id.*, lettre VIII, pp. 73-74.
(4) *Nouveaux voyages de M. le baron de La Hontan dans l'Amérique septentrionale.* — Éditions : La Haye, deux en 1703, 1704 et 1706; Amsterdam 1705, 1728 et 1731. Traductions : Londres, 1703 et 1705. Auteur de *la*

qu'il faille toujours récuser le témoignage de La Hontan. Quand il n'est pas emporté par le désir des représailles ou la tentation d'ajouter du piquant à son récit, il donne des renseignements exacts, des images précises et fortes, des choses vues. Sa description de Québec (1), sa montée en canot de Québec à Montréal (2) nous rendent le Canada de 1684 à 1693, le Canada de Frontenac. Le Canada de Frontenac, cela est bien loin en 1728 et en 1732. C'est pourtant toujours ce Canada-là que nous représentent les éditions de La Hontan jusqu'à la dernière. Aujourd'hui, dans l'œuvre de l'ancien lieutenant du Roy à Plaisance, il n'est pas trop malaisé de faire la part du vrai et du faux. Les lecteurs du dix-huitième siècle ne prenaient pas cette peine, et cela les amusait de croire sur parole La Hontan quand il calomniait avec le plus d'impudence, quand il racontait les succès galants des sauvages à la foire de Montréal (3), quand il faisait sortir des couvents de « Paphos » les aïeules de la nation canadienne-française (4).

La réponse à La Hontan vient trop tard. Quand Charlevoix fait paraître son « *Histoire et Description générale de la Nouvelle-France avec le Journal historique d'un voyage fait par ordre du Roi dans l'Amérique septentrionale* », c'est en 1744, au moment même où la lutte avec l'Angleterre recommence. Il n'est plus temps pour attirer les colons. Mais il est temps encore pour apprendre aux Français ce qu'est leur colonie du Saint-Laurent et ce que peut devenir leur empire des grands lacs et du Mississipi, et qu'il faut les conserver coûte que coûte.

Charlevoix a tout ce qu'il faut pour inspirer confiance. Il a deux fois visité l'Amérique française (5). La seconde fois, il l'a même traversée, de part en part, du golfe de Terre-Neuve au Mississipi (6). C'est un historien consciencieux. Il fournit ses

Bibliotheca Americana Vetustissima (M. Harrisse). Notes pour servir à l'histoire, à la bibliographie, etc., de la Nouvelle-France, 1565-1700. Notes historiques, pp. 349 et 350.

(1) *Id.*, t. I, lettre III, p. 17.
(2) *Id.*, lettre IV, p. 25.
(3) *Id.*, lettre VIII, pp. 79-80.
(4) *Id.*, lettre II, pp. 13-15.
(5) Il fait allusion à un premier séjour au Canada dans son *Journal d'un voyage dans l'Amérique septentrionale*, t. V, lettre IV, p. 125.
(6) C'est la matière du voyage que Charlevoix accomplit du mois d'août

sources et il en fait la critique. La liste est sans omission importante ; la critique est judicieuse (1). Charlevoix a même eu accès aux archives de la Marine. Il a utilisé la correspondance des gouverneurs et des intendants.

Il pousse son récit jusqu'en 1736 : ce qui est aller assez loin. Son grand tort est de s'étendre avec trop de complaisance sur les découvertes, la conversion des sauvages, le commerce du castor, les guerres avec l'Anglais et l'Iroquois. Il ne nous fait pas, autant qu'il le faudrait, assister aux progrès du peuplement et du développement économique. A la vérité, le voyageur répare en partie les omissions de l'historien. Les dix lettres qu'il adresse de la colonie à la duchesse de Lesdiguières donnent un tableau assez vivant de la Nouvelle-France en 1721. Charlevoix est persuadé que l'on peut faire au Canada un établissement considérable. Il se demande pourquoi l'on n'y est point parvenu. Il recherche comment l'on pourra y parvenir (2) et, en même temps, en vigilant patriote, il s'alarme des progrès des voisins anglais. Il lui manque d'avoir dans les destinées de la race canadienne-française la foi communicative d'un La Galissonnière.

Au dix-septième siècle, la publication des six volumes de Charlevoix eût été un événement. Au dix-huitième, l'œuvre n'a qu'un succès d'estime. Charlevoix fait connaître le Canada à quelques-uns. Mais il n'atteint pas à ceux qui mènent l'opinion.

1720 où il entre dans le golfe de Terre-Neuve au mois de juin 1721 où il s'embarque à Biloxi pour le Havre. *Journal...* t. V, lettre II, p. 71 ; t. VI, lettre XXXV, p. 272.

(1) « Liste et examen des auteurs que j'ai consultés pour composer cet ouvrage ». *Id.*, t. VI, pp. 118 à 122.

(2) « Je l'ai autrefois parcouru dans toutes les saisons et je puis vous assurer qu'on voit rarement ailleurs des terres plus fécondes. Je me suis surtout fort appliqué cet hiver à m'instruire des avantages qu'on pourroit retirer de cette colonie, et je vais vous faire part du fruit de mes recherches. Le Canada n'enrichit point la France ; c'est une plainte aussi ancienne que la colonie, et elle n'est pas sans fondement. On n'y trouve point d'habitans riches, cela est encore vrai. Est-ce la faute du pays, et n'y a-t-il pas beaucoup de celle des premiers colons ? » — Et Charlevoix signale « les fautes qu'on a faites dans l'établissement de la Nouvelle-France, la mauvaise conduite que l'on a tenue par rapport au commerce des pelleteries, les abus des congés, les divers changement dans les monnoies pour aboutir à la banqueroute de la colonie en 1706 ». *Id.*, t. V, lettre IV, pp. 123 à 138.

Un jésuite ne saurait avoir beaucoup d'autorité auprès des philosophes. Ceux-ci continuent à se désintéresser du sort de notre plus belle colonie et, ce qui est plus grave, le plus illustre, le plus écouté d'entre eux, s'obstine à la méconnaître. Le point de départ de cette hostilité est-il une hostilité de parti pris contre toute sorte d'entreprise coloniale? Certainement non. Voltaire professe la plus vive admiration pour la Louisiane (1). Pourquoi en veut-il particulièrement au Canada? Évidemment parce qu'il se persuade qu'il n'y a rien à en tirer (2). Sans reprendre la discussion sur les fameux « arpents de neige » (3), il est incontestable que l'auteur de *Candide* a toujours regardé la possession du Canada comme ruineuse, qu'il considère sa perte comme une délivrance (4). C'est une cruelle disgrâce pour le Canada que d'avoir parmi ses ennemis le roi Voltaire.

Et c'est ainsi qu'un grand nombre de Français en viennent à considérer avec Voltaire que la perte du Canada ne serait pas « une perte réelle ». Il y a d'abord ceux qui, par principe, s'opposent à toute entreprise de colonisation. A quoi bon, disent-ils, envoyer des colons par delà l'Océan, alors qu'il reste en France tant de terres incultes? Ces gens-là vont même jusqu'à reprendre une objection particulièrement absurde que

---

(1) « En vérité vous devriez bien inspirer à M. le duc de Choiseul mon goût pour la Louisiane. Je n'ai jamais conçu comment on a pu choisir le plus détestable pays du Nord qu'on ne peut conserver que par des guerres ruineuses et qu'on eût abandonné le plus beau climat de la terre... Je vous déclare que si j'étais jeune, si je me portais bien, si je n'avais pas bâti Ferney, j'irais m'établir à la Louisiane. » A M. le comte d'Argental, 1er novembre 1760. *Voltaire, corresp.* édit., Garnier, t. XLI, p. 48.

(2) « Nous avons eu l'esprit de nous établir en Canada sur des neiges entre les ours et les castors. » A madame Du Deffand, 13 octobre 1759, *id.*, *corresp.*, t. VIII, p. 192.

(3) Vous savez que ces deux nations sont en guerre pour quelques arpents de neige vers le Canada et qu'elles dépensent pour cette belle guerre beaucoup plus que le Canada ne vaut. » *Candide*, ch. xxiii, *id.*, t. XXI, p. 196.

(4) Il supplie « à genoux » Chauvelin de nous débarrasser du Canada. Au marquis de Chauvelin, 3 octobre 1760. *id., corresp.*, t. IX, p. 3. — « On a perdu en un jour... quinze cents lieues de terrain. Ces quinze cents lieues étant des déserts glacés, n'étaient peut-être pas une perte réelle. Le Canada coûtait beaucoup et rapportait très peu... » *Précis du règne de Louis XV*, *id.*, t. XV, p. 369.

Louis XIV a déjà faite à Talon : pour peupler le Canada il faudrait dépeupler la France.

D'autres ennemis sont plus dangereux. Ce sont ceux qui ne contestent pas l'utilité des établissements d'outre-mer, mais qui se persuadent que le Canada ne sera jamais un établissement prospère. En admettant même qu'il parvienne à un certain développement, que donnera-t-il ? Ah! s'il produisait la canne à sucre comme Saint-Domingue et la Martinique, les épices comme l'Ile de France et Bourbon ! Mais du blé, du bois, du bétail, on en a déjà en France (1). Il a bien la traite des fourrures, mais, par l'extermination des animaux, un jour ou l'autre, elle sera réduite à néant.

Le Canada a encore contre lui, et cela est grave, les partisans d'une politique exclusivement européenne. La colonie n'est-elle pas destinée, en temps de guerre, à tomber entre les mains des Anglais, maîtres de la mer? Pour la ravoir à la paix, ne faudra-t-il pas rendre ce qu'on aura conquis sur la Meuse, le Rhin, les Alpes ? La Nouvelle-France devient un perpétuel obstacle à l'agrandissement de l'ancienne. Ajoutez qu'il surgit déjà des prophètes, qui voient juste, du reste, dans l'avenir des Amériques, pour annoncer, à plus ou moins brève échéance, le schisme de la colonie et, sur les bords du Saint-Laurent, la création de quelque royaume ou de quelque république.

(1) C'est ainsi que Montesquieu approuve notre établissement aux Antilles qui « ont des objets de commerce que nous n'avons ou ne pouvons avoir » et qui manquent de ce qui fait l'objet du nôtre. Mais, en même temps, il condamne les colonies de peuplement qui lui semblent être une des causes « du dépeuplement que l'on constate en Europe depuis l'époque romaine. » Montesquieu, *Esprit des lois*, livre XXI, ch. xxi, et *Lettres persanes*, lettre CXXI. — Voir Léon Deschamps, *Histoire de la question coloniale en France*, pp. 293-307.

CHAPITRE VI

LA NATION CANADIENNE-FRANÇAISE

Le beau sang des Canadiens. — Leurs aptitudes intellectuelles. — Leur moralité. — La société de Québec. — Français du Canada et Français d'Europe. — La nation Canadienne-française.

Qu'est devenue la race française au Canada? L'air d'Amérique lui a-t-il été profitable? Sur ce point, l'opinion est unanime. Tout le monde reconnaît avec Hocquart que les Canadiens sont « naturellement grands, bien faits, d'un tempérament vigoureux (1). » Charlevoix va plus loin. Il leur donne une éclatante supériorité sur leurs frères d'Europe. « Nous n'avons pas dans le royaume, écrit-il en 1721, de province où le sang soit communément si beau, la taille si avantageuse, le corps mieux proportionné (2). » Quant à Le Beau, il admire le grand nombre « de bons vieillards forts, droits et point caducs » (3) qu'il rencontre entre Québec et Montréal.

(1) Hocquart au ministre, 30 octobre 1737. *Arch. col.* Canada, corr. gén., 67, 1737, fol. 76.
(2) Charlevoix, *Journal d'un voyage dans l'Amérique septentrionale*, t. V, lettre VIII, p. 255. — Les Canadiens d'aujourd'hui n'ont pas dégénéré de leurs ancêtres. Ils sont plus grands que les Français de France; même, à prendre pour mesure de la vigueur le poids et la force des reins, ils sont plus vigoureux que les Anglais. Hingston. *The Climate of Canada and its relations to life and health*, p. 233.
(3) Le Beau, *Aventures du sieur C. Le Beau...* 1728, première partie, p. 63

Au point de vue intellectuel les colons de la Nouvelle-France ne sont pas si bien traités. Hocquart et Bonnefons (1) sont d'accord pour regretter qu'ils ne soient pas plus instruits. Si fâcheuse que soit cette ignorance, encore ne faut-il pas la prendre au tragique, la croire incorrigible. On ne comprend pas pourquoi tant de gens se persuadent que les Canadiens « ne sont pas propres aux sciences qui demandent beaucoup d'application et une étude suivie. »(2) Que faut-il demander aux Français du Saint-Laurent ? Ils ont d'heureuses dispositions naturelles. Cela est l'essentiel. Ils les cultiveront plus tard. Pour l'heure présente ce sont des colons, et des colons ont mieux à faire qu'à fournir des écrivains, des savants, des artistes. Ils vont au plus pressé. Ils s'emparent du sol. Leurs grands hommes, ce sont des explorateurs et des chefs de guerre. Aussi bien le reproche d'ignorance ne doit pas s'étendre à tous les Canadiens. Il y a en Nouvelle-France des hommes qui aiment les sciences et les lettres. Kalm en a rencontré plus d'un à Montréal et à Québec. Il s'est plu en leur conversation. Même il a reconnu qu'il n'avait pas eu pareille aubaine dans les colonies anglaises (3).

Les Canadiens ont aujourd'hui dans les centres industriels des États-Unis la réputation solidement établie de fournir les ouvriers les plus habiles. Ils avaient déjà cette qualité au dix-huitième siècle. « Personne, dit Charlevoix, ne peut leur contester un génie rare pour les méchaniques ; ils n'ont presque pas besoin de maîtres pour y exceller et on en voit tous les jours qui réussissent dans tous les métiers sans en avoir fait l'apprentissage (4). »

Au moral les Canadiens sont loin d'être parfaits. Charle-

---

(1) J.-C.-B. (Bonnefons), *Voyage au Canada fait depuis l'an 1751 à 1761*, p. 49.

(2) Charlevoix, *Journal d'un voyage fait dans l'Amérique septentrionale*, loc. cit.

(3) « J'ai trouvé que les gens de distinction, en général, ici, ont bien plus de goût pour l'histoire naturelle et les lettres que dans les colonies anglaises où l'unique préoccupation de chacun semble être de faire une fortune rapide, tandis que les sciences sont tenues dans un mépris universel. » Kalm, *Voyages en Amérique*, Mémoires de la Société historique de Montréal, 8me livraison, p. 6.

(4) Charlevoix, *Journal d'un voyage dans l'Amérique septentrionale*, t. V, lettre VIII, p. 235.

voix (1) et Hocquart (2) ont dressé la liste de leurs défauts. Ils sont intéressés et vindicatifs. Ils n'aiment pas assez leurs parents qui les aiment trop. Voici des accusations plus graves : ils ne sont pas véridiques ; ils ont, et cela surtout dans les campagnes, beaucoup trop de goût pour l'eau-de-vie. En cela ils imitent les sauvages et, aussi, dans cette indocilité dont se plaignent si souvent les gouverneurs et les intendants. Mais, manifestement, cette indocilité a pour point de départ une belle vertu, l'amour de l'indépendance. A ceux qui dénoncent leur penchant pour l'oisiveté il suffit de répondre que l'hiver canadien les condamne à de longues périodes de repos, et aussi, ce qui est une réfutation péremptoire du grief, de montrer ce que cette poignée d'hommes a fait des soixante lieues de côtes qui s'étendent sur les deux rives du fleuve, de Québec à Montréal. Ce qu'on ne saurait leur refuser, c'est qu'ils sont braves, c'est qu'ils sont hospitaliers (3). A constater enfin que, si on les accable de critiques de détail, il y a l'unanimité la plus flatteuse, quand il s'agit de porter un jugement d'ensemble sur eux. « C'est un bon peuple, écrit en 1764, Murray, leur vainqueur, un peuple frugal, moral, industrieux ; c'est la race la plus brave de la terre (4). »

Évidemment, au milieu du dix-huitième siècle, les Canadiens ne sont plus les saints avec lesquels les Jésuites voulaient fonder une nouvelle Jérusalem. On n'en est plus au temps où, pour toute la colonie, et pendant un demi-siècle, l'abbé Ferland ne relève dans les registres de Québec qu'une seule naissance illégitime. Avec une garnison de six à sept cents hommes, avec l'établissement des prisonniers il faut se résigner à voir augmenter le nombre des bâtards (5).

(1) Charlevoix, *Journal d'un voyage dans l'Amérique septentrionale*, t. V, lettre X, pp. 254-257.
(2) Hocquart au ministre, 30 octobre 1737, *loc. cit.*
(3) Les Canadiens sont si hospitaliers « qu'un Français peut aller avec tout l'agrément possible et sans argent depuis Québec jusqu'à Montréal. » Le Beau, *Aventures du sieur C. Le Beau*, première partie, p. 65. — « En général les Canadiens sont francs, humains, hospitaliers ; le crime, le meurtre n'existe pas chez eux pas plus que le vol ». J. C. B. (Bonnefons), *Voyage au Canada... fait depuis l'an 1751 à 1761*, p. 49.
(4) Murray à Halifax, 20 octobre 1764. *Arch. canadiennes*, 9, 2, p. 11.
(5) Voir page 356.

Lorsque Kalm est, pour la première fois, en présence des Canadiennes, voici comment il les juge: « Elles sont bien élevées et vertueuses et ont un laisser-aller qui charme par son innocence même et prévient en leur faveur. Elles s'habillent beaucoup le dimanche, mais les autres jours elles s'occupent assez peu de leur toilette sauf leur coiffure (1). »

Pour tout dire Kalm ne pense point autant de bien des Québecoises dont « les manières lui paraissent quelque peu trop libres » (2). Mais y a-t-il là autre chose que des apparences? Il faut laisser Montcalm juger les Québecoises.

Encore qu'il frise la cinquantaine, Montcalm, resté si jeune de corps et d'esprit, n'est rien moins qu'insensible au charme des Canadiennes. Dans son journal, dans ses lettres, il se laisse aller à de telles confidences, qu'on pourrait nommer les aimables femmes, que le héros, en quartiers d'hiver, poursuit de ses assiduités. Le vainqueur de Carillon a-t-il, au début, espéré de faciles victoires sur les grandes dames de Québec? Peut-être. En tout cas, il ne voit pas un obstacle sérieux dans « une dévotion à l'italienne qui n'exclut pas la galanterie (3) ». Mais le jour est proche où il doit confesser qu'il s'est trompé et qu'il y a chez les Canadiennes « plus d'envie de plaire que d'aller au fait (4). »

Somme toute, la moralité générale demeure très satisfaisante. Il y a tout juste les quelques exceptions qui sont nécessaires pour confirmer la règle qui est la bonne conduite et la fidélité conjugale. Les délinquants ont beaucoup de peine à échapper au châtiment. L'opinion publique ne leur est point indulgente et les deux pouvoirs, comme aux jours de la théocratie, persistent à intervenir contre les violateurs du sixième et du dixième commandement. M. de Galiffet, gouverneur des Trois-Rivières, a séduit une petite-fille de François Hertel. Il

---

(1) Kalm, *Voyages en Amérique*, trad. Marchand. Mémoires de la Société historique de Montréal, 8ᵉ livraison, pp. 42, 43.
(2) *Id.*, p. 215.
(3) Collection Levis, *Journal du marquis de Montcalm*, 17 février 1757, p. 157.
(4) Collection Levis, *Lettres du marquis de Montcalm*. Lettre à Bourlamaque, 16 juin 1757, p. 168.

ne veut pas réparer (1). Il faut qu'il repasse en France. L'évêque fulmine contre l'assiduité de M. d'Auteuil auprès de madame Réaume dont le mari est absent (2). En 1731, la fille du procureur du roi à Québec, André de Leigne, paie d'un embarquement pour la France son attachement pour un capitaine qu'elle ne peut pas épouser (3). Un seul scandale est toléré et c'est tout à fait à la fin de la domination française : Bigot affiche impunément sa liaison avec madame Péan (4). Mais Bigot en a fait bien d'autres.

Une agréable surprise est réservée à l'officier, au fonctionnaire qui débarque à Québec et qui s'est préparé à y subir les longs ennuis de la vie provinciale. Québec n'est pas du tout la province. Kalm en est très frappé et il en donne la raison. « La Québecoise est une vraie dame française par l'éducation et les manières ; elle a l'avantage de pouvoir causer souvent avec des personnes de la noblesse qui viennent chaque année de France sur les vaisseaux du roi (5). »

En matière de politesse, Montcalm est encore meilleur juge que le savant suédois. En rentrant d'un bal où Bigot avait réuni quatre-vingts dames très aimables et très bien mises, voici ce qu'il consigne dans son journal : « Québec m'a paru une ville d'un fort bon ton ; et je ne crois pas que dans la France il y en ait plus d'une douzaine au-dessus de Québec pour la société (6). »

Un nouveau type s'élabore dans la famille française, une variété se crée aux bords du Saint-Laurent, et tout y contribue, l'origine des colons, le milieu, les circonstances historiques et économiques. Entre les Français d'Europe et les Français du Canada il y a d'abord une différence, ou, pour mieux dire,

(1) L'évêque de Québec au Conseil de marine, 14 août 1715. *Arch. col. Canada*, 35, 1715, fol. 213.
(2) Vaudreuil au Conseil de la marine, 20 octobre 1721. *Arch. col. Canada*, 44, 1721, fol. 256.
(3) Beauharnais et Hocquart au ministre, 19 octobre 1731. *Arch. col. Canada, corr. gén.*, 61, 1731, fol. 223.
(4) Casgrain, *Montcalm et Lévis*, t. I, pp. 315-316.
(5) Kalm, *Voyages en Amérique*. Traduction Marchand. Mémoires de la Société historique de Montréal, 8ᵉ livraison, p. 214.
(6) Collection Lévis, *Journal du marquis de Montcalm*, 5 janvier 1757, p. 145.

une nuance d'ordre ethnique. Certes, l'établissement des soldats et des prisonniers introduit dans la population de la colonie des hommes de toutes les parties du royaume. Il est pourtant visible que, s'il s'habitue au Canada des Gascons, des Languedociens, des Provençaux, des Bourguignons, ce n'est qu'en petit nombre et qu'ils ont vite fait de se laisser absorber dans la grande masse normande, angevine, poitevine, saintongeoise. L'action du milieu est encore plus forte. Elle s'exerce sans répit. Cet hiver plus long, plus rude, plus sec, aguerrit les corps. Ces horizons si larges qui ouvrent à l'expansion un champ indéfini, développent à l'extrême, ce qui est facile chez les descendants des Gallo-Francs et des Scandinaves, l'amour des aventures et l'amour de l'indépendance. Qu'on tienne aussi compte de ce que le Canadien n'est jamais uniquement un laboureur et un bûcheron, qu'il passe une partie de sa vie sur les fleuves, qu'il se nourrit abondamment de poisson, qu'il lui manque enfin, ce qui, aux yeux de nos ancêtres, était une disgrâce, d'avoir du vin sur sa table. En France, il y a plusieurs siècles, que l'intérieur du royaume est à l'abri de l'invasion. La plus longue paix dont aient joui les Canadiens a été de trente années. Elle n'a pas suffi à les désarmer de leur vertu guerrière. A partir de 1745, l'Anglais est redevenu menaçant. D'un bout à l'autre du Canada, les habitants ont l'état d'âme des gens de la frontière qui se sentent toujours en face de l'ennemi.

Ainsi donc, le type français du Canada s'est éloigné du type français d'Europe. Et cela était nécessaire, cela n'eût pu être empêché que par une immigration considérable et régulière, que par une grande facilité de communications entre la colonie et la métropole. Or on sait à quoi s'est réduite l'immigration depuis l'époque de Colbert et de Talon, et qu'on n'est point parvenu à rompre ce blocus de glace qui, chaque année, pour la moitié de l'année, isole la Nouvelle-France.

Si peu qu'elles distinguent encore les Français du Saint-Laurent des Français du vieux pays, ces différences ne sauraient échapper à une observation attentive. Montcalm et ses officiers en sont frappés. Naturellement ils n'admettent pas que les Canadiens puissent penser, sentir, agir à la canadienne. Ils raillent les conceptions stratégiques de Vaudreuil, et cette guerre de partis où excelle le coureur de bois, et qui, pour dater de Frontenac, n'en procure pas moins de beaux succès à Villiers et à Beaujeu (1) La moindre réclamation des habitants les fait crier à l'indocilité. Ils reprochent comme un manquement à l'honneur aux gentilshommes de la colonie qui ont tant d'enfants à nourrir, de demander, avec l'autorisation du roi, des ressources au commerce. Nous n'avons pas aussi bien précisés les griefs des Canadiens, mais, s'ils n'en sont pas encore à prendre pour programme : le Canada aux Canadiens, il est manifeste qu'ils supportent avec quelque impatience qu'on ne choisisse pas dans la colonie tous ses chefs et tous ses prêtres. Au demeurant, la querelle ne mérite pas d'être prise au sérieux. Qu'y a-t-il au fond de toutes ces critiques qui ne se retrouve partout ailleurs dans les circonstances analogues : la rivalité du militaire professionnel et du milicien, qui n'empêchera pas le milicien et le militaire de combattre héroïquement, côte à côte, pour la commune patrie, le dédain de l'officier, du fonctionnaire, qui vient de Versailles ou de Paris, pour le commerçant et pour le colon, cet archi-provincial, et, en riposte, la jalousie du colon pour ces intrus qui viennent trop souvent prendre chez lui les premiers rôles, les meilleures places ?

Toute colonisation qui réussit a pour dernière étape de son évolution, la création d'un peuple nouveau, qui, de jour en jour, devient plus capable de se passer du secours de la mère patrie, de subsister, de grandir par ses propres forces. Au moment où il va tomber sous la domination étrangère, ce résultat est acquis au Canada.

Les colons du Canada sont assez nombreux, assez solidement établis et acclimatés pour multiplier sans l'appoint d'une immigration européenne et pour se défendre seuls. Ils sont assez avancés dans l'exploitation des richesses de leur sol pour en vivre largement. En même temps ils n'ont plus besoin de tutelle. Ils trouvent parmi eux tous les éléments humains qui sont nécessaires pour donner ses cadres à une société complètement organisée. A l'heure de la crise suprême, le Canada

---

(1) Casgrain, *Montcalm et Lévis*, t. I, pp. 167-169.

est, en somme, aux mains de ses enfants. Le gouverneur général, les gouverneurs particuliers des Trois-Rivières et de Montréal, le plus grand nombre des membres du Conseil supérieur, des officiers des vingt-huit compagnies, des prêtres du diocèse de Québec sont nés dans la colonie.

Avec un aguerrissement physique et moral de premier ordre, ces épreuves qu'ils ont victorieusement traversées depuis cent cinquante ans, ont donné aux Canadiens la conscience de leur valeur et de leurs destinées. Ce sont des Français, de très bons Français, et quand on les appelle au *Te Deum* pour célébrer les victoires du roi sur ses ennemis d'Europe, l'enthousiasme n'est pas moins vibrant sur les bords du Saint-Laurent que sur les bords de la Seine. Mais, en plus de la gloire française, ils ont déjà une gloire qui leur appartient en propre, que des nations plus âgées pourraient leur envier. Ils ont une histoire qu'ils ont écrite avec leur sang, et où, plus tard, dans les jours de défaite, ils puiseront le réconfort d'une espérance indélébile. Ce passé leur inspire, avec une ferme confiance dans l'avenir, le plus légitime orgueil. « Remarquez, s'il vous plaît, nos seigneurs, écrivent les négociants de Québec aux membres du Conseil de marine, que les domiciliés ont eu dans cette colonie : trisayeux, bisayeux, ayeux, leurs pères... ils y ont leurs familles, dont la plupart sont nombreuses, qu'ils ont contribué les premiers à l'établir, qu'ils y ont ouvert et cultivé les terres, basti les églises, arboré des croix, maintenu la religion, fait construire de belles maisons, contribué à fortifier les villes, soutenu la guerre tant contre les nations sauvages que contre les autres ennemis de l'État même avec succès, qu'ils ont obéi à tous les ordres qui leur ont été donnés et supporté toutes les fatigues de la guerre, les hivers nonobstant les rigueurs de la saison aussi bien que l'été, et qu'ils n'ont épargné ni leurs biens, ni leur vie pour seconder les intentions du roi d'établir ce pays qui est un fleuron de sa couronne, puisque sa grandeur se mesure par l'étendue de ses états et le nombre de ses fidèles serviteurs et sujets (1). »

(1) Les négocians domiciliés au Conseil de marine (pour protester contre la concurrence des forains), 29 mars 1719. *Arch. col.* Canada, 40, 1719, fol. 201.

HUITIÈME PARTIE

LA GUERRE DE SEPT ANS

Les pertes de la guerre. — La dévastation systématique des Anglais. — La picote. — L'immigration après la cession de la colonie — Bigot et sa bande. — La banqueroute du roi de France. — Les gains de la guerre. Établissement dans la colonie des Acadiens et des soldats. — Le chiffre de la population en 1763.

Le 17 juillet 1761, dix mois après la capitulation de Montréal, Murray envoie à Pitt un relevé de la situation du pays conquis, et il constate que, depuis 1759, il y a au Canada dix mille habitants de moins (1). Dix mille habitants de moins sur un total qui ne peut pas avoir dépassé de beaucoup soixante-dix mille, c'est là, pour la Nouvelle-France, le prix de la défaite et de l'invasion.

Devant l'ennemi les Canadiens n'ont point accoutumé de se ménager. Au début de la guerre, ils sont seuls à composer les partis qui disputent aux Anglais les marches de l'Ohio. Ce sont eux qui, avec Beaujeu, remportent la belle victoire de la Manongahéla (2); eux encore qui, avec Villiers, vengent Jumonville et reprennent le fort Duquesne (3). Ils ont une part beaucoup moindre à la journée de Carillon où la milice n'est

---

(1) Murray à Pitt, 17 juillet 1761. *Arch. canadiennes*. Papiers d'état, 0, 1. Correspondance du général Murray, 1761-1763, p. 9.

(2) Deux cent cinquante Canadiens à la Manongahéla. Garneau, *Histoire du Canada*, 4ᵉ édit., 1882, t. II, p. 231.

(3) Casgrain, *Montcalm et Lévis*, t. I, p. 92.

représentée que par un détachement de deux cent cinquante hommes (1). Au siège de Québec tout le monde prend part à la résistance, même les écoliers, même les séminaristes (2). A la bataille d'Abraham les milices forment les deux ailes de l'armée de Montcalm (3). Mais c'est surtout dans les deux dernières campagnes que Lévis a recours à la milice, cette milice où toute la population mâle de la colonie, de seize à soixante ans, est enrégimentée (4). Il verse un certain nombre d'habitants dans ses bataillons de réguliers qui ne peuvent plus se recruter autrement (5) ; et quand, en plein hiver, il reprend l'offensive contre l'envahisseur, il emmène tout ce qui est mobilisable dans les districts des Trois-Rivières et de Montréal. De soldats et de miliciens il y a, à Sainte-Foy, à peu de chose près, le même nombre (6). La dernière victoire française sur la terre canadienne coûte aux milices du Canada cinquante et un tués et cent quatre-vingt-dix blessés (7).

Déjà décimé par la guerre et par la maladie, ce malheureux peuple a enfin à subir l'invasion. Les Anglais ont entrepris de décourager la résistance par la dévastation systématique. Dès son entrée dans le fleuve, Wolfe se fait la main sur Gaspé et Montlouis. Parvenu devant Québec il adresse aux habitants, le 27 juin 1759, une proclamation qui se termine sur des menaces terribles. Malheur aux Canadiens s'ils persistent à prendre part « à une dispute qui ne regarde que les deux couronnes (8). » Le bombardement de Québec commence. Il dure soixante-huit jours. Lorsque Ramezay capitule, la Haute-Ville

(1) Collection Lévis, *Journal de Montcalm*, 8 juillet 1758, p. 398.
(2) Voir sur le « Coup des Écoliers » et la déconfiture du « Royal-Syntaxe », Casgrain, *Montcalm et Lévis*, t. II, pp. 103, 106.
(3) *Id.*, p. 243.
(4) « Les premières levées avaient fourni un contingent d'une douzaine de mille hommes, mais ce chiffre s'accrut d'année en année et atteignit celui de quinze mille au moment de la dernière crise (1758 à 1760). » *Id.*, t. I, p. 76.
(5) Instructions concernant l'ordre dans lequel les milices attachées à chaque bataillon seront formées pour camper et servir pendant la campagne. *Journal des campagnes du chevalier de Lévis*, pp. 248-251.
(6) « Notre armée était d'environ cinq mille hommes dont deux mille quatre cents miliciens. » *Id.*, p. 267.
(7) *Id.*, p. 269.
(8) « Si la folle espérance de nous résister avec succès porte les Cana-

est à demi détruite, la Basse-Ville l'est tout à fait (1). Le retour offensif de Levis en 1760 achève la ruine de la petite capitale. Battu à Sainte-Foy, Murray incendie les faubourgs de Saint-Roch et de la Potasse (2). Les campagnes n'ont pas été épargnées davantage. Exaspéré par l'échec que Montcalm lui inflige à Montmorency, Wolfe livre tout le pays à ses soldats. Ils brûlent toutes les paroisses de l'île d'Orléans, toutes celles de la côte nord depuis l'Ange-Gardien jusqu'à la baie Saint-Paul, toutes celles de la côte sud depuis l'Islet jusqu'à la Rivière Ouelle (3). Le plus souvent l'incendie éclaire le massacre. Les rangers, sorte de coureurs de bois que commande le major Rogers, tiennent à honneur de rapporter des chevelures françaises (4). Un officier américain se signale par sa fureur sanguinaire : c'est le capitaine Montgommery, un futur lieutenant de Washington. Les Canadiens se vengeront plus tard de l'égorgeur de Saint-Joachim (5). Murray ne fait pas la guerre plus humainement que Wolfe. Lui aussi, il refuse aux Canadiens le droit de défendre

diens à refuser la neutralité que je leur propose, et leur donne la présomption de paroître les armes à la main, ils n'auront sujet de s'en prendre qu'à eux-mêmes lorsqu'ils gémiront sous le poids de la misère à laquelle ils se seront exposés par leur propre choix. Il sera trop tard de regretter les efforts inutiles de leur valeur indiscrète lorsque pendant l'hiver ils verront périr de famine ce qu'ils ont de plus cher. Quant à moi, je n'aurai rien à me reprocher. Les droits de la guerre sont connus et l'entêtement d'un ennemi justifie les moyens dont on se sert pour les mettre à la raison. » Proclamation de Wolfe, Saint-Laurent de l'île d'Orléans, 27 juin 1759. Collection Lévis, *Lettres et pièces militaires*, p. 275.

(1) « La nuit du 8 au 9 (août 1759), les ennemis n'ont cessé de jeter des pots à feu et carcasses sur la basse-ville qui a été presque entièrement incendiée ; cent quarante-quatre maisons ont brûlé. » Collection Lévis, *Journal du marquis de Montcalm*, 8 août 1759, p. 587. — Journal du siège de Québec (traduit de l'anglais). Collection Lévis, *Relations et Journaux*, p. 197.

(2) Collection Lévis, *Lettres du marquis de Vaudreuil*, 6 mai 1760, p. 175.

(3) Campagne de 1759, pièce non signée. Collection Lévis, *Relations et Journaux*, p. 190.

(4) Collection Lévis, *Journal de Montcalm* 1er septembre 1759, fol. 602.

(5) « Les Anglais ont tué l'abbé de Portneuf curé de Saint-Joachim et neuf habitants avec lui, quoiqu'ils se fussent rendus prisonniers... Le curé a eu la tête ouverte en quatre endroits et toute la chevelure faite. » Bigot à Lévis, 1er septembre 1759. Collection Lévis, *Lettres de l'intendant Bigot au chevalier de Lévis*, p. 53. — Les Canadiens battent et tuent Montgommery devant Québec le 31 décembre 1775.

leur patrie (1). Il prétend réduire Lévis aux débris du détachement de la marine et des sept bataillons de réguliers. Toutes les fois qu'il trouve une maison abandonnée de son propriétaire, c'est-à-dire dont le propriétaire sert à son rang de milicien, il la détruit (2). Par ses ordres lord Rollo, qui a déjà passé au feu l'île Saint-Jean, renouvelle son exploit à Sorel (3). Cette guerre sans pitié se prolonge quinze mois sur le sol de la Nouvelle-France. Wolfe paraît à l'entrée du Saint-Laurent le 11 juin 1759, Lévis traite le 8 septembre 1760. Ce que fut le lendemain de cette invasion de barbares on le devine ; la famine et l'hiver achèvent l'œuvre de mort.

On n'ose pas dire que la petite vérole tue autant que la guerre. Il s'en faut de peu cependant que les deux fléaux ne soient aussi meurtriers. Terrible épidémie en 1755 (4), si terrible que dans les souvenirs du peuple, c'est toujours l'année de la grande picote (5). Après une courte accalmie, nouveaux ravages de la maladie en 1757 (6). Au mois de novembre, Montcalm donne pour les hôpitaux de Québec de deux mille cinq cents à deux mille six cents malades sur lesquels un cinquième succombe. Et les hôpitaux de Québec ne reçoivent pas tous les picotés de la colonie. Naturellement ce sont les plus misérables qui résistent le moins à l'épidémie. Les pauvres Acadiens qui tentent de reconstituer leurs foyers

(1) « Canadiens, vous êtes encore pour un instant maîtres de votre sort. Cet instant passé, une vengeance sanglante punira ceux qui oseront avoir recours aux armes. Le ravage de leurs terres, l'incendie de leurs maisons seront les moindres de leurs malheurs. » Proclamation de Murray, Québec, 23 juillet 1760. Collection Lévis, *Lettres et pièces militaires*, p. 285.

(2) « La terreur que le brigadier général Murray a su imprimer aux habitants du Canada en brûlant les maisons de ceux qui étaient au camp et épargnant celles des miliciens qui étaient chez eux. » Relation de la suite de la campagne de 1760 depuis le 1er juin jusqu'à l'embarquement des troupes pour la France. Collection Lévis, *Relations et journaux*, p. 201.

(3) Collection Lévis, *Lettres de Bourlamaque au chevalier de Lévis*, 22 août 1760, p. 101.

(4) Collection Lévis, *Journal du marquis de Montcalm*, 8 mai 1756, p. 59.

(5) Abbé Mailloux, *Histoire de l'Île aux Coudres*, p. 17.

(6) « La petite vérole qui n'est regardée en Canada que comme une maladie populaire qui prend tous les vingt ans, fait du ravage cette année quoiqu'on l'ait eue il y a dix ans. » Collection Lévis, *Journal du marquis de Montcalm*, 13 novembre 1757, p. 317.

autour de Québec fournissent un nombre effroyable de victimes : chaque jour on les enterre par quinze et par vingt (1).

Le 25 novembre 1760, au lendemain de la capitulation de Montréal, le commissaire des guerres, Bernier, écrit à M. de Cremille que le nombre des personnes à embarquer pour la France, « tant troupes que familles employées au service, ne sera guère moins de quatre mille (2) ». Le total des soldats est d'environ deux mille deux cents (3). Cela laisse dix-huit cents pour les familles militaires, pour les fonctionnaires civils et leurs familles. Or un grand nombre d'officiers et de fonctionnaires étaient originaires du Canada et quant à ceux qui venaient de France et qui étaient mariés, ils avaient, pour ainsi dire tous, épousé des Canadiennes, et semblaient ainsi destinés à s'établir dans la colonie. A quelques unités près, c'est dix-huit cents colons de perdus. A ce chiffre, il faut ajouter tous ceux qui sont déjà partis après la prise de Québec (1759) (4), tous ceux qui, n'étant pas au service, passent à leurs frais sur des navires de commerce, tous ceux enfin qui ne veulent pas devenir Anglais, mais s'imaginent avec le général Murray que la paix doit restituer le Canada à la France (5) et reculent l'heure de prendre une résolution. Ceux-là s'en iront en 1763. Longtemps du reste après la signature du traité de Paris, l'émigration continue (6). Le régime anglais peut être acceptable pour l'habitant qui vit sur sa terre et de sa terre. Il ne l'est pas pour le gentilhomme canadien qui a besoin pour vivre des emplois, des faveurs du gouvernement et qui voit emplois et faveurs devenir le monopole des conquérants. Cet accaparement va si loin, qu'en 1767, le général Carleton s'en inquiète et dé-

(1) Collection Lévis, *Journal du marquis de Montcalm*, 7 décembre 1757, p. 322.
(2) M. de Bernier à M. de Crémille, 25 septembre 1760. Cité par Casgrain, *Montcalm et Lévis*, t. II, p. 413.
(3) Le chevalier de Lévis à M. Berryer, 28 juin 1760. Collection Lévis, *Lettres du chevalier de Lévis*, p. 360.
(4) Voir pour les conditions de la capitulation de Québec, Casgrain, *Montcalm et Lévis*, t. I, p. 288.
(5) *Journal de Malartic*, p. 331.
(6) Courtemanche retourne en France en 1767. État général de la noblesse canadienne résidant actuellement dans la province de Québec et au service de l'armée française... en novembre 1767. *Rapport sur les Archives du Canada* 1888, p. 35.

plore qu'on ne fasse absolument rien pour s'assurer les sympathies des anciens habitants de la colonie (1).

De son côté le gouvernement de Louis XV fait de grands efforts pour attirer les officiers canadiens en France. Malgré la détresse du trésor, en 1762, il augmente la solde des officiers qui sont Canadiens de naissance ou réputés tels pour avoir fait un long séjour au Canada. Il s'engage même à leur payer cette solde au cas où il ne pourrait pas utiliser leurs services. Il n'y met qu'une condition, c'est que, jusqu'à nouvel ordre, ils résideront en Touraine (2). Le résultat, c'est qu'en 1767, d'après une lettre que le général Carleton adresse à lord Shelburne, ce qu'on appelle la noblesse canadienne se partage à peu près également entre la France et le Canada : exactement cent deux ont voulu demeurer Français et cent vingt-six se sont résignés à devenir sujets de Georges III (3).

Parmi les administrateurs de la colonie les Anglais ont trouvé des alliés qu'ils ne pouvaient pas espérer. Pour mettre la Nouvelle-France en coupe réglée, l'intendant Bigot, ce « Verrès » comme l'appelle Casgrain, a trouvé partout des complices. La « Grande Société » gaspille les ressources de la défense et affame les habitants (4). L'audace des prévaricateurs s'accroît avec les progrès de l'invasion. Sous les ruines accumulées par la victoire anglaise ils espèrent dérober les traces de leur crime. Le châtiment viendra pourtant.

La liquidation de la dette du roi porte la détresse des Canadiens à son comble. Pendant cette longue guerre les administrateurs et les généraux mettent en circulation dans la colonie

---

(1) « Tous ont perdu leurs emplois, au moins en devenant ses sujets, et, comme ils ne sont liés par aucune place de confiance ou emploi profitable, nous nous abuserions en supposant qu'ils se dévoueront au peuple qui les a privés de leurs honneurs, privilèges, profits et lois pour y mettre à la place beaucoup de dépenses, de chicanerie et de confusion sans compter un déluge de nouvelles lois... » Sir Guy Carleton à lord Shelburne, Québec 25 novembre 1767. *Rapport sur les Archives du Canada*, 1888, p. 31.

(2) *Id., loc. cit.*

(3) La lettre de Carleton est suivie d'un état général de la noblesse canadienne résidant actuellement dans la province de Québec ou au service de l'armée française... en novembre 1767. *Id.*, pp. 33-37.

(4) Casgrain, *Montcalm et Lévis*, t. II, pp. 312 à 321.

pour une somme énorme de lettres de change et de billets de monnaie. Cela va bien tant que le papier de la Nouvelle-France est remboursé aux caisses de la Marine. Mais les circonstances deviennent critiques, le trésor se vide ; l'arrêt du Conseil du 15 octobre 1759, suspend le paiement des créances canadiennes (1). A la paix, elles montent à quatre-vingt-dix millions (2). Or, à Versailles, on prétend distinguer entre les réclamations légitimes et les autres. Il y a des marchands qui ont profité du discrédit du papier-monnaie pour vendre à des prix exorbitants, des spéculateurs qui ont acheté ce papier avec un bénéfice qui a été parfois jusqu'au quatre-vingt-dix pour cent, et, parmi eux, beaucoup d'Anglais. Il y a enfin les créanciers qui deviennent suspects pour avoir eu des liaisons avec les prévaricateurs (3). Aussi bien le roi ne veut-il rien débourser tant qu'il n'aura pas fait rendre gorge à l'intendant Bigot et à ses complices. En 1764, ils sont condamnés, à restituer dix millions neuf cent trente mille livres (4).

C'est alors que commence la liquidation de la dette du roi pour le Canada. Elle est confiée à un conseiller d'État, M. de Fontanieu, et à deux maîtres des requêtes. Ceux-ci ont fini leur besogne en quelques mois, et les deux arrêts du 15 décembre 1764 et du 9 février 1765 fixent le chiffre des sommes à payer avec le mode de paiement.

Le roi rembourse intégralement les lettres de change tirées avant le 15 octobre 1759 et celles qui ont été délivrées en 1760 pour la subsistance de l'armée. Sur le reste la réduction s'élève à la moitié ou aux trois quarts. Et le roi ne délivre pas le capital de la dette. Il s'acquitte en reconnaissances qui portent in-

---

(1) Précis concernant la dette du Roy pour le Canada, 29 juin 1761. *Arch. col.* Canada, corr. gén., 105, 1760-1768, fol. 493.

(2) Quarante-neuf millions en lettres de change, vingt-cinq en billets de monnoye et environ neuf en titres de créance pour fournitures, plus la créance de Cadet le munitionnaire qui est de sept millions. Résumé de la liquidation de la dette du Roy pour le Canada, sans date. *Arch. col.* Canada, corr. gén., 105, 1760-1768, fol. 501. — 20 août 1764. Récapitulation générale de l'argent de papier dans la province de Québec. Papiers d'état du Canada. Correspondance avec le général Murray. *Arch. canad.*, 52, p. 108.

(3) Mémoire sur la dette du Canada. *Arch. col.* Canada, corr. gén., 105, 1760-1768, fol. 432.

(4) *Arch. col.* Canada, corr. gén., 105, 1760-1768, fol. 561.

térêt à 4 pour 100. Finalement, il paie 37.007.000 livres sur lesquelles il y a 6.605.000 livres pour les Anglais (1).

Les commissaires royaux se vantèrent d'avoir bien travaillé et que cette liquidation n'était pas trop désavantageuse. En vérité, n'ont-ils pas trop bien travaillé ? Pour un certain nombre de coquins qu'ils privent du fruit de leurs rapines, combien ont-ils sacrifié d'honnêtes gens, de pauvres gens ? A ce roi pour lequel ils avaient tant souffert les Canadiens ont pu reprocher de leur avoir fait les adieux d'un banqueroutier.

La guerre de Sept ans n'a point fait que du mal à la Nouvelle-France. Elle rend à la colonie une partie des colons qu'elle lui a enlevés. D'abord le Canada garde un certain nombre de ses défenseurs.

Au Canada il était de tradition de marier et d'établir les soldats. Si peu nombreuse qu'elle soit lorsqu'il s'agit de tenir tête aux masses anglaises, l'armée de Dieskau, de Montcalm et de Lévis amène, au milieu d'une population coloniale qui ne dépasse guère soixante-dix mille âmes, un contingent de six ou sept mille jeunes hommes. Et comme elle a séjourné dans le pays plus de cinq ans, de l'été 1755 à l'automne 1760, on voit qu'il était impossible qu'elle ne contribuât pas sérieusement au peuplement du pays. Cela est, du reste, dans les intentions du roi. De Versailles on recommande à Dieskau de faciliter les établissements de soldats (2). Montcalm reçoit les mêmes instructions. Il les expose en détail à ses commandants de bataillon. Les soldats auront la permission de se marier à ces trois conditions : qu'ils obtiennent l'approbation du gouverneur, qu'ils s'emploient vraiment à défricher la terre ou à exercer un métier, qu'enfin, jusqu'au retour de leur corps en France, ils ne cessent pas de faire leur service. Et le général rassure les officiers qui pourraient craindre de ramener, après la guerre, des effectifs trop affaiblis. Il se chargera de les justifier et de leur faire « donner la préférence pour être entrés dans

---

(1) Résumé de la liquidation de la dette du Roy pour le Canada... *Arch. col.* Canada, corr. gen, 105, 1760-1768, fol. 501.

(2) Instruction pour le sieur baron de Dieskau...choisi pour commander le corps de troupes qui doit s'embarquer à Brest; fait à Versailles le 1er mars 1755. Collection Lévis, *Lettres de la Cour de Versailles*, p. 11.

des vues si utiles à l'État (1) ». En même temps, par analogie, il prend sur lui d'étendre des soldats aux officiers les instructions du roi.

Comment s'exerce sur les défenseurs du Canada le charme des Canadiennes, nous le savons encore par le vainqueur de Carillon. Il s'amuse à tenir journal des affaires de cœur de ses officiers et le plus souvent à marquer leur conclusion (2). Ce n'est pas que, le plus souvent, il les approuve d'épouser des filles d'habitants. Elles sont trop pauvres. Cela fait de « plats mariages » (3). Dans tous les cas, par le malheur des temps, ces unions se trouvent aboutir à une perte pour la colonie. Les femmes des officiers suivront leurs maris outre mer.

Les mariages des soldats constituent, au contraire, un gain réel pour la Nouvelle-France. Lorsque Lévis a traité avec Amherst, il a encore deux mille deux cents hommes portés sur les états. Quelques semaines plus tard il ne ramène en France que de seize à dix-sept cents hommes. Cinq cents manquent à l'appel. « Ce sont des gens établis ou qui avaient pris des mesures pour l'être (4). » Sans compter ceux qui ont déserté à Québec, ou dans la retraite de Sainte-Foy à Montréal. C'est ainsi que Bourlamaque se plaint de voir disparaître journellement des soldats de la Sarre et de Berry et que ses officiers lui répondent « que la plupart des soldats ont résolu de ne point rentrer en France (5). » L'héroïque petite armée qui aurait sauvé le Canada, si le Canada avait pu être sauvé, lui laisse entre cinq cents et mille chefs de famille, plus près de mille sans doute.

La colonie sert de refuge à un grand nombre d'Acadiens. Ces malheureux arrivent de partout. A Québec il en débarque deux

(1) Montcalm. Instruction pour MM. les lieutenants-colonels d'infanterie commandant les bataillons qui sont en Canada, 1756. Collection Lévis Lettres et pièces militaires, p. 12.

(2) Collection Lévis, Lettres du marquis de Montcalm à Bourlamaque, 3 mars 1758, p. 203.

(3) Collection Lévis, Lettres du marquis de Montcalm au chevalier de Lévis, 23 décembre 1857, p. 101.

(4) Lévis au maréchal de Belle-Isle, 23 novembre 1760. Collection Lévis, Lettres du chevalier de Lévis, p. 382.

(5) Collection Lévis, Lettres de M. de Bourlamaque au chevalier de Lévis, 1er septembre 1760, pp. 121-122.

cents en 1756 (1), cent trente en 1757. Ces derniers sont des habitants de l'île Saint-Jean qui fuient la famine (2). D'autres viennent de l'isthme après la capitulation du fort Beauséjour (3). D'autres enfin s'évadent des colonies anglaises (4). En 1757, Montcalm fixe le total de ces réfugiés à dix-huit cents (5), Lévis à deux mille (6). En 1758, seulement à Québec, Bigot en signale de quinze à seize cents. Mais les Acadiens sont cruellement décimés par la misère et la petite vérole. Celle-ci fait parmi eux trois cents victimes en 1757-1758 (7). Quoi qu'il en soit, l'immigration acadienne n'en constitue pas moins un appoint sérieux pour la constitution sur les bords du Saint-Laurent d'un noyau résistant de population française. Après la guerre nous voyons les Acadiens du Canada groupés à Québec, à Montréal, à Becancourt, à Saint-Jacques de l'Achigan et surtout dans un canton du comté de Saint-Jean que l'on appelle encore l'Acadie (8).

Il est difficile de déterminer exactement quel est le chiffre des Français qui, avec la Nouvelle-France, sont cédés à la Grande-Bretagne en 1763. Le premier recensement anglais, celui de 1765 (9), est très incomplet. Il ne donne pas la population de Québec et de Montréal. Pourtant, s'il y a 55.110 habitants dans les côtes et les seigneuries, même en tenant compte du premier contingent de l'émigration anglaise sur les bords du Saint-Laurent, on peut sans témérité fixer, à l'heure de la séparation, le nombre des Canadiens-français à 65.000.

(1) Lettre de Bigot du 27 octobre 1756, citée par Rameau, *Une Colonie féodale en Amérique, l'Acadie*, t. II, p. 382.
(2) Collection Lévis, *Journal du marquis de Montcalm*, 8 novembre 1757, p. 317.
(3) Collection Lévis, *Lettres du chevalier de Lévis*, au maréchal de Mirepoix, 4 septembre 1757, p. 149.
(4) Collection Lévis, *Journal de Niagara*, du mois de juin au mois d'avril 1757, pp. 97-98. — *Journal du marquis de Montcalm*, 27 mai 1758, p. 359.
(5) *Id.*, 7 décembre 1757, p. 322.
(6) Collection Lévis, *Journal des campagnes du chevalier de Lévis*, 8 novembre 1757, p. 122.
(7) Lettre de Bigot, 15 février 1758, citée par Rameau, *loc. cit.*
(8) Rameau, *Une Colonie féodale en Amérique, l'Acadie*, t. II, p. 213. — Parmi les familles acadiennes devenues canadiennes, à citer les Hébert, les Lesage, les Girouard, les Landry, les Thibaudeau.
(9) *Censuses of Canada*, vol. IV, pp. 64-65 et 68.

CONCLUSION

Si Jacques Cartier a, dès 1535, donné à la France sur les bords du Saint-Laurent les droits de premier occupant, la prise de possession réelle ne s'accomplit que soixante-treize ans plus tard, lorsque Champlain fonde Québec, 1608. Mais Henri IV et Louis XIII ont voulu s'épargner les soins et les dépenses d'une administration directe. Ils cèdent le Canada à des compagnies de marchands. Celles-ci ne poursuivent que le succès de leur commerce et, en dépit de leurs engagements, négligent d'établir des colons. Malgré toute l'activité, tout le génie de Champlain, la Nouvelle-France, lorsqu'elle tombe aux mains des Anglais en 1628, n'est toujours qu'une terre de traite. Des résultats précieux sont pourtant acquis. Le fondateur a conquis l'affection, la confiance des indigènes, il a reconnu le bassin du Saint-Laurent. Il a donné le programme pour l'action future : on fera du Canada une France nouvelle en la peuplant de Français, en y francisant les indigènes. La part prise par quelques Huguenots à la première conquête anglaise les fait exclure de la colonisation de la Nouvelle-France.

Les Anglais restituent Québec en 1632. Richelieu a encore livré le Canada à une compagnie. Malgré tout le soin que le cardinal a mis à la recruter, à l'organiser, la compagnie des Cent Associés est hors d'état de remplir ses obligations. Heureusement qu'elle trouve des seigneurs à qui passer la main.

Ceux-ci commencent à coloniser la région de Québec (Beaupré, l'île d'Orléans). En même temps la réclame que les Jésuites font à la Nouvelle-France par leurs relations annuelles, obtient un double succès. Avec des dons considérables pour la conversion des indigènes, elle provoque la formation de la société qui fonde Montréal. C'est la naissance véritable de la colonie (1632-1640).

L'agression des féroces Iroquois menace de tout détruire. Le roi ne peut envoyer de secours avant d'avoir vaincu l'Autriche, l'Espagne, la Fronde. La Nouvelle-France est sauvée par l'héroïsme de ses habitants. Lorsque les soldats de Tracy débarquent, elle ne compte pas plus de deux mille cinq cents âmes. Mais les ancêtres de la nation canadienne française sont parfaitement acclimatés, et, à la terrible épreuve qui s'est prolongée plus de vingt ans, ils ont gagné une incroyable force de résistance. Physiquement et moralement, c'est une élite. La hache iroquoise et la petite vérole ont réduit à rien les sauvages du Saint-Laurent.

A la compagnie des Cent Associés Louis XIV substitue celle des Indes occidentales (1663), mais il doit bientôt en prononcer la déchéance (1674). Jusqu'à la fin de la domination française, le Canada fait partie intégrante de la monarchie, dépend de la Marine. Colbert envoie à Québec un homme de confiance, un administrateur de premier ordre, Talon. L'intendant Talon pressent l'avenir magnifique qui est réservé au Canada. Mais c'est vainement qu'il cherche à persuader au roi de « faire grand » en Amérique. Il obtient à peine de quoi établir quatre mille colons, parmi lesquels presque tous les soldats de Tracy. Pour empêcher la dispersion des habitants, Talon délimite le territoire qui doit être ouvert à la colonisation. Il s'étend sur les deux rives du fleuve, de l'île de Montréal à une trentaine de lieues au-dessous de Québec, en y comprenant le cours inférieur du Richelieu. Talon fait une grande distribution de fiefs. Il compte sur le zèle intéressé des seigneurs pour hâter le peuplement. Il fonde aussi des manufactures. Le gouvernement de la colonie s'est organisé, avec, à sa tête, un gouverneur et un intendant. La Nouvelle-France a sa haute cour de justice, le Conseil souverain, et son évêque.

A partir de 1673, Louis XIV est engagé contre la coalition européenne. Il n'est plus en état de poursuivre à ses frais la colonisation du Canada. La paix toutefois est maintenue en Amérique du Nord. La population de la Nouvelle-France s'accroît par une excellente natalité ; un certain nombre de seigneuries s'établissent. Mais la colonie perd d'un côté ce qu'elle gagne de l'autre. Le castor est détruit dans le bassin du Saint-Laurent. Pour le chercher au pays d'En haut, les coureurs de bois abandonnent les cultures, se dispersent à travers le continent. Les Iroquois et les Anglais reprennent les armes (1682 et 1688). De 1682 à 1713, à peine interrompue par la courte trêve de Ryswick, c'est la guerre. La ruine de la compagnie de la colonie, la dépréciation de la monnaie de carte semblent donner le coup de grâce à la colonie. La Nouvelle-France échappe à tous les périls. Elle n'a même pas cessé de grandir. En trente années de guerre elle est presque parvenue à doubler : 10.251 habitants en 1683, 18.119 en 1713.

La paix avec l'Angleterre va durer trente et un ans (1712-1743). C'est la plus longue période de tranquillité dont ait joui le Canada sous la domination française. L'heure est favorable pour reprendre l'œuvre de Colbert et de Talon. Plus de temps à perdre. On ne peut ignorer à Versailles les convoitises de nos rivaux et quelle effrayante supériorité ils ont déjà sur la terre d'Amérique. Pourtant ni le régent, ni Fleury ne s'intéressent vraiment à la Nouvelle-France. Pour en hâter le peuplement, ils n'imaginent rien de mieux que d'y interner des condamnés. Avec l'établissement, chaque année, d'un petit nombre de soldats, c'est, au dix-huitième siècle, tout l'effort de la colonisation officielle. Le gouvernement royal ne se décide pas davantage à faire les sacrifices nécessaires pour activer le développement économique de la colonie. S'il est contraint d'accorder des subsides et des primes, de se charger de quelques entreprises d'intérêt général, il le fait avec une déplorable obstination de parcimonie. L'ancienne France ne se rend pas compte que l'on a refusé à la Nouvelle les avances qui lui eussent permis de tirer parti de ses richesses naturelles. On s'étonne que le trésor soit toujours obligé de combler le déficit du budget colonial. L'opinion que le Canada est sans valeur, n'a pas d'avenir fait son chemin.

Cette longue paix est tout de même mise à profit. Avec les plus maigres ressources on fait au Canada de la bonne besogne. Hocquart pousse les habitations sur le Richelieu et la Chaudière, fait exploiter les mines de fer de Saint-Maurice, construire des vaisseaux à Québec. Lanouiller dote la colonie de la route de terre qui double en été et remplace en hiver celle du Saint-Laurent. Le plus grand progrès vient des habitants. Leur fécondité ne faiblit point. De 1713 à 1761, ils passent de moins de vingt mille à plus de soixante mille. Et le gain serait plus considérable s'ils ne continuaient à essaimer à travers le continent, des Grands Lacs à la Louisiane. En même temps qu'ils multiplient, ils prospèrent. A part quelques audacieux qui mériteraient d'être soutenus et qui se ruir... ns des entreprises de commerce et d'industrie, ils s'en tiennent communément à l'agriculture où ils excellent.

Cette prospérité est compromise par deux guerres dont la deuxième, après une lutte de sept ans, se termine par la conquête de la Nouvelle-France. La population canadienne s'est levée en masse contre l'Anglais. Elle est décimée. Elle est aussi ruinée. L'envahisseur a employé, pour la réduire, la dévastation systématique et le gouvernement de Louis XV fait banqueroute aux engagements qui ont été pris en son nom. Elle semble enfin décapitée par l'émigration des premières familles. Il y a pourtant des compensations à un tel désastre. La petite nation abandonnée se renforce d'un groupe important de réfugiés Acadiens et d'un chiffre assez considérable de soldats qui se sont mariés dans le pays.

.·.

Soixante-dix mille Français au Canada ! Après cent cinquante ans de domination effective, c'est, pour la nation qui fut au dix-septième et au dix-huitième siècle souvent la plus puissante et toujours la plus civilisée et la plus nombreuse de l'Europe, un résultat dérisoire. Et dans le même espace de temps, de l'Acadie à la Floride, les Anglais établissent plus d'un million d'hommes.

Si l'on n'a pas mieux réussi, à qui la faute? On a cru tout expliquer en proclamant avec l'auteur de *The Old Regime in Canada* que la victoire de l'Angleterre avait été celle de la liberté sur le despotisme (1). L'historien canadien Casgrain a combattu vigoureusement la thèse de Francis Parkmann (2). Quoi qu'il en soit, à comparer, point par point, ce que fut l'Ancien régime dans la mère patrie et dans la colonie, on s'aperçoit vite que c'est la colonie qui en a le moins souffert (3).

Elle n'a pas connu les pires abus de l'arbitraire. Si l'on trouve excessif que les chefs de la colonie se soient crus autorisés à prévenir par un internement ou par un embarquement quelques scandales d'ordre privé, que pensera-t-on des exploits des reviseurs puritains? Quant à la tyrannie théocratique, elle est exercée au dix-septième siècle par les Jésuites et par l'évêque, mais c'est bien fini au dix-huitième. Point de tolérance religieuse au Canada et c'est une grande faute, un grand malheur. Du moins on n'y verse point le sang à flots, pour la gloire de Dieu, comme aux Massachussets.

Par l'étendue de la colonie, par l'isolement de l'hiver, les

---

(1) « Par son nom, par sa position géographique et par son caractère, chacune des deux colonies était le remarquable représentant de cet antagonisme : la Liberté et l'Absolutisme, la Nouvelle-Angleterre et la Nouvelle-France. » Parkmann, *Pioneers of France*, Introduction, p. VIII.

(2) Casgrain, *L'Ancien Régime au Canada*. Œuvres complètes, édit. populaire, t. III, p. 106.

(3) L'idée que le Canada a particulièrement souffert du despotisme et de l'arbitraire a été mise en circulation par Raynal. Il faut citer intégralement la déclamation de Raynal qui est, d'un bout à l'autre, le contraire de la vérité. « L'oisiveté, les préjugés, la frivolité n'auroient pas pris cet ascendant au Canada si le gouvernement avoit su y occuper les esprits à des objets utiles et solides. Mais tous les colons y devoient, sans exception, une obéissance aveugle à une autorité purement militaire. La marche lente et sûre des lois n'y étoit pas connue. La volonté du chef ou de ses lieutenants étoit un oracle que l'on ne pouvoit même interpréter, un décret terrible qu'il falloit subir sans examen. Les délais, les représentations étoient des crimes aux yeux d'un despote qui avoit usurpé le pouvoir de punir ou d'absoudre par de simples paroles. Il tenoit dans ses mains les grâces et les peines, les récompenses et les destitutions, le droit d'emprisonner sans ombre de délit, le droit plus redoutable même de faire révérer comme des actes de justice toutes les inégalités de son caprice. » Raynal, *Histoire philosophique et politique des établissemens et du commerce des Européens dans les deux Indes*, La Haye 1774, t. VI, pp. 180-181.

Canadiens échappent à une surveillance trop étroite de l'autorité. En fait, ils sont libres, beaucoup trop libres si l'on écoute les doléances des gouverneurs. Ils ont même obtenu leur part de contrôle dans leurs affaires. Lorsqu'il y a une décision à prendre où les intérêts de la communauté sont en jeu, la règle c'est de consulter les premiers habitants, même tous les habitants qui sont présents à Québec.

S'il y a des privilégiés au Canada, c'est à bien peu de chose que se réduit le privilège. Il n'y en a pas au point de vue financier, puisque la taille (1) et la capitation n'y sont pas établies. Tout le monde paie également les droits d'entrée et les droits de sortie. Point de divisions non plus entre les classes de la société. La noblesse de la Nouvelle-France où les anoblis forment la majorité n'a jamais pu vivre à l'écart. Elle fait corps avec les fonctionnaires d'origine bourgeoise, avec les premiers habitants qui se rapprochent d'elle par l'acquisition des seigneuries. Comment distinguer ceux-ci de ceux-là ? Ces nobles ne sont pas tenus à vivre noblement. Ils acceptent toutes les occasions de faire du commerce. Qu'importe que l'étiquette féodale subsiste ! Cette société est déjà avancée sur la route de la démocratie.

La vérité, c'est que les circonstances géographiques, historiques, sociales n'ont pas cessé d'être défavorables. C'est un désavantage considérable pour la Nouvelle-France que d'avoir son entrée interceptée par la glace pendant la moitié de l'année. Elle n'a pas atteint son développement normal sur l'Atlantique. Pour être en communication ininterrompue avec la mère patrie il lui manque les ports de la Nouvelle-Angleterre, l'Hudson. Elle subit aussi le contre-coup de toutes les crises de la métropole, guerres civiles, guerres étrangères.

On ne risque point d'exagérer le tort que ces guerres sans fin

---

(1) Ce qui n'a pas empêché Tocqueville, dans les notes prises pendant son voyage au Canada en 1831, d'écrire : « Il y a surtout un mot qui est resté dans leur mémoire (la mémoire des Canadiens) comme un épouvantail politique : c'est la taille. » Il est vrai que Tocqueville ajoute que les Canadiens « ne savent pas précisément quel est le sens du mot ». Probablement sur la foi de Raynal, l'auteur de *la Démocratie en Amérique* s'était persuadé que l'Ancien régime avait été très oppressif en Nouvelle-France. (Alexis de Tocqueville, *Œuvres complètes*, 1865, t, VIII, p. 264.)

causent à la colonie. Elles font pis que la priver pendant de longues périodes de tout secours efficace de la métropole ; elles la ruinent ; elles déciment sa population. Elles empêchent encore l'ancienne France de s'intéresser vraiment à la Nouvelle. C'est en vain qu'il y a en Amérique du Nord tout ce qu'il faut pour frapper l'imagination : une nature grandiose, des peuples étranges, des aventures héroïques. Nos ancêtres peuvent-ils suivre la lutte désespérée des premiers Canadiens contre l'Iroquois lorsqu'ils assistent aux péripéties tour à tour tragiques et comiques de la Fronde ? Marquette et La Salle donnent un demi-continent à la France, mais c'est à l'heure où Louis XIV brise l'effort de la coalition européenne. Combien de contemporains de Condé et de Turenne ont su le nom de Marquette et de La Salle! Entre deux victoires de Luxembourg, celle de Frontenac sur Phipps n'est plus qu'une escarmouche. Et Voltaire, qui sait si joliment conter les batailles, n'a pas une ligne pour la défense du Canada en 1690. Enfin comment veut-on que la France du dix-septième siècle qui, en trente ans, fait, sur ses frontières d'Europe, un tel pas en avant, qui gagne l'Artois, la Flandre, l'Alsace, la Franche-Comté, le Roussillon, puisse comprendre qu'elle a de l'autre côté de l'Atlantique à conquérir plus que des provinces, que, du Saint-Laurent au Mississipi, elle doit constituer un empire ?

La lutte de la France contre l'Europe a puissamment contribué à réduire au minimum les résultats de la colonisation française. Pouvait-il en être autrement ? Mais pourquoi faut-il que nos discordes n'aient pas eu cette compensation, qui n'est point rare dans l'histoire, de favoriser l'expansion de notre race! Sans remonter à l'exemple des Grecs qui ont fondé tant de colonies avec des bannis, l'Angleterre n'a-t-elle pas peuplé l'Amérique du Nord avec les vaincus de sa Révolution et de sa contre-Révolution? L'explication est simple. Tout a tourné en faveur des Anglais, tout a tourné contre nous.

A l'heure où la lutte s'engage en France entre Rome et Genève, l'Amérique est encore mal connue. Il faut la haute intelligence d'un Coligny pour comprendre que la victoire est incertaine, que les réformés doivent acquérir au nouveau monde « le champ d'asile ». Or, à la fin du seizième siècle, en France on ne sait rien du Canada sinon que les compagnons de Cartier et de Roberval y ont beaucoup souffert. L'amiral envoie Ribaud, Laudonnière, Villegagnon à la Caroline et au Brésil. Ils s'y heurtent aux Espagnols, aux Portugais, et c'est un échec complet.

Au Canada ils eussent trouvé la place vide. Et ce n'est pas un Charles IX ou un Henri III qui eussent pu les empêcher de s'établir en force sur le Saint-Laurent. Qui les en eût délogés par la suite ? Au dix-septième siècle, les Huguenots sentent que la bataille est perdue. Ils voudraient bien retrouver une patrie en Amérique. Il est trop tard. Richelieu et Louis XIV sont tout puissants. Ils les excluent de la Nouvelle-France.

Voyez au contraire la chance des Anglais. Quand éclate leur grande querelle politique et religieuse, il y a près d'un siècle et demi que l'Amérique est découverte. Voire cette Amérique a déjà été le théâtre de la gloire anglaise. Drake et Cavendish y ont humilié, rançonné l'Espagne. Raleigh a déjà débarqué des colons en Virginie. Et tandis qu'en France on ne sait encore du Canada que les rigueurs de son climat, le beau ciel de Virginie est déjà célébré à la cour d'Élisabeth. Tout naturellement, et tout de suite, l'idée viendra aux dissidents, et ces dissidents sont innombrables, que c'est la Terre promise au nouveau peuple de Dieu, que c'est là qu'ils pourront vivre librement, dans la totale observance de leurs doctrines.

Autre avantage, la faiblesse des gouvernements anglais. De l'avènement des Stuarts au triomphe de Cromwell, pendant cinquante ans, puritains et cavaliers ont sur le sol du nouveau monde toute la réalité de l'indépendance. Ils s'y organisent à leur guise.

Des millions de paysans anglais, surtout écossais et irlandais, savent qu'ils ne seront jamais propriétaires s'ils demeurent sur le sol natal. Et l'Amérique leur offre ses immensités en libre soccage. Aussi bien les lords, dès le début du dix-huitième siècle, entreprennent de substituer l'élevage du bétail à la culture des céréales, de plus en plus improductive. Cette transformation n'est possible que s'ils peuvent diminuer la population de leurs *latifundia*. On en voit qui, à leurs frais, transportent des milliers de leurs tenanciers de l'autre côté de l'Atlantique.

Jacques Bonhomme est plus heureux. Certes il est loin d'avoir reconquis sa part sur le seigneur et sur le moine. Mais, ici et là, il est déjà parvenu à arrondir le champ paternel. Et il est certain qu'il ne s'arrêtera pas en chemin. Les courtisans se ruinent à Versailles. Ils sont condamnés à lui vendre leurs grands domaines, morceau par morceau. Rien que cette espérance suffit à le retenir à l'ombre du clocher.

Tout cela n'empêche pas qu'il soit difficile d'absoudre ceux qui ont gouverné la France du dix-septième et du dix-huitième siècle. Sans doute il ne faut pas trop reprocher à Louis XIV ses guerres d'Europe. On n'est point assez sûr qu'il ait eu la possibilité de s'arrêter. Mais, même en poursuivant sa marche vers les frontières naturelles de la Gaule, ne devait-il pas faire davantage pour la Nouvelle-France? Quel dommage qu'il ait eu la vue si courte, qu'il n'ait pas imaginé l'immense empire qu'il pouvait fonder en Amérique, qu'il n'ait pas eu la prescience d'un Talon, d'un la Galissonnière! Quel dommage encore qu'il ait été possédé par un tel fanatisme, qu'il n'ait point su tolérer la présence des Huguenots dans quelque canton écarté du Mississipi! Avec toute cette étroitesse dans la conception, toute cette mesquinerie dans l'exécution, Louis XIV n'en est pas moins un des fondateurs de cette France d'Amérique qui vit toujours, qui grandit toujours.

Mais comment pardonner au Régent, à Fleury, à Louis XV, à cet autre potentat, Voltaire, roi de l'opinion, de s'être refusés à comprendre quelle est dans la partie engagée au nouveau monde la valeur de l'enjeu? Ils ont assisté en 1713 à un premier démembrement de l'Amérique française. Ils ne peuvent ignorer les progrès formidables de nos rivaux, leurs convoitises qui s'avouent à Londres comme à Boston. Si le cri d'alarme de Vaudreuil n'est pas monté jusqu'à eux, Charlevoix et la Galissonnière l'ont répété. Que l'on n'ait point mis à profit cette longue paix qui ouvre le règne de Louis XV pour donner un puissant essor à la colonisation du Canada, voilà ce qui est sans excuse. Était-il si difficile, si onéreux de transporter à Québec pendant ces trente années, chaque année, un millier de colons? Quarante mille, cinquante mille Français de plus sur les bords du Saint-Laurent à l'heure de la crise, cela ne donnait peut-être pas la victoire, mais, dans la terrible lutte pour la vie qu'elle allait soutenir sous la domination étrangère, cela doublait la force de résistance, la puissance d'expansion de la petite France abandonnée.

Des circonstances trop souvent défavorables, des gouvernements trop souvent négligents, imprévoyants, incapables, n'est-ce pas assez pour expliquer que la France n'ait point gardé dans la colonisation de l'Amérique du Nord la part qui revenait à sa puissance et à son génie ? Mais de la fortune médiocre de la Nouvelle-France il est défendu de conclure à l'inaptitude de notre race. Ce que vaut le colon français, toute l'histoire du Canada le proclame, surtout l'histoire du Canada livré à la domination anglaise.

Que va devenir cette poignée d'hommes que le traité de Paris abandonne à l'Angleterre? A première vue, sinon d'un retour victorieux des armes françaises, elle n'a pas de salut à espérer. Faute d'une prompte délivrance les soixante mille colons du Saint-Laurent semblent condamnés à s'absorber parmi ces populations des Treize colonies qui atteignent déjà à deux millions d'âmes, qui ne cessent de s'accroître par une bonne natalité, par une immigration, de jour en jour, grandissante. On ne voit même pas comment ils pourraient prolonger la défense. Si encore ils se concentraient dans une région d'accès difficile, s'ils avaient, ce qui a sauvegardé tant de fois les vaincus, le refuge de la montagne. Mais ils s'éparpillent sur une ligne sans profondeur, dans une vallée de fleuve, et ce fleuve est précisément la plus large avenue que la nature ait ouverte à travers l'Amérique du Nord. Rien ne balance cette écrasante supériorité numérique de l'Anglais qui a déjà décidé du sort de la guerre. Rien ne l'empêchera de mener jusqu'au bout, dans la paix, l'anéantissement de la Nouvelle-France. Et les Français de France se persuadent que les Français d'Amérique sont perdus. Avec Voltaire (1) ils leur reprochent « d'aimer mieux vivre sous les lois de la Grande-Bretagne que

---

(1) Voltaire, *Précis du règne de Louis XV*. Édit. Garnier, t. XV, p. 369.

de venir en France ». Avec Raynal(1) ils les voient déjà tout consolés de la séparation par l'octroi de la liberté politique, acceptant les lois, les mœurs, la religion, la langue de leurs vainqueurs.

Mais Raynal et Voltaire ne savent pas quelle bonne semence a été confiée à la terre d'Amérique, de quel jet puissant elle a levé. Cette toute petite nation canadienne française est armée d'une singulière vitalité. Elle est si parfaitement acclimatée qu'elle est devenue indigène. Ce rude hiver qui, longtemps encore, rebute les colons anglais, c'est pour elle la source de la santé, de la vigueur. A toutes les épreuves qui lui ont été infligées, à la guerre qui se renouvelle pour elle à chaque génération, elle a gagné une incroyable force de résistance. D'excellentes mœurs achèvent d'en faire, physiquement et moralement, une élite, de lui assurer une fécondité qui, sur cette terre d'Amérique, où toutes les races européennes sont fécondes, apparaît déjà miraculeuse.

Chez le vainqueur elle n'a point à reconnaître la moindre supériorité de courage, de talent. L'heureux coup de main qui fait tomber Québec, qu'est-ce au regard de tant de brillantes journées, La Manongthéla, Chouagen, Carillon, Montmorency, Sainte-Foy! Accablée sous le nombre, elle garde toute la gloire.

Pour tenir tête à l'ennemi héréditaire qui est devenu le maître, les Canadiens n'ont plus à compter que sur eux-mêmes. Mais ils ont accoutumé de ne compter sur personne. Ils ont lutté seuls, vingt ans, contre l'Iroquois. Depuis, s'il n'y a plus d'abandon complet, comme ils ont été petitement secourus! La moitié des seigneurs a repassé la mer. Mais l'habitant n'a pas eu besoin de ses seigneurs pour prospérer. Il se défendra sans eux. Pour le diriger il conserve ses prêtres dont le patriotisme se fortifie de l'impossibilité de pactiser avec un conquérant hérétique.

Il n'est pas jusqu'à l'insuffisance de son développement économique qui ne soit favorable à la nation canadienne française. Marins, commerçants, se livrant à l'exploitation des mines, les

---

(1) Raynal, *Histoire philosophique et politique des établissemens et du commerce des Européens dans les deux Indes*, La Haye, 1774, t. VI, pp. 221-223.

nouveaux sujets tomberaient sous l'étroite dépendance de l'Anglais. Mais ce sont des laboureurs, rien que des laboureurs. Ils se suffisent à eux-mêmes. Tandis que les Anglais installent leurs soldats, leurs fonctionnaires, leurs marchands, leurs ministres à Québec et à Montréal, ils peuvent s'isoler dans leurs paroisses, échapper, en fait, au contact de l'étranger.

Ceux des Anglais qui sont clairvoyants s'en rendent compte tout de suite. Si le traité de Paris, et c'est déjà un résultat magnifique, a ouvert à la colonisation britannique les immenses territoires qui restent vacants, la presqu'île des lacs, le grand Ouest, l'Ohio, il est déjà manifeste que, partout où la colonisation française a fait son œuvre, elle résistera victorieusement à tout l'effort des conquérants. Et voici l'aveu de découragement qui, dès 1767, échappe au général Carleton, le second gouverneur de Québec, le successeur immédiat de Murray : « Le dénouement inévitable, écrit-il à lord Shelburne, chose horrible à penser, c'est que ce pays devra à la fin être peuplé par la race canadienne, laquelle a déjà pris racine et atteint un si haut chiffre que toute autre serait entièrement perdue, sauf dans les villes de Québec et de Montréal (1). » Carleton est bon observateur et bon prophète : la race canadienne a pris racine.

(1) Sir Guy Carleton à lord Shelburne, 25 novembre 1767. *Archives canadiennes*, série Q, vol. 5, 1, p. 260. Traduit dans le *Rapport sur les archives du Canada*, 1888, p. 32.

Vu :

Le 2 août 1905,

Le Doyen de la Faculté des Lettres
de l'Université de Paris.

A. CROISET.

Vu et permis d'imprimer :
le Vice-Recteur
de l'Académie de Paris.
Pour le Vice-Recteur,
L'Inspecteur de l'Académie.

J. FAIVRE-DUPAIGNE.

TABLE DES MATIÈRES

Préface. VII
Bibliographie. IX

PREMIÈRE PARTIE

La région du Saint-Laurent.

Le bassin du Saint-Laurent principal théâtre de la colonisation française dans le Nouveau Monde. — Le fleuve. — Le sol. — Le climat. — Les saisons. — Les routes de l'ancienne à la Nouvelle-France ; de la Nouvelle-France à travers l'Amérique du Nord 1

DEUXIÈME PARTIE

Les deux premières tentatives de colonisation, (1540-1629) — Champlain.

La découverte et la première tentative de colonisation (1535-1540). — Soixante ans d'abandon. — Henri IV. — Le système des compagnies. — Champlain. — Fondation de Québec (1608). — L'exploration (1609-1613). — Premiers essais de culture. — La fin du mal de terre. — Champlain et les sauvages. — Intrigues à déjouer. — Vice rois fainéants. — Le premier colon Hébert. — La mauvaise volonté des compagnies. — Prise de Québec par les Anglo-huguenots (1629). — Champlain à Londres et à Paris. — Restitution de la colonie. — L'édition des voyages de Champlain de 1632 15

TROISIÈME PARTIE

La Compagnie des Cent Associés
(1622-1663).

CHAPITRE PREMIER
RICHELIEU ET LA COMPAGNIE DES CENT ASSOCIÉS

Richelieu et la compagnie des Cent Associés. — Recrutement des Associés. — Un programme de colonisation. — L'exclusion des huguenots. — Monopole commercial. — L'administration de la compagnie. — Insuffisance du capital de premier établissement. — La compagnie ruinée par la guerre. — Reprise de possession de Québec (1632). — Mort de Champlain (1635). 39

CHAPITRE II
LES DÉBUTS DE LA COLONISATION AUTOUR DE QUÉBEC

La compagnie impuissante à remplir sa tâche. — Elle s'efforce de passer la main à des seigneurs. — Giffard à Beauport. — Beaupré. — Les accaparements de Lauson. — Seigneuries et censives. — Etat de la colonisation en 1641. — La compagnie définitivement ruinée. — Abandon de Richelieu 54

CHAPITRE III
LA RÉCLAME DES JÉSUITES ET LA FONDATION DE MONTRÉAL

Les Jésuites au Canada. — La colonisation nécessaire pour assurer la conversion des sauvages. — La réclame des Relations. — La relation de 1636 : manuel du colon au Canada. — Les résultats de la réclame. — La société de Notre-Dame de Montréal. — L'île de Montréal pôle attractif de la Nouvelle-France. — Maisonneuve et la fondation de Villemarie 1642. 65

CHAPITRE IV
LA PREMIÈRE GUERRE IROQUOISE

Les Cinq Nations. — Pouvait-on rester en paix avec les Iroquois? — Vingt-six ans de terreur. — Les morts et les fuyards. — La colonie abandonnée à elle-même. — Ceux qui l'ont sauvée. — Le gouvernement de la colonie. — Toute-puissance des Jésuites. — La théocratie. 83

CHAPITRE V
RÉSULTATS ACQUIS EN 1663

Malgré la terreur iroquoise, progrès de la colonie. — Le peuplement : deux mille cinq cents habitants en 1663. — L'excédent des naissances. — L'immigration. — Ses origines. — Sa bonne qualité. — Point de métissage. — L'acclimatement. — Les bienfaits de l'hiver. — A l'école des sauvages : les raquettes, le canot. — Les colons à l'œuvre. — Le défrichement. — La maison. — La culture et l'élevage. — La chasse. — La pêche. — La traite. — La colonisation. — Nouvelles seigneuries. — Les engagés — Dans l'île de Montréal. — Le territoire colonisé en 1663. — Les ancêtres de la nation canadienne. — Leurs vertus. — Fraternité à l'égard des indigènes. — Les premiers Canadiens et les Pilgrims Fathers. — Étape décisive. — Un seul insuccès, celui des missionnaires : les indigènes presque anéantis. 108

QUATRIÈME PARTIE

Le grand effort de Louis XIV pour la colonisation de la Nouvelle-France (1663-1672). L'intendant Talon.

CHAPITRE PREMIER
L'INTERVENTION DU ROI

Louis XIV vient au secours du Canada dès 1659. — Premiers secours infructueux. — Colbert secrétaire d'État à la Marine. — Le Conseil souverain. — Déchéance des Cent Associés. — La Nouvelle-France cédée à la compagnie des Indes Occidentales ; — délivrée des Iroquois ; — accommodée avec ses créanciers. — L'homme de confiance de Colbert, Talon. — Enthousiasme de Talon pour le Canada. — Louis XIV se refuse à faire grand en Amérique. 113

CHAPITRE II
LA COLONISATION, LA LEVÉE ET LE PASSAGE DES COLONS

Les engagés et les familles. — Le roi fait les frais de la levée et du passage. Recrutement des colons. — La traversée. — Le contrôle à l'arrivée. — Les colons militaires. — Le chiffre de l'immigration. — Résultat quand même médiocre. — Mesures prises pour pousser au mariage et à la multiplication ; leur succès. — Entraves mises au retour en France. — Élimination des mauvais éléments. 156

CHAPITRE III
L'ÉTABLISSEMENT DES COLONS

Le roi prend aussi à sa charge l'établissement des colons. — Secours donnés aux nouveaux habitants. — Pour encourager le zèle des seigneurs. — La distribution des terres — Expropriation partielle des anciens concessionnaires — Point de modification importante au régime des terres. — Obligations des seigneurs précisées. — L'étendue des seigneuries. — Ordre de concentrer les établissements sur le Saint-Laurent moyen. — Impossibilité de créer des villages. — Les côtes — Nouvelles seigneuries.

— Le territoire ouvert à la colonisation par Talon. — État du peuplement dans ce territoire. — Nouvelle tentative pour convertir et franciser les sauvages. 173

CHAPITRE IV

LE DÉVELOPPEMENT ÉCONOMIQUE — AGRICULTURE ET INDUSTRIE

Le recrutement des gens de métier. — Le programme : apprendre aux habitants à tirer parti des ressources de la colonie, doter la colonie de ressources nouvelles. — Multiplication de la race bovine. — Introduction des chevaux et des moutons. — La ferme-modèle des Islets. — La bière. — Le chanvre. — La laine. — Les bois. — Les constructions navales. — Les pêches sédentaires. — Les mines 196

CHAPITRE V

LE DÉVELOPPEMENT ÉCONOMIQUE (suite) — LE COMMERCE

Le commerce : le monopole de la compagnie en 1663. — La liberté du commerce. — Il ne reste à la compagnie que la jouissance de ses droits sur les pelleteries. — Les denrées de France : le dix pour cent. — La traite. — La foire de Montréal. — Avilissement du castor. — Le commerce entre le Canada, les Antilles, la France. — Pour avoir une route d'hiver. — La monnaie. — Le départ de Talon : ses causes — Foi de Talon dans l'avenir de la Nouvelle-France. 206

CINQUIÈME PARTIE

La paix en Amérique. — La guerre en Europe
(1673-1684).

CHAPITRE PREMIER

LA COLONISATION ET LE DÉVELOPPEMENT ÉCONOMIQUE

Le roi reprend la Nouvelle-France à la compagnie des Indes Occidentales. — Mais la guerre de Hollande l'oblige à réduire ses subsides. — Suppression des *Relations*. — Situation favorable encore : la paix en Amérique. — Malheureusement Talon n'est pas remplacé. — Immigration insignifiante. — Multiplication par l'excédent des naissances. — Nouvelles distributions de concessions. — Le plus grand nombre des seigneurs trop pauvres et trop entreprenants. — Quelques bons seigneurs. — Les seigneurs besogneux. — Ils font la chasse aux fonctions publiques. — Ils parviennent tout de même à peupler leurs seigneuries. — L'établissement d'une seigneurie. — Succès des censitaires. — L'habitant canadien plus heureux que le paysan français. — Progrès de la colonisation. — Tableau de la Nouvelle-France en 1681. — Cultures et manufactures abandonnées. — Le commerce avec les Antilles . . 225

CHAPITRE II

LES COUREURS DE BOIS — L'ÉCHEC DE LA FRANCISATION

Une déperdition de forces. — Les coureurs de bois. — La traite plus avantageuse que jamais. — Les tentations de la vie libre. — En canot du Saint-Laurent au Supérieur. — La foire de Montréal. — Progrès de la découverte. — Cinq cents voyageurs sur quinze cents adultes. — Insuccès de la répression. — Les congés. — Échec de la francisation. — Les quatre missions. — La dot des sauvagesses. 250

CHAPITRE III

L'ORGANISATION DE LA COLONIE

Le gouverneur et l'intendant. — Le Conseil souverain. — La participation des habitants au gouvernement. — Les syndics. — Assemblées consultatives. — Les quatre ordres de Frontenac. — L'organisation ecclésiastique. — L'évêque et le séminaire. — Revenus de l'église canadienne. — Missionnaires et curés. — La milice. — L'instruction publique : les Jésuites, le Séminaire, les Ursulines. — Le budget de la colonie. — Recettes et dépenses. — Les subsides du roi 265

SIXIÈME PARTIE

La guerre en Europe et en Amérique (1684-1713).

CHAPITRE PREMIER

LA DEUXIÈME GUERRE IROQUOISE

La deuxième guerre iroquoise. — Les sauvages lancés par les Anglais. — La colonie surprise. — Ravages et massacres. — Elle est sauvée par Frontenac. — Le bilan des pertes. — La garnison permanente. — La révocation de l'édit de Nantes en Nouvelle-France 283

CHAPITRE II

DE LA PAIX DE RYSWICK A LA GUERRE DE LA SUCCESSION D'ESPAGNE

Courte paix, 1697-1701. — L'établissement des soldats. — Progrès du peuplement. — Terribles épidémies, 1699 et 1703. — Les inconvénients de la réunion des castors. — Ruine successive des fermiers. — La compagnie de la colonie, 1700. — Elle fait faillite? — Multiplication excessive de la monnaie de cartes : nouveau désastre. 291

CHAPITRE III

LA GUERRE ET LA SUCCESSION D'ESPAGNE

Tentative pour garder la neutralité en Amérique. — Les Iroquois. — Échec de l'invasion anglaise en 1711. — La guerre épargne le bassin du Saint-

Laurent. — On y continue l'établissement des soldats. — Mais les Canadiens servent en grand nombre hors de la colonie. — L'exode vers la Louisiane.. 303

CHAPITRE IV

LA COLONISATION

La coopération des seigneurs. — Seigneurs gueux, seigneurs parasites. — Les familles qui ont le mieux réussi. — Les fiefs aux mains des marchands et des laboureurs. — Le succès des seigneurs ecclésiastiques. — Retours en France. — Très peu de nouvelles seigneuries. — Presque toutes des seigneuries de second rang. — Le territoire colonisé en 1713 : le mémoire de Catalogne. — Les sauvages domiciliés demeurent des sauvages. — L'alcoolisme et les épidémies les déciment toujours. — Établissement des Abenakis dans la colonie............. 309

CHAPITRE V

LE DÉVELOPPEMENT ÉCONOMIQUE

Accroissement du territoire en culture et du bétail. — La fabrique de Madame de Repentigny. — Les constructions navales. — Le commerce. — Pour améliorer les voies de communication. — La route de Chambly, le canal de la Chine : projets abandonnés. — La carte du Saint-Laurent.. 327

SEPTIÈME PARTIE

Du traité d'Utrecht à la guerre de Sept ans
(1713-1754).

CHAPITRE PREMIER

APRÈS LA PAIX D'UTRECHT

Une paix qui va durer. — L'avance des Anglais. — Le Canada à Versailles. — Pour peupler le Canada : propositions de d'Auteuil, de Vaudreuil et de Begon...................................... 335

CHAPITRE II

LE PEUPLEMENT

Les engagés. — Les soldats. — Les prisonniers. — Les Anglais. — L'esclavage au Canada : les Panis. — Les excédents de naissance. — Les bâtards. — Les pertes : Canadiens à la Louisiane ; la picote. — La population quadruple en quarante ans. — Les sauvages domiciliés. — Arrêt dans la distribution des seigneuries. — Nouvelles distributions après 1731. — Extension de la zone de la colonisation : sur le Richelieu, le Champlain, la Chaudière ; Détroit. — Québec et Montréal. 342

CHAPITRE III
LE DÉVELOPPEMENT ÉCONOMIQUE

Les chemins de Lanouiller. — Les céréales. — Disettes. — Introduction des cribles. — La pomme de terre. — Le chanvre. — Le tabac. — Le ginseng. — L'élevage. — La pêche. — L'exploitation de la forêt. — Le goudron. — Les mines de Saint-Maurice. — Les constructions navales. — La traite. — Postes concédés aux officiers, mis aux enchères. — Les postes du roi. — La contrebande. — Le produit de la traite. — Importations et exportations. — Prospérité des habitants. 371

CHAPITRE IV
LE GOUVERNEMENT DE LA NOUVELLE-FRANCE

L'intendant subordonné au gouverneur. — Le développement de tous les services. — Petit nombre des fonctionnaires. — La garnison et la milice. — L'instruction publique. — Les nouvelles cures. — Fin de la Théocratie 402

CHAPITRE V
CE QUE COUTE LA NOUVELLE-FRANCE

Le Domaine réuni à la Marine. — L'État du roy. — Dépenses et recettes. — Excédent de dépenses. — La contribution de la métropole. — Nouveaux impôts. — Le Canada qui coûte très peu a la réputation de coûter très cher. — Le Canada mal connu et méconnu. — La Hontan. — Charlevoix. — Voltaire 411

CHAPITRE VI
LA NATION CANADIENNE FRANÇAISE

Le beau sang des Canadiens. — Leurs aptitudes intellectuelles. — Leur moralité. — La société de Québec. — Français du Canada et Français d'Europe. — La nation canadienne-française. 431

HUITIÈME PARTIE
La guerre de Sept ans.

Les pertes de la guerre. — La dévastation systématique des Anglais. — La picote. — L'immigration après la cession de la colonie. — Bigot et sa bande. — La banqueroute du roi de France. — Les gains de la guerre : établissement dans la colonie des Acadiens et des soldats. — Le chiffre de la population en 1763. 439

Conclusion 449

Table des matières 461

ÉMILE COLIN ET Cⁱᵉ — IMPRIMERIE DE LAGNY

LIBRAIRIE ORIENTALE ET AMÉRICAINE

E. J. P. BURON
Avocat au Barreau du Manitoba,
Ancien Élève de l'École Normale supérieure.

Les Richesses du Canada, Préface de M. GABRIEL HANOTAUX, de l'Académie française. Un volume in-8°, broché **7 50**

PREMIÈRE PARTIE : **Les Provinces de l'Est.** — I. Topographie. — II. Richesses minières. — III. Le fer. — IV. La baie d'Hudson; Nouveau-Brunswick; Ontario. — V. Le nickel. — VI. Le corindon. — VII. Le sucre de betterave. — VIII. Le bois. — IX. Nomenclature des bois canadiens; l'ameublement. — X. Les produits chimiques. — XI. La chasse; les fourrures; la pêche. — XII. Les pêcheries. — XIII. Terre-Neuve. — XIV. Le radium. — XV. L'industrie laitière. — XVI. Industries diverses; automobiles. — XVII. Ciment; brique. — XVIII. L'élevage du cheval.

DEUXIÈME PARTIE : **Les Provinces du Centre.** — I. Les prairies du Centre. — II. La grande culture. — III. L'avenir du blé au Canada. — IV. L'élevage en grand. — V. Le lin. — VI. La spéculation colonisatrice. — VII. Les institutions de crédit. — VIII. Le crédit foncier hypothécaire. — IX. Les sociétés de trust ou de fidéicommis. — X. Comment les colons peuvent s'établir en villages homogènes. — XI. Les pêcheries; les bois; le gaz d'éclairage. — XII. L'industrie des chemins de fer.

TROISIÈME PARTIE : **La Région montagneuse de l'Ouest.** — I. Les mines. — II. Législation minière. — III. La houille. — IV. Le pétrole. — V. Pêcheries. — VI. Les bois. — VII. Les fruits. — VIII. La faune. — IX. Le Yukon.

QUATRIÈME PARTIE : **Renseignements pratiques.** — I. Concession gratuite de terrain. — II. L'élevage; coût de la subsistance au Canada. — III. La température du Canada. — IV. Comparaison des mesures françaises et canadiennes. — V. Statistiques canadiennes. — VI. Lois minières du Canada. — VII. Sources de renseignements. — Conclusion.

ACHILLE VIALLATE
Professeur à l'École des Sciences politiques.

Essais d'histoire diplomatique américaine. Le Développement territorial des États-Unis. — Le Canal interocéanique. — La Guerre hispano-américaine. Un volume in-8°, broché **7 50**

Dr E. T. HAMY
Membre de l'Institut et de l'Académie de Médecine.
Professeur au Muséum d'histoire naturelle.
Président de la Société des Américanistes de Paris.

Lettres américaines d'Alexandre de Humboldt, 1798-1807, précédées d'une notice de J.-C. DELAMÉTHERIE, et suivies d'un choix de documents en partie inédits, publiées avec une introduction et des notes. Un vol. in-8°, broché ; avec carte. **7 50**

Contraste insuffisant
NF Z 43-120-14

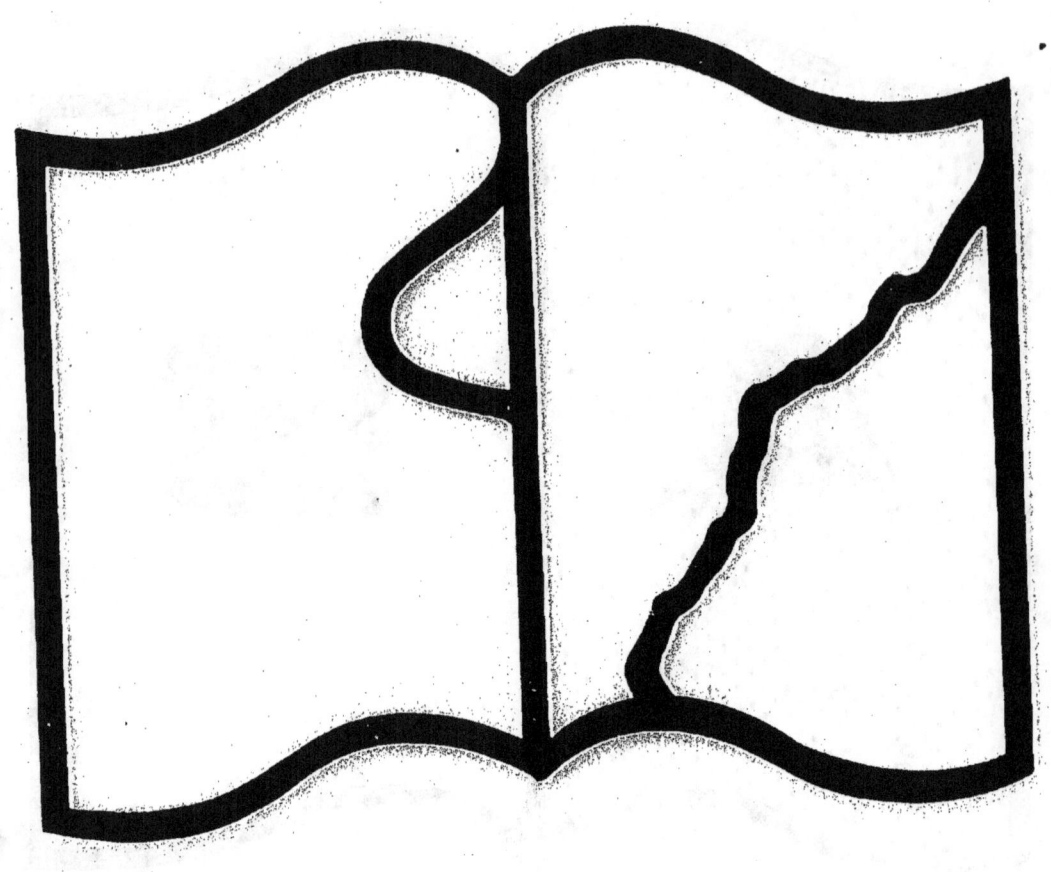

Texte détérioré — reliure défectueuse
NF Z 43-120-11

www.ingramcontent.com/pod-product-compliance
Lightning Source LLC
Chambersburg PA
CBHW060239230426
43664CB00011B/1699